嘉兴统计年鉴

JIAXING STATISTICAL YEARBOOK

2015

(总第19期 NO.19)

嘉兴市统计局 国家统计局嘉兴调查队·编

JiaXing Statistics Bureau NBS Survey Office in JiaXing

中国统计出版社

China Statistics Press

（京）新登字041号

图书在版编目（CIP）数据 嘉兴统计年鉴
2015/嘉兴市统计局 国家统计局嘉兴调查队编
北京：中国统计出版社，2015.9
ISBN 978-7-5037-7601-4
Ⅰ. ①嘉…
Ⅱ. ①嘉… ②国…
Ⅲ. ①统计资料－嘉兴市－2015－年鉴
Ⅳ. ①C832.553-54
中国版本图书馆CIP数据核字(2015)第211211号

嘉兴统计年鉴－2015

作　　者/ 嘉兴市统计局　国家统计局嘉兴调查队
责任编辑/ 陈越月
装帧设计/ 火　球
出版发行/ 中国统计出版社
地　　址/ 北京市丰台区西三环南路甲6号　邮政编码/100073
电　　话/ 邮购（010）63376909　书店（010）68783171
网　　址/ http://csp.stats.gov.cn
印　　刷/ 嘉兴宏扬印务有限公司
经　　销/ 新华书店
开　　本/ 890mm×1240mm　1/16
字　　数/ 140万字
印　　张/ 1-1000册
版　　别/ 2015年9月第1版
版　　次/ 2015年9月第1次印刷
定　　价/ 280.00元

如有印装差错，由本社发行部调换。

《嘉兴统计年鉴—2015》编辑委员会

Jiaxing Statistical Yearbook—2015 Editorial Board And Staff

编辑：嘉兴市统计局 国家统计局嘉兴调查队

出版：中国统计出版社

JiaXing Statistics Bureau　NBS Survey Office in JiaXing

Published By: China Statistics Press

编者说明

一、《嘉兴统计年鉴—2015》是一部全面反映嘉兴全市经济和社会发展情况的资料性年刊。本书收录了全市、市区和各县(市、区)2014年经济和社会各方面大量的统计数据，以及历史重要年份和近20年的全市、市区主要统计数据。

二、全书内容分为14部分，即：1.综合与国民核算；2.人口与劳动力；3.人民生活、社会保障与物价；4.固定资产投资；5.城市建设、环境、能源与资源利用；6.财政；7.农业；8.工业；9.建筑业；10.交通邮电业；11.贸易、对外经济与旅游业；12.银行、保险及证券；13.科学、教育、文化、医疗卫生、体育、广电和质量技术监督；14.城市比较。各章末附有《主要统计指标解释》。

三、资料中所使用的度量衡单位均采用国际统一标准计量单位。

四、本年鉴的资料来源大部分来自年度市统计局和市有关部门（单位）统计报表，一部分来自抽样调查。同时，对过去发表的统计数据进行了核实,凡与本年鉴数据有出入的，以本年鉴为准。

五、本年鉴部分数据合计数或相对数由于单位取舍不同而产生的计算误差均未作机械调整。

六、本年鉴各表中，对表中指标的注解在该表下方。凡带续表的资料，对指标的注解一律在最前一页下方。

七、本年鉴表中的符号使用说明：“-”表示数据不足本表最小单位数；“空格”表示该项统计指标数据不详或无该项数据；“#”表示其中的主要项；“*”或“①”表示本表下有注解。

八、由于编辑时间有限，本年鉴中若有错误之处，请读者谅解，并批评指正。

PREFACE

I. Jiaxing Statistical Yearbook 2015 is an annual statistics publication, which covers very comprehensive data in 2014 and some selected data series in historically important years and the most recent twenty years at Whole Municipality level and Urban District and local levels of country, city and district directly, and therefore, reflects various aspects of Whole Municipality’s social and economic development.

II. The book contains the following fifteen parts: l. General Survey and National Accounts; 2. Population and Labor; 3. People’s Livelihood, Social Security and Price Indices; 4. Investment in Fixed Assets; 5. Urban Construction, Environment, Energy and Resources Utilization; 6. Government Finance; 7. Agriculture; 8. Industry; 9. Construction; 10. Transport, Post and Telecommunication Services; 11. Trade, Foreign Economy and Tourism; 12. Banking, Insurance and Securities Business; 13. Science, Education, Culture, Medical and Health, Sports, Broadcasting and TV, Quality and Technical Supervision; 14. Cities Compare. <Explanatory Notes on Main Statistical Indicators> is attached to the end of each chapter.

III. The units of measurement used in this book are internationally standard measurement units.

IV. The major data sources of this publication are obtained from annual local government Statistic Department and others government department statistical reports, and some from sample surveys. At the same time, and to the covariance data which announced in the past carried on a check, any has some discrepancies with this yearbook data of, taking this yearbook as authentic ones.

V. Statistical discrepancies due to rounding are not adjusted in this yearbook.

VI. The notes concerning the whole table are placed at the upper part of the table, while the notes concerning individual indicators are placed at the lower part. If the table is a continued one, the footnotes are placed in the last page.

VII. Notations used in this yearbook:

“...” indicates that the figure is not large enough to be measured with the smallest unit in the table;

“(blank)”indicates that the data not available;

“ # ”indicates the major items of the total;

VIII. Because of limited time, if there are errors, please readers give us understanding and we welcome any suggestions and criticism.

目　　录

CONTENTS

第一章　综合与国民核算
General Survey and National Accounts

第二章 人口与劳动力
Population and Labor

第三章 人民生活、社会保障与物价
People's Livelihood, Social Security and Price Indices

第四章 固定资产投资
Investment in Fixed Assets

第五章 城市建设、环境、能源与资源利用
Urban Construction, Environment, Energy and Resources Utilization

第六章 财 政
Government Finance

第七章 农 业
Agriculture

第八章 工　　业
Industry

第九章 建 筑 业
Construction

第十章 交通邮电业
Transport, Post and Telecommunication Services

第十一章 贸易、对外经济与旅游业
Trade, Foreign Economy and Tourism

第十二章　银行、保险及证券
Banking，Insurance and Securities Business

第十三章 科学、教育、文化、医疗卫生、体育、广电和质量技术监督
Science, Education, Culture, Medical and Health, Sports, Broadcasting and TV, Quality and Technical Supervision

第十四章　城 市 比 较
Cities Compare

一、综合与国民核算
General Survey and National Accounts

1-1 自然地理与行政区划

Natural Geography and Administrative Division

年份 地区 Year Region	镇(个) Town (unit)	乡(个) Township (unit)	街道(个) Subdistrict (unit)	居民委员会(个) Neighborhood Committee (unit)	村民委员会(个) Villager Committee (unit)	土地面积(平方公里) Area of Land (sq. km)	人口密度(人/平方公里) Density of Population (person/sq. km)
1996	69	72	6	486	1769	3915	838
1997	70	70	6	480	1762	3915	841
1998	73	54	6	490	1760	3915	843
1999	67	30	6	497	1558	3915	843
2000	67	30	6	385	1196	3915	846
2001	60	2	13	333	1091	3915	848
2002	60	2	13	291	1029	3915	849
2003	55	2	17	283	1030	3915	850
2004	53	1	20	276	942	3915	853
2005	53	1	20	291	944	3915	854
2006	53	1	20	307	941	3915	857
2007	53		21	318	938	3915	860
2008	53		21	325	874	3915	864
2009	47		24	333	860	3915	867
2010	44		29	360	816	3915	873
2011	44		29	357	816	3915	876
2012	44		29	355	815	3915	880
2013	44	0	29	372	804	3915	884
2014	44	0	29	380	797	3915	889
市 区 Urban District	10	0	12	125	175	968	892
南湖区 nanhu	5	0	8	82	58	426	1145
秀洲区 Xiuzhou	5	0	4	43	117	542	693
嘉善县 Jiashan	6	0	3	50	104	507	764
平湖市 Pinghu	6	0	3	58	96	537	915
海宁市 Haining	8	0	4	63	161	668	1009
海盐县 Haiyan	5	0	4	49	85	508	745
桐乡市 Tongxiang	9	0	3	35	176	727	945

注:资料来源嘉兴市民政局,人口密度按户籍人口计算。
Note data comes from Jiaxing Municipal Bureau of Civil Affairs;The population density is calculated by the registered population

1-2 分地区日照时数（2014）

Sunshine Hours by Region

（2014）

单位：小时 （hours）

时 间	Time	嘉 兴 Jiaxing	平 湖 Pinghu	海 宁 Haining	海 盐 Haiyan	桐 乡 Tongxiang	嘉 善 Jiashan
全 年	Annual Total	1484.1	1556.7	1465.4	1739.3	1477.9	1695.8
1 月	Jan.	133.7	150.0	142.4	164.4	154.1	144.3
2 月	Feb.	65.1	67.6	69.7	69.5	67.9	68.0
3 月	Mar.	167.9	158.4	165.2	171.3	145.3	185.2
4 月	Apr.	115.6	112.9	119.9	118.4	101.4	133.4
5 月	May.	158.7	126.4	164.0	178.7	152.4	167.9
6 月	June	91.2	88.5	67.5	124.3	58.6	70.7
7 月	July	137.1	170.4	137.7	201.4	165.9	183.2
8 月	Aug.	82.7	117.5	77.8	119.1	82.1	106.9
9 月	Sep.	69.0	86.4	71.9	112.4	83.8	105.3
10 月	Oct.	193.5	196.2	178.8	192.0	192.8	214.4
11 月	Nov.	106.5	113.7	106.9	129.2	101.9	129.3
12 月	Dec.	163.1	168.7	163.6	158.6	171.7	187.2

1-3 分地区降水量（2014）

Precipitation by Region

（2014）

单位：毫米 （millimeters）

时 间	Time	嘉 兴 Jiaxing	平 湖 Pinghu	海 宁 Haining	海 盐 Haiyan	桐 乡 Tongxiang	嘉 善 Jiashan
全 年	Annual Total	1278.9	1438.0	1202.5	1255.5	1152.6	1362.1
1 月	Jan.	33.4	31.0	29.8	28.9	36.1	28.9
2 月	Feb.	157.9	167.6	151.7	158.5	142.6	157.2
3 月	Mar.	74.1	73.1	64.5	76.1	57.3	78.1
4 月	Apr.	84.6	107.3	96.9	90.5	85.7	87.8
5 月	May.	70.6	88.0	89.4	83.1	86.0	74.7
6 月	June	155.4	206.3	145.6	176	130.9	178.8
7 月	July	233.1	162.9	176.8	153.9	222.7	181.9
8 月	Aug.	232.9	378.9	233.6	276.8	178.5	313.7
9 月	Sep.	134.0	115.5	101.1	110.3	107.2	160.8
10 月	Oct.	47.0	50.9	51.6	53.5	50.1	50.0
11 月	Nov.	47.6	48.5	52.7	40.0	48.2	42.3
12 月	Dec.	8.3	8.0	8.8	7.9	7.3	7.9

注：资料来源嘉兴市气象局。
Note：The data lomes from jiaxing weather burean.

1－4　分地区平均气温（2014）
Average Temperature by Region
（2014）

单位:摄氏度　　（℃）

时　间	Time	嘉　兴 Jiaxing	平　湖 Pinghu	海　宁 Haining	海　盐 Haiyan	桐　乡 Tongxiang	嘉　善 Jiashan
全　年	Annual Total	17.0	16.6	17.2	17.0	17.2	16.8
1 月	Jan.	6.4	6.1	6.6	6.5	6.5	6.0
2 月	Feb.	6.2	6.0	6.1	6.1	6.0	6.0
3 月	Mar.	11.8	11.0	12.3	11.5	12.3	11.4
4 月	Apr.	15.9	15.1	16.1	15.6	16.3	15.6
5 月	May.	21.6	20.8	22.0	21.4	22.2	21.3
6 月	June	24.1	23.6	24.3	24.0	24.5	23.8
7 月	July	27.8	27.4	28.1	27.9	28.1	27.6
8 月	Aug.	26.4	26.2	26.5	26.5	26.5	26.3
9 月	Sep.	24.2	24.0	24.3	24.3	24.4	24.1
10 月	Oct.	20.0	19.4	20.0	19.9	20.1	19.7
11 月	Nov.	14.3	14.2	14.2	14.3	14.0	14.1
12 月	Dec.	5.6	5.4	5.8	5.8	5.7	5.2

1－5　分地区水文情况（2014）
Hydrologic Condition by Region
（2014）

单位:米　　（meter）

地　区	Region	年平均水位 Average Water Level of the Year (m)	最高水位 Highest Water Level (m)	日期(月.日) Date (mm.dd)	最低水位 Lowest Water Level (m)	日期(月.日) Date (mm.dd)
嘉　兴	Jiaxing	3.00	3.82	8.20	2.60	1.28
嘉　善	Jiashan	2.92	3.77	7.15	2.41	1.28
平　湖	Pinghu	2.89	3.64	8.20	2.44	1.28
海　宁	Haining	3.04	4.03	8.20	2.67	1.21
海　盐(钦城)	Haiyan (Yucheng)	2.95	3.86	8.20	2.52	1.21
桐　乡	Tongxiang	3.14	3.94	8.20	2.76	1.28

1－6 全市主要年份国民经济主要指标

指 标	单位	Item	1990	2004
人口		Population		
年末总人口	万人	Year－end Population(10 000 persons)	316.19	333.94
#非农业人口	万人	Non－agricultural Population(10 000 persons)	58.39	108.42
年末常住人口	万人	Total Year－End	316.31	
地区生产总值	亿元	Gross Domestic Product(100 million yuan)	81.33	1002.41
第一产业	亿元	Primary Industry (100 million yuan)	25	76.80
第二产业	亿元	Secondary Industry(100 million yuan)	40.56	588.19
工业	亿元	Industry (100 million yuan)	34.82	522.88
第三产业	亿元	Tertiary Industry(100 million yuan)	15.8	337.42
人均 GDP	元	Per Capita GDP(yuan)	2582	30062
运输邮电		Transportation and Post		
全社会客运量	万人	Total Passenger Traffic (1 000 persons)	3597	13627
全社会货运量	万吨	Total Freight Traffic (10 000 tons)	2509	7919
邮电业务总量	万元	Business Volume of Post and Telecommunication(10 000 yuan)	3778	342262
国内贸易		Domestic Trade		
社会消费品零售总额	亿元	Total Retail Sales of Consumer Goods (100 million yuan)	33.95	325.34
对外经济和国际旅游		Foreign Trade and International Tourism		
1. 进出口总额	万美元	Imports Total and Exports (USD 10 000)	3882	792488
#出口总额	万美元	Total Exports (USD 10 000)	3844	510580
2. 利用外资		Utilization of Foreign Capital		
新签协议(合同)项目数	个	Projects of Newly Signed Agreements(unit)	18	574
协议(合同)外资金额	万美元	Amount of Foreign Capital Agreements (USD 10 000)	343	257970
实际利用外资	万美元	Foreign Capital Actally Used (USD10 000)	133	102187
3. 国际旅游		International Tourism		
接待境外旅游者人数	万人	Number of Foreign Tourists(10 000 persons)		34.01
电力		Electricity		
全社会用电量	亿千瓦时	Total Electricity Consumption (100 million kwh)	21.7	124.59
#工业用电量	亿千瓦时	Electricity Consumption of Industry (100 million kwh)	16.63	102.60
固定资产投资		Investment in Fixed Assets		
固定资产投资	亿元	Investment in Fixed Assets	24.25	635.00

Major National Economy Indicators in Main Years

2005	2006	2007	2008	2009	2010	2011	2012	2013	2014
334.33	335.55	336.81	338.07	339.60	341.60	343.05	344.52	345.93	348.14
112.2	115.99	120.36	130.14	139.92	146.87	156.36	157.57	159.23	160.98
400.5	408.8	420.55	424.26	431.80	450.46	453.10	454.40	455.80	457.00
1158.38	1345.18	1586.00	1819.78	1919.37	2315.46	2703.90	2914.40	3163.05	3352.60
84.45	88.17	97.07	105.52	107.51	127.00	142.80	151.39	147.97	144.77
681.32	805.76	947.07	1081.21	1109.77	1337.15	1532.89	1598.34	1708.86	1813.67
608.24	721.60	853.41	974.29	982.78	1190.48	1373.67	1438.14	1542.97	1636.88
392.61	451.25	541.86	633.06	702.09	851.30	1028.21	1164.68	1306.23	1394.17
34668	40162	47177	53929	56647	67982	78986	84773	91622	96607
16218	16878	16503	17167	11674	11955	12160	12343	12579	10780
6881	10101	10463	10670	14853	16004	16869	16876	17266	18185
383010	473488	528890	597576	664793	705979	775174	825524	873495	854324
375.59	432.37	505.87	607.01	694.30	799.36	948.57	1083.74	1196.93	1347.02
992235	1265358	1610963	1983273	1720475	2282418	2848425	2874358	3176292	3373431
704385	917576	1167353	1410421	1234118	1603997	1927151	1960260	2151208	2365087
440	468	420	242	255	300	260	234	248	246
250049	255863	345512	228735	262282	320604	311305	281419	339082	441547
115666	122178	166228	135975	133460	160994	172066	178159	220676	249577
44.25	52.74	61.25	52.96	55.67	66.41	72.14	78.17	65.78	70.66
150.21	181.05	212.89	231.74	250.86	290.52	327.91	351.42	385.45	396.45
121.43	149.37	178.16	193.37	208.40	240.90	271.30	289.23	314.46	328.88
703.46	800.32	900.04	1006.80	1233.41	1488.26	1488.27	1642.31	1910.15	2221.21

1－6　续表 1

指　　标	单位	Item	1990	2004
财政		Finance		
财政收入	万元	Financial Revenue (10 000yuan)	101237	855839
#地方财政收入	万元	Local Financial Revenue (10 000yuan)		478715
财政支出	万元	Financial Expenditures (10000 yuan)	42872	597174
金融		Finance		
金融机构年末存款余额	亿元	Deposit Balance of Financial Institutions (100 million yuan)	63.64	1166
金融机构年末贷款余额	亿元	Loans Balance of Financial Institutions (100 million yuan)	57.91	877.36
物价指数		Price Indices		
市区居民消费价格指数	上年＝100	Consumer Price Index of Residents in Urban District (%)	102.1	103.3
市区商品零售价格指数	上年＝100	Retail Price Index of Commodities in Urban District (%)	101.7	101.5
工资		Wage		
职工工资总额	万元	Total Wage of Staff and Workers (10 000 yuan)	94589	913452
职工平均工资	元	Average Wage of Staff and Workers (yuan)	2350	20432
人民生活		People's Livelihood		
农村居民人均可支配收入	元	Per Capita Net Income of Rural Residents (yuan)	1554	7021
城镇居民人均可支配收入	元	Per Capita Disposable Income of Urban Residents (yuan)		14693
城乡居民储蓄年末存款余额	亿元	Residents' Deposits Balance in Urban and Rural Areas (100 million yuan)	31.43	632.11
教育		Education		
在校学生数		Students Enrollment		
高等学校	人	Institutions of Higher Education (person)	1827	17665
中等专业学校	人	Specialized Secondary Schools (person)	4738	13348
职业中学	人	Vocational Schools (person)	4704	27678
普通中学	人	Regular Secondary Schools (person)	82964	201463
小学	人	Primary Schools (person)	233485	275474
卫生		Health Care		
卫生机构数	个	Number of Health Institutions(unit)	565	744
#医院、卫生院	个	Hospitals (unit)	170	156
卫生技术人员	人	Medical Technical Personnel (person)	9086	13496
#医生	人	Doctors (person)	3921	5915
床位数	张	Number of Beds (bed)	8432	10546
#医院、卫生院	张	Hospitals (bed)	8072	9993

continued

2005	2006	2007	2008	2009	2010	2011	2012	2013	2014
1351398	1651123	2094362	2521332	2793539	3343272	4160001	4719213	5174915	5680944
667918	815470	1052352	1268694	1417039	1768297	2264023	2577319	2823092	3070675
734502	864978	1074227	1359199	1611146	1990633	2406148	2607030	3033633	3349028
1341.75	1583.28	1796.09	2186.24	2853.30	3526.61	4075.18	4453.07	5072.69	5513.87
960.51	1144.71	1351.54	1603.84	2170.58	2615.92	3038.69	3419.53	3860.03	4393.16
101.5	101.2	103.7	105.2	99.1	104.0	105.5	102.2	101.7	102.0
100.9	101.0	103.4	106.6	98.2	104.0	105.0	101.7	100.7	101.3
1219593	1488325	1813124	2149705	2302949	2782681	3230244	3512573	3879595	3347183
20552	22511	25883	29219	31965	36319	42990	48305	53057	58885
8007	8952	10163	11538	12685	14365	16707	18636	22396	24676
16189	17828	20128	22481	24693	27487	31520	35696	38671	42143
737.14	850.43	907.48	1155.38	1376.76	1621.29	1870.56	2144.49	2438.21	2701.58
21298	25540	30173	36832	38932	52351	56821	73228	76561	78716
16546	18961	19230	19419	20816	22446	26331	25287	23613	22837
26034	24030	24745	24517	25066	28596	27440	26472	24501	22179
204237	206059	213265	219687	215717	207225	194676	183379	174957	170202
265992	254608	247686	236252	224763	225516	233814	230977	226835	245353
746	715	1445	1365	1370	1376	1364	1343	1340	1374
158	148	147	135	119	116	99	94	92	102
14280	15311	16635	19640	21176	22580	23729	25286	26439	28036
6054	6341	6827	6957	7525	7865	8046	8458	8837	9280
11165	12062	12484	12929	13697	14927	16272	17992	19412	21038
10577	11409	11794	12146	12842	14063	14964	16220	17740	19490

1－7 全市主要年份国民经济主要指标发展速度

指标	单位	Item	1990	2004
人口		Population		
年末总人口	万人	Year－end Population(10 000 persons)	110.1	104.3
#非农业人口	万人	Non－agricultural Population(10 000 persons)	275.7	148.5
年末常住人口	万人	Total Year－End	144.5	
地区生产总值	亿元	Gross Domestic Product(100 million yuan)	1873.0	286.7
第一产业	亿元	Primary Industry (100 million yuan)	201.5	126.2
第二产业	亿元	Secondary Industry(100 million yuan)	2449.6	291.8
工业	亿元	Industry (100 million yuan)	2734.9	303.8
第三产业	亿元	Tertiary Industry(100 million yuan)	3121.6	318.7
人均 GDP	元	Per Capita GDP(yuan)	1699.6	275.5
运输邮电		Transportation and Post		
全社会客运量	万人	Total Passenger Traffic (1 000 persons)	299.7	79.1
全社会货运量	万吨	Total Freight Traffic (10 000 tons)	724.8	229.6
邮电业务总量	万元	Business Volume of Post and Telecommunication(10 000 yuan)	22613.1	249.6
国内贸易		Domestic Trade		
社会消费品零售总额	亿元	Total Retail Sales of Consumer Goods (100 million yuan)	3967.7	414
对外经济和国际旅游		Foreign Trade and International Tourism		
1. 进出口总额	万美元	Imports Total and Exports (USD 10 000)	86899.3	425.7
#出口总额	万美元	Total Exports (USD 10 000)	61526.7	463.2
2. 利用外资		Utilization of Foreign Capital		
新签协议(合同)项目数	个	Projects of Newly Signed Agreements(unit)	1366.7	42.9
协议(合同)外资金额	万美元	Amount of Foreign Capital Agreements (USD 10 000)	128730.9	171.2
实际利用外资	万美元	Foreign Capital Actally Used (USD10 000)	187651.9	244.2
3. 国际旅游		International Tourism		
接待境外旅游者人数	万人	Number of Foreign Tourists(10 000 persons)		207.8
电力		Electricity		
全社会用电量	亿千瓦时	Total Electricity Consumption (100 million kwh)	1827.0	318.2
#工业用电量	亿千瓦时	Electricity Consumption of Industry (100 million kwh)	1977.6	320.5
固定资产投资		Investment in Fixed Assets		
固定资产投资	亿元	Investment in Fixed Assets	9159.6	349.8

Growth Rates of Major National Economy Indicators in Main Years

2014 年为以下年份%								
2005	2006	2007	2008	2009	2010	2011	2012	2013
104.1	103.8	103.4	103.0	102.5	101.9	101.5	101.1	100.6
143.5	138.8	133.7	123.7	115.1	109.6	103.0	102.2	101.1
114.1	111.8	108.7	107.7	105.8	101.5	100.9	100.6	100.3
253.3	222.5	194.2	175.5	160.6	141.2	127.7	117.5	107.5
122.3	117.9	113.4	110.8	107.5	103.7	102.2	100.6	99.8
256.7	222.0	193.0	174.9	162.7	141.1	127.7	118.5	107.8
266.8	230.4	198.1	178.7	168.3	144.7	129.1	119.1	107.9
277.9	245.8	212.5	188.4	166.2	147.4	131.3	118.1	108.0
244.0	214.7	188.2	170.7	156.8	138.6	126.0	116.4	107.0
66.5	63.9	65.3	62.8	92.3	90.2	88.7	87.3	85.7
264.3	180.0	173.8	170.4	122.4	113.6	107.8	107.8	105.3
223.1	180.4	161.5	143.0	128.5	121.0	110.2	103.5	97.8
359.7	313.5	268.7	224.6	194.0	168.5	142.0	124.3	112.5
340.0	266.6	209.4	170.1	196.1	147.8	118.4	117.4	106.2
335.8	257.8	202.6	167.7	191.6	147.4	122.7	120.7	109.9
55.9	52.6	58.6	101.7	96.5	82.0	94.6	105.1	99.2
176.6	172.6	127.8	193.0	168.3	137.7	141.8	156.9	130.2
215.8	204.3	150.1	183.5	187.0	155.0	145.0	140.1	113.1
159.7	134.0	115.4	133.4	126.9	106.4	97.9	90.4	107.4
263.9	219.0	186.2	171.1	158.0	136.5	120.9	112.8	102.9
270.8	220.2	184.6	170.1	157.8	136.5	121.2	113.7	104.6
315.8	277.5	246.8	220.6	180.1	149.2	149.2	135.2	116.3

1－7 续表

指 标	单位	Item	1990	2004
财政				
财政收入	万元	Financial Revenue (10 000yuan)	5611.5	663.
#地方财政收入	万元	Local Financial Revenue (10 000yuan)		641.
财政支出	万元	Financial Expenditures (10000 yuan)	7811.7	560.
金融		Finance		
金融机构年末存款余额	亿元	Deposit Balance of Financial Institutions (100 million yuan)	8664.2	472.
金融机构年末贷款余额	亿元	Loans Balance of Financial Institutions (100 million yuan)	7586.2	500.
物价指数		Price Indices		
市区居民消费价格指数	上年＝100	Consumer Price Index of Residents in Urban District (%)	283.0	127.
市区商品零售价格指数	上年＝100	Retail Price Index of Commodities in Urban District (%)	228.1	125.
工资		Wage		
职工工资总额	万元	Total Wage of Staff and Workers (10 000 yuan)	3538.7	366.
职工平均工资	元	Average Wage of Staff and Workers (yuan)	2505.7	288.
人民生活		People's Livelihood		
农村居民人均纯收入	元	Per Capita Net Income of Rural Residents (yuan)	1457.4	322.
城镇居民人均可支配收入	元	Per Capita Disposable Income of Urban Residents (yuan)		264.
城乡居民储蓄年末存款余额	亿元	Residents' Deposits Balance in Urban and Rural Areas (100 million yuan)	8595.5	427.
教育		Education		
在校学生数		Students Enrollment		
高等学校	人	Institutions of Higher Education (person)	4308.5	445.
中等专业学校	人	Specialized Secondary Schools (person)	482.0	171.
职业中学	人	Vocational Schools (person)	471.5	80.
普通中学	人	Regular Secondary Schools (person)	205.2	84.
小学	人	Primary Schools (person)	105.1	89.
卫生		Health Care		
卫生机构数	个	Number of Health Institutions (unit)	243.2	184.
#医院、卫生院	个	Hospitals (unit)	60.0	65.
卫生技术人员	人	Medical Technical Personnel (person)	308.6	207.
#医生	人	Doctors (person)	236.7	156.
床位数	张	Number of Beds (bed)	249.5	199.
#医院、卫生院	张	Hospitals (bed)	241.5	19

continued

2014年为以下年份%								
2005	2006	2007	2008	2009	2010	2011	2012	2013
420.4	344.1	271.2	225.3	203.4	169.9	136.6	120.4	109.8
459.7	376.6	291.8	242.0	216.7	173.7	135.6	119.1	108.8
456.0	387.2	311.8	246.4	207.9	168.2	139.2	128.5	110.4
410.9	348.3	307.0	252.2	193.2	156.4	135.3	123.8	108.7
457.4	383.8	325.0	273.9	202.4	167.9	144.6	128.5	113.8
125.2	123.7	119.3	113.4	114.4	110.0	104.2	102.0	100.3
124.3	123.1	119.0	111.6	112.5	108.2	103.0	101.3	100.6
274.5	224.9	184.6	155.7	145.3	120.3	103.6	95.3	86.3
286.5	261.6	227.5	201.5	184.2	162.1	137.0	121.9	111
282.9	253.0	222.9	196.3	178.5	157.7	135.6	121.5	110.2
240.3	218.2	193.3	173.0	157.5	141.5	123.4	119.3	109.0
366.5	317.7	297.7	233.8	196.2	166.6	144.4	126.0	110.8
369.6	308.2	260.9	213.7	202.2	150.4	138.5	107.5	102.8
138.0	120.4	118.8	117.6	109.7	101.7	86.7	90.3	96.7
85.2	92.3	89.6	90.5	88.5	77.6	80.8	83.8	90.5
83.3	82.6	79.8	77.5	78.9	82.1	87.4	92.8	97.3
92.2	96.4	99.1	103.9	109.2	108.8	104.9	106.2	108.2
184.2	192.2	95.1	100.7	100.3	99.9	100.7	102.3	102.5
64.6	68.9	69.4	75.6	85.7	87.9	103.0	108.5	110.9
196.3	183.1	168.5	142.7	132.4	124.2	118.2	110.9	106.0
153.3	146.3	135.9	133.4	123.3	118.0	115.3	109.7	105.0
188.4	174.4	168.5	162.7	153.6	140.9	129.3	116.9	108.4
184.3	170.8	165.3	160.5	151.8	138.6	130.2	120.2	109.9

1-8 市区主要年份国民经济主要指标

指　　标	单位	Item	1990	2004
人口		Population		
年末户籍总人口	万人	Year - end Population(10000 persons)	73.61	80.4
#非农业人口	万人	Non - agricultural Population(10000 persons)	21.15	35.2
年末常住人口	万人	Total Year - End	88.19	
地区生产总值	亿元	Gross Domestic Product(100 million yuan)	21.26	254.1
第一产业	亿元	Teryairy Industry (100 million yuan)	5.67	16.3
第二产业	亿元	Teryairy Industry (100 million yuan)	10.71	134.4
工业增加值	亿元	Teryairy Industry (100 million yuan)	9.45	111.0
第三产业	亿元	Teryairy Industry (100 million yuan)	4.87	103.2
人均 GDP	元	Per Capita GDP(yuan)	2902	3171
运输邮电		Trasportation and Postal		
全社会客运量	万人	Total Passenger Traffic (10000 persons)	691	474
全社会货运量	万吨	Total Freight Traffic (10000 tons)	794	193
邮电业务总量	万元	Business Volume of Post and Telecommunication (10000 yuan)	1337	10811
国内贸易		Domestic Trade		
社会消费品零售总额	亿元	Total Retail Sales of Consumer Goods (100 million yuan)	8.99	91.2
对外经济和国际旅游		Foreign Trade and International Tourism		
1. 出口总额	万美元	Total Exports (USD 10000)	2772	13856
2. 利用外资		Utilization of Foreign Capital		
新签协议(合同)项目数	个	Projects of Newly Signed Agreements(unit)	6	20
协议(合同)外资金额	万美元	Amount of Foreign Capital Agreements(USD10000)	149	9703
实际利用外资	万美元	Foreign Capital Actually Used (USD10 000)	80	3454
电力		Electricity		
全社会用电量	亿千瓦时	Total Electricity Consumption (100 million kwh)	6.62	37.3
#工业用电量	亿千瓦时	Electricity Consumption of Industry (100 million kwh)	5.08	29.7
固定资产投资		Investment in Fixed Assets		
固定资产投资	亿元	Investment in Fixed Assets	7.66	233.9

Major National Economy Indicators of Urban District in Main Years

2005	2006	2007	2008	2009	2010	2011	2012	2013	2014
80.83	81.4	81.98	82.55	83.12	83.75	84.28	84.84	85.47	86.36
36.32	37.17	38.59	42.03	42.42	42.86	43.82	44.29	45.13	45.90
101.03	103.62	107.12	108.77	110.65	120.27	120.40	120.91	121.59	122.32
293.44	340.89	403.50	459.21	481.88	577.79	669.29	712.46	793.44	837.91
18.16	18.77	20.46	22.51	22.85	26.51	30.57	31.64	31.21	31.62
155.54	185.14	218.99	245.58	248.02	299.75	341.48	347.90	376.34	395.95
129.32	154.47	187.96	213.62	211.02	258.07	297.07	306.40	334.12	352.60
119.74	136.98	164.04	191.11	211.01	251.52	297.24	332.91	385.89	410.33
36400	42024	49392	55819	58173	69251	79666	84254	93177	97527
5180	5307	5836	5918	3538	3633	2923	2988	4682	4415
2144	2488	2616	2465	2456	3765	3976	4255	4431	4919
114798	145382	153309	173660	193252	204805	248342	273309	281671	293736
106.9	123.25	144.28	172.05	196.89	227.56	269.40	300.53	328.30	370.14
193209	262399	342547	428083	363910	458247	554316	563487	639007	705918
129	138	156	84	105	100	87	93	76	88
91080	98985	142784	87147	97995	116965	104159	100519	109356	148150
37424	35875	53994	46249	37526	50742	59962	68098	75727	85696
43.23	49.51	57.94	61.19	63.44	73.80	85.12	93.03	99.12	101.37
35.15	39.85	47.17	49.24	50.39	58.79	67.53	73.46	76.90	80.01
261.26	293.82	320.01	306.32	373.48	421.66	398.21	444.83	512.09	584.77

1-8续表

指标	单位	Item	1990	2004
财政		Finance		
财政一般预算收入	万元	Financial Revenue (10000yuan)	35108	257804
#地方财政收入	万元	Local Financial Revenue (10 000yuan)		158902
财政一般预算支出	万元	Financial Expenditure (10000 yuan)	14911	189518
金融		Finance		
金融机构年末存款余额	亿元	Deposit Balance of Financial Institutions (100 million yuan)	18.47	394.63
金融机构年末贷款余额	亿元	Loans Balance of Financial Institutions(100 million yuan)	19.18	346.19
工资		Wage		
职工工资总额	万元	Total Wages of Staff and Workers (10000yuan)	34279	246188
职工平均工资	元	Average Wages of Staff and Workers (yuan)	2396	20343
人民生活		People's Livelihood		
农村居民人均可支配收入	元	Per Capita Net Income of Rural Residents (yuan)	1648	6953
城镇居民人均可支配收入	元	Per Capita Disposable Income of Urban Residents (yuan)	2049	14392
城乡居民储蓄年末存款余额	亿元	Residents' Deposits Balance in Urban and Rural Areas (100 million yuan)	8.17	178.00
教育		Education		
在校学生数		Students Enrollment		
高等学校	人	Institutions of Higher Education (person)	1827	17665
中等专业学校	人	Specialized Secondary Schools (person)	3535	7864
职业中学	人	Vocational Schools (person)	772	3763
普通中学	人	Regular Secondary Schools (person)	18293	50246
小学	人	Primary Schools (person)	52067	66311
卫生		Health Care		
卫生机构数	个	Number of Health Institutions (unit)	180	221
#医院、卫生院	个	Hospitals (unit)	41	44
卫生技术人员	人	Number of Medical Technical Personnel (person)	3039	4857
#医生	人	Doctors (person)	1343	2074
床位数	张	Number of Beds (bed)	2738	3847
#医院、卫生院	张	Hospitals (bed)	2510	3517

continued

2005	2006	2007	2008	2009	2010	2011	2012	2013	2014
428150	525054	666709	778957	881359	1072462	1325824	1455695	1549498	1680724
229144	268483	361196	427090	475050	601889	773511	840248	884582	938112
251457	302964	373603	463976	555082	699399	838198	872703	992315	1088806
459.48	546.47	620.40	764.63	1003.98	1196.94	1387.50	1510.16	1741.00	1922.96
382.56	445.67	504.96	589.97	775.76	901.55	1048.71	1155.72	1297.14	1517.10
351701	438914	540110	627561	700004	869087	999377	1119249	1246508	1389475
20303	22877	26893	30903	34470	38597	46609	52819	56481	62014
7936	8890	10118	11492	12643	14333	16370	18264	21561	23689
15555	17129	19238	21177	22730	24815	29599	33626	34553	37673
213.4	247.92	265.84	342.72	405.92	476.97	545.88	622.27	708.06	773.01
21298	25540	30173	36832	38932	52351	56821	73228	76561	78716
10414	12037	12266	12153	12720	13853	14896	14311	13266	11427
2627	1362	1083	884	689	308	122	44	0	0
51988	52992	56538	58382	57269	55274	52844	50610	49249	50271
64212	61783	63345	60505	57201	82601	59335	58318	59052	71965
216	217	326	314	315	320	321	318	319	326
43	39	38	33	25	26	25	25	25	27
5150	5807	6314	6780	7612	8094	8580	9067	9477	10142
2052	2291	2375	2407	2701	2828	2835	2988	3177	3329
4240	4936	5104	5127	5659	5899	6879	7557	7964	8615
3895	4506	4509	4587	5053	5304	6226	6701	7111	7748

1－9 市区主要年份国民经济主要指标发展速度

指标	单位	Item	1990	2004
人口		Population		
年末户籍总人口	万人	Year－end Population(10000 persons)	117.3	107.4
#非农业人口	万人	Non－agricultural Population(10000 persons)	217.0	130.4
年末常住人口	万人	Total Year－End	138.7	
地区生产总值	亿元	Gross Domestic Product(100 million yuan)	1792.9	283.0
第一产业	亿元	Teryairy Industry (100 million yuan)	203.5	128.4
第二产业	亿元	Teryairy Industry (100 million yuan)	2040.9	280.9
工业增加值	亿元	Teryairy Industry (100 million yuan)	2198.7	306.0
第三产业	亿元	Teryairy Industry (100 million yuan)	3080	311.9
人均 GDP	元	Per Capita GDP(yuan)	1529.6	264.1
运输邮电		Trasportation and Postal		
全社会客运量	万人	Total Passenger Traffic (10000 persons)	638.9	93.0
全社会货运量	万吨	Total Freight Traffic (10000 tons)	619.5	253.9
邮电业务总量	万元	Business Volume of Post and Telecommunication (10000 yuan)	21969.8	271.7
国内贸易		Domestic Trade		
社会消费品零售总额	亿元	Total Retail Sales of Consumer Goods (100 million yuan)	3769	371.2
对外经济和国际旅游		Foreign Trade and International Tourism		
1.出口总额	万美元	Total Exports (USD 10000)	25466	509.5
2.利用外资		Utilization of Foreign Capital		
新签协议(合同)项目数	个	Projects of Newly Signed Agreements(unit)	1466.7	42.9
协议(合同)外资金额	万美元	Amount of Foreign Capital Agreements(USD10000)	99429.5	152.7
实际利用外资	万美元	Foreign Capital Actually Used (USD10 000)	107120	248.0
电力		Electricity		
全社会用电量	亿千瓦时	Total Electricity Consumption (100 million kwh)	1531.3	271.7
#工业用电量	亿千瓦时	Electricity Consumption of Industry (100 million kwh)	1575	269.4
固定资产投资		Investment in Fixed Assets		
固定资产投资	亿元	Investment in Fixed Assets	7634.1	250.0

Growth Rates of Major National Economy Indicators of Urban District in Main Years

2014年为以下年份%								
2005	2006	2007	2008	2009	2010	2011	2012	2013
106.8	106.1	105.3	104.6	103.9	103.1	102.5	101.8	101
126.4	123.5	118.9	109.2	108.2	107.1	104.7	103.6	101.7
121.1	118	114.2	112.5	110.5	101.7	101.6	101.2	100.6
249.8	218.6	190.5	172.6	158.4	139.1	126.2	117.6	107.4
122	117.6	113.7	110.2	106.7	102.8	100.6	99.3	99.2
247.6	212.5	184.4	168.8	159.2	137.6	125.2	118.6	107.3
269.1	230.6	192.8	174.8	167.6	142.6	127.6	119.9	107.5
272.6	241.3	208.5	185	163.1	144.6	130.0	118	108.1
234.6	206.6	181.3	165.4	152.8	135.2	123.6	115.7	106.4
85.2	83.2	75.7	74.6	124.8	121.5	151.1	147.7	94.3
229.4	197.7	188.1	199.5	200.3	130.7	123.7	115.6	111
255.9	202	191.6	169.1	152	143.4	118.3	107.5	104.3
317.9	276.6	237	199.4	172.1	148.9	125.8	127.6	112.7
365.4	269	206.1	164.9	194	154	127.3	125.3	110.5
68.2	63.8	56.4	104.8	83.8	88	101.1	94.6	115.8
162.7	149.7	103.8	170	151.2	126.7	142.2	147.4	135.5
229	238.9	158.7	185.3	228.4	168.9	142.9	125.8	113.2
234.5	204.7	175	165.7	159.8	137.4	119.1	109	102.3
227.6	200.8	169.6	162.5	158.8	136.1	118.5	108.9	104
223.8	199	182.7	190.9	156.6	138.7	146.8	131.5	114.2

1-9 续表

指　标	单位	Item	1990	2004
财政		Finance		
财政一般预算收入	万元	Financial Revenue (10000yuan)	4787.3	651.9
#地方财政收入	万元	Local Financial Revenue (10 000yuan)		560.8
财政一般预算支出	万元	Financial Expenditure (10000 yuan)	7302	574.5
金融		Finance		
金融机构年末存款余额	亿元	Deposit Balance of Financial Institutions (100 million yuan)	10411.3	487.3
金融机构年末贷款余额	亿元	Loans Balance of Financial Institutions (100 million yuan)	7909.8	438.2
工资		Wage		
职工工资总额	万元	Total Wages of Staff and Workers (10000yuan)	4053.4	564.4
职工平均工资	元	Average Wages of Staff and Workers (yuan)	2588.2	304.8
人民生活		People's Livelihood		
农村居民人均纯收入	元	Per Capita Net Income of Rural Residents (yuan)	1343.3	318.4
城镇居民人均可支配收入	元	Per Capita Disposable Income of Urban Residents (yuan)	1955.2	278.4
城乡居民储蓄年末存款余额	亿元	Residents´ Deposits Balance in Urban and Rural Areas (100 million yuan)	9461.6	434.3
教育		Education		
在校学生数		Students Enrollment		
高等学校	人	Institutions of Higher Education (person)	4308.5	445.6
中等专业学校	人	Specialized Secondary Schools (person)	323.3	145.3
职业中学	人	Vocational Schools (person)	0	0.0
普通中学	人	Regular Secondary Schools (person)	274.8	100.0
小学	人	Primary Schools (person)	138.2	108.5
卫生		Health Care		
卫生机构数	个	Number of Health Institutions (unit)	181.1	147.5
#医院、卫生院	个	Hospitals (unit)	65.9	61.4
卫生技术人员	人	Number of Medical Technical Personnel (person)	333.7	208.8
#医生	人	Doctors (person)	247.9	160.5
床位数	张	Number of Beds (bed)	314.6	223.9
#医院、卫生院	张	Hospitals (bed)	308.7	220.3

continued

2014 年为以下年份%								
2005	2006	2007	2008	2009	2010	2011	2012	2013
392.6	320.1	252.1	215.8	190.7	156.7	126.8	115.5	108.5
388.9	331.9	246.7	208.6	187.6	148	115.2	111.7	106.1
433	359.4	291.4	234.7	196.2	155.7	129.9	124.8	109.7
418.5	351.9	310	251.5	191.5	160.7	138.6	127.3	110.5
396.6	340.4	300.4	257.1	195.6	168.3	144.7	131.3	117
395.1	316.6	257.3	221.4	198.5	159.9	139.0	124.1	111.5
305.4	271.1	230.6	200.7	179.9	160.7	133.1	117.4	109.8
279	249	218.8	192.6	175.1	154.5	135.2	121.2	109.9
257.5	233.9	208.2	189.2	176.2	161.4	135.3	119.1	109
362.2	311.8	290.8	225.6	190.4	162.1	141.6	124.2	109.2
369.6	308.2	260.9	213.7	202.2	150.4	138.5	107.5	102.8
109.7	94.9	93.2	94	89.8	82.5	76.7	79.8	86.1
0	0	0	0	0	0	0.0	0	0
96.7	94.9	88.9	86.1	87.8	90.9	95.1	99.3	102.1
112.1	116.5	113.6	118.9	125.8	87.1	121.3	123.4	121.9
150.9	150.2	100	103.8	103.5	101.9	101.6	102.5	102.2
62.8	69.2	71.1	81.8	108	103.8	108.0	108	108
196.9	174.7	160.6	149.6	133.2	125.3	118.2	111.9	107
162.2	145.3	140.2	138.3	123.3	117.7	117.4	111.4	104.8
203.2	174.5	168.8	168	152.2	146	125.2	114	108.2
198.9	171.9	171.8	168.9	153.3	146.1	124.4	115.6	109.0

1-10 全市生产总值（1978-2014）

Gross Domestic Product (1978-2014)

单位：亿元、元 (100 million yuan)

年份 Year	地区生产总值 Gross Domestic Product	第一产业增加值 Value Added of Primary Industry	第二产业增加值 Value Added of Secondary Industry	工业增加值 Value Added of Industry	建筑业增加值 Value Added of Construction	第三产业增加值 Value Added of Tertiary Industry	人均生产总值(按户籍人口计算) Per Captia GDP	人均生产总值(按常住人口计算) Per Captia GDP
1978	13.29	6.63	4.38	3.91	0.47	2.28	460	
1979	16.63	8.39	5.52	4.80	0.72	2.73	573	
1980	17.80	6.96	7.57	6.62	0.95	3.27	610	
1981	19.96	7.78	8.65	7.74	0.91	3.53	680	
1982	22.41	8.98	9.45	8.37	1.09	3.98	756	
1983	23.27	8.37	10.44	9.37	1.07	4.46	780	
1984	30.67	11.33	14.06	12.65	1.41	5.28	1025	
1985	40.98	12.38	21.20	19.18	2.03	7.40	1366	
1986	47.90	13.64	24.69	21.93	2.76	9.57	1584	
1987	57.59	16.66	29.90	26.15	3.75	11.03	1811	
1988	72.42	21.73	36.34	31.90	4.44	14.35	2339	
1989	79.77	23.71	39.75	34.64	5.11	16.31	2554	
1990	81.33	24.97	40.56	34.82	5.74	15.80	2582	
1991	91.26	24.93	47.51	40.45	7.06	18.82	2877	
1992	113.32	26.30	62.23	53.84	8.39	24.79	3547	
1993	168.10	30.88	99.32	89.53	9.78	37.91	5227	
1994	236.57	49.67	130.25	118.78	11.46	56.66	7313	
1995	311.24	56.95	175.49	158.31	17.18	78.80	9564	
1996	369.96	61.43	207.62	189.97	17.64	100.91	11306	
1997	408.83	63.45	226.06	204.81	21.26	119.32	12439	
1998	433.39	59.71	238.72	214.85	23.88	134.96	13149	
1999	460.31	55.37	252.97	227.35	25.62	151.97	13947	
2000	524.03	60.23	283.79	254.61	29.18	180.01	15845	
2001	586.73	63.26	315.63	282.49	33.13	207.84	17694	
2002	677.65	61.23	379.84	340.90	38.94	236.57	20402	
2003	823.54	66.04	474.90	424.40	50.50	282.60	24755	
2004	1002.41	76.80	588.19	522.88	65.31	337.42	30062	
2005	1158.38	84.45	681.32	608.24	73.07	392.61	34668	
2006	1345.18	88.17	805.76	721.60	84.16	451.25	40162	33243
2007	1586.00	97.07	947.07	853.41	93.66	541.86	47177	38247
2008	1819.78	105.52	1081.21	974.29	106.91	633.06	53929	43081
2009	1919.37	107.51	1109.77	982.78	126.99	702.09	56647	44842
2010	2315.46	127.00	1337.15	1190.48	146.67	851.30	67982	52489
2011	2703.90	142.80	1532.89	1373.67	159.22	1028.21	78986	59850
2012	2914.40	151.39	1598.34	1438.14	160.20	1164.68	84773	64229
2013	3163.05	147.97	1708.86	1542.97	166.04	1306.23	91622	69502
2014	3352.60	144.77	1813.67	1636.88	177.65	1394.17	96607	73458

注：根据国家统计局有关规定，表中2009-2012年数据已经依据2013年经济普查资料重新修订；根据国民经济行业分类目录(2011)，第二产业不包含金属制品、机械和设备修理业，下同。

Note: In accordance with the principles set down by the National Bureau of Statistics of China, data of the year from 2009 to 2012 in the table have been revised on the base of the data of the Third National Economic Census,; In accordance with the latest National Economic Industry Classification Approach(2011) The Secondary Industry does not include the Equipment Repair Industry, the same below.

1－11 全市生产总值增长率（1979－2014）

Growth Rates of Gross Domestic Product (1979－2014)

单位:%　　　　(%)

年份 Year	地区生产总值 Gross Domestic Product	第一产业增加值 Value Added of Primary Industry	第二产业增加值 Value Added of Secondary Industry	工业增加值 Value Added of Industry	建筑业增加值 Value Added of Construction	第三产业增加值 Value Added of Tertiary Industry	人均生产总值(按户籍人口计算) Per Captia GDP	人均生产总值(按常住人口计算) Per Captia GDP
1979	19.2	13.7	27.1	24.5	47.1	22.0	18.5	
1980	4.4	-19.4	37.2	38.6	28.2	12.8	3.8	
1981	11.5	11.6	13.6	16.6	-7.4	6.3	10.8	
1982	11.3	13.6	9.3	8.2	18.8	11.0	10.3	
1983	2.9	-9.8	11.2	13.0	-3.9	11.6	2.1	
1984	23.4	24.9	25.6	25.8	23.8	15.1	23.0	
1985	21.7	0.2	37.0	37.2	34.3	24.6	21.4	
1986	16.6	3.0	22.2	21.7	26.5	22.5	15.8	
1987	10.9	4.1	15.7	14.7	25.9	6.3	9.5	
1988	8.9	2.8	10.1	11.3		13.0	7.7	
1989	-5.4	-3.3	-6.2	-7.1	2.1	-5.3	-6.2	
1990	0.9	3.9	1.3	1.0	3.3	-3.8	0.1	
1991	9.6	-3.9	15.4	14.1	23.0	16.1	8.8	
1992	18.1	4.9	22.6	27.0	-1.9	23.6	17.2	
1993	25.8	-1.7	35.8	42.9	-15.9	31.2	25.0	
1994	14.1	8.8	11.6	12.1	6.3	24.7	13.4	
1995	18.0	4.0	20.5	19.0	39.9	22.4	17.3	
1996	16.9	3.9	19.0	20.6	1.0	20.1	16.2	
1997	9.8	4.0	9.5	8.7	20.7	13.4	9.3	
1998	9.7	-1.1	10.1	9.7	15.1	14.2	9.4	
1999	10.0	3.2	9.3	9.3	8.6	14.3	9.8	
2000	12.0	4.5	13.2	13.4	10.6	12.5	11.8	
2001	12.0	6.6	12.8	12.9	12.2	12.5	11.7	
2002	13.7	3.5	15.5	15.5	15.5	14.0	13.5	
2003	16.4	4.8	19.6	19.6	19.5	14.6	16.2	
2004	16.0	6.7	17.5	17.3	19.0	16.0	15.7	
2005	13.2	3.2	13.7	13.9	12.3	14.7	12.9	
2006	13.9	3.7	15.6	15.8	13.9	13.1	13.6	
2007	14.5	4.0	15.1	16.3	4.6	15.7	14.1	11.8
2008	10.7	2.3	10.3	10.8	5.7	12.8	10.3	8.6
2009	9.3	3.1	7.5	6.2	20.6	13.5	8.9	7.9
2010	13.7	3.6	15.3	16.3	6.4	12.7	13.1	10.4
2011	10.6	1.5	10.4	12.0	-2.6	12.3	10.1	8.0
2012	8.7	1.6	7.8	8.4	2.0	11.1	8.3	8.2
2013	9.3	0.3	9.9	10.4	5.2	9.4	8.8	8.9
2014	7.5	-0.2	7.8	7.9	6.7	8.0	7.0	7.2

1-12 全市生产总值指数（1978-2014）

Indices of Gross Domestic Product (1978-2014)

单位:%　　(%)

年份 Year	地区生产总值 Gross Domestic Product	第一产业增加值 Value Added of Primary Industry	第二产业增加值 Value Added of Secondary Industry	工业增加值 Value Added of Industry	建筑业增加值 Value Added of Construction	第三产业增加值 Value Added of Tertiary Industry	人均生产总值(按户籍人口计算) Per Captia GDP	人均生产总值(按常住人口计算) Per Captia GDP
1978	100.0	100.0	100.0	100.0	100.0	100.0	100.0	
1979	119.2	113.7	127.1	124.5	147.1	122.0	118.5	
1980	124.4	91.6	174.4	172.6	188.6	137.6	123.1	
1981	138.8	102.3	198.1	201.2	174.6	146.3	136.3	
1982	154.4	116.2	216.5	217.7	207.5	162.4	150.4	
1983	158.9	104.8	240.8	246.0	199.4	181.2	153.5	
1984	196.1	130.9	302.4	309.5	246.8	208.6	188.8	
1985	238.7	131.2	414.3	424.6	331.5	259.9	229.3	
1986	278.3	135.1	506.3	516.7	419.3	318.4	265.4	
1987	308.6	140.6	585.8	592.7	527.9	338.4	290.8	
1988	336.1	144.6	644.9	659.7	527.9	382.4	313.1	
1989	317.9	139.8	604.9	612.8	539.0	362.1	293.7	
1990	320.8	145.2	612.8	619.0	556.8	348.4	293.9	
1991	351.6	139.6	707.2	706.2	684.9	404.5	319.8	
1992	415.2	146.4	867.0	896.9	671.8	499.9	374.9	
1993	522.4	143.9	1177.2	1281.4	565.3	655.8	468.6	
1994	595.8	156.6	1314.3	1436.2	600.7	817.8	531.2	
1995	703.2	163.0	1583.9	1709.5	840.1	1000.7	623.3	
1996	821.9	169.3	1884.2	2061.3	848.9	1201.6	724.5	
1997	902.2	176.1	2063.7	2240.2	1024.9	1362.6	791.8	
1998	990.1	174.2	2272.7	2457.8	1179.4	1556.0	866.5	
1999	1088.7	179.8	2483.2	2686.8	1280.8	1778.8	951.5	
2000	1219.5	187.8	2810.5	3047.1	1416.4	2001.7	1063.7	
2001	1365.7	200.3	3170.3	3439.2	1589.2	2251.9	1188.0	
2002	1552.3	207.3	3661.0	3971.7	1835.0	2567.2	1348.1	
2003	1806.9	217.4	4377.8	4749.6	2193.1	2943.0	1566.7	
2004	2096.0	231.9	5143.7	5572.5	2609.2	3412.7	1813.1	
2005	2371.7	239.3	5848.8	6345.8	2928.9	3913.3	2047.4	
2006	2700.7	248.2	6760.7	7348.2	3335.6	4424.9	2325.8	100.0
2007	3093.2	258.2	7779.0	8546.0	3488.7	5118.8	2654.1	111.8
2008	3423.2	264.1	8582.2	9470.2	3687.6	5771.8	2926.2	121.4
2009	3743.2	272.3	9226.6	10055.7	4447.0	6552.6	3186.6	131.0
2010	4257.5	282.1	10637.8	11696.1	4733.7	7383.4	3605.6	144.6
2011	4709.2	286.2	11746.4	13102.1	4612.5	8289.5	3968.0	156.1
2012	5119.8	290.8	12659.0	14200.4	4706.9	9213.1	4295.7	169.0
2013	5595.3	291.6	13914.2	15675.7	4952.8	10080.9	4675.0	184.1
2014	6016.2	291.0	14998.6	16914.4	5283.1	10883.4	5000.6	197.4

1－13 全市生产总值构成（1978－2014）
Structure of Gross Domestic Product (1978－2014)

单位:%　　　　(%)

年份 Year	地区生产总值 Gross Domestic Product	第一产业增加值 Value Added of Primary Industry	第二产业增加值 Value Added of Secondary Industry	工业增加值 Value Added of Industry	建筑业增加值 Value Added of Construction	第三产业增加值 Value Added of Tertiary Industry
1978	100	49.8	33.0	29.5	3.5	17.2
1979	100	50.4	33.2	28.9	4.3	16.4
1980	100	39.1	42.5	37.2	5.3	18.4
1981	100	39.0	43.3	38.7	4.6	17.7
1982	100	40.0	42.2	37.3	4.9	17.8
1983	100	36.0	44.8	40.2	4.6	19.2
1984	100	37.0	45.8	41.2	4.6	17.2
1985	100	30.2	51.7	46.8	4.9	18.1
1986	100	28.4	51.6	45.8	5.8	20.0
1987	100	28.9	51.9	45.4	6.5	19.2
1988	100	30.0	50.2	44.1	6.1	19.8
1989	100	29.7	49.8	43.4	6.4	20.5
1990	100	30.7	49.9	42.8	7.1	19.4
1991	100	27.3	52.1	44.4	7.7	20.6
1992	100	23.2	54.9	47.5	7.4	21.9
1993	100	18.4	59.1	53.3	5.8	22.5
1994	100	21.0	55.1	50.3	4.8	23.9
1995	100	18.3	56.4	50.9	5.5	25.3
1996	100	16.6	56.1	51.3	4.8	27.3
1997	100	15.5	55.3	50.1	5.2	29.2
1998	100	13.8	55.1	49.6	5.5	31.1
1999	100	12.0	55.0	49.4	5.6	33.0
2000	100	11.5	54.1	48.5	5.6	34.4
2001	100	10.8	53.8	48.2	5.6	35.4
2002	100	9.0	56.1	50.4	5.7	34.9
2003	100	8.0	57.7	51.6	6.1	34.3
2004	100	7.6	58.7	52.2	6.5	33.7
2005	100	7.3	58.8	52.5	6.3	33.9
2006	100	6.6	59.9	53.6	6.3	33.5
2007	100	6.1	59.7	53.8	5.9	34.2
2008	100	5.8	59.4	53.5	5.9	34.8
2009	100	5.6	57.8	51.2	6.6	36.6
2010	100	5.5	57.7	51.4	6.3	36.8
2011	100	5.3	56.7	50.8	5.9	38.0
2012	100	5.2	54.8	49.3	5.5	40.0
2013	100	4.7	54.0	48.8	5.2	41.3
2014	100	4.3	54.1	48.8	5.3	41.6

1-14 市区生产总值（1978-2014）
Gross Domestic Product of Urban District (1978-2014)

单位：万元、元 (10000 yuan)

年份 Year	生产总值 Gross Domestic Product	第一产业增加值 Value Added of Primary Industry	第二产业增加值 Value Added of Secondary Industry	工业增加值 Value Added of Industry	建筑业增加值 Value Added of Construction	第三产业增加值 Value Added of Tertiary Industry	人均生产总值(按户籍人口计算) Per Captia GDP	人均生产总值(按常住人口计算) Per Captia GDP
1978	41431	15132	18001	17100	901	8298	635	
1979	48776	17976	21186	20153	1033	9614	744	
1980	53209	14908	27199	25396	1803	11102	807	
1981	58885	17536	29757	27672	2085	11592	887	
1982	64691	19137	31803	29564	2239	13751	965	
1983	68227	18513	35195	32056	3139	14519	1009	
1984	84922	25732	42657	39452	3205	16533	1249	
1985	109613	27625	60873	56263	4610	21115	1603	
1986	133131	34243	69400	63381	6019	29488	1925	
1987	162300	42302	86563	77566	8997	33435	2309	
1988	188931	49089	97525	87081	10444	42317	2645	
1989	210409	51678	105314	95764	9550	53417	2906	
1990	212586	56746	107098	94540	12558	48742	2902	
1991	239431	59756	122982	107249	15733	56693	3241	
1992	291110	57599	160415	140043	20372	73096	3547	
1993	435190	65771	238828	217609	21220	130591	5796	
1994	564322	100004	300485	270003	30482	163833	7451	
1995	715383	120236	378650	332262	46388	216497	9365	
1996	848445	131191	440241	380676	59565	277012	11017	
1997	938553	134001	491539	419397	72142	313013	12105	
1998	1008880	127746	517589	432883	84706	363545	12949	
1999	1097038	119047	563032	476357	86675	414959	14027	
2000	1271587	124993	635269	534601	100668	511325	16182	
2001	1446303	129248	721301	592153	129148	595754	18318	
2002	1698618	126862	865601	713814	151787	706156	21426	
2003	2068851	135916	1076414	887016	189399	856521	25979	
2004	2540987	163343	1344936	1110502	234434	1032709	31719	
2005	2934439	181620	1555421	1293217	262204	1197398	36400	
2006	3408885	187699	1851415	1544703	306712	1369771	42024	33314
2007	4034955	204637	2189938	1879551	310387	1640380	49392	38293
2008	4592079	225137	2455821	2136243	319578	1911121	55819	42541
2009	4818848	228540	2480193	2110249	369944	2110115	58173	43924
2010	5777857	265127	2997510	2580694	416816	2515220	69251	50042
2011	6692865	305666	3414774	2970735	444039	2972426	79666	55619
2012	7124577	316436	3479000	3064003	414997	3329141	84254	59049
2013	7934400	312054	3763420	3341193	423676	3858926	93177	65438
2014	8379061	316222	3959504	3525956	435098	4103335	97527	68706

注：根据国家统计局有关规定，表中2009-2012年数据已经依据2013年经济普查资料重新修订；根据国民经济行业分类目录(2011)，第二产业不包含金属制品、机械和设备修理业，下同。

Note: In accordance with the principles set down by the National Bureau of Statistics of China, data of the year from 2009 to 2012 in the table have been revised on the base of the data of the Third National Economic Census,; In accordance with the latest National Economic Industry Classification Approach(2011) The Secondary Industry does not include the Equipment Repair Industry, the same below.

1－15 市区生产总值增长率（1979－2014）

Growth Rates of Gross Domestic Product of Urban District (1979－2014)

单位：%　　(%)

年份 Year	生产总值 Gross Domestic Product	第一产业增加值 Value Added of Primary Industry	第二产业增加值 Value Added of Secondary Industry	工业增加值 Value Added of Industry	建筑业增加值 Value Added of Construction	第三产业增加值 Value Added of Tertiary Industry	人均生产总值(按户籍人口计算) Per Captia GDP	人均生产总值(按常住人口计算) Per Captia GDP
1979	11.1	－3.8	20.2	20.8	10.0	29.9	10.7	
1980	5.0	－24.2	30.6	28.5	69.6	8.9	4.4	
1981	12.7	25.0	9.8	9.7	11.7	3.2	11.9	
1982	10.2	13.4	5.6	5.5	7.1	17.1	9.1	
1983	2.5	－12.1	11.4	9.5	37.2	4.8	1.6	
1984	22.8	35.4	20.8	23.1	－4.1	11.0	22.1	
1985	18.6	－2.8	33.2	33.2	34.1	13.2	17.8	
1986	14.0	10.2	10.0	9.2	21.1	32.1	12.8	
1987	11.3	5.9	16.0	14.2	38.7	5.1	9.5	
1988	2.9	－3.0	1.3	1.6	－2.1	14.7	1.3	
1989	－4.1	－6.3	－5.4	－4.1	－18.7	1.3	－5.4	
1990	1.0	8.2	0.8	－0.8	20.8	－5.0	－0.2	
1991	9.8	0.4	13.1	11.4	25.3	13.6	8.9	
1992	15.3	－4.3	22.3	24.6	7.0	20.0	14.4	
1993	20.7	－7.9	19.1	24.7	－24.9	47.6	19.6	
1994	10.6	6.8	12.2	10.9	30.3	9.6	9.7	
1995	13.2	7.3	13.8	11.3	42.0	14.9	12.2	
1996	16.4	8.1	18.0	17.0	26.4	17.5	15.5	
1997	12.4	1.6	13.5	12.5	21.4	15.1	11.7	
1998	10.5	10.1	6.7	4.9	20.3	17.4	9.9	
1999	12.5	2.1	12.3	13.7	3.6	16.4	12.0	
2000	13.6	4.2	13.8	13.9	12.8	16.3	13.1	
2001	13.8	5.0	14.9	12.7	26.8	14.5	13.2	
2002	15.4	3.4	17.1	17.5	15.5	16.0	14.9	
2003	16.8	3.1	18.8	19.3	16.2	17.2	16.3	
2004	16.9	8.5	18.3	19.2	13.9	16.4	16.2	
2005	13.3	5.3	13.4	13.7	12.2	14.4	12.6	
2006	14.3	3.7	16.5	16.7	15.6	13.0	13.6	
2007	14.8	3.4	15.3	19.7	－6.6	15.7	14.0	11.5
2008	10.3	3.2	9.3	10.3	2.9	12.7	9.6	7.7
2009	9.0	3.3	6.0	4.3	17.5	13.4	8.2	7.2
2010	13.9	3.7	15.7	17.5	4.8	12.7	13.1	8.2
2011	10.1	2.2	9.9	11.8	－1.5	11.3	9.4	5.7
2012	7.4	1.3	5.5	6.4	－0.9	10.2	6.7	7.1
2013	9.5	0.6	10.6	11.5	3.6	9.1	8.8	9.0
2014	7.4	－0.8	7.3	7.5	5.7	8.1	6.4	6.8

1－16 市区生产总值指数（1978－2014）

Indices of Gross Domestic Product of Urban District (1978－2014)

单位:%　　　　(%)

年份 Year	生产总值 Gross Domestic Product	第一产业增加值 Value Added of Primary Industry	第二产业增加值 Value Added of Secondary Industry	工业增加值 Value Added of Industry	建筑业增加值 Value Added of Construction	第三产业增加值 Value Added of Tertiary Industry	人均生产总值(按户籍人口计算) Per Captia GDP	人均生产总值(按常住人口计算) Per Captia GDP
1978	100.0	100.0	100.0	100.0	100.0	100.0	100.0	
1979	111.1	96.2	120.2	120.8	110.0	129.9	110.7	
1980	116.7	72.9	157.0	155.2	186.6	141.5	115.6	
1981	131.5	91.1	172.4	170.3	208.4	146.0	129.4	
1982	144.9	103.4	182.0	179.7	223.2	171.0	141.2	
1983	148.5	90.9	202.8	196.7	306.2	179.2	143.4	
1984	182.4	123.0	244.9	242.2	293.7	198.9	175.2	
1985	216.3	119.6	326.3	322.6	393.8	225.1	206.4	
1986	246.6	131.8	358.9	352.2	476.9	297.4	232.7	
1987	274.4	139.5	416.3	402.2	661.4	312.5	254.9	
1988	282.4	135.4	421.7	408.7	647.5	358.5	258.2	
1989	270.8	126.8	399.0	391.9	526.4	363.1	244.1	
1990	273.5	137.2	402.1	388.8	636.0	345.0	243.8	
1991	300.3	137.8	454.8	433.1	796.8	391.9	265.4	
1992	346.3	131.9	556.3	539.7	852.6	470.3	303.6	
1993	417.8	121.5	662.3	673.0	640.4	694.3	363.2	
1994	462.2	129.8	743.4	746.0	834.4	761.1	398.3	
1995	523.0	139.2	846.1	830.0	1184.7	874.6	446.9	
1996	609.0	150.5	998.1	971.0	1497.1	1028.1	516.1	
1997	684.7	152.9	1132.8	1092.4	1816.8	1183.5	576.4	
1998	756.4	168.4	1208.7	1145.6	2185.8	1389.6	633.6	
1999	850.6	171.8	1357.6	1302.3	2263.8	1616.8	709.8	
2000	966.4	179.0	1544.9	1483.8	2552.7	1879.9	802.7	
2001	1099.5	188.0	1775.3	1671.9	3236.0	2152.8	908.9	
2002	1269.0	194.3	2079.4	1964.4	3736.0	2496.7	1044.8	
2003	1482.7	200.4	2469.3	2343.2	4340.7	2925.3	1215.2	
2004	1732.7	217.5	2922.0	2793.9	4942.7	3406.5	1411.7	
2005	1962.9	229.0	3314.7	3176.1	5546.8	3898.1	1589.2	
2006	2243.0	237.4	3862.0	3706.3	6412.1	4403.7	1804.8	100.0
2007	2574.5	245.5	4451.3	4434.6	5988.9	5095.7	2056.9	111.5
2008	2840.8	253.4	4863.4	4889.6	6160.1	5742.2	2253.9	120.1
2009	3096.0	261.8	5156.3	5101.9	7239.5	6514.5	2439.4	128.7
2010	3526.2	271.6	5968.1	5997.0	7587.6	7343.4	2758.6	139.3
2011	3884.1	277.6	6559.9	6702.3	7473.7	8170.3	3017.6	147.2
2012	4171.1	281.3	6922.0	7133.9	7402.8	9001.7	3219.6	157.7
2013	4568.7	283.1	7654.1	7953.8	7672.7	9823.3	3501.8	171.9
2014	4905.8	280.9	8212.0	8552.3	8106.6	10622.7	3727.0	183.5

1－17 市区生产总值构成(1978－2014)

Structure of Gross Domestic Product of Urban District (1978－2014)

单位:%　　　　(%)

年份 Year	地区生产总值 Gross Domestic Product	第一产业增加值 Value Added of Primary Industry	第二产业增加值 Value Added of Secondary Industry	工业增加值 Value Added of Industry	建筑业增加值 Value Added of Construction	第三产业增加值 Value Added of Tertiary Industry
1978	100	36.5	43.5	41.3	2.2	20.0
1979	100	36.9	43.4	41.3	2.1	19.7
1980	100	28.0	51.1	47.7	3.4	20.9
1981	100	29.8	50.5	47.0	3.5	19.7
1982	100	29.5	49.2	45.7	3.5	21.3
1983	100	27.1	51.6	47.0	4.6	21.3
1984	100	30.3	50.2	46.4	3.8	19.5
1985	100	25.2	55.5	51.3	4.2	19.3
1986	100	25.7	52.1	47.6	4.5	22.2
1987	100	26.1	53.3	47.8	5.5	20.6
1988	100	26.0	51.6	46.1	5.5	22.4
1989	100	24.6	50.0	45.5	4.5	25.4
1990	100	26.7	50.4	44.5	5.9	22.9
1991	100	24.9	51.4	44.8	6.6	23.7
1992	100	19.8	55.1	48.1	7.0	25.1
1993	100	15.1	54.9	50.0	4.9	30.0
1994	100	17.8	53.2	47.8	5.4	29.0
1995	100	16.8	52.9	46.4	6.5	30.3
1996	100	15.5	51.9	44.9	7.0	32.6
1997	100	14.2	52.4	44.7	7.7	33.4
1998	100	12.7	51.3	42.9	8.4	36.0
1999	100	10.9	51.3	43.4	7.9	37.8
2000	100	9.8	50.0	42.0	7.9	40.2
2001	100	8.9	49.9	41.0	8.9	41.2
2002	100	7.5	50.9	42.0	8.9	41.6
2003	100	6.6	52.0	42.8	9.2	41.4
2004	100	6.3	52.9	43.7	9.2	40.8
2005	100	6.2	53.0	44.1	8.9	40.8
2006	100	5.5	54.3	45.3	9.0	40.2
2007	100	5.1	54.2	46.5	7.7	40.7
2008	100	4.9	53.5	46.5	7.0	41.6
2009	100	4.7	51.5	43.8	7.7	43.8
2010	100	4.6	51.9	44.7	7.2	43.5
2011	100	4.6	51.0	44.4	6.6	44.4
2012	100	4.4	48.8	43.0	5.8	46.7
2013	100	3.9	47.4	42.1	5.3	48.6
2014	100	3.8	47.3	42.1	5.2	49.0

1－18　分地区生产总值（1978－2014）

Gross Domestic Product by Region (1978－2014)

单位:万元　　　　(10000 yuan)

年份 Year	全　市 Total	市　区 Urban District	南湖区 nanhu	秀洲区 Xiuzhou	嘉善县 Jiashan	海盐县 Haiyan	海宁市 Haining	平湖市 Pinghu	桐乡市 Tongxiang
1978	132920	41431			14049	12409	26869	15798	22364
1979	166349	48776			17660	16175	32169	21391	30178
1980	178012	53209			17175	17961	36642	21342	31683
1981	199565	58885			20375	20708	40216	23820	35561
1982	224133	64691			22973	23348	45071	27830	40220
1983	232749	68227			24904	24374	45876	28939	40429
1984	306714	84922			36195	31147	63143	38259	53048
1985	409766	109613			46462	45720	84401	49725	73845
1986	478995	133131			54786	51368	95198	58034	86478
1987	575909	162300			66122	63032	110026	70570	103859
1988	724217	188931			76424	81480	144210	91012	142160
1989	797670	210409			81178	92274	155180	103627	155002
1990	813300	212586			85545	86495	167288	99674	161712
1991	912594	239431			96456	98965	181273	118097	178372
1992	1133167	291110			119861	118369	235822	141960	225594
1993	1681043	435190			183618	173669	351238	203326	396101
1994	2365742	564322			238700	263899	488898	289544	592281
1995	3112383	715383			319191	319455	657083	354666	685360
1996	3699632	848445			410673	404365	775294	471657	757534
1997	4088292	938553			476369	425971	806000	550933	771003
1998	4333869	1008880			529959	453496	853853	562914	813956
1999	4603054	1097038			555098	472318	899277	624330	851392
2000	5240280	1271587			629177	542635	1046040	738576	979817
2001	5867270	1446303			711828	636586	1170281	859146	1089195
2002	6776473	1698618			802454	774114	1320570	984952	1222599
2003	8235377	2068851			927558	1075157	1571500	1170335	1440843
2004	10024142	2540987	1368931	1172302	1102734	1369270	1880739	1406008	1724446
2005	11583778	2934439	1574653	1345361	1290818	1434175	2188229	1694926	1975452
2006	13451808	3408885	1787900	1605119	1513800	1573542	2586760	2023603	2301317
2007	15860048	4034955	2130260	1902416	1816031	1780542	3091204	2367084	2763464
2008	18197821	4592079	2425773	2167155	2131983	1997654	3556188	2706613	3232098
2009	19193685	4818848	2575595	2257867	2264733	2104358	3752068	2836538	3407648
2010	23154565	5777857	3092323	2695096	2760988	2386632	4552819	3395234	4103663
2011	27038991	6692865	3583097	3130645	3233409	2743489	5321145	3914103	4862394
2012	29144012	7124577	3839331	3312971	3456518	3019294	5809405	4198235	5303980
2013	31630510	7934400	4299428	3643493	3750131	3273013	6369667	4521281	5766040
2014	33526045	8379061	4486315	3887587	4025938	3506987	6690918	4782103	6143649

注:本表按当年价格计算。
Note: The figures in this table are calculated at current prices.

1-19 分地区第一产业增加值(1978-2014)

Value Added of Primary Industry (1978-2014)

单位:万元 (10000 yuan)

年份 Year	全市 Total	市区 Urban District	南湖区 nanhu	秀洲区 Xiuzhou	嘉善县 Jiashan	海盐县 Haiyan	海宁市 Haining	平湖市 Pinghu	桐乡市 Tongxiang
1978	66258	15132			8122	6961	13078	10045	12920
1979	83893	17976			10125	9650	15496	13066	17580
1980	69577	14908			7145	9145	13770	9241	15368
1981	77808	17536			8580	9535	14354	10224	17579
1982	89764	19137			11094	10851	16155	12481	20046
1983	83735	18513			10965	10042	14849	11070	18296
1984	113348	25732			16856	13086	20724	15251	21699
1985	123767	27625			15247	16522	22969	16398	25006
1986	136360	34243			19712	16079	23632	18423	24271
1987	166588	42302			21939	20654	30324	21122	30247
1988	217279	49089			23960	22068	46929	28010	47223
1989	237053	51678			27715	27876	49681	31698	48405
1990	249722	56746			29645	29484	50734	30970	52143
1991	249308	59756			28583	29760	45911	33504	51794
1992	263042	57599			28968	30220	50676	38021	57107
1993	308822	65771			43450	35122	53714	45457	63970
1994	496698	100004			62722	57042	94427	71029	108719
1995	569497	120236			79439	62895	104657	85215	112938
1996	614333	131191			90758	69132	112596	95072	107092
1997	634496	134001			89123	71790	116089	96231	111093
1998	597067	127746			88466	70078	106380	89114	106953
1999	553654	119047			80824	63488	101171	79566	99323
2000	602258	124993			89431	71243	111805	86641	110602
2001	632569	129248			98369	77200	112916	91389	112635
2002	612314	126862			102327	81920	110640	87503	108221
2003	660386	135916			108416	94756	118338	88615	120969
2004	768049	163343	79768	83575	119944	107747	135019	94316	137476
2005	844516	181620	88981	92639	137516	119447	143342	111560	151610
2006	881700	187699	91424	96275	141831	124356	152179	114265	167207
2007	970724	204637	99700	104939	151064	136610	161560	128180	184407
2008	1055180	225137	109159	115978	167446	147334	171520	140366	203377
2009	1075083	228540	110127	118413	175540	151909	178143	138738	202214
2010	1270014	265127	126135	138992	207747	178723	212693	161009	244716
2011	1427979	305666	146237	159429	229516	203631	242622	178732	267812
2012	1513859	316436	150103	166333	236795	210114	252980	178672	318862
2013	1479679	312054	147968	167141	238653	210668	251080	171482	295742
2014	1447666	316222	148145	168077	236548	210604	227531	164822	291938

1－20 分地区第二产业增加值(1978－2014)

Value Added of Secondary Industry (1978－2014)

单位:万元 (10000 yuan)

年份 Year	全 市 Total	市 区 Urban District	南湖区 nanhu	秀洲区 Xiuzhou	嘉善县 Jiashan	海盐县 Haiyan	海宁市 Haining	平湖市 Pinghu	桐乡市 Tongxiang
1978	43819	18001			3696	3208	9242	3353	6319
1979	55170	21186			4689	4027	11211	5482	8575
1980	75701	27199			6696	5883	16437	7778	11708
1981	86481	29757			8138	7848	19349	8537	12852
1982	94548	31803			7925	8678	21716	10390	14036
1983	104369	35195			8964	9740	22962	11967	15541
1984	140553	42657			12874	12889	32539	16404	23190
1985	212013	60873			21477	20760	47734	24225	36944
1986	246926	69400			23686	25505	53884	27441	47010
1987	298999	86563			30790	31347	60171	34907	55221
1988	363407	97525			35508	42873	72507	44779	70215
1989	397473	105314			35262	46257	77557	53243	79840
1990	405612	107098			37839	41867	86610	49011	83187
1991	475128	122982			47750	49379	100149	60162	94706
1992	622270	160415			64081	63276	137551	73585	123362
1993	993169	238828			103183	102543	223053	113845	268007
1994	1302451	300485			121830	151489	283137	151890	367638
1995	1754934	378650			158656	179402	401962	188703	390594
1996	2076187	440241			219126	245512	471616	267526	434387
1997	2260645	491539			255721	258730	483684	326630	440647
1998	2387224	517589			294980	273804	507559	325754	472138
1999	2529653	563032			313502	288406	534077	376838	480893
2000	2837886	635269			345226	333088	588807	443261	527569
2001	3156254	721301			379931	380837	662832	524120	583589
2002	3798417	865601			425873	478821	761804	606527	661548
2003	4748978	1076414			498504	731594	935123	735182	789448
2004	5881854	1344936	668006	676003	610522	959908	1133581	881716	954806
2005	6813164	1555421	779841	771561	721770	973648	1329777	1086058	1087678
2006	8057587	1851415	885523	956826	875943	1061355	1601188	1337065	1277640
2007	9470702	2189938	1051782	1139026	1070356	1183624	1918762	1556003	1542984
2008	10812054	2455821	1166611	1290801	1272199	1313235	2191891	1772463	1804958
2009	11097703	2480193	1192829	1293394	1326357	1366261	2268598	1805299	1869562
2010	13371524	2997510	1456402	1544285	1637904	1521810	2782800	2165560	2270585
2011	15328907	3414774	1665482	1769416	1902858	1710222	3206641	2471418	2657723
2012	15983393	3479000	1693595	1800386	1984250	1781076	3394309	2595468	2775613
2013	17088556	3763420	1839561	1916467	2077254	1915608	3609752	2763308	2967728
2014	18136694	3959504	1877093	2080847	2241751	2044989	3798051	2896938	3203545

1-21 分地区工业增加值(1978-2014)

Value Added of Industry (1978-2014)

单位:万元 (10000 yuan)

年份 Year	全市 Total	市区 Urban District	南湖区 nanhu	秀洲区 Xiuzhou	嘉善县 Jiashan	海盐县 Haiyan	海宁市 Haining	平湖市 Pinghu	桐乡市 Tongxiang
1978	39116	17100					7277	3317	5472
1979	47962	20153					8781	4749	6660
1980	66194	25396					13442	6884	9731
1981	77363	27672					16460	7545	11470
1982	83688	29564					17980	8942	12775
1983	93698	32056					20651	10620	14272
1984	126495	39452					28863	14530	21137
1985	191757	56263					43071	21295	33642
1986	219297	63381					49026	23544	41914
1987	261525	77566					54343	29013	48970
1988	318975	87081					66937	38476	62372
1989	346413	95764					68226	45205	70154
1990	348169	94540					75693	41060	69992
1991	404495	107249					87981	48980	79351
1992	538419	140043			56025	55918	119151	60607	106675
1993	895321	217609			93701	95336	195113	99566	249223
1994	1187825	270003			113906	140405	259127	130537	346102
1995	1583098	332262			144890	166012	364042	163979	349812
1996	1899746	380676			203881	227353	431986	242689	407719
1997	2048051	419397			236552	231730	447132	301849	413678
1998	2148466	432883			272053	239635	468284	303773	439112
1999	2273482	476357			294373	247907	493071	354407	443960
2000	2546092	534601			324105	295046	540093	413089	478385
2001	2824941	592153			352073	344095	602007	494095	534454
2002	3408978	713814			388342	447342	684813	564957	603559
2003	4243995	887016			444784	698465	826935	688109	704296
2004	5228754	1110502	530543	579032	539338	926146	999967	815516	837900
2005	6082426	1293217	622832	666366	647664	937955	1171852	1015800	956997
2006	7216002	1544703	696750	838893	792877	1015493	1411198	1261035	1137290
2007	8534096	1879551	860185	1020238	975454	1134189	1690173	1464057	1380380
2008	9742939	2136243	983398	1154436	1154437	1244868	1931369	1671067	1603468
2009	9827766	2110249	976418	1139861	1187494	1256666	1963073	1695361	1633491
2010	11904787	2580694	1203948	1379923	1482706	1422821	2422620	2029515	1986087
2011	13736738	2970735	1409186	1581673	1735531	1598098	2823483	2323788	2321924
2012	14381380	3064003	1450898	1628086	1813047	1664071	2942370	2471285	2452930
2013	15429688	3341193	1583002	1750988	1882210	1807869	3137527	2639587	2636001
2014	16368752	3525956	1609577	1914898	2045108	1925724	3299218	2766302	2816207

1－22 分地区第三产业增加值(1978－2014)

Value Added of Tertiary Industry (1978－2014)

单位:万元　　　　(10000 yuan)

年份 Year	全市 Total	市区 Urban District	南湖区 nanhu	秀洲区 Xiuzhou	嘉善县 Jiashan	海盐县 Haiyan	海宁市 Haining	平湖市 Pinghu	桐乡市 Tongxiang
1978	22843	8298			2231	2240	4549	2400	3125
1979	27286	9614			2846	2498	5462	2843	4023
1980	32734	11102			3334	2933	6435	4323	4607
1981	35276	11592			3657	3325	6513	5059	5130
1982	39821	13751			3954	3819	7200	4959	6138
1983	44645	14519			4975	4592	8065	5902	6592
1984	52813	16533			6465	5172	9880	6604	8159
1985	73986	21115			9738	8438	13698	9102	11895
1986	95709	29488			11388	9784	17682	12170	15197
1987	110322	33435			13393	11031	19531	14541	18391
1988	143531	42317			16956	16539	24774	18223	24722
1989	163144	53417			18201	18141	27942	18686	26757
1990	157966	48742			18061	15144	29944	19693	26382
1991	188158	56693			20123	19826	35213	24431	31872
1992	247855	73096			26812	24873	47595	30354	45125
1993	379052	130591			36985	36003	74471	44024	64125
1994	566593	163833			54147	55368	111333	66625	115924
1995	787952	216497			81095	77158	150464	80748	181828
1996	1009112	277012			100789	89720	191081	109059	216055
1997	1193151	313013			131524	95451	206226	128072	219263
1998	1349578	363545			146512	109614	239914	148047	234865
1999	1519747	414959			160772	120424	264029	167927	271176
2000	1800136	511325			194519	138304	345428	208674	341646
2001	2078447	595754			233528	178549	394533	243637	392971
2002	2365743	706156			274254	213373	448126	290921	452830
2003	2826013	856521			320638	248807	518040	346537	530426
2004	3374240	1032709	621157	412725	372268	301615	612139	429977	632164
2005	3926098	1197398	705831	481161	431532	341080	715110	497308	736164
2006	4512521	1369771	810948	552018	496026	387831	833393	572273	856470
2007	5418622	1640380	978778	658451	594611	460308	1010882	682901	1036073
2008	6330587	1911121	1150003	760376	692338	537085	1192777	793784	1223763
2009	7020898	2110115	1272639	846060	762836	586188	1305327	892501	1335872
2010	8513027	2515220	1509787	1011819	915336	686099	1557325	1068665	1588362
2011	10282105	2972426	1771378	1201800	1101035	829636	1871883	1263953	1936859
2012	11646760	3329141	1995633	1346252	1235473	1028105	2162116	1424094	2209505
2013	13062275	3858926	2311899	1559885	1434225	1146737	2508836	1586491	2502569
2014	13941685	4103335	2461076	1638663	1547639	1251394	2665336	1720342	2648166

1－23　分地区人均生产总值(1978－2014)

Gross Domestic Product Per Capita (1978－2014)

单位:元　　　　　　　　　　　　　　　　　　　　　　　　　　　　　　　(yuan)

年份 Year	全　市 Total	市　区 Urban District	南湖区 nanhu	秀洲区 Xiuzhou	嘉善县 Jiashan	海盐县 Haiyan	海宁市 Haining	平湖市 Pinghu	桐乡市 Tongxiang
1978	460	635			411		475	363	386
1979	573	744			514	515	564	489	519
1980	610	807			499	568	637	486	542
1981	680	887			588	650	694	540	608
1982	756	965			658	724	769	626	680
1983	780	1009			711	747	776	647	680
1984	1025	1249			1033	947	1065	855	892
1985	1366	1603			1327	1381	1422	1112	1242
1986	1584	1925			1552	1534	1595	1293	1445
1987	1811	2309			1851	1850	1824	1556	1718
1988	2339	2645			2122	2365	2369	1987	2330
1989	2554	2906			2238	2663	2531	2246	2519
1990	2582	2902			2342	2482	2707	2146	2606
1991	2877	3241			2624	2822	2911	2528	2852
1992	3547	3547			3236	3355	3765	3019	3579
1993	5227	5796			4923	4893	5587	4299	6234
1994	7313	7451			6368	7388	7754	6096	9253
1995	9564	9365			8474	8887	10388	7435	10631
1996	11306	11017			10858	11192	12206	9847	11680
1997	12439	12105			12558	11736	12634	11466	11841
1998	13149	12949			13936	12454	13356	11703	12477
1999	13947	14027			14583	12953	14069	12980	13038
2000	15845	16182			16517	14873	16354	15339	14970
2001	17694	18318			18672	17434	18274	17806	16579
2002	20402	21426			21060	21197	20621	20392	18551
2003	24755	25979			24355	29477	24525	24205	21812
2004	30062	31719	29850	34228	28946	37561	29289	29050	26045
2005	34668	36400	34261	38821	33896	39352	34008	35062	29792
2006	40162	42024	38648	46048	39775	43099	40105	41871	34646
2007	38247	38293	37138	39625	35421	43118	41588	36934	35287
2008	43081	42541	41251	44102	40333	47791	47397	41522	40612
2009	44842	43924	42614	45343	42131	49825	49434	43125	42328
2010	52489	50042	50781	49392	49418	55769	57865	50861	50401
2011	59850	55619	58248	53224	56390	63411	65503	57828	59355
2012	64229	59049	62090	56324	60365	69489	70981	61562	64412
2013	69502	65438	69073	61749	65424	75173	77570	66236	69889
2014	73458	68706	71262	65891	70396	79895	81314	69996	74239

注:注:本表按当年价格计算。2006 年及以前为按户籍人口计算的人均 GDP,2007 年及以后为按常住人口计算人均 GDP。

Note: The figures are calculated at current prices. GDP per capita is counted by Resident population since 2007, before this, It's counted by Household population

1－24 分地区生产总值增长率（1979－2014）

Growth Rates of Gross Domestic Product by Region (1979－2014)

单位:% (%)

年份 Year	全 市 Total	市 区 Urban District	南湖区 nanhu	秀洲区 Xiuzhou	嘉善县 Jiashan	海盐县 Haiyan	海宁市 Haining	平湖市 Pinghu	桐乡市 Tongxiang
1979	19.2	11.1			23.5	14.4	19.7	39.9	22.4
1980	4.4	5.0			-2.7	3.9	12.7	-1.0	2.8
1981	11.5	12.7			13.5	16.9	8.9	9.5	9.6
1982	11.3	10.2			2.2	11.1	13.7	17.2	11.6
1983	2.9	2.5			17.6	2.1	1.9	1.8	-1.9
1984	23.4	22.8			31.7	25.7	14.2	26.4	26.7
1985	21.7	18.6			27.6	30.6	14.4	22.8	25.2
1986	16.6	14.0			7.1	10.7	35.5	11.5	15.8
1987	10.9	11.3			16.1	9.2	6.7	15.4	10.2
1988	8.9	2.9			4.5	14.5	10.4	13.3	13.0
1989	-5.4	-4.1			-9.7	-4.9	-8.4	-4.1	-2.6
1990	0.9	1.0			2.2	-5.1	7.6	-5.1	1.1
1991	9.6	9.8			9.5	11.5	7.3	16.3	6.6
1992	18.1	15.3			21.2	15.1	21.9	14.0	22.8
1993	25.8	20.7			26.8	25.1	27.4	19.1	57.0
1994	14.1	10.6			14.6	24.8	10.3	16.0	12.3
1995	18.0	13.2			8.7	19.9	23.9	10.9	4.2
1996	16.9	16.4			24.3	15.6	17.7	28.1	9.0
1997	9.8	12.4			17.3	13.4	4.6	18.8	2.1
1998	9.7	10.5			16.9	12.5	10.1	6.5	10.2
1999	10.0	12.5			10.7	-4.0	8.2	15.9	7.4
2000	12.0	13.6			12.4	17.7	13.5	16.0	12.0
2001	12.0	13.8			13.5	17.9	13.0	18.3	13.2
2002	13.7	15.4			13.6	21.1	12.6	13.9	12.0
2003	16.4	16.8			14.7	38.1	15.4	16.1	15.0
2004	16.0	16.9			14.5	22.1	14.3	15.3	15.0
2005	13.2	13.3	13.4	12.6	14.5	3.2	13.5	18.6	12.0
2006	13.9	14.3	13.5	14.7	15.1	7.9	15.3	17.7	13.5
2007	14.5	14.8	15.2	14.8	16.5	10.2	15.3	14.0	16.0
2008	10.7	10.3	10.5	10.2	13.5	8.5	11.1	10.7	12.5
2009	9.3	9.0	10.0	8.3	10.5	8.1	10.1	9.0	10.1
2010	13.7	13.9	14.5	13.8	15.4	8.1	15.3	14.1	14.4
2011	10.6	10.1	10.3	10.4	11.8	9.6	11.0	10.9	11.5
2012	8.7	7.4	8.5	6.9	8.6	11.6	9.3	9.8	8.9
2013	9.3	9.5	10.5	8.9	9.0	8.5	9.5	10.6	8.8
2014	7.5	7.4	7.0	7.9	9.0	7.0	7.2	6.5	8.1

1－25 分地区第一产业增加值增长率(1979－2014)
Growth Rates of Value－added of the Primary Industry (1979－2014)

单位:% (%)

年份 Year	全市 Total	市区 Urban District	南湖区 nanhu	秀洲区 Xiuzhou	嘉善县 Jiashan	海盐县 Haiyan	海宁市 Haining	平湖市 Pinghu	桐乡市 Tongxiang
1979	13.7	-3.8				14.6	19.4	31.1	16.5
1980	-19.4	-24.2				4.1	-10.6	-28.7	-13.9
1981	11.6	25.0				12.1	6.9	7.5	9.4
1982	13.6	13.4				-10.5	15.4	23.0	13.7
1983	-9.8	-12.1				20.2	-9.3	-14.8	-13.5
1984	24.9	35.4				15.9	21.0	26.8	11.8
1985	0.2	-2.8				-9.0	4.7	0.3	6.0
1986	3.0	10.2				9.5	-0.8	1.7	-3.1
1987	4.1	5.9				-15.8	3.1	1.7	7.1
1988	2.8	-3.0				12.0	11.6	5.7	10.2
1989	-3.3	-6.3				4.3	-2.4	-9.4	0.6
1990	3.9	8.2				126.5	2.3	0.8	-1.4
1991	-3.9	0.4				-2.8	-8.2	5.8	-7.6
1992	4.9	-4.3			5.5	4.3	4.4	10.2	13.4
1993	-1.7	-7.9			8.7	-0.3	-2.3	-5.0	-0.7
1994	8.8	6.8			5.8	14.9	-2.8	14.3	7.4
1995	4.0	7.3			15.8	-1.7	16.6	-0.4	-0.4
1996	3.9	8.1			2.0	4.0	5.3	3.2	-5.5
1997	4.0	1.6			3.8	5.2	2.6	3.9	3.2
1998	-1.1	10.1			-0.4	3.1	-4.4	-0.7	2.0
1999	3.2	2.1			19.7	-19.9	5.2	1.9	2.8
2000	4.5	4.2			10.5	47.3	7.3	6.1	10.5
2001	6.6	5.0			10.0	6.4	3.8	7.7	8.2
2002	3.5	3.4			8.4	-1.4	-0.1	-4.1	-0.9
2003	4.8	3.1			5.2	11.0	6.4	2.6	5.5
2004	6.7	8.5			5.9	15.8	6.5	1.6	6.2
2005	3.2	5.3	5.6	5.0	6.3	5.2	0.2	3.3	6.3
2006	3.7	3.7	3.9	3.6	3.7	4.1	1.4	3.7	5.1
2007	4.0	3.4	3.4	4.3	5.0	3.8	3.5	6.5	6.6
2008	2.3	3.2	3.5	3.0	4.0	0.2	3.0	0.1	3.5
2009	3.1	3.3	3.4	3.3	3.2	3.1	3.1	3.1	3.0
2010	3.6	3.7	3.8	3.7	4.1	3.1	3.3	3.2	3.5
2011	1.5	2.2	2.8	1.7	1.3	1.7	1.1	0.9	1.3
2012	1.6	1.3	1.1	1.5	1.5	2.3	2.9	-1.0	2.3
2013	0.3	0.6	-1.3	1.2	0.9	1.7	2.6	-1.0	-4.0
2014	-0.2	-0.8	-1.2	-0.5	-1.6	-0.6	2.8	-4.9	2.1

1-26 分地区第二产业增加值增长率(1979-2014)

Growth Rates of Value-added of the Secondary Industry (1979-2014)

单位:% (%)

年份 Year	全 市 Total	市 区 Urban District	南湖区 nanhu	秀洲区 Xiuzhou	嘉善县 Jiashan	海盐县 Haiyan	海宁市 Haining	平湖市 Pinghu	桐乡市 Tongxiang
1979	27.1	20.2					21.1	70.6	34.0
1980	37.2	30.6					45.4	39.7	36.9
1981	13.6	9.8					14.0	8.8	9.8
1982	9.3	5.6					14.0	22.2	7.7
1983	11.2	11.4					8.0	13.8	9.6
1984	25.6	20.8					8.0	34.4	46.0
1985	37.0	33.2					18.7	42.0	40.2
1986	22.2	10.0					63.9	12.1	25.6
1987	15.7	16.0					9.3	24.1	12.5
1988	10.1	1.3					10.6	18.8	13.5
1989	-6.2	-5.4					-11.5	0.8	-2.6
1990	1.3	0.8					11.0	-8.9	3.4
1991	15.4	13.1					13.8	21.0	12.1
1992	22.6	22.3			27.2		28.7	13.9	24.5
1993	35.8	19.1			39.1	38.0	36.3	30.8	97.6
1994	11.6	12.2			15.3	26.5	9.7	13.5	5.9
1995	20.5	13.8			-3.0	27.0	27.0	12.1	-5.5
1996	19.0	18.0			39.1	17.1	18.1	42.9	12.5
1997	9.5	13.5			17.5	22.0	2.8	20.3	2.2
1998	10.1	6.7			20.4	12.1	9.5	4.5	13.0
1999	9.3	12.3			10.1	-6.1	8.1	18.3	3.8
2000	13.2	13.8			9.5	16.4	12.4	18.4	10.4
2001	12.8	14.9			9.9	16.5	13.7	20.6	12.3
2002	15.5	17.1			13.1	27.8	15.7	16.9	14.4
2003	19.6	18.8			17.1	48.4	18.1	19.4	17.2
2004	17.5	18.3			16.1	24.7	15.3	16.9	15.5
2005	13.7	13.4	15.3	11.6	16.3	0.0	14.9	21.6	11.4
2006	15.6	16.5	15.4	16.6	18.7	6.8	17.4	21.0	14.4
2007	15.1	15.3	15.9	15.2	18.9	9.1	16.0	13.9	17.2
2008	10.3	9.3	8.3	9.9	15.1	8.2	10.3	10.9	12.9
2009	7.5	6.0	6.8	5.3	9.7	6.7	9.0	6.5	8.7
2010	15.3	15.7	16.9	15.2	18.2	6.9	17.5	15.6	16.3
2011	10.4	9.9	10.2	10.1	12.5	9.4	10.4	11.5	11.1
2012	7.8	5.5	6.9	5.1	8.3	9.2	7.9	9.6	8.0
2013	9.9	10.6	12.4	9.2	9.7	8.4	9.3	12.8	9.3
2014	7.8	7.3	6.4	8.4	10.4	7.3	7.3	6.4	8.5

1－27 分地区工业增加值增长率(1979－2014)

Growth Rates of Value－added of Industry (1979－2014)

单位:% (%)

年份 Year	全市 Total	市区 Urban District	南湖区 nanhu	秀洲区 Xiuzhou	嘉善县 Jiashan	海盐县 Haiyan	海宁市 Haining	平湖市 Pinghu	桐乡市 Tongxiang
1979	24.5	20.8					21.8	49.3	
1980	38.6	28.5					52.6	43.0	
1981	16.6	9.7					18.7	9.0	
1982	8.2	5.5					11.4	19.2	
1983	13.0	9.5					17.6	17.3	
1984	25.8	23.1					3.7	34.8	
1985	37.2	33.2					18.8	41.6	
1986	21.7	9.2					73.9	10.8	
1987	14.7	14.2					9.1	21.9	
1988	11.3	1.6					13.2	23.2	
1989	-7.1	-4.1					-15.1	-0.6	
1990	1.0	-0.8					11.4	-8.8	
1991	14.1	11.4					14.2	17.2	
1992	27.0	24.6			31.6		29.2	18.1	
1993	42.9	24.7			45.8	45.3	39.7	40.1	
1994	12.1	10.9			18.3	25.2	13.0	11.6	6.2
1995	19.0	11.3			-6.0	27.5	25.4	12.2	-9.7
1996	20.6	17.0			41.4	15.5	19.3	48.1	17.1
1997	8.7	12.5			17.0	19.1	3.5	21.9	2.3
1998	9.7	4.9			20.3	9.3	9.5	5.4	12.4
1999	9.3	13.7			11.8	-10.5	8.2	19.2	3.2
2000	13.4	13.9			8.9	17.5	11.9	18.3	9.1
2001	12.9	12.7			8.8	18.5	12.8	21.7	13.7
2002	15.5	17.5			11.6	31.7	15.1	15.7	14.3
2003	19.6	19.3			14.9	51.4	16.6	20.0	15.3
2004	17.3	19.2			14.6	26.1	15.4	16.6	14.3
2005	13.9	13.7	15.5	12.0	17.6	-0.3	14.7	22.7	11.3
2006	15.8	16.7	14.5	17.5	19.6	5.8	17.4	21.9	15.5
2007	16.3	19.7	21.7	18.6	20.3	9.4	16.9	14.1	18.5
2008	10.8	10.3	10.6	9.9	14.9	7.4	10.9	11.3	12.7
2009	6.2	4.3	4.5	4.3	8.7	3.7	7.7	6.3	7.5
2010	16.3	17.5	18.6	16.5	19.7	8.8	18.5	15.5	16.8
2011	12.0	11.8	12.9	11.0	14.2	9.9	12.6	12.5	11.9
2012	8.4	6.4	8.4	5.7	8.5	9.5	7.1	11.0	8.9
2013	10.4	11.5	13.4	10.0	9.1	9.1	9.9	13.3	9.9
2014	7.9	7.5	6.0	9.2	10.8	7.0	7.2	6.4	8.4

1－28　分地区第三产业增加值增长率(1979－2014)
Growth Rates of Value－added of the Tertiary Industry (1979－2014)

单位:%　　　　(%)

年份 Year	全市 Total	市区 Urban District	南湖区 nanhu	秀洲区 Xiuzhou	嘉善县 Jiashan	海盐县 Haiyan	海宁市 Haining	平湖市 Pinghu	桐乡市 Tongxiang
1979	22.0	29.9				4.1	18.0	16.6	21.8
1980	12.8	8.9				31.6	10.7	43.3	2.3
1981	6.3	3.2				8.7	0.0	15.2	9.0
1982	11.0	17.1				11.7	9.1	－2.9	10.8
1983	11.6	4.8				28.8	10.9	17.8	－2.4
1984	15.1	11.0				43.3	19.3	9.1	26.8
1985	24.6	13.2				16.3	22.0	21.5	25.2
1986	22.5	32.1				13.3	23.8	27.1	15.2
1987	6.3	5.1				－54.2	2.7	11.9	9.0
1988	13.0	14.7				－8.6	7.5	7.2	11.9
1989	－5.3	1.3				－17.1	－5.5	－13.2	－3.4
1990	－3.8	－5.0				90.6	3.4	1.6	0.2
1991	16.1	13.6				27.6	14.5	20.9	5.7
1992	23.6	20.0			25.5	17.5	26.5	19.8	21.9
1993	31.2	47.6			17.3	25.2	33.5	21.1	18.1
1994	24.7	9.6			22.0	30.7	23.2	25.2	47.4
1995	22.4	14.9			34.6	20.5	19.6	19.0	40.8
1996	20.1	17.5			12.8	19.9	24.7	12.1	9.4
1997	13.4	15.1			26.8	－5.4	10.8	25.4	1.3
1998	14.2	17.4			19.2	20.9	18.7	17.0	7.7
1999	14.3	16.4			7.5	13.0	9.7	16.9	18.6
2000	12.5	16.3			20.3	8.2	18.7	13.8	16.2
2001	12.5	14.5			21.5	27.2	14.9	17.8	16.2
2002	14.0	16.0			16.7	15.8	10.9	13.9	12.1
2003	14.6	17.2			14.6	23.1	12.9	12.9	14.2
2004	16.0	16.4			15.0	16.4	14.5	15.5	16.3
2005	14.7	14.4	12.3	15.8	14.6	12.5	14.2	15.6	14.1
2006	13.1	13.0	12.7	13.7	12.8	12.4	14.0	13.6	13.8
2007	15.7	15.7	15.7	15.9	15.7	15.2	16.0	15.8	15.9
2008	12.8	12.7	13.7	11.8	13.0	11.5	13.9	12.2	13.3
2009	13.5	13.4	14.1	13.9	13.8	12.9	13.3	15.6	13.3
2010	12.7	12.7	12.9	13.1	13.1	12.1	13.0	12.7	13.3
2011	12.3	11.3	11.0	12.1	12.9	12.0	13.5	11.1	13.7
2012	11.1	10.2	10.6	10.3	10.6	18.7	12.5	11.6	11.1
2013	9.4	9.1	9.6	9.3	9.1	10.0	10.6	7.6	9.5
2014	8.0	8.1	8.2	7.9	8.3	7.8	7.5	7.9	8.3

1-29 分地区人均GDP增长率(1979-2014)

Growth Rates of Percapita Gross Domestic Product (1979-2014)

单位:%　　　　(%)

年份 Year	全市 Total	市区 Urban District	南湖区 nanhu	秀洲区 Xiuzhou	嘉善县 Jiashan	海盐县 Haiyan	海宁市 Haining	平湖市 Pinghu	桐乡市 Tongxiang
1979	18.5	10.7			23.2	0.0	18.8	39.4	21.8
1980	3.8	4.4			-3.1	3.3	11.8	-1.5	2.3
1981	10.8	11.9			12.9	16.0	8.0	8.9	9.0
1982	10.3	9.1			1.4	9.8	12.5	16.3	10.8
1983	2.1	1.6			17.1	0.9	1.0	1.2	-2.4
1984	23.0	22.1			31.8	24.6	13.9	26.3	26.8
1985	21.4	17.8			27.6	29.8	14.2	22.9	25.2
1986	15.8	12.8			6.3	9.4	34.7	11.1	15.2
1987	9.5	9.5			14.7	7.4	5.6	14.3	9.0
1988	7.7	1.3			3.6	13.2	9.4	12.2	11.9
1989	-6.2	-5.4			-10.3	-5.4	-9.1	-4.8	-3.4
1990	0.1	-0.2			1.5	-5.6	6.7	-5.7	0.2
1991	8.8	8.9			8.8	10.8	6.5	15.6	5.7
1992	17.2	14.4			20.3	14.4	21.2	13.3	21.9
1993	25.0	19.6			25.9	24.3	26.9	18.5	55.8
1994	13.4	9.7			14.1	24.1	10.0	15.5	11.5
1995	17.3	12.2			8.2	19.2	23.5	10.4	3.5
1996	16.2	15.5			23.8	15.0	17.2	27.5	8.5
1997	9.3	11.7			17.0	12.9	4.1	18.4	1.8
1998	9.4	9.9			16.6	12.1	9.8	6.4	10.1
1999	9.8	12.0			10.6	-4.1	8.3	15.9	7.4
2000	11.8	13.1			12.3	17.6	13.4	15.8	11.6
2001	11.7	13.2			13.4	17.8	12.9	18.1	12.8
2002	13.5	14.9			13.7	21.0	12.6	13.7	11.7
2003	16.2	16.3			14.8	38.3	15.3	16.0	14.8
2004	15.7	16.2			14.5	22.1	14.1	15.2	14.7
2005	12.9	12.6	13.1	11.3	14.7	3.2	13.3	18.7	12.6
2006	13.6	13.6	12.8	14.0	15.1	7.7	14.8	17.7	11.4
2007	11.8	11.5	12.3	10.9	12.3	9.0	13.6	10.3	13.7
2008	8.6	7.7	7.8	7.6	10.1	7.2	10.1	8.8	10.7
2009	7.9	7.2	6.7	6.9	8.7	7.0	8.9	8.0	8.8
2010	10.4	8.2	13.6	3.9	11.1	6.7	11.2	12.4	13.1
2011	8.0	5.7	9.2	10.4	9.0	8.4	7.6	9.4	10.8
2012	8.2	7.1	7.9	6.6	8.7	11.1	8.5	8.9	8.4
2013	8.9	9.0	9.8	8.6	8.8	8.3	9.1	10.5	8.4
2014	7.2	6.8	5.8	7.9	9.2	6.1	7.0	6.4	8.0

注:2006年及以前为按户籍人口计算的人均GDP增长速度,2007年及以后为按常住人口计算人均GDP增长速度。
Note: The Growth Rate of GDP per capita is counted by Resident population since 2007, before this, Itś counted by Household populatio.

1-30 分地区生产总值发展指数(1978-2014)

Indices of Gross Domestic Product by Region (1978-2014)

单位:% (%)

年份 Year	全市 Total	市区 Urban District	南湖区 nanhu	秀洲区 Xiuzhou	嘉善县 Jiashan	海盐县 Haiyan	海宁市 Haining	平湖市 Pinghu	桐乡市 Tongxiang
1978	100.0	100.0			100.0	100.0	100.0	100.0	100.0
1979	119.2	111.1			123.5	114.4	119.7	139.9	122.4
1980	124.4	116.7			120.2	118.9	134.9	138.5	125.9
1981	138.8	131.5			136.4	138.9	146.9	151.7	137.9
1982	154.4	144.9			139.4	154.4	167.0	177.7	153.9
1983	158.9	148.5			163.9	157.6	170.2	180.9	151.0
1984	196.1	182.4			215.9	198.1	194.4	228.7	191.4
1985	238.7	216.3			275.5	258.7	222.4	280.9	239.6
1986	278.3	246.6			295.0	286.4	301.3	313.2	277.5
1987	308.6	274.4			342.5	312.8	321.5	361.4	305.7
1988	336.1	282.4			357.9	358.1	354.9	409.4	345.5
1989	317.9	270.8			323.2	340.6	325.1	392.7	336.3
1990	320.8	273.5			330.3	323.2	349.8	372.6	340.0
1991	351.6	300.3			361.7	360.4	375.4	433.4	362.3
1992	415.2	346.3			438.4	414.8	457.6	494.0	445.0
1993	522.4	417.8			555.8	518.8	583.1	588.4	698.5
1994	595.8	462.2			637.0	647.7	643.1	682.7	784.5
1995	703.2	523.0			692.7	776.7	796.6	757.2	817.8
1996	821.9	609.0			861.2	897.9	937.8	969.7	891.6
1997	902.2	684.7			1010.2	1018.4	980.7	1151.7	910.4
1998	990.1	756.4			1180.8	1145.6	1079.5	1226.5	1003.1
1999	1088.7	850.6			1306.9	1100.3	1168.4	1421.7	1077.8
2000	1219.5	966.4			1469.1	1294.9	1326.3	1648.6	1207.3
2001	1365.7	1099.5			1667.6	1526.6	1499.3	1950.2	1366.4
2002	1552.3	1269.0			1894.9	1848.1	1687.6	2220.4	1529.7
2003	1806.9	1482.7			2173.4	2552.8	1947.4	2577.8	1759.5
2004	2096.0	1732.7	100.0	100.0	2488.8	3116.2	2226.5	2971.7	2022.7
2005	2371.7	1962.9	113.4	112.6	2850.3	3215.0	2526.9	3524.6	2265.0
2006	2700.7	2243.0	128.7	129.1	3282.1	3468.9	2912.4	4147.6	2569.8
2007	3093.2	2574.5	148.2	148.2	3824.3	3822.1	3357.7	4728.8	2980.1
2008	3423.2	2840.8	163.8	163.3	4339.6	4145.6	3730.4	5234.4	3351.3
2009	3743.2	3096.0	180.2	176.9	4795.7	4480.1	4108.7	5704.3	3689.3
2010	4257.5	3526.2	206.3	201.3	5536.5	4843.7	4738.2	6508.7	4220.7
2011	4709.2	3884.1	227.5	222.2	6191.6	5307.4	5261.7	7218.2	4707.4
2012	5119.8	4171.1	246.8	237.6	6722.2	5920.6	5750.9	7922.9	5127.3
2013	5595.3	4568.7	272.8	258.8	7324.3	6424.9	6297.3	8763.2	5575.9
2014	6016.2	4905.8	292.0	279.2	7980.1	6873.2	6749.9	9332.7	6029.7

1-31 分地区第一产业增加值发展指数(1978-2014)
Indices of Value-added of the Primary Industry by Region (1978-2014)

单位:%　　　　(%)

年份 Year	全市 Total	市区 Urban District	南湖区 nanhu	秀洲区 Xiuzhou	嘉善县 Jiashan	海盐县 Haiyan	海宁市 Haining	平湖市 Pinghu	桐乡市 Tongxiang
1978	100.0	100.0					100.0	100.0	100.0
1979	113.7	96.2					119.4	131.1	116.5
1980	91.6	72.9					106.7	93.5	100.4
1981	102.3	91.1					114.1	100.5	109.8
1982	116.2	103.4					131.7	123.6	124.8
1983	104.8	90.9					119.4	105.3	107.9
1984	130.9	123.0					144.5	133.5	120.6
1985	131.2	119.6					151.3	133.9	127.9
1986	135.1	131.8					150.1	136.2	123.9
1987	140.6	139.5					154.8	138.5	132.7
1988	144.6	135.4					172.7	146.4	146.3
1989	139.8	126.8					168.6	132.7	147.2
1990	145.2	137.2					172.4	133.7	145.2
1991	139.6	137.8			100.0		158.3	141.5	134.1
1992	146.4	131.9			105.5	100.0	165.3	155.9	152.0
1993	143.9	121.5			114.7	99.7	161.5	148.1	151.0
1994	156.6	129.8			121.4	114.6	157.0	169.3	162.2
1995	163.0	139.2			140.5	112.6	183.1	168.6	161.5
1996	169.3	150.5			143.4	117.1	192.8	174.0	152.6
1997	176.1	152.9			148.8	123.1	197.8	180.8	157.5
1998	174.2	168.4			148.2	126.9	189.2	179.5	160.6
1999	179.8	171.8			177.4	101.7	199.1	182.9	165.1
2000	187.8	179.0			195.9	149.8	213.6	194.1	182.4
2001	200.3	188.0			215.5	159.5	221.7	209.1	197.3
2002	207.3	194.3			233.5	157.2	221.5	200.6	195.5
2003	217.4	200.4			245.6	174.5	235.7	205.9	206.1
2004	231.9	217.5	100.0	100.0	260.1	202.1	251.1	209.3	218.9
2005	239.3	229.0	105.6	105.0	276.4	212.6	251.6	216.3	232.7
2006	248.2	237.4	109.8	108.7	286.8	221.4	255.2	224.3	244.4
2007	258.2	245.5	113.5	113.4	301.1	229.7	264.1	238.9	260.5
2008	264.1	253.4	117.5	116.8	313.0	230.1	271.9	239.3	269.6
2009	272.3	261.8	121.5	120.6	323.0	237.2	280.3	246.6	277.7
2010	282.1	271.6	126.1	125.2	336.1	244.6	289.4	254.6	287.4
2011	286.2	277.6	129.7	127.3	340.5	248.8	292.5	256.8	291.1
2012	290.8	281.3	131.1	129.2	345.5	254.4	301.1	254.3	297.9
2013	291.6	283.1	129.4	130.7	348.4	258.8	309.0	251.8	286.0
2014	291.0	280.9	127.9	130.0	342.9	257.2	317.6	239.6	291.9

1－32　分地区第二产业增加值发展指数(1978－2014)

Indices of Value－added of the Secondary Industry by Region (1978－2014)

单位:%　　　　(%)

年份 Year	全市 Total	市区 Urban District	南湖区 nanhu	秀洲区 Xiuzhou	嘉善县 Jiashan	海盐县 Haiyan	海宁市 Haining	平湖市 Pinghu	桐乡市 Tongxiang
1978	100.0	100.0					100.0	100.0	100.0
1979	127.1	120.2					121.1	170.6	134.0
1980	174.4	157.0					176.1	238.3	183.4
1981	198.1	172.4					200.7	259.3	201.3
1982	216.5	182.0					228.8	316.9	216.7
1983	240.8	202.8					247.1	360.6	237.5
1984	302.4	244.9					266.9	484.6	346.8
1985	414.3	326.3					316.8	688.2	486.3
1986	506.3	358.9					519.3	771.5	610.9
1987	585.8	416.3					567.6	957.4	687.0
1988	644.9	421.7					627.7	1137.4	779.5
1989	604.9	399.0					555.5	1146.5	759.1
1990	612.8	402.1					616.6	1044.4	784.8
1991	707.2	454.8			100.0		701.7	1263.8	879.7
1992	867.0	556.3			127.2	100.0	903.1	1439.4	1094.8
1993	1177.2	662.3			177.0	138.0	1231.1	1882.8	2163.5
1994	1314.3	743.4			204.1	174.5	1350.2	2136.8	2292.1
1995	1583.9	846.1			198.1	221.5	1715.3	2395.0	2165.1
1996	1884.2	998.1			275.4	259.5	2025.2	3422.2	2435.3
1997	2063.7	1132.8			323.5	316.6	2081.5	4115.5	2489.2
1998	2272.7	1208.7			389.5	354.7	2280.0	4301.5	2812.3
1999	2483.2	1357.6			428.8	333.2	2465.2	5090.1	2918.8
2000	2810.5	1544.9			469.6	388.0	2770.4	6028.0	3221.6
2001	3170.3	1775.3			516.3	452.0	3149.9	7270.5	3617.3
2002	3661.0	2079.4			583.9	577.8	3645.0	8502.2	4139.4
2003	4377.8	2469.3			683.8	857.5	4305.7	10154.7	4852.4
2004	5143.7	2922.0	100.0	100.0	794.2	1069.3	4964.1	11869.6	5602.8
2005	5848.8	3314.7	115.3	111.6	923.3	1069.6	5702.6	14435.3	6242.1
2006	6760.7	3862.0	133.1	130.1	1096.1	1142.2	6696.6	17464.1	7138.9
2007	7779.0	4451.3	154.2	150.0	1303.2	1246.3	7770.4	19895.4	8367.4
2008	8582.2	4863.4	167.0	164.8	1500.3	1349.0	8573.4	22067.0	9449.1
2009	9226.6	5156.3	178.3	173.5	1645.5	1438.8	9342.1	23495.1	10273.0
2010	10637.8	5968.1	208.5	199.9	1944.7	1538.4	10975.1	27149.5	11947.4
2011	11746.4	6559.9	229.7	220.0	2188.7	1682.8	12119.0	30279.4	13279.2
2012	12659.0	6922.0	245.6	231.3	2369.6	1838.4	13077.1	33186.2	14340.6
2013	13914.2	7654.1	276.1	252.6	2599.8	1993.1	14294.0	37435.0	15677.2
2014	14998.6	8212.0	293.8	274.0	2869.5	2138.1	15331.5	39833.2	17006.2

1－33 分地区工业增加值发展指数(1978－2014)
Indices of Value－added of the Industry by Region (1978－2014)

单位:% (%)

年份 Year	全市 Total	市区 Urban District	南湖区 nanhu	秀洲区 Xiuzhou	嘉善县 Jiashan	海盐县 Haiyan	海宁市 Haining	平湖市 Pinghu	桐乡市 Tongxiang
1978	100.0	100.0					100.0	100.0	
1979	124.5	120.8					121.8	149.3	
1980	172.6	155.2					185.9	213.5	
1981	201.2	170.3					220.6	232.7	
1982	217.7	179.7					245.8	277.4	
1983	246.0	196.7					289.0	325.4	
1984	309.5	242.2					299.7	438.6	
1985	424.6	322.6					356.1	621.1	
1986	516.7	352.2					619.2	688.2	
1987	592.7	402.2					675.6	838.9	
1988	659.7	408.7					764.7	1033.5	
1989	612.8	391.9					649.3	1027.3	
1990	619.0	388.8					723.3	936.9	
1991	706.2	433.1			100.0		826.0	1098.0	
1992	896.9	539.7			131.6	100.0	1067.2	1296.8	100.0
1993	1281.4	673.0			191.8	145.3	1490.7	1817.1	212.9
1994	1436.2	746.0			226.9	181.9	1684.7	2028.0	226.0
1995	1709.5	830.0			213.2	231.9	2113.0	2275.4	204.0
1996	2061.3	971.0			301.5	268.0	2520.1	3370.8	238.9
1997	2240.2	1092.4			352.6	319.0	2609.4	4109.4	244.4
1998	2457.8	1145.6			424.0	348.8	2857.3	4332.0	274.6
1999	2686.8	1302.3			474.1	312.0	3092.4	5163.0	283.4
2000	3047.1	1483.8			516.1	366.8	3461.7	6107.1	309.3
2001	3439.2	1671.9			561.8	434.5	3905.6	7431.0	351.6
2002	3971.7	1964.4			627.2	572.1	4494.1	8600.0	401.8
2003	4749.6	2343.2			720.5	866.0	5241.5	10319.6	463.3
2004	5572.5	2793.9	100.0	100.0	825.5	1092.3	6046.7	12037.7	529.5
2005	6345.8	3176.1	115.5	112.0	971.0	1089.0	6934.6	14770.2	589.4
2006	7348.2	3706.3	132.3	131.6	1160.9	1152.5	8140.3	18007.1	680.7
2007	8546.0	4434.6	161.0	156.1	1397.0	1261.0	9512.9	20551.1	806.7
2008	9470.2	4889.6	178.1	171.6	1605.0	1353.7	10554.1	22865.7	909.3
2009	10055.7	5101.9	186.0	178.9	1744.9	1403.4	11371.7	24299.6	977.9
2010	11696.1	5997.0	220.6	208.4	2088.3	1527.4	13478.2	28073.1	1142.5
2011	13102.1	6702.3	249.0	231.4	2384.8	1678.9	15182.2	31575.2	1278.4
2012	14200.4	7133.9	269.8	244.6	2587.0	1837.8	16255.9	35051.6	1392.1
2013	15675.7	7953.8	306.0	269.0	2822.6	2005.1	17870.2	39713.1	1529.6
2014	16914.4	8552.3	324.5	293.8	3126.3	2144.6	19155.1	42253.3	1657.4

1-34 分地区第三产业增加值发展指数(1978-2014)

Indices of Value-added of the Tertiary Industry by Region (1978-2014)

单位:% (%)

年份 Year	全市 Total	市区 Urban District	南湖区 nanhu	秀洲区 Xiuzhou	嘉善县 Jiashan	海盐县 Haiyan	海宁市 Haining	平湖市 Pinghu	桐乡市 Tongxiang
1978	100.0	100.0					100.0	100.0	100.0
1979	122.0	129.9					118.0	116.6	121.8
1980	137.6	141.5					130.6	167.1	124.6
1981	146.3	146.0					130.6	192.5	135.9
1982	162.4	171.0					142.5	186.9	150.6
1983	181.2	179.2					158.0	220.2	146.9
1984	208.6	198.9					188.5	240.2	186.2
1985	259.9	225.1					230.0	291.9	233.1
1986	318.4	297.4					284.8	370.9	268.5
1987	338.4	312.5					292.5	415.1	292.6
1988	382.4	358.5					314.4	445.0	327.6
1989	362.1	363.1					297.1	386.2	316.3
1990	348.4	345.0					307.2	392.4	317.0
1991	404.5	391.9			100.0		351.8	474.4	335.2
1992	499.9	470.3			125.5	100.0	445.0	568.4	408.5
1993	655.8	694.3			147.2	125.2	594.0	688.2	482.3
1994	817.8	761.1			179.6	163.6	731.8	861.7	710.7
1995	1000.7	874.6			241.8	197.1	875.5	1025.6	1000.7
1996	1201.6	1028.1			272.7	236.3	1091.7	1149.7	1094.6
1997	1362.6	1183.5			345.9	223.5	1209.4	1441.7	1109.3
1998	1556.0	1389.6			412.2	270.2	1436.2	1687.0	1194.5
1999	1778.8	1616.8			443.1	305.3	1576.1	1972.1	1416.6
2000	2001.7	1879.9			533.3	330.3	1870.2	2244.8	1645.4
2001	2251.9	2152.8			647.7	420.1	2149.2	2643.7	1911.4
2002	2567.2	2496.7			755.7	486.5	2384.4	3012.0	2143.3
2003	2943.0	2925.3			866.4	598.9	2692.9	3401.7	2447.9
2004	3412.7	3406.5	100.0	100.0	995.9	697.0	3083.7	3927.4	2847.6
2005	3913.3	3898.1	112.3	115.8	1141.1	784.3	3520.8	4541.4	3248.9
2006	4424.9	4403.7	126.5	131.6	1287.3	881.5	4013.1	5158.5	3698.7
2007	5118.8	5095.7	146.4	152.6	1489.4	1015.1	4654.0	5971.6	4287.1
2008	5771.8	5742.2	166.6	170.7	1683.5	1131.4	5299.1	6698.2	4857.7
2009	6552.6	6514.5	190.0	194.3	1916.5	1277.1	6005.7	7745.8	5502.0
2010	7383.4	7343.4	214.6	219.7	2167.7	1431.7	6789.2	8730.0	6232.0
2011	8289.5	8170.3	238.2	246.2	2448.4	1604.0	7707.9	9702.6	7083.3
2012	9213.1	9001.7	263.5	271.6	2706.9	1904.7	8670.7	10824.5	7870.9
2013	10080.9	9823.3	288.7	296.9	2953.7	2096.0	9586.4	11645.3	8620.1
2014	10883.4	10622.7	312.3	320.4	3197.5	2258.9	10305.5	12564.8	9337.6

1－35　分地区人均 GDP 发展指数(1978－2014)

Indices of Percapita Gross Domestic Product by Region (1978－2014)

单位:%　　　　(%)

年份 Year	全　市 Total	市　区 Urban District	南湖区 nanhu	秀洲区 Xiuzhou	嘉善县 Jiashan	海盐县 Haiyan	海宁市 Haining	平湖市 Pinghu	桐乡市 Tongxiang
1978	100.0	100.0			100.0		100.0	100.0	100.0
1979	118.5	110.7			123.2	100.0	118.8	139.4	121.8
1980	123.1	115.6			119.4	103.3	132.8	137.4	124.6
1981	136.3	129.4			134.7	119.8	143.4	149.6	135.9
1982	150.4	141.2			136.7	131.6	161.3	173.9	150.6
1983	153.5	143.4			160.1	132.8	163.0	176.1	146.9
1984	188.8	175.2			211.0	165.5	185.6	222.3	186.2
1985	229.3	206.4			269.2	214.7	212.1	273.3	233.1
1986	265.4	232.7			286.1	234.9	285.6	303.7	268.5
1987	290.8	254.9			328.3	252.3	301.6	347.0	292.6
1988	313.1	258.2			340.1	285.6	330.0	389.3	327.6
1989	293.7	244.1			305.0	270.1	300.1	370.5	316.3
1990	293.9	243.8			309.5	254.8	320.4	349.4	317.0
1991	319.8	265.4			336.8	282.4	341.2	403.7	335.2
1992	374.9	303.6			405.1	323.0	413.5	457.3	408.5
1993	468.6	363.2			510.0	401.6	524.9	541.7	636.3
1994	531.2	398.3			581.7	498.2	577.2	625.9	709.5
1995	623.3	446.9			629.5	593.6	712.8	691.3	734.5
1996	724.5	516.1			779.3	682.7	835.7	881.7	796.7
1997	791.8	576.4			911.6	770.9	870.1	1043.8	811.3
1998	866.5	633.6			1062.9	864.3	955.7	1110.5	892.9
1999	951.5	709.8			1175.1	829.0	1034.5	1287.2	958.6
2000	1063.7	802.7			1320.0	975.1	1173.5	1491.1	1069.8
2001	1188.0	908.9			1497.2	1148.6	1325.0	1760.3	1206.2
2002	1348.1	1044.8			1702.2	1390.3	1491.5	2002.0	1347.0
2003	1566.7	1215.2			1953.4	1922.8	1720.0	2321.8	1545.9
2004	1813.1	1411.7	100.0	100.0	2236.1	2348.5	1962.3	2673.9	1772.8
2005	2047.4	1589.2	113.1	111.3	2565.2	2423.6	2224.2	3172.6	1995.2
2006	2325.8	1804.8	127.6	126.9	2952.3	2610.4	2554.5	3734.3	2222.2
2007	2599.5	2011.6	143.3	140.7	3316.5	2844.8	2901.3	4119.1	2527.6
2008	2824.1	2166.8	154.5	151.5	3650.2	3048.3	3193.2	4482.9	2797.1
2009	3047.5	2323.4	164.8	161.9	3966.7	3260.4	3476.7	4841.5	3044.0
2010	3363.3	2514.5	187.2	168.1	4406.1	3478.9	3867.8	5443.1	3443.4
2011	3632.5	2657.5	204.4	185.6	4801.1	3770.5	4160.0	5953.5	3817.0
2012	3932.0	2846.3	220.6	197.8	5219.8	4188.2	4512.9	6485.9	4136.0
2013	4283.8	3102.3	242.2	214.8	5681.4	4535.5	4925.4	7167.0	4483.2
2014	4593.0	3312.0	256.4	231.7	6204.2	4812.8	5268.5	7626.0	4839.9

注:2006 年及以前为按户籍人口计算的人均 GDP 增长速度,2007 年及以后为按常住人口计算人均 GDP 增长速度。
Note: The Growth Rate of GDP per capita is counted by Resident population since 2007,before this, Itś counted by Household populatio.

1－36 全市、市区第三产业分行业增加值（2009－2014）

单位:亿元

行业名称	Sector	全市		
		2009	2010	2011
第三产业合计	Tertiary Industry	702.09	851.30	1028.21
交通运输、仓储和邮政业	Transportation , Storage and Post	63.01	74.02	85.94
信息传输、计算机服务和软件业	Information Transmission , Computer and Software Services	29.87	31.56	35.17
批发和零售业	Wholesale and Retail Trade	186.65	239.32	315.30
住宿和餐饮业	Hotels and Restaurants	32.68	40.42	51.91
金融业	Finance	103.64	133.33	162.60
房地产业	Real Estate	91.17	112.79	119.10
租赁和商务服务业	Tenancy and Business Services	32.17	36.89	44.02
科学研究、技术服务和地质勘查业	Scientific Research、Technical Services and Geological Prospecting	12.97	15.11	17.20
水利、环境和公共设施管理业	Water Conservancy , Environment and Public Establishment Management	6.27	7.05	8.53
居民服务和其他服务业	Resident and Other Services	26.74	29.88	34.78
教育	Education	37.70	41.56	48.56
卫生、社会保障和社会福利业	Health Care,Social Security and Welfare	21.63	25.47	28.06
文化、体育和娱乐业	Culture, Sports and Entertainment	11.25	11.84	13.84
公共管理和社会组织	Public Management and Social Organization	46.34	52.06	63.21

Gross Domestic Product by Sector
(2009 - 2014)

(100 million yuan)

Total			市区 Urban District					
2012	2013	2014	2009	2010	2011	2012	2013	2014
1164.68	1306.23	1394.17	211.01	251.52	297.24	332.91	385.89	410.33
90.39	109.25	123.44	18.97	21.65	25.65	27.45	33.39	36.87
37.34	34.96	38.39	8.36	8.76	9.84	11.69	12.41	13.64
367.90	410.18	442.53	48.43	61.19	80.01	92.94	105.26	109.69
58.13	59.49	63.81	6.28	8.21	11.48	12.95	14.56	15.94
177.71	197.38	218.33	40.30	46.64	52.93	57.60	73.64	83.13
133.92	157.55	145.61	31.51	38.99	40.74	44.67	52.29	48.78
58.69	80.24	84.87	8.46	9.72	11.52	12.87	13.65	15.67
19.39	20.08	22.12	7.85	8.89	10.21	11.43	10.84	11.34
9.72	12.01	12.90	0.88	0.99	1.18	1.35	1.44	1.58
38.44	38.20	40.71	6.12	6.84	7.93	8.43	9.15	10.14
54.80	64.19	67.90	11.39	13.78	15.66	17.74	20.77	22.15
34.26	36.74	40.83	6.86	7.95	9.21	10.82	14.44	15.46
15.07	17.92	18.56	2.72	3.07	3.46	3.81	4.68	5.11
68.91	63.03	67.91	12.87	14.86	17.42	19.18	18.46	19.82

1－37 分地区生产总值核算数据
(2014)

单位:亿元、%

主要行业	Sector	全 市 Total		市 区 Urban District	
		增加值	可比增速	增加值	可比增速
地区生产总值	Gross Domestic Product	3352.60	7.5	837.91	7.4
第一产业	Primary Industry	144.77	-0.2	31.62	-0.8
第二产业	Secondary Industry	1813.67	7.8	395.95	7.3
工业	Industry	1636.88	7.9	352.60	7.5
建筑业	Construction	177.65	6.7	43.51	5.7
第三产业总计	Tertiary Industry	1394.17	8.0	410.33	8.1
# 交通运输、仓储和邮政业	Transportation , Storage and Post	123.44	12.1	36.87	9.3
批发和零售业	Wholesale and Retail Trade	442.53	11.2	109.69	9.0
住宿和餐饮业	Hotels and Restaurants	63.81	4.0	15.94	9.4
金融业	Finance	218.33	12.0	83.13	14.5
房地产业	Real Estate	145.61	-4.2	48.78	-5.8

Gross Domestic Product by Region
(2014)

(100 million yuan 、%)

南湖区 Nanhu District		秀洲区 Xiuzhou District		嘉善县 Jiashan		海盐县 Haiyan		海宁市 Haining		平湖市 Pinghu		桐乡市 Tongxiang	
增加值	可比增速	增加值	可比增速	增加值	可比增速	增加值	可比增速	增加值	可比增速	增加值	可比增速	增加值	可比增速
448.63	7.0	388.76	7.9	402.59	9.0	350.70	7.0	669.09	7.2	478.21	6.5	614.36	8.1
14.81	-1.2	16.81	-0.5	23.65	-1.6	21.06	-0.6	22.75	2.8	16.48	-4.9	29.19	2.1
187.71	6.4	208.08	8.4	224.18	10.4	204.50	7.3	379.81	7.3	289.69	6.4	320.35	8.5
160.96	6.0	191.49	9.2	204.51	10.8	192.57	7.0	329.92	7.2	276.63	6.4	281.62	8.4
26.83	8.8	16.68	0.1	19.86	6.2	12.07	12.9	49.97	7.8	13.13	6.7	38.90	9.5
246.11	8.2	163.87	7.9	154.76	8.3	125.14	7.8	266.53	7.5	172.03	7.9	264.82	8.3
16.65	9.2	19.40	10.1	21.60	10.9	10.60	9.3	16.39	11.5	18.30	12.1	16.96	13.3
57.78	9.3	52.15	8.8	46.67	11.9	33.17	9.2	100.94	11.5	54.68	9.7	97.84	14.0
9.75	0.5	5.38	10.6	9.42	6.1	4.04	-2.5	9.79	1.0	8.73	8.0	15.19	3.6
46.54	8.8	36.40	16.4	22.21	9.4	18.90	13.4	39.03	11.1	25.58	8.1	31.97	13.0
33.43	13.2	16.39	-11.1	15.43	0.2	10.59	5.5	25.73	-10.2	19.73	6.4	26.02	-9.2

主要统计指标解释

行政区划 指国家对行政区域的划分。根据宪法规定，我国的行政区域划分如下：⑴全国分为省、自治区、直辖市；⑵省、自治区分为自治州、县、自治县、市；⑶自治州分为县、自治县、市；⑷县、自治县分为乡、民族乡、镇；⑸直辖市和较大的市分为区、县；⑹国家在必要时设立的特别行政区。

气候 指地球与大气之间长期能量交换与质量交换所形成的一种自然环境状态，它是多种因素综合作用的结果。气候既是人类生活和生产的环境要素之一，又是供给人类生活和生产的重要资源。气温、降水、湿度等气象要素的多年平均值是用来描述一个地区气候状况的主要参数，而各种气象要素某年、某月的平均值（或总量）则可以反映出该时期天气气候状况的重要特征。

气温 指空气的温度，我国一般以摄氏度（℃）为单位表示。气象观测的温度表是放在离地面约 1.5 米处通风良好的百叶箱里测量的，因此，通常说的气温指的是离地面 1.5 米处百叶箱中的温度。其统计计算方法为：

月平均气温是将全月各日的平均气温相加，除以该月的天数而得。

年平均气温是将 12 个月的月平均气温累加后除以 12 而得。

降水量 指从天空降落到地面的液态或固态（经融化后）水，未经蒸发、渗透、流失而在地面上积聚的深度。其统计计算方法为：

月降水量是将全月各日的降水量累加而得。

年降水量是将 12 个月的月降水量累加而得。

可比价格 指计算各种总量指标所采用的扣除了价格变动因素的价格，可进行不同时期总量指标的对比。按可比价格计算总量指标有两种方法：一种是直接用产品产量乘某一年的不变价格计算；另一种是用价格指数进行缩减。

不变价格 指以同类产品某年的平均价格作为固定价格，用于计算各年的产品价值。按不变价格计算的产品价值消除了价格变动因素，不同时期对比可以反映生产的发展速度。新中国成立后，随着工农业产品价格水平的变化，国家统计局先后五次制定了全国统一的工业产品不变价格和农业产品不变价格。从 1952 年到 1957 年使用 1952 年工（农）业产品不变价格，从 1957 年到 1970 年使用 1957 年不变价格，从 1971 年到 1980 年使用 1970 年不变价格，从 1981 年到 1990 年使用 1980 年不变价格，从 1991 年开始使用 1990 年不变价格。

平均增长速度 我国计算平均增长速度有两种方法：一种是习惯上经常使用的“水平法”，又称几何平均法，是以间隔期最后一年的水平同基期水平对比来计算平均每年增长（或下降）速度；另一种是“累计法”，又称代数平均法或方程法，是以间隔期内各年水平的总和同基期水平对比来计算平均每年增长（或下降）速度。在一般正常情况下，两种方法计算的平均每年增长速度比较接近；但在经济发展不平衡、出现大起大落时，两种方法计算的结果差别较大。

本《年鉴》内所列的平均增长速度，除固定资产投资用“累计法”计算外，其余均用“水平法”计算。从某年到某年平均增长速度的年份，均不包括基期年在内。如建国四十三年以来的平均增长速度是以 1949 年为基期计算的，则写为 1950 – 1992 年平均增长速度，其余类推。

企业（单位）登记注册类型 是以在工商行政管理机关登记注册的各类企业为划分对象，以工商行政管理部门对企业登记注册的类型为依据，将企业登记注册类型分为内资企业、港澳台商投资企业和外商投资企业三大类。内资企业包括国有企业、集体企业、股份合作企业、联营企业、有限责任公司、股份有限公司、私营公司和其他企业；港澳台商投资企业和外商投资企业分别包括合资经营企业、合作经营企业、独资经营企业和股份有限公司。对不在工商行政管理部门进行登记注册的行政机关、事业单位和社会团体，主要按其经费来源和管理方式进行划分。

国有企业 指企业全部资产归国家所有，并按《中华人民共和国企业法人登记管理条例》规定登记注册的非公司制的经济组织。不包括有限责任公司中的国有独资公司。

集体企业 指企业资产归集体所有，并按《中华人民共和国企业法人登记管理条例》规定登记注册的经济组织。

股份合作企业 指以合作制为基础，由企业职工共同出资入股，吸收一定比例的社会资产投资组建，实行自主经营，自负盈亏，共同劳动，民主管理，按劳分配与按股分红相结合的一种集体经济组织。

联营企业 指两个及两个以上相同或不同所有制性质的企业法人或事业单位法人，按自愿、平等、互利的原则，共同投资组成的经济组织。联营企业包括国有联营企业、集体联营企业、国有与集体联营企业和其他联营企业。

有限责任公司 指根据《中华人民共和国公司登记管理条例》规定登记注册，由两个以上、五十个以下的股东共同出资，每个股东以其所认缴的出资额对公司承担有限责任，公司以其全部资产对其债务承担责任的经济组织。有限责任公司包括国有独资公司以及其他有限责任公司。

股份有限公司 指根据《中华人民共和国公司登记管理条例》规定登记注册，其全部注册资本由等额股份构成并通过发行股票筹集资本，股东以其认购的股份对公司承担有限责任，公司以其全部资产对其债务承担责任的经济组织。

私营企业 指由自然人投资设立或由自然人控股，以雇佣劳动为基础的营利性经济组织。包括按照《公司法》、《合伙企业法》、《私营企业暂行条例》规定登记注册的私营有限责任公司、私营股份有限公司、私营合伙企业和私营独资企业。

其他企业 指上述企业之外的其他内资经济组织。

与港澳台商合资经营企业 指港澳台地区投资者与内地企业依照《中华人民共和国中外合资经营企业法》及有关法律的规定，按合同规定的比例投资设立、分享利润和分担风险的企业。

与港澳台商合作经营企业 指港澳台地区投资者与内地企业依照《中华人民共和国中外合作经营企业法》及有关法律的规定，依照合作合同的约定进行投资或提供条件设立、分配利润和分担风险的企业。

港澳台商独资经营企业 指依照《中华人民共和国外资企业法》及有关法律的规定，在内地由港澳台地区投资者全额投资设立的企业。

港澳台商投资股份有限公司 指根据国家有关规定，经外经贸部依法批准设立，其中港、澳、台商的股本占公司注册资本的比例达25% 以上的股份有限公司。凡其中港、澳、台商的股本占公司注册资本的比例小于25%的，属于内资企业中的股份有限公司。

中外合资经营企业 指外国企业或外国人与中国内地企业依照《中华人民共和国中外合资经营企业法》及有关法律的规定，按合同规定的比例投资设立、分享利润和分担风险的企业。

中外合作经营企业 指外国企业或外国人与中国内地企业依照《中华人民共和国中外合作经营企业法》及有关法律的规定，依照合作合同的约定进行投资或提供条件设立、分配利润和分担风险的企业。

外资企业 指依照《中华人民共和国外资企业法》及有关法律的规定，在中国内地由外国投资者全额投资设立的企业。

外商投资股份有限公司 指根据国家有关规定，经外经贸部依法批准设立，其中外资的股本占公司注册资本的比例达25% 以上的股份有限公司。凡其中外资股本占公司注册资本的比例小于25%的，属于内资企业中的股份有限公司。

行政机关、事业单位和社会团体 参照企业登记注册类型，主要按其经费来源和管理方式划分。具体规定如下：

⑴行政机关：包括国家机关和政党机关，原则上均列为“国有”。但有特殊规定的，如供销社等，则列为“集体”。

⑵事业单位：包括经国家机构编制部门和有关业务主管部门批准成立的各类事业单位，不包括实行企业化管理的事业单位。事业单位的划分办法如下：

①由国家财政预算拨款或列入财政预算外资金管理以及经费主要来源于国有主管部门或国有上级单位的事业单位，列为“国有”。

②经费主要来源于集体单位的事业单位，列为“集体”。

③公民个人（或个人合伙）开办的事业单位，列为“私营”。

④上述以外的其他事业单位，如果其经费来源不明确，按管理方式进行归类。

⑶社会团体：包括经民政部门批准成立以及未纳入社会团体管理条例范围的工会、妇联等各类社会团体。社会团体的划分办法如下：

①未纳入民政部社会团体管理条例范围的工会、妇联、共青团、青联、工商联、科协、侨联等社会团体，国家拨款设立的基金会或基金管理组织以及经费主要来源于国有业务主管部门或国有上级单位的社会团体，列为“国有”。

②经费主要来源于集体单位的社会团体，列为“集体”。

③公民个人（或个人合伙）开办的社会团体，划为“私营”。

④上述以外的其他社会团体，如果其经费来源不明确，改按管理方式进行归类。

国内生产总值（GDP） 指一个国家（或地区）所有常住单位在一定时期内生产活动的最终成果。国内生产总值有三种表现形态，即价值形态、收入形态和产品形态。从价值形态看，它是所有常住单位在一定时期内生产的全部货物和服务价值超过同期中间投入的全部非固定资产货物和服务价值的差额，即所有常住单位的增加值之和；从收入形态看，它是所有常住单位在一定时期内创造并分配给常住单位和非常住单位的初次收入分配之和；从产品形态看，它是所有常住单位在一定时期内最终使用的货物和服务价值与货物和服务净出口价值之和。在实际核算中，国内生产总值有三种计算方法，即生产法、收入法和支出法。三种方法分别从不同的方面反映国内生产总值及其构成。

三次产业 是根据社会生产活动历史发展的顺序对产业结构的划分，产品直接取自自然界的部门称为第一产业，对初级产品进行再加工的部门称为第二产业，为生产和消费提供各种服务的部门称为第三产业。它是世界上较为通用的产业结构分类，但各国的划分不尽一致。

我国的三次产业划分是：

第一产业：农业（包括种植业、林业、牧业和渔业）。

第二产业：工业（包括采掘业，制造业，电力、煤气及水的生产和供应业）和建筑业。

第三产业：除第一、第二产业以外的其他各业。由于第三产业包括的行业多、范围广，根据我国的实际情况，第三产业可分为两大部分；一是流通部门，二是服务部门。具体又可分为四个层次：

第一层次：流通部门，包括交通运输、仓储及邮电通信业，批发和零售贸易、餐饮业。

第二层次：为生产和生活服务的部门，包括金融、保险业，地质勘查业、水利管理业，房地产业，社会服务业，农、林、牧、渔服务业，交通运输辅助业，综合技术服务业等。

第三层次：为提高科学文化水平和居民素质服务的部门，包括教育、文化艺术及广播电影电视业，卫生、体育和社会福利业，科学研究业等。

第四层次：为社会公共需要服务的部门，包括国家机关、政党机关和社会团体以及军队、警察等。

劳动者报酬　指劳动者因从事生产活动所获得的全部报酬。包括劳动者获得的各种形式的工资、奖金和津贴，既包括货币形式的，也包括实物形式的；还包括劳动者所享受的公费医疗和医药卫生费、上下班交通补贴和单位支付的社会保险费等。对于个体经济来说，其所有者所获得的劳动报酬和经营利润不易区分，这两部分统一作为劳动者报酬处理。

生产税净额 指生产税减生产补贴后的余额。生产税指政府对生产单位生产、销售和从事经营活动以及因从事生产活动使用某些生产要素（如固定资产、土地、劳动力）所征收的各种税、附加费和规费。生产补贴与生产税相反，指政府对生产单位的单方面收入转移，因此视为负生产税，包括政策亏损补贴、粮食系统价格补贴、外贸企业出口退税收入等。

固定资产折旧　指一定时期内为弥补固定资产损耗按照核定的固定资产折旧率提取的固定资产折旧，或按国民经济核算统一规定的折旧率虚拟计算的固定资产折旧。它反映了固定资产在当期生产中的转移价值。各类企业和企业化管理的事业单位的固定资产折旧是指实际计提并计入成本费中的折旧费；不计提折旧的政府机关、非企业化管理的事业单位和居民住房的固定资产折旧是按照统一规定的折旧率和固定资产原值计算的虚拟折旧。原则上，固定资产折旧应按固定资产的重置价值计算，但是目前我国尚不具备对全社会固定资产进行重估价的基础，所以暂时只能采用上述办法。

营业盈余　指常住单位创造的增加值扣除劳动者报酬、生产税净额和固定资产折旧后的余额。它相当于企业的营业利润加上生产补贴，但要扣除从利润中开支的工资和福利等。

EXPLANATORY NOTES ON MAIN STATISTICAL INDICATORS

Administrative Division refers to the division of administrative areas by the state. The Constitution of the People's Republic of China stipulates that the administrative areas in China are divided as: 1) The whole country is divided into provinces, autonomous regions and municipalities directly under the central government; 2) Provinces and autonomous regions are divided into autonomous prefectures, counties, autonomous counties and cities; 3) Autonomous prefectures are divided into counties, autonomous counties and cities; 4) Counties and autonomous counties are divided into townships, nationality townships and towns; 5) Municipalities and large cities are divided into districts and counties, 6) The state shall, when necessary, establish special administrative regions.

Climate refers to the natural environmental status formed by the long-term exchange of energy and mass between the earth and the air, and is the results of interaction of many factors. Climate is both one of the environment factors and the important resources for the living and production activities of the human being. The average values across several years of meteorological factors such as temperature, rainfall and humidity are used as important parameters to describe the climate of a region, while the average values (or total values) of a given year or month of meteorological factors reflect the key characteristics of climate for that period of time.

Temperature refers to the air temperature. China uses centigrade as the unit. The thermometry used for weather observation is put in a breezy shutter, which is 1.5 meters high from the ground. Therefore, the commonly used temperature refers to the temperature in the breezy shutter 1.5 meters away from the ground. The calculation method is as follows:

Monthly average temperature is the summation of average daily temperature of one month divided by the actual days of that particular month.

Annual average temperature is the summation of monthly average of a year divided by 12 months.

Volume of Precipitation refers to the deepness of liquid state or solid state (thawed) water falling from the sky to the ground that has not been evaporated, infiltrated or run off. The calculation method is as follows:

Monthly precipitation is the summation of daily precipitation of a month.

Annual precipitation is the summation of 12 months precipitation of a year.

Comparable Prices refer to prices that are used to remove the factors of price change in calculating economic aggregates, so as to facilitate comparison of aggregates over time. Two methods are used for calculating economic aggregates at comparable prices: 1. Multiplying the output of products by their constant prices of certain year; 2. Deflation of data at current prices by relevant price index.

Constant Price refers to the average price of a given product in certain year, which is used for comparison of output value over time. As the output value at constant prices removes the factor of price changes, it reflects the trend of production development over time. Since 1949, with the changes in general price level, National Bureau of Statistics has issued nationally unified constant prices five times: the 1952 constant prices for 1949-1957; the 1957 constant prices for 1957-1971; the 1970 constant prices for 1971-1981; the 1980 constant prices for 1981-1990; and the 1990 constant prices have been used since 1991.

Average Annual Growth Rate Two methods for calculating average annual growth rate are applied in China, one is often called "level approach", or the method of calculating geometric average, which is derived by comparing the level of the last year of the interval with that of the beginning year; the other is called "accumulative approach" or algebraic average or equation method, which is derived by the summation of the actual figure of each year in the interval divided by the figure in the base year.

Usually the results calculated by the two methods are fairly close, but they differed sharply when uneven economic development occurred with striking fluctuations in growth.

The average annual growth rates listed in this statistical yearbook are calculated by "level approach" except for the growth rate of investment in fixed assets. The base years are not listed when the years are listed for average annual growth rates. For instance, the average annual growth rate of 43 years since 1949 is listed as average annual growth rate of 1950-1992 without listing the base year 1949. And the analogy of this is also the same for the rest of the years.

Registration Status of Enterprises Enterprises are classified into 3 categories, namely domestic-funded enterprises, enterprises with investment from Hong Kong, Macau and Taiwan, and enterprises with foreign investment, in the light of the registration status of an enterprise in industrial and commercial administration agencies. Domestic-funded enterprises include state-owned enterprises, collective-owned enterprises, cooperative enterprises, joint ownership enterprises, limited liability corporations, share-holding corporations Ltd., private enterprises and other enterprises. Included in the enterprises with investment from Hong Kong, Macau and Taiwan and enterprises with foreign investment are joint-venture enterprises, cooperative enterprises, sole investment enterprises and share – holding corporations Ltd. For government agencies, institutions and social organizations which are not requested to be registered in industrial and commercial administration agencies, they are classified mainly by their sources of funds and way of management.

State – owned Enterprises refer to non – corporation economic units where the entire assets are owned by the state and which have registered in accordance with the Regulation of the People's Republic of China on the Management of Registration of Corporate Enterprises. Excluded from this category are sole state – funded corporations in the limited liability corporations.

Collective – owned Enterprises refer to economic units where the assets are owned collectively and which have registered in accordance with the Regulation of the People's Republic of China on the Management of Registration of Corporate Enterprises.

Cooperative Enterprises refer to a form of collective economic units (enterprises) where capitals come mainly from employees as their shares, with certain proportion of capital from the outside, where production is organized on the basis of independent operation, independent accounting for profits and losses, joint work, democratic management, and a distribution system that integrates remuneration according to work with dividend according to capital share.

Joint Ownership Enterprises refer to economic units established by two or more corporate enterprises or corporate institutions of the same or different ownership, through joint investment on the basis of equality, voluntary participation and mutual benefits. They include state joint ownership enterprises, collective joint ownership enterprises, joint state – collective enterprises, other joint ownership enterprises.

Limited Liability Corporations refer to economic units established with investment from 2 – 50 investors and registered in accordance with the Regulation of the People's Republic of China on the Management of Registration of Corporations, each investor bearing limited liability to the corporation depending on its share of investment, and the corporation bearing liability to its debt to the maximum of its total assets. Limited liability corporations include exclusive state – funded limited liability corporations and other limited liability corporations.

Share – holding Corporations Ltd. refer to economic units registered in accordance with the Regulation of the People's Republic of China on the Management of Registration of Corporations, with total registered capitals divided into equal shares and raised through issuing stocks. Each investor bears limited liability to the corporation depending on the holding of shares, and the corporation bears liability to its debt to the maximum of its total assets.

Private Enterprises refer to profit – making economic units invested and established by natural persons, or controlled by natural persons using employed labour. Included in this category are private limited liability corporations, private share – holding corporations Ltd., private partnership enterprises and private – funded enterprises registered in accordance with the Corporation Law, Partnership Enterprises Law and Interim Regulations on Private Enterprises.

Other Domestic – funded Enterprises refer to domestic – funded economic units other than those mentioned above.

Cooperative Enterprises with Funds from Hong Kong, Macau and Taiwan established by investors from Hong Kong, Macau and Taiwan with enterprises in the mainland of China in accordance with the Law of the Peoples Republic of China on Sino – foreign Cooperative Enterprises and other relevant laws, where the investment or provision of facilities, and the share of profits and risks is stipulated in the cooperative contract.

Enterprises with Sole (exclusive) Investment from Hong Kong, Macau and Taiwan refer to enterprises established in the mainland of China with exclusive investment from investors from Hong Kong, Macau and Taiwan in accordance with the Law of the People's Republic of China on Foreign – Funded Enterprises and other relevant laws.

Share – holding Corporations Ltd. with Investment from Hong Kong, Macau and Taiwan refer to share – holding corporations Ltd. established with the approval from the Ministry of Foreign Trade and Economic Relations in line with relevant state regulations, where the share of investment from Hong Kong, Macau or Taiwan businessmen exceeds 25% of the total registered capital of the corporation. in case the share of investment from Hong Kong, Macau or Taiwan is less than 25% of the total registered capital, the enterprise is to be classified as domestic – funded share – holding corporation Ltd.

Joint – venture Enterprises with Foreign Investment refer to enterprises jointly established by foreign enterprises or foreigners with enterprises in the mainland of China in accordance with the Law of the People's Republic of China on Sino – foreign Joint Venture Enterprises and other relevant laws, where the share of investment, profits and risks is stipulated in the contract.

Cooperation Enterprises with Foreign Investment refer to enterprises jointly established by foreign enterprises or foreigners with enterprises in the mainland of China in accordance with the Law of the People's Republic of China on Sino – foreign Cooperative Enterprises and other relevant laws, where the investment or provision of facilities, and the share of profits and risks is stipulated in the cooperative contract.

Enterprises with Sole (exclusive) Foreign Investment refer to enterprises established in the mainland of China with exclusive investment from foreign investors in accordance with the Law of the People's Republic of China on Foreign – Funded Enterprises and other relevant laws.

Share – holding Corporations Ltd. with Foreign Investment refer to share – holding corporations Ltd. established with the approval from the Ministry of Foreign Trade and Economic Relations in line with relevant state regulations, where the share of investment from foreign investors exceeds 25% of the total registered capital of the corporation. in case the share of foreign investment is less than 25% of the total registered capital, the enterprise is to be classified as domestic – funded share – holding corporation Ltd.

Government Agencies, Institutions and Social Organizations are classified into following categories by source of funds and way of management taking reference of the registration status of enterprises:

(1) Government agencies: include state and party agencies, classified in principle as "state – owned". There are exceptions, such as supply and marketing cooperatives which are classified as "collective – owned".

(2) Institutions: include institutions of various types established with the approval by organization and staffing departments of the government, but exclude institutions where enterprise management system is introduced. Institutions are further classified as follows:

(a) Institutions whose main budget is listed in the government budget appropriations or extra – budget funds, or allocated from the budget of their competent government agencies. Such institutions are classified as "state – owned".

(b) Institutions whose budget mainly comes from collective units. Such institutions are classified as "collective – owned".

(c) Institutions other than those mentioned above whose source of budget is not clear. Such institutions are classified by way of management.

(3) Social organizations: include social organizations established with the approval from the Ministry of Civil Affairs, and organizations that are not covered by social organization management regulations such as trade unions, womens federations etc.. Social organizations are further classified as follows:

(a) Social organizations that are not covered by social organization management regulations of the Ministry of Civil Affairs such as trade unions, women's federations, communist youth leagues, youth associations, industrial and commerce associations, scientists associations, overseas Chinese associations, etc., foundations and fund management organizations established with funds from the state, and social organizations whose funds mainly come from the budget of their competent government agencies. Such institutions are classified as "state – owned".

(b) Social organizations whose budget mainly comes from collective units. Such institutions are classified as "collective – owned".

(c) Social organizations established by individual or a group of citizens, which are classified as "private".

(d) Social organizations other than those mentioned above whose source of budget is not clear. Such organizations are classified by way of management.

Gross Domestic Product (GDP) refers to the final products of all resident units in a country (or a region) during a certain period of time. Gross domestic product is expressed in three different forms, i. e. value, income, and products respectively. The form of value refers to the total value of all products and services produced by all resident units during a certain period of time minus total value of intimidate input of materials and services of the nature of non – fixed assets or the summation of the value – added of all resident units; the form of income includes all the income created by all resident units and distributed primarily to all resident and non – resident units; the form of products refers to the value of all final goods and services for final use by all resident units plus the value of net exports of goods and services during a given period of time. in the practice of national accounting, gross domestic product is calculated with three approaches, i. e. production approach, income approach, and expenditure approach, which reflect gross domestic product and its composition from different aspects.

Three Industries Industry structure has been classified according to the historical sequence of development. Primary industry refers to extraction of natural resources; secondary industry involves processing of primary products; and tertiary industry provides services of various kinds for production and consumption. The above classification is universal although it varies to some extent form country to country. Industry in China comprises:

Primary industry agriculture (including farming, forestry, animal husbandry and fishery).

Secondary industry industry (including mining and quarrying, manufacturing, production and supply of electricity, water and gas) and construction.

Tertiary industry all other industries not included in primary or secondary industry.

Due to the fact that tertiary industry involves in a large variety of industries in China, it is divided into two sectors: circulation sector and service sector and further into four levels:

The first level: circulation sector, including transportation, storage, postal and telecommunications, wholesale and retail trade, and catering trade.

The second level: service sector providing services for production and consumption, including banking, insurance, geological survey, water conservancy management, real estates, service for residents, service for agriculture, forestry, animal husbandry, fishery, subsidiary services for transportation and communications, comprehensive technical services, etc.

The third level: service sector for upgrading scientific, educational and cultural level of the people, including education, culture and arts, broadcasting, movies, television, public health, sports, social welfare and scientific research, etc.

The fourth level: sector providing services for public needs, including government agencies, political parties, social organizations, military and police service.

Labourers' Remuneration refers to the whole payment of various forms earned by the labourers from the productive activities they are engaged in. It includes wages, bonuses and allowances the labourers earned in monetary form and in kind. It also includes the free medical services provided to the labourers and the medicine expenses, traffic subsidies and social insurance fee paid by the labourers' working units for them. As the individual economy is concerned, since the labourers' remuneration is not easily distinguished from the operating profit, both are treated as labourers remuneration.

Net Taxes on Production refers to the residual of the taxes on production minus the subsidies on production. The taxes on production refers to the various taxes, extra charges and fees levied on the production units on their production, sale and business activities as well as on some factors of production, such as fixed assets, land and labour force, used in the production activities they are engaged in. in contrast to the taxes on production, the subsidies on production refer to the unilateral transfer of part of the government's revenue to the production units and is therefore regarded as negative taxes on production. They include subsidies on the loss due to implementation of government policies, price subsidies to the grain institutions, foreign trade corporations receipts from drawback, etc.

Depreciation of Fixed Assets refers to the depreciation of fixed assets of a given period, drawn in accordance with the stipulated depreciation rate for the purpose of compensating the wear loss of the fixed assets or the depreciation of fixed assets calculated in a fictitious way in accordance with the stipulated unified depreciation rate in the national economic accounting system. It reflects the value of transfer of the fixed assets in the production of the current period. The depreciation of fixed assets in various enterprises and institutions managed as enterprises refers to the depreciation expenses actually drawn and calculated as part of the cost. in government agencies and institutions not managed as enterprises which do not draw the depreciation expenses, as well as for the houses of residents, the depreciation of fixed assets is the imputed depreciation, which is calculated in accordance with the stipulated unified depreciation rate. in principle, the depreciation of fixed assets should be calculated on the basis of the re – purchased value of the fixed assets. However, there is no actual condition to re – evaluate all the fixed assets in China. Therefore, the above – mentioned methods are temporarily adopted at present.

Operating Surplus refers to the balance of the value added created by the resident units deducting the labourers' remuneration, net taxes on production and the depreciation of fixed assets. It is equivalent to the business profit of the enterprises plus subsidies on production, but the wages and welfare expenses paid from the profits should be deducted.

二、人口与劳动力
Population and Labor

2-1 主要年份年末总户数和总人口数
Total Year-End Households and Population in Main Years

单位:万人 (10000 persons)

年份 地区 Year Region		总户数(万户) Total Households (10000 households)	总人口数 Total Population	按性别分 By Sex		按户口性质分 By Type	
				男性 Male	女性 Female	农业人口 Agriculture	非农业人口 Non-agriculture
1978		67.97	289.40	147.08	142.32	253.89	35.51
1979		67.83	291.02	147.90	143.12	252.56	38.46
1980		69.09	292.50	148.75	143.75	252.14	40.36
1981		73.20	294.88	150.11	144.78	252.82	42.06
1982		75.64	297.94	151.73	146.21	253.44	44.50
1983		77.08	299.21	152.43	146.78	253.52	45.69
1984		78.56	299.53	152.50	147.03	253.54	45.99
1985		82.84	300.59	153.10	147.49	233.00	67.59
1986		85.67	304.15	154.93	149.22	246.19	57.96
1987		88.31	308.24	156.87	151.37	249.93	58.31
1988		90.97	310.93	158.09	152.84	251.32	59.61
1989		93.59	313.67	159.36	154.31	253.53	60.14
1990		92.78	316.19	160.34	155.85	257.80	58.39
1991		93.26	318.30	161.22	157.08	259.38	58.92
1992		94.18	320.61	162.25	158.36	259.44	61.17
1993		94.25	322.57	163.17	159.40	260.08	62.49
1994		94.90	324.46	164.01	160.45	260.50	63.96
1995		95.60	326.39	164.83	161.56	259.58	66.81
1996		95.64	328.06	165.43	162.63	259.86	68.20
1997		95.15	329.29	165.69	163.60	258.95	70.34
1998		95.35	329.91	165.83	164.08	256.70	73.21
1999		95.56	330.19	165.85	164.34	254.01	76.18
2000		96.58	331.26	166.16	165.09	252.67	78.59
2001		97.27	331.93	166.28	165.65	248.38	83.55
2002		97.72	332.38	166.31	166.07	247.28	85.10
2003		98.58	332.96	166.24	166.72	231.65	101.31
2004		99.42	333.94	166.47	167.46	225.52	108.42
2005		101.05	334.33	166.52	167.81	222.14	112.20
2006		101.05	335.55	166.96	168.59	219.56	115.99
2007		101.75	336.81	167.38	169.44	216.46	120.36
2008		102.40	338.07	167.81	170.25	207.93	130.14
2009		102.83	339.60	168.33	171.27	199.68	139.92
2010		103.20	341.60	169.07	172.53	194.73	146.87
2011		103.63	343.05	169.58	173.47	186.69	156.36
2012		103.91	344.52	170.09	174.43	186.95	157.57
2013		104.33	345.93	170.61	175.32	186.70	159.23
2014		104.96	348.14	171.52	176.61	187.16	160.98
市　区	Urban District	28.30	86.36	42.62	43.74	40.47	45.90
南湖区	nanhu	17.12	48.79	24.16	24.63	14.34	34.45
秀洲区	Xiuzhou	11.18	37.57	18.46	19.11	26.12	11.45
嘉善县	Jiashan	12.52	38.75	19.09	19.66	20.35	18.40
平湖市	Pinghu	14.79	49.14	24.09	25.05	25.09	24.04
海宁市	Haining	18.55	67.38	33.07	34.31	43.96	23.42
海盐县	Haiyan	12.16	37.83	18.67	19.15	15.78	22.05
桐乡市	Tongxiang	18.64	68.68	33.97	34.70	41.50	27.18

注:资料来源嘉兴市公安局。
Note data comes from Jiaxing Municipal Bureau of Public Security.

2－2 主要年份全市人口变动情况
Population Changes in Main Years

单位:人 (person)

年份 地区 Year Region	出生 Birth 人数 Population	出生 Birth 出生率(‰) Birth Rate	死亡 Death 人数 Population	死亡 Death 死亡率(‰) Death Rate	自然增长率(‰) Natural Growth Rate	迁入人口 Population Transferred into	迁出人口 Population Transferred out 5mm
1978	34113	11.81	17709	6.13	5.68		
1979	36034	14.17	17878	7.03	7.14		
1980	29978	10.27	18652	6.39	3.88		
1981	44807	15.26	19103	6.50	8.76		
1982	48125	16.24	18348	6.19	10.05		
1983	30395	10.18	21145	7.08	3.10	30187	26945
1984	21503	7.18	20353	6.80	0.38	28768	26824
1985	25595	8.53	20201	6.73	1.80	70477	65333
1986	51791	17.13	20584	6.78	10.35	38574	34097
1987	59121	19.30	21190	6.90	12.40	35746	32652
1988	43360	14.00	22182	7.20	6.80	36222	31679
1989	43545	13.94	22119	7.08	6.86	36346	30322
1990	44800	14.23	22200	7.05	7.18	34584	31653
1991	40857	12.84	21633	6.80	6.04	28963	27052
1992	41957	13.13	22177	6.94	6.19	44956	41303
1993	41119	12.80	22226	6.90	5.90	28078	27346
1994	40605	12.55	23272	7.19	5.36	33333	31632
1995	40456	12.43	23889	7.34	5.09	43504	40700
1996	37831	11.56	23319	7.13	4.43	41149	38798
1997	33233	10.11	22782	6.93	3.18	37953	35659
1998	31277	9.49	23994	7.28	2.21	38580	38887
1999	26871	8.14	22950	6.95	1.19	44568	44787
2000	31619	9.56	23337	7.06	2.50	73180	70733
2001	25735	7.76	22371	6.75	1.01	69877	66378
2002	25206	7.59	22439	6.76	0.83	54818	52867
2003	23633	7.10	23860	7.17	－0.07	48592	42298
2004	25004	7.50	22292	6.69	0.81	39382	33019
2005	23495	7.03	23900	7.15	－0.12	36583	33150
2006	22849	6.82	22443	6.70	0.12	38768	28241
2007	22348	6.65	22959	6.83	－0.18	39027	26303
2008	21914	6.49	23432	6.94	－0.45	37689	23845
2009	22993	6.79	23398	6.91	－0.12	37003	21733
2010	26572	7.80	24303	7.14	0.67	39261	21792
2011	24901	7.27	23742	6.94	0.34	35655	22489
2012	29903	8.70	25133	7.31	1.39	27968	17587
2013	28230	8.18	23972	6.94	1.23	27507	17373
2014	34618	9.98	23724	6.84	3.14	29479	17945
市 区 Urban District	8775	10.21	5514	6.42	3.80	9355	3678
南湖区 nanhu	5030	10.35	3055	6.29	4.06	5443	2801
秀洲区 Xiuzhou	3745	10.03	2459	6.59	3.45	3912	877
嘉善县 Jiashan	3362	8.69	2824	7.30	1.39	3604	2970
平湖市 Pinghu	4584	9.35	3422	6.98	2.37	2153	1391
海宁市 Haining	7185	10.70	4534	6.75	3.95	5920	3836
海盐县 Haiyan	3691	9.78	2467	6.54	3.24	1809	1440
桐乡市 Tongxiang	7021	10.25	4963	7.25	3.01	6638	4630

2-3 主要年份市区年末总户数和总人口数

Total Year - End Households and Population of Urban District in Main Years

单位:万人 (10000 persons)

年份 Year	总户数(万户) Total Households (10000 households)	总人口数 Total Population	按性别分 By Sex 男性 Male	女性 Female	按户口性质分 By Type 农业人口 Agriculture	非农业人口 Non-agriculture
1957	10.78	48.10	25.20	22.90	36.14	11.96
1965	12.82	55.52	28.76	26.76	42.65	12.87
1970	15.35	61.49	31.52	29.97	49.15	12.34
1975	15.35	64.66	33.12	31.53	51.59	13.06
1978	16.04	65.43	33.40	32.03	51.81	13.62
1979	16.28	65.73	33.53	32.20	51.19	14.54
1980	16.60	66.08	33.73	32.35	50.92	15.16
1981	17.35	66.64	34.01	32.63	51.14	15.50
1982	17.98	67.41	34.37	33.04	51.31	16.10
1983	18.27	67.82	34.67	33.15	51.36	16.47
1984	18.61	68.12	34.75	33.37	51.29	16.83
1985	20.52	68.65	35.06	33.59	47.64	21.01
1986	21.27	69.66	35.63	34.03	49.22	20.44
1987	22.00	70.90	36.20	34.70	50.26	20.64
1988	22.48	71.94	36.65	35.29	50.48	21.46
1989	22.81	72.89	37.09	35.80	51.22	21.67
1990	22.94	73.61	37.38	36.23	52.46	21.15
1991	23.03	74.15	37.63	36.52	52.72	21.43
1992	22.92	74.74	37.89	36.85	52.88	21.86
1993	22.88	75.42	38.24	37.18	53.20	22.22
1994	23.21	76.05	38.52	37.53	53.29	22.76
1995	23.74	76.72	38.81	37.92	52.71	24.01
1996	23.86	77.31	39.02	38.29	52.81	24.50
1997	24.05	77.76	39.16	38.59	52.48	25.28
1998	24.02	78.06	39.29	38.77	51.91	26.15
1999	24.25	78.36	39.41	38.95	50.84	27.52
2000	24.61	78.80	39.58	39.22	50.33	28.47
2001	24.77	79.11	39.71	39.40	49.10	30.01
2002	24.96	79.45	39.86	39.59	48.17	31.28
2003	25.24	79.82	39.97	39.84	47.23	32.59
2004	25.70	80.40	40.19	40.21	45.19	35.21
2005	25.97	80.83	40.35	40.48	44.51	36.32
2006	26.30	81.40	40.58	40.82	44.23	37.17
2007	26.56	81.98	40.82	41.16	43.39	38.59
2008	26.89	82.55	41.05	41.49	40.52	42.03
2009	27.12	83.12	41.28	41.84	40.70	42.42
2010	27.35	83.75	41.54	42.20	40.89	42.86
2011	27.60	84.28	41.75	42.53	40.45	43.82
2012	27.70	84.84	41.97	42.87	40.55	44.29
2013	27.94	85.47	42.23	43.24	40.34	45.13
2014	28.30	86.36	42.62	43.74	40.47	45.90

2-4 主要年份市区人口变动情况
Population Changes of Urban District in Main Years

单位:人 (person)

年份 Year	出生 Birth 人数 Population	出生率(‰) Birth Rate	死亡 Death 人数 Population	死亡率(‰) Death Rate	自然增长率(‰) Natural Growth Rate	迁入人口 Population Transferred into	迁出人口 Population Transferred out
1957	14600	30.78	3242	6.83	23.95		
1965	18647	34.04	4131	7.54	26.50		
1970	14010	23.00	3414	5.60	17.40		
1975	6129	9.49	3985	6.17	3.32		
1978	7285	11.16	3843	5.89	5.27		
1979	6974	10.63	3797	5.79	4.84		
1980	6233	9.46	4018	6.10	3.36		
1981	9769	14.72	4008	6.04	8.68		
1982	11073	16.52	3982	5.94	10.58		
1983	7470	11.05	4429	6.55	4.50	7043	6067
1984	5628	8.28	4436	6.53	1.75	8398	6641
1985	5756	8.42	4454	6.51	1.91	16427	12377
1986	11383	16.46	4472	6.47	9.99	10889	7574
1987	14464	20.58	4790	6.82	13.76	11472	8814
1988	10453	14.64	4867	6.81	7.83	10350	4649
1989	10611	14.66	5057	6.98	7.68	9058	3645
1990	10211	13.94	4894	6.68	7.26	9932	7893
1991	9115	12.34	4814	6.52	5.82	9893	8186
1992	9417	12.65	4960	6.66	5.99	7016	8395
1993	9638	12.84	5020	6.69	6.15	10296	8109
1994	9331	12.32	5175	6.83	5.49	11584	9270
1995	9066	11.87	5118	6.70	5.17	14635	11865
1996	8585	11.15	5288	6.87	4.28	13630	11015
1997	7473	9.64	5115	6.60	3.04	12666	10508
1998	6765	8.68	5154	6.62	2.06	13643	11646
1999	6320	8.08	5050	6.46	1.62	15379	13124
2000	7241	9.21	5248	6.68	2.54	39541	37102
2001	5822	7.37	4875	6.17	1.20	38649	36493
2002	5633	7.11	5062	6.38	0.72	28334	25258
2003	5102	6.41	5539	6.96	-0.55	19362	15170
2004	5827	7.27	4908	6.13	1.15	11954	8041
2005	5312	6.59	5327	6.61	-0.02	11032	7923
2006	5360	6.61	4926	6.17	0.54	11133	7107
2007	5613	6.87	5129	6.28	0.59	11099	6730
2008	5830	7.09	5191	6.31	0.78	10966	6493
2009	5707	6.89	5420	6.54	0.35	10631	5864
2010	6365	7.63	5430	6.51	1.12	10022	5221
2011	6446	7.67	5440	6.48	1.20	8579	4633
2012	7341	8.68	5451	6.45	2.24	7921	4112
2013	7085	8.32	5571	6.54	1.78	8367	3760
2014	8775	10.21	5514	6.42	3.80	9355	3678

2-5 主要年份年末总人口
Total Year - End Population in Main Years

单位:万人 (10000 persons)

年份 Year	全市 Total	市区 Urban District	南湖区 Nanhu	秀洲区 Xiuzhou	嘉善 Jiashan	平湖 Pinghu	海宁 Haining	海盐 Haiyan	桐乡 Tongxiang
1957	207.56	48.10			26.77	32.23	38.43	21.59	40.44
1965	243.35	55.52			29.41	36.79	48.10	25.18	48.35
1970	270.15	61.49			32.60	41.02	52.50	28.87	53.67
1975	285.30	64.66			33.96	43.25	55.63	30.71	57.09
1978	289.40	65.43	18.76	46.67	34.23	43.63	56.80	31.32	57.99
1979	291.05	65.73	19.34	46.40	34.38	43.81	57.28	31.54	58.31
1980	292.50	66.08	19.73	46.35	34.52	44.00	57.69	31.69	58.52
1981	294.88	66.64	20.01	46.63	34.77	44.28	58.26	32.03	58.90
1982	297.94	67.41	20.38	47.03	35.03	44.66	58.96	32.43	59.45
1983	299.21	67.82	20.77	47.06	35.05	44.77	59.25	32.80	59.52
1984	299.53	68.12	21.27	46.86	35.00	44.73	59.28	32.99	59.41
1985	300.58	68.65	21.97	46.68	35.04	44.71	59.41	33.22	59.55
1986	304.15	69.66	22.61	47.05	35.54	45.08	60.00	33.77	60.10
1987	308.24	70.90	23.27	47.63	35.89	45.65	60.66	34.36	60.78
1988	310.93	71.94	24.01	47.93	36.14	45.98	61.08	34.55	61.24
1989	313.67	72.89	24.72	48.17	36.40	46.29	61.53	34.75	61.81
1990	316.19	73.61	25.18	48.43	36.66	46.59	62.06	34.95	62.32
1991	318.30	74.15	25.50	48.65	36.87	46.86	62.47	35.18	62.77
1992	320.61	74.74	25.91	48.83	37.21	47.18	62.79	35.39	63.30
1993	322.57	75.42	26.38	49.04	37.39	47.42	62.96	35.60	63.78
1994	324.46	76.05	26.89	49.16	37.57	47.61	63.15	35.84	64.24
1995	326.39	76.72	27.46	49.27	37.76	47.82	63.35	36.05	64.69
1996	328.06	77.31	27.98	49.33	37.88	47.95	63.68	36.21	65.02
1997	329.29	77.76	28.44	49.32	37.98	48.06	63.91	36.38	65.20
1998	329.91	78.06	28.86	49.20	38.07	48.11	63.95	36.45	65.27
1999	330.19	78.36	29.50	48.86	38.06	48.07	63.89	36.48	65.33
2000	331.26	78.80	45.08	33.72	38.13	48.23	64.03	36.49	65.57
2001	331.93	79.11	45.35	33.76	38.12	48.30	64.05	36.54	65.82
2002	332.38	79.45	45.56	33.89	38.09	48.32	64.03	36.50	65.99
2003	332.96	79.82	45.76	34.06	38.08	48.35	64.13	36.45	66.13
2004	333.94	80.40	45.96	34.44	38.11	48.37	64.30	36.46	66.29
2005	334.33	80.83	45.96	34.87	38.05	48.31	64.39	36.43	66.32
2006	335.55	81.40	46.56	34.85	38.07	48.35	64.61	36.59	66.52
2007	336.81	81.98	46.78	35.21	38.13	48.37	64.87	36.76	66.70
2008	338.07	82.55	46.99	35.56	38.20	48.44	65.09	36.92	66.86
2009	339.60	83.12	47.16	35.96	38.29	48.51	65.50	37.07	67.10
2010	341.60	83.75	47.36	36.39	38.41	48.70	66.03	37.31	67.40
2011	343.05	84.28	47.57	36.71	38.53	48.78	66.31	37.47	67.69
2012	344.52	84.84	47.81	37.04	38.60	48.89	66.61	37.59	67.99
2013	345.93	85.47	48.39	37.08	38.64	48.96	66.91	37.67	68.28
2014	348.14	86.36	48.79	37.57	38.75	49.14	67.38	37.83	68.68

2-6 分地区人口年龄构成(2014年底)

The Age Distribution of Population by Region (End of 2014)

单位:人　　(persons)

地　区 Region		总人口数 Total Population	18岁以下 Age0-18		18-35岁 Age18-35		35-60岁 Age35-60		60岁以上 Age60	
		人　数 Population	人　数 Population	占总人口% Perrcentage to Total	人　数 Population	占总人口% Perrcentage to Total	人　数 Population	占总人口% Perrcentage to Total	人　数 Population	占总人口% Perrcentage to Total
全　市	Toltal	3481377	480682	13.81	739864	21.25	1447766	41.59	813065	23.35
市　区	Urban District	863637	124046	14.36	189719	21.97	353453	40.93	196419	22.74
南湖区	nanhu	487894	68062	13.95	106939	21.92	200497	41.09	112396	23.04
秀洲区	Xiuzhou	375743	55984	14.90	82780	22.03	152956	40.71	84023	22.36
嘉善县	Jiashan	387538	48263	12.45	79188	20.43	160734	41.48	99353	25.64
平湖市	Pinghu	491379	62140	12.65	102792	20.92	207419	42.21	119028	24.22
海宁市	Haining	673782	95172	14.13	143467	21.29	278109	41.28	157034	23.31
海盐县	Haiyan	378263	49999	13.22	81110	21.44	161085	42.59	86069	22.75
桐乡市	Tongxiang	686778	101062	14.72	143588	20.91	286966	41.78	155162	22.59

2－7 分地区计划生育率（1999－2014）
Family Planninng by Region（1999－2014）

单位：%　　　　（%）

年份 Year	全市 Total	市区 Urban District	南湖区 Nanhu	秀洲区 Xiuzhou	嘉善 Jiashan	平湖 Pinghu	海宁 Haining	海盐 Haiyan	桐乡 Tongxiang
1999	98.18	99.16	99.26	99.11	98.97	97.95	96.50	98.32	98.26
2000	98.45	99.30	99.49	99.12	99.16	97.56	97.80	97.96	98.58
2001	98.51	99.02	99.22	98.82	98.92	96.67	98.17	98.68	98.51
2002	98.54	98.52	99.09	98.87	98.64	97.80	98.37	98.38	98.72
2003	98.67	99.00	98.87	99.12	98.50	98.89	98.61	98.58	98.43
2004	98.76	99.13	99.37	98.86	99.06	98.77	98.34	99.28	98.38
2005	98.49	98.79	98.86	98.70	98.93	98.27	98.09	98.68	98.39
2006	98.21	98.50	98.78	98.21	98.58	97.83	97.87	98.79	98.00
2007	98.55	98.71	98.98	98.37	98.57	98.56	98.23	98.94	98.45
2008	98.63	98.59	98.83	98.27	98.61	98.50	98.53	98.91	98.73
2009	98.59	98.92	99.30	98.43	98.83	97.75	98.16	99.13	98.77
2010	98.66	98.66	98.99	98.25	98.69	98.33	98.57	99.08	98.71
2011	98.74	98.72	98.62	98.86	99.02	98.77	98.76	98.58	98.68
2012	98.01	98.13	98.59	97.58	98.56	98.09	97.72	98.25	97.69
2013	98.51	98.39	98.85	97.82	98.60	98.78	98.63	98.47	98.34
2014	98.89	98.95	99.19	98.68	98.91	99.44	98.76	98.88	98.62

资料来源：浙江省计划生育统计资料（浙江省计划生育委员会编印）、浙江省人口与计划生育统计资料汇编、嘉兴市计划生育统计报表

Sources for the data：Zhejiang statistical data of family planning（compiled and printed by committee of family planning of Zhejiang province）、Zhejiang collection of the statistical data of population and family planning and Jiaxing statistical reports of family planning

2-8 分地区已婚育龄妇女独生子女领证率(1999-2014)
Family Planninng by Region (1999-2014)

单位:% (%)

年份 Year	全市 Total	市区 Urban District	南湖区 Nanhu	秀洲区 Xiuzhou	嘉善 Jiashan	平湖 Pinghu	海宁 Haining	海盐 Haiyan	桐乡 Tongxiang
1999	38.81	33.70	48.39	26.91	45.38	49.92	34.06	33.08	40.58
2000	36.48	33.71	39.40	27.36	39.80	46.31	32.73	26.87	40.07
2001	35.57	34.79	41.47	26.93	39.84	42.90	31.36	23.83	39.40
2002	34.19	35.69	42.62	27.51	38.62	39.81	27.92	22.94	38.50
2003	47.03	42.72	50.53	32.74	46.00	62.62	44.77	38.70	48.26
2004	43.68	36.38	34.45	38.78	57.63	60.86	48.40	36.48	31.53
2005	51.82	47.66	52.11	42.12	59.95	63.48	48.79	38.57	54.10
2006	54.88	51.35	55.23	46.54	62.63	63.00	51.20	49.72	55.42
2007	56.32	52.95	56.90	48.05	63.56	63.47	51.52	54.73	56.79
2008	57.82	54.53	58.20	49.96	66.05	66.47	51.96	56.69	57.45
2009	57.85	54.55	58.17	50.04	66.00	65.63	51.65	57.37	58.15
2010	58.06	54.83	58.42	50.40	65.72	65.43	52.75	57.88	57.84
2011	57.33	54.24	57.69	50.01	65.03	64.23	52.09	57.29	57.09
2012	56.48	53.40	56.83	49.23	63.74	63.70	50.66	57.71	56.22
2013	54.88	50.15	50.57	49.62	62.61	62.40	49.42	57.05	55.43
2014	52.75	47.11	46.28	48.14	60.90	60.34	47.32	55.51	53.84

2-9 分地区出入境人员分类数(2011-2014)
Number of Outward and Inward Personnel by Type and Region(2011-2014)

单位:人 (person)

地 区 region	年 份 Year	受理批准出国(含港、澳、台) Admissibility Approval to Go Abroad (Including Hong Kong, Macao, Taiwan)	办理境外人员签证、证件 Visas for personnel from abroad, documents	办理接待境外人员临时住宿登记 Registration of personnel from abroad for temporary residence
全市 total	2011	114549	5225	125615
	2012	150199	5552	168059
	2013	209682	5260	174812
	2014	262055	4401	185062
市区 Urban	2011	38854	2379	34281
	2012	89885	3370	28822
	2013	65533	2370	33664
	2014	89783	1959	52129
嘉善 Jiashan	2011	11079	919	16003
	2012	6639	622	11858
	2013	19744	997	8222
	2014	21352	799	11665
海盐 Haiyan	2011	10221	182	4992
	2012	9336	928	4925
	2013	18034	136	4450
	2014	25904	126	4357
海宁 Haining	2011	25099	337	25631
	2012	23100	152	43295
	2013	42125	279	43020
	2014	57004	285	36724
平湖 Pinghu	2011	10405	1093	16318
	2012	8315	256	45407
	2013	27893	1145	56177
	2014	23592	1016	23940
桐乡 Tongxiang	2011	18891	315	28390
	2012	12924	224	33752
	2013	36353	333	29279
	2014	44420	216	56247

注:资料来源嘉兴市公安局。
Note data comes from Jiaxing Municipal Bureau of Public Security.

2-10 主要年份年末常住总人口

Total Year-End Population in Main Years

单位:万人 (10 000 persons)

年份 Year	全市 Total	市区 Urban District	南湖区 nanhu	秀洲区 Xiuzhou	嘉善县 Jiashan	平湖市 Pinghu	海宁市 Haining	海盐县 Haiyan	桐乡市 Tongxiang
1982	295.88	67.00	—	—	34.79	44.41	58.38	32.18	59.12
1990	316.31	74.11	—	—	36.66	46.39	61.76	35.07	62.32
2000	365.50	89.97	51.00	38.97	43.46	51.82	67.94	39.58	72.73
2005	400.50	101.03	55.43	45.60	48.81	60.94	72.66	40.69	76.37
2006	408.79	103.62	56.46	47.16	50.05	63.07	73.79	41.00	77.26
2007	420.55	107.12	58.26	48.86	52.49	65.11	74.87	41.59	79.37
2008	424.26	108.77	59.35	49.42	53.23	65.26	75.19	42.01	79.80
2009	431.80	110.65	60.48	50.17	54.28	66.29	76.61	42.76	81.21
2010	450.46	120.27	61.31	58.96	57.46	67.22	80.75	43.13	81.63
2011	453.10	120.40	61.72	58.68	57.22	68.15	81.72	43.40	82.21
2012	454.40	120.91	61.95	58.96	57.30	68.24	81.97	43.50	82.48
2013	455.80	121.59	62.54	59.05	57.34	68.28	82.26	43.58	82.75
2014	457.00	122.32	63.37	58.95	57.04	68.36	82.31	44.21	82.76

注:2005年~2009年,2011年~2013年为抽样调查推算数,并根据第六次人口普查结果进行了修正,1982年、1990年为人口普查数据,2000年、2010年是分别根据第五次、第六次人口普查后修正的数据。

Note: The Data of 1982,1990,2000 from the census which has been revised according to the results of the sixth census,the other data is calculated from the sample survey .

2-11 全市分行业全社会从业人员年末人数
Number of Year - End Fully Employed Staff and Workers by Sector

单位:万人

行　业	Sector	2010	2012	2013	2014
总　计	Total	317.60	327.13	327.7	332.29
农、林、牧、渔业	Farming, Forestry, Animal Husbandry and Fishery	35.01	32.45	31.68	31.21
采矿业	Mining	0.08	0.07	0.05	0.02
制造业	Manufacturing	171.22	162.2	161.98	165.83
电力、燃气及水的生产和供应业	Production and Supply of Electricity, Gas and Water	1.37	1.29	1.31	1.3
建筑业	Construction	20.74	34.27	30.86	26.21
批发和零售业	Wholesale and Retail	38.88	42.19	43.34	47.18
交通运输、仓储和邮政业	Transport, Storage and Postal Services	7.66	8.36	6.73	6.92
住宿和餐饮业	Hotels and Restaurants	8.82	10.19	10.95	10.95
信息传输、计算机服务和软件业	Information Transmission, Computer Services and Software	1.14	0.99	1.02	1.16
金融业	Financing	2.00	1.88	2.04	2.28
房地产业	Real Estate	3.11	3.77	4.28	4.44
租赁和商务服务业	Tenancy and Business Services	4.51	4.75	7.27	6.18
科学研究、技术服务和地质勘查业	Scientific Research, Technical Services and Geological Prospecting	1.43	2.04	2.24	2.39
水利、环境和公共设施管理业	Water Conservancy, Environment and Public Utility Managemet	0.73	1.22	1.31	1.55
居民服务和其他服务业	Resident Services and Other Services	6.08	6.58	7.23	7.35
教育	Education	5.10	5.57	5.87	6.25
卫生、社会保障和社会福利业	Public Health, Social Security and Social Welfare	2.50	2.98	3.09	3.43
文化、体育和娱乐业	Culture, Sports and Recreation	1.84	2.13	2.19	2.48
公共管理和社会组织	Public Administration and Social Organizations	5.38	4.2	4.24	5.15

注:表中的农、林、牧、渔业从业人员来源于农业统计和劳动工资统计数据,第二、第三产业从业人员数据来源于法人单位从业人员与个体户清查从业人员,2-12和2-13表同。

Note: The datas of the agriculture, forestry, animal husbandry and fishery were got from farming statistics and labor wage statistics datas; the datas of the secondary industry and the tertiaru industry came from the population employed by corporate units and all self-employed practioners in check.

2-12 市区分行业全社会从业人员年末人数
Number of Year - End Fully Employed Staff and Workers in Urban District by Sector

单位:万人

行　业	Sector	2010	2012	2013	2014
总　计	Total	73.14	77.01	80.55	84.56
农、林、牧、渔业	Farming, Forestry, Animal Husbandry and Fishery	8.32	8.13	7.67	7.85
采矿业	Mining	0.00	0	0.01	0
制造业	Manufacturing	34.56	33.75	35.15	36.29
电力、燃气及水的生产和供应业	Production and Supply of Electricity, Gas and Water	0.21	0.34	0.34	0.33
建筑业	Construction	5.47	7.95	7.09	6.61
批发和零售业	Wholesale and Retail	9.50	10.74	11.45	13.02
交通运输、仓储和邮政业	Transport, Storage and Postal Services	1.35	1.83	1.75	1.87
住宿和餐饮业	Hotels and Restaurants	2.10	1.85	2.9	2.95
信息传输、计算机服务和软件业	Information Transmission, Computer Services and Software	0.66	0.69	0.78	0.86
金融业	Financing	1.64	1.5	1.66	1.86
房地产业	Real Estate	1.43	1.62	1.83	1.82
租赁和商务服务业	Tenancy and Business Services	1.46	1.56	2.07	2.21
科学研究、技术服务和地质勘查业	Scientific Research, Technical Services and Geological Prospecting	0.71	1.07	1.19	1.24
水利、环境和公共设施管理业	Water Conservancy, Environment and Public Utility Managemet	0.13	0.21	0.22	0.32
居民服务和其他服务业	Resident Services and Other Services	1.40	1.31	1.73	1.78
教育	Education	1.48	1.61	1.69	1.92
卫生、社会保障和社会福利业	Public Health, Social Security and Social Welfare	0.82	1.09	1.1	1.3
文化、体育和娱乐业	Culture, Sports and Recreation	0.46	0.52	0.66	0.76
公共管理和社会组织	Public Administration and Social Organizations	1.43	1.24	1.24	1.59

2－13　分地区全社会从业人员年末人数
(2014)

单位:人

行　业	Secton	全市 Total	市区 Urban District
总　计	Total	3322852	845638
农、林、牧、渔业	Farming, Forestry, Animal Husbandry and Fishery	312103	78540
采矿业	Mining	233	0
制造业	Manufacturing	1658277	362877
电力、燃气及水的生产和供应业	Production and Supply of Electricity, Gas and Water	13034	3332
建筑业	Construction	262059	66066
批发和零售业	Wholesale and Retail	471774	130240
交通运输、仓储和邮政业	Transport, Storage and Postal Services	69212	18656
住宿和餐饮业	Hotels and Restaurants	109544	29540
信息传输、计算机服务和软件业	Information Transmission, Computer Services and Software	11571	8551
金融业	Financing	22780	18569
房地产业	Real Estate	44448	18176
租赁和商务服务业	Tenancy and Business Services	61846	22090
科学研究、技术服务和地质勘查业	Scientific Research, Technical Services and Geological Prospecting	23914	12353
水利、环境和公共设施管理业	Water Conservancy, Environment and Public Utility Managemet	15496	3235
居民服务和其他服务业	Resident Services and Other Services	73517	17763
教育	Education	62470	19169
卫生、社会保障和社会福利业	Public Health, Social Security and Social Welfare	34277	12981
文化、体育和娱乐业	Culture, Sports and Recreation	24778	7560
公共管理和社会组织	Public Administration and Social Organizations	51519	15940

Number of Year – End Fully Employed Staff and Workers by Region (2014)

(persons)

南湖区 Nanhu	秀洲区 Xiuzhou	嘉善 Jiashan	平湖 Pinghu	海宁 Haining	海盐 Haiyan	桐乡 Tongxiang
426702	418936	397688	445516	635823	298750	699437
34970	43570	44920	34861	50518	44551	58713
0	0	0	0	0	233	0
141510	221367	214835	251798	342788	146340	339639
2475	857	1309	3172	1864	1367	1990
35913	30153	13599	31952	45819	27070	77553
79154	51086	53512	48771	97808	27029	114414
7628	11028	9568	10621	14264	5865	10238
20096	9444	14881	14088	17904	8315	24816
5758	2793	684	670	648	387	631
12867	5702	743	682	1048	610	1128
10957	7219	3858	4378	7176	2885	7975
16472	5618	4851	6536	8841	9004	10524
9291	3062	1956	1690	3330	1579	3006
1921	1314	1435	1816	3068	1910	4032
11316	6447	9276	10507	12723	5503	17745
12934	6235	7156	7754	10955	6023	11413
10351	2630	3525	3873	5894	2852	5152
4784	2776	2815	4032	4096	1984	4291
8305	7635	8765	8315	7079	5243	6177

2-14 全市分行业非私营单位从业人员年末人数
Number of Year-End Urban Staff and Workers by Sector

单位:万人 (10000 persons)

行业	Sector	2010	2012	2013	2014
总　计	Total	80.40	79.19	79.75	80.08
一、按企业、事业机关分	Grouped by Enterprises, Institutions and Agencies				
企业	Enterprises	67.82	65.7	66.06	65.98
事业	Institutions	9.11	9.48	9.48	9.59
机关	Agencies and Organizations	2.90	2.99	3.34	3.2
二、按行业分	Grouped by Sector				
农、林、牧、渔业	Farming, Forestry, Animal Husbandry and Fishery	0.09	0.08	0.07	0.06
采矿业	Mining				0
制造业	Manufacturing	52.20	48.97	48.81	48.27
电力、燃气及水的生产和供应业	Production and Supply of Electricity, Gas and Water	1.53	1.19	1.22	1.16
建筑业	Construction	2.75	2.93	3.02	2.99
批发和零售业	Wholesale and Retail	2.50	2.58	2.51	2.5
交通运输、仓储和邮政业	Transport, Storage and Postal Services	1.17	1.65	1.81	1.91
住宿和餐饮业	Hotels and Restaurants	0.94	0.89	0.85	0.8
信息传输、计算机服务和软件业	Information Transmission, Computer Services and Software	0.45	0.52	0.53	0.53
金融业	Financing	1.94	1.78	1.91	2.07
房地产业	Real Estate	1.34	1.52	1.65	1.72
租赁和商务服务业	Tenancy and Business Services	2.12	2.58	2.53	2.5
科学研究、技术服务和地质勘查业	Scientific Research, Technical Services and Geological Prospecting	0.73	0.95	0.88	0.92
水利、环境和公共设施管理业	Water Conservancy, Environment and Public Utility Managemet	0.73	0.92	0.92	0.99
居民服务和其他服务业	Resident Services and Other Services	0.12	0.1	0.09	0.1
教育	Education	4.84	5.16	5.29	5.44
卫生、社会保障和社会福利业	Public Health, Social Security and Social Welfare	2.51	2.76	2.86	3.16
文化、体育和娱乐业	Culture, Sports and Recreation	0.41	0.43	0.56	0.49
公共管理与社会组织	Public Administration and Social Organizations	4.04	4.2	4.24	4.47
国际组织	International Organizations				

2－15　市区分行业非私营单位从业人员年末人数
Number of Year －End Staff and Workers in Urban District by Sector

单位:万人　　　　　　　　　　　　　　　　　　　　　　　　　　　　　(10000 persons)

行业	Sector	2010	2012	2013	2014
总　　计	Total	23.91	25.33	25.73	26.24
一、按企业、事业机关分	Grouped by Enterprises, Institutions and Agencies				
企业	Enterprises	20.21	21.31	21.52	21.85
事业	Institutions	2.54	2.65	2.65	2.74
机关	Agencies and Organizations	0.87	0.93	1.09	0.93
二、按行业分	Grouped by Sector				
农、林、牧、渔业	Farming, Forestry, Animal Husbandry and Fishery	0.03	0.03	0.03	0.02
采矿业	Mining				
制造业	Manufacturing	13.84	12.72	12.96	13.09
电力、燃气及水的生产和供应业	Production and Supply of Electricity, Gas and Water	0.27	0.31	0.31	0.28
建筑业	Construction	0.77	1.51	1.42	1.33
批发和零售业	Wholesale and Retail	1.32	1.37	1.35	1.31
交通运输、仓储和邮政业	Transport, Storage and Postal Services	0.51	0.88	0.96	1.03
住宿和餐饮业	Hotels and Restaurants	0.34	0.33	0.33	0.33
信息传输、计算机服务和软件业	Information Transmission, Computer Services and Software	0.38	0.42	0.41	0.39
金融业	Financing	0.89	1.46	1.58	1.72
房地产业	Real Estate	0.78	0.93	0.94	0.93
租赁和商务服务业	Tenancy and Business Services	0.52	0.68	0.69	0.68
科学研究、技术服务和地质勘查业	Scientific Research, Technical Services and Geological Prospecting	0.42	0.56	0.54	0.56
水利、环境和公共设施管理业	Water Conservancy, Environment and Public Utility Managemet	0.11	0.14	0.16	0.22
居民服务和其他服务业	Resident Services and Other Services	0.07	0.04	0.03	0.03
教育	Education	1.43	1.52	1.54	1.63
卫生、社会保障和社会福利业	Public Health, Social Security and Social Welfare	0.87	1.04	1.05	1.22
文化、体育和娱乐业	Culture, Sports and Recreation	0.14	0.16	0.18	0.17
公共管理与社会组织	Public Administration and Social Organizations	1.20	1.24	1.24	1.3
国际组织	International Organizations				

2-16 全市分行业非私营单位从业人员年末人数 (2014)

单位:人

行业	Sector	合计 Total	女性 Female
总计	Total	800755	346543
一、按企业、事业机关分	Grouped by Enterprises, Institutions and Agencies		
企业	Enterprises	659831	277488
事业	Institutions	95859	52924
机关	Agencies and Organizations	31996	8432
二、按行业分	Grouped by Sector		
农、林、牧、渔业	Farming, Forestry, Animal Husbandry and Fishery	637	188
采矿业	Mining		
制造业	Manufacturing	482690	218029
电力、燃气及水的生产和供应业	Production and Supply of Electricity, Gas and Water	11598	2398
建筑业	Construction	29852	2315
批发和零售业	Wholesale and Retail	24982	13777
交通运输、仓储和邮政业	Transport, Storage and Postal Services	19136	4863
住宿和餐饮业	Hotels and Restaurants	8023	4267
信息传输、计算机服务和软件业	Information Transmission, Computer Services and Software	5264	2227
金融业	Financing	20688	11406
房地产业	Real Estate	17197	6777
租赁和商务服务业	Tenancy and Business Services	25048	4820
科学研究、技术服务和地质勘查业	Scientific Research, Technical Services and Geological Prospecting	9177	3007
水利、环境和公共设施管理业	Water Conservancy, Environment and Public Utility Managemet	9930	3760
居民服务和其他服务业	Resident Services and Other Services	1018	406
教育	Education	54415	33939
卫生、社会保障和社会福利业	Public Health, Social Security and Social Welfare	31559	18812
文化、体育和娱乐业	Culture, Sports and Recreation	4854	2521
公共管理与社会组织	Public Administration and Social Organizations	44687	13031
国际组织	International Organizations		

Number of Year - End Employed Persons by Sector

(2014)

(person)

在岗职工小计 Sub - total Fully Employed Staff and Workers	按经济类型分 Grouped by OwnerShip			其他从业人员 Other Employed Persons
	国有经济 State - owned	集体经济 Collective - owned	其他经济 Other Ownership	
716116	145711	8866	646178	26096
588572	19458	5797	634576	18431
87499	91643	2537	1679	5260
28755	31996			1103
577	106		531	57
447280	87	1375	481228	6434
9849	2953	59	8586	318
19834	4	22	29826	1449
21461	521	871	23590	1162
13260	4320	47	14769	649
7649	131	150	7742	324
3826	271	38	4955	46
16049	2684	97	17907	3233
14784	768	479	15950	2111
21858	7246	2221	15581	862
7700	4368	214	4595	972
7982	3220	409	6301	1554
966	592	108	318	43
50189	44610	2262	7543	3108
29067	27901	407	3251	1202
3584	2920	107	1827	531
40201	43009		1678	2041

2－17 市区分行业非私营单位从业人员年末人数 (2014)

单位：人

行　业	Sector	合计 Total	女性 Female
总　计	Total	262369	110856
一、按企业、事业机关分	Grouped by Enterprises, Institutions and Agencies		
企业	Enterprises	218481	90287
事业	Institutions	27421	14422
机关	Agencies and Organizations	9268	2346
二、按行业分	Grouped by Sector		
农、林、牧、渔业	Farming, Forestry, Animal Husbandry and Fishery	227	76
采矿业	Mining		
制造业	Manufacturing	130857	56372
电力、燃气及水的生产和供应业	Production and Supply of Electricity, Gas and Water	2793	584
建筑业	Construction	13344	1057
批发和零售业	Wholesale and Retail	13143	7683
交通运输、仓储和邮政业	Transport, Storage and Postal Services	10256	2687
住宿和餐饮业	Hotels and Restaurants	3275	1712
信息传输、计算机服务和软件业	Information Transmission, Computer Services and Software	3916	1790
金融业	Financing	17207	9804
房地产业	Real Estate	9251	3958
租赁和商务服务业	Tenancy and Business Services	6809	1770
科学研究、技术服务和地质勘查业	Scientific Research, Technical Services and Geological Prospecting	5611	1647
水利、环境和公共设施管理业	Water Conservancy, Environment and Public Utility Managemet	2150	822
居民服务和其他服务业	Resident Services and Other Services	293	184
教育	Education	16260	9814
卫生、社会保障和社会福利业	Public Health, Social Security and Social Welfare	12235	6214
文化、体育和娱乐业	Culture, Sports and Recreation	1693	826
公共管理与社会组织	Public Administration and Social Organizations	13049	3856
国际组织	International Organizations		

Number of Year – End Employed Persons of Urban District by Sector (2014)

(person)

在岗职工小计 Sub – total Fully Employed Staff and Workers	按经济类型分 Grouped by OwnerShip			其他从业人员 Other Employed Persons
	国有经济 State – owned	集体经济 Collective – owned	其他经济 Other Ownership	
217436	45278	2273	214818	12613
179161	8878	1355	208248	9953
23787	26086	617	718	1802
8292	9268			290
221			227	5
116900	49	579	130229	2537
2469	1197		1596	23
5025			13344	1130
10465	3	124	13016	533
6854	2286	3	7967	439
3081	131		3144	143
2667	71	15	3830	40
12733	2667	97	14443	3198
8333	287	163	8801	834
4273	1095	216	5498	525
4743	2424	109	3078	435
1800	976	35	1139	113
255	57		236	34
14156	11811	501	3948	1482
10928	9302	382	2551	410
885	759	49	885	211
11648	12163		886	521

2－18　分地区非私营单位从业人员年末人数
(2014)

单位:人

指　　标	Item	全　市 Total	市　区 Urban District
总　　计	Total	800755	262369
一、按企业、事业机关分	Grouped by Enterprises, Institutions and Agencies		
企业	Enterprises	659831	218481
事业	Institutions	95859	27421
机关	Agencies and Organizations	31996	9268
二、按行业分	Grouped by Sector		
农、林、牧、渔业	Farming, Forestry, Animal Husbandry and Fishery	637	227
采矿业	Mining		
制造业	Manufacturing	482690	130857
电力、燃气及水的生产和供应业	Production and Supply of Electricity, Gas and Water	11598	2793
建筑业	Construction	29852	13344
批发和零售业	Wholesale and Retail	24982	13143
交通运输、仓储和邮政业	Transport, Storage and Postal Services	19136	10256
住宿和餐饮业	Hotels and Restaurants	8023	3275
信息传输、计算机服务和软件业	Information Transmission, Computer Services and Software	5264	3916
金融业	Financing	20688	17207
房地产业	Real Estate	17197	9251
租赁和商务服务业	Tenancy and Business Services	25048	6809
科学研究、技术服务和地质勘查业	Scientific Research, Technical Services and Geological Prospecting	9177	5611
水利、环境和公共设施管理业	Water Conservancy, Environment and Public Utility Managemet	9930	2150
居民服务和其他服务业	Resident Services and Other Services	1018	293
教育	Education	54415	16260
卫生、社会保障和社会福利业	Public Health, Social Security and Social Welfare	31559	12235
文化、体育和娱乐业	Culture, Sports and Recreation	4854	1693
公共管理与社会组织	Public Administration and Social Organizations	44687	13049
国际组织	International Organizations		

Number of Year - end Employed Persons by Sector and Region (2014)

(person)

南湖区 Nanhu	秀洲区 Xiuzhou	嘉善县 Jiashan	平湖市 Pinghu	海宁市 Haining	海盐县 Haiyan	桐乡市 Tongxiang
137925	124444	107900	132640	116779	65102	115965
107424	111057	91219	112045	93614	50995	93477
20132	7289	10088	15068	17695	10250	15337
4899	4369	5480	4598	4114	3501	5035
107	120	5	125	70		210
53804	77053	80448	96077	75533	33353	66422
2153	640	880	3086	1706	1276	1857
3561	9783	944	497	921	4294	9852
9450	3693	3020	1970	2786	1383	2680
4283	5973	1114	2860	1737	1446	1723
2998	277	732	1269	1018	735	994
2041	1875	153	425	282	204	284
11967	5240	655	623	860	493	850
6236	3015	898	1388	2685	1512	1463
6124	685	1243	2691	4117	6204	3984
4462	1149	491	480	1405	578	612
1466	684	1183	1327	1296	525	3449
157	136	365	50	150	82	78
10895	5365	5603	7122	10303	5213	9914
9779	2456	3198	3505	5050	2789	4782
1074	619	534	1018	708	435	466
7368	5681	6434	8127	6152	4580	6345

2-19 分地区非私营单位在岗职工年末人数
(2014)

单位:人

指　　标	Item	全　市 Total	市　区 Urban District
总　　计	Total	716354	217436
一、按企业、事业机关分	Grouped by Enterprises, Institutions and Agencies		
企业	Enterprises	588964	179161
事业	Institutions	87374	23787
机关	Agencies and Organizations	28735	8292
二、按行业分	Grouped by Sector		
农、林、牧、渔业	Farming, Forestry, Animal Husbandry and Fishery	577	221
采矿业	Mining		
制造业	Manufacturing	447832	116900
电力、燃气及水的生产和供应业	Production and Supply of Electricity, Gas and Water	9849	2469
建筑业	Construction	19855	5025
批发和零售业	Wholesale and Retail	21454	10465
交通运输、仓储和邮政业	Transport, Storage and Postal Services	13235	6854
住宿和餐饮业	Hotels and Restaurants	7657	3081
信息传输、计算机服务和软件业	Information Transmission, Computer Services and Software	3719	2667
金融业	Financing	16034	12733
房地产业	Real Estate	14748	8333
租赁和商务服务业	Tenancy and Business Services	21857	4273
科学研究、技术服务和地质勘查业	Scientific Research, Technical Services and Geological Prospecting	7693	4743
水利、环境和公共设施管理业	Water Conservancy, Environment and Public Utility Managemet	7990	1800
居民服务和其他服务业	Resident Services and Other Services	969	255
教育	Education	50156	14156
卫生、社会保障和社会福利业	Public Health, Social Security and Social Welfare	28964	10928
文化、体育和娱乐业	Culture, Sports and Recreation	3584	885
公共管理与社会组织	Public Administration and Social Organizations	40181	11648
国际组织	International Organizations		

Number of Year - End Fully Employed Staff and Workers by Sector and Region

(2014)

(person)

南湖区 Nanhu	秀洲区 Xiuzhou	嘉善县 Jiashan	平湖市 Pinghu	海宁市 Haining	海盐县 Haiyan	桐乡市 Tongxiang
113012	104424	98815	121194	107926	60917	110066
86876	92285	84268	102642	86413	47944	88536
17081	6706	9247	13589	16307	9616	14828
4435	3857	4371	4409	4013	3016	4634
105	116	5	80	61		210
45502	71398	74870	88793	70359	32784	64126
1876	593	725	2374	1544	1240	1497
1736	3289	864	330	903	3171	9562
6912	3553	2874	1855	2480	1242	2538
3244	3610	787	2209	1489	1183	713
2804	277	693	1249	967	673	994
969	1698	46	360	202	190	254
10463	2270	514	617	852	469	849
5726	2607	742	1265	2229	1020	1159
3644	629	1151	2558	4000	5996	3879
3768	975	446	406	965	543	590
1141	659	974	934	824	450	3008
129	126	366	50	140	82	76
9202	4954	5283	6586	9407	5055	9669
8594	2334	2958	3248	4857	2374	4599
511	374	305	954	644	366	430
6686	4962	5212	7326	6003	4079	5913

2-20 分地区非私营单位女性从业人员年末人数
(2014)

单位:人

指　标	Item	全市 Total	市区 Urban District
总　计	Total	346543	110856
一、按企业、事业机关分	Grouped by Enterprises, Institutions and Agencies		
企业	Enterprises	277488	90287
事业	Institutions	52924	14422
机关	Agencies and Organizations	8432	2346
二、按行业分	Grouped by Sector		
农、林、牧、渔业	Farming, Forestry, Animal Husbandry and Fishery	188	76
采矿业	Mining	0	0
制造业	Manufacturing	218029	56372
电力、燃气及水的生产和供应业	Production and Supply of Electricity, Gas and Water	2398	584
建筑业	Construction	2315	1057
批发和零售业	Wholesale and Retail	13777	7683
交通运输、仓储和邮政业	Transport, Storage and Postal Services	4863	2687
住宿和餐饮业	Hotels and Restaurants	4267	1712
信息传输、计算机服务和软件业	Information Transmission, Computer Services and Software	2227	1790
金融业	Financing	11406	9804
房地产业	Real Estate	6777	3958
租赁和商务服务业	Tenancy and Business Services	4820	1770
科学研究、技术服务和地质勘查业	Scientific Research, Technical Services and Geological Prospecting	3007	1647
水利、环境和公共设施管理业	Water Conservancy, Environment and Public Utility Managemet	3760	822
居民服务和其他服务业	Resident Services and Other Services	406	184
教育	Education	33939	9814
卫生、社会保障和社会福利业	Public Health, Social Security and Social Welfare	18812	6214
文化、体育和娱乐业	Culture, Sports and Recreation	2521	826
公共管理与社会组织	Public Administration and Social Organizations	13031	3856
国际组织	International Organizations		

Number of Year – End Female Employed Persons by Sector and Region (2014)

(person)

南湖区 Nanhu	秀洲区 Xiuzhou	嘉善县 Jiashan	平湖市 Pinghu	海宁市 Haining	海盐县 Haiyan	桐乡市 Tongxiang
58870	51986	48093	63293	51217	25809	47275
44013	46274	40131	53807	39020	18508	35735
10858	3564	5884	7729	10200	6006	8683
1374	972	1476	1226	1034	1025	1325
37	39		46	38		28
21350	35022	36040	48953	33328	14047	29289
443	141	205	604	308	377	320
430	627	89	54	106	472	537
5315	2368	1836	917	1146	873	1322
1132	1555	148	735	505	349	439
1468	244	346	759	559	381	510
1097	693	46	149	86	68	88
6816	2988	298	281	347	247	429
2798	1160	323	448	943	563	542
1592	178	259	332	751	1029	679
1292	355	224	158	687	146	145
666	156	430	443	353	156	1556
97	87	127	22	32	24	17
6509	3305	3610	4251	6448	3489	6327
4766	1448	2060	2272	3362	1819	3085
574	252	249	565	393	270	218
2488	1368	1803	2304	1825	1499	1744

2-21 全市分行业非私营单位职工素质情况
（2014）

单位：人

指　　标	Item	总　计 Total	按文化程度分 大学本科及以上 Graduates of Universtity and Higher Level
总　　计	Total	800755	136939
一、按企业、事业机关分	Grouped by Enterprises, Institutions and Agencies		
企业	Enterprises	659831	63391
事业	Institutions	95859	50294
机关	Agencies and Organizations	31996	18847
二、按行业分	Grouped by Sector		
农、林、牧、渔业	Farming, Forestry, Animal Husbandry and Fishery	637	35
采矿业	Mining		
制造业	Manufacturing	482690	28323
电力、燃气及水的生产和供应业	Production and Supply of Electricity, Gas and Water	11598	3196
建筑业	Construction	29852	2097
批发和零售业	Wholesale and Retail	24982	3114
交通运输、仓储和邮政业	Transport, Storage and Postal Services	19136	2185
住宿和餐饮业	Hotels and Restaurants	8023	303
信息传输、计算机服务和软件业	Information Transmission, Computer Services and Software	5264	2315
金融业	Financing	20688	10346
房地产业	Real Estate	17197	2592
租赁和商务服务业	Tenancy and Business Services	25048	5653
科学研究、技术服务和地质勘查业	Scientific Research, Technical Services and Geological Prospecting	9177	4202
水利、环境和公共设施管理业	Water Conservancy, Environment and Public Utility Managemet	9930	949
居民服务和其他服务业	Resident Services and Other Services	1018	328
教育	Education	54415	32984
卫生、社会保障和社会福利业	Public Health, Social Security and Social Welfare	31559	12336
文化、体育和娱乐业	Culture, Sports and Recreation	4854	2013
公共管理与社会组织	Public Administration and Social Organizations	44687	23968
国际组织	International Organizations		

Basic Statistics on Educational Level of Fully Employed Staff and Workers by Sector (2014)

(person)

Grouped by Educational Level			专业技术人员小计 Sub - total Specialized Technical Personnel	按职称分 Grouped by Professional Titles		
大专 Graduates of Specialized Colleges	中专及高中 Graduates of Specialized Secondary Schools	初中及以下 Graduates of Junior Secondary Schools or Below		高级 Senior Professional Titles	中级 Medium Professional Titles	初级 Junior Professional Titles
119727	182899	361190	150378	10875	41245	52859
86404	165743	344293	79336	3777	13949	25731
21936	11386	12243	62730	6506	24696	23817
7658	3721	1770	2371	186	954	839
73	151	378	97	10	19	22
53171	118271	282925	44023	1598	5127	11158
2950	3050	2402	2837	186	865	1460
3142	8054	16559	5510	232	1468	2432
5503	9010	7355	2116	69	306	803
3885	6441	6625	1602	54	203	493
1096	2463	4161	430	24	94	141
1692	1018	239	2007	22	380	713
5676	4057	609	8079	61	1857	3340
3208	3014	8383	2352	194	716	814
3435	6923	9037	5182	837	1631	2004
2144	1438	1393	5101	628	1727	1953
1292	1760	5929	998	59	271	367
239	173	278	95	2	28	45
10487	4096	6848	38457	4715	18733	11406
9148	6020	4055	24424	1640	5368	13055
1193	856	792	2010	113	605	825
11393	6104	3222	5058	431	1847	1828

2-22 市区分行业非私营单位职工素质情况
(2014)

单位:人

指 标	Item	总 计 Total	按文化程度分 大学本科及以上 Graduates of Universtity and Higher Level
总 计	Total	262369	55941
一、按企业、事业机关分	Grouped by Enterprises, Institutions and Agencies		
企业	Enterprises	218481	31150
事业	Institutions	27421	16029
机关	Agencies and Organizations	9268	6120
二、按行业分	Grouped by Sector		
农、林、牧、渔业	Farming, Forestry, Animal Husbandry and Fishery	227	12
采矿业	Mining		
制造业	Manufacturing	130857	10103
电力、燃气及水的生产和供应业	Production and Supply of Electricity, Gas and Water	2793	1102
建筑业	Construction	13344	776
批发和零售业	Wholesale and Retail	13143	2004
交通运输、仓储和邮政业	Transport, Storage and Postal Services	10256	1119
住宿和餐饮业	Hotels and Restaurants	3275	134
信息传输、计算机服务和软件业	Information Transmission, Computer Services and Software	3916	1824
金融业	Financing	17207	8723
房地产业	Real Estate	9251	1443
租赁和商务服务业	Tenancy and Business Services	6809	1077
科学研究、技术服务和地质勘查业	Scientific Research, Technical Services and Geological Prospecting	5611	2909
水利、环境和公共设施管理业	Water Conservancy, Environment and Public Utility Managemet	2150	207
居民服务和其他服务业	Resident Services and Other Services	293	82
教育	Education	16260	10283
卫生、社会保障和社会福利业	Public Health, Social Security and Social Welfare	12235	5308
文化、体育和娱乐业	Culture, Sports and Recreation	1693	912
公共管理与社会组织	Public Administration and Social Organizations	13049	7923
国际组织	International Organizations		

Basic Statistics on Educational Level of Fully Employed Staff and Workers in Urban District by Sector
(2014)

(person)

Grouped by Educational Level			专业技术人员小计 Sub-total Specialized Technical Personnel	按职称分 Grouped by Professional Titles		
大专 Graduates of Specialized Colleges	中专及高中 Graduates of Specialized Secondary Schools	初中及以下 Graduates of Junior Secondary Schools or Below		高级 Senior Professional Titles	中级 Medium Professional Titles	初级 Junior Professional Titles
42630	61123	102675	56291	4707	15529	19002
32794	56231	98306	33684	1562	7085	10973
5960	2953	2479	19158	2825	7392	6649
2017	879	252	567	29	234	188
20	52	143	55	6	9	7
14817	33995	71942	14155	598	1737	2761
642	699	350	1134	58	410	643
1261	3483	7824	3001	156	1011	1356
3224	4835	3080	1122	42	142	366
2124	3942	3071	1134	26	92	262
416	935	1790	96	10	50	14
1235	788	69	1236	19	289	470
4540	3459	485	5690	57	1562	2532
1550	1458	4800	1219	81	409	394
1169	1350	3213	721	44	194	259
1363	747	592	3565	528	1210	1393
231	208	1504	207	17	78	64
88	37	86	26	1	11	11
3023	1210	1744	11465	1863	5211	2936
3476	2032	1419	9153	955	2291	4760
412	247	122	1015	73	350	340
3039	1646	441	1297	173	473	434

2－23 分地区非私营单位人才资源情况
（2014）

单位：人

指　　标	Item	全　市 Total	市　区 Urban District
总　　计	Total	800707	262369
按文化程度分	Grouped by Educational Level		
大学本科及以上	Graduates of Universtity and Higher Level	136939	55941
大专	Graduates of Specialized Colleges	119727	42630
中专及高中	Graduates of Specialized Secondary Schools	182899	61123
初中及以下	Graduates of Junior Secondary Schools or Below	361142	102675
单位从业人员中人才资源	Resource Person in Fully Employed Staff & Workers	577666	179032
单位从业人员中经营管理人员	Sub－total Management Personnel	102833	31950
单位从业人员中专业技术人员	Sub－total Specialized Technical Personnel	150378	56291
高级专业技术人员	Senior Professional Titles	10875	4707
中级专业技术人员	Medium Professional Titles	41245	15529
初级专业技术人员	Junior Professional Titles	52859	19002
在专业技术岗位工作人员	Specialized Technical Personnel on the job	45399	17053
单位从业人员中专业技术工人	Sub－total Specialized technology Worker	298936	82869
高级技师	Senior technician	2724	1190
技　师	Technician	6616	2122
高 级 工	Senior Workers	26561	5141
中 级 工	intermediate Workers	49733	10121
初 级 工	Primary worker	102471	23547
在技术操作岗位工作人员	Specialized technology Worker on the job	110831	40748

Basic Statitics on Educational Level of Fully Employed Staff and Workers by Region (2014)

(person)

南湖区 Nanhu	秀洲区 Xiuzhou	嘉善县 Jiashan	平湖市 Pinghu	海宁市 Haining	海盐县 Haiyan	桐乡市 Tongxiang
137925	124444	107900	132640	116731	65102	115965
38011	17930	14606	16412	19049	14266	16665
25344	17286	15328	19347	16707	10569	15146
29081	32042	29118	28544	25656	12993	25465
45489	57186	48848	68337	55319	27274	58689
99656	79376	67274	103174	88523	46917	92746
17599	14351	13982	16374	18469	7307	14751
36846	19445	16036	16193	24131	17046	20681
3627	1080	868	925	1211	1956	1208
11071	4458	3731	4493	6003	5024	6465
13348	5654	5226	6065	9075	6033	7458
8800	8253	6211	4710	7842	4033	5550
40997	41872	33276	67478	42266	19751	53296
814	376	311	210	320	372	321
1419	703	877	757	857	765	1238
3072	2069	1939	10005	3379	2311	3786
5753	4368	3504	14909	7364	4209	9626
11071	12476	13826	21543	17552	6749	19254
18868	21880	12819	20054	12794	5345	19071

2-24 全市非私营与规模以上私营单位分行业从业人员年末人数（2014）

单位：人

行　业	Sector	合　计 Total
总　计	Total	1537020
按行业分	Grouped by Sector	
农、林、牧、渔业	Farming, Forestry, Animal Husbandry and Fishery	637
采矿业	Mining	233
制造业	Manufacturing	884428
电力、煤气及水的生产和供应业	Production and Supply of Electricity, Gas and Water	12044
建筑业	Construction	279834
批发与零售业	Wholesale and Retail	51694
交通运输、仓储和邮政业	Transport, Storage and Postal Services	26145
住宿和餐饮业	Hotels and Restaurants	16326
信息传输、软件和信息技术服务业	Information Transmission, Computer Services and Software	6856
金融业	Financing	21159
房地产业	Real Estate	33335
租赁与商务服务业	Tenancy and Business Services	32611
科学研究、技术服务与地质勘查业	Scientific Research, Technical Services and Geological Prospecting	14115
水利、环境和公共设施管理业	Water Conservancy, Environment and Public Utility Managemet	13392
居民服务和其他服务业	Resident Services and Other Services	4583
教育	Education	56880
卫生、社会保障和社会福利业	Public Health, Social Security and Social Welfare	32594
文化、体育与娱乐业	Culture, Sports and Recreation	5467
公共管理与社会组织	Public Administration and Social Organizations	44687

Number of Year – End Employed Persons by Sector
(2014)

(person)

女　性 Female	在岗职工小计 Sub – total Fully Employed Staff and Workers	规模以上 私营经济 Above Scale Private Economy	其他从业人员 Other Employed Persons
594971	1362843	736265	61286
188	577		57
9	229	233	0
408122	837141	401738	13033
2478	10272	446	309
23330	202194	249982	22800
26657	46298	26712	2137
6388	19356	7009	732
8782	15416	8303	817
2543	5359	1592	92
11626	16467	471	3615
14304	28584	16138	3621
8078	27508	7563	1947
4775	11420	4938	2218
5666	10746	3462	2215
2199	4316	3565	244
34447	52567	2465	3153
19519	30029	1035	1665
2829	4163	613	560
13031	40201		2071

2-25 市区非私营与规模以上私营单位分行业从业人员年末人数(2014)

单位:人

行　　业	Sector	合　　计 Total
总　计	Total	422007
按行业分	Grouped by Sector	
农、林、牧、渔业	Farming, Forestry, Animal Husbandry and Fishery	227
采矿业	Mining	
制造业	Manufacturing	215163
电力、煤气及水的生产和供应业	Production and Supply of Electricity, Gas and Water	2987
建筑业	Construction	59681
批发与零售业	Wholesale and Retail	22665
交通运输、仓储和邮政业	Transport, Storage and Postal Services	11846
住宿和餐饮业	Hotels and Restaurants	5498
信息传输、软件和信息技术服务业	Information Transmission, Computer Services and Software	5363
金融业	Financing	17388
房地产业	Real Estate	14078
租赁与商务服务业	Tenancy and Business Services	10339
科学研究、技术服务与地质勘查业	Scientific Research, Technical Services and Geological Prospecting	9083
水利、环境和公共设施管理业	Water Conservancy, Environment and Public Utility Managemet	2454
居民服务和其他服务业	Resident Services and Other Services	1015
教育	Education	16811
卫生、社会保障和社会福利业	Public Health, Social Security and Social Welfare	12556
文化、体育与娱乐业	Culture, Sports and Recreation	1804
公共管理与社会组织	Public Administration and Social Organizations	13049

Number of Year – End Employed Persons of Urban District by Sector (2014)

(person)

女　性 Female	在岗职工小计 Sub – total Fully Employed Staff and Workers	规模以上私营经济 Above Scale Private Economy	其他从业人员 Other Employed Persons
169348	349551	159638	31023
76	221		6
96012	197529	84306	4771
621	2642	194	25
7236	33229	46337	12733
12515	18890	9522	1062
3104	8334	1590	474
2914	4995	2223	421
2048	4067	1447	77
9892	12878	181	3564
6215	11841	4827	1344
3225	6537	3530	1515
2866	7087	3472	1615
973	1989	304	221
458	772	722	229
9999	14663	551	1494
6450	11233	321	773
888	996	111	196
3856	11648		503

2-26 分地区非私营与规模以上私营单位从业人员年末人数（2014）

单位：人

指 标	Item	全市 Total	市区 Urban District
总 计	Total	1537020	422007
按行业分	Grouped by Sector		
农、林、牧、渔业	Farming, Forestry, Animal Husbandry and Fishery	637	227
采矿业	Mining	233	
制造业	Manufacturing	884428	215163
电力、煤气及水的生产和供应业	Production and Supply of Electricity, Gas and Water	12044	2987
建筑业	Construction	279834	59681
批发与零售业	Wholesale and Retail	51694	22665
交通运输、仓储和邮政业	Transport, Storage and Postal Services	26145	11846
住宿和餐饮业	Hotels and Restaurants	16326	5498
信息传输、软件和信息技术服务业	Information Transmission, Computer Services and Software	6856	5363
金融业	Financing	21159	17388
房地产业	Real Estate	33335	14078
租赁与商务服务业	Tenancy and Business Services	32611	10339
科学研究、技术服务与地质勘查业	Scientific Research, Technical Services and Geological Prospecting	14115	9083
水利、环境和公共设施管理业	Water Conservancy, Environment and Public Utility Managemet	13392	2454
居民服务和其他服务业	Resident Services and Other Services	4583	1015
教育	Education	56880	16811
卫生、社会保障和社会福利业	Public Health, Social Security and Social Welfare	32594	12556
文化、体育与娱乐业	Culture, Sports and Recreation	5467	1804
公共管理与社会组织	Public Administration and Social Organizations	44687	13049

Number of Year – End Employed Persons by Sector and Region (2014)

(person)

南湖区 Nanhu	秀洲区 Xiuzhou	嘉善县 Jiashan	平湖市 Pinghu	海宁市 Haining	海盐县 Haiyan	桐乡市 Tongxiang
221470	200537	168928	246347	265466	127118	307154
107	120	5	125	70		210
					233	
91188	123975	124532	164162	172965	69048	138558
2347	640	1068	3086	1706	1276	1921
31664	28017	11753	35230	34734	24459	113977
14804	7861	4456	4369	9568	2866	7770
5268	6578	1494	5247	2988	2113	2457
4482	1016	1813	2514	2488	1443	2570
3285	2078	253	425	314	204	297
12080	5308	689	666	918	528	970
8621	5457	2597	2886	5891	2070	5813
8669	1670	1565	3829	5158	6826	4894
7088	1995	657	625	1691	819	1240
1646	808	1225	1425	2830	1602	3856
533	482	603	1730	589	216	430
11149	5662	6022	7348	10655	5583	10461
10048	2508	3198	3505	5660	2789	4886
1123	681	564	1048	1089	463	499
7368	5681	6434	8127	6152	4580	6345

2－27 分地区非私营与规模以上私营单位在岗职工年末人数（2014）

单位：人

指　标	Item	全市 Total	市区 Urban District
总　计	Total	1362843	349551
按行业分	Grouped by Sector		
农、林、牧、渔业	Farming, Forestry, Animal Husbandry and Fishery	577	221
采矿业	Mining	229	
制造业	Manufacturing	837141	197529
电力、煤气及水的生产和供应业	Production and Supply of Electricity, Gas and Water	10272	2642
建筑业	Construction	202194	33229
批发与零售业	Wholesale and Retail	46298	18890
交通运输、仓储和邮政业	Transport, Storage and Postal Services	19356	8334
住宿和餐饮业	Hotels and Restaurants	15416	4995
信息传输、软件和信息技术服务业	Information Transmission, Computer Services and Software	5359	4067
金融业	Financing	16467	12878
房地产业	Real Estate	28584	11841
租赁与商务服务业	Tenancy and Business Services	27508	6537
科学研究、技术服务与地质勘查业	Scientific Research, Technical Services and Geological Prospecting	11420	7087
水利、环境和公共设施管理业	Water Conservancy, Environment and Public Utility Managemet	10746	1989
居民服务和其他服务业	Resident Services and Other Services	4316	772
教育	Education	52567	14663
卫生、社会保障和社会福利业	Public Health, Social Security and Social Welfare	30029	11233
文化、体育与娱乐业	Culture, Sports and Recreation	4163	996
公共管理与社会组织	Public Administration and Social Organizations	40201	11648

Number of Year – End Fully Employed Staff and Workers by Sector and Region (2014)

(person)

南湖区 Nanhu	秀洲区 Xiuzhou	嘉善县 Jiashan	平湖市 Pinghu	海宁市 Haining	海盐县 Haiyan	桐乡市 Tongxiang
182931	166620	157805	228503	248725	116511	261748
105	116	5	80	61		210
					229	
81864	115665	117660	154864	164141	67639	135308
2049	593	911	2374	1544	1240	1561
20568	12661	10885	31409	32252	18892	75527
11985	6905	4272	4106	8939	2620	7471
4140	4194	1192	4569	2023	1792	1446
4044	951	1719	2445	2406	1350	2501
2184	1883	241	360	234	190	267
10551	2327	562	657	910	503	957
7462	4379	2356	2519	4858	1568	5442
5025	1512	1436	3501	5023	6245	4766
5802	1285	615	541	1228	765	1184
1211	778	1008	981	2358	1016	3394
394	378	594	1730	576	216	428
9454	5209	5721	6809	9745	5422	10207
8847	2386	3061	3248	5410	2374	4703
560	436	335	984	1014	371	463
6686	4962	5232	7326	6003	4079	5913

2-28 分地区非私营与规模以上私营单位女性从业人员年末人数(2014)

单位:人

指　　标	Item	全市 Total	市区 Urban District
总　　计	Total	594986	169348
按行业分	Grouped by Sector		
农、林、牧、渔业	Farming, Forestry, Animal Husbandry and Fishery	188	76
采矿业	Mining	9	0
制造业	Manufacturing	408122	96012
电力、煤气及水的生产和供应业	Production and Supply of Electricity, Gas and Water	2478	621
建筑业	Construction	23345	7236
批发与零售业	Wholesale and Retail	26657	12515
交通运输、仓储和邮政业	Transport, Storage and Postal Services	6388	3104
住宿和餐饮业	Hotels and Restaurants	8782	2914
信息传输、软件和信息技术服务业	Information Transmission, Computer Services and Software	2543	2048
金融业	Financing	11626	9892
房地产业	Real Estate	14304	6215
租赁与商务服务业	Tenancy and Business Services	8078	3225
科学研究、技术服务与地质勘查业	Scientific Research, Technical Services and Geological Prospecting	4775	2866
水利、环境和公共设施管理业	Water Conservancy, Environment and Public Utility Managemet	5666	973
居民服务和其他服务业	Resident Services and Other Services	2199	458
教育	Education	34447	9999
卫生、社会保障和社会福利业	Public Health, Social Security and Social Welfare	19519	6450
文化、体育与娱乐业	Culture, Sports and Recreation	2829	888
公共管理与社会组织	Public Administration and Social Organizations	13031	3856

Number of Year – End Female Employed Persons by Sector and Region (2014)

(person)

		嘉善县 Jiashan	平湖市 Pinghu	海宁市 Haining	海盐县 Haiyan	桐乡市 Tongxiang
南湖区 Nanhu	秀洲区 Xiuzhou					
86441	82907	70841	104306	105207	49284	96000
37	39		46	38		28
					9	
37822	58190	55236	83526	77686	31532	64130
480	141	245	604	308	377	323
4366	2870	1117	2287	1552	3703	7450
7667	4848	2455	2069	4539	1545	3534
1374	1730	216	1181	907	437	543
2262	652	982	1410	1333	773	1370
1271	777	79	149	103	68	96
6872	3020	311	299	371	267	486
3722	2493	983	992	2365	810	2939
2588	637	445	561	1214	1427	1206
2343	523	273	188	773	220	455
773	200	446	489	1089	913	1756
232	226	236	1072	220	62	151
6580	3419	3697	4286	6522	3530	6413
4965	1485	2060	2272	3770	1819	3148
599	289	257	571	592	293	228
2488	1368	1803	2304	1825	1499	1744

2－29 全市分行业非私营与规模以上私营单位职工素质情况
（2014）

单位：人

指　　标	Item	总　计 Total	按文化程度分 大学本科及以上 Graduates of Universtity and Higher Level
总　　计	Total	1537020	170485
按行业分	Grouped by Sector		
农、林、牧、渔业	Farming, Forestry, Animal Husbandry and Fishery	637	35
采矿业	Mining	233	0
制造业	Manufacturing	884428	42366
电力、煤气及水的生产和供应业	Production and Supply of Electricity, Gas and Water	12044	3212
建筑业	Construction	279834	11951
批发与零售业	Wholesale and Retail	51694	6085
交通运输、仓储和邮政业	Transport, Storage and Postal Services	26145	2495
住宿和餐饮业	Hotels and Restaurants	16326	582
信息传输、软件和信息技术服务业	Information Transmission, Computer Services and Software	6856	2728
金融业	Financing	21159	10530
房地产业	Real Estate	33335	4450
租赁与商务服务业	Tenancy and Business Services	32611	7260
科学研究、技术服务与地质勘查业	Scientific Research, Technical Services and Geological Prospecting	14115	5638
水利、环境和公共设施管理业	Water Conservancy, Environment and Public Utility Managemet	13392	1052
居民服务和其他服务业	Resident Services and Other Services	4583	389
教育	Education	56880	33052
卫生、社会保障和社会福利业	Public Health, Social Security and Social Welfare	32594	12504
文化、体育与娱乐业	Culture, Sports and Recreation	5467	2188
公共管理与社会组织	Public Administration and Social Organizations	44687	23968

Basic Statistics on Educational Level of Fully Employed Staff and Workers by Sector (2014)

(person)

Grouped by Educational Level			专业技术人员小计 Sub－total Specialized Technical Personnel	按职称分 Grouped by Professional Titles		
大专 Graduates of Specialized Colleges	中专及高中 Graduates of Specialized Secondary Schools	初中及以下 Graduates of Junior Secondary Schools or Below		高级 Senior Professional Titles	中级 Medium Professional Titles	初级 Junior Professional Titles
191428	351743	823364	254115	14609	58599	83781
73	151	378	97	10	19	22
4	10	219	25	0	3	2
84785	205814	551463	82212	2727	8743	19392
3005	3221	2606	2867	186	866	1465
26761	64604	176518	56375	1890	12020	20690
12463	18974	14172	5885	202	748	1976
4700	8828	10122	2322	95	268	729
2021	5386	8337	1034	55	184	282
2235	1545	348	2320	31	395	774
5811	4182	636	8150	64	1869	3363
6033	6459	16393	4599	331	1382	1524
5376	8258	11717	7040	1010	2042	2688
3188	2103	3186	7528	902	2579	2528
1444	1955	8941	1170	77	315	432
462	905	2827	518	32	112	144
10827	5771	7230	39569	4776	19121	11537
9543	6389	4158	25270	1675	5480	13566
1304	1084	891	2076	115	606	839
11393	6104	3222	5058	431	1847	1828

2－30 市区分行业非私营与规模以上私营单位职工素质情况（2014）

单位：人

指标	Item	总计 Total	按文化程度分 大学本科及以上 Graduates of Universtity and Higher Level
总计	Total	422007	65733
按行业分	Grouped by Sector		
农、林、牧、渔业	Farming, Forestry, Animal Husbandry and Fishery	227	12
采矿业	Mining		
制造业	Manufacturing	215163	13254
电力、煤气及水的生产和供应业	Production and Supply of Electricity, Gas and Water	2987	1105
建筑业	Construction	59681	3362
批发与零售业	Wholesale and Retail	22665	3055
交通运输、仓储和邮政业	Transport, Storage and Postal Services	11846	1199
住宿和餐饮业	Hotels and Restaurants	5498	197
信息传输、软件和信息技术服务业	Information Transmission, Computer Services and Software	5363	2190
金融业	Financing	17388	8829
房地产业	Real Estate	14078	1965
租赁与商务服务业	Tenancy and Business Services	10339	1825
科学研究、技术服务与地质勘查业	Scientific Research, Technical Services and Geological Prospecting	9083	3877
水利、环境和公共设施管理业	Water Conservancy, Environment and Public Utility Managemet	2454	239
居民服务和其他服务业	Resident Services and Other Services	1015	113
教育	Education	16811	10316
卫生、社会保障和社会福利业	Public Health, Social Security and Social Welfare	12556	5349
文化、体育与娱乐业	Culture, Sports and Recreation	1804	923
公共管理与社会组织	Public Administration and Social Organizations	13049	7923

Basic Statistics on Educational Level of Fully Employed Staff and Workers of Urban Units in Urban District by Sector

(2014)

(person)

Grouped by Educational Level			专业技术人员小计 Sub-total Specialized Technical Personnel	按职称分 Grouped by Professional Titles		
大专 Graduates of Specialized Colleges	中专及高中 Graduates of Specialized Secondary Schools	初中及以下 Graduates of Junior Secondary Schools or Below		高级 Senior Professional Titles	中级 Medium Professional Titles	初级 Junior Professional Titles
63060	97629	195585	83336	5874	20341	26498
20	52	143	55	6	9	7
21906	52165	127838	24298	834	2409	4183
654	787	441	1141	58	410	643
8227	12870	35222	14168	715	3941	5807
5811	8697	5102	2533	87	309	825
2384	4512	3751	1344	28	104	316
657	1802	2842	223	21	87	52
1736	1263	174	1487	26	300	504
4578	3491	490	5707	58	1565	2541
2417	2788	6908	1889	122	593	592
2038	1900	4576	1533	100	363	521
2015	1162	2029	5249	720	1760	1759
279	251	1685	272	22	99	94
151	225	526	132	3	22	31
3118	1571	1806	11593	1863	5225	2974
3599	2139	1469	9397	965	2322	4875
431	308	142	1018	73	350	340
3039	1646	441	1297	173	473	434

2－31　分地区非私营与规模以上私营单位人才资源情况（2014）

单位：人

指　标	Item	全市 Total	市区 Urban District
总　计	Total	1537020	422007
按文化程度分	Grouped by Educational Level		
大学本科及以上	Graduates of Universtity and Higher Level	170485	65733
大专	Graduates of Specialized Colleges	191428	63060
中专及高中	Graduates of Specialized Secondary Schools	351743	97629
初中及以下	Graduates of Junior Secondary Schools or Below	823364	195585
单位从业人员中人才资源	Resource Person in Fully Employed Staff & Workers	1099294	281796
单位从业人员中经营管理人员	Sub－total Management Personnel	183126	49960
单位从业人员中专业技术人员	Sub－total Specialized Technical Personnel	254115	83336
高级专业技术人员	Senior Professional Titles	14609	5874
中级专业技术人员	Medium Professional Titles	58599	20341
初级专业技术人员	Junior Professional Titles	83781	26498
在专业技术岗位工作人员	Specialized Technical Personnel on the job	97126	30623
单位从业人员中专业技术工人	Sub－total Specialized technology Worker	636534	140578
高级技师	Senior technician	6165	2127
技师	Technician	13397	4085
高 级工	Senior Workers	53132	9050
中级工	intermediate Workers	104730	17835
初级工	Primary worker	218969	40380
在技术操作岗位工作人员	Specialized technology Worker on the job	240141	67101

Basic Statitics on Educational Level of Fully Employed Staff and Workers by Region
(2014)

(person)

南湖区 Nanhu	秀洲区 Xiuzhou	嘉善县 Jiashan	平湖市 Pinghu	海宁市 Haining	海盐县 Haiyan	桐乡市 Tongxiang
221470	200537	168928	246347	265466	127118	307154
43891	21842	17192	19263	26241	16765	25291
37649	25411	20974	28310	31179	15821	32084
48878	48751	43931	49000	63491	27011	70681
91052	104533	86831	149774	144555	67521	179098
157203	124593	103743	187369	197135	82933	246318
27471	22489	21033	26231	38805	12752	34345
53047	30289	23576	27492	44820	24667	50224
4393	1481	1127	1192	1931	2256	2229
14164	6177	5394	5823	9162	6163	11716
18065	8433	7660	8987	15191	8347	17098
16425	14198	9395	11490	18536	7901	19181
72471	68107	55154	130517	109853	42701	157731
1649	478	407	334	673	609	2015
3071	1014	1046	1099	1740	1220	4207
5777	3273	2564	20178	6911	3637	10792
10331	7504	5978	28161	17449	7801	27506
19158	21222	21016	46671	43195	15034	52673
32485	34616	24143	34074	39885	14400	60538

主要统计指标解释

人口数　指一定时点、一定地区范围内的有生命的个人的总和。

年度统计的年末人口数指每年12月31日24时的人口数。

出生率(又称粗出生率)　指在一定时期内(通常为一年)一定地区的出生人数与同期内平均人数(或期中人数)之比。一般用千分率表示。本资料中的出生率指年出生率,其计算公式为:

出生率=年出生人数/年平均人数×1000‰

式中:出生人数指活产婴儿,即胎儿脱离母体时(不管怀孕月数),有过呼吸或其他生命现象。年平均人数指年初、年底人口数的平均数,也可用年中人口数代替。

死亡率(又称粗死亡率)　指在一定时期内(通常为一年)一定地区的死亡人数与同期内平均人数(或期中人数)之比,一般用千分率表示。本资料中的死亡率指年死亡率,其计算公式为:

死亡率=年死亡人数/年平均人数×1000‰

人口自然增长率　指在一定时期内(通常为一年)人口自然增加数(出生人数减死亡人数)与该时期内平均人数(或期中人数)之比,一般用千分率表示。计算公式为:

人口自然增长率=(本年出生人数-本年死亡人数)/年平均人数×1000‰

=人口出生率-人口死亡率

从业人员　指从事一定社会劳动并取得劳动报酬或经营收入的人员,包括全部职工、再就业的离退休人员、私营业主、个体户主、私营和个体从业人员、乡镇企业从业人员、农村从业人员、其他从业人员(包括民办教师、宗教职业者、现役军人等)。这一指标反映了一定时期内全部劳动力资源的实际利用情况,是研究我国基本国情国力的重要指标。

各单位的从业人员　指在各级国家机关、政党机关、社会团体及企业、事业单位中工作,取得工资或其他形式的劳动报酬的全部人员。包括在岗职工、再就业的离退休人员、民办教师以及在各单位中工作的外方人员和港澳台方人员、兼职人员、借用的外单位人员和第二职业者。不包括离开本单位仍保留劳动关系的职工。各单位的从业人员反映了各单位实际参加生产或工作的全部劳动力。

私营和个体从业人员　私营从业人员指在工商管理部门注册登记,其经营地址设在县城关镇(含城关镇)以上的私营企业从业人员;包括私营企业投资者和雇工。个体从业人员指在工商管理部门注册登记,并持有城镇户口或在城镇长期居住,经批准从事个体工商经营的从业人员;包括个体经营者和在个体工商户劳动的家庭帮工和雇工。

职工　指在国有经济、城镇集体经济、联营经济、股份制经济、外商和港、澳、台投资经济、其他经济单位及其附属机构工作,并由其支付工资的各类人员,不包括返聘的离退休人员、民办教师、在国有经济单位工作的外方人员和港、澳、台人员(1998年以后的数据均为在岗职工数据,其他相关指标如职工工资总额,职工平均工资等指标也从1998年按此口径进行了相应调整)。

国有单位职工　指在国有经济单位及其附属机构工作,并由其支付工资的各类人员。

集体单位职工　指在城镇集体经济单位及其管理部门工作,并由其支付工资的各类人员。

其他单位职工　指在联营经济、股份制经济、外商投资经济、港、澳、台投资经济单位工作,并由其支付工资的各类人员。

在岗职工　指在本单位工作并由单位支付工资的人员,以及有工作岗位,但由于学习、病伤产假等原因暂未工作,仍由单位支付工资的人员。

专业技术人员　指从事专业技术工作的人员以及从事专业技术管理工作且已在1983年以前评定了专业技术职称或在1984年以后聘任了专业技术职务的人员。

专业技术人员具体指工程技术人员、农业技术人员、科研人员(自然科学研究、社会科学研究及实验技术人员)、卫生技术人员、教学人员(含高等院校、中等专业学校、技工学校、中学、小学)、民用航空飞行技术人员、船舶技术人员、经济人员、会计人员、统计人员、翻译人员、图书资料、档案、文博人员、新闻、出版人员、律师、公证人员、广播电视播音人员、工艺美术人员、体育人员、艺术人员及政工人员。

专业技术管理人员具体指企业、事业单位的领导;企业、事业单位下设的职能机构、企业的生产车间和辅助车间(或附属辅助生产单位)中从事生产、技术、经济管理和政治工作人员。

按照公务员管理或参照公务员管理的人员不统计为专业技术人员。

常住人口　指实际经常居住在某地区一定时间(指半年以上)的人口。按人口普查和抽样调查规定,主要包括:

1. 除离开本地半年以上(不包括在国外工作或学习的人)的全部常住本地的户籍人口;

2. 户口在外地,但在本地居住半年以上者,或离开户口地半年以上而调查时在本地居住的人口;

3. 调查时居住在本地,但在任何地方都没有登记常住户口,如手持户口迁移证、出生证、退伍证、劳改劳教释放证等尚未办理常住户口的人,即所谓"口袋户口"的人。

户籍人口　指公民依照《中华人民共和国户籍登记条例》,已在居住地的公安户籍管理机关登记了常住户口的人。

EXPLANATORY NOTES ON MAIN STATISTICAL INDICATORS

Total Population refers to the total number of people alive at a certain point of time within a given area. The annual statistics on total population is taken at midnight, the 31st of December.

Birth Rate or (Crude Birth Rate) refers to the ratio of the number of births to the average population (or mid – period population) during a certain period of time (usually a year) which is often expressed in ‰. Birth rate in the chapter refers to annual birth rate. The following formula is used:

Birth Rate = Number of Births/Average Number of Population × 1000‰

Number of births refers to live births i. e. the births when babies had showed any vital phenomena regardless of the length of pregnancy.

Annual Average Number of Population is the average of the number of population at the beginning of the year and that at the end of the year. Sometimes it is substituted for with the mid year population.

Death Rate (or Crude Death Rate) refers to the ratio of the number of deaths to the average population (or mid – period population) during a certain period of time (usually a year) which is often expressed in ‰. Death rate in the chapter refers to annual death rate. The following formula is used:

Death Rate = Number of Deaths/Annual Average Number of Population × 1000‰

Natural Growth Rate of Population refers to the ratio of natural increase in population (number of births minus number of deaths) in a certain period of time (usually a year) to the average population (or mid – period population) of the same period which is often expressed in ‰. The following formulas are applied:

Natural Growth of Population = (Number of Births – Number of Deaths)/Average Number of Population × 1000‰

Natural Growth Rate of Population = Birth Rate – Death Rate

Employed Persons refer to the persons who are engaged in social working and receive remuneration payment or earn business income, including total staff and workers, re – employed retirees, employers of private enterprises, self – employed workers, employees in private enterprises and individual economy, employees in township enterprises, employed persons in the rural areas, and other employed persons (including teachers in the schools run by the local people, people engaged in religious profession and the servicemen, etc.). This indicator reflects the actual utilization of total labour force during a certain period of time and is often used for the research on China's economic situation and national power.

Persons Employed in Various Units refer to all the persons working in government agencies of various levels, political and party organizations, social organizations, enterprises and institutions, and receiving wages or other forms of payment. They include fully – employed staff and workers, re – employed retirees, teachers in schools run by the local people, foreigners and Chinese compatriots from Hong Kong, Macao, and Taiwan working in various units, part – time employees, employees of other units working temporarily at current posts, and employees holding the second job, but exclude staff and workers who have left their working units while keeping their labour contract (employment relation) unchanged. This indicator reflects the total number of laborers actually engaged in production or other operations in various units.

Persons Employed in Private Enterprises and Self – Employed Individuals in Urban Areas Persons employed in private enterprises refer to the persons employed in the private enterprises which have been registered at the departments of industrial and commercial administration and are situated at a county town (i. e. a town where the county government is located) for business operation or at urban areas with the level higher than a county town. The self – employed individuals in urban areas refer to persons who hold the certificates of residence in urban areas or have resided in the urban areas for a long time and have been registered at the departments of industrial and commercial administration and approved to be engaged in individual industrial or commercial business, including self – employed persons as well as helpers and hired labourers who work in the individual households engaged in industrial or commercial business.

Staff and Workers refer to the persons who work in (and receive payment therefrom) enterprises and institutions of state ownership, collective ownership, joint ownership, share holding, foreign ownership, and ownership by entrepreneurs from Hong Kong, Macao, and Taiwan, and other types of ownership and their affiliated units, excluding the retired persons invited to work in the units again, teachers in the schools run by the local people and foreigners and persons coming from Hong Kong, Macao and Taiwan and working in the state – owned economic units. (Number of staff and workers in this yearbook include only fully employed staff and workers, excluding those who have left their working units while keeping their labour contract/employment relation unchanged).

Staff and Workers in State – owned Economic Units refer to the persons who work in the state – owned economic units or their attached units and are listed in their payrolls.

Staff and Workers of Collective Owned Units in Urban Areas refer to the persons who work in collective owned units in urban areas and their administration departments and receive payment therefrom.

Staff and Workers in Units of Other types of Ownership refer to those who work in (and receive payment therefrom) enterprises and institutions of joint ownership, share holding, foreign ownership, and ownership by entrepreneurs from Hong Kong, Macao, and Taiwan.

Fully Employed Staff and Workers refer to persons who work in, and receive wages from their working units, as well as persons who have their work posts, but are temporarily absent from work for reasons of study or on sick, injury or maternal leave and still receive wages from their working units.

Professional Personnel refers to the persons who are engaged in special professional work or in professional management who got the titles of a professional post before 1983 or who were appointed to professional positions since 1984.

Professional personnel specifically refers to engineering professionals, agricultural professionals, scientific research professionals (natural science researchers, social science researchers and laboratory technicians), health professionals, teaching professionals (including institutions of higher education, specialized secondary schools, technical schools, regular secondary schools, and primary schools), civil aviation professionals, nautical professionals, economic professionals, accounting professionals, statistical professionals, interpretation professionals, library professionals, archives professionals, professionals of culture, arts and cultural relics, newsman and publishing professionals, lawyers, notary professionals, radio and television announcers, industrial arts professionals, sports professionals, artists and political professionals.

Professional management personnel specifically refers to the managers of enterprises and institutions, the personnel engaged in the management of production, techniques, economic and political aspects in the functional departments under the enterprise and institution, production workshops and accessorial workshops (or accessorial production units) under the enterprises.

Professional personnel excluded the personnel managed by or according to the system of civil servants.

Permanent Resident Population refers to the total number of people alive at a given area within a period (over half a year). According to the regulation of population census and sample survey, permanent resident population include (a) registered population in this area other than those who have left this area over half a year(exclude those going abroad to work or study). (b) population with residence registered in other area, but having actually resided in this area over half a year or having left place of residence registration over half a year and resided in this area during the period of population survey. (c) population with residence registration in this enumeration area not yet settled, i. e. residence card on hand, migration certificate, birth certificate, demobilized soldier card, release certificate, etc.

Registered Population refers to the population with registered in accordance with the regulation of the People's Republic of China on the Management of Registration Residence in public security organs in this area.

三、人民生活、社会保障与物价 People's Livelihood, Social Security and Price Indices

3－1 市区城乡居民收入与物价指数(1978－2014)

Income and Price Indices of Urban and Rural Residents (1978－2014)

年份 Year	城市居民人均可支配收入(元) Per Capita Disposable Income of Urban Residents (yuan)	农村居民家庭人均纯收入(元) Per Capita Residents Net Income of Rural Residents (yuan)	商品零售价格指数 Retail Price Indices of Commodities	城市居民消费价格指数 Consumer Price Indices of Urban Residents
1978			100.2	
1979			101.5	
1980	526		104.2	104.1
1981	550		101.4	101.2
1982	550		101.2	101.2
1983	507		100.3	100.1
1984	654		101.1	101.2
1985	861	718	114.3	114.4
1986	1039	802	106.7	106.5
1987	1127	1012	109.7	109.3
1988	1403	1273	121.3	121.4
1989	1613	1552	116.8	116.7
1990	1954	1648	101.7	102.1
1991	2035	1653	108.3	108.1
1992	2439	1800	108.7	109.1
1993	3585	2162	119.2	120.3
1994	5368	2919	122.4	124.6
1995	6700	3366	112.8	115.2
1996	7141	4088	105.1	108.2
1997	7498	4795	98.3	100.3
1998	7921	4236	96.8	99.0
1999	8224	4230	96.5	97.3
2000	9240	4527	99.0	101.1
2001	10766	5111	98.2	99.5
2002	10757	5136	97.6	100.0"
2003	12251	6034	101.0	100.7
2004	14392	6953	101.5	103.3
2005	15555	7936	100.9	101.5
2006	17129	8890	101.0	101.2
2007	19238	10118	103.4	103.7
2008	21177	11493	106.6	105.2
2009	22730	12643	98.2	99.1
2010	24815	14333	104.0	104.0
2011	29599	16370	105.0	105.5
2012	33626	18264	101.7	102.2
2013	34553	21561	100.7	101.7
2014	37673	23689	101.3	102.0

注:1993 年以前城市居民人均可支配收入栏数据为人均生活费收入;从 2013 年起,国家统计局开展了城乡一体化住户收支与生活状况调查,与 2012 年及以前的分城镇和农村住户调查的调查范围、调查方法、指标口径有所不同(以后各表同)。2013 年起农村居民家庭人均纯收入改为农村居民人均可支配收入。

Note:Per capita disposable income in city are per capita income of living expenes before1993;Per Capita Residents Net Income of Rural Residents Develop into Per Capita Disposable Income since 2013 and the investigation method also have adjustment。

3-2 主要年份全市农村住户抽样调查基本情况
Basic Conditions of the Sample Surveys on Rural Households in Main Years

名　称	Name	单位	2013	2014
一、调查户数	Number of Households Surveyed	户	835	851
二、常住人口	Number of Permanent Residents in the Households Surveyed	人	3033	3128
三、整半劳动力	Number of Able - bodied and Semi - able - bodied Laborers	人	2322	2437
四、劳动力文化程度	Educational Level of Labour Force			
1. 未上过学	Illiteracy	人	162	157
2. 小学	Primary School	人	743	776
3. 初中	Junior Secondary School	人	1012	1004
4. 高中	Senior Secondary School	人	273	320
5. 大学专科	Junior College	人	97	133
6. 大学本科	College	人	35	48
7. 研究生	Master Graduate	人	0	0
五、劳动力本季度就业类型	Employment Type	%	100.0	100.0
1. 雇主	Employer	%	3.8	2.1
2. 公职人员	Civil Servant	%	0.6	0.7
3. 事业单位人员	Government - affiliated Institutions Employee	%	1.7	1.2
4. 国有企业雇员	State - owned Enterprise Employee	%	0.2	0.5
5. 其他雇员	Others Employee	%	59.8	67.3
6. 农业自营	Farmer Self - employment	%	19.4	17.3
7. 非农自营	Non - farmer Self - employment	%	14.6	11.0
六、年末人均住房建筑面积	Per Capita Housing Construction Area	m2	71.55	72.46
七、生活设施状况	Living Faclities			
住宅内厕所状况(%)	Have Toilet	%	100.0	100.0
水冲式卫生厕所	Water Flush Health Toilet	%	88.6	92.4
水冲式非卫生厕所	Water Flush Non - health Toilet	%	2.1	0.5
卫生旱厕	Health Aqua	%	1.8	2.1
普通旱厕	Normal Aqua	%	6.9	4.9
无厕所	Others	%	0.6	0.2

3－3 全市城镇居民家庭基本情况
（2002－2014）

项　目	Item	单　位	uinit	2002	2003
调查户数	Number of Households Surveyed	户	household	400	440
平均每户家庭人口数	Average Household Size	人	person	2.85	2.81
有收入者人数	Persons With Income	人	person	2.19	2.14
离退休人口数	Retired	人	person	0.58	0.5
无收入者人数	Persons Without Income	人	person	0.65	0.67
平均每户就业人口数	Average Employed Persons per Household	人	person	1.56	1.6
平均每户就业面	Percentage of Employed Persons per Household	%	%	54.7	56.94
平均每一就业者负担人数	Number of Persons Supported by Each Laborer	人	person	1.83	1.76
家庭总收入	Aggregate Income of Families	元	yuan	12540	14239
其中:可支配收入	Per Capita Disposable Income	元	yuan	11500	12954
(一)工薪收入	Income from Wages and Salaries	元	yuan	8361	9563
(二) 经营净收入	Net Income from Operations	元	yuan	425	842
(三)财产性收入	Property Income	元	yuan	270	544
(四)转移性收入	Transfer Income	元	yuan	3483	3290
消费性支出	Per Capita Expenditure for Consumption	元	yuan	7707	8748
食品	Food	元	yuan	3083	3257
衣着	Clothing	元	yuan	575	643
居住	Residence	元	yuan	850	797
家庭设备用品及服务	Facilities, Articles and Service	元	yuan	569	622
医疗保健	Medicine and Medical Service	元	yuan	618	701
交通和通讯	Transportation and Communication	元	yuan	651	1067
娱乐文教服务	Recreation, Cultural and Educational Service	元	yuan	1142	1394
杂项商品和服务	Miscellaneous Commodities and Services	元	yuan	219	267
年末人均现住房建筑面积	Per Capita Floor Space of Residential Buildings at the End of Year	m^2	sq. m	25.97	26.51

Basic Statistics on Urban Households

(2002 - 2014)

	2004	2005	2006	2007	2008	2009	2010	2011	2012	2013	2014
	580	620	570	570	650	650	650	650	650	1019	1005
	2.77	2.76	2.75	2.71	2.71	2.67	2.65	2.71	2.74	3.09	3.12
	2.12	2.09	2.11	2.11	2.02	2.03	2.05	2.06	2.09	2.43	2.46
	0.50	0.49	0.5	0.5	0.49	0.52	0.53	0.44	0.48	0.46	0.50
	0.65	0.66	0.64	0.60	0.69	0.64	0.60	0.65	0.64	0.66	0.66
	1.57	1.56	1.57	1.55	1.48	1.47	1.46	1.56	1.57	2.03	2.05
	56.68	56.52	57.09	57.20	54.61	55.06	55.09	57.56	57.30	65.67	65.79
	1.72	1.77	1.76	1.75	1.83	1.82	1.82	1.74	1.75	1.52	1.52
	16198	17977	19810	22395	25160	27546	30562	35081	39573		
	14693	16189	17828	20128	22481	24693	27487	31520	35696	38671	42143
	10837	11883	12912	14297	16143	17732	19572	22670	25460	25238	27341
	1091	1580	1843	2603	3018	3262	3664	4025	4483	4905	5393
	669	667	842	603	986	1076	1091	1096	1290	3141	3429
	3601	3847	4213	4892	5013	5476	6235	7291	8340	5387	5979
	9933	10754	11887	12379	14346	15361	16559	19535	21720	21105	23032
	3665	3867	4219	4713	5182	5178	5444	6712	7159	6348	7001
	789	965	1057	1121	1282	1312	1444	1962	1998	1455	1547
	1025	1057	1328	1033	1240	1454	1387	1427	1699	4129	4434
	609	608	684	654	803	710	963	1135	1282	1348	1469
	738	813	786	858	904	998	899	1058	1087	1454	1587
	1335	1353	1595	1558	2197	2982	3350	3754	4853	3700	3991
	1470	1658	1824	2031	2245	2217	2532	2851	2862	2125	2394
	302	433	394	411	494	510	539	635	781	546	608
	29.63	31.75	32.11	32.55	33.95	34.60	35.24	35.61	35.55	39.45	38.19

3－4 主要年份全市城市居民家庭平均每百户耐用消费品拥有量

名　称	Name	单　位	unit	1997	2003
摩托车	Motorcycle	辆	unit	5	22.27
助力车	Moped	辆	unit		34.65
家用汽车	Family Car	辆	unit		2.14
洗衣机	Washing Machine	台	unit	93.3	99.47
电冰箱	Regfrigerator	台	unit	96.8	101.87
彩色电视机	Color TV Set	台	unit	111.5	164.77
家用电脑	Home Computer	台	unit	3	33.71
组合音响	Hi－fi Stereo Component System	套	unit	18.8	26.02
摄像机	Vidicon	架	unit	1.3	1.56
照相机	Camera	架	unit	34.8	45.17
其他中高档乐器	Other Medium－to－High Grade Music Instrument	件	unit	3.8	5.85
微波炉	Oven	台	unit	18	69.33
空调器	Air Conditioner	台	unit	40.3	118.82
淋浴热水器	Shower	台	unit	60.5	89.19
消毒碗柜	Disinfecting Cupboard	台	unit		4.48
洗碗机	Bowls Washing Machine	台	unit		0.43
健身器材	Fitness Equipment	套	unit	2.3	6.56
普通电话	Ordinary Telephone	线	unit		100.11
移动电话	Mobile Telephone	部	unit	2.3	120.35

Per 100 City's Households Average Possession of Durable Consumer Goods in Urban District in Main Years

2004	2005	2006	2007	2008	2009	2010	2011	2012	2013	2014
30.77	36.04	37.8	35.36	33.37	34.24	34.23	32.41	32.15	26.16	34.07
40.82	47.59	54.87	59.4	64.48	70.5	75.47	82.35	86.35	71.17	104.09
2.22	4.37	5.7	7.28	15.03	18.5	22.31	32.38	37.28	51.93	52.00
96.29	97.42	98.4	98.09	96.55	98.61	99.31	97.07	98.66	97.82	87.66
99.85	100.06	100.38	101.08	98.42	100.36	100.33	99.1	99.89	98.31	94.44
172.83	181.19	187.06	188.33	189.38	196.28	199.33	190.53	192.65	190.10	198.47
43.07	53.02	58.63	66.65	80.66	86.37	92.31	108.6	115.55	111.16	108.54
29.99	34.63	35.24	35.99	32.42	32.59	33.32	22.94	22.57	11.57	13.32
2.62	4	3.65	4.33	7.94	7.44	7.34	7.47	7.7	9.08	5.46
46.46	49.23	52.91	52.41	47.49	51.05	54.04	51.41	51.55	51.79	41.66
4.49	3.98	4.63	4.00	4.55	5.23	5.60	3.34	4.04	3.43	5.55
73.84	80.29	84.67	84.56	84.79	87.77	89.00	85.90	86.37	84.26	72.95
138.79	159.13	166.19	173.29	191.80	200.55	207.60	225.97	233.97	234.38	207.24
92.16	96.96	98.31	99.92	103.92	105.33	106.99	108.86	109.91	115.81	99.70
7.52	11.95	12.32	9.7	17.00	17.95	17.94	20.6	20.84	16.68	11.45
1.17	0.18	0.14	0.16	0.71	0.93	0.83	1.83	1.60	1.66	1.19
5.22	7.67	6.39	5.7	4.21	4.82	5.75	3.9	4.61	3.77	5.19
97.79	97.69	98.61	98.3	93.36	93.65	93.58	74.06	72.92	70.07	65.69
139.69	161.82	182.09	188.69	193.33	199.4	203.98	218.47	224.29	222.57	252.04

3－5 分地区城镇居民家庭收支情况
(2013)

项目	Item	单位	Unit	全市 Total	市区 Urban District
可支配收入	Per Capita Disposable Income	元	yuan	38671	34553
1、工资性收入	Income from Wages and Salaries	元	yuan	25238	20400
2、经营净收入	Net Income from Operations	元	yuan	4905	3549
3、财产净收入	Property Income	元	yuan	3141	2604
4、转移净收入	Transfer Income	元	yuan	5387	8000
消费支出	Per Capita Expenditure for Consumption	元	yuan	21105	21326
1、食品烟酒	Food	元	yuan	6348	6460
2、衣着	Clothing	元	yuan	1455	1240
3、居住	Residence	元	yuan	4129	4123
4、生活用品及服务	Facilities, Articles and Service	元	yuan	1348	1364
5、交通通信	Transportation and Communication	元	yuan	3700	3537
6、教育文化娱乐	Recreation, Cultural and Educational Service	元	yuan	2125	2045
7、医疗保健	Medicine and Medical Service	元	yuan	1454	1945
8、其他用品和服务	Miscellaneous Commodities and Services	元	yuan	546	612

注:本表为2013年国家住户调查制度改革后新口径数据,与上年年鉴公布数据不同。

Basic Conditions of Urban Households
(2013)

		嘉善县 Jiashan	海盐县 Haiyan	海宁市 Haining	平湖市 Pinghu	桐乡市 Tongxiang
南湖区 Nanhu	秀洲区 Xiuzhou					
34606	34467	39489	40053	41140	39659	38023
17025	25619	25131	24168	23694	26618	26593
3521	3587	6436	8458	8710	5330	3839
2258	3135	3485	2365	4080	1695	4167
11803	2126	4437	5062	4656	6015	3424
21171	21508	21372	20841	22763	20184	20312
6369	6626	6576	5572	6781	6493	6151
1136	1410	1437	1496	1897	1441	1539
3955	4363	4687	3401	4418	3503	3674
1437	1231	1204	1250	1585	961	1579
3355	3811	3553	4571	3310	3529	3561
2014	2092	2699	2701	2863	1921	2204
2209	1496	921	1373	1114	1612	1166
696	479	295	478	795	725	438

3-6 分地区城镇居民家庭收支情况
(2014)

项　目	Item	单位	Unit	全　市 Total	市　区 Urban District
可支配收入	Per Capita Disposable Income	元	yuan	42143	37673
1、工资性收入	Income from Wages and Salaries	元	yuan	27341	22079
2、经营净收入	Net Income from Operations	元	yuan	5393	3959
3、财产净收入	Property Income	元	yuan	3429	2794
4、转移净收入	Transfer Income	元	yuan	5979	8841
消费支出	Per Capita Expenditure for Consumption	元	yuan	23032	23766
1、食品烟酒	Food	元	yuan	7001	7480
2、衣着	Clothing	元	yuan	1547	1331
3、居住	Residence	元	yuan	4434	4449
4、生活用品及服务	Facilities, Articles and Service	元	yuan	1469	1544
5、交通通信	Transportation and Communication	元	yuan	3991	3972
6、教育文化娱乐	Recreation, Cultural and Educational Service	元	yuan	2394	2284
7、医疗保健	Medicine and Medical Service	元	yuan	1587	2056
8、其他用品和服务	Miscellaneous Commodities and Services	元	yuan	608	650

Basic Conditions of Urban Households
(2014)

南湖区 Nanhu	秀洲区 Xiuzhou	嘉善县 Jiashan	海盐县 Haiyan	海宁市 Haining	平湖市 Pinghu	桐乡市 Tongxiang
37711	37613	43126	43618	44887	43192	41438
18363	27992	26966	26391	25848	28878	28940
4069	3783	7080	9143	9147	5985	4256
2385	3445	4063	2490	4471	1865	4531
12894	2393	5017	5594	5420	6463	3711
23831	23663	22812	23935	23759	21948	21854
7749	7053	6875	6230	6998	7428	6548
1231	1489	1552	1734	1936	1501	1601
4096	5010	5012	3721	4666	3700	4001
1714	1274	1327	1489	1593	1007	1681
3689	4423	3569	5403	3538	3380	3925
2216	2391	2962	3068	3053	2430	2419
2395	1516	1031	1687	1218	1770	1230
740	506	484	602	757	732	448

3－7 主要年份全市农村居民每百户拥有主要耐用消费品

名 称	Name	单 位	unit	1997	2003
洗衣机	Washing Machine	台	unit	23	51
电冰箱	Refrigerator	台	unit	25	58
空调机	Air Conditioner	台	unit		34
电动自行车	Bicycle	辆	unit		
摩托车	Motorcycle	辆	unit	24	97
生活用汽车	Family Car	辆	unit		1
固定电话机	Telephone	部	unit		97
移动电话	Mobile Telephone	部	unit		96
彩色电视机	Color TV Set	台	unit	46	119
照相机	Camera	架	unit	4	11
家用计算机	Home Computer	台	unit		
其中:上网机	In Which: On Internet	台	unit		

Nnmber of Main Durable Consumer Goods Owned Per 100 Rural Households in Main Years

2004	2005	2006	2007	2008	2009	2010	2011	2012	2013	2014
57	62	64	68	71	77	79	87	89	88	80
63	68	74	80	84	90	94	102	102	97	89
48	63	75	90	103	117	129	167	171	188	160
			48	60	73	82	113	120	124	133
102	111	113	110	110	110	110	89	88	68	59
1	2	3	4	4	5	8	20	24	41	42
103	104	101	102	103	105	103	102	99	78	66
114	134	153	173	184	201	213	259	264	273	260
125	135	145	154	164	175	181	206	210	213	192
12	13	13	13	13	16	18	22	25	28	23
	12	20	28	35	47	56	73	79	86	97
	6	13	22	30	39	49	68	74	78	88

3－8　分地区农村居民家庭收支情况

（2013）

项　目	Item	单位	Unit	全　市 Total	市　区 Urban District
可支配收入	Per Capita Disposable Income	元	yuan	22396	21561
1、工资性收入	Income from Wages and Salaries	元	yuan	16871	11736
2、经营净收入	Net Income from Operations	元	yuan	3867	7629
（1）第一产业经营净收入	Net Income from The Primary Industry	元	yuan	1926	3063
（2）第二产业经营净收入	Net Income from The Secondary Industry	元	yuan	866	3176
（3）第三产业经营净收入	Net Income from The Tertiary Industry	元	yuan	1075	1389
3、财产净收入	Property Income	元	yuan	767	1456
4、转移净收入	Transfer Income	元	yuan	891	741
消费支出	Per Capita Expenditure for Consumption	元	yuan	13443	14226
1、食品烟酒	Food	元	yuan	4137	4472
2、衣着	Clothing	元	yuan	827	800
3、居住	Residence	元	yuan	2694	2394
4、生活用品及服务	Facilities, Articles and Service	元	yuan	698	591
5、交通通信	Transportation and Communication	元	yuan	2803	3587
6、教育文化娱乐	Recreation, Cultural and Educational Service	元	yuan	1266	1119
7、医疗保健	Medicine and Medical Service	元	yuan	724	936
8、其他用品和服务	Miscellaneous Commodities and Services	元	yuan	294	326

注：本表为2013年国家住户调查制度改革后新口径数据，与上年年鉴公布数据不同。

Basic Conditions of Rural Residents
(2013)

		嘉善县 Jiashan	海盐县 Haiyan	海宁市 Haining	平湖市 Pinghu	桐乡市 Tongxiang
南湖区 Nanhu	秀洲区 Xiuzhou					
21645	21524	22685	22810	23336	22487	22881
10605	11615	15126	15108	18153	17614	16271
9251	7555	5292	5340	4150	3744	4854
7564	1558	1746	2398	1943	1471	950
386	4567	822	1815	819	655	2260
1301	1430	2724	1128	1388	1618	1644
926	1668	1204	682	483	402	548
864	686	1063	1680	551	726	1209
13137	14761	12930	14917	12528	12672	14081
4503	4456	4202	4082	3853	3933	4055
822	790	830	663	1028	600	836
2037	2570	2132	3792	2404	2766	2843
618	579	582	980	476	722	667
2890	3935	3000	2779	2140	2656	3221
703	1307	1320	980	1505	986	1335
1060	876	608	1240	737	747	666
504	248	256	399	385	261	458

3－9 分地区农村居民家庭收支情况
(2014)

项 目	Item	单位	Unit	全 市 Total	市 区 Urban District
可支配收入	Per Capita Disposable Income	元	yuan	24676	23689
1、工资性收入	Income from Wages and Salaries	元	yuan	18648	13448
2、经营净收入	Net Income from Operations	元	yuan	4151	7860
(1)第一产业经营净收入	Net Income from The Primary Industry	元	yuan	1939	2918
(2)第二产业经营净收入	Net Income from The Secondary Industry	元	yuan	1001	3446
(3)第三产业经营净收入	Net Income from The Tertiary Industry	元	yuan	1212	1497
3、财产净收入	Property Income	元	yuan	867	1561
4、转移净收入	Transfer Income	元	yuan	1010	820
消费支出	Per Capita Expenditure for Consumption	元	yuan	16163	16727
1、食品烟酒	Food	元	yuan	4822	5216
2、衣着	Clothing	元	yuan	933	880
3、居住	Residence	元	yuan	3215	2757
4、生活用品及服务	Facilities, Articles and Service	元	yuan	855	695
5、交通通信	Transportation and Communication	元	yuan	3571	4437
6、教育文化娱乐	Recreation, Cultural and Educational Service	元	yuan	1527	1339
7、医疗保健	Medicine and Medical Service	元	yuan	887	1029
8、其他用品和服务	Miscellaneous Commodities and Services	元	yuan	352	374

Basic Conditions of Rural Residents
(2014)

南湖区 Nanhu	秀洲区 Xiuzhou	嘉善县 Jiashan	海盐县 Haiyan	海宁市 Haining	平湖市 Pinghu	桐乡市 Tongxiang
23724	23674	25048	25101	25786	24758	25195
14018	13197	16478	16715	20081	19238	17868
7815	7880	5872	5703	4512	4239	5385
5917	1600	1859	2263	2049	1482	954
456	4760	935	2106	952	838	2556
1444	1520	3078	1334	1511	1919	1875
931	1838	1458	791	556	445	608
960	759	1240	1892	637	836	1334
16818	16687	14528	17238	15938	16314	16280
5990	4876	4700	4621	4740	4741	4543
949	850	953	777	1097	709	952
2538	2853	2403	4221	3162	3533	3226
751	671	640	1168	644	1023	736
3907	4670	3185	3493	3169	3540	3923
858	1550	1563	1177	1706	1331	1596
1244	934	734	1340	929	1141	779
580	283	350	442	492	297	526

3-10 市区商品零售价格分类指数
(2002-2014)

(上年=100)

名　称	Name	2002	2003
一、商品零售价格指数	Retail Price Indices of Commodities	97.6	101.0
1. 食品类	Foods	99.1	103.8
#粮食	# Grain	92.9	104.9
肉禽及其制品	Meat, Poulty and Related Pouducts	100.3	106.0
水产品	Aquatic Products	94.8	100.8
鲜菜	Fresh Vegetables	109.5	109.5
2. 饮料、烟酒类	Beverages, Tobacco and Liquor	100.1	100.1
3. 服装、鞋帽类	Garments, Shoes and Hats	94.8	94.0
4. 纺织品类	Textile Products	96.8	96.4
5. 家用电器及音像器材类	Home Electric Appliances and Acoustics Equipment	92.1	93.5
6. 文化办公用品类	Culture office Equipment	98.1	97.9
7. 日用品类	Articles for Daily Use	97.9	100.5
8. 体育娱乐用品类	Athletics and Amusement Goods	100.5	98.6
9. 交通、通信用品类	Transportation and Correspondence Goods	93.1	96.0
10. 家具类	Furniture	91.2	99.2
11. 化妆品类	Cosmetics	100.2	97.1
12. 金银珠宝类	Gold and Silver Jewelry	103.9	112.8
13. 中西药品及医疗保健用品类	Traditional Chinese and Western Medicines and Health Care Goods	97.6	103.5
14. 书报杂志及电子出版物类	Books, Newspapers and Magazine and E-journal	100.5	99.7
15. 燃料类	Fuels	97.5	111.6
16. 建筑材料及五金电料类	Building Material and Handware and Electricity Material	102.4	102.4

Retail Price Indices by Category of Commodities (2002 – 2014)

(Preceding year = 100)

2004	2005	2006	2007	2008	2009	2010	2011	2012	2013	2014
101.5	100.9	101.0	103.4	106.6	98.2	104.0	105.0	101.7	100.7	101.3
112.6	102.5	101.5	109.7	114.5	100.2	107.0	111.6	104.9	104.6	103.1
144.6	100.2	103.9	101.5	108.8	105.2	116.6	113.5	102.3	100.6	102.5
119.6	102.6	96.9	126.0	121.4	93.5	103.7	120.8	103.8	106.6	100.6
111.6	103.9	100.6	103.9	114.0	102.5	110.0	111.8	111.0	105.1	104.2
90.3	113.5	101.1	103.5	112.2	104.4	113.3	101.5	115.1	111.3	96.5
101.7	100.7	100.5	102.5	103.5	102.1	101.1	101.8	101.3	99.3	100.1
92.7	98.6	92.4	100.3	97.8	97.0	98.0	100.7	101.1	101.2	101.7
101.1	101.0	98.3	101.0	100.9	100.7	96.7	102.9	102.2	101.1	104.5
96.1	99.4	99.0	96.9	97.5	94.4	97.1	98.3	98.3	100.1	98.8
95.7	99.0	98.2	99.0	99.9	96.9	99.7	98.4	99.4	100.2	100.8
101.7	100.9	100.5	102.9	104.3	101.5	99.6	102.6	102.7	100.5	100.4
97.9	99.1	99.0	95.2	97.3	96.9	99.2	100.0	99.8	100.3	99.4
89.6	95.9	97.6	97.6	97.1	92.3	96.8	96.8	98.4	98.9	99.6
102.2	104.2	99.8	103.2	100.7	100.3	100.2	106.6	105.8	101.3	100.0
96.0	99.3	100.6	99.0	98.0	99.5	99.6	100.0	101.0	100.9	103.3
117.3	104.6	127.4	111.4	125.3	95.9	114.4	117.0	103.6	91.9	93.5
83.6	92.1	98.8	100.8	103.3	106.6	111.2	105.0	98.1	94.0	103.1
100.1	102.6	100.2	98.8	101.8	102.2	101.0	103.8	100.8	99.9	100.0
113.0	117.6	116.1	104.4	115.3	86.2	115.7	111.3	103.4	100.2	99.5
103.3	100.3	103.2	108.1	122.7	102.9	108.8	107.5	98.1	98.9	101.7

3-11 市区居民消费价格分类指数(2009-2014)
Consumer Price Indices by Category (2009-2014)

(上年=100) (Preceding year=100)

名称	Name	2009	2010	2011	2012	2013	2014
居民消费价格指数	Consumer Price Indices	99.1	104.0	105.5	102.2	101.7	102.0
1.食品类	Foods	100.4	107.0	110.9	104.9	104.6	103.1
粮 食	Grain	105.0	116.8	113.5	102.3	100.3	102.6
肉禽及其制品	Meal,Poultry and Related Products	92.7	103.7	121.0	103.8	107.0	100.3
水产品	Aquatic Products	102.8	111.1	111.8	110.6	105.1	104.9
鲜 菜	Fresh Vegetables	104.4	113.3	101.5	115.1	111.3	96.5
2.烟酒	Tobacco,Liquor and Articles	101.7	101.0	101.4	101.2	98.8	99.4
3.衣着	Clothing	97.3	98.3	100.4	101.1	101.5	103.5
4.家庭设备用品及维修服务	Householding Facilities,Articles and Reparing Service	100.0	98.7	105.0	104.3	101.9	101.0
5.医疗保健和个人用品	Health Care and Individual Articles	103.4	106.6	103.5	99.6	97.8	101.8
6.交通和通信	Transportation and Communication	94.8	100.5	100.3	100.5	99.5	99.9
7.娱乐教育文化用品及服务	Recreation, Education, Cultural Articles and Services	99.9	102.1	103.3	101.4	102.4	102.2
8.居住	Residence	96.1	107.2	106.1	100.6	100.0	101.8

3－12　全市原材料燃料动力购进价格指数(2009－2014)

Purcasing Price Index Of Raw Materials Fuels And Power (2009－2014)

(上年＝100)　(Preceding year＝100)

名　称	Name	2009	2010	2011	2012	2013	2014
全部原材料	Material Of Industrial Products	92.19	109.26	106.34	96.60	96.65	98.25
燃料、动力类	Furl and Power	96.63	104.86	101.91	99.78	97.02	99.12
黑色金属材料类	Ferrous Metals	84.62	109.85	109.42	91.62	92.57	94.43
钢材	Rolled－steel	86.05	108.72	110.17	92.78	92.76	93.34
其它	Others	80.31	116.02	106.63	87.22	91.85	98.28
有色金属材料和电线类	Nonferrous Metals and Electric Wire	82.67	125.14	110.98	91.86	94.87	97.83
化工原料类	Chemical Raw Materials	88.41	111.54	108.58	93.47	94.52	97.61
木材及纸浆类	Wood and Paqer Pulqs	94.49	106.99	103.99	96.83	97.45	97.91
建筑材料及非金属矿类	Building Materials and Nonmetals	98.30	113.56	112.53	89.41	96.89	105.24
其它工业原材料及半成品	Other Industrial Raw and Processed Materials	99.40	108.40	106.20	97.85	98.99	96.92
农副产品类	Farm and Sideline Products	98.10	113.16	113.68	100.42	101.07	98.43
纺织原料类	Textile Raw Material	97.01	112.54	107.37	98.21	100.63	100.25

3-13 全市工业品出厂价格指数(2010-2014)

Factory Price Index Of Industrial Products (2010-2014)

(上年=100) (Preceding year=100)

名 称	Name	2010	2011	2012	2013	2014
全部工业品	Factory Price Index Of Industrial Products	105.09	103.92	97.14	98.28	98.14
非金属矿采选业	Nonmetal Minerals Mining and Dressing	109.76	109.69	94.60	105.24	123.09
农副食品加工业	Farm Byproduct Processing	104.68	109.17	100.38	100.91	97.48
食品制造业	Food Production	100.72	111.65	106.03	98.88	100.00
饮料制造业	Beverage Production	105.75	98.72	97.90	105.48	104.39
纺织业	Textile Industry	104.66	102.72	98.38	98.14	98.90
纺织服装、鞋、帽制造业	Textile Garments, shoes and cap Production	99.65	96.19	103.73	105.08	103.44
皮革、毛皮、羽毛(绒)及其制品业	Leather, Furs, Down and Related Products	101.25	106.12	104.81	106.75	98.36
木材加工及木、竹、藤、棕、草制品	Timber Processing, Bamboo, Cane, Palm Fiber and Straw Products	102.94	103.55	98.37	97.29	100.48
家具制造业	Furniture Manufacturing	101.67	99.19	100.43	99.80	102.30
造纸及纸制品业	Papermaking and Paper Products	109.89	101.74	93.28	93.32	96.72
印刷业和记录媒介的复制	Printing and Record Medium Reproduction	99.83	101.57	97.96	98.02	99.73
文教体育用品制造业	Cultural, Educational and Sports Goods	100.18	100.66	100.30	100.78	100.90
石油加工、炼焦及核燃料加工业	Petroleum Processing and Coking	114.71	115.62	109.84	89.25	98.52
化学原料及化学制品制造业	Raw Chemical Material and Chemical Products	104.21	102.21	89.39	93.23	98.32
医药制造业	Medical and Pharmaceutical Products	102.29	102.51	98.26	98.85	102.16
化学纤维制造业	Chemical Fiber	119.26	111.05	84.11	94.18	93.03
橡胶制品业	Rubber Products	94.18	106.33	104.62	93.96	96.89
塑料制品业	Plastic Mineral Products	104.62	102.12	94.78	99.23	98.01
非金属矿物制品业	Nonmetal Mineral Products	109.60	108.46	90.53	97.95	98.26
黑色金属冶炼及压延加工业	Smelting and Pressing of Ferrous Metals	106.61	115.38	92.50	91.35	93.34
有色金属冶炼及压延加工业	Smelting and Pressing of Nonferrous Metals	115.37	106.84	90.69	96.47	95.33
金属制品业	Metal Products	102.10	107.15	102.31	100.36	98.84
通用设备制造业	All-Proposes Equipment	105.94	104.19	99.18	101.47	97.50
专用设备制造业	Special-Proposes Equipment	99.66	96.82	98.59	98.41	97.31
交通运输设备制造业	Transportation Equiment	100.04	101.69	101.93	98.33	96.21
电气机械及器材制造业	Electric Equipment and Machinery	106.89	104.43	96.52	95.32	97.07
通信设备、计算机及其他电子设备制造业	Communication Equipment, Computer and Other Electron Equipment	98.26	104.29	99.33	98.32	96.46
仪器仪表及文化、办公用机械制造业	Instuments, Meters, Cultural and Office Machinery	98.00	99.73	100.03	94.86	94.68
工艺品及其他制造业	Craftwork and Other Manufacturing Industry	100.27	97.77	98.58	97.69	97.78
废弃资源和废旧材料回收加工业	RecovryofResourceDiscardedandUselessMaterial	106.27	108.73	86.49	80.41	91.26
电力、热力的生产和供应业	Production and Supply of Electric Power, Gas and Water	100.00	100.01	102.75	99.79	99.10
燃气生产和供应业	Production and Supply of Gas-fired	100.00	100.00	100.00	100.00	100.00
水的生产和供应业	Production and Supply of Water	100.00	100.00	101.41	104.18	100.00

3－14 市区房地产价格分类指数(2008－2014)

Real Estate Price Indices by Category in Urban District (2008－2014)

(上年＝100) (Preceding year＝100)

名称	Name	2008	2009	2010	2011	2012	2013	2014
房屋销售价格指数	Real Estate Selling Price Index	105.3	105.0	121.7				
1、新建房	Commercial Building	106.7	106.3	124.1				
#住宅	Commercial Residential Building	107.4	106.7	125.4	101.7	95.9	101.7	99.1
2.二手住宅	Second－Hand House	101.9	102.4	114.2	103.4	95.3	98.7	99.7
房屋租赁价格指数	Real Estate Rent and Leasing Price Index	100.7	100.9	103.1				
土地交易价格指数	Land Transaction Price Index	111.0	125.8	209.0				
物业管理价格指数	Estate Management Price Index	102.8	101.8	105.0				

注:房屋租赁、土地交易、物业管理价格指数从2011年开始停编。

The calculation of the rental index, the land transactions index and price index in the property management has been canceled.

3－15 全市分行业非私营单位在岗职工平均工资
Average Wage of Workers by Sector

单位:元/人 (yuan per person)

行　业	Sector	2010	2013	2014
总　计	Total	36319	53057	58885
一、按企业、事业机关分	Grouped by Enterprises, Institutions and Agencies			
企业	Enterprises	32165	47824	53452
事业	Institutions	55915	75558	83696
机关	Agencies and Organizations	74148	100658	103720
二、按行业分	Grouped by Sector			
农、林、牧、渔业	Farming, Forestry, Animal Husbandry and Fishery	26969	34427	37194
采矿业	Mining	22800		
制造业	Manufacturing	28461	43378	48747
电力、煤气及水的生产和供应业	Production and Supply of Electricity, Gas and Water	102785	91634	103586
建筑业	Construction	26847	44244	43041
批发与零售业	Wholesale and Retail	31447	51471	55690
交通运输、仓储和邮政业	Transport, Storage and Postal Services	45376	56707	61320
住宿和餐饮业	Hotels and Restaurants	23827	35349	39261
信息传输、软件和信息技术服务业	Information Transmission, Computer Services and Software	78594	74948	86118
金融业	Financing	97242	121799	128686
房地产业	Real Estate	34502	50596	54650
租赁与商务服务业	Tenancy and Business Services	29307	67090	72717
科学研究、技术服务与地质勘查业	Scientific Research, Technical Services and Geological Prospecting	47933	64468	74615
水利、环境和公共设施管理业	Water Conservancy, Environment and Public Utility Managemet	27675	43322	47162
居民服务和其他服务业	Resident Services and Other Services	32134	52943	70000
教育	Education	54402	70564	77769
卫生、社会保障和社会福利业	Public Health, Social Security and Social Welfare	58840	79427	88315
文化、体育与娱乐业	Culture, Sports and Recreation	53983	64856	71033
公共管理与社会组织	Public Administration and Social Organizations	67985	91001	94922
国际组织	International Organizations			

注:2008 年度起职工平均工资为在岗职工平均工资,自 2013 年度起在岗职工含劳务派遣工,本表不含私营单位(下同)。
Nota: The Average Wage Of Staff And Workers Since 2008, Since 2013 The Staff Includes Dispatched Workers; This Table Does Not Include the Private Unit

3-16 市区分行业非私营单位在岗职工平均工资
Average Wage of Workers in Urban District by Sector

单位:元/人 (yuan per person)

行业	Sector	2010	2013	2014
总计	Total	38597	56481	62014
一、按企业、事业机关分	Grouped by Enterprises, Institutions and Agencies			
企业	Enterprises	34352	51552	57396
事业	Institutions	60283	82163	89827
机关	Agencies and Organizations	78606	101979	102350
二、按行业分	Grouped by Sector			
农、林、牧、渔业	Farming, Forestry, Animal Husbandry and Fishery	33116	40103	41135
采矿业	Mining			
制造业	Manufacturing	29873	44435	49650
电力、煤气及水的生产和供应业	Production and Supply of Electricity, Gas and Water	76210	101983	113189
建筑业	Construction	24339	43376	44627
批发与零售业	Wholesale and Retail	30452	54437	58102
交通运输、仓储和邮政业	Transport, Storage and Postal Services	46260	57886	61517
住宿和餐饮业	Hotels and Restaurants	23306	36101	40882
信息传输、软件和信息技术服务业	Information Transmission, Computer Services and Software	85691	78019	87842
金融业	Financing	101187	120642	124398
房地产业	Real Estate	32379	49658	54277
租赁与商务服务业	Tenancy and Business Services	33538	43917	46398
科学研究、技术服务与地质勘查业	Scientific Research, Technical Services and Geological Prospecting	51074	68839	77399
水利、环境和公共设施管理业	Water Conservancy, Environment and Public Utility Managemet	30822	41922	41814
居民服务和其他服务业	Resident Services and Other Services	27248	41655	60590
教育	Education	55514	71424	75959
卫生、社会保障和社会福利业	Public Health, Social Security and Social Welfare	62184	86344	95293
文化、体育与娱乐业	Culture, Sports and Recreation	61810	65269	77622
公共管理与社会组织	Public Administration and Social Organizations	73003	87923	93449
国际组织	International Organizations			

3-17 分行业非私营单位在岗职工平均工资
(2014)

单位:元/人

指 标	Item	全市	
		合计 Total	国有 State-owned Units
总 计	Total	58885	88973
一、按企业、事业机关分	Grouped by Enterprises, Institutions and Agencies		
企业	Enterprises	53452	85502
事业	Institutions	83696	84776
机关	Agencies and Organizations	103720	103720
二、按行业分	Grouped by Sector		
农、林、牧、渔业	Farming, Forestry, Animal Husbandry and Fishery	37194	57767
采矿业	Mining		
制造业	Manufacturing	48747	37220
电力、煤气及水的生产和供应业	Production and Supply of Electricity, Gas and Water	103586	147609
建筑业	Construction	43041	39833
批发与零售业	Wholesale and Retail	55690	185309
交通运输、仓储和邮政业	Transport, Storage and Postal Services	61320	75231
住宿和餐饮业	Hotels and Restaurants	39261	42511
信息传输、软件和信息技术服务业	Information Transmission, Computer Services and Software	86118	79558
金融业	Financing	128686	149874
房地产业	Real Estate	54650	73935
租赁与商务服务业	Tenancy and Business Services	72717	39510
科学研究、技术服务与地质勘查业	Scientific Research, Technical Services and Geological Prospecting	74615	80217
水利、环境和公共设施管理业	Water Conservancy, Environment and Public Utility Managemet	47162	59759
居民服务和其他服务业	Resident Services and Other Services	70000	85866
教育	Education	77769	84254
卫生、社会保障和社会福利业	Public Health, Social Security and Social Welfare	88315	90360
文化、体育与娱乐业	Culture, Sports and Recreation	71033	86774
公共管理与社会组织	Public Administration and Social Organizations	94922	96684
国际组织	International Organizations		

Average Wage of Sataff and Workers by Sector
(2014)

(yuan per person)

Total		市区 Urban District			
集 体 Collective – owned Units	其 他 Other Ownership Units	合计 Total	国 有 State – owned Units	集 体 Collective – owned Units	其 他 Other Ownership Units
44642	52484	62014	96032	49484	55036
38940	52596	57396	108497	43955	55270
56068	66170	89827	91164	56963	66560
		102350	102350		
	33553	41135			41135
37322	48784	49650	20000	30898	49756
42281	87155	113189	159144		72067
52545	43034	44627			44627
41534	53414	58102	34000	35981	58295
37533	57034	61517	75534	34000	57131
36722	39261	40882	42511		40812
76125	86542	87842	89393	97067	87783
104010	124892	124398	150204	104010	118270
48126	53867	54277	78139	49715	53785
34812	93388	46398	44911	64418	45960
62788	69072	77399	79657	67211	75779
38427	41424	41814	43377	16314	41451
26667	53127	60590	73625		57314
55512	44841	75959	87650	50620	44401
60736	64161	95293	99944	61813	70859
40283	49467	77622	95269	37271	63923
	38582	93449	97302		37754

3－23　非私营与规模以上私营单位分行业在岗职工平均工资（2014）

单位:元/人

指　　标	Item
总　　计	Total
按行业分	Grouped by Sector
农、林、牧、渔业	Farming, Forestry, Animal Husbandry and Fishery
采矿业	Mining
制造业	Manufacturing
电力、煤气及水的生产和供应业	Production and Supply of Electricity, Gas and Water
建筑业	Construction
批发与零售业	Wholesale and Retail
交通运输、仓储和邮政业	Transport, Storage and Postal Services
住宿和餐饮业	Hotels and Restaurants
信息传输、软件和信息技术服务业	Information Transmission, Computer Services and Software
金融业	Financing
房地产业	Real Estate
租赁与商务服务业	Tenancy and Business Services
科学研究、技术服务与地质勘查业	Scientific Research, Technical Services and Geological Prospecting
水利、环境和公共设施管理业	Water Conservancy, Environment and Public Utility Managemet
居民服务和其他服务业	Resident Services and Other Services
教育	Education
卫生、社会保障和社会福利业	Public Health, Social Security and Social Welfare
文化、体育与娱乐业	Culture, Sports and Recreation
公共管理与社会组织	Public Administration and Social Organizations
国际组织	International Organizations

Average Wage of Fully Employed Staff and Workers by Sector
(2014)

(yuan per person)

全　市　Total		市　区　Urban District	
合　计 Total	规模以上私营单位	合　计 Total	规模以上私营单位
51924	44039	55148	42911
37194		41135	
43603	43603		
46216	43127	46611	41706
101826	54476	109697	55144
45194	45472	43873	43621
50478	45511	53424	46679
56183	43072	58627	40529
37216	35213	39109	36223
76280	39981	75743	38906
127871	97084	124244	112000
50564	46183	51121	44759
69030	54281	48081	52489
69332	57769	69743	52745
42320	27569	41485	38223
39699	30727	46983	40972
76031	38262	74513	34194
87913	76099	93919	46816
67350	42304	74381	30482
94922		93449	

3－19　分地区分行业非私营单位在岗职工平均工资（2014）

单位:元/人

指　标	Item	全　市 Total	市　区 Urban District
总　　计	Total	58885	62014
一、按企业、事业机关分	Grouped by Enterprises, Institutions and Agencies		
企业	Enterprises	53452	57396
事业	Institutions	83696	89827
机关	Agencies and Organizations	103720	102350
二、按行业分	Grouped by Sector		
农、林、牧、渔业	Farming, Forestry, Animal Husbandry and Fishery	37194	41135
采矿业	Mining		
制造业	Manufacturing	48747	49650
电力、煤气及水的生产和供应业	Production and Supply of Electricity, Gas and Water	103586	113189
建筑业	Construction	43041	44627
批发与零售业	Wholesale and Retail	55690	58102
交通运输、仓储和邮政业	Transport, Storage and Postal Services	61320	61517
住宿和餐饮业	Hotels and Restaurants	39261	40882
信息传输、软件和信息技术服务业	Information Transmission, Computer Services and Software	86118	87842
金融业	Financing	128686	124398
房地产业	Real Estate	54650	54277
租赁与商务服务业	Tenancy and Business Services	72717	46398
科学研究、技术服务与地质勘查业	Scientific Research, Technical Services and Geological Prospecting	74615	77399
水利、环境和公共设施管理业	Water Conservancy, Environment and Public Utility Managemet	47162	41814
居民服务和其他服务业	Resident Services and Other Services	70000	60590
教育	Education	77769	75959
卫生、社会保障和社会福利业	Public Health, Social Security and Social Welfare	88315	95293
文化、体育与娱乐业	Culture, Sports and Recreation	71033	77622
公共管理与社会组织	Public Administration and Social Organizations	94922	93449
国际组织	International Organizations		

Average Wage of Staff and Workers by Sector and Region (2014)

(yuan per person)

南湖区 Nanhu	秀洲区 Xiuzhou	嘉善县 Jiashan	平湖市 Pinghu	海宁市 Haining	海盐县 Haiyan	桐乡市 Tongxiang
67156	57011	53349	53412	60980	66893	57027
61415	54425	48488	48660	54601	63718	48595
94105	75984	79679	75902	83943	75529	88192
105180	98885	92615	105769	118033	91467	112124
39447	43407	34000	34370	28309		36517
49911	50620	47474	45995	52742	49099	47903
120539	83964	84874	108135	87783	131308	84065
49293	43790	39297	62395	67969	33294	42349
52914	69676	44145	51812	64266	42195	58039
61598	60126	58703	64293	61751	55334	62011
41445	36220	38889	34131	38270	35322	43357
76964	106121	108395	70314	71919	82633	89653
124441	92799	128750	146318	142355	131547	169942
51820	55656	64550	59770	53846	50998	50796
43192	72715	59099	40778	52260	158340	29876
81526	56651	54830	64124	67997	72060	86408
39531	45406	52677	43542	68694	66998	40782
55016	65595	75904	66080	72042	66939	73197
81484	63326	73217	74760	77834	75940	86031
100198	76424	79368	89294	83858	73348	90721
86712	63706	83966	48393	66375	64113	100339
92851	92668	89765	87989	106172	87693	104961

3-20 分地区非私营与规模以上私营单位分行业在岗职工平均工资（2014）

单位:元/人

指 标	Item	全 市 Total	市 区 Urban District
总 计	Total	51924	55148
按行业分	Grouped by Sector		
农、林、牧、渔业	Farming, Forestry, Animal Husbandry and Fishery	37194	41135
采矿业	Mining	43603	
制造业	Manufacturing	46216	46611
电力、煤气及水的生产和供应业	Production and Supply of Electricity, Gas and Water	101826	109697
建筑业	Construction	45194	43873
批发与零售业	Wholesale and Retail	50478	53424
交通运输、仓储和邮政业	Transport, Storage and Postal Services	56183	58627
住宿和餐饮业	Hotels and Restaurants	37216	39109
信息传输、软件和信息技术服务业	Information Transmission, Computer Services and Software	76280	75743
金融业	Financing	127871	124244
房地产业	Real Estate	50564	51121
租赁与商务服务业	Tenancy and Business Services	69030	48081
科学研究、技术服务与地质勘查业	Scientific Research, Technical Services and Geological Prospecting	69332	69743
水利、环境和公共设施管理业	Water Conservancy, Environment and Public Utility Managemet	42320	41485
居民服务和其他服务业	Resident Services and Other Services	39699	46983
教育	Education	76031	74513
卫生、社会保障和社会福利业	Public Health, Social Security and Social Welfare	87913	93919
文化、体育与娱乐业	Culture, Sports and Recreation	67350	74381
公共管理与社会组织	Public Administration and Social Organizations	94922	93449
国际组织	International Organizations		

Average Wage of Staff and Workers by Sector and Region
(2014)

(yuan per person)

		嘉善县 Jiashan	平湖市 Pinghu	海宁市 Haining	海盐县 Haiyan	桐乡市 Tongxiang
南湖区 Nanhu	秀洲区 Xiuzhou					
58751	51340	49356	48108	53074	53047	50756
39447	43407	34000	34370	28309		36517
					43603	
46790	47150	35533	42994	49443	43498	47488
115668	83964	79654	108135	87783	131308	83046
45268	43166	43513	49898	46471	34618	46364
50055	58356	41883	47038	50946	40621	51815
57942	57979	52124	53538	53225	51760	60742
40376	33623	37404	33074	37908	32911	38604
63427	99822	88963	70314	68842	82633	87303
124483	92642	124768	141531	141401	127120	160860
52415	45965	56690	48191	52413	51975	45397
44738	62860	57904	42748	57455	148066	32270
71676	53472	47997	63119	74660	68618	75413
39495	44117	52082	42804	41448	43947	39739
49754	39537	57308	26636	44622	45949	40291
80246	61827	70585	73918	77152	73099	83286
98732	75359	79368	89294	85474	73348	89532
83666	60839	79532	48114	59155	62247	95964
92851	92668	89765	87989	106172	87693	104961

3－21 全市在岗职工与离退休人员保险福利费用
（2000－2014）

指　标	Item	2000	2001	2002
1、年末离退休退职人数（人）	Number of Retired Veterans, Retired and Resigned Persons at the End of Year (person)	120911	133497	142457
（1）离休人数	Number of Retired Veterans	2550	2261	2240
（2）退休人数	Number of Retired Persons	115193	128232	136425
（3）领取定期生活费退职人员	Resigned Persons Receiving Regular Living Expense Allowance	3168	3104	3792
2、保险福利费用总计（千元）	Total Insurance and Welfare Funds (1 000 yuan)	1094140	1327230	1480832
（1）离休金	Funds for Retired Veterans	32650	37320	40612
（2）退休金	Funds for Retired Persons	774150	1023200	1183747
（3）退职生活费	Living Expense of Resigned Persons	12190	15370	15511
（4）医疗卫生费	Medical Expenses	217800	202620	167528
（5）其他	Others	57340	48720	73434

注：资料来源市社会保障事务局。

Insurance and Welfare Funds of Fully Employed Staff and Workers and Retired Persons (2000 - 2014)

2003	2004	2005	2006	2007	2008	2009	2010	2011	2012	2013	2014
167130	154053	193910	203755	216553	231361	248347	262231	276617	414391	458954	502224
2111	2033	1529	1426	1279	1226	1175	1101	1011	930	887	817
161763	149084	189896	199254	212197	227113	244170	258122	272641	411122	455752	498329
3256	2936	2485	3075	3077	3022	3002	3008	2965	2339	2315	3078
1471128	1677387	1765130	2056130	2429550	2933100	3369740	3860800	4800630	7048430	9371870	11526760
37506	35742	27820	26800	31900	32680	31760	28000	27800	25780	25090	23110
1235057	1417031	1718660	2008520	2374290	2872740	3307540	3797730	4729540	6973920	9294490	11435520
19652	17250	18650	20810	23360	27680	30440	35070	43290	48730	52290	68130
145633	180310										
33280	27054										

Note: Data from Jiaxing labor and social security Bureau.

3-22 市区在岗职工与离退休人员保险福利费用（2000-2014）

指　　标	Item	2000	2001	2002
1、年末离退休退职人数（人）	Number of Retired Veterans, Retired and Resigned Persons at the End of Year (person)	51361	51799	56620
（1）离休人数	Number of Retired Veterans	1225	1055	945
（2）退休人数	Number of Retired Persons	49161	49850	54537
（3）领取定期生活费退职人员	Resigned Persons Receiving Regular Living Expense Allowance	975	894	1138
2、保险福利费用总计（千元）	Total Insurance and Welfare Funds (1 000 yuan)	502340	519760	593319
（1）离休金	Funds for Retired Veterans	16260	17580	19729
（2）退休金	Funds for Retired Persons	332390	384220	470241
（3）退职生活费	Living Expense of Resigned Persons	3420	3570	5423
（4）医疗卫生费	Medical Expenses	124880	108930	55208
（5）其他	Others	25400	5450	42718

Insurance and Welfare Funds of Fully Staff and Workers and Retired Persons in Urban District (2000 - 2014)

2003	2004	2005	2006	2007	2008	2009	2010	2011	2012	2013	2014
69686	52709	83357	88398	94194	99789	107010	113795	121650	133573	142931	151206
935	916	704	683	650	628	602	570	536	508	470	438
67718	50769	81647	86727	92560	98201	105463	112288	120199	132155	141579	149906
1033	1024	1006	988	984	960	945	937	915	910	882	862
444489	573893	713590	855300	996420	1201790	1378540	1585720	2023790	2658780	3416960	3994670
15320	15225	13100	13630	16810	18410	32680	14960	15960	14500	13260	12960
391280	458663	694170	834430	971650	1174510	1350920	1559500	1994240	2628880	3384440	3961310
6340	5943	6320	7240	7960	8870	10210	11260	13590	15400	19260	20400
27262	94062										
4287											

3-23 主要年份全市社会保险参保人员基本情况

单位:万人

项　目	Item	2000	2005
参保总人次	Total Persons Participating in Insurance	135.04	269.17
基本养老保险	Endowment Insurance	42.90	100.52
失业保险	Unemployment Insurance	33.41	38.18
基本医疗保险	Insurance for Medical Care	30.34	63.07
工伤保险	Work - related Injury Insurance	10.72	43.33
生育保险	Childbirth Insurance	17.67	24.07

Basic Statistics of Persons Participating in Social Insurance in Main Years

(10000 persons)

2006	2007	2008	2009	2010	2011	2012	2013	2014
346.06	413.23	484.90	520.15	591.15	648.48	730.02	787.39	831.21
109.30	117.42	135.43	143.49	159.19	175.91	202.83	219.51	231.52
44.70	52.50	60.52	67.50	77.75	86.32	94.83	104.12	110.78
73.86	91.40	106.93	116.90	133.81	146.10	168.80	180.87	192.59
66.55	84.01	103.00	108.45	122.99	132.94	144.64	154.42	161.56
51.65	67.90	79.02	83.81	97.41	107.21	118.92	128.47	134.76

3-24 主要年份全市社会福利事业单位基本情况

项 目	Item	单位	Unit	1985	1995	2003
机构数	Number of Institutions	个	unit	235	937	493
收养性福利事业单位	Welfare Institutions of Adoption	个	unit	36	144	93
国家办社会福利院	Social Welfare Institutions Run by Government	个	unit	1	1	4
国家办儿童福利院	Welfare Institutions for ChildrenRun by Government	个	unit	1	1	2
国家办其它收养性单位	Other Adoption Institutions Run by Government	个	unit			3
社会办敬老院	Homes for the Elderly Run by Communities	个	unit	34	142	84
非收养性福利事业单位	Non - Adoption Institutions	个	unit	7	9	17
殡葬服务单位	Funeral and Interment Institutions	个	unit	6	6	13
社会福利事业单位床位数	Beds Owned by Social Welfare Institutions	个	unit			4968
国家办社会福利院	Social Welfare Institutions Run by Government	个	unit			505
国家办儿童福利院	Welfare Institutions for ChildrenRun by Government	个	unit			100
国家办其它收养性单位	Other Adoption Institutions Run by Government	个	unit			362
社会办敬老院	Homes for the Elderly Run by Communities	个	unit			4001
社会福利事业单位收养人数	Number of Persons Adopted by Social Welfare Institutions	人	person	705	2377	3333
国家办社会福利院	Social Welfare Institutions Run by Government	人	person	106	139	345
国家办儿童福利院	Welfare Institutions for ChildrenRun by Government	人	person	54	36	82
国家办其它收养性单位	Other Adoption Institutions Run by Government	人	person			284
社会办敬老院	Homes for the Elderly Run by Communities	人	person	545	2202	2622
社会福利企业单位	Social Welfare Enterprisies	个	unit	192	784	383
其中:福利工厂	Walfare Factory	个	unit	191	782	337
社会福利企业单位职工数	Staff and Workers Engaged in Social Welfare Enterprisies	人	person	6971	39469	32829
残疾人数	Number of Disabled Persons	人	person	6965	16692	13671

Basic Statiatics on Social Welfare Institutions in Main Years

2004	2005	2006	2007	2008	2009	2010	2011	2012	2013	2014
459	456	516	461	468	479	489	492	487	441	432
93	91	94	94	92	94	99	99	104	111	115
4	5	5	5	5	4	5	5	5	5	4
2	2	2	2	2	2	2	2	2	2	2
4	5	5	5	3	3	3	3	3	3	3
83	79	82	82	82	85	89	89	94	101	106
18	18	18	47	37	42	42	43	45	43	43
13	13	13	14	14	15	18	19	19	19	19
6134	7373	7682	7841	10039	11335	13656	15526	19618	22629	25897
515	1241	1352	1719	1670	1577	1439	1439	1725	1840	1936
130	100	100	170	170	170	170	170	170	170	170
455	1007	1610	835	543	543	556	594	608	608	608
5034	5025	4620	5257	7656	9045	11491	13323	17115	20011	23183
4391	4596	4741	4876	5304	5968	6202	6475	7089	10111	10138
387	507	667	723	883	980	911	997	1012	1216	1243
107	61	66	70	57	59	59	57	57	62	64
388	507	797	436	172	196	210	216	218	224	226
3509	3521	3211	3647	4192	4733	5022	6202	5802	8609	8605
348	347	391	350	325	328	330	331	319	268	255
264	275	303	262	240	245	246	247	238	202	255
32765	33348	33906	36599	38075	37772	40151	40202	39120	33192	30833
13942	13321	14271	13982	13979	13447	14001	14117	13667	11108	10494

3－25 主要年份全市享受国家抚恤、补助及救济情况

项 目	Item	单位	Unit	1985	2002
享受定期抚恤人数	Persons Receiving Periodical Commiseration	人	person	206	215
革命伤残人员抚恤人数	Disabled Persons for Revolution Receiving Commiseration	人	person	955	869
享受定期抚恤优抚人数	Persons Receiving Periodical Subsidies	人	person	1231	4752
其中:在乡复员军人	Rural Demobilized Soldier	人	person	989	3456
带病回乡退伍军人	Rural Veteran	人	person	242	1296
社会困难户得到国家临时救济人次数	Number of Persons in Poor Households Receiving Temporary Governmental Relief Funds	人次	person	28159	17057
精减退职职工得到救济人数	Number of Laid－off and Retired Staff and Workers Receiving Relief Funds	人	person	678	677
享受原工资40%精减职工人数	Number of Laid－off Staff and Workers Receiving 40 Percent of Their Original Wages	人	person	319	140
享受定期定量救济人数	Persons Receiving Periodical and Fixes Quantities Almsgiving	人	person	359	537
享受城镇最低生活保障人数	Number of Town Residents Covered by Lowest Welfare	人	person		5138
享受城镇最低生活保障金额	Fund of Town Lowest Welfare	万元	10 000 yuan		507.6
享受农村最低生活保障人数	Number of Rural Residents Covered by Lowest Welfare	人	person		21528
享受农村最低生活保障金额	Fund of Rural Lowest Welfare	万元	10 000 yuan		1193.8

Persons Enjoying Subsidy and Commiseration of Country in Main Years

2003	2004	2005	2006	2007	2008	2009	2010	2011	2012	2013	2014
206	204	207	231	288	287	286	283	290	295	314	328
1075	1054	1061	1016	1076	1070	1078	1079	1079	1085	1085	1112
4297	4170	4065	3828	4392	4735	4944	5194	6335	9740	10074	11103
3258	3122	3012	2757	2624	2368	2152	2040	1961	1786	1531	1422
1039	1048	1053	1071	994	1364	1612	1842	1837	550	951	732
9403	13352	7826	13034	5989	16970	25798	18598	22017	106587	112767	140224
591	561	561	396	343	383	371	365	323	285	211	195
127	121	121	119	108	81	69	62	49	40	37	35
464	440	440	330	217	439	381	371	275	262	276	246
6818	8172	8108	8108	7642	7584	7579	7302	7399	6526	5750	4807
809.1	998.2	1092.4	1253.9	1400.1	2073	1947	2406	2798	2810	2949	2491
28917	29587	30981	28590	27828	28305	28142	27529	26539	23198	21208	17876
1557.9	2152	2598.6	2566	2789.9	4013	4629	5398	6813	6567	7760	6710

3-26　分地区享受国家抚恤、补助及救济情况
(2014)

项　目	Item	单位	Unit	全　市 Total
享受定期抚恤人数	Persons Receiving Periodical Commiseration	人	person	328
革命伤残人员抚恤人数	Disabled Persons for Revolution Receiving Commiseration	人	person	1112
享受定期抚恤优抚人数	Persons Receiving Periodical Subsidies	人	person	11103
其中:在乡复员军人	Rural Demobilized Soldier	人	person	1422
带病回乡退伍军人	Rural Veteran	人	person	732
社会困难户得到国家临时救济人次数	Number of Persons in Poor Households Receiving Temporary Governmental Relief Funds	人次	person	140224
精减退职职工得到救济人数	Number of Laid - off and Retired Staff and Workers Receiving Relief Funds	人	person	195
享受原工资40%精减职工人数	Number of Laid - off Staff and Workers Receiving 40 Percent of Their Original Wages	人	person	35
享受定期定量救济人数	Persons Receiving Periodical and Fixes Quantities Almsgiving	人	person	246
享受城镇最低生活保障人数	Number of Town Residents Covered by Lowest Welfare	人	person	4807
享受城镇最低生活保障金额	Fund of Town Lowest Welfare	万元	10 000 yuan	2491
享受农村最低生活保障人数	Number of Rural Residents Covered by Lowest Welfare	人	person	17876
享受农村最低生活保障金额	Fund of Rural Lowest Welfare	万元	10 000 yuan	6710

Persons Enjoying Subsidy and Commiseration of Country By Region
(2014)

市 区 Urban District	嘉 善 Jiashan	平 湖 Pinghu	海 宁 Haining	海 盐 Haiyan	桐 乡 Tongxiang
162	18	30	38	33	47
330	110	142	208	122	200
1415	819	1634	3369	1333	2533
241	64	188	403	235	291
62	27	33	530	37	43
11758	51520	14251	23622	18660	20413
38	9	19	23	13	93
2	7	4	9	9	4
45	10	14	59	75	43
1521	564	1456	676	243	347
847	224	785	339	125	171
3339	2453	3279	3965	1616	3224
1246	865	1335	1609	501	1154

3－27 主要年份全市婚姻登记情况

项　目	Item	单位	Unit	1985	2002
一、内地居民登记结婚	Inland Residents Registered Marriage	对	couple	39533	22788
初婚人数	First Marriage Persons	人	person	77996	41144
再婚人数	Remarriage Persons	人	person	1070	4354
其中:男性	Male	人	person	446	1811
其中:恢复结婚	Female	对	couple	41	128
二、涉外及华侨、港澳台居民登记结婚	Foreigners, Overseas Chinese and Residents from Hongkong , Macao and Taiwan	对	couple		39
内地居民	Inland Residents	人	person		39
其中:男性	Male	人	person		
香港居民	Residents from Hongkong	人	person		3
澳门居民	Residents from Macao	人	person		
台湾居民	Residents from Taiwan	人	person		14
华侨	Overseas Chinese	人	person		3
外国人	Foreigners	人	person		19
三、离婚登记	Registered Divorce	对	couple	390	2826
内地居民登记离婚	Inland Residents Registered Divorce	对	couple	390	2825
涉外及华侨、港澳台居民登记离婚	Foreigners, Overseas Chinese and Residents from Hongkong , Macao and Taiwan	对	couple		1

Statistics on Marriages Registration in Main Years

2003	2004	2005	2006	2007	2008	2009	2010	2011	2012	2013	2014
24359	24155	18531	24120	20326	23502	27445	25793	29287	28762	28237	28152
43847	42608	32241	41821	33910	40677	46311	41738	48527	48220	47642	46489
4871	5702	4821	6331	6852	6327	8579	9848	10047	9304	8976	9815
2425	2892	2622	3156	3501	3138	4531	4880	4420	4262	4445	4855
134	120	162	534	293	298	414	626	628	787	342	887
45	32	36	43	55	51	46	51	63	63	72	66
45	32	36	43	55	50	44	50	63	62	71	65
	2	1	4	6	3	5	3	6	8	12	2
5	0	2	3	0	1	4	4	1	1	4	3
	2	1	1	0	0	0	0	0	0	0	0
17	9	18	12	25	11	8	13	16	20	21	19
4	2	4	5	1	2	5	5	1	1	4	1
19	19	11	22	29	38	31	30	45	42	44	44
3280	3684	4404	5033	5380	5690	6071	6065	6098	6509	7045	7209
3278	3684	4401	5033	5370	5686	6062	6059	6091	6501	7034	7203
2	0	3	0	10	4	9	6	7	8	11	6

3－28 分地区婚姻登记情况
（2014）

项　目	Item	单位	Unit	全　市 Total
一、内地居民登记结婚	Inland Residents Registered Marriage	对	couple	28152
初婚人数	First Marriage Persons	人	person	46489
再婚人数	Remarriage Persons	人	person	9815
其中：男性	Male	人	person	4855
其中：恢复结婚	Female	对	couple	887
二、涉外及华侨、港澳台居民登记结婚	Foreigners, Overseas Chinese and Residents from Hongkong , Macao and Taiwan	对	couple	66
内地居民	Inland Residents	人	person	65
其中：男性	Male	人	person	2
香港居民	Residents from Hongkong	人	person	3
澳门居民	Residents from Macao	人	person	
台湾居民	Residents from Taiwan	人	person	19
华侨	Overseas Chinese	人	person	1
外国人	Foreigners	人	person	44
三、离婚登记	Registered Divorce	对	couple	7209
内地居民登记离婚	Inland Residents Registered Divorce	对	couple	7203
涉外及华侨、港澳台居民登记离婚	Foreigners, Overseas Chinese and Residents from Hongkong , Macao and Taiwan	对	couple	6

Statistics on Marriage Registration by Region
(2014)

市　区 Urban District	嘉　善 Jiashan	平　湖 Pinghu	海　宁 Haining	海　盐 Haiyan	桐　乡 Tongxiang
7513	3011	4144	5319	2796	5369
12824	4917	6829	8685	4355	8879
2204	1105	1459	1953	1237	1857
1113	549	704	963	616	910
198	96	122	196	101	174
2022	776	1027	1313	768	1303
2016	776	1027	1313	768	1303
6					

主要统计指标解释

职工工资总额 指各单位在一定时期内直接支付给本单位全部职工的劳动报酬总额。工资总额的计算原则应以直接支付给职工的全部劳动报酬为根据。各单位支付给职工的劳动报酬以及其他根据有关规定支付的工资，不论是计入成本的还是不计入成本的，不论是按国家规定列入计征奖金税项目的，还是未列入计征奖金税项目的，不论是以货币形式支付的还是以实物形式支付的，均包括在工资总额内。

职工平均工资 指企业、事业、机关单位的职工在一定时期内平均每人所得的货币工资额。它表明一定时期职工工资收入的高低程度，是反映职工工资水平的主要指标。计算公式为：

职工平均工资 = 报告期实际支付的全部职工工资总额/报告期全部职工平均人数

规模以上私营单位包括：(1)年产品销售收入在500万元及以上的私营工业企业；具有专业资质等级的私营建筑业；年计划投资总额在500万元及以上的私营房地产开发企业；年销售额在2000万元及以上的私营批发业企业；年销售额在500万元及以上的私营零售业企业；年营业额在200万元及以上的私营餐饮业企业；年营业额在200万元及以上的私营住宿业企业。(2)除上述单位外，从业人员在100人及以上的私营单位。

离休、退休、退职人员 指正式办理了离休、退休、退职手续，并享受相应的离休、退休、退职待遇的人员。

保险福利费用 指企业、事业、机关单位在工资以外实际支付给职工和离休、退休、退职人员个人以及用于集体的劳动保险和福利费用。

(1)职工保险福利费用包括：

①医疗卫生费：指实行公费医疗企业的职工及其供养的直系亲属的医疗费、医务经费、职工因工负伤就医路费以及住院伙食补助费等；卫生部门开支的事业及机关单位职工的公费医疗经费；未参加公费医疗的企业、事业和机关单位职工的医药费。

②文体宣传费：指企业、事业和机关单位实际支付的文体宣传费，不包括学习费。

③集体福利事业补贴费：指对职工浴室、理发室、洗衣房、哺乳室、托儿所等集体福利设施各项支出与收入相抵后的差额补助费。

④集体福利设施费：指按照国家规定开支的集体福利设施费用，如职工食堂炊事用具的购置费、修理费、职工宿舍的修缮费用。不包括由企业、事业、机关单位自筹经费开支的职工福利设施的基本建设费用。

⑤其他：指上述费用以外，单位支付给职工的保险福利费。

(2)离休、退休、退职人员保险福利费用包括：

①离休金：指发给离休人员的工资和按1982年国务院发布的“关于老干部离职休养制度的几项规定”，发给符合规定的离休干部相当于1-2个月标准工资的生活补贴及1988年增发的生活补贴费。

②退休金：指按照国家有关规定发给退休人员的退休费及1988年增发的生活补贴费。

③退职生活费：指按照1978年国务院《关于工人退休、退职的暂行办法》规定，定期发给退职人员的生活费及1988年增发的生活补贴费。

④其他：指上述费用以外，单位支付给离休、退休、退职人员的保险福利费。

城市居民家庭收入 指被调查城市居民家庭全部的实际收入，包括经常或固定得到的收入和一次性收入。不包括周转性收入，如提取银行存款、向亲友借款、收回借出款以及其他各种暂收款。

城市居民家庭可支配收入 指被调查的城市居民家庭总收入扣除交纳的所得税、个人交纳的社会保障费、记帐补贴的收入。

城市居民家庭消费性支出 指被调查的城市居民家庭用于日常生活的全部支出，包括购买商品支出和文化生活、服务等非商品性支出。包括用于赠送的商品或服务。不包括罚没、丢失款和缴纳的各种税款(如个人所得税、牌照税、房产税等)，也不包括个体劳动者生产经营过程中发生的各项费用。

农村居民家庭纯收入 指农村常住居民家庭总收入中，扣除从事生产和非生产经营费用支出、缴纳税款和上交承包集体任务金额以后剩余的，可直接用于进行生产性、非生产性建设投资、生活消费和积蓄的那一部分收入。农村居民家庭纯收入包括从事生产性和非生产性的经营收入，取自在外人口寄回带回和国家财政救济、各种补贴等非经营性收入；既包括货币收入，又包括自产自用的实物收入。但不包括向银行、信用社和向亲友借款等属于借贷性的收入。

农村居民家庭生活消费支出 指农村常住居民家庭用于日常生活的全部开支，是反映和研究农民家庭实际生活消费水平高低的重要指标。

商品零售价格指数 是反映城乡商品零售价格变动趋势的一种经济指数。零售物价的调整变动直接影响到城乡居民的生活支出和国家的财政收入，影响居民购买力和市场供需平衡，影响消费与积累的比例。因此，计算零售价格指数，可以从一个侧面对上述经济活动进行观察和分析。

居民消费价格指数 是反映一定时期内城乡居民所购买的生活消费品价格和服务项目价格变动趋势和程度的相对数，利用居民消费价格指数，可以观察和分析消费品的零售价格和服务价格变动对城乡居民实际生活费支出的影响程度。

工业品出厂价格指数 工业品出厂价格指数是反映全部工业产品出厂价格总水平的变动趋势和程度的相对数。其中除包括工业企业售给商业、外贸、物资部门的产品外，还包括保给工业和其他部门的生产资料以及直接售给居民的生活消费品。

原材料燃料动力购进价格指数 原材料燃料动力购进价格指数是反映全部工业原材料、燃料、动力购进价格总水平的变动趋势和程度的相对数。用其可以观察和研究工业企业原材料价格变动对生产的影响，以及企业对原材料涨价的消化能力和承受能力，为制订价格政策提供依据。

房屋销售，房屋租赁，土地交易和物业管理等价格指数 反映房地产市场的价格水平和价格变化趋势，房地产价格的变动与城镇居民和其它经济主体的经济利益密切相关，是反映国民经济运行情况的晴雨表。

EXPLANATORY NOTES ON MAIN STATISTICAL INDICATORS

Total Wages of Staff and Workers refer to the total remuneration payment to staff and workers in various units during a certain period of time. The calculation of total wages is based on the total remuneration payment to the staff and workers. Therefore, all the wages and salaries and other payments to staff and workers are included in the total wages regardless of their sources, category, and forms (in kind or cash). (Total wages of staff and workers in this yearbook include only total wages of fully employed staff and workers, excluding the living allowances distributed to those who have left their working units while keeping their labour contract/employment relation unchanged).

Average Wage of Staff and Workers refers to the average wage in money terms per person during a certain period of time for staff and workers in enterprises, institutions, and government agencies, which reflects the general level of wage income during a certain period of time and is calculated as follows:

Average Wage of Staff and Workers = Total Wages of Staff and Workers in Reference Period/Average Number of Staff and Workers in Reference Period.

The scale private units contains: (1) The private industrial enterprises whose annual sales revenue is 5 million yuan and above, the private Building industry who have level of professional qualifications, the private real estate development enterprises whose annual planned investment is 5 million yuan and above, the private wholesale business whose annual sales revenue is 20 million yuan and above, the private retail business whose annual sales revenue is 5 million yuan and above, the private catering and accommodation business whose annualturnover is 2 million yuan and above. (2) The private units whose quantity of employees is 100 and above except the units above. **Retired or Resigned Personnel** refers to the persons who have formally gone through the formalities for their retirement or quitting work and enjoy the corresponding treatments.

Insurance and Welfare Funds refers to labour insurance and welfare fund paid by enterprises, organizations and institutions to their staff and workers as well as retired and resigned persons in addition to their wages and salaries.

(1) Insurance and Welfare Funds for Staff and Workers include:

Medical Care Allowance: It refers to the cost of medical care of staff and workers and their dependent family members who are covered by the medicare system of enterprises, travelling expenses of injured employees to hospital and their per diem subsidies during hospitalization, cost of medical care of employees who are covered by the medicare system of institutions and organizations, as well as cost of medicine of employees of enterprises and institutions who are not covered by the medicare system.

Expenses for Recreational, Sports and Publicity Activities: They refer to actual payment made by enterprises and institutions in recreational, sports and publicity activities, excluding training cost.

Subsidies to Collective Welfare Undertakings: They refer to subsidies to the operation of welfare undertakings that can not fully cover their cost, such as public bath rooms, barbershops, laundries, nurseries and kindergartens.

Expenses for Collective Welfare Facilities: They refer to expenses for collective welfare facilities that are spent in line with state regulations, such as the purchase and repair of cooking utensils for canteens, and repair of living quarters of staff and workers, but excluding the expenses for welfare projects that are constructed with self - raised funds.

Others: They refer to their insurance and welfare funds paid to staff and workers.

(2) Insurance and Welfare Funds for Retired and Resigned Staff and Workers

Pensions for retired veteran cadres: They refer to pensions, other subsidies, and additional allowances paid to retired in line with relevant government documents.

Pensions for Retirement: They refer to living allowance, other subsidies and additional allowances paid to retired staff and workers in line with the relevant government documents.

Resignation Allowances for Living Expenses: They refer to living allowance, and additional allowances subsidies paid to resigned staff and workers in line with relevant government instructions.

Others: They refer to other expenses, including moving and settlement allowance, allowance for difficult families, book and newspaper allowance, subsidy for non staple foods, housing subsidy, water and electricity subsidy, special allowance for staff and workers of national minorities, travelling cost for senior retired staff, etc.

Total Income of Urban Households refers to the total actual income of the sample households, including regular or fixed income and occasional income. The income of a circulating nature such as withdrawal from bank deposits, loans borrowed from relatives or friends, repayment of loans received and various temporary collection of money is excluded.

Disposable Income of Urban Households refers to the actual income of the sample households which can be used for daily expenses, i. e. , total income minus personal income tax, social security fee and sample household subsidy .

Expenditure for Consumption of Urban Households refers to total expenditure of the sample households for consumption in daily life, including expenditure for various commodities and expenses for non – commodity items such as culture and service, also including expenditure on commodities or services for presentation, but excluding fines and confiscation, loss, tax payments (such as income tax, license tax, real estates tax, etc.) and various expenses by individual laborers for business purposes.

Expenditure for Purchases of Commodities of Urban Households refers to total expenses of the sample households for the purchases of commodities from shops, factories, catering trade, canteens, markets and from the peasants. Such expenditure is classified into eight categories: food, clothing, household appliances and services, health care and medical services, transport and communications, recreation, education and cultural services, housing, miscellaneous goods and services.

Net Income of Rural Households refers to the total income of the permanent residents of the rural households during a year after the deduction of the expenses for productive and non – productive business operation, the payment for taxes and the payment for collective units for their contracted tasks, which can then be spent for investments in productive and non – productive construction, for consumption in daily life and for savings deposit. It is a comprehensive indicator to show the actual level of the income of the peasants' household. The net income of the rural households includes not only the income from the productive and non – productive business operation, but also the income from the non – business operation, such as the money remitted or brought back by the members of the household who are in other places, the government relief payment and various subsidies. It includes not only the money income, but also the income in kind. But the income from borrowing from banks, friends and relatives is excluded.

Expenditure of Rural Households for Consumption refers to total expenses of rural households on daily life, including expenses on food, clothing, housing, fuel, articles for daily use, and expenses on cultural life and services. This indicator is used to show the actual consumption level of peasants.

Retail Price Index reflects the general change in retail prices of commodities. The change and adjustment in retail prices directly affect the living expenditure of urban and rural residents, government revenue, purchasing power of residents and the equilibrium of market supply and demand, and the ratio of consumption to accumulation. Therefore, the calculation of retail price index is useful to analyze the changes of the above economic activities.

Consumer Price Index reflects the trend and degree of changes in prices of consumer goods and services purchased by urban and rural residents, and is a composite index derived from the urban consumer price index and the rural consumer price index. Consumer price index can be used to analyze the impact of consumer price change on actual expenditure for living cost of urban and rural residents.

Urban Consumer Price Index reflects the trend and degree of changes in prices of consumer goods and services purchased by urban households. It can be used to observe and analyze the impact of price changes in consumer goods and services on money wages of staff and workers, and provide basis for policy making concerning the living cost and wages of staff and workers.

Eactory Price Index Factory Price Index reflects the changes in general factory prices of all industrial products including sales of industrial products to commercial enterprises, foreign trade companies , materials supplying and distributing enterprises as well as sales of production means to industry and other sectors and direct sales of consumer goods to residents. It can be used to predict the impact of factory prices on gross output value of industry.

Raw Materials, Fuel and Power Purchase Price Index Raw Materials, Fuel and Power Purchase Price Index reflect changes in the general purchase prices of all industrial raw materials, fuel and power. The index can be used to study and analyze the impact of price changes of industrial raw materials on the production and enterprises capability to bear and digest the price increase of raw mateials, so as to provide basis for the gouvrnment to formulate price policies.

Real estate selling, real estate rent and leasing, land transaction and estate management price index reflects the price level and price – chang trend of real estate market. The price – chang of real estate market is closely relating with the economic interest of urban residents and other economic subjects. It is a weatherglass to reflecting the operational aspect of national economy.

四、固定资产投资
Investment in Fixed Assets

4－1 全市固定资产投资额（1982－2014）
Total Investment in Fixed Assets (1982－2014)

单位:万元 (10000 yuan)

年份 Year	合计 Total	投资项目 Urban Units			房地产开发投资额 Real Estate Development	城镇私人建房投资 Buildings Construction by Individual in Cities and Towns	农村私人投资 Rural Individual
		小计 Subtotal	限额以上项目 State－owned Units	限额以下项目 Urban Collective－owned units			
1982	41984						
1983	48001						
1984	68010						
1985	104202						
1986	138641						
1987	183500						
1988	229974						
1989	255810						
1990	242481				7815		
1991	307801				8288		
1992	408206				15239		
1993	604943				47613		
1994	861309				59660		
1995	1117804				98480		
1996	1271807				105506		
1997	1442096				116121		
1998	1726893				130580		
1999	1970910				178430		
2000	2637423				233163		
2001	3054142				398337		
2002	3787967				479859		
2003	5255740	4232375	3679795	552580	724390	27304	271671
2004	6350016	4822514	4435890	386624	1175337	34734	317431
2005	7034577	5348459	4936935	411524	1234034	13016	439068
2006	8003227	6532223	6096990	435233	1181004		290000
2007	9000421	7218459	6656279	562180	1477428		304534
2008	10067972	7889118	7257406	631712	1811202		367652
2009	12334071	10063032	9358389	704643	1871781		399258
2010	14882637	11707753	10615690	1092063	2703889		470995
2011	14882661	11049011	11049011		3833650		
2012	16423109	12264346	12264346		4158763		
2013	19101518	13993256	13993256		5108262		
2014	22212077	16954893	16954893		5257184		

注:2010 年及以前为全社会固定资产投资额。2011 年及以后固定资产投资范围为 500 万元及以上固定资产项目投资和房地产开发投资,不含农户投资和军工、国防项目。

Note: The data is Total Investment in Fixed Assets before 2010; The data is the Investment in Fixed Assets with the new stastistics starting point of 5 million yuan since 2011.

4-2 市区固定资产投资额(1982-2014)

Total Investment in Fixed Assets (1982-2014)

单位:万元 (10000 yuan)

年份 Year	合计 Total	投资项目 Urban Units			房地产开发投资额 Real Estate Development	城镇私人建房投资 Buildings Construction by Individual in Cities and Towns	农村私人投资 Rural Individual
		小计 Subtotal	限额以上项目 State-owned Units	限额以下项目 Urban Collective-owned units			
1982	12161						
1983	18971						
1984	22074						
1985	30968						
1986	44183						
1987	64218						
1988	80686						
1989	85957						
1990	76634				4604		
1991	98665				5275		
1992	110531				8405		
1993	137772				22333		
1994	205356				27067		
1995	276436				45786		
1996	484138				58614		
1997	699146				70467		
1998	962699				75265		
1999	1118254				84620		
2000	1462004				115675		
2001	1541395				220238		
2002	1638647				247877		
2003	1645073	1208150	1138947	69203	345327	14924	76672
2004	2339493	1721378	1627308	94070	534353	6414	77348
2005	2612551	1943155	1868873	74282	548991	1975	118430
2006	2938832	2342305	2252687	89618	533914		62613
2007	3200316	2446817	2324677	122140	695667		57832
2008	3063162	2162959	2066065	96894	830275		69928
2009	3734768	2779556	2640976	138580	879293		75919
2010	4216554	3022271	2676835	345436	1104555		89728
2011	3982135	2620078	2620078		1362057		
2012	4448342	2955316	2955316		1493026		
2013	5120944	3262420	3262420		1858524		
2014	5847672	3932813	3932813		1914859		

注:2010年及以前为全社会固定资产投资额。2011年及以后固定资产投资范围为500万元及以上固定资产项目投资和房地产开发投资,不含农户投资和军工、国防项目。

Note: The data is Total Investment in Fixed Assets before 2010; The data is the Investment in Fixed Assets with the new stastistics starting point of 5 million yuan since 2011.

4－3 全市分产业固定资产投资额(2003－2014)
Total Investment in Fixed Assets by Type (2003－2014)

单位:万元 (10000 yuan)

年份 Year	全社会固定资产投资 Total	第一产业 Primary Industry	第二产业 Secondary Industry	其中:工业投资 Industry	第三产业 Tertiary Industry	公共基础设施投资 Infrastructural Investment	民间投资 Nongovernmental Investment
2003	5255740	70673	3026091	2967933	2158976	1485379	2246742
2004	6350016	44538	3500860	3434754	2804618	1533408	3449838
2005	7034577	62819	3654261	3599435	3317497	1789264	3660323
2006	8003227	47448	4455959	4410760	3499820	1970017	4455741
2007	9000421	30802	5181376	5130757	3788243	1925222	5017809
2008	10067972	37327	6110942	6060745	3919703	1866433	6010039
2009	12334071	113497	7167053	7085811	5053521	3017295	6874005
2010	14882637	145630	8118991	8037995	6618016	3381868	8668061
2011	14882661	126174	7684866	7653043	7071612	2818497	8546978
2012	16423109	140824	7861064	7829645	8421221	2345583	10058921
2013	19101518	164916	8956702	8934447	9979900	2874858	12056925
2014	22212077	251358	10019050	10008070	11941669	4355221	14650145

注:2010 年及以前为全社会固定资产投资额。2011 年及以后固定资产投资范围为 500 万元及以上固定资产项目投资和房地产开发投资,不含农户投资和军工、国防项目。
Note:

4－4 主要年份分地区固定资产投资完成额
Total Investment in Fixed Assets by Region in Main Years

单位:万元　　　　(10000 yuan)

年 份 Year	全 市 Total	市 区 Urban District	南湖区 Nanhu	秀洲区 Xiuzhou	嘉善县 Jiashan	海盐县 Haiyan	海宁市 Haining	平湖市 Pinghu	桐乡市 Tongxiang
1990	242481	76634	8363	28394	22392	25614	43511	31673	42657
1991	307801	98665	9226	33448	22305	30142	52126	43179	61384
1992	408206	110531	11995	45116	39174	36449	77189	67654	77209
1993	604943	137772	12365	49366	55223	54133	102399	135795	119621
1994	861309	205356	17268	76595	63442	101590	161752	150269	178900
1995	1117804	276436	20004	73408	91408	115648	197455	205792	231065
1996	1271807	484138	10140	99011	99342	103102	208037	188314	188874
1997	1442096	699146	11698	87986	128341	100256	206591	155872	151890
1998	1726893	962699	15861	94254	129103	103984	228744	126694	175669
1999	1970910	1118254	11888	135646	133403	128573	246576	153618	190486
2000	2637423	1462004	89002	148205	160124	157520	360631	211237	285907
2001	3054142	1541395	131859	205446	260172	182190	449738	257966	362681
2002	3787967	1638647	335961	315605	392675	248627	536406	530952	440660
2003	5255740	1645073	802625	770992	536362	380387	802164	956216	728361
2004	6350016	2339493	1079171	1056008	665173	432776	899885	1040188	920408
2005	7034577	2612551	1476520	1136031	730805	519996	1014165	1132230	1024830
2006	8003227	2938832	1705135	1233697	871443	682735	1141967	1244188	1124062
2007	9000421	3200316	1880161	1320155	1024408	802927	1310687	1446837	1215246
2008	10067972	3063162	1783369	1279793	1238376	1139035	1553945	1677523	1395931
2009	12334071	3734768	2183265	1551503	1468190	1796791	1849070	1849005	1636247
2010	14882637	4216554	2474900	1741654	1796325	2090412	2410893	2255852	2112601
2011	14882661	3982135	2440956	1541179	1824210	1980934	2490762	2447230	2157390
2012	16423109	4448342	2828576	1619766	2102828	1993859	3036723	2289107	2552250
2013	19101518	5120944	3276849	1844095	2418581	2251324	3683471	2530384	3096814
2014	22212077	5847672	3786198	2061474	2576319	2610382	4481583	2972787	3723334

注:2003 年以后,市区数据不含秦山。从 2005 年开始,秦山投资统计在海盐。
Note:The data of Urdan district not includ Qinshan since 2003. The statistical data of investment in fixed assets of Qinshan is included in Haiyan.

4－5 分地区固定资产投资额
(2014)

单位:万元

指　　标	Item	全　市 Total	市　区 Urban District
固定资产投资额	Total Investment	22212077	5847672
按建设性质分	Grouped by Construction Nature		
新建	New – construction	8506489	2135146
扩建	Reconsruction	4374770	747581
改建	Extension – consruction	1643671	543402
其它	Others	2429963	506684
按构成分	Grouped by Component		
建筑工程	Construction	10764990	2972492
安装工程	Installation	1293041	297514
设备工器具购置	Purchase of Equipment and Instruments	6291576	1277151
其他费用	Others	3862470	1300515
按经济类型分	Grouped by Shareholder		
国有投资	Investment by State – owned Enterprises and Enterprises of Majority Shares Owned by State	5454432	1623515
非国有投资	Non – state – owned Investment	16757645	4224157
其中:民间投资	Nongovernmental Investment	14650145	3507554
按登记注册类型分:	Grouped by Registered Type		
内资企业	Domestic Funded Company	19430996	4971019
国有企业	State – owned	2634978	860593
集体企业	Collective – owned	837866	279708
股份合作企业	Share – holding Cooperative	56583	25407
联营企业	Joint Ownership Enterprises	73483	50968
有限责任公司	Limited Liability Corporations	6294390	1849714
股份有限公司	Share – holding Corporations Ltd.	890255	159318
私营企业	Private Enterprises	8222656	1586019
其他企业	Other Enterprises	420785	159292
港、澳、台商投资企业	Enterprises with Investment from Hong Kong, Macao and Taiwan	1579493	504486
外商投资企业	Enterprises with Foreign Investment	1057549	365355
个体经营	Individual Operation	144039	6812

Total Investment in Fixed Assets by Region
(2014)

(10000 yuan)

南湖区 Nanhu	秀洲区 Xiuzhou	嘉善县 Jiashan	海盐县 Haiyan	海宁市 Haining	平湖市 Pinghu	桐乡市 Tongxiang
3786198	2061474	2576319	2610382	4481583	2972787	3723334
1434468	700678	963777	1066096	1623329	1239730	1478411
224249	523332	428020	707442	1227279	470906	793542
462291	81111	178405	54438	460113	217275	190038
338010	168674	367864	323583	262204	433270	536358
2006964	965528	1419739	1069601	2065686	1365987	1871485
199675	97839	235896	242264	159358	166634	191375
604835	672316	740093	847778	1197000	1024731	1204823
974724	325791	180591	450739	1059539	415435	455651
1257819	365696	230660	944655	1251496	750806	653300
2528379	1695778	2345659	1665727	3230087	2221981	3070034
2026395	1481159	2150142	1564283	2862960	1711464	2853742
3141929	1829090	2374249	2498355	3920277	2395879	3271217
650783	209810	123956	408918	514200	382528	344783
89479	190229	176029	51281	19470	68557	242821
15376	10031	16700	800	2013	1094	10569
29468	21500	8299		100	907	13209
1442207	407507	711206	977388	982086	1075234	698762
94243	65075	28249	89225	191878	128920	292665
799642	786377	1220731	960233	2144090	738439	1573144
20731	138561	89079	10510	66440	200	95264
369992	134494	76830	67273	425747	294592	210565
267465	97890	121508	40179	131875	281271	117361
6812	0	3732	4575	3684	1045	124191

4-5 续表

单位:万元

指　标	Item	全　市 Total	市　区 Urban District
按三次产业分:	Grouped By Type of Industry		
第一产业	Primary Industry	251358	113291
第二产业	Secondary Industry	10019050	1835067
第三产业	Tertiary Industry	11941669	3899314
按国民经济行业分 2012	Grouped By Sector		
农、林、牧、渔业	Farming, Forestry, Animal Husbandry and Fishery	251358	113291
采矿业	Mining and Quarrying	3838	403
制造业	Manufacturing	8634020	1649168
电力、热力、燃气及水的生产和供应业	Production and Supply of Electricity, Gas and Water	1370212	185496
建筑业	Constuction	10980	0
批发和零售业	Wholesale and Ratail Sale	402153	147255
交通运输、仓储和邮政业	Tansport, Storge and Post	1031035	317744
住宿和餐饮业	Hotels and Restaurants	139917	49736
信息传输、软件和信息技术服务业	Information Transmission, Computer and Soft - ware Services	219345	111160
金融业	Finance	80757	63895
房地产业	Real Estate	6790294	2320347
租赁和商务服务业	Tenancy and Bussiness Services	915983	268337
科学研究和技术服务业	Scientific Research, Technical Services and Geological Prospecting	109339	39729
水利、环境和公共设施管理业	Water Conservancy , Environment and Public Establishment Management	1337572	392345
居民服务和其他服务业	Resident and Other Services	55542	34364
教育	Education	239537	65196
卫生和社会工作	Health Care, Social Security and Welfare	273176	24882
文化、体育和娱乐业	Culture, Sports and Entertainment	259265	41712
公共管理和社会组织	Public Management and Social Organization	87754	22612

Continued

(10000 yuan)

		嘉善县 Jiashan	海盐县 Haiyan	海宁市 Haining	平湖市 Pinghu	桐乡市 Tongxiang
南湖区 Nanhu	秀洲区 Xiuzhou					
87278	26013		33787	39963	27441	36876
945106	889961	1208779	1598407	2007566	1618865	1750366
2753814	1145500	1367540	978188	2434054	1326481	1936092
87278	26013		33787	39963	27441	36876
	403		3435			
873136	776032	1159640	1201854	1738514	1353259	1531585
71970	113526	49139	388568	265057	265606	216346
0			4550	3995		2435
111793	35462	106692	12142	46251	24597	65216
171697	146047	78352	99199	214261	201450	120029
49736		17444	15300	30800	8860	17777
62769	48391	25613		18823		63749
63895		2050	985	4097	1794	7936
1596673	723674	727099	565543	1299466	754429	1123410
217914	50423	77647	58482	354652	44749	112116
25512	14217	24185	25551	8680	6822	4372
350637	41708	160766	133180	256617	171941	222723
15234	19130	15899	2000	1363		1916
24469	40727	11388	8431	100410	23663	30449
24882		20922	235	67175	17291	142671
25455	16257	74852	48205	16624	57100	20772
13148	9464	24631	8935	14835	13785	2956

4－6　分地区工业各行业固定资产投资额
（2014）

单位：万元

指　　标	Item	全　市 Total	市　区 Urban District
煤炭开采和洗选业	Coal Mining and Washing Industry	403	403
非金属矿采选业	Nonmetal Minerals Mining and Dressing	3435	
农副食品加工业	Food Processing	96950	19266
食品制造业	Food Production	91926	43084
酒、饮料和精制茶制造业	Alcohol, Drinks and Tea Production	25647	1238
纺织业	Textile Industry	1127640	236720
纺织服装和服饰业	Clothing Industry	341496	24467
皮革、毛皮、羽毛（绒）及其制品业	Leather, Furs, Down and Related Products	311805	5144
木材加工及木、竹、藤、棕、草制品业	Timber Processing, Bamboo, Cane, Palm Fiber and Straw Products	82665	7199
家具制造业	Furniture Manufacturing	184566	8981
造纸及纸制品业	Papermaking and Paper Products	440585	77805
印刷业和记录媒介的复制业	Printing	51226	5037
文教体育用品制造业	Culture, Education, Arts, Sports and Entertainment Production	143624	71266
石油加工、炼焦及核燃料加工业	Petroleum Processing and Coking	67376	1413
化学原料及化学制品制造业	Raw Chemical Material and Chemical Products	793149	35810
医药制造业	Medical and Pharmaceutical Products	62460	12836
化学纤维制造业	Chemical Fiber	305204	45925
橡胶和塑料制品业	Rubber and Plastic Production	431133	83470
非金属矿制品业	Nonmetal Mineral Products	551932	133991
黑色金属冶炼和压延加工业	Smelting and Pressing of Ferrous Metals	159570	9680
有色金属冶炼和压延加工业	Smelting and pressing of Nonferrous Metals	77775	6815
金属制品业	Metal Products	411934	62006
通用设备制造业	Ordinary Machinery Manufacturing	714870	82346
专用设备制造业	Equipment Manufacturing For Special Purposes	354851	141017
汽车制造业	Automobile Manufacturing Industry	288140	86967
铁路、船舶、航空航天等制造业	Transportation Equipment Manufacturing Industry	14707	5564
电气机械及器材制造业	Electric Equipment and Machinery	639047	87985
计算机、通信和其他电子设备制造业	Computer and Communication Equipment Manufacturing Industry	548466	201808
仪器仪表制造业	Instrument Manufacturing Industry	67063	17713
其他制造业	Other Industry	155070	125308
废弃资源综合利用业	Recovry of Resource Discarded and Useless Material	79630	7289
金属制品、机械和设备修理业	Metal Products Repair Industry	13513	1018
电力、热力的生产和供应业	Production and Supply of Electric Power, Steam and Hot water	1138240	129251
燃气生产和供应业	Production snd Supply of Gas	47163	4916
水的生产和供应业	Production and Supply of Water	184809	51329

Total Investment in Fixed Assets by Region
(2014)

(10000 yuan)

南湖区 Nanhu	秀洲区 Xiuzhou	嘉善县 Jiashan	海盐县 Haiyan	海宁市 Haining	平湖市 Pinghu	桐乡市 Tongxiang
	403					
			3435			
16931	2335	5500	11554	5250	25051	30329
24019	19065	11708		14132	16836	6166
1238		21389		2500		520
30341	206379	69704	36992	405542	62989	315693
11348	13119	8169	22142	86452	26827	173439
3158	1986	9567	1800	123813	25933	145548
6126	1073	62549	600	7880		4437
700	8281	96763	5565	45661	9591	18005
74910	2895	80334	141566	13447	78787	48646
4627	410	500	4620	20452	6173	14444
70166	1100	18280	6908	3724	29967	13479
1413		3900		1910	60153	
22400	13410	15478	242295	52188	388248	59130
12836		12413	2600	550	18785	15276
29093	16832		3546	50836		204897
49874	33596	61630	31989	123314	49575	81155
62336	71655	73312	78266	31193	83741	151429
9680		15061	98712	15905	7672	12540
	6815	19000	24394	7050	18218	2298
49143	12863	79692	61781	74401	101095	32959
50544	31802	153278	164845	136777	87005	90619
87431	53586	36085	17594	80966	51704	27485
35152	51815	44884	22906	44650	68142	20591
1216	4348	496	0	2577	5555	515
48992	38993	47527	123499	245578	109670	24788
162836	38972	156261	12500	138558	8803	30536
2728	14985	23638	10144		10788	4780
	125308	25822		3208	732	
2880	4409	6700	64989		652	0
1018			10047		567	1881
61451	67800	43344	378726	205580	234300	147039
	4916	5795		0	3683	32769
10519	40810	0	9842	59477	27623	36538

4-7 全市投资项目分行业固定资产投资额(2012-2014)

Investment in Fixed Assets of Urban Units by Sector and Region (2012-2014)

单位:万元　　(10000 yuan)

行　业	Sector	2012	2013	2014
总　计	Total	12264346	13993256	16954893
A. 农、林、牧、渔业	Farming, Forestry, Animal Husbandry and Fishery	140824	164916	251358
B. 采掘业	Mining and Quarrying	37270	4759	3838
C. 制造业	Manufacturing	7110568	8111794	8634020
D. 电力、燃气及水的生产和供应业	Production and Supply of Electricity, Gas and Water	681807	817894	1370212
E. 建筑业	Constuction	31419	22255	10980
F. 交通运输、仓储和邮政业	Tansport, Storge and Post	570873	779823	402153
G. 信息传输、计算机服务和软件业	Information Transmission, Computer and Soft - ware Services	68825	140896	1031035
H. 批发和零售业	Wholesale and Ratail Sale	245822	267439	139917
I. 住宿和餐饮业	Hotels and Restaurants	149090	154087	219345
J. 金融业	Finance	46763	69491	80757
K. 房地产业	Real Estate	1341264	1146910	1533110
L. 租赁和商务服务业	Tenancy and Bussiness Services	471702	698249	915983
M. 科学研究、技术服务和地质勘查业	Scientific Research, Technical Services and Geological Prospecting	60568	103180	109339
N. 水利、环境和公共设施管理业	Water Conservancy , Environment and Public Establishment Management	660330	782313	1337572
O. 居民服务和其他服务业	Resident and Other Services	62253	32374	55542
P. 教育	Education	163889	179695	239537
Q 卫生、社会保障和社会福利业	Health Care, Social Security and Welfare	156380	200349	273176
R. 文化、体育和娱乐业	Culture, Sports and Entertainment	181021	215776	259265
S. 公共管理和社会组织	Public Management and Social Organization	83678	101056	87754

4－8 市区投资项目分行业固定资产投资额(2012－2014)

Investment in Fixed Assets of Urban Units by Sector and Region (2012－2014)

单位:万元 (10000 yuan)

行　业	Sector	2012	2013	2014
总　计	Total	2955316	3262420	3932813
A. 农、林、牧、渔业	Farming, Forestry, Animal Husbandry and Fishery	62797	63678	113291
B. 采掘业	Mining and Quarrying	1212	1809	403
C. 制造业	Manufacturing	1452861	1656177	1649168
D. 电力、燃气及水的生产和供应业	Production and Supply of Electricity, Gas and Water	53214	75310	185496
E. 建筑业	Constuction	4999	1567	0
F. 交通运输、仓储和邮政业	Tansport, Storge and Post	122537	180394	147255
G. 信息传输、计算机服务和软件业	Information Transmission, Computer and Soft－ware Services	57777	71376	317744
H. 批发和零售业	Wholesale and Ratail Sale	78961	114557	49736
I. 住宿和餐饮业	Hotels and Restaurants	50564	42621	111160
J. 金融业	Finance	22579	36351	63895
K. 房地产业	Real Estate	490633	400047	405488
L. 租赁和商务服务业	Tenancy and Bussiness Services	159580	145847	268337
M. 科学研究、技术服务和地质勘查业	Scientific Research, Technical Services and Geological Prospecting	17248	42556	39729
N. 水利、环境和公共设施管理业	Water Conservancy , Environment and Public Establishment Management	224163	275767	392345
O. 居民服务和其他服务业	Resident and Other Services	28015	19038	34364
P. 教育	Education	54510	45304	65196
Q 卫生、社会保障和社会福利业	Health Care, Social Security and Welfare	26234	31685	24882
R. 文化、体育和娱乐业	Culture, Sports and Entertainment	27294	41233	41712
S. 公共管理和社会组织	Public Management and Social Organization	20138	17103	22612

4－9 分地区投资项目分行业固定资产投资额
(2014)

单位:万元

行　　业	Sector	全　市 Total	市　区 Urban District
总　　计	Total	16954893	3932813
A. 农、林、牧、渔业	Farming, Forestry, Animal Husbandry and Fishery	251358	113291
B. 采掘业	Mining and Quarrying	3838	403
C. 制造业	Manufacturing	8634020	1649168
D. 电力、燃气及水的生产和供应业	Production and Supply of Electricity, Gas and Water	1370212	185496
E. 建筑业	Constuction	10980	—
F. 交通运输、仓储和邮政业	Tansport, Storge and Post	402153	147255
G. 信息传输、计算机服务和软件业	Information Transmission, Computer and Soft - ware Services	1031035	317744
H. 批发和零售业	Wholesale and Ratail Sale	139917	49736
I. 住宿和餐饮业	Hotels and Restaurants	219345	111160
J. 金融业	Finance	80757	63895
K. 房地产业	Real Estate	1533110	405488
L. 租赁和商务服务业	Tenancy and Bussiness Services	915983	268337
M. 科学研究、技术服务和地质勘查业	Scientific Research, Technical Services and Geological Prospecting	109339	39729
N. 水利、环境和公共设施管理业	Water Conservancy , Environment and Public Estab-lishment Management	1337572	392345
O. 居民服务和其他服务业	Resident and Other Services	55542	34364
P. 教育	Education	239537	65196
Q 卫生、社会保障和社会福利业	Health Care, Social Security and Welfare	273176	24882
R. 文化、体育和娱乐业	Culture, Sports and Entertainment	259265	41712
S. 公共管理和社会组织	Public Management and Social Organization	87754	22612

Investment in Fixed Assets of Urban Units by Sector and Region (2014)

(10000 yuan)

南湖区 Nanhu	秀洲区 Xiuzhou	嘉善县 Jiashan	海盐县 Haiyan	海宁市 Haining	平湖市 Pinghu	桐乡市 Tongxiang
2459018	1473795	1938066	2151559	3572925	2361181	2998349
87278	26013	—	33787	39963	27441	36876
—	403	—	3435	—	—	—
873136	776032	1159640	1201854	1738514	1353259	1531585
71970	113526	49139	388568	265057	265606	216346
—	—	—	4550	3995	—	2435
111793	35462	106692	12142	46251	24597	65216
171697	146047	78352	99199	214261	201450	120029
49736	—	17444	15300	30800	8860	17777
62769	48391	25613	—	18823	—	63749
63895	—	2050	985	4097	1794	7936
269493	135995	88846	106720	390808	142823	398425
217914	50423	77647	58482	354652	44749	112116
25512	14217	24185	25551	8680	6822	4372
350637	41708	160766	133180	256617	171941	222723
15234	19130	15899	2000	1363	—	1916
24469	40727	11388	8431	100410	23663	30449
24882	—	20922	235	67175	17291	142671
25455	16257	74852	48205	16624	57100	20772
13148	9464	24631	8935	14835	13785	2956

4-10 分地区投资项目固定资产投资主要指标
(2014)

单位:万元、平方米

指　标	Item	全　市 Total	市　区 Urban District
本年完成投资	Investment Made This Year	16954893	3932813
1. 建筑工程	Construction	7746855	1940676
2. 安装工程	Installation	896496	143775
3. 设备工器具购置	Purchase of Equipment and Instruments	6249531	1265186
4. 其他费用	Others	2062011	583176
按国有控股情况分:	Grouped by Shareholder		
1. 国有及国有控股企业投资	Investment by State - owned Enterprises and Enterprises of Majority Shares Owned by State	4803839	1383597
2. 非国有投资	Non - state - owned Investment	12151054	2549216
#民间投资	Nongovernmental Investment	10561310	2236057
按三次产业分	By Type of Industry		
第一产业	Primary Industry	251358	113291
第二产业	Secondary Industry	10019050	1835067
第三产业	Tertiary Industry	6684485	1984455
本年新增固定资产	Newly Increased Fixed Assets This Year	13585234	2596066
本年施工房屋面积	Floor Space under Construction This Year	49597933	10620788
其中:住宅	Residential Buildings	5219226	2176904
本年竣工房屋面积	Floor Space Completed This Year	12869498	1326857
其中:住宅	Residential Buildings	857403	183504
本年竣工房屋价值	Value of Buildings Completed This Year	2267082	269290
其中 :住宅	Residential Buildings	188173	32377
施工项目个数	Number of Projects under Construction	5437	1337
其中:本年新开工	Newly Started Working This Year	3355	718
本年投产项目个数	Number of Projects Put into Use This Year	3392	694
一、本年资金来源合计	Total Funds	17691466	4465589
1. 上年末结余资金	Balance of Funds Last Year	943447	314956
2. 本年资金来源小计	Subtotal Funds of This year	16748019	4150633
(1) 国家预算内资金	State Budgetary Appropriations	537571	149564
(2) 国内贷款	Domestic Loans	1997541	629965
(3) 债券	Debenture	13363	0
(4) 利用外资	Foreign Investment	526599	126220
(5) 自筹资金	Funding Raising	13246137	3104826
(6) 其他资金来源	Others	426808	140058
二、本年各项应付款合计	Total Account Payable This Year	1793078	265311

Main Indicators of Investment in Fixed Assets of Urban Units by Region (2014)

(10000 yuan sq. m)

南湖区 Nanhu	秀洲区 Xiuzhou	嘉善县 Jiashan	海盐县 Haiyan	海宁市 Haining	平湖市 Pinghu	桐乡市 Tongxiang
2459018	1473795	1938066	2151559	3572925	2361181	2998349
1320753	619923	973986	801067	1642413	980471	1408242
77784	65991	187930	194056	111722	131734	127279
594685	670501	721865	846058	1194711	1020939	1200772
465796	117380	54285	310378	624079	228037	262056
1098693	284904	145783	836025	1166979	634267	637188
1360325	1188891	1792283	1315534	2405946	1726914	2361161
1185170	1050887	1606016	1218782	2090630	1264956	2144869
87278	26013		33787	39963	27441	36876
945106	889961	1208779	1598407	2007566	1618865	1750366
1426634	557821	729287	519365	1525396	714875	1211107
1573503	1022563	1859673	1425932	2915354	2155376	2632833
8514780	2106008	5003964	4062548	14369109	4360934	11180590
2176904	0	167000	260574	2153392	219998	241358
1126953	199904	1966435	847637	2622450	887370	5218749
183504	0	0	121874	338867	5900	207258
230330	38960	321116	134483	756256	160884	625053
32377	0	0	9338	119198	800	26460
685	652	621	362	1377	677	1063
350	368	431	212	903	366	725
353	341	491	194	881	387	745
2824928	1640661	1983402	2127543	3610689	2438069	3066174
255930	59026	7113	98742	396200	120030	6406
2568998	1581635	1976289	2028801	3214489	2318039	3059768
133780	15784	40255	116979	70077	83066	77630
534250	95715	1840	596972	351832	302050	114882
0	0	0	0	5363	0	8000
119862	6358	229270	5146	9545	152656	3762
1659587	1445239	1689980	1291990	2758817	1552246	2848278
121519	18539	14944	17714	18855	228021	7216
225189	40122	12575	266482	876136	294490	78084

4-11 分地区限额以上项目国有控股单位固定资产投资主要指标
(2014)

单位:万元、平方米

指 标	Item	全 市 Total	市 区 Urban District
本年完成投资	Investment Made This Year	4803839	1383597
1.建筑工程	Construction	3059880	947508
2.安装工程	Installation	306381	68472
3.设备工器具购置	Purchase of Equipment and Instruments	490290	140635
4.其他费用	Others	947288	226982
按三次产业分	By Type of Industry		
第一产业	Primary Industry	140974	60439
第二产业	Secondary Industry	1147907	209850
第三产业	Tertiary Industry	3514958	1113308
本年新增固定资产	Newly Increased Fixed Assets This Year	3355617	713477
本年施工房屋面积	Floor Space under Construction This Year	15341429	4028838
其中:住宅	Residential Buildings	4489320	2000749
本年竣工房屋面积	Floor Space of Building Completed This Year	2250104	141047
其中:住宅	Residential Buildings	597099	46138
本年竣工房屋价值	Value of Buildings Completed This Year	412816	27958
其中 :住宅	Residential Buildings	148976	10500
施工项目个数	Number of Projects under Construction	1536	417
其中:本年新开工	Newly Started Working This Year	771	193
本年投产项目个数	Number of Projects Put into Use This Year	688	157
一、本年资金来源合计	Total Funds This Year	5249547	1614780
1、上年末结余资金	Balance of Funds Last Year	516132	105278
2、本年资金来源小计	Subtotal Funds of This year	4733415	1509502
(1) 国家预算内资金	State Budgetary Appropriations	449588	100727
(2) 国内贷款	Domestic Loans	1304016	480715
(3) 债券	Debenture	5363	0
(4) 利用外资	Foreign Investment	540	0
(5) 自筹资金	Funding Raising	2809158	888090
(6) 其他资金来源	Others	164750	39970
二、本年各项应付款合计	Total Account Payable This Year	825977	160252

Main Indicators of Investment in Fixed Assets of State - owned Units by Region (2014)

(10000 yuan sq. m)

南湖区 Nanhu	秀洲区 Xiuzhou	嘉善县 Jiashan	海盐县 Haiyan	海宁市 Haining	平湖市 Pinghu	桐乡市 Tongxiang
1098693	284904	145783	836025	1166979	634267	637188
763277	184231	122286	371416	792718	405900	420052
35942	32530	16239	80132	39145	33058	69335
116868	23767	6643	139634	37186	93330	72862
182606	44376	615	244843	297930	101979	74939
54357	6082		18527	31623	13403	16982
156641	53209	16954	488479	112126	162544	157954
887695	225613	128829	329019	1023230	458320	462252
562578	150899	179896	360087	805588	745355	551214
3937341	91497	239625	1575921	6500332	1372741	1623972
2000749	0	0	169907	2010017	201527	107120
122363	18684	67654	311793	695106	197988	836516
46138	0	0	99074	338867	5900	107120
23550	4408	14412	41950	188165	36352	103979
10500	0	0	5668	119198	800	12810
329	88	80	172	433	254	180
145	48	30	99	188	129	132
137	20	45	82	167	111	126
1308605	306175	160525	836268	1214489	728718	694767
105278	0	4845	27485	330536	42082	5906
1203327	306175	155680	808783	883953	686636	688861
89424	11303	22990	114191	69727	77535	64418
455905	24810	0	399945	203731	147703	71922
0	0	0	0	5363	0	0
0	0	0	540	0	0	0
625367	262723	117746	288486	596700	366033	552103
32631	7339	14944	5621	8432	95365	418
123080	37172	2901	55363	476638	102846	27977

4－12 全市房地产企业开发投资情况
(2003－2014)

单位:万元

指　　标	Item	2003	2004	2005
本年完成投资	Investment Made This Year	724390	1175337	1234034
按构成分	By Composition			
建筑工程	Construction	431170	693915	801626
安装工程	Installation	18369	51961	60599
设备工器具购置	Purchase of Equipment and Instruments	7160	5339	7598
其他费用	Others	267691	424122	364211
其中：土地购置费	Purchase of Land	224055	350930	283374
按工程用途分	By Purpose			
住宅	Residential Buildings	557448	899984	921976
其中:别墅、高档公寓	Villas and Good Apartments	104650	56343	72832
办公楼	Office Block	35126	50658	44957
商业营业用房	House for Commerce	97557	167671	192562
其他	Others	34259	57024	74539
本年新增固定资产	Newly Increased Fixed Assets This Year	265998	419049	737635
待开发土地面积（平方米）	Land Space Needed Development(sq. m)	2605119	3775520	1087756
本年购置土地面积（平方米）	land Space Purchase this Year (sq. m)	3910149	4014390	1660705

Investment of Enterprises for Real Estate Development
(2003 – 2014)

(10000 yuan)

2006	2007	2008	2009	2010	2011	2012	2013	2014
1181004	1477428	1811202	1871781	2703889	3833650	4158763	5108262	5257184
605147	762961	1043786	1092025	1454694	2231008	2293206	2867873	3018135
51335	102433	95977	146401	159104	210814	306509	331337	396545
13754	14213	17587	14369	19611	18854	32985	41951	42045
510768	597821	653852	618986	1070480	1372974	1526063	1867101	1800459
393958	473254	504573	434645	875428	1110985	1227249	1380756	1476288
830812	1020003	1227086	1276870	1784258	2596116	2793018	3337967	3415237
51741	84189	110374	154299	188934	233599	243626	271163	134733
46264	68146	75606	74317	123055	159076	184617	220943	253707
214824	267424	336943	334250	512231	723673	806902	919588	923597
89104	121855	171567	186344	284345	354785	374226	629764	664643
675993	1223353	994434	1316886	1703581	1620393	1471726	2264807	2943724
1920975	2308147	3026677	2103610	2588635	2609810	2235134	1883733	1682623
2209822	2860641	3551354	2028062	3054378	4202565	2258243	3218975	2561745

4－13 市区房地产企业开发投资情况
(2003－2014)

单位:万元

指　　标	Item	2003	2004	2005
本年完成投资	Investment Made This Year	345327	534353	548991
按构成分	By Composition			
建筑工程	Construction	207097	327091	349507
安装工程	Installation	9520	29025	33269
设备工器具购置	Purchase of Equipment and Instruments	4037	1571	4964
其他费用	Others	124673	176666	161251
其中：土地购置费	Purchase of Land	99425	133093	111017
按工程用途分	By Purpose			
住宅	Residential Buildings	262700	393617	388134
其中:别墅、高档公寓	Villas and Good Apartments	89060	22434	14613
办公楼	Office Block	22990	33827	30365
商业营业用房	House for Commerce	36561	73500	91841
其他	Others	23076	33409	38651
本年新增固定资产	Newly Increased Fixed Assets This Year	112866	225288	316482
待开发土地面积（平方米）	Land Space Needed Development(sq. m)	543685	1059708	44600
本年购置土地面积（平方米）	Land Space Purchase This Year (sq. m)	1688587	838436	471980

Investment of Enterprises for Real Estate Development of Urban District (2003 - 2014)

(10000 yuan)

2006	2007	2008	2009	2010	2011	2012	2013	2014
533914	695667	830275	879293	1104555	1362057	1493026	1858524	1914859
241559	283469	472372	452059	594542	756075	722570	928072	1031816
35012	48609	51848	69080	78609	93705	109651	98486	153739
11269	12901	11843	10460	14047	12850	21683	19909	11965
246074	350688	294212	347694	417357	499427	639122	812057	717339
164128	255760	205491	210754	299614	340444	467676	548710	538603
391969	475728	579468	629629	667299	846625	898807	1076619	1031323
4389	20013	30372	103366	108262	117733	99347	125005	63857
35225	51713	46568	36256	76679	82211	121489	144899	172035
60764	104454	121055	123418	194242	274814	288950	359263	430397
45956	63772	83184	89990	166335	158407	183780	277743	281104
295712	821453	436834	474231	725809	653159	665801	863020	1264532
415430	801997	1293867	1189779	1787176	1257203	867779	815324	493070
441651	847161	914760	955553	368833	465731	98476	770287	618947

4-14 全市房地产开发企业房屋建设情况（2003-2014）

指　标	Item	2003	2004	2005
施工面积（平方米）	Floor Space of Buildings under Construction (sq. m)	8995420	13452545	14905071
1、住宅	Residential Buildings	7306859	10403161	11406489
2、办公楼	Office Block	328468	546311	608693
3、商业营业用房	House for Commerce	1020484	1745466	1836398
4、其他	Others	339609	757607	1053491
新开工面积（平方米）	Floor Space of Buildings under Starting Construction (sq. m)	5262153	6956097	4283233
1、住宅	Residential Buildings	4443376	5296340	3361319
2、办公楼	Office Block	113607	287260	55209
3、商业营业用房	House for Commerce	503582	946939	518725
4、其他	Others	201588	425558	347980
竣工面积（平方米）	Floor Space of Buildings Completed (sq. m)	2402291	2880090	5425857
1、住宅	Residential Buildings	1967973	2267206	4423139
2、办公楼	Office Block	83530	58171	164103
3、商业营业用房	House for Commerce	279288	414628	498115
4、其他	Others	71500	140085	340500
竣工房屋价值（万元）	Value of Buildings Completed (10 000 yuan)	251653	351922	632356
1、住宅	Residential Buildings	202225	269871	504056
2、办公楼	Office Block	11187	8139	25871
3、商业营业用房	House for Commerce	32660	57553	67691
4、其他	Others	5581	16359	34738
商品房销售面积（平方米）	Floor Space of Buildings Sold (sq. m)	2464885	2442608	3864707
1、住宅	Residential Buildings	2146170	2039447	2980031
2、办公楼	Office Block	39397	41409	191297
3、商业营业用房	House for Commerce	232698	298554	543790
4、其他	Others	46620	63198	149589
待售面积（平方米）	Floor Space of Vacant House (sq. m)	311825	479299	897648
1、住宅	Residential Buildings	95585	110907	449381
2、办公楼	Office Block	32609	39727	47192
3、商业营业用房	House for Commerce	169720	293322	285893
4、其他	Others	13911	35343	115182
销售额（万元）	Total Actually Sales for Commercial Houses (10 000 yuan)	490545	585434	1303338
1、住宅	Residential Buildings	396114	443466	948487
2、办公楼	Office Block	8553	12029	55369
3、商业营业用房	House for Commerce	79922	122059	272711
4、其他	Others	5956	7880	26771

Construction of Enterprises for Real Estate Development (2003 – 2014)

2006	2007	2008	2009	2010	2011	2012	2013	2014
14006841	16220572	19795772	22023098	27339609	33884914	36548265	43308126	45484845
10049364	11024488	13128263	14821973	17864833	22817298	24082803	27248985	28242216
448754	621835	797607	976304	1146000	1353769	1726914	2361183	2616048
2486364	2898564	3820785	3920339	4964133	5111668	5814315	6982079	7148945
1022359	1675685	2049117	2304482	3364643	4602179	4924233	6715879	7477636
4322800	5220257	7220719	6397830	10987863	12519517	8827973	11717939	10218424
2898066	3557687	5020452	4323356	7678782	8854269	5351923	6829160	5802101
128786	213062	339030	399414	306495	505327	558814	789662	618740
1055973	968290	1155450	1041267	1571724	1507855	1900943	1870661	1827221
239975	481218	705787	633793	1430862	1652066	1016293	2228456	1970362
4431016	3746464	4249353	5050224	6178954	5403865	4701278	6803293	6319315
3383512	2764512	2644654	3688093	3885883	3606752	3463429	4960150	4259566
91942	169781	196926	106469	233101	211090	111141	109619	198193
647497	547619	1002082	777063	1477026	1063459	567671	853629	1030655
308065	264552	405691	478599	582944	522564	559037	879895	830901
621992	608497	868848	1134001	1508730	1352156	1111829	1910271	2170550
468238	444071	519735	816599	902701	876947	828604	1398668	1426675
16855	32323	49700	29021	62874	58698	31840	40834	71753
99229	87934	228730	189711	417519	322476	162109	297943	426839
37670	44169	70683	98670	125636	94035	89276	172826	245283
3606368	4187686	3281171	6813959	5962690	3986643	4503135	6011276	4973434
2905499	3416713	2516258	5486553	4503134	2904951	3684754	4962477	4061323
93266	112010	102191	196844	302313	166853	161738	132666	153739
428604	540084	513002	832053	896299	699964	504404	589072	494960
178999	118879	149720	298509	260944	214875	152239	327061	263412
1344130	1271101	1594076	1792537	1836228	2074120	2503205	3445508	4264015
713680	632605	683319	622640	568234	785317	1177941	1756673	2158717
98988	82844	116212	101546	152684	175979	178084	225457	315819
419449	416611	575924	771262	846386	878197	904372	1153927	1442648
112013	139041	218621	297089	268924	234627	242808	309451	346831
1240548	1688401	1457299	3406393	3789574	2758902	3224836	4397802	3539594
956337	1343958	1084911	2698514	2735837	1968922	2548100	3493480	2841805
39756	49465	42818	84582	169500	108612	92544	78924	93475
211970	267926	298560	556479	819625	618201	535196	705302	521073
32485	27052	31010	66818	64612	63167	48996	120096	83241

4-15 市区房地产开发企业房屋建设情况
(2003-2014)

指　　标	Item	2003	2004	2005
施工面积(平方米)	Floor Space of Buildings under Construction (sq. m)	4154851	6574081	6209711
1、住宅	Residential Buildings	3542024	5052362	4563246
2、办公楼	Office Block	200906	418097	440264
3、商业营业用房	House for Commerce	281241	736531	758992
4、其他	Others	130680	367091	447209
新开工面积(平方米)	Floor Space of Buildings under Starting Construction (sq. m)	2267804	3070906	1259329
1、住宅	Residential Buildings	2006550	2261121	986312
2、办公楼	Office Block	67231	212010	16700
3、商业营业用房	House for Commerce	116144	398688	112989
4、其他	Others	77879	199087	143328
竣工面积(平方米)	Floor Space of Buildings Completed (sq. m)	858106	1371919	1847112
1、住宅	Residential Buildings	747298	1138092	1520177
2、办公楼	Office Block	47278	46082	89299
3、商业营业用房	House for Commerce	50675	108707	131352
4、其他	Others	12855	79038	106284
竣工房屋价值(万元)	Value of Buildings Completed (10 000 yuan)	106601	174448	220606
1、住宅	Residential Buildings	91138	140482	172739
2、办公楼	Office Block	7677	7035	16007
3、商业营业用房	House for Commerce	6344	17318	18902
4、其他	Others	1442	9613	12958
商品房销售面积(平方米)	Floor Space of Buildings Sold (sq. m)	1031686	1081012	1826115
1、住宅	Residential Buildings	940316	947210	1388583
2、办公楼	Office Block	20254	26401	157030
3、商业营业用房	House for Commerce	55679	88883	229573
4、其他	Others	15437	18518	50929
待售面积(平方米)	Floor Space of Vacant House (sq. m)	55492	172445	158662
1、住宅	Residential Buildings	7318	25136	58737
2、办公楼	Office Block	15035	21912	13356
3、商业营业用房	House for Commerce	21712	115050	64989
4、其他	Others	11427	10347	21580
销售额(万元)	Total Actually Sales for Commercial Houses (10 000 yuan)	230124	272223	649760
1、住宅	Residential Buildings	205565	222578	458898
2、办公楼	Office Block	5168	8476	45043
3、商业营业用房	House for Commerce	17304	39022	135068
4、其他	Others	2087	2147	10751

Construction of Enterprises for Real Estate Development of Urban District (2003 – 2014)

2006	2007	2008	2009	2010	2011	2012	2013	2014
5277383	6644406	8615727	9231696	11535146	13330205	13504620	17240814	17758128
3723331	4277993	5520143	6182333	7131950	8338914	8211714	9621608	9611017
332134	420959	536210	505545	655214	736521	980760	1530321	1842257
736656	992904	1463236	1318696	1954009	1989085	1953446	2717524	2951815
485262	952550	1096138	1225122	1793973	2265685	2358700	3371361	3353039
1189917	2104150	3137898	2754766	4164971	3986999	3075731	6002462	3863266
800274	1401979	2181538	1917318	2697493	2585733	1767806	2996129	1839983
86556	135091	192713	162813	223260	222482	341334	667804	482171
206950	379697	358585	359108	538755	468965	466111	1075073	836525
96137	187383	405062	315527	705463	709819	500480	1263456	704587
1509120	1300867	1647460	1555500	2264430	1968342	1957464	2427580	2503528
1190559	961117	946595	1103851	1319640	1289272	1465926	1784287	1766548
71509	103804	156743	60345	84555	50589	77981	72797	155617
122740	109737	357444	188636	577489	388110	158624	266304	184998
124312	126209	186678	202668	282746	240371	254933	304192	396365
267281	233785	388761	397085	612878	563994	488489	727788	910707
211782	171874	210949	288565	381132	367423	385187	537384	654567
13849	22758	43193	20317	19746	15040	24926	25367	59158
26945	18808	98684	44868	142041	139089	41493	93619	82305
14705	20345	35935	43335	69959	42442	36883	71418	114677
1602472	1714475	1346557	3290173	2418996	1322018	1831973	2331472	1932882
1387908	1438829	1050936	2655611	1724154	883633	1435312	1852181	1575770
54176	64260	78057	134978	125226	71355	113811	95954	106483
113068	168310	143211	326637	406474	273392	205630	274798	182175
47320	43076	74353	172947	163142	93638	77220	108539	68454
401687	349299	533490	640284	871171	1139237	1332977	1825284	2101410
165357	138822	212775	155734	257234	461120	678716	895967	991917
85054	63029	79701	64831	91178	114521	114746	162627	245043
119936	91157	152727	284241	397245	402566	388660	563190	662271
31340	56291	88287	135478	125514	161030	150855	203500	202179
579947	739349	614837	1650895	1669856	1034572	1361718	1788936	1445953
476184	603375	485828	1348342	1148865	705299	1049386	1335930	1123121
29787	31324	32931	53258	77791	49207	65470	58217	68968
65256	95342	79147	211567	402686	254485	224493	357599	227397
8720	9308	16931	37728	40514	25581	22369	37190	26467

4－16　全市房地产开发企业经营情况
(2003－2014)

单位:万元

指　标	Item	2003	2004	2005	2006
企业(单位)个数(个)	Number of Development Enterprises (unit)	196	351	378	357
其中:亏损企业个数	Number of Loss enterprise (unit)	75	184	170	173
一、期末资产负债情况	Asset and Liabilities at Year－end				
资产总计	Total Assets	2119480	3311370	3770700	4780450
负债总计	Total Liabilities	1750070	2682342	3041531	3490775
所有者权益合计	Creditors´Equity	369410	629028	729169	1289675
二、本年资金来源合计	Total fund of Income	1217149	1928288	1735072	1972696
1、上年末结余资金	Balance of Last Year	150474	277017	285333	234021
2、本年资金来源小计	Subtotal Fund of This year	1066675	1651271	1449739	1738675
(1)国内贷款	Domestic Loans	226322	316654	238957	293076
(2)利用外资	Foreign Investment			9295	14075
(3)自筹资金	Fund Raising	192070	389590	323566	421148
其中:自有资金	Fund Oneself	101884	179355	176620	264034
(4)其他资金来源	Others	635496	925751	877921	1010376
三、本年各项应付款合计	Total Account Payable This Year	93643	163969	263924	209143
其中:工程款	Project Payment	42349	112336	161177	136793
四、损益情况	Expenditureznd Income				
1、营业收入总计	Total Income of management	544129	631348	925915	1050401
(1)土地转让收入	Land Transferred	305	0	2838	891
(2)商品房销售收入	Commercial Houses Sold	514237	614891	917514	1027861
(3)房屋出租收入	Houses Leased	26583	8817	4206	7850
(4)其他收入	Others	427214	7640	1357	13799
2、营业成本	Costs of management	8173	495370		
3、营业税金及附加	Sales Taxes and Extra Charges	28892	36959	54161	65934
4、销售费用	Sales Expenses	29413	13788	20549	25161
5、管理费用及财务费用	Management and Finance Expenses	56074	48159	60356	71070
6、利润总额	Total Profits		46090	101641	93390
五、人工成本	Labor Cost				
应付职工薪酬	Pay of all Employed persons		12882	15330	18358

Indicators of Real Estate Development
(2003 - 2014)

(10000 yuan)

2007	2008	2009	2010	2011	2012	2013	2014
411	570	565	573	627	612	634	654
202	255	256	250	324	356	371	417
5553707	7392643	9197820	12161112	15079922	18275187	21889968	24563922
4463603	5581171	6880166	9191269	11506089	14092296	17112137	19507253
1090104	1811472	2317653	2969843	3573834	4182891	4777831	5056669
2652619	3149458	4514194	6539338	7245628	7305589	9928971	10347219
327576	554652	561072	1212844	1541211	2096572	2640447	3275189
2325043	2594806	3953122	5326494	5704417	5209017	7288524	7072030
385927	509173	588614	699495	896719	927479	965725	1264739
48727	70202	1835	33687	85079	27531	61298	85386
500246	639383	604899	1443031	2070432	1601253	2347886	2284848
255249	378065	282350	781798	738630	559315	521110	516347
1390143	1376048	2757774	3150281	2652187	2652754	3913615	3437057
227104	505100	431274	636893	927670	1228773	1627038	1628356
142596	173603	239142	353841	550178	713045	887282	1025790
1154361	1518067	2514114	2828231	2304838	2857806	3715426	3622679
	27286	0	3091	800	32628	14135	0
1141303	1478316	2487482	2791504	2233560	2776401	3632747	3560469
6570	7365	8165	20244	34642	18192	38321	22663
6488	5100	18468	13392		15800	15669	21776
	1132778	1930214	2075382	1678274	2062613	2695093	2938321
88556	107916	216541	259615	212689	261227	324509	287099
39541	41630	93494	109220	116165	119367	186835	169014
89037	113071	143176	169613	199556	242334	267021	272338
74147	146239	168798	271457	218174	253475	320438	10630
23737	40978	39652	49232	218593	66490	84452	98592

4－17 市区房地产开发企业经营情况
（2003－2014）

单位：万元

指　标	Item	2003	2004	2005
企业（单位）个数（个）	Number of Development Enterprises (unit)	62	117	118
其中：亏损企业个数	Number of Loss enterprise (unit)	23	54	36
一、期末资产负债情况	Asset and Liabilities at Year－end			
资产总计	Total Assets	1164906	1508809	1518523
负债总计	Total Liabilities	968927	1226401	1241974
所有者权益合计	Creditors´Equity	195979	282408	276549
二、本年资金来源合计	Total fund of Income	627296	866215	751012
1、上年末结余资金	Balance of Last Year	110981	175397	129502
2、本年资金来源小计	Subtotal Fund of This year	516315	690818	621510
（1）国内贷款	Domestic Loans	90022	158831	139576
（2）利用外资	Foreign Investment			7237
（3）自筹资金	Fund Raising	95622	196711	107451
其中：自有资金	Fund Oneself	30829	71836	50685
（4）其他资金来源	Others	328706	326337	367246
三、本年各项应付款合计	Total Account Payable This Year	62969	86291	156713
其中：工程款	Project Payment	20704	53514	68597
四、损益情况	Expenditureznd Income			
1、营业收入总计	Total Income of management	255852	287918	340438
（1）土地转让收入	Land Transferred	299	0	
（2）商品房销售收入	Commercial Houses Sold	239471	279263	337599
（3）房屋出租收入	Houses Leased	2014	2179	2060
（4）其他收入	Others	14068	6477	779
2、营业成本	Costs of management	187762	220583	
3、营业税金及附加	Sales Taxes and Extra Charges	13428	16135	20455
4、销售费用	Sales Expenses	4987	6473	10910
5、管理费用及财务费用	Management and Finance Expenses	14982	24635	30074
6、利润总额	Total Profits	37017	26533	39017
五、人工成本	Labor Cost			
应付职工薪酬	Pay of all Employed persons	3977	6046	6451

Business of Enterprises for Real Estate Development of Urban District (2003 - 2014)

(10000 yuan)

2006	2007	2008	2009	2010	2011	2012	2013	2014
109	117	207	198	200	222	227	240	246
51	56	106	102	93	112	131	142	164
2205770	2243261	3138121	3954891	5113545	5625970	7430390	9489097	100165148
1500299	1811484	2291590	2923237	3886809	4200253	5637519	7268895	76863388
705471	431777	846531	1031653	1226736	1425718	1792871	2220202	23301760
906304	1126191	1532623	2238227	3098260	3003011	3092152	4385848	4366032
117936	143216	373926	261666	582783	798924	1012704	1385582	1610089
788368	982975	1158697	1976561	2515477	2204087	2079448	3000266	2755943
118403	177738	227155	276501	324515	387718	435928	560813	554156
12574	35945	54886	0	19969	14783	22520	53848	76408
191882	217946	309403	285705	686048	671810	485174	855567	846565
117836	136535	202069	138247	364376	188850	157076	152766	184974
465509	551346	567253	1414355	1484945	1129776	1135826	1530038	1278814
98782	137118	351361	203778	256009	330006	507893	688389	648382
66198	82064	90365	88776	87102	176818	262280	334502	336584
378578	526753	626791	942804	1124262	1103133	1108047	1436877	1486030
741		0	0	3091	0	0	0	0
370237	519659	617787	934895	1102214	1065344	1089205	1394872	1457593
6146	4772	5643	6294	17107	29460	9837	27033	12899
1454	2322	3361	1615	1850	8329	4270	4782	9975
0		456903	693442	830424	771668	777224	998608	1154002
24415	42266	52036	92085	99988	115175	112744	119086	117976
10826	22648	19125	31759	44907	48097	57810	89591	82458
34118	40025	54358	63311	63100	77577	104827	112756	126933
27522	39182	57152	82062	104933	132975	103323	138562	19543
7442	9929	16328	18579	21918	27393	29535	38467	40235

4－18 分地区房地产企业开发投资情况
(2014)

单位:万元、平方米

指　　标	Item	全　市 Total	市　区 Urban District
本年完成投资	Investment Made This Year	5257184	1914859
按资质等级分	By Qualification		
一级	First Grade	128893	38430
二级	Second Grade	285176	114141
三级	Third Grade	530480	214909
四级	Fourth Grade	401918	67228
暂定	Tentative Grade	2666687	1004459
其他资质	Others	1244030	475692
按构成分	By Composition		
建筑工程	Construction	3018135	1031816
安装工程	Installation	396545	153739
设备工器具购置	Purchase of Equipment and Instruments	42045	11965
其他费用	Others	1800459	717339
其中:土地购置费	Purchase of Land	1476288	538603
按工程用途分	By Purpose		
住宅	Residential Buildings	3415237	1031323
其中:别墅、高档公寓	Villas and Good Apartments	134733	63857
办公楼	Office Block	253707	172035
商业营业用房	House for Commerce	923597	430397
其他	Others	664643	281104
本年新增固定资产	Newly Increased Fixed Assets	2943724	1264532
待开发土地面积（平方米）	Land Space Needed Development	1682623	493070
本年购置土地面积（平方米）	Land Space Purchased This Year	2561745	618947

Investment of Enterprises for Real Estate Development by Region (2014)

(10000 yuan)

南湖区 Nanhu	秀洲区 Xiuzhou	嘉善县 Jiashan	海盐县 Haiyan	海宁市 Haining	平湖市 Pinghu	桐乡市 Tongxiang
1327180	587679	638253	458823	908658	611606	724985
38430	0	0	13156	5797	0	71510
91235	22906	15395	40099	94262	0	21279
152624	62285	78042	39261	119596	40738	37934
29899	37329	208601	37825	1930	69683	16651
701709	302750	306747	232969	415546	343646	363320
313283	162409	29468	95513	271527	157539	214291
686211	345605	445753	268534	423273	385516	463243
121891	31848	47966	48208	47636	34900	64096
10150	1815	18228	1720	2289	3792	4051
508928	208411	126306	140361	435460	187398	193595
382756	155847	107203	115369	380891	172009	162213
736269	295054	449621	323380	685884	465846	459183
51091	12766	15228	18952	6542	10428	19726
130082	41953	15657	10923	23680	21521	9891
266976	163421	128370	79711	57892	73064	154163
193853	87251	44605	44809	141202	51175	101748
846351	418181	312576	309900	163945	311301	581470
180934	312136	198264	72199	314593	445624	158873
359268	259679	314184	311378	538198	521897	257141

4－19 分地区房地产企业房屋开发建设情况
（2014）

单位：万元、平方米

指　　标	Item	全　市 Total	市　区 Urban District
施工面积（平方米）	Floor Space of Buildings under Construction（sq. m）	45484845	17758128
1、住宅	Residential Buildings	28242216	9611017
2、办公楼	Office Block	2616048	1842257
3、商业营业用房	House for Commerce	7148945	2951815
4、其他	Others	7477636	3353039
新开工面积（平方米）	Floor Space of Buildings under Starting Construction（sq. m）	10218424	3863266
1、住宅	Residential Buildings	5802101	1839983
2、办公楼	Office Block	618740	482171
3、商业营业用房	House for Commerce	1827221	836525
4、其他	Others	1970362	704587
竣工面积（平方米）	Floor Space of Buildings Completed（sq. m）	6319315	2503528
1、住宅	Residential Buildings	4259566	1766548
2、办公楼	Office Block	198193	155617
3、商业营业用房	House for Commerce	1030655	184998
4、其他	Others	830901	396365
竣工房屋价值（万元）	Value of Buildings Completed（10 000 yuan）	2170550	910707
1、住宅	Residential Buildings	1426675	654567
2、办公楼	Office Block	71753	59158
3、商业营业用房	House for Commerce	426839	82305
4、其他	Others	245283	114677
商品房销售面积（平方米）	Floor Space of Buildings Sold（sq. m）	4973434	1932882
1、住宅	Residential Buildings	4061323	1575770
2、办公楼	Office Block	153739	106483
3、商业营业用房	House for Commerce	494960	182175
4、其他	Others	263412	68454
待售面积（平方米）	Floor Space of Vacant House（sq. m）	4264015	2101410
1、住宅	Residential Buildings	2158717	991917
2、办公楼	Office Block	315819	245043
3、商业营业用房	House for Commerce	1442648	662271
4、其他	Others	346831	202179
销售额（万元）	Total Actually Sales for Commercial Houses（10 000 yuan）	3539594	1445953
1、住宅	Residential Buildings	2841805	1123121
2、办公楼	Office Block	93475	68968
3、商业营业用房	House for Commerce	521073	227397
4、其他	Others	83241	26467

Construction of Enterprises for Real Estate Development by Region (2014)

(10000yuan、sq. m.)

南湖区 Nanhu	秀洲区 Xiuzhou	嘉善县 Jiashan	海盐县 Haiyan	海宁市 Haining	平湖市 Pinghu	桐乡市 Tongxiang
11526904	6231224	5389506	3704869	5885368	6593397	6153577
6374473	3236544	3693777	2490828	4318492	4175696	3952406
1085391	756866	252449	89813	149619	192804	89106
1722435	1229380	943992	339212	665952	1053659	1194315
2344605	1008434	499288	785016	751305	1171238	917750
2376656	1486610	1250926	456419	1441542	1943948	1262323
1303125	536858	939350	219256	955780	979354	868378
253855	228316	154	26555	54264	55232	364
357990	478535	102365	115635	136767	439525	196404
461686	242901	209057	94973	294731	469837	197177
1956363	547165	816525	693409	439892	743448	1122513
1373543	393005	639666	496017	313027	466919	577389
85401	70216	369	15952	20124	5153	978
147158	37840	145483	40617	68147	213616	377794
350261	46104	31007	140823	38594	57760	166352
696594	214113	279709	166212	145039	206679	462204
499330	155237	215472	118181	106970	121333	210152
29960	29198	134	4626	5958	1537	340
66904	15401	52982	9390	22576	69851	189735
100400	14277	11121	34015	9535	13958	61977
1211760	721122	587016	491594	543923	606633	811386
974061	601709	504618	424685	451957	526037	578256
63284	43199	7614	10392	17246	1221	10783
120340	61835	66165	22185	57918	59600	106917
54075	14379	8619	34332	16802	19775	115430
1251243	850167	417026	535981	388868	313092	507638
559969	431948	219268	333406	166152	170020	277954
144678	100365	958	2734	49160	736	17188
380004	282267	180262	152676	122810	121266	203363
166592	35587	16538	47165	50746	21070	9133
971084	474869	390862	291210	431129	431777	548663
738651	384470	330828	258475	354360	367146	407875
45932	23036	2523	6866	8488	971	5659
163156	64241	55442	17004	62466	57364	101400
23345	3122	2069	8865	5815	6296	33729

4-20 分地区房地产开发企业经营情况
(2014)

单位:万元

指 标	Item	全 市 Total	市 区 Urban District
企业(单位)个数(个)	Number of Enterprises (unit)	654	246
其中:亏损企业个数	Number of Loss enterprise (unit)	417	164
一、期末资产负债情况	Assets and Liabilities at the Year-end		
资产总计	Total Assets	24563922	100165148
负债总计	Total Liabilities	19507253	76863388
所有者权益合计	Creditors´Equity	5056669	23301760
二、本年资金来源合计	Total funds	10347219	4366032
1、上年末结余资金	Balance of Funds Last Year	3275189	1610089
2、本年资金来源小计	Subtotal Funds This year	7072030	2755943
(1)国内贷款	Domestic Loans	1264739	554156
(2)利用外资	Foreign Investment	85386	76408
(3)自筹资金	Fund Raising	2284848	846565
其中:自有资金	Fund Oneself	516347	184974
(4)其他资金来源	Others	3437057	1278814
三、本年各项应付款合计	Total Account Payable This Year	1628356	648382
其中:工程款	Project Payment	1025790	336584
四、损益情况	Expenditureznd Income		
1、营业收入总计	Total Income of management	3622679	1486030
(1)土地转让收入	Land Transferred	0	0
(2)商品房销售收入	Commercial House Sold	3560469	1457593
(3)房屋出租收入	Houses Leased	22663	12899
(4)其他收入	Others	21776	9975
2、营业成本	Costs of Management	2938321	1154002
3、营业税金及附加	Sales Taxes and Extra Charges	287099	117976
4、其他业务利润	Prfits of Management	3636	-1037
5、销售费用	Sales Funds	169014	82458
6、管理费用	Management Expenses	203763	85176
7、财务费用	Management Expenses and Finance Expenses	68575	41757
8、利润总额	Total Profits	10630	19543
五、人工成本	Labor Cost		
应付职工薪酬	Pay of all Employed persons	98592	40235

Business of Enterprises for Real Estate Development by Region (2014)

(10000 yuan)

南湖区 Nanhu	秀洲区 Xiuzhou	嘉善县 Jiashan	海盐县 Haiyan	海宁市 Haining	平湖市 Pinghu	桐乡市 Tongxiang
156	90	84	54	75	92	103
96	68	51	31	48	66	57
6909338	3107177	2410562	2437320	3674515	2932136	3092875
5318069	2368270	1858969	1872309	3027176	2465801	2596659
1591269	738907	551592	565012	647339	466335	496216
2899011	957558	957558	863479	1524551	1179676	1455923
1074166	223161	223161	158530	449796	219978	613635
1824845	734397	734397	704949	1074755	959698	842288
348852	117111	117111	110060	162558	218760	102094
38316	0	0	0	8978	0	0
575086	289309	289309	147011	337796	363514	300653
86158	68371	68371	72841	50970	68459	70732
862591	327977	327977	447878	565423	377424	439541
342825	202932	202932	108608	276870	103327	288237
190987	132597	132597	90077	182600	87729	196203
1098338	387692	303109	308645	449584	581937	493374
0	0	0	0	0	0	0
1082829	374764	301387	305136	447508	574060	474785
8029	4870	451	2406	1058	2866	2983
4644	5331	177	1	139	2895	8588
848108	305895	229967	281233	373307	490558	409253
87204	30772	25329	18696	36210	47267	41622
-1242	205	859	256	892	1930	736
50106	32352	25012	7880	19288	15699	18677
58215	26961	21565	13310	22384	28232	33097
25881	15877	9391	1976	3363	7081	5007
40373	-20830	15386	-12851	5668	-2907	-14210
25266	14969	11895	5974	14302	9482	16704

4-21 全市规模以上房地产(不含房地产开发)企业分类型、行业主要经济指标(2014)

单位:万元

指 标	Item	企业数(个) Number of Enterprises (unit)	亏损企业 Loss Making Enterprises	增加值 Value Added
房地产业	Real Estate	156	45	95047
1、按登记注册类型分	Grouped by Status of Registration			
国有企业	State-owned	12	1	12412
集体企业	Collective-owned	7	1	3781
股份合作企业	Share-holding Cooperative	0		
联营企业	Joint Ownership	0		
有限责任公司	Limited Liability Company	46	16	29375
股份有限公司	Share-holding Cooperations Ltd.	1	0	2959
私营企业	Private-owned	79	18	42780
其他企业	Others	0		
港、澳、台商投资企业	Owned by Entrepreneurs from HONG KONG, Macau and Taiwan	5	5	1842
外商投资企业	Enterprises with Foreign Investment	6	4	1897
2、按主要行业分	Grouped By Main Sector			
物业管理	Estate management	102	27	73104
房地产中介服务	Intermediary service	15	3	7396
自有房地产经营活动	Own real estate	13	8	2212
其他房地产业	Others	26	7	12335

注:2014 年规模以上服务业规模划分标准有变化,与上年年鉴数据不可比,下同。

Major Economic Indicators on Real Estate Enterprises above Designated Size by Ownership and Sector (2014)

(10000 yuan)

资产合计 Total Assets	负债合计 Total Liabilities	所有者权益合计 Total Creditors Equity	固定资产原价 Original Value of Fixed Assets	本年折旧 Depreciation of the Current Year	营业收入 Revenue	营业成本 Cost of Sales
827343	454091	373252	230731	10659	186318	113434
422292	197831	224461	46615	1268	17551	8201
24655	15353	9302	7805	337	4895	1598
194807	124453	70354	56560	2901	76393	55901
21706	14275	7431	21864	1168	4499	0
83562	51286	32276	47103	2602	73340	41130
47907	35383	12523	22235	1064	4532	3491
32414	15509	16906	28550	1320	5107	3113
211292	139197	72094	95540	4814	141182	95268
25296	5850	19446	15397	894	16281	8861
54001	30715	23286	37546	1737	5636	2432
536754	278329	258425	82248	3214	23219	6872

Note: The standard of scale – division is different from the previous year, the same below。

4－21 续表1

单位:万元

指　　标	Item	营业税金及附加 Business Tax and Surcharges	销售费用 Cost of Sales	管理费用 Management Expense
房地产业	Real Estate	9893	14193	37356
1、按登记注册类型分	Grouped by Status of Registration			
国有企业	State－owned	954	768	3837
集体企业	Collective－owned	418	979	1474
股份合作企业	Share－holding Cooperative			
联营企业	Joint Ownership			
有限责任公司	Limited Liability Company	3092	2612	13237
股份有限公司	Share－holding Cooperations Ltd.	547	2518	905
私营企业	Private－owned	3969	6415	15611
其他企业	Others			
港、澳、台商投资企业	Owned by Entrepreneurs from HONG KONG, Macau and Taiwan	460	7	1413
外商投资企业	Enterprises with Foreign Investment	454	894	879
2、按主要行业分	Grouped By Main Sector			
物业管理	Estate management	6440	10176	24702
房地产中介服务	Intermediary service	1050	1414	2581
自有房地产经营活动	Own real estate	744	766	2387
其他房地产业	Others	1659	1837	7685

Continued1

(10000 yuan)

财务费用 Financial Expenses	营业利润 Profits of Management	利润总额 Total Profits	应交所得税 Income Tax Payable	应付职工薪酬 Employee benefits payable	应交增值税 Value Added Tax Payable	从业人员平均人数(人) Average Employees (person)
4454	5039	18334	4206	65748	1031	18187
-304	388	11380	1376	5904	12	1241
-50	226	505	112	2516	32	526
1424	1486	3017	718	22317	727	6116
-86	32	680	145	611	0	92
1573	2552	5399	1801	31173	258	9502
1201	162	-1978	0	2177	2	429
695	194	-669	54	1050	0	281
1292	3295	5553	2379	57543	724	16802
293	485	2051	467	3111	229	463
756	420	-1162	113	1129	12	290
2113	840	11893	1247	3965	66	632

4-22 市区规模以上房地产(不含房地产开发)企业分类型、行业主要经济指标 (2014)

单位:万元

指 标	Item	企业数(个) Number of Enterprises (unit)	亏损企业 Loss Making Enterprises	增加值 Value Added
房地产业	Real Estate	69	20	42153
1、按登记注册类型分	Grouped by Status of Registration			
国有企业	State - owned	5	0	2032
集体企业	Collective - owned	2	0	1275
股份合作企业	Share - holding Cooperative	0		
联营企业	Joint Ownership	0		
有限责任公司	Limited Liability Company	24	7	15535
股份有限公司	Share - holding Cooperations Ltd.	0		
私营企业	Private - owned	29	6	20820
其他企业	Others	0		
港、澳、台商投资企业	Owned by Entrepreneurs from HONG KONG, Macau and Taiwan	3	3	594
外商投资企业	Enterprises with Foreign Investment	6	4	1897
2、按主要行业分	Grouped By Main Sector			
物业管理	Estate management	45	12	27814
房地产中介服务	Intermediary service	8	2	5122
自有房地产经营活动	Own real estate	8	4	2019
其他房地产业	Others	8	2	7198

Major Economic Indicators on Real Estate Enterprises above Designated Size of Urban District by Ownership and Sector (2014)

(10000 yuan)

资产合计 Total Assets	负债合计 Total Liabilities	所有者权益合计 Total Creditors Equity	固定资产原价 Original Value of Fixed Assets	本年折旧 Depreciation of the Current Year	营业收入 Revenue	营业成本 Cost of Sales
179535	127779	51757	96736	4277	69609	40078
29084	23683	5401	20228	363	3211	1260
990	348	642	574	29	1735	198
34945	27969	6976	11248	740	25009	17152
55246	32871	22374	32620	1652	31749	16085
26857	27399	-542	3515	172	2798	2271
32414	15509	16906	28550	1320	5107	3113
57530	47077	10453	14230	995	45799	33480
17834	4236	13597	12093	682	7879	3521
39799	23751	16048	32295	1317	3390	589
64373	52714	11659	38118	1282	12542	2488

4－22 续表 1

单位:万元

指　　标	Item	营业税金及附加 Business Tax and Surcharges	销售费用 Cost of Sales	管理费用 Management Expense
房地产业	Real Estate	4102	4321	15577
1、按登记注册类型分	Grouped by Status of Registration			
国有企业	State－owned	117	114	1150
集体企业	Collective－owned	79	957	488
股份合作企业	Share－holding Cooperative			
联营企业	Joint Ownership			
有限责任公司	Limited Liability Company	1540	528	6105
股份有限公司	Share－holding Cooperations Ltd.			
私营企业	Private－owned	1683	1827	6023
其他企业	Others			
港、澳、台商投资企业	Owned by Entrepreneurs from HONG KONG, Macau and Taiwan	230	2	932
外商投资企业	Enterprises with Foreign Investment	454	894	879
2、按主要行业分	Grouped By Main Sector			
物业管理	Estate management	2424	1951	9085
房地产中介服务	Intermediary service	438	651	1529
自有房地产经营活动	Own real estate	470	535	1713
其他房地产业	Others	771	1185	3249

Continued1

(10000 yuan)

财务费用 Financial Expenses	营业利润 Profits of Management	利润总额 Total Profits	应交所得税 Income Tax Payable	应付职工薪酬 Employee benefits payable	应交增值税 Value Added Tax Payable	从业人员平均人数(人) Average Employees (person)
3559	2229	3852	1818	31363	329	8464
199	162	421	108	1121	12	277
-4	65	17	10	1125	26	148
264	775	529	237	13721	69	3644
1203	937	5388	1409	12321	222	3718
1201	97	-1834	0	2026	0	396
695	194	-669	54	1050	0	281
1184	1454	-717	334	26591	71	7654
325	258	1423	302	2370	214	349
596	258	-461	98	699	7	214
1454	258	3607	1084	1704	37	247

主要统计指标解释

固定资产投资 固定资产投资是社会固定资产再生产的主要手段。通过建造和购置固定资产的活动,国民经济不断采用先进技术装备,建立新兴部门,进一步调整经济结构和生产力的地区分布,增强经济实力,为改善人民物质文化生活创造物质条件。这对我国的社会主义现代化建设具有重要意义。

固定资产投资额是以货币表现的建造和购置固定资产活动的工作量,它是反映固定资产投资规模、速度、比例关系和使用方向的综合性指标。全社会固定资产投资按登记注册类型可分为国有、集体、个体、联营、股份制、外商、港澳台商、其他等。按照管理渠道,全社会固定资产投资总额分为限额以上项目、限额以下项目、房地产开发投资和农村私人固定资产投资四个部分。

限额以上项目是指计划总投资在500万元(包含500万元)以上项目投资。限额以下项目是指计划总投资在50万元(包含50万元)至500万元(不包含500万元)项目投资。

房地产开发投资 指房地产开发公司、商品房建设公司及其他房地产开发法人单位和附属于其他法人单位实际从事房地产开发或经营的活动单位统一开发的包括统代建、拆迁还建的住宅、厂房、仓库、饭店、宾馆、度假村、写字楼、办公楼等房屋建筑物和配套的服务设施,土地开发工程(如道路、给水、排水、供电、供热、通讯、平整场地等基础设施工程)的投资;不包括单纯的土地交易活动。

农村个人投资 农村个人投资包括农村个人建房及购置生产性固定资产的投资。

固定资产投资的资金来源 根据固定资产投资的资金来源不同,分为国家预算内资金、国内贷款、利用外资、自筹资金和其他资金来源。

⑴国家预算内资金:指中央财政和地方财政中由国家统筹安排的基本建设拨款和更新改造拨款,以及中央财政安排的专项拨款中用于基本建设的资金和基本建设拨款改贷款的资金等。

⑵国内贷款:指报告期内企、事业单位向银行及非银行金融机构借入的用于固定资产投资的各种国内借款。包括银行利用自有资金及吸收的存款发放的贷款、上级主管部门拨入的国内贷款、国家专项贷款(包括煤代油贷款、劳改煤矿专项贷款等)、地方财政专项资金安排的贷款、国内储备贷款、周转贷款等。

⑶利用外资:指报告期内收到的用于固定资产投资的国外资金,包括统借统还、自借自还的国外贷款,中外合资项目中的外资,以及对外发行债券和股票等。国家统借统还的外资指由我国政府出面同外国政府、团体或金融组织签订贷款协议、并负责偿还本息的国外贷款。

⑷自筹资金:指建设单位报告期内收到的,用于进行固定资产投资的上级主管部门、地方和企、事业单位自筹资金。

⑸其他资金来源:指报告期内收到的除以上各种拨款、借款、自筹资金以外其他用于固定资产投资的资金。

固定资产投资按国民经济行业分建设项目归哪个行业,按其建成投产后的主要产品或主要用途及社会经济活动性质来确定。国有单位投资及城镇集体投资根据整个企业、事业单位所属的行业来划分。一般情况下,一个建设项目或一个企业、事业单位只能属于一种国民经济行业。为了更准确地反映国民经济各行业之间的比例关系,联合企业(总厂)所属分厂属于不同行业的,原则上按分厂划分行业。

固定资产投资按建设性质分 建设项目的性质一般分为新建、扩建、改建、迁建、恢复。房地产开发单位投资不划分建设性质。

⑴新建:一般是指从无到有、"平地起家"新开始建设的单位。有的单位原有的基础很小,经过建设后其新增加的固定资产价值超过原有固定资产价值(原值)三倍以上的也算新建。

⑵扩建:一般是指为扩大原有产品的生产能力,在厂内或其他地点增建主要生产车间(或主要工程)、独立的生产线或分厂的企业;事业单位和行政单位在原单位增建业务用房(如学校增建教学用房、医院增建门诊部或病床用房、行政机关增建办公楼等)也作为扩建。

⑶改建:一般是指现有企业、事业单位为了技术进步,提高产品质量,增加花色品种,促进产品升级换代,降低消耗和成本,加强资源综合利用和三废治理、劳保安全等,采用新技术、新工艺、新设备、新材料等对现有设施、工艺条件进行技术改造或更新(包括相应配套的辅助性生产、生活福利设施)。有的企业为充分发挥现有生产能力,进行填平补齐而增建不增加本单位主要产品生产能力的车间等,也属于改建。

固定资产投资按构成分固定资产投资活动按其工作内容和实现方式分为建筑安装工程,设备、工具、器具购置,其他费用三个部分。

⑴建筑安装工程(建筑安装工作量):指各种房屋、建筑物的建造工程和各种设备、装置的安装工程。包括各种房屋建造工程,各种用途设备基础和各种工业窑炉的砌筑工程;为施工而进行的各种准备工作和临时工程以及完工后的清理工作等;

铁路、道路的铺设,矿井的开凿及石油管道的架设等;水利工程;防空地下建筑等特殊工程;以及各种机械设备的安装工程;为测定安装工程质量,对设备进行的试运工作。在安装工程中,不包括被安装设备本身的价值。

(2)设备、工具、器具购置:指购置或自制达到固定资产标准的设备、工具、器具的价值,固定资产的标准按财务部门规定。新建单位、扩建单位的新建车间按照设计和计划要求购置或自制的全部设备、工具、器具,不论是否达到固定资产标准均计入"设备、工具、器具购置"中。

(3)其他费用:指在固定资产建造和购置过程中发生的,除建筑安装工程和设备、工具、器具购置以外的各种应摊入固定资产的费用。

施工项目指报告期内曾进行建筑或安装工程施工活动的建设项目,包括报告期内新开工项目、报告期以前开工跨入报告期继续施工的项目以及报告期施过工并在报告期内全部建成投产或停缓建的项目。

全部建成投产项目工业项目是指设计文件规定形成生产能力的主体工程及其相应配套的辅助设施全部建成,经负荷试运转,证明具备生产设计规定合格产品的条件,并经过验收鉴定合格或达到竣工验收标准,与生产性工程配套的生活福利设施可以满足近期正常生产的需要,正式移交生产的建设项目。非工业项目是指设计文件规定的主体工程和相应的配套工程全部建成,能够发挥设计规定的全部效益,经验收鉴定合格或达到竣工验收标准,正式移交使用的建设项目。

新增生产能力指通过固定资产投资活动而增加的设计能力或工程效益,它是用实物形态表示的固定资产投资的成果。新增生产能力的计算,是以能独立发挥生产能力或工程效益的单项工程(或项目)为对象。当单项工程(或项目)建成,经有关部门鉴定合格,正式移交投入生产,即可计算新增生产能力。

新增生产能力或工程效益有以下几种表现形式:

(1)以建设项目或单项工程建成后的年产能力表示,如煤炭开采、石油开采等。

(2)以建设项目或单项工程建成后处理原料的能力表示,如选矿工程的年处理矿石能力、洗煤厂年洗原煤能力等。

(3)以新增的主要设备数量或容量表示,如棉纺锭锭数、发电机组容量等。

(4)以建筑物容积、容量、面积或长度表示,如水库容量、铁路公路里程等。

新增生产能力的数量一般按设计能力计算。设计能力是指设计文件中规定的在正常情况下能够达到的生产能力,而不论投产后的实际产量如何。以设备数量、建筑物容积、面积、长度等表示的新增生产能力或工程效益,则按建成的实际数量计算。

房屋建筑面积指从房屋外墙线算起的各层平面面积的总和,包括可供使用的有效面积和房屋结构(如柱、墙)占用的面积。多层建筑按各层(包括地下室)面积总和计算。

住宅建筑面积指施工和竣工房屋建筑面积中供居住用的施工和竣工房屋建筑面积。

施工面积 指报告期内施工的全部房屋建筑面积。包括本期新开工的面积、上期跨入本期继续施工的房屋面积、上期停缓建在本期恢复施工的房屋面积、本期竣工的房屋面积及本期施工后又停缓建的房屋面积。

竣工面积指在报告期内房屋建筑按照设计要求已全部完工,达到住人和使用条件,经验收鉴定合格,正式移交使用单位的建筑面积。

房屋建筑面积竣工率指一定时期内房屋竣工面积占同期房屋施工面积的比率。它是从房屋建筑施工速度的角度反映投资效果和建筑业经济效益的指标。

新增固定资产指通过投资活动所形成的新的固定资产价值,包括已经建成投入生产或交付使用的工程价值和达到固定资产标准的设备、工具、器具的价值及有关应摊入的费用。它是以价值形式表示的固定资产投资成果的综合性指标,可以综合反映不同时期、不同部门、不同地区的固定资产投资成果。

EXPLANATORY NOTES ON MAIN STATISTICAL INDICATORS

Total Investment in Fixed Assets in the Whole Country Investment in fixed assets is the essential means for social reproduction of fixed assets. By means of construction and purchase of fixed assets, more advanced technologies and equipment are adopted in the national economy, and new sectors are established, which promote the adjustment of economic structure and the regional distribution of productive forces and enhance the economic strengths so as to provide the material conditions for improving people's livelihood. This is significant for speeding up the drive of socialist modernization in China.

Amount of investment in fixed assets refers to the volume of activities in construction and purchases of fixed assets in monetary terms. It is a comprehensive indicator which shows the size, pace, proportional relations and use orientation of the investment in fixed assets. Total investment in fixed assets in the whole country includes, by registration type of ownership, the investment by the state – owned units, collective units, individuals, joint ownership units, share – holding units, as well as investment by businessmen from foreign countries and from Hong Kong, Macau and Taiwan, and by other units. According to China's current management system, the investment in fixed assets in the whole country is classified into the following four parts: project above designated size, project below designated size, investment in real estates development and private investment in fixed assets in Rural Areas.

Project above designated size refers to the project investment with a total planned investment of 5,000,000 yuan and over.

Project below designated size refers to the project investment with a total planned investment of 500,000 yuan (including 500,000 yuan) – 5,000,000 yuan (not including 5,000,000 yuan).

Investment in Real Estate Development It includes the investment by the real estate development companies, commercial buildings construction companies and other real estate development units of various types of ownership in the construction of house buildings, such as residential buildings, factory buildings, warehouses, hotels, guesthouses, holiday villages, office buildings, and the complementary service facilities and land development projects, such as roads, water supply, water drainage, power supply, heating, telecommunications, land leveling and other projects of infrastructure. It excludes the activities in simple land transactions.

Individual Investment in Rural areas The individual investment in the rural areas includes the investment in house construction and purchase of productive fixed assets by the individuals in the rural areas.

Sources of Funds for Investment in Fixed Assets state budgetary appropriation, domestic loans, foreign investment, self – raised funds, and others.

(1) State budgetary appropriation refers to appropriation in the budget of the central and local governments earmarked for capital construction and for innovation projects, and the special appropriation from the budget of the central government for capital construction and for the transfer fund to banks to be issued as loans for capital construction projects.

(2) Domestic loans refer to various funds borrowed by enterprises and institutions from banks and non – bank financial institutions during the reference period for the purpose of investment in fixed assets, including loans issued by banks from their self – owned funds and deposit, loans appropriated by higher responsible authorities, special loans by government (including loan for replacing petroleum with coal, special loan for reform – through – labour coal mines), loans arranged by local government from special funds, domestic reserve loan, and working loan, etc..

(3) Foreign Investment refers to foreign funds received during the reference period for the purpose of investment in fixed assets, including foreign funds borrowed and managed by the government, by individual units, foreign fund in joint venture program, and issue of bonds and stocks at the international financial markets. The foreign funds borrowed and managed by the government refer to foreign loans borrowed by the government from foreign governments, organizations, or financial institutions under official agreements signed by both parties, under which government is responsible for the repayment of both the principal and interests of the foreign loans.

(4) Self – raised funds refer to funds received by construction enterprises from their higher responsible authorities, local governments, or raised by enterprises or institutions themselves for the purpose of investment in fixed assets during the reference period.

(5) Others refer to funds received during the reference period which are not included in the above – mentioned sources.

Investment in Fixed Assets by Sector The classification of construction projects by sector is determined by the major products or the purpose of the projects when they are put into production or use, and by the nature of their social economic activities State – owned units investment and urban collective units investment are classified according to the sector which the whole enterprise or institution belongs to. In general, one project or one enterprise or institution can only belong to one sector. In order to reflect more accurately the proportions among various sectors, the branch factories of integrated complex are classified into different sectors according to their economic activities.

Investment in Fixed Assets by Type of Construction The construction projects in general can be classified by the type of construction into new construction, expansion, reconstruction and moving away. Investment by type of construction is not applied to investment by real – estate development units.

(1) New construction in general refers to newly constructed units. In the case in which the value of the original fixed assets is quite small, and the value of newly added fixed assets exceeds the original ones by three times, the expansion construction is considered as new construction.

(2) Expansion refers to construction of new major production workshop or independent production line within a factory or in other locations, or construction of a branch factory so as to increase the production capacity of the original products. Newly constructed business houses in institutions and administrative organizations (such as the newly constructed teaching buildings in schools, clinics or bed building in hospitals, and office buildings in administrative agencies, etc.) are also classified as expansion.

(3) Reconstruction refers to technical innovation and transformation of the existing equipment and technical conditions undertaken by enterprises and institutions for the purposes of technological advancement, improvement in product quality, enlarging variety of products, promoting new generation of products, reducing production consumption and cost, promoting comprehensive utilization of resources, strengthening treatment of waste gas, waste water and solid wastes, and safety in production, etc. through application of new technologies and techniques, use of new equipment and new materials (including accessory facilities for production or for living and welfare purposes). Construction of new workshops for improving existing production capacity rather than increasing production capacity is also considered as reconstruction.

Investment in Fixed Assets by Structure refers to the three major parts of investment activities, i. e. construction and installation, purchase of equipment and instrument, and other expenses.

(1) Construction and installation (work volume of construction and installation) refers to the construction of various houses and buildings and installation of various kinds of equipment and instruments, including construction of various houses, equipment foundations and industrial kilns and stoves, preparation works for project construction, and clearing up works post project construction, pavement of railways and roads, drilling of mines and putting up of oil pipes, construction of projects of water conservancy, construction of underground air – raid shelters and construction of other special projects, installation of various machinery equipment, testing operation for pre – testing the quality of installation projects. The value of equipment installed is not included in the value of installation projects.

(2) Purchase of equipment and instruments refers to the total value of equipment, tools, and vessels purchased or self – produced which come up to standards for fixed assets. Equipment, tools and vessels purchased or self – produced for new workshops by newly established or expanded units are categorized as "purchase of equipment and instruments" no matter whether they come up to the standards for fixed assets or not.

(3) Other expenses refer to expenses occurring during the construction or purchase of fixed assets other than construction, installation or purchase of equipment and instruments.

Projects under Construction refer to projects having construction and installation activities undertaken in the reference period, including projects started in the reference period, or continued from the previous period, or completed and put into production or suspended in the reference period.

Projects Completed and Put into Use Industrial projects refer to the major projects and accessory facilities completed which result in forming production capacity and have been checked and accepted while the living and welfare facilities have been completed and can ensure normal production and formally put into production. Non – industrial projects refer to the major projects and accessory facilities completed which possess the designed capacity and have been checked, accepted and formally put into production.

Newly Increased Production Capacity refers to the increase of designed capacity and project efficiency through investment in fixed assets, which reflects the accomplishment of investment in fixed assets in kind. The calculation of newly increased production capacity is based on individual project which operates independently and efficiently. When an individual project is completed and checked and accepted and put into production, it is counted as newly increased production capacity.

The newly increased production capacity and project efficiency are usually expressed in one of the following forms:

(1) annual production capacity, such as extraction of coal and petroleum;

(2) raw material processing capacity, such as ore dressing capacity of ore dressing projects, the dressing capacity of a coal washery;

(3) number or capacity of major equipment increased, such as the number of cotton spindles increased and the capacity of generating sets increased;

(4) physical measures of construction, such as volume, capacity, area, and length, for instance, the capacity of reservoirs, the length of railways or highways.

Newly increased production capacity in terms of quantity is calculated in designed capacity in general, which refers to the production capacity of a project under normal conditions designed in construction documents regardless of the actual output.

Floor Space of Buildings under Construction and Completed refers to total floor space in each story of buildings calculated from the outside line of building walls, including both usable space and the space occupied by constructions like pillars or walls. The floor space of multi – story buildings includes the total floor space of each story (including basement).

Floor Space of Residential Buildings refers to the floor space of the residential buildings under construction and completed among the total space of buildings under construction and completed.

Floor Space under Construction refers to total floor space of all buildings under construction during the reference period, including floor space of newly started buildings during the reference period, floor space of construction extended from the previous period to the current period, floor space of construction suspended during the previous period and resumed in the current period, floor space of construction completed in the current period, and floor space of construction started and then suspended in the current period.

Floor Space of Buildings Completed refers to the floor space of buildings completed in the reference period, which have come up to the designed standards and have been put into use.

Completion Rate of Floor Space of Buildings refers to the ratio of the floor space of buildings completed in certain period of time to the floor space of buildings under construction in the same period which reflects the investment result and economic efficiency of the construction industry from the angle of the speed of project construction.

Newly Increased Fixed Assets refer to the newly increased value of fixed assets through investment, including the value of projects completed and put into production, the value of equipment, tools, and vessels considered as fixed assets, as well as the relevant expenses as investment in fixed assets. This is a comprehensive indicator of investment in fixed assets, reflecting the achievements of investment in fixed assets in different periods, different sectors, and different regions.

五、城市建设、环境、能源与资源利用
Urban Construction, Environment, Energy and Resources Utilization

5-1 分地区城镇建成区面积(1985-2014)

Areas of Developed Areas by Region (1985-2014)

单位:平方公里 (sq. km)

年份 Year	全市 total	市区 Urban District	嘉善 Jiashan	平湖 Pinghu	海宁 Haining	海盐 Haiyan	桐乡 Tongxiang
1985	52.20	18.30	5.20	6.70	8.40	3.30	10.30
1986	50.52	16.69	4.07	4.75	9.35	6.25	9.41
1987	57.70	17.79	4.31	5.18	13.87	6.25	10.30
1988	60.26	18.90	4.35	5.18	15.20	5.38	11.25
1989	65.48	19.60	8.39	5.18	15.50	5.56	11.25
1990	66.35	19.80	6.32	7.76	15.60	5.62	11.25
1991	70.89	20.80	6.32	8.90	16.10	5.62	13.15
1992	77.00	22.00	8.00	10.00	18.00	6.00	13.00
1993	81.26	23.70	7.52	10.10	18.10	7.14	14.70
1994	90.60	28.00	8.60	10.50	18.30	9.20	15.90
1995	98.20	31.40	9.00	11.30	19.20	10.30	16.90
1996	107.74	34.35	9.10	11.96	19.98	15.30	17.05
1997	116.02	36.58	9.22	14.77	21.41	15.95	18.09
1998	125.42	38.25	13.26	15.55	22.89	15.77	19.70
1999	81.82	40.07	9.10	7.60	9.50	7.45	8.10
2000	87.69	42.66	9.28	8.19	10.60	7.80	9.16
2001	94.45	45.63	9.50	8.70	11.10	8.38	11.14
2002	108.41	51.44	10.50	9.00	13.00	8.70	15.77
2003	137.21	65.94	12.72	10.00	19.15	9.20	20.20
2004	157.99	76.61	15.08	12.00	22.00	9.50	22.80
2005	190.43	102.09	17.14	13.00	23.00	10.20	25.00
2006	170.13	73.12	18.71	13.50	26.70	11.10	27.00
2007	182.85	78.50	20.72	14.00	27.60	12.03	30.00
2008	193.49	83.50	22.25	14.80	28.70	12.74	31.50
2009	203.36	88.08	23.11	15.80	30.00	13.37	33.00
2010	214.82	93.61	24.10	16.80	31.80	14.01	34.50
2011	225.56	98.59	25.40	17.80	33.10	14.67	36.00
2012	235.56	103.82	26.34	18.30	34.22	15.28	37.60
2013	245.92	108.52	27.40	18.80	35.40	16.80	39.00
2014	275.73	111.79	31.50	27.80	46.57	17.00	41.07

注:1998 年及以前年份分县、市数据统计口经包括所有建制镇,1999 年以后新口径嘉兴市区包括建制镇,县及县级市仅为城关镇面积,2006 年根据新的城市建设统计口径,嘉兴市区范围不包括 10 个建制镇(含嘉兴港区)。

Note: The statistical caliber of the data used to include all the organic towns in 1998 and before; Since 1999, the data of the counties but urban district including the orgnic towns only refers to the county seat. According to the new definition of city construction statistics, Jiaxing urban district excluded the 10 organic towns (including the Jiaxing Port) in 2006.

5-2 主要年份全市城市公用事业基本情况

指　　标	单　位	Item	1990	2003
城镇建成区面积	平方公里	Areas of Developed Areas (sq. km)	66.35	137.21
供水管道长度	千米	Length of Water Supply Pipelines (km)	620	1582.57
水厂生产能力	万吨/日	Water Factory Production Capacity (10000 tons/day)	107.33	85.52
年供水总量	万吨	Total Annual Volume of Water Supply (10000 tons)	13993	19263
#生活用水	万吨	Water For Residential Use (10000 tons)	3826	4801
用水人口	万人	Population with Access to Tap Water (10000 persons)	80.76	82.52
人均生活用水量	升/人日	Per Capita of Tap Water For Residential Use (L/person - day)	129.79	277.33
实有公共汽车	辆	Public Transportation Vehicles (unit)	27	708
营运线路长度	公里	Length of Operation Routes (km)	123	378
全年公共汽车客运总量	万人次	Number of Passengers Carried (10000 person - times)	356	5793
实有铺设道路面积	万平方米	Area of Roads (10 000 sq. m)	512	1702.7
平均每人占有道路	平方米/人	Area of Roads Per Capita (sq. m/person)	8.7	20.63
实有桥梁	座	Number of Bridges(unit)	938	829
实有排水管道长度	公里	Length of Drainage Pipelines (km)	356	1245.42
生活垃圾清运量	万吨	Volume of Living Garbage Disposal (10000 tons)	52.47	51.4
建成区园林绿地面积	公顷	Green Areas in Gardens of Developed Areas (hectare)	471	3682.4
园林绿化覆盖面积	公顷	Area of Coverage virescence (hectare)		4978.7
建成区绿化覆盖率	%	Coverage Rate of Green Areas in Developed Areas (%)	9.3	30.26
每人占有公共绿地	平方米/人	Public Green Areas Per Capita(sq. m/person)	1.6	10.43
公园面积	公顷	Areas of Parks (hectare)	44	334.96
实有路灯	盏	Number of Street Lights (unit)	11336	63377

注:根据建设部最新城市建设统计口径,2006 年嘉兴市城建统计年报中嘉兴市区范围不包括 10 个建制镇(含嘉兴港区),故有部分城建统计指标数据比上年度偏小。

Basic Statistics On Urban Public Utilities In Main Years

2004	2005	2006	2007	2008	2009	2010	2011	2012	2013	2014
157.99	190.43	170.13	182.85	193.49	203.36	214.82	225.56	235.56	245.92	275.73
1884.35	2113.93	1968	2184	2369	2519	2627	2992	3104	3239	3399
94.47	111.04	89.6	128.45	120.28	124.98	145.02	164.97	187.17	201.8	193.8
21068	22122	20757	21740	19472	20674	26525	25359	29081	29834	25504
5491	6146	5835	5428	5256	5939	6615	6806	7453	7560	7871
90.23	94.22	91.56	125.47	126.41	140.83	145.46	154.25	159.64	164.35	176.87
289.55	302.91	268.43	195.87	176.03	171.68	170.46	172.26	182.82	174.81	169.37
838	817.00	1039	1268	1548	1691	1821	1650	1765	1873	1873
446	815.00	788	955	1370	2681	4020	2274	2844	2789	2978
7915	8417.00	11148	12432	13444	14287	16046	14919	16411	15660	16887
1882.2	2056.40	2191	2422	2610	2763	3024	3234	3395	3547	3663
20.86	21.83	23.93	19.3	20.65	19.62	20.79	20.96	21.27	21.56	20.64
914	975.00	829	938	997	1050	1106	1157	1197	1222	1250
1479	1815.00	1808	1987	2424	2650	2667	2773	3014	3241	3377
56.00	65.00	55.6	56.83	51.77	53.33	55.98	62.62	65.00	73.12	82.48
4250.8	5662.30	6105	6667	7122	7612	8131	9585	10040	10566	12710
6293.5	7373.10	7955	8770	9255	9789	10259	11372	11988	12586	13719
30.04	33.20	39.83	40.46	40.79	41.10	41.49	42.49	42.62	42.97	42.16
10.64	10.71	11.46	10.63	11.39	12.32	12.59	13.01	13.51	13.83	14.00
432.02	431.14	564	679	716	985	1026	1143	1198	1243	1371
70461	78424	98000	106000	112536	118419	124887	130109	136111	139480	144189

Note: According to the new definition of city construction statistics, Jiaxing urban district excluded the 10 organic towns (including the Jiaxing Port) in 2006 Jiaxing annual statistic report, some statistical indexes of city construction were smaller than the last year.

5－3 主要年份市区城市公用事业基本情况

指　　标	单　位	Item	1990	2003
城镇建成区面积	平方公里	Areas of Developed Areas（sq. km）	19.8	65.94
供水管道长度	千米	Length of Water Supply Pipelines（km）	149	619.8
水厂生产能力	万吨/日	Water Factory Production Capacity（10000 tons/day）	55.6	32.08
年供水总量	万吨	Total Annual Volume of Water Supply（10000 tons）	7951	7304
#生活用水	万吨	Water For Residential Use（10000 tons）	1763	1944
用水人口	万人	Population with Access to Tap Water（10000 persons）	25.3	38.33
人均生活用水量	升/人日	Per Capita of Tap Water For Residential Use（L/person－day）	190.9	240.88
实有公共汽车	辆	Public Transportation Vehicles（unit）	27	448
营运线路长度	公里	Length of Operation Routes（km）	123	170
全年公共汽车客运总量	万人次	Number of Passengers Carried（10000 person－times）	356	3522
实有铺设道路面积	万平方米	Area of Roads（10 000 sq. m）	180	784
平均每人占有道路	平方米/人	Area of Roads Per Capita（ sq. m/person）	8.5	20.45
实有桥梁	座	Number of Bridges(unit)	340	377
实有排水管道长度	公里	Length of Drainage Pipelines（km）	69	490.41
生活垃圾清运量	万吨	Volume of Living Garbage Disposal（10000 tons）	21	23
建成区园林绿地面积	公顷	Green Areas in Gardens of Developed Areas（hectare）	150	1534.4
园林绿化覆盖面积	公顷	Area of Coverage virescence（hectare）		1883.7
建成区绿化覆盖率	%	Coverage Rate of Green Areas in Developed Areas（%）	7.5	26.19
每人占有公共绿地	平方米/人	Public Green Areas Per Capita(sq. m/person)	1.2	9.94
公园面积	公顷	Areas of Parks（hectare）	16.7	208.79
实有路灯	盏	Number of Street Lights（unit）	3133	26987

Basic Statistics of Urban District on Urban Public Utilities In Main Years

2004	2005	2006	2007	2008	2009	2010	2011	2012	2013	2014
76.61	102.09	73.12	78.50	83.50	88.08	93.61	98.59	103.82	108.52	111.79
763.10	866.80	606	679.0	701.5	749.1	762.0	783.0	883.0	900.0	995.0
36.33	47.09	36.7	49.09	44.05	49.05	49.05	54.00	71.80	70.50	70.50
8531	9328	7374	8355	7687	7879	11282	10587	11685	12178	10277
2147	2404	2362	2249	1756	2053	2036	2379	2614	2722	2867
40.05	40.29	34.47	55.74	55.97	66.81	68.34	74.41	77.27	80.87	86.59
268.43	308.45	300.26	198.69	160.56	155.79	152.25	161.90	170.66	168.66	159.86
548	472.00	657	792	889	921	1006	1017	1042	1025	1007
178	508.00	440	526	347	913	1486	1344	1414	1527	1561
5310	5029	6650	7349	7556	7141	8680	10126	10341	9176	9870
856.6	925.20	848	916	1029	1050	1196	1300	1371	1438	1493
21.39	22.96	24.60	16.43	18.38	15.71	17.50	17.47	17.74	17.74	17.12
414	441.00	276	365	401	428	453	473	486	491	495
575.36	670.00	536	625	780	823	727	736	795	852	877
21	28.00	19.7	22.87	16.10	16.9	18.36	21.5	22.42	25.27	28.94
1828.8	2699	2602	2899	3128	3373	3629	4251	4379	4570	5265
2890.6	3579	3533	3966	4213	4489	4665	4911	5190	5403	5659
26.39	28.90	37.95	39.45	39.92	40.69	41.09	43.12	42.18	42.11	42.94
10.3	10.75	11.78	10.06	11.18	12.60	12.92	13.41	13.64	13.50	13.34
289.13	285.13	365	455	487	679	709	798	847	873	921
28177	31372	32000	34000	37261	40607	43727	45050	46123	48694	52680

5-4 主要年份全市工业企业“三废”排放情况

指　　标	单　位	Item	1990	2003
一、工业废水排放量	万吨	Industrial Waste Water Discharged (10000 tons)	10749	17630
#经过处理的	万吨	Treated (10000 tons)	3020	
工业废水排放达标量	万吨	Reaching Discharged Standard (10000 tons)	6051	17318
#经处理达标的	万吨	Reaching Discharged Standard After Treated (10000 tons)	2092	
二、废气排放总量	万标立方米	Total Volume of Waste Gas Discharged (10000 cu. m)	1359975	12977309
1.燃烧过程中废气排放量	万标立方米	Waste Gas Discharged in the Process of Burning (10000 cu. m)	1000447	8764308
#经消烟除尘的	万标立方米	Soot and Dust removed(10000 cu. m)	845416	
2.生产工艺过程中废气	万标立方米	Waste Gas Discharged in the Process of Production(10000 cu. m)	359528	4213001
#经净化处理的	万标立方米	Gas Purfied(10000 cu. m)	161339	
废气中:二氧化硫排放量	吨	Sulpgurous Oxide Discharged (ton)	29443	56559
烟尘排放量	吨	Soo Discharged (ton)	17415	24841
三、工业粉尘排放量	吨	Industrial Dust Discharged (ton)	29800	15542
工业粉尘去除量	吨	Discarded Industrial Dust (ton)	49300	458450
四、工业固体废物产生量	万吨	Industrial Solid Waste Produced (10000 tons)	37.29	147
工业固体废物处理量	万吨	Volume of Industrial Solid Waste Treated (10000 tons)	0.74	
工业固体废物综合利用量	万吨	Volume of Industrial Solid Waste Used (10000 tons)	35.56	144
工业固体废物排放量	万吨	Industrial Solid Waste Discharged (10000 tons)	0.23	0
五、工业锅炉	台/蒸吨	Industrial Boilers (unit/ton)	850	743/6235
#烟尘达标的	台/蒸吨	Reaching Discharged Standard(unit/ton)	690	730/6210
六、工业炉窑	座	Industrial Furnace (unit)	305	278
#达标炉窑	座	Reaching Discharged Standard (unit)		267
七、“三废”综合利用产值	万元	Output Value of "Three Waste" Utilized (10000 yuan)	891.6	39665
综合利用利润	万元	Profits Obtained from Utilization (10000 yuan)	290.2	

注:数据来源市环境保护局。

Industrial "Three Waste" at and above County Level in Main Years

2004	2005	2006	2007	2008	2009	2010	2011	2012	2013	2014
15789.63	15824.15	16291	15759	16235	17488	19812	22381	23267	21171	20636
15387.43	15369.55	15713	15497	15899	17218	19533				
16007027	17892106	20200443	20653070	19323127	18972077	20879773	21048844	23018677	20549689	23239688
10072946	12142025	13469726	14335020	13909724	13396175	14202523				
5934081	5750081	6730717	6318050	5413403	5575902	6677250				
85593.14	91021.65	109760	115055	111739	102805	67198	80036	76572	72960	77133
37093.41	23522.89	29417	22424	19402	19996	18900	27386	25206	24752	30127
18001.00	11411.71	9793	26891	19241	19181	7548				
501425.65	429177.33	413991	227276	294702	308914	321872				
182.22	242.17	275	338	325.54	366	378	433	526	497	533
178.93	241.08	271	334	319	358	369	392	498	471	504
0.06	0.08	0.11	0	0	0	0	0			
752/11211	829/16450	792/17210	651/7863	673/7020	816/19118	782/16386	1086/29436	982/29319	961/30340	900/31303
732/11165	791/16393	781/17191	632/7783	669/7000	816/18916	780/16376				
325	252	314	230	255	183	162	244	199	204	186
	218	310	225	248	175	161				
44517.7	4882.5	188210	101445	162980	135219	158982				

Note: Data were got from Municipal Environmental Protection Agency.

5-5 主要年份市区工业企业"三废"排放情况

指　标	单 位	Item	1990	2003
一、工业废水排放量	万吨	Industrial Waste Water Discharged (10000 tons)	5118	3975
#经过处理的	万吨	Treated (10000 tons)	1355	
工业废水排放达标量	万吨	Reaching Discharged Standard (10000 tons)	2695	3905
#经处理达标的	万吨	Reaching Discharged Standard After Treated (10000 tons)	1010	
二、废气排放总量	万标立方米	Total Volume of Waste Gas Discharged (10000 cu. m)	583838	3166849
1. 燃烧过程中废气排放量	万标立方米	Waste Gas Discharged in the Process of Burning(10000 cu. m)	440253	2762894
#经消烟除尘的	万标立方米	Soot and Dust removed(10000 cu. m)	393187	
2. 生产工艺过程中废气	万标立方米	Waste Gas Discharged in the Process of Production(10000 cu. m)	143585	403955
#经净化处理的	万标立方米	Gas Purfied(10000 cu. m)	114844	
废气中:二氧化硫排放量	吨	Sulpgurous Oxide Discharged (ton)	6616	12747
烟尘排放量	吨	Soo Discharged (ton)	4581	7727
三、工业粉尘排放量	吨	Industrial Dust Discharged (ton)	7600	619
工业粉尘去除量	吨	Discarded Industrial Dust (ton)	10100	50638
四、工业固体废物产生量	万吨	Industrial Solid Waste Produced (10000 tons)	11.64	37
工业固体废物处理量	万吨	Volume of Industrial Solid Waste Treated (10000 tons)	0.47	
工业固体废物综合利用量	万吨	Volume of Industrial Solid Waste Used (10000 tons)	10.84	35
工业固体废物排放量	万吨	Industrial Solid Waste Discharged (10000 tons)	0.004	
五、工业锅炉	台/蒸吨	Industrial Boilers (unit/ton)	185/613	0
#烟尘达标的	台/蒸吨	Reaching Discharged Standard(unit/ton)	142/490	0
六、工业炉窑	座	Industrial Furnace (unit)	60	38
#达标炉窑	座	Reaching Discharged Standard (unit)	45	36
七、"三废"综合利用产值	万元	Output Value of "Three Waste" Utilized (10000 yuan)	152	6088
综合利用利润	万元	Profits Obtained from Utilization (10000 yuan)		

The circumstances of the urban industry enterprisesś waste emission in main years

2004	2005	2006	2007	2008	2009	2010	2011	2012	2013	2014
3802.78	4090.2	4323	3931.13	4164	4540	5051	7457	7189	6589	6606
3696.29	3918.93	4047	3838.99	4084	4469	5004				
4306832	4451375	4049117	3530019	2852652	3599767	3730236	3597266	3399461	3189600	3523281
3535680	3307095	2289965	2579716	2613147	2698628	2825042				
771152	1144280	1759152	950303	239505	901139	905194				
17368.87	13091.63	12514	15832.33	13889	11956	11492	22827	20399	19789	25548
9251.9	6032.17	4690	5471.39	3716	3448	3477	8617	9203	10489	11950
693.76	995.78	1063	636.02	2926	1125	1689				
61084.53	71857.78	18551	50018	66389	94731	159291				
45.91	51.87	59.24	79.32	68	83	88	96	104	107	102
45.82	51.77	57.08	78.08	67	80	86	74	87	90	83
				0	0	0	0			
177/1328	204/1597	214/2051	148/2004	155/2294	182/2495	195/2506	250/4067	239/3595	236/3652	218/3617
174/1323	180/1581	214/2051	139/1996	155/2294	182/2495	195/2506				
50	66	72	23	11	31	26	61	43	58	44
		69	18	11	27	25				
6294.3	12037.6	81163	21781.2	39972	48831	72364				

5－6 市区空气质量状况(2000－2014)
Ambient Air Quality in Urban District(2000－2014)

年份 Year	空气污染指数(API) Air Pollution Index (API)				
	0－50(优)天数 0－50(Excellent) days	51－100(良)天数 51－100(Good) days	>100(良以下)天数 >100(Below Good) days	优良天数 Excellent and Good days	优良比例% Excellent and Good rate%
2000	161	189	16	350	95.9
2001	153	200	12	353	96.7
2002	144	193	28	337	92.3
2003	40	269	56	309	84.7
2004	58	298	9	356	97.5
2005	83	272	10	355	97.3
2006	13	290	62	303	83
2007	36	276	53	312	85.5
2008	33	315	18	348	95.1
2009	47	291	27	338	92.6
2010	68	262	35	330	90.41
2011	79	252	34	331	90.7
2012	85	262	19	347	94.8
2013	92	224	49	316	86.6
2014	39	214	107	253	70.3

注:资料来源市环境保护局。
Note: Data were got from Municipal Environmental Protection Agency.

5-7 全市及市区水资源利用情况(2014)
Water Resources in whole city and Urban District(2014)

项　目	Item	全　市 Total	市　区 Urban District
水资源总量(亿立方米)	Hydropower Resources(100 million cu. m)	23.52	5.60
总供水量(亿立方米)	Total Amount of Water Supply(100 million cu. m)	19.34	4.49
用水量构成(%)	Component of Water Use(%)	100	100
农田灌溉	Farmlands Irrigation	53.0	46.5
农林牧渔畜	Agriculture, Animal Husbandry and Fishery	6.5	5.4
工业	Indrstry	22.9	23.6
居民生活	Consumption for Life	10.8	12.3
城镇公共用水	Urban Public Consumption	5.4	9.9
生态环境补水	Supplement for Ecological Environment	1.4	2.3

注:资料来源嘉兴市水利局。
Note data comes from Jiaxing Municipal Bureau of Public Security.

5－8 主要年份全市全社会用电情况

单位:万千瓦时

指　　标	Item	1990	2003	2004
全社会用电总计	Total	216956	1085492	1268263
城乡居民生活用电合计	Residents´Consumption of Electricity for Non－production Purpose	19699	119151	99651
城镇居民	Urban Residents	13311	74268	48212
乡村居民	Rural Residents	6388	44883	51439
一、农、林、牧、渔业	Farming ,Forestry,Animal Husbandry and Fishery	21779	23713	12192
二、工业合计	Industry	166316	834242	1038175
1.轻工业	Light Industry	72408	425342	535639
2.重工业	Heavy Industry	93908	408900	502537
按主要行业分:	By Sector			
1.采矿业	Mining and Quarrying	4591	8964	7371
2.食品,饮料和烟草制造业(轻)	Food, Beverage and Tobacco Processing	8380	12606	13626
3.纺织业(轻)	Textile Industry	23318	128601	184423
4.造纸及纸制品业(轻)	Papermaking and Paper Products	9715	51216	63736
5.石油加工、炼焦及核燃料加工业	Petroleum Processing		314	333
6.化学原料及化学制品制造业	Chemical Industry	22807	63873	78956
7.医药制造业(轻)	Medical and Pharmaceutical Products	215	1401	1725
8.化学纤维制造业(轻)	Chemical Fiber	3609	115449	136654
9.橡胶及塑料制品业	Plastic and Rubber Products	4940	37192	42433
10.黑色金属冶炼及压延加工业	Smelting and Pressing of Ferrous Metals	6416	18723	22733
11.有色金属冶炼及压延加工业	Smelting and Pressing of Nonferrous Metals	751	10240	9599
12.金属制品业	Metal Products	6461	29975	38323
13.通用及专用设备制造业	Generic and Specialized Equipment Manufacturing	7665	35954	46174
14.交通运输,电气,电子设备制造业	Trasport and Electronic Equipment Manufacturing	4831	53910	66447
15.电力,热力的生产和供应业	Production and Supply of Electronic Power,Steam and Hot water	16539	72975	101630
16.水的生产和供应业	Production and supply of Tap Water	3122	10849	13449
三、建筑业	Construction	1971	27635	29169
四、交通运输、仓储、邮政业	Transportation,Storage ,Post and Telecommunications	748	5298	6697
五、信息传输、计算机服务和软件业	Information Transmission, Computer Services and Software Industry			
六、商业、住宿和餐饮业	Trade , Accommodation and Catering Services	3194	34623	39038
七、金融、房地产、商务及居民服务业	Financel, Real estate, Business and Residents Services			
八、公共事业及管理组织	Public Utilities and Management Organization			

注:2004 年及以前年份采用国民经济行业分类 1984 标准,2005 年开始使用国民经济行业分类 2002 标准。

Consumption of Electricity in Main Years

(10000 kwh)

2005	2006	2007	2008	2009	2010	2011	2012	2013	2014
1509403	1810517	2128890	2317449	2508587	2905219	3279051	3514240	3854512	3964500
121607	146633	163570	173938	189227	216604	239925	264879	317327	277883
59785	69530	84088	88377	96864	113960	128389	145479	174097	158040
61822	77103	79483	85561	92362	102644	111536	119400	143229	119844
22032	17054	18793	19265	18937	20253	24047	27167	29687	26310
1228022	1493740	1781571	1933731	2084017	2409038	2713025	2892307	3144633	3288812
622479	795214	963816	1070153	1177367	1287728	1404313	1508502	1598653	1656454
605543	698526	817755	863579	906651	1121309	1308712	1383805	1545980	1632358
8015	5788	5728	3144	2938	4286	5208	4899	3929	2567
18830	21748	27428	28796	35140	39974	42828	45089	50428	48918
230926	308633	385572	409095	435184	511725	583599	636296	687056	713185
7505	91207	117972	144402	177385	154535	173751	199304	195939	201061
429	380	386	410	452	1345	3863	13548	17185	17429
112712	107107	122967	125782	138183	172446	181299	204812	247242	274676
2237	3578	4467	5102	5266	6320	7048	6799	7268	8028
153080	174014	213185	251868	271082	264053	278868	296352	308940	321166
58940	88016	103552	110192	114003	138055	153478	168105	188259	196809
28428	33672	42606	39927	47215	67795	78115	79350	92331	90359
7809	9849	13923	16499	14581	23854	27758	28058	29636	29773
48580	60650	83276	103659	110565	158442	186649	201563	240103	269857
51449	58301	69568	82020	82701	97323	108086	104178	110290	119225
79328	89763	114907	140625	154292	209348	208747	213800	228112	253717
108767	142635	151293	140625	149461	114496	129671	160574	191813	179366
17289	21137	23503	23689	25613	29426	31860	34347	36916	38476
40811	33129	25109	30652	34828	41126	45136	43914	47748	50331
6585	5759	8168	12837	17176	22255	32414	35533	37891	40460
3144	5494	5952	6954	7808	10010	12533	14021	15474	17175
43914	54031	62698	68666	78772	93912	109996	123180	134992	134794
13075	17217	21637	24464	26212	33719	39118	42890	49816	52091
30212	37460	41391	46942	51610	58302	62857	70349	76943	76644

Note: The sector standard is classified by GB/T4754 – 1984 in and before 2004 and by GB/T4754 – 2002 since 2005.

5－9　主要年份市区全社会用电情况

单位:万千瓦时

指　　标	Item	1990	2003	2004
全社会用电总计	Total	66238	308220	373135
城乡居民生活用电合计	Residents´Consumption of Electricity for Non－production Purpose	5755	31479	29779
城镇居民	Urban Residents	3473	16340	10352
乡村居民	Rural Residents	2282	15139	19427
一、农、林、牧、渔业	Farming ,Forestry,Animal Husbandry and Fishery	5665	5346	2795
二、工业合计	Industry	50806	231925	296955
1.轻工业	Light Industry	23862	111055	140703
2.重工业	Heavy Industry	26944	120870	156252
按主要行业分:	By Sector			
1.采矿业	Mining and Quarrying			
2.食品,饮料和烟草制造业(轻)	Food, Beverage and Tobacco Processing	2098	4842	5350
3.纺织业(轻)	Textile Industry	8608	40178	56107
4.造纸及纸制品业(轻)	Papermaking and Paper Products	7339	18762	23413
5.石油加工、炼焦及核燃料加工业	Petroleum Processing		108	116
6.化学原料及化学制品制造业	Chemical Industry	8213	36859	52666
7.医药制造业(轻)	Medical and Pharmaceutical Products	104	418	449
8.化学纤维制造业(轻)	Chemical Fiber	19	11359	13357
9.橡胶及塑料制品业	Plastic and Rubber Products	903	13142	13852
10.黑色金属冶炼及压延加工业	Smelting and Pressing of Ferrous Metals	4578	14832	13488
11.有色金属冶炼及压延加工业	Smelting and Pressing of Nonferrous Metals	259	808	844
12.金属制品业	Metal Products	1057	10869	12600
13.通用及专用设备制造业	Generic and Specialized Equipment Manufacturing	4333	14620	21247
14.交通运输,电气,电子设备制造业	Trasport and Electronic Equipment Manufacturing	2133	15018	21585
15.电力,热力的生产和供应业	Production and Supply of Electronic Power, Steam and Hot water	3428	23264	30673
16.水的生产和供应业	Production and supply of Tap Water	890	3880	4195
三、建筑业	Construction	776	9200	10315
四、交通运输、仓储、邮政业	Transportation,Storage ,Post and Telecommunications	397	2143	2642
五、信息传输、计算机服务和软件业	Information Transmission, Computer Services and Software Industry			
六、商业、住宿和餐饮业	Trade , Accommodation and Catering Services	1320	15297	15466
七、金融、房地产、商务及居民服务业	Financel, Real estate, Business and Residents Services			
八、公共事业及管理组织	Public Utilities and Management Organization			

Consumption of Electricity in Urban District in Main Years

(10000 kwh)

2005	2006	2007	2008	2009	2010	2011	2012	2013	2014
432298	495111	579358	611855	634418	738036	851239	930296	991233	1013706
36124	41189	43126	47665	50703	58899	65383	72739	87116	76542
22765	24165	26957	31055	33638	39803	45195	51417	61660	55676
13358	17024	16170	16610	17065	19096	20189	21322	25456	20867
4417	3632	4512	5123	5257	5553	6117	7137	7837	7032
351453	398547	471709	492406	503881	587924	675259	734622	768964	800089
171806	234020	283866	300978	312771	349599	405692	438608	463561	466533
179647	164527	187843	191429	191110	238325	269567	296014	305402	333556
			65	81	155	202	198	170	209
5861	8183	7863	7549	8631	9526	10481	11169	14086	14326
81306	121173	160949	168160	175676	202730	241786	265041	271678	276371
26371	25727	33227	31610	31483	30376	33248	32677	33939	31897
101	63	78	100	107	119	98	100	87	65
65358	34441	33834	26137	19158	27331	32646	34659	35680	38673
380	343	928	1147	1042	1128	1416	1382	1384	1509
19206	28543	23547	48318	49242	49417	55486	59868	63070	62541
15710	30610	36572	41530	42634	48201	49095	54860	60934	62807
7052	2672	2568	1973	4973	21137	29484	34665	40666	41553
880	1098	2724	1957	1298	2220	3130	2877	2950	3288
12393	10667	15802	22586	25470	37020	42713	45676	51144	55253
22865	14443	15381	15543	15774	19121	19876	15170	14762	17001
23244	21149	23139	25582	26931	33850	38228	46867	55133	60240
34508	39122	38748	41501	39963	29559	34726	35210	20355	22984
4612	4635	4968	5246	5367	6447	7257	7946	8398	9376
8372	7755	7535	7395	9741	11022	11126	12123	13630	13867
2331	1764	2699	3159	3575	4666	12023	12682	13412	14209
1097	2468	2306	2557	2895	3714	4862	5380	5861	6764
15325	19415	23288	25715	27898	31814	35938	40961	44502	44094
2165	6055	8509	10162	10661	12140	15803	17446	21060	22078
11014	14286	15674	17672	19805	22304	24728	27206	28851	29030

5－10 分地区供用电设备情况
（2014）

指标 Item	全市 Total		市区 Urban District	
变压器 Transformer	台 unit	千伏安 kva	台 unit	千伏安 kva
500kV	9	7750000	3	2250000
220kV	67	12510000	13	2280000
110kV	241	12318500	78	3772000
35kV	53	945500	16	295500
20kV	2717	1268922	143	422714
10kV	26035	8422619	9373	3121606
线路 Line	条 Line	公里 Km	条 Line	公里 Km
800kV		42.748		42.748
500kV	20	815.258	20	815.26
220kV	95	1370.045	95	1370.05
110kV	246	1979.56	246	1979.56
35kV	165	974.745	50	251.23
20kV		2634.413		205.98
10kV		17093.983		6325.13

Conditions of Equipment for Power Supply by Region (2014)

嘉善县 Jiashan		平湖市 Pinghu		海宁市 Haining		海盐县 Haiyan		桐乡市 Tongxiang	
台 unit	千伏安 kva	台 unit	千伏安 kva	台 unit	千伏安 kva	台 unit	千伏安 kva	台 unit	千伏安 kva
3	2500000			3	3000000				
10	1950000	9	1680000	15	2970000	7	1320000	13	2310000
31	1561500	24	1310000	44	2127500	22	1073000	42	2474500
9	165000	2	32000	12	221000	8	136000	6	96000
94	34000	46	15520	41	36345	167	53245	2226	707098
3629	1099000	2831	843105	5239	1731915	2522	795215	2441	831778
条 Line	公里 Km	条 Line	公里 Km	条 Line	公里 Km	条 Line	公里 Km	条 Line	公里 Km
20	119.83	9	32.14	32	215.17	14	140.61	40	216.19
	79.44		115.57		202.07		155.33		1876.03
	2363.05		1695.55		3250.34		1865.62		1594.30

5-11 供用电设备情况
(2003-2014)

指　标 Item	2003	2004	2005	2006
全市 Total				
变压器（台/千伏安）Transformer(unit/kva)				
500kV	3/750000	6/1500000	6/1500000	4/3000000
220kV	18/2580000	21/3030000	26/3870000	32/4920000
110kV	75/2667000	91/3394000	107/4198000	119/4781000
35kV	100/1142900	90/1135500	76/1022200	74/1097800
20kV				
10kV	8148/1324081	13048/2214907	14928/2591713	16492/3108747
线路(条/公里) Line(lines/km)				
800kV				
500kV	9/504.54	11/607.27	13/662.56	16/704.46
220kV	29/691.96	34/753.62	36/744.19	48/867.28
110kV	70/791.38	87/965.13	108/1121.86	127/1222.10
35kV	153/1007.40	153/954.62	146/962.99	143/912.23
20kV				
10kV	884/9695.12	1002/10619.15	1243/11135.95	1379/12240.08
市区 Urban District				
变压器(台/千伏安) Transformer(unit/kva)				
500kV	3/750000	6/1500000	6/1500000	2/1500000
220kV	6/870000	6/870000	6/900000	9/1440000
110kV	21/772000	25/942000	26/1019000	30/1199000
35kV	20/204500	15/183500	15/192500	13/209000
20kV				
10kV	2669/456525	4184/651430	4588/816245	5007/989145
线路(条/公里) Line(lines/km)				
800kV				
500kV	9/504.537	11/607.273	13/662.561	16/704.46
220kV	29/691.96	34/753.62	36/744.19	48/867.28
110kV	69/772.12	86/945.87	108/1121.86	127/1222.10
35kV	31/186.25	29/167.36	32/192.03	28/161.47
20kV				
10kV	170/2590.24	181/2735.82	316/2874	366/3015.46

Conditions of Equipment for Power Supply
(2003 - 2014)

2007	2008	2009	2010	2011	2012	2013	2014
4/3000000	5/3750000	7/5750000	7/5750000	7/5750000	8/6750000	8/6750000	9/7750000
36/5640000	43/6960000	49/8220000	53/9300000	54/9630000	57/10350000	63/11670000	67/12510000
130/5348000	146/6193500	171/7450500	184/8479000	201/9907500	215/10854500	226/11561500	241/12318500
74/1107300	72/1101800	59/1007800	57/993500	56/973500	53/949000	54/965000	53/945500
				502/184210	1275/382864	1988/572615	2717/1268922
18818/3878654	20303/4425086	21576/5637227	22804/5724799	24471/6465261	25012/6923287	25789/7796124	26035/8422619
			0/42.748	0/42.748	0/42.75	0/42.75	/42.75
15/673.31	16/739.33	16/649.03	16/707.48	15/784.77	18/963.49	18/816.47	20/815.26
52/955.07	60/990.05	69/1091.36	81/1217.79	85/1282.04	85/1289.05	91/1315.43	95/1370.05
146/1380.60	163/1466.67	183/1612.51	194/1684.41	200/1751.26	201/1791.70	225/1941.67	246/1979.56
157/922.91	141/891.59	145/911.25	143/856.28	148/887.73	138/840.38	136/823.65	165/974.75
				144/790.56	248/1601.52	0/2171.44	0/2634.41
1616/14122.283	1558/13211.688	2200/17722.58	2010/15727.38	2123/16697.39	2146/16585.25	0/16800.53	0/17093.98
2/1500000	3/2250000	3/2250000	3/2250000	3/2250000	3/2250000	3/2250000	3/2250000
13/2070000	9/1440000	19/3240000	19/3300000	19/3300000	19/3330000	20/3510000	13/2280000
43/1803500	38/1579000	59/2563500	60/2643500	65/3013500	69/3292000	73/3492000	78/3772000
23/349000	21/338500	19/324000	19/324000	19/324000	16/295500	16/295500	16/295500
				31/10115	75/30265	115/44660	143/422714
6954/1521097	7057/1596228	7298/1736060	8119/2147170	8748/2420035	9099/2583145	9447/3039040	9373/3121606
			/42.748	/42.748	0/42.75	0/42.75	0/42.75
15/673.31	16/739.33	16/649.03	16/707.48	15/784.77	18/963.49	18/816.47	20/815.26
52/955.07	60/990.05	69/1091.36	81/1217.79	85/1282.04	85/1289.05	91/1315.43	95/1370.05
146/1380.60	163/1466.67	183/1612.51	194/1684.41	200/1751.26	201/1791.70	225/1941.67	246/1979.56
64/317.58	46/233.08	50/247.85	53/260.18	59/290.41	50/251.23	50/251.23	50/251.23
				6/37.22	25/172.11	0/198.53	0/205.98
562/4420.23	417/4554.47	925/7041.10	724/5472.47	798/5775.32	801/5913.05	0/6054.56	0/6325.13

5－12 分地区规模以上工业企业分行业综合能源消费量（2014）

单位：吨标准煤

指　　标	Item	全　市 Total	市　区 Urban District
总　　计	Total	13377112	3302065
非金属矿采选业	Nonmetal Minerals Mining and Dressing	8073	0
农副食品加工业	Food Processing	70354	19439
食品制造业	Food Production	147221	49768
酒、饮料和精制茶制造业	Alcohol, Drinks and Tea Production	29615	0
纺织业	Textile Industry	2391204	945506
纺织服装、服饰业	Clothing Industry	207287	45579
皮革、毛皮、羽毛及其制品和制鞋业	Leather, Furs, Down and Related Products	158025	17197
木材加工和木、竹、藤、棕、草制品业	Timber Processing, Bamboo, Cane, Palm Fiber and Straw Products	64140	7634
家具制造业	Furniture Manufacturing	69577	13111
造纸和纸制品业	Papermaking and Paper Products	1492555	260638
印刷和记录媒介复制业	Printing	40101	1974
文教、工美、体育和娱乐用品制造业	Culture, Education, Arts, Sports and Entertainment Production	28476	5754
石油加工、炼焦和核燃料加工业	Petroleum Processing and Coking	3677	0
化学原料和化学制品制造业	Raw Chemical Material and Chemical Products	1966023	262076
医药制造业	Medical and Pharmaceutical Products	44161	4333
化学纤维制造业	Chemical Fiber	1451926	238544
橡胶和塑料制品业	Rubber and Plastic Production	479722	154822
非金属矿物制品业	Nonmetal Mineral Products	1274369	287168
黑色金属冶炼和压延加工业	Smelting and Pressing of Ferrous Metals	841282	245749
有色金属冶炼和压延加工业	Smelting and pressing of Nonferrous Metals	55842	6774
金属制品业	Metal Products	226913	90781
通用设备制造业	Ordinary Machinery Manufacturing	367874	77173
专用设备制造业	Equipment Manufacturing For Special Purposes	76256	14749
汽车制造业	Automobile Manufacturing Industry	112060	60745
铁路、船舶、航空航天和其他运输设备制造业	Transportation Equipment Manufacturing Industry	4274	662
电气机械和器材制造业	Electric Equipment and Machinery	289880	34941
计算机、通信和其他电子设备制造业	Computer and Communication Equipment Manufacturing Industry	303317	81486
仪器仪表制造业	Instrument Manufacturing Industry	20063	12023
其他制造业	Other Industry	11667	2655
废弃资源综合利用业	Recovry of Resource Discarded and Useless Material	46211	1097
金属制品、机械和设备修理业		8	8
电力、热力生产和供应业	Production and Supply of Electric Power, Steam and Hot water	1000111	320325
燃气生产和供应业	Production snd Supply of Gas	812	233
水的生产和供应业	Production and Supply of Water	94034	39121

注：能源消费量按等价热值计算。

Intergrated Energy Consumption of Industrial Enterprises above Designated Size by Region (2014)

(tons of SCE)

南湖区 Nanhu	秀洲区 Xiuzhou	嘉善县 Jiashan	海盐县 Haiyan	海宁市 Haining	平湖市 Pinghu	桐乡市 Tongxiang
1535091	1766973	1268881	1376737	1987347	2786548	2655534
0	0	0	8073	0	0	0
14944	4495	19408	9557	14660	4753	2537
35502	14265	4414	0	68962	21336	2741
0	0	3339	6435	17991	829	1022
102431	843076	155267	95061	659885	43359	492127
25948	19631	5987	11518	45988	72114	26101
13410	3787	13363	849	49950	19775	56891
7634	0	43198	1189	333	2993	8794
3126	9985	31467	1197	18289	4374	1139
245905	14733	88018	512777	17082	575629	38410
1930	44	9029	1699	17829	4209	5362
5055	699	6258	491	1868	7255	6850
0	0	84	16	0	3578	0
249665	12411	173676	51258	193843	1185388	99782
440	3893	9129	783	6303	9518	14096
59831	178713	984	45301	139814	2017	1025265
35030	119792	32472	32926	166479	35951	57074
56564	230604	105507	135386	57299	116862	572147
245268	481	242077	169223	85067	66890	32276
1583	5191	9947	3692	1741	4625	29063
28636	62145	32056	29964	30818	25945	17348
51239	25934	136485	73862	17029	40758	22566
8797	5952	22416	18843	7047	4877	8325
34337	26408	7639	12913	6471	23223	1069
397	265	1990	491	1131	0	0
16905	18036	10679	41242	105827	82404	14787
51463	30023	74867	1695	102167	18374	24728
431	11592	167	1792	0	1890	4191
789	1866	1559	0	502	1062	5888
1097	0	310	42045	0	453	2305
0	8	0	0	0	0	0
197612	122714	21867	63952	131249	398958	63760
0	233	19	21	79	98	363
39121	0	5201	2489	21644	7053	18527

Note: Account by equivalent heat capacity.

5－13　全市规模以上工业企业主要能源按行业分组消费量（2014）

指　　标	Item	原煤（吨） Raw Coal （ton）	焦炭（吨） Hard Coke （ton）
总　　计	Total	16534280	11154
非金属矿采选业	Nonmetal Minerals Mining and Dressing	0	0
农副食品加工业	Food Processing	15039	60
食品制造业	Food Production	29827	0
酒、饮料和精制茶制造业	Alcohol, Drinks and Tea Production	5263	0
纺织业	Textile Industry	712424	0
纺织服装、服饰业	Clothing Industry	53924	0
皮革、毛皮、羽毛及其制品和制鞋业	Leather, Furs, Down and Related Products	28414	0
木材加工和木、竹、藤、棕、草制品业	Timber Processing, Bamboo, Cane, Palm Fiber and Straw Products	7441	0
家具制造业	Furniture Manufacturing	3712	653
造纸和纸制品业	Papermaking and Paper Products	1035942	306
印刷和记录媒介复制业	Printing	232	0
文教、工美、体育和娱乐用品制造业	Culture, Education, Arts, Sports and Entertainment Production	1758	145
石油加工、炼焦和核燃料加工业	Petroleum Processing and Coking	0	0
化学原料和化学制品制造业	Raw Chemical Material and Chemical Products	1147088	6335
医药制造业	Medical and Pharmaceutical Products	6049	0
化学纤维制造业	Chemical Fiber	389978	0
橡胶和塑料制品业	Rubber and Plastic Production	104674	86
非金属矿物制品业	Nonmetal Mineral Products	570901	340
黑色金属冶炼和压延加工业	Smelting and Pressing of Ferrous Metals	136033	1394
有色金属冶炼和压延加工业	Smelting and pressing of Nonferrous Metals	3962	0
金属制品业	Metal Products	17548	173
通用设备制造业	Ordinary Machinery Manufacturing	3506	846
专用设备制造业	Equipment Manufacturing For Special Purposes	6046	706
汽车制造业	Automobile Manufacturing Industry	1022	0
铁路、船舶、航空航天和其他运输设备制造业	Transportation Equipment Manufacturing Industry	0	0
电气机械和器材制造业	Electric Equipment and Machinery	5054	84
计算机、通信和其他电子设备制造业	Computer and Communication Equipment Manufacturing Industry	5096	0
仪器仪表制造业	Instrument Manufacturing Industry	0	0
其他制造业	Other Industry	230	26
废弃资源综合利用业	Recovry of Resource Discarded and Useless Material	3333	0
金属制品、机械和设备修理业		0	0
电力、热力生产和供应业	Production and Supply of Electric Power, Steam and Hot water	12239785	0
燃气生产和供应业	Production snd Supply of Gas	0	0
水的生产和供应业	Production and Supply of Water	0	0

General Energy Consumption of Industrial Enterprises above Designated Size by Sector (2014)

汽油(吨) Gasoline (ton)	柴油(吨) Diesel Oil (ton)	燃料油(吨) Fuel(ton)	液化石油气(吨) LPG(ton)	热力(百万千焦) Heating Power (millionkj)	电力(万千瓦时) Electric Power (10000kwh)
34859	71736	38091	9165	63826923	2690278
0	1397	0	0	0	1911
608	552	0	189	354561	13561
349	690	0	321	1067843	22666
89	289	0	0	267002	5126
6215	5490	6236	1103	17932902	391516
4101	2595	128	38	1030389	36254
2874	1797	0	49	1032014	29223
192	1423	0	0	150589	14552
940	1275	0	103	19265	18534
838	3290	764	3	18472577	240364
799	682	72	0	140470	9709
341	297	0	20	108899	6335
0	0	0	0	50883	615
1722	2788	426	10	16405332	382080
174	154	0	0	460403	7139
369	1436	2977	0	1195325	332039
1937	2371	0	50	1374188	113536
869	24794	23303	103	753139	222922
419	2279	317	159	341785	182784
187	256	1072	40	115788	10333
1208	2518	1509	453	103583	55152
2742	5435	825	3836	385532	91694
1223	774	0	13	14568	18821
723	1027	0	40	284123	29771
92	241	0	14	876	1158
2049	1580	461	2620	45342	84797
1296	977	0	2	243475	86433
172	181	0	0	0	6174
116	545	0	0	36979	2928
31	327	0	0	88280	12753
0	0	0	0	0	2
1900	4168	0	0	1350813	229566
81	6	0	0	0	217
206	103	0	0	0	29615

5-14 市区规模以上工业企业主要能源按行业分组消费量 (2014)

指　标	Item	原煤(吨) Raw Coal (ton)	焦炭(吨) Hard Coke (ton)
总　计	Total	2377236	1082
非金属矿采选业	Nonmetal Minerals Mining and Dressing	0	0
农副食品加工业	Food Processing	1467	0
食品制造业	Food Production	15	0
酒、饮料和精制茶制造业	Alcohol, Drinks and Tea Production	0	0
纺织业	Textile Industry	244562	0
纺织服装、服饰业	Clothing Industry	4196	0
皮革、毛皮、羽毛及其制品和制鞋业	Leather, Furs, Down and Related Products	0	0
木材加工和木、竹、藤、棕、草制品业	Timber Processing, Bamboo, Cane, Palm Fiber and Straw Products	0	0
家具制造业	Furniture Manufacturing	342	0
造纸和纸制品业	Papermaking and Paper Products	294013	306
印刷和记录媒介复制业	Printing	0	0
文教、工美、体育和娱乐用品制造业	Culture, Education, Arts, Sports and Entertainment Production	0	145
石油加工、炼焦和核燃料加工业	Petroleum Processing and Coking	0	0
化学原料和化学制品制造业	Raw Chemical Material and Chemical Products	190498	0
医药制造业	Medical and Pharmaceutical Products	0	0
化学纤维制造业	Chemical Fiber	107947	0
橡胶和塑料制品业	Rubber and Plastic Production	36664	86
非金属矿物制品业	Nonmetal Mineral Products	9774	0
黑色金属冶炼和压延加工业	Smelting and Pressing of Ferrous Metals	71595	470
有色金属冶炼和压延加工业	Smelting and pressing of Nonferrous Metals	1761	0
金属制品业	Metal Products	377	0
通用设备制造业	Ordinary Machinery Manufacturing	123	75
专用设备制造业	Equipment Manufacturing For Special Purposes	0	0
汽车制造业	Automobile Manufacturing Industry	0	0
铁路、船舶、航空航天和其他运输设备制造业	Transportation Equipment Manufacturing Industry	0	0
电气机械和器材制造业	Electric Equipment and Machinery	2048	0
计算机、通信和其他电子设备制造业	Computer and Communication Equipment Manufacturing Industry	4422	0
仪器仪表制造业	Instrument Manufacturing Industry	0	0
其他制造业	Other Industry	0	0
废弃资源综合利用业	Recovry of Resource Discarded and Useless Material	0	0
金属制品、机械和设备修理业		0	0
电力、热力生产和供应业	Production and Supply of Electric Power, Steam and Hot water	1407433	0
燃气生产和供应业	Production snd Supply of Gas	0	0
水的生产和供应业	Production and Supply of Water	0	0

General Energy Consumption of Industrial Enterprises above Designated Size by Sector in Urban District (2014)

汽油(吨) Gasoline (ton)	柴油(吨) Diesel Oil (ton)	燃料油(吨) Fuel(ton)	液化石油气(吨) LPG(ton)	热力(百万千焦) Heating Power (millionkj)	电力(万千瓦时) Electric Power (10000kwh)
9127	16657	23970	1505	17814060	632240
0	0	0	0	0	0
352	157	0	189	181986	3177
182	499	0	1	207401	8412
0	0	0	0	0	0
1264	1283	0	2	8108998	159157
732	351	0	0	344643	7025
388	136	0	0	146129	3622
24	186	0	0	34462	1727
275	343	0	0	8989	3244
144	354	764	0	3051285	36749
89	52	72	0	4920	474
43	19	0	16	0	1105
0	0	0	0	0	0
783	1051	91	0	2972272	40700
67	18	0	0	33980	964
101	304	913	0	473289	59252
677	851	0	49	805879	37938
254	6389	20572	9	34140	55586
115	507	0	0	78999	43477
10	93	1072	40	2707	1078
415	919	0	269	61362	22959
508	1025	25	831	51916	20291
324	114	0	4	5821	4207
185	267	0	10	267831	14632
47	41	0	0	876	136
514	507	461	86	4711	9489
525	211	0	0	211080	21766
58	3	0	0	0	3776
67	91	0	0	10897	650
0	225	0	0	0	244
0	0	0	0	0	2
839	631	0	0	709489	58030
57	6	0	0	0	45
92	23	0	0	0	12327

5-15　全市规模以上工业按行业分组取水量
(2014)

单位:万立方米

指　　标	Item	取水总量 Water Consumption
总　　计	Total	93241
非金属矿采选业	Nonmetal Minerals Mining and Dressing	13
农副食品加工业	Food Processing	186
食品制造业	Food Production	520
酒、饮料和精制茶制造业	Alcohol, Drinks and Tea Production	187
纺织业	Textile Industry	10439
纺织服装、服饰业	Clothing Industry	1074
皮革、毛皮、羽毛及其制品和制鞋业	Leather, Furs, Down and Related Products	866
木材加工和木、竹、藤、棕、草制品业	Timber Processing, Bamboo, Cane, Palm Fiber and Straw Products	158
家具制造业	Furniture Manufacturing	362
造纸和纸制品业	Papermaking and Paper Products	4096
印刷和记录媒介复制业	Printing	75
文教、工美、体育和娱乐用品制造业	Culture, Education, Arts, Sports and Entertainment Production	106
石油加工、炼焦和核燃料加工业	Petroleum Processing and Coking	15
化学原料和化学制品制造业	Raw Chemical Material and Chemical Products	6462
医药制造业	Medical and Pharmaceutical Products	111
化学纤维制造业	Chemical Fiber	718
橡胶和塑料制品业	Rubber and Plastic Production	537
非金属矿物制品业	Nonmetal Mineral Products	1439
黑色金属冶炼和压延加工业	Smelting and Pressing of Ferrous Metals	480
有色金属冶炼和压延加工业	Smelting and pressing of Nonferrous Metals	106
金属制品业	Metal Products	462
通用设备制造业	Ordinary Machinery Manufacturing	534
专用设备制造业	Equipment Manufacturing For Special Purposes	194
汽车制造业	Automobile Manufacturing Industry	291
铁路、船舶、航空航天和其他运输设备制造业	Transportation Equipment Manufacturing Industry	15
电气机械和器材制造业	Electric Equipment and Machinery	725
计算机、通信和其他电子设备制造业	Computer and Communication Equipment Manufacturing Industry	603
仪器仪表制造业	Instrument Manufacturing Industry	63
其他制造业	Other Industry	46
废弃资源综合利用业	Recovry of Resource Discarded and Useless Material	58
金属制品、机械和设备修理业		0
电力、热力生产和供应业	Production and Supply of Electric Power, Steam and Hot water	4237
燃气生产和供应业	Production snd Supply of Gas	4
水的生产和供应业	Production and Supply of Water	58061

Industrial Water Consumption above Designated Size by Sector (2014)

(10000 cu. m)

地下水 Ground water	地表水 Surface Water	自来水 Tap Water	重复用水 Overlapped Water Consumption
70234	17	22198	94989
12	0	1	0
6	0	180	54
39	0	481	1
24	0	163	0
6571	2	3170	4237
159	1	838	110
327	5	534	13
1	0	157	14
74	0	289	2
3803	5	288	12624
0	0	74	1
1	0	106	8
0	0	15	0
2904	2	3538	29557
3	0	108	337
159	0	559	71
41	0	496	1951
882	0	557	5539
179	0	300	306
0	0	106	1
77	0	384	140
25	1	508	583
2	0	192	7
0	0	291	231
0	0	15	0
16	1	706	34
63	0	540	114
8	0	56	2
6	0	41	66
44	0	14	16
0	0	0	0
3918	0	318	38591
0	0	4	0
50890	0	7171	376

5-16 市区规模以上工业按行业分组取水量（2014）

单位:万立方米

指　　标	Item	取水总量 Water Consumption
总　　计	Total	22436
非金属矿采选业	Nonmetal Minerals Mining and Dressing	0
农副食品加工业	Food Processing	42
食品制造业	Food Production	171
酒、饮料和精制茶制造业	Alcohol, Drinks and Tea Production	0
纺织业	Textile Industry	4175
纺织服装、服饰业	Clothing Industry	282
皮革、毛皮、羽毛及其制品和制鞋业	Leather, Furs, Down and Related Products	81
木材加工和木、竹、藤、棕、草制品业	Timber Processing, Bamboo, Cane, Palm Fiber and Straw Products	21
家具制造业	Furniture Manufacturing	63
造纸和纸制品业	Papermaking and Paper Products	569
印刷和记录媒介复制业	Printing	3
文教、工美、体育和娱乐用品制造业	Culture, Education, Arts, Sports and Entertainment Production	21
石油加工、炼焦和核燃料加工业	Petroleum Processing and Coking	0
化学原料和化学制品制造业	Raw Chemical Material and Chemical Products	703
医药制造业	Medical and Pharmaceutical Products	15
化学纤维制造业	Chemical Fiber	199
橡胶和塑料制品业	Rubber and Plastic Production	227
非金属矿物制品业	Nonmetal Mineral Products	358
黑色金属冶炼和压延加工业	Smelting and Pressing of Ferrous Metals	182
有色金属冶炼和压延加工业	Smelting and pressing of Nonferrous Metals	18
金属制品业	Metal Products	138
通用设备制造业	Ordinary Machinery Manufacturing	126
专用设备制造业	Equipment Manufacturing For Special Purposes	56
汽车制造业	Automobile Manufacturing Industry	217
铁路、船舶、航空航天和其他运输设备制造业	Transportation Equipment Manufacturing Industry	3
电气机械和器材制造业	Electric Equipment and Machinery	111
计算机、通信和其他电子设备制造业	Computer and Communication Equipment Manufacturing Industry	175
仪器仪表制造业	Instrument Manufacturing Industry	33
其他制造业	Other Industry	11
废弃资源综合利用业	Recovry of Resource Discarded and Useless Material	7
金属制品、机械和设备修理业		0
电力、热力生产和供应业	Production and Supply of Electric Power, Steam and Hot water	780
燃气生产和供应业	Production snd Supply of Gas	2
水的生产和供应业	Production and Supply of Water	13650

Industrial Water Consumption above Designated Size by Sector in Urban District (2014)

(10000 cu. m)

地下水 Ground water	地表水 Surface Water	自来水 Tap Water	重复用水 Overlapped Water Consumption
19489	1	2529	28707
0	0	0	0
0	0	42	27
0	0	171	0
0	0	0	0
3300	1	497	2537
120	0	125	100
44	0	37	0
0	0	21	0
0	0	63	2
494	0	75	1093
0	0	2	0
0	0	21	1
0	0	0	0
556	0	147	10637
0	0	15	3
65	0	134	44
0	0	227	1674
240	0	117	181
165	0	17	166
0	0	18	0
51	0	86	107
23	0	103	572
0	0	56	0
0	0	216	229
0	0	3	0
6	0	104	6
37	0	139	55
8	0	25	2
0	0	11	63
0	0	7	0
0	0	0	0
762	0	18	11208
0	0	2	0
13619	0	32	0

5－17 分地区规模以上工业企业分行业取水总量
(2014)

单位:万立方米

指　　标	Item	全　市 Total	市　区 Urban District
总　　计	Total	93241	22436
非金属矿采选业	Nonmetal Minerals Mining and Dressing	13	0
农副食品加工业	Food Processing	186	42
食品制造业	Food Production	520	171
酒、饮料和精制茶制造业	Alcohol, Drinks and Tea Production	187	0
纺织业	Textile Industry	10439	4175
纺织服装、服饰业	Clothing Industry	1074	282
皮革、毛皮、羽毛及其制品和制鞋业	Leather, Furs, Down and Related Products	866	81
木材加工和木、竹、藤、棕、草制品业	Timber Processing, Bamboo, Cane, Palm Fiber and Straw Products	158	21
家具制造业	Furniture Manufacturing	362	63
造纸和纸制品业	Papermaking and Paper Products	4096	569
印刷和记录媒介复制业	Printing	75	3
文教、工美、体育和娱乐用品制造业	Culture, Education, Arts, Sports and Entertainment Production	106	21
石油加工、炼焦和核燃料加工业	Petroleum Processing and Coking	15	0
化学原料和化学制品制造业	Raw Chemical Material and Chemical Products	6462	703
医药制造业	Medical and Pharmaceutical Products	111	15
化学纤维制造业	Chemical Fiber	718	199
橡胶和塑料制品业	Rubber and Plastic Production	537	227
非金属矿物制品业	Nonmetal Mineral Products	1439	358
黑色金属冶炼和压延加工业	Smelting and Pressing of Ferrous Metals	480	182
有色金属冶炼和压延加工业	Smelting and pressing of Nonferrous Metals	106	18
金属制品业	Metal Products	462	138
通用设备制造业	Ordinary Machinery Manufacturing	534	126
专用设备制造业	Equipment Manufacturing For Special Purposes	194	56
汽车制造业	Automobile Manufacturing Industry	291	217
铁路、船舶、航空航天和其他运输设备制造业	Transportation Equipment Manufacturing Industry	15	3
电气机械和器材制造业	Electric Equipment and Machinery	725	111
计算机、通信和其他电子设备制造业	Computer and Communication Equipment Manufacturing Industry	603	175
仪器仪表制造业	Instrument Manufacturing Industry	63	33
其他制造业	Other Industry	46	11
废弃资源综合利用业	Recovry of Resource Discarded and Useless Material	58	7
金属制品、机械和设备修理业		0	0
电力、热力生产和供应业	Production and Supply of Electric Power, Steam and Hot water	4237	780
燃气生产和供应业	Production snd Supply of Gas	4	2
水的生产和供应业	Production and Supply of Water	58061	13650

Industrial Water Consumption above Designated Size by Sector And Region (2014)

(10000 cu. m)

	南湖区 Nanhu	秀洲区 Xiuzhou	嘉善县 Jiashan	海盐县 Haiyan	海宁市 Haining	平湖市 Pinghu	桐乡市 Tongxiang
	16672	5764	9362	6423	22285	16570	16164
	0	0		13	0		
	28	14	47	42	32	7	16
	85	86	17		237	74	21
	0	0	27	47	91	13	8
	432	3743	436	464	2736	140	2489
	178	104	33	59	127	415	157
	68	13	25	9	277	85	389
	21	0	102	4	0	25	5
	10	53	84	4	197	9	7
	547	21	148	1581	23	1615	160
	3	0	19	3	28	8	14
	18	3	20	4	9	26	28
	0	0	1	0		14	
	676	26	410	109	1450	3585	204
	2	13	16	4	21	31	25
	81	118	6	63	72	0	378
	31	197	31	42	152	42	42
	55	303	163	73	73	128	643
	181	1	45	52	103	88	9
	14	4	1	9	1	4	72
	63	75	97	71	56	68	33
	74	52	174	76	64	54	42
	38	18	41	41	24	15	18
	175	42	18	19	12	22	3
	2	2	9	1	2		
	52	59	53	86	226	204	44
	94	82	212	3	136	25	52
	1	32	1	2		3	24
	0	11	12		7	4	12
	7	0	1	45		1	5
	0	0					
	0	780	191	1411	339	1279	237
	0	2	0	0	0	0	2
	13650	0	6923	2087	15791	8585	11024

5－18 全市规模以上公共服务业企业分类型、行业主要经济指标（2014）

单位:万元

指标	Item	企业数(个) Number of Enterprises (unit)	亏损企业 Loss Making Enterprises	增加值 Value Added
水利、环境和公共设施管理业	Water Consevancy , Environment and Public Establishment Management	60	11	103733
1、按登记注册类型分	Grouped by Status of Registration			
国有企业	State－owned	9	0	7519
集体企业	Collective－owned	3	0	1257
股份合作企业	Share－holding Cooperative	0		
联营企业	Joint Ownership	0		
有限责任公司	Limited Liability Company	15	9	12915
股份有限公司	Share－holding Cooperations Ltd.	1	0	65415
私营企业	Private－owned	30	2	15209
其他企业	Others	0		
港、澳、台商投资企业	Owned by Entrepreneurs from HONG KONG, Macau and Taiwan	0		
外商投资企业	Enterprises with Foreign Investment	2	0	1418
2、按主要行业分	Grouped By Main Sector			
水利管理业	Water Consevanc	5	2	1883
生态保护和环境治理业	environmental protection and ecological conservation	8	3	993
公共设施管理业	Public Establishment Management	47	6	100857

注:2014年规模以上服务业规模划分标准有变化,与上年年鉴数据不可比,下同。

Major Economic Indicators on Public Establishment Enterprises above Designated Size by Ownership and Sector (2014)

(10000 yuan)

资产合计 Total Assets	负债合计 Total Liabilities	所有者权益合计 Total Creditors Equity	固定资产原价 Original Value of Fixed Assets	本年折旧 Depreciation of the Current Year	营业收入 Revenue	营业成本 Cost of Sales
1286681	803508	483173	387778	16825	263198	156074
135478	106822	28656	15505	1225	43250	37957
4348	3242	1106	1137	79	4328	3598
753827	577510	176316	176919	7835	45624	33204
308922	68290	240633	170242	6406	96706	17742
69447	40096	29350	13081	911	67757	59330
14659	7547	7112	10894	370	5533	4244
158860	124994	33866	47728	1748	21699	17867
48893	34092	14801	20550	1269	6015	5081
1078928	644422	434507	319500	13808	235484	133126

Note: The standard of scale – division is different from the previous year, the same below。

5－18 续表1

单位:万元

指　　标	Item	营业税金及附加 Business Tax and Surcharges	销售费用 Cost of Sales	管理费用 Management Expense
水利、环境和公共设施管理业	Water Consevancy，Environment and Public Establishment Management	8841	25376	25055
1、按登记注册类型分	Grouped by Status of Registration			
国有企业	State－owned	1382	0	2561
集体企业	Collective－owned	163	0	410
股份合作企业	Share－holding Cooperative			
联营企业	Joint Ownership			
有限责任公司	Limited Liability Company	981	5228	6115
股份有限公司	Share－holding Cooperations Ltd.	4198	19745	11893
私营企业	Private－owned	2081	321	3605
其他企业	Others			
港、澳、台商投资企业	Owned by Entrepreneurs from HONG KONG，Macau and Taiwan			
外商投资企业	Enterprises with Foreign Investment	36	83	472
2、按主要行业分	Grouped By Main Sector			
水利管理业	Water Consevanc	595	615	779
生态保护和环境治理业	environmental protection and ecological conservation	38	579	1174
公共设施管理业	Public Establishment Management	8208	24182	23103

Continued1

(10000 yuan)

财务费用 Financial Expenses	营业利润 Profits of Management	利润总额 Total Profits	应交所得税 Income Tax Payable	应付职工薪酬 Employee benefits payable	应交增值税 Value Added Tax Payable	从业人员平均人数(人) Average Employees (person)
12256	1938	40648	11636	40424	1220	9491
1182	291	625	203	4728	15	1005
-1	97	171	43	853	4	339
6746	485	-3947	517	9835	750	1691
3205	32	41578	10449	13862	429	2838
693	969	1728	359	10415	22	3424
432	65	493	66	731	1	194
3612	162	-1169	121	943	341	145
765	258	-1468	202	1300	16	173
7879	1518	43285	11314	38181	864	9173

5－19　市区规模以上公共服务业企业分类型、行业主要经济指标
(2014)

单位:万元

指　　标	Item	企业数(个) Number of Enterprises (unit)	亏损企业 Loss Making Enterprises	增加值 Value Added
水利、环境和公共设施管理业	Water Consevancy , Environment and Public Establishment Management	19	5	10428
1、按登记注册类型分	Grouped by Status of Registration			
国有企业	State－owned	4	0	5713
集体企业	Collective－owned	0		
股份合作企业	Share－holding Cooperative	0		
联营企业	Joint Ownership	0		
有限责任公司	Limited Liability Company	6	4	1135
股份有限公司	Share－holding Cooperations Ltd.	0		
私营企业	Private－owned	8	1	3201
其他企业	Others	0		
港、澳、台商投资企业	Owned by Entrepreneurs from HONG KONG, Macau and Taiwan	0		
外商投资企业	Enterprises with Foreign Investment	1	0	379
2、按主要行业分	Grouped By Main Sector			
水利管理业	Water Consevanc	2	1	136
生态保护和环境治理业	environmental protection and ecological conservation	5	2	727
公共设施管理业	Public Establishment Management	12	2	9566

Major Economic Indicators on Public Establishment Enterprises above Designated Size of Urban District by Ownership and Sector (2014)

(10000 yuan)

资产合计 Total Assets	负债合计 Total Liabilities	所有者权益合计 Total Creditors Equity	固定资产原价 Original Value of Fixed Assets	本年折旧 Depreciation of the Current Year	营业收入 Revenue	营业成本 Cost of Sales
326037	270855	55182	43832	2707	54742	47599
119482	94045	25437	14161	1170	27770	24250
170770	155915	14855	19793	922	7058	7022
32887	19621	13266	5832	445	18747	15491
2899	1274	1625	4046	170	1167	836
101681	85331	16350	3096	137	4870	3270
35941	24990	10951	11111	619	4356	2956
188415	160534	27881	29625	1952	45516	41374

5-19 续表1

单位:万元

指　　标	Item	营业税金及附加 Business Tax and Surcharges	销售费用 Cost of Sales	管理费用 Management Expense
水利、环境和公共设施管理业	Water Consevancy , Environment and Public Establishment Management	1558	1287	4047
1、按登记注册类型分	Grouped by Status of Registration			
国有企业	State - owned	876	0	1782
集体企业	Collective - owned			
股份合作企业	Share - holding Cooperative			
联营企业	Joint Ownership			
有限责任公司	Limited Liability Company	127	1141	837
股份有限公司	Share - holding Cooperations Ltd.			
私营企业	Private - owned	553	95	1248
其他企业	Others			
港、澳、台商投资企业	Owned by Entrepreneurs from HONG KONG, Macau and Taiwan			
外商投资企业	Enterprises with Foreign Investment	3	51	180
2、按主要行业分	Grouped By Main Sector			
水利管理业	Water Consevanc	117	615	255
生态保护和环境治理业	environmental protection and ecological conservation	22	473	714
公共设施管理业	Public Establishment Management	1419	199	3077

Continued1

(10000 yuan)

财务费用 Financial Expenses	营业利润 Profits of Management	利润总额 Total Profits	应交所得税 Income Tax Payable	应付职工薪酬 Employee benefits payable	应交增值税 Value Added Tax Payable	从业人员平均人数(人) Average Employees (person)
2560	614	-1828	338	8423	3	1875
1185	129	129	78	3990	0	827
873	194	-2920	11	3023	2	703
455	258	913	236	1255	0	333
48	32	50	13	156	1	12
1242	65	-236	38	508	2	92
649	162	-460	201	543	1	68
669	388	-1132	99	7372	0	1715

5-20 规模以上工业企业能源购、消、存(2014)

Purchase, Consumption and Inventory of Industrial Enterprises above Designated(2014)

指　　标	单位	Item(unit)	购进量 Purchases	消费量 consumptions	年末库存 Inventories
全　　市		total			
原煤	吨	Raw Coal (ton)	16512626	16534280	760941
洗精煤	吨	Cleaning of Coal (ton)	180879	173850	11512
其他洗煤	吨	Other Cleaning of Coal (ton)	0	0	0
型煤	吨	Briquette (ton)	118834	118751	3103
焦炭	吨	Hard Coke (ton)	11069	11154	205
天燃气	万立方米	Natural Gas (10000 cu. m)	38329	38291	73
液化天然气	吨	LNG (ton)	7771	7779	215
原油	吨	Base Oil (ton)	4	4	0
汽油	吨	Gasoline (ton)	34310	34859	226
煤油	吨	Kerosene (ton)	258	257	2
柴油	吨	Diesel Oil(ton)	70400	71736	4740
燃料油	吨	Fuel Oil (ton)	37838	38091	987
液化石油气	吨	LPG(ton)	9202	9165	819
其他石油制品	吨	Other Petroleum Produts (ton)	27625	30649	2421
热力	百万千焦	Heating Power(mkj)	48846847	63826923	0
电力	万千瓦时	Electric Power (10000kwh)	2417492	2690278	0
其他燃料	吨标准煤	Other Fuel(ton coal equivalent)	99075	113793	5927
市　　区		Urban District			
原煤	吨	Raw Coal (ton)	2393712	2377236	156378
煤制品	吨	Hard Coke (ton)	27040	27077	547
焦炭	吨	Hard Coke (ton)	1010	1082	7
天燃气	万立方米	Natural Gas (10000 cu. m)	9143	9145	0
液化天然气	吨	LNG (ton)	6447	6455	214
汽油	吨	Gasoline (ton)	8992	9127	14
煤油	吨	Kerosene (ton)	6	6	0
柴油	吨	Diesel Oil(ton)	16638	16657	411
燃料油	吨	Fuel Oil (ton)	23852	23970	575
液化石油气	吨	LPG(ton)	1495	1505	9
其他石油制品	吨	Other Petroleum Produts (ton)	26223	29401	2125
热力	百万千焦	Heating Power(mkj)	12418065	17814060	0
电力	万千瓦时	Electric Power (10000kwh)	587467	632240	0
其他燃料	吨标准煤	Other Fuel(ton coal equivalent)	1743	17450	5

主要统计指标解释

年末自来水生产能力 指年底城建部门管理的自来水厂和自备水源的社会单位取水、净化、送水、出厂输水干管等环节的实际生产能力。

年末供水管道长度 指从送水泵到用户水表之间所有管道的长度。

全年供水总量 指公用自来水厂和自备水源的社会单位全年的供水总量,包括有效供水量及损失水量。

生活用水量 指居民日常生活与公共福利设施的用水量,包括居民、饮食店、旅馆、医院、理发店、浴池、洗衣店、游泳池、商店、学校、机关、部队等单位的用水量。

城市人口用水普及率 指城市用水的非农业人口数(不包括临时人口和流动人口)与城市非农业人口总数之比。计算公式为:

用水普及率 = 城市用水的非农业人口数/城市非农业人口数 × 100%

人工煤气生产能力 指城市煤气厂制气、净化、输送等环节的综合实际生产能力。

输气管道长度 指由压缩机、鼓风机、储气罐的出口到用户煤气表之间的全部管道长度。

全年供气总量 指全年售给各类用户的全部煤气量,包括工业用量、家庭用量和其他用量。

城市用气普及率 指使用煤气(包括人工煤气、液化石油气、天然气)的城市非农业人口数(不包括临时人口和流动人口)与城市非农业人口总数之比。计算公式为:

城市煤气普及率 = 城市用气的非农业人口数/城市非农业人口总数 × 100%

城市供热能力 指热电厂、热力公司和达到标准的集中采暖锅炉房向城市输送的供热源的设计能力,即每小时向城市输送蒸汽、热水的能力。

城市供热总量 指热电厂、热力公司和达到标准的集中采暖锅炉房向城市输送的全部蒸汽、热水量。

城市供热管道长度 指热电厂、热力公司和达到标准的集中采暖锅炉房管理的集中供热热源到用户之间的全部供气、供热水的管道长度。

年底实有铺装道路长度 指除土路外,路面经过铺装宽度在 3.5 米以上的道路,包括高级、次高级道路和普通道路。

城市桥梁 指城市范围内,修建在河道上的桥梁和道路与道路立交、道路跨越铁路的立交桥及人行天桥。包括永久性桥和半永久性桥,不包括临时性桥、铁路桥、涵洞。

城市排水管道总长度 指所有排水总管、干管、支管及暗渠、检查井、连接井进出水口等长度之和。

城市污水日处理能力 指污水处理厂每昼夜处理污水量的设计能力。

年末实有公共汽(电)车 指年底可参加营运的全部车辆数,包括营运车辆数和库存查封未参加营运的车辆。不包括非营运车辆,如架线车、油罐车、工程车、货车及其他专用车辆和借入的客运车辆。

城市园林绿地面积 指城市公共绿地、专用绿地、生产绿地、防护绿地、郊区风景名胜区的全部面积。

公共绿地 指供游览休息的各种公园、动物园、植物园、陵园以及花园、游园和供游览休息用的林荫道绿地、广场绿地,不包括一般栽植的行道树及林荫道的面积。

工业废水排放量 指经过企业厂区所有排放口排到企业外部的工业废水量。包括生产废水、外排的直接冷却水、超标排放的矿井地下水和与工业废水混排的厂区生活污水,不包括外排的间接冷却水(清污不分流的间接冷却水应计算在内)。

工业废水排放达标量 指各项指标都达到国家或地方排放标准的外排工业废水量,包括未经处理外排达标和经过处理后外排达标两部分。

工业废水处理量 指报告期内各种水治理设施实际处理的工业废水量,包括处理后外排和处理后回用的工业废水量和虽经处理但未达到国家或地方排放标准的废水量。如车间和厂排放口均有治理设施,并对同一废水分级处理时,不应重复计算工业废水处理量。

工业废气排放量 指企业厂区内燃料燃烧和生产工艺过程中产生的各种排入空气的含有污染物的气体总量,按标准状态〔273K,101325Pa〕计算。

工业二氧化硫排放量 指企业在燃料燃烧和生产工艺过程中排入大气的二氧化硫数量。

烟尘排放量 指企业厂区内燃料燃烧产生的烟气中夹带的颗粒物数量。

工业粉尘排放量 指企业在生产工艺过程中排放的颗粒物重量,如钢铁企业的耐火材料粉尘、焦化企业的筛焦系统粉尘、烧结机的粉尘、石灰窑的粉尘、建材企业的水泥粉尘等。不包括电厂排入大气的烟尘。

工业固体废物产生量 指企业在生产过程中产生的固体状、半固体状和高浓度液体状废弃物的总量,包括危险废物、冶炼废渣、粉煤灰、炉渣、煤矸石、尾矿、放射性废物和其他废物等;不包括矿山开采的剥离废石和掘进废石(煤矸石和呈酸性或碱性的废石除外)。酸性或碱性废石指采掘的废石其流经水、雨淋水的 pH 值小于 4 或 pH 值大于 10.5 者。

危险废物 指列入国家危险废物名录或根据国家规定的危险废物鉴别标准和鉴别方法认定的,具有爆炸性、易燃性、易氧化性、毒性、腐蚀性、易传染疾病等危险特性之一的废物。

工业固体废物综合利用量 指通过回收、加工、循环、交换等方式,从固体废物中提取或者使其转化为可以利用的资源、能源和其他原材料的固体废物量(包括当年利用往年的工业固体废物累计贮存量),如用作农业肥料、生产建筑材料、筑路等。综合利用量由原产生固体废物的单位统计。

工业固体废物贮存量 指以综合利用或处置为目的,将固体废物暂时贮存或堆存在专设的贮存设施或专设的集中堆存场所内的数量。专设的固体废物贮存场所或贮存设施必须有防扩散、防流失、防渗漏、防止污染大气、水体的措施。

工业固体废物处置量 指将固体废物焚烧或者最终置于符合环境保护规定要求的场所,并不再回取的工业固体废物量(包括当年处置往年的工业固体废物累计贮存量)。处置方法有填埋(其中危险废物应安全填埋)、焚烧、专业贮存场(库)封场处理、深层灌注、回填矿井等。

工业固体废物排放量 指将所产生的固体废物排到固体废物污染防治设施、场所以外的数量,不包括矿山开采的剥离废石和掘进废石(煤矸石和呈酸性或碱性的废石除外)。

“三废”综合利用产品产值 指利用“三废”(废液、废气、废渣)作为主要原料生产的产品价值(现行价);已经销售或准备销售的应计算产品价值,留作生产自用的不应计算产品价值。

“三废”综合利用产品利润 指利用“三废”(废液、废气、废渣)生产的产品,销售后所得到的利润。

环境污染与破坏事故 指由于违反环境保护法规的经济、社会活动与行为,以及意外因素的影响或不可抗拒的自然灾害等原因,致使环境受到污染,国家重点保护的野生动植物、自然保护区受到破坏,人体健康受到危害,社会经济和人民财产受到损失,造成不良社会影响的突发性事件。

一次能源 能源资源经开采收集后的能源称之为一次能源。

二次能源 一次能源经加工转换后获得的能源称之为二次能源。

标准煤 1 公斤标准煤的发热量则为 8.14 千瓦时。为了统一比较或统计方便,常按其发热量换算成标准煤。换算系数为:1 公斤普通煤 = 0.174 ~ 0.786 公斤标准煤,或 1 公斤标准煤 = 1.27 ~ 1.40 公斤普通煤。

热值,当量热值,等价热值 国标 GB2589 - 81 规定企业消耗的一次能源均按低(位)发热量换算成标准煤量,按这个单位折算的热量成为当量热值。电的当量热值为 860kcal。

等价热值是指为了得到一个单位的二次能源或耗能工质在工业上实际要消耗的一次能源的热量。电的等价热值为 0.357000 = 2450kcal。

能源购进量 能源使用企业能源购进量,指能源使用单位在报告期内外购的、用于本企业消费的各种一次能源和二次能源。

能源消费量 指能源使用单位在报告期内实际消费的一次能源或二次能源的数量。

综合能源消费量 指报告期内工业企业在工业生产活动中实际消费的各种能源的总和。计算综合能源消费量时,需要先将使用的各种能源折算成标准燃料后再进行计算。根据生产活动的性质,综合能源消费量在不同的企业有不同的计算方法。

非能源加工转换企业综合能源消费量,就是企业工业生产消费的各种一次能源和二次能源的总和。

能源加工转换企业综合能源消费量,是企业工业生产消费的各种一次能源和二次能源扣除加工转换产出的二次能源后的实际能源消费量。

工业取水总量 指工业企业从各种水源提取的,并用于工业生产活动的水量总和,包括自来水、地下水、地表水、海水、苦咸水、经城市污水处理厂处理后回用于工业的水量,以及企业从市场购得的其他水或水的产品(如纯净水、矿泉水、蒸汽、热水、地热水等)。工业取水总量包括主要工业生产用水、辅助生产(包括机修、运输、空压站等)用水和附属生产(包括厂内绿化、职工食堂、非营业的浴室及保健站、厕所等)用水;不包括非工业生产单位的用水,如厂内居民家庭用水和企业附属幼儿园、学校、对外营业的浴室、游泳池等的用水量。

自来水 指企业通过城镇自来水管道购自自来水公司的水,通过管道购自供水企业的未经过净化处理或经净化处理而未达标准的水,也按自来水统计。取水量按报告期自来水表的流量计算填报。

地下水及地表水 地下水是指企业通过自备井直接采自地下的用水量。地表水是指企业直接采自河流、湖泊等地表水源的用水量,不包括水力发电厂的发电动力用水。

重复用水量:是指在企业内部,对生产和生活排放的废水直接或经过处理后回收再利用的水量,不包括企业从城市污水处理厂回用的水量。企业在报告期每重复利用一次,则计算一次重复用水量,但锅炉、循环冷却系统等封闭式系统内的循环水不能计算重复用水量。

EXPLANATORY NOTES ON MAIN STATISTICAL INDICATORS

Production Capacity of Tap Water at the Year – end refers to the actual comprehensive production capacity of the water-works administered by the urban construction department and those owned by enterprises or institutions, taking the capacity of the main links, such as water inflow, purification, conveyance and outflow of the trunk pipelines into account.

Length of Water Supply Pipelines at the Year – end refers to the total length of all the pipelines between the water pumps and the users water meters.

Annual Volume of Water Supply refers to the total volume of water supplied by the public water – works and those owned by individual enterprises and institutions during the whole year, including both the effective water supply and loss during the water supply.

Consumption of Water for Residential Use refers to the water consumption of households for daily life and the water consumption of public welfare facilities, including the consumption of restaurants, hotels, hospitals, barber shops, public bathhouses, laundries, swimming pools, shops, schools, institutions, army units and other units.

Percentage of Urban Population with Access to Tap Water refers to the ratio of the urban non – agricultural population (excluding temporary and mobile population) with access to tap water to the total urban non – agricultural population. The formula is:

Percentage of Population with Access to Tap Water = (Urban Non – agricultural Population with Access to Tap Water) / (Urban Non – agricultural Population)

Production Capacity of Gaswork Gas refers to the actual comprehensive production capacity of the urban gasworks in gas generation, purification and delivery.

Length of Gas Pipelines refers to the total length of pipelines between the outlet of the compressor, blower or gas tank and the gas meters of users.

Volume of Gas Supply refers to the total volume of gas sold to users in a year, including the volume for industrial use, residential use and other uses.

Percentage of Urban Population with Access to Gas refers to the ratio of the urban non – agricultural population with access to gas (including gas, liquefied petroleum gas and natural gas) to the urban non – agricultural population (excluding temporary and mobile population). The formula is:

Percentage of Population with Access to Gas = (Urban Non – agricultural Population with Access to Gas × 100%) / Urban Non – agricultural Population)

Heating Capacity in Urban Area refers to the capacity of hourly supply of steam and hot water to cities by thermal power plants, heating corporations and centralized heating boiler rooms which meet certain standard.

Heating Volume in Urban Area refers to the total volume of steam and hot water supplied to cities every year by thermal power plants, heating corporations and centralized heating boiler rooms which meet certain standard.

Length of Heating Pipelines refers to the total length of pipelines for centralized supply of steam and hot water from the thermal power plants, heating corporations and centralized heating boiler rooms which meet certain standard to the users.

Length of Paved Roads at the Year – end refers to the length of roads with a paved surface, and with a width of more than 3 – 5 meters, including high quality, medium quality and ordinary roads.

Urban Bridges refer to bridges over river courses, great separated junctions and overpasses in urban areas. Permanent bridges and semi – permanent bridges are included. Temporary bridges, railway bridges and culverts are excluded.

Length of Urban Sewage Pipes refers to the total length of general drainage, trunks. branch and blind drainage, inspection wells, connection wells, inlets and outlets, etc.

Daily Disposal Capacity of Urban Sewage refers to the designed 24 hour capacity of sewage disposal at the sewage treatment works.

Number of Public Vehicles (Buses and Trolley buses) at the Year – end refers to the total number of operational buses available at the year – end, including the year – end operational vehicles and vehicles in stock. Non – operational vehicles such as stringing cars, tank cars, machine shop cars, trucks and other special vehicles and the borrowed passenger vehicles are excluded.

Area of Urban Gardens and Green Areas refers to the total area of urban public green land, special green land, production green land, protection green land and suburban scenic spots.

Public Green Area refers to green areas of various parks, zoos, botanical gardens, cemeteries, amusement parks, tree – flanked boulevards greenland squares for tourism and relaxing. Areas with trees planted along – side the streets and boulevards are excluded.

Volume of Industrial Waste Water Discharged refers to the volume of industrial waste water discharged, through all outlets, to the outside of industrial enterprises, including waste water produced, direct – cooling water, underground water from mines that does not meet the standard of discharge, and the domestic sewage mixed up with industrial waste water when discharged, but excluding discharged indirect – cooling water.

Volume of Waste Water up to the Standard for Discharge refers to the volume of discharged industrial waste water that, with or without treatment, has come up to the national or local standards for discharge.

Volume of Treated Industrial Waste Water refers to the volume of industrial waste water after being treated and purified through various water treatment facilities in the reference period, including the volume discharged or recovered after being treated. The volume of waste water that fails to meet the national or local standards after treatment is also included. If there are treatment facilities both at the outlets of workshops and at the outlets of the factory, and the same volume of waste water has been treated twice, duplication should be avoided in the calculation of the volume of treated industrial waste water.

Volume of Waste Industrial Gas Emission refers to waste gas emitted from burning of fuels and from production process in the area of the factory, and is measured by 10000 standard cubic meters each year under normal condition.

Volume of Industrial Sulphur Dioxide Discharged refers to the volume of sulphur dioxide discharged to the air in the process of fuel burning or in the production process.

Volume of Industrial Soot Discharged refers to the volume of solid soot in the smoke discharged in the process of fuel burning in the area of the factory.

Industrial Dust Discharged refers to the total weight of solid dust discharged by industrial enterprises in the production process, such as dust of refractory materials from iron plants, dust from coke – screening system or from sintering machines of coking plants, dust from lime kilns, cement dust from building material enterprises, etc. , but excluding smoke and dust discharged by power plants.

Volume of Industrial Solid Wastes Produced refers to the total volume of solid, semi – solid or high concentration liquid residue produced by industrial enterprises in their production process, including dangerous wastes, residues from melting, slag, powdered coal ash, gangue, chemical residues, tailings, radioactive residues and other residues, but excluding stripped or dug stones in mining (except gangue and acid or alkali stones which are stones washed or soaked by water with a pH value smaller than 4 or larger than 10.5)

Dangerous Wastes refers to the wastes which are listed by the government as the dangerous wastes or the wastes which are explosive, inflammable, oxidizable, poisonous, corrosive or liable to cause infectious diseases or have other dangerous characteristics specified in accordance with the standards or methods stipulated by the government for identifying the dangerous wastes.

Volume of Industrial Solid Wastes Utilized in a Comprehensive Way refers to the volume of solid wastes from which useful materials can be extracted or which can be changed to be utilizable resources, energy or other materials, including the volume of industrial solid wastes stored up in the previous years and utilized in the current year, such as the solid wastes utilized as fertilizers, building materials, for making roads or for other purpose. Statistical data on utilization of industrial solid wastes are collected by solid wastes producing units.

Volume of Industrial Stored up Solid Wastes refers to the volume of industrial solid wastes temporarily stored up or piled with special facilities or piled in the special sites for the purpose of utilization or treatment in future. The special facilities or special sites for storing up solid wastes should have the measures against spreading or being washed away to other places, permeating the soil or causing air pollution or water contamination.

Volume of Industrial Solid Wastes Treated refers to solid wastes disposed of in a non – recoverable place that meet the requirement of environmental protection, such as burying (The dangerous wastes should be buried safely), burning, piling in designated sites, pouring water into the deep strata, filling of old mines, etc. (including treatment of solid wastes piled up in the previous years).

Volume of Industrial Solid Wastes Discharged refers to the volume of industrial solid wastes produced and discharged at the places outside the special facilities or special sites for preventing against pollution, excluding stripped or dug stones in mining (except gangue and acid or alkali waste stones).

Output Value of Products Made from Utilization of Waste Gas, Waste Water and Industrial Solid Wastes refers to the value of products (calculated at current prices) made by industrial enterprises using recovered waste water, waste gas or solid wastes as main raw materials. Only the value of the products which have been sold or are ready to be sold should be included. The value of the products which will be used in the production of the enterprises should not be included.

Profit Obtained from Utilization of Waste Gas, Waste Water and Industrial Solid Wastes refers to profit obtained from selling or own – consumption of products made by industrial enterprises using recovered waste water, waste gas or solid wastes as main raw materials.

Accidents of Environment Pollution and Destruction refer to sudden accidents, due to economic and social behavior or activities in contrast with environment protection legislation, unexpected factors or irresistible natural disasters, that cause the pollution of environment, the destruction of natural protection zones, wild plants and animals, the danger to the health of people, and the loss in the property of the society and people.

Primary energy Energy collected from exploitation is called primary energy.

Secondary energy Energy that derives from processing and transforming is called primary energy.

Standard coal The heat quantity of 1 kg standard coal is 8.14 kwh. For better comparison and counting, common coal is usually converted to standard coal basing on its heat quantity. The conversion coefficient is: 1 kg common coal = 0.174 to 0.786 kg standard coal or 1 kg standard coal = 1.27 to 1.40 kg common coal.

Heat value/equal quantity heat value/equivalence heat value National standard GB2589 – 81 stipulates that primary energy consumed by enterprises should be converted to standard coal basing on low heat quantity, and heat quantity converted by this unit is called equal quantity heat value. The equal quantity heat value of electric is 860 kcal.

Equivalence heat value is the primary energy needed in order to get 1 unit secondary energy or energy – consuming matter in industry. The equivalence heat value of electric is $0.35 \times 7000 = 2450$kcal.

Energy purchase The energy purchase amount of energy – employing enterprise refers to all kinds of primary energy and secondary energy that are consumed by own enterprise and purchased from other's during the report period.

Energy consumption The amount of primary energy and secondary energy actually consumed by energy – employing firm during the report period.

Integrated energy consumption It refers to the total amount of all kinds of energy that the industrial enterprise has consumed in industrial production activities during the report period. When calculated integrated energy consumption, all kinds of energy must be converted into standard fuel first. According to the nature of production activities, integrated energy consumptions in different enterprises have different calculation.

Integrated energy consumption in non – energy – processing – transforming enterprise refers to all kinds of primary energy and secondary energy that are consumed in the enterprise's industrial production activities.

Integrated energy consumption in energy – processing – transforming enterprise is the actual energy consumption that calculated by all kinds of primary energy and secondary energy in the enterprise's industrial production activities subtracted the secondary energy produced by processing and transforming.

Industrial water consumption The total amount of water that the industrial enterprise derives from all kinds of water source and uses in industrial production activities, include tap water, groundwater, surface water, sea water, brackish water, the water recycled in industry after disposal in urban sewage treatment plant, and other water or water products (such as pure water, mineral water, steam, hot water, geothermal water, etc.). Industrial water consumption is including the water used in main industrial production, ancillary production (including machine repair, transportation, disposition station, etc.) and the subsidiary body for production (including green plants, workers' canteen, non – operating bathroom and health station, latrines, etc.); not including the non – industrial water, such as resident's household water in enterprise and enterprises affiliated kindergartens, schools, operating bathrooms, swimming pools and other water consumption.

Tap water The water bought from water supply firm through town's water pipeline. If the water is bought from water supply firm through town's water pipeline but has not been purified or has been purified yet still not reaches the standard, it is also referred as tap water. The amount of water is calculated basing on the flow of water meter during the report period.

Groundwater and surface water Ground water is referred to water derives directly from underground through well – provided – for – oneself by enterprise. Surface water is water that derives directly from surface water source such as river, lake and so on, but electricity – generating power water from water power plant is not included.

Overlapped water consumption It refers to water recycled from water that is charged from yield and living surroundings directly or after disposal, but water recycled from urban sewage treatment plant is not included. Once the enterprise uses water a second time during the report period, the water consuming overlap is counted once, but it can not be applied to the recurrence water inside boiler, cycled cooling system or other close systems.

六、财　　政
Government Finance

6－1 预算内财政收入与支出（1978－2014）

Budgetary Financidl Revenue and Eapenditure (1978－2014)

单位：万元 (10000 yuan)

年 份 Year	全市 Total		市区 Urban District	
	财政预算内收入 Financial Revenue	财政预算内支出 Financial Expenditure	财政预算内收入 Financial Revenue	财政预算内支出 Financial Expenditure
1978	23614	6320	10470	2171
1979	25310	6508	10869	2343
1980	28558	8179	12397	2863
1981	31111	7352	13044	2260
1982	35128	8453	14107	2624
1983	39383	10252	15775	3303
1984	47257	14318	18644	5026
1985	67004	20314	24917	7339
1986	75138	27295	27499	9601
1987	80935	26681	28279	8956
1988	92088	33787	33296	11403
1989	101335	40601	36536	14240
1990	101237	42872	35108	14911
1991	106743	46404	35933	15341
1992	109758	51579	35934	15745
1993	142894	67513	47841	21347
1994	160214	75906	53838	23958
1995	181631	86319	61421	27439
1996	206107	98293	67361	31932
1997	230063	111217	72307	36345
1998	263167	127319	81202	41911
1999	293798	155870	90685	52588
2000	401692	215215	117319	76496
2001	535260	310691	152063	101497
2002	725116	385414	203948	128779
2003	927204	472366	260772	145432
2004(1)	855839	597174	257804	189518
2004(2)	1136347	——	345072	——
2005	1351398	734502	428150	251457
2006	1651123	864978	525054	302964
2007	2094362	1074227	666709	373603
2008	2521332	1359199	778957	463976
2009	2793539	1611146	881359	555082
2010	3343272	1990633	1072462	699399
2011	4160001	2406148	1325824	838198
2012	4719213	2607030	1455695	872703
2013	5174915	3033633	1549498	992315
2014	5680944	3349028	1680724	1088806

注：因出口退税地方负担率和退税方式改变，2004 年(2)财政总收入、地方级收入已调整为返入出口退税后的同口径数据，下同。

Note: Because the local burden ratio of tax drawback and the drawback form are changed, the total financial revenue and local financial revenue in 2004 (2) have been adjusted with the same calibre of the data which is calculated within the part of tax drawback. the same below.

6－2 主要年份全市预算内财政收入情况

单位:万元

项　　目	Item	1985	1990	1995
合　　计	Total	67192	101237	181631
上划中央收入合计	Total Revenue of Central Government			106039
增值税	Value－added Tax			103401
消费税	Consumption Tax			2638
地方级收入	Local Revenue	67192	101237	75592
增值税	Value－added Tax	3716	42115	34467
营业税	Business Tax	7502	16839	20705
个人所得税	Individual Income Tax		298	4065
城市维护建设税	Tax on Urban Construction and Maitenance	1578	3477	7630
城镇土地使用税	Tax on Use of Urban Land			874
印花税	Stamp Tax			533
固定资产投资方向调节税	Tax on Adjustment of the Orientation of Investment in Fixed Assets			962
其他工商税	Other Industrial and Commercial Tax			3912
农牧业税和耕地占用税	Tax on Agriculture and Animal Husbandry and Tax on Occupancy of Cultivated Land	2826	4674	7375
企业所得税	Enterprises´Income Tax	25641	20462	10179
国有企业上缴利润	Profits of State－owned Enterprises Offered to the High Authorities			－967
国有企业计划亏损补贴	Planned Subsidies to Loss－suffering State－owned Enterprises			－19760
国家能源交通重点建设基金收入类	Important Construction Fund Revenues of Energy Sources and Transportation			31
其他收入	Other Revenues			578
国家预算调节基金	Funds of State Budgetary Adjustment			128
专款收入	Special Revenues			4171
所得税退税	Repayment Tax of Income Tax			

注:从2002年起上划中央收入包括上划所得税,2007年起实行新的政府财政收支分类标准,2007年以后分类收入见表6－6。

Budgetary Financial Revenue in Main Years

(10 000 yuan)

1996	1997	1998	1999	2000	2001	2002	2003	2004(1)	2004(2)	2005	2006
206107	230063	263167	293798	401692	535260	725116	927204	855839	1136347	1351398	1651123
119577	131591	148869	162078	209679	237976	320472	515029	377124	587505	683480	835653
117033	127926	142461	156793	203931	232188	315660	379506	208107	418488	487401	603297
2544	3665	6408	5285	5748	5788	4812	5919	5985	5985	5644	7552
86530	98472	114298	131720	192013	297284	316860	412175	478715	548842	667918	815470
39011	42642	47487	52264	67977	77396	105220	126502	69369	139496	162467	201099
25483	31937	38575	46810	54660	80654	107568	132133	182417	182417	214857	240267
5723	7107	8988	11188	16356	35816	33646	35401	33464	33464	40520	46077
8903	9900	11422	12424	15122	18886	20938	27524	34458	34458	42043	55160
742	730	728	663	680	871	1079	1380	1554	1554	3453	8193
847	625	254	1115	1372	1788	2509	3451	4878	4878	8666	14153
905	1394	2218	1075	1147	4						
4626	4421	6221	7242	7805	10073	14104	13840	19720	19720	30567	46942
8001	8263	8348	6426	11371	26348	33610	62102	76382	76382	68132	67778
9058	10960	11107	11864	49467	108675	54482	51002	75222	75222	86434	103790
10	-9										
-23201	-27294	-30591	-32308	-48672	-84272	-81473	-75477	-69318	-69318	-66874	-67801
1											
539	769	734	3210	13701	11896	14641	22212	35620	35620	55997	71253
3											
4694	5251	5090	5480	7033	9261	10880	12105	14949	14949	21656	28559
	-350	-300	-1490	-6006	-112	-344					

Note: The new standard for classification of government revenue and expenditure has be implemented from 2007. The assoeted revenue are in table 6 - 6.

6-3 主要年份市区预算内财政收入情况

单位:万元

项目	Item	1985	1990	1995
合计	Total	25105	35108	61421
上划中央收入合计	Total Revenue of Central Government			36711
增值税	Value - added Tax			36000
消费税	Consumption Tax			711
地方级收入	Local Revenue	25105	35108	24710
增值税	Value - added Tax	2393	14171	12000
营业税	Operation Tax	2264	5567	7409
个人所得税	Business Tax		102	1081
城市维护建设税	Tax on Urban Construction and Maitenance	786	1408	2566
城镇土地使用税	Tax on Use of Urban Land			413
印花税	Stamp Tax			205
固定资产投资方向调节税	Tax on Adjustment of the Orientation of Investment in Fixed Assets			470
其他工商税	Other Industrial and Commercial Tax			1124
农牧业税和耕地占用税	Tax on Agriculture and Animal Husbandry and Tax on Occupancy of Cultivated Land	663	1173	1999
企业所得税	Enterprises´Income Tax	10153	7624	4056
国有企业上缴利润	Profits of State - owned Enterprises Offered to the High Authorities			-16
国有企业计划亏损补贴	Planned Subsidies to Loss - suffering State - owned Enterprises			-8720
国家能源交通重点建设基金收入类	Important Construction Fund Revenues of Energy Sources and Transportation			4
其他收入	Other Revenues			214
国家预算调节基金	Funds of State Budgetary Adjustment			18
专款收入	Special Revenues			1754
所得税退税	Repayment Tax of Income Tax			

Budgetary Financial Revenue of Urban District in Main Years

(10 000 yuan)

1996	1997	1998	1999	2000	2001	2002	2003	2004(1)	2004(2)	2005	2006
67361	72307	81202	90685	117319	152063	203948	260772	257804	345072	428150	525054
39506	40415	43315	45575	55681	64005	86277	134639	98902	164353	199006	240775
39000	39468	42243	44431	53490	62730	85563	98708	46698	112149	136263	166191
506	947	1072	1144	2191	1275	714	836	602	602	634	869
27855	31892	37887	45110	61638	88058	95696	126133	158902	180719	229144	284279
13000	13156	14081	14810	17830	20910	28521	32624	15566	37383	45421	55397
8193	11431	13917	19352	20856	29064	37209	47810	67300	67300	82441	90077
1447	1856	2655	3205	4941	8850	8545	9543	9116	9116	11264	12094
3233	3123	3521	3953	4637	5232	6195	7573	10048	10048	11900	15054
323	335	304	245	289	403	455	705	745	745	801	2246
276	184	233	506	574	680	686	1077	1485	1485	1787	4518
502	459	1079	270	415	5						
1334	1405	1660	2334	2216	3039	4470	3661	6570	6570	10089	15727
2002	1969	2065	1027	2586	8663	9182	19580	30522	30522	22017	27999
2779	4492	4201	3763	15743	25651	13774	14411	25285	25285	30142	37049
-7537	-9278	-9951	-9900	-10204	-19699	-19499	-19505	-19500	-19500	-19500	-19500
233	243	133	1291	4315	2477	2900	4437	7102	7102	24728	33240
-1											
1762	1894	1752	1856	2240	2895	3602	4217	4663	4663	8054	10378
				-4800	-112	-344					

6-4 主要年份全市预算内财政支出情况

单位:万元

项目	Item	1985	1990	1991	1992
合计	Total	20315	42872	46404	51579
#企业挖潜改造资金	# Enterprises´Innovation Funds	2449	817	546	760
简易建筑费	Expenses of Simple Construction	46	54	16	61
科技三项费用	Science and Technology Promotion Expenses	105	177	209	174
农业支出	Expenditure for Agriculture	1652	4442	4982	5428
工业交通等事业费	Operating Expenses of Industry and Transportation	619	1489	1857	1292
流通部门事业费	Operating Expenses of Commercial Department	5	4	3	
城市维护费	Expenditure for City Maintenance	1992	3638	4083	4591
文教卫生事业费	Operating Expenses of Culture, Education and Public Health	6990	14006	14806	17619
科学事业费	Operating Expenses of Science	216	236	376	427
其他部门事业费	Operating Expenses of Tax and Statistics	617	1865	2188	2443
抚恤和社会福利救济费	Pensions and Relief Funds of Social Welfare	546	1087	1219	1195
行政管理费	Expenditure for Government Administration	2368	5616	6280	7972
公检法司支出	Expenditure for Public Security Agency, Procuratorial Agency and Court of Justice	712	2401	2361	2982
政策性补贴支出	Expenditure for Price Subsidies	575	4805	4352	3140
其它支出	Other Expenditure	616	881	1015	1306
专项支出	Special Expenditure	212	1228	1956	2120

注:2007 年起实行新政府财政收支分类标准,2007 年以后分类支出见表 6-7。

Budgetary Financial Expenditure in Main Years

(10 000 yuan)

1993	1994	1995	1996	1997	1998	1999	2000	2001	2002	2003	2004	2005	2006
67513	75906	86319	98293	111217	127319	155870	215215	310691	385414	472366	597174	734502	864978
2374	861	666	1364	1754	2444	4561	9024	23484	21755	18756	26625	22490	29890
15	20	20	80	80	85								
298	333	666	1004	1378	1683	2348	3696	5687	8587	11863	15575	21465	23019
6355	5867	5248	6985	6850	6908	9541	13066	18308	23484	32446	31436	39674	47036
2183	1759	1541	1849	1633	2361	2266	2490	5291	8802	14487	18706	19369	20930
7	4	11	13	7	2	58	69	89	129	159	205	241	460
6689	6323	6530	7559	9711	10475	11291	18024	32501	42409	44071	51897	68254	85379
21413	27684	30335	34521	37757	44148	50395	65443	88676	111548	141245	174545	209188	252075
546	588	628	1011	937	1528	1604	1738	2107	2867	3762	4958	5792	8716
2875	3787	3991	5125	6185	7310	12213	17914	23716	30926	44723	54975	60407	69563
1458	1875	2376	2311	2861	3083	4995	4241	5395	7314	9835	12935	19230	19424
11197	13879	15318	17003	19457	22176	24467	30909	39574	49508	64463	81129	92769	109324
3875	5499	6716	7674	8073	9568	10822	15820	24713	30906	40995	60858	75744	85120
1447	2930	4548	4087	3696	2174	2396	1615	438	4	4	4	4	1704
3494	720	1785	576	2192	1791	2553	4455	12746	18753	17102	20361	35105	28571
3225	3777	3945	3881	5331	5968	5982	6317	7592	10064	11461	15406	27267	33728

Note: The new standard for classification of government revenue and expenditure has be implemented from 2007. The assoeted expenditures are in table 6 – 7

6－5 主要年份市区预算内财政支出情况

单位:万元

项　　目	Item	1985	1990	1991	1992
合　　计	Total	7339	14911	15341	15745
#企业挖潜改造资金	# Enterprises´Innovation Funds	729	394	113	274
简易建筑费	Expenses of Simple Construction	11	10	3	21
科技三项费用	Science and Technology Promotion Expenses	21	102	133	96
农业支出	Expenditure for Supporting Agricultural	409	1551	1711	1669
工业交通等事业费	Operating Expenses of Departments of Industry and Transportation	124	405	327	161
流通部门事业费	Operating Expenses of Commercial Department		3	3	
城市维护费	Expenditure for City Maintenance	1165	1211	1276	1509
文教卫生事业费	Operating Expenses of Culture, Education and Public Health	2286	4554	4531	5323
科学事业费	Operating Expenses of Science	58	118	186	210
其他部门事业费	Operating Expenses of Tax and Statistics	228	760	1004	978
抚恤和社会福利救济费	Pensions and Relief Funds for Social Welfare	217	377	438	397
行政管理费	Expenditure for Government Administration	1102	1964	2049	2426
公检法司支出	Expenditure for Public Security Agency, Procuratorial Agency and Court of Justice	313	894	833	989
政策性补贴	Expenditure for Price Subsidies	190	1763	1632	696
其它支出	Other Expenditure	199	270	321	283
专项支出	Special Expenditure	103	442	659	690

Budgetary Financial Expenditure of Urban District in Main Years

(10 000 yuan)

1993	1994	1995	1996	1997	1998	1999	2000	2001	2002	2003	2004	2005	2006
21347	23958	27439	31932	36345	41911	52588	76496	101497	128779	145432	189518	251501	302964
665	189	300	651	617	1075	1493	3697	6935	6232	5219	10031	7114	8058
5			30	35									
199	149	315	346	455	511	738	1097	1862	2796	4143	5122	5840	7153
2022	1637	1797	2199	2301	2128	3011	3448	4645	5524	5442	7674	12672	15931
318	376	369	517	370	303	385	342	1045	1039	2101	6759	5601	6220
7	4	7	7	7	2		24		55	68	90	141	316
2981	1908	2242	2962	4376	4762	3843	6054	14924	20380	18473	25448	34931	45869
6319	8390	9119	10820	11473	13867	16565	19473	26250	30225	39767	45492	58151	76045
227	260	279	411	364	648	720	772	697	937	1032	1281	1410	1633
1194	1507	1136	1827	2301	2583	3658	5666	7264	10961	15448	16440	18694	21168
438	586	685	655	772	837	1420	1237	1533	2184	2749	3879	6200	5610
3502	4108	4234	5113	5968	6414	7255	9724	13488	15623	20847	26156	30493	35216
1380	2147	2504	2879	2993	3486	4161	6862	9346	11329	14365	21440	30378	32945
240	1119	1567	1318	1050	664	818	691	4	4	4	4	4	697
770	-114	628	101	398	697	567	723	1772	9396	4215	4233	10411	7912
1062	1692	1535	1531	2096	2184	2275	2189	2473	3536	3645	5422	15752	15831

6-6 分地区预算内财政收入情况
(2013-2014)

单位:万元

项 目	Item	全 市 Total		市 区 Urban District	
		2013	2014	2013	2014
合 计	Total	5174915	5680944	1549498	1680724
上划中央收入合计	Total Revenue of Central Government	2351823	2610269	664916	742612
增值税	Value-added Tax	1516479	1648257	399858	423513
消费税	Consumption Tax	45244	14925	35224	36541
企业所得税	Enterprises´Income Tax	606900	734063	170804	211291
个人所得税	Individual Income Tax	183200	213024	59030	71267
地方级收入	Local Revenue	2823092	3070675	884582	938112
1、税收收入	Tax Revenue	2677439	2951554	825944	906306
增值税	Value-added Tax	505493	549419	133286	141171
营业税	Consumption Tax	714849	729474	247937	240590
企业所得税	Enterprises´Income Tax	404598	489374	113869	140861
个人所得税	Individual Income Tax	122132	142015	39353	47511
城市维护建设税	Tax on Urban Construction and Maitenance	186967	195007	59160	61852
城镇土地使用税	Tax on Use of Urban Land	85998	113755	18867	33069
印花税	Stamp Tax	46748	54131	14237	16111
耕地占用税	Cultivated Land Usage Tax	43795	53268	13882	11966
契 税	Deed? Tax	175026	205980	57474	66608
其他各税收入	Other Tax Revenue	391833	419131	127879	146567
2、非税收入	Non Tax Revenue	145653	119121	58638	31806
专项收入	Special Revenues	96856	97758	28163	26627
行政事业性收费收入	Revenues from Administrative and Utilities Charges	28609	11853	15803	2275
罚没收入	Incomes from Fines	90965	72603	32008	15347
国有资本经营收入	Revenues from State-owned Capital Management	-74822	-72065	-19486	-19500
国有资源有偿使用收入	Revenues from Paid Use of State-owned Resources	4021	8588	2138	6714
其他收入	Other Revenues	24	384	12	343

Budgetary Financial Revenue by Region
(2013 – 2014)

(10 000 yuan)

嘉善县 Jiashan		平湖市 Pinghu		海宁市 Haining		海盐县 Haiyan		桐乡市 Tongxiang	
2013	2014	2013	2014	2013	2014	2013	2014	2013	2014
547699	600580	846462	904052	942631	1084937	473690	520112	814935	890539
257664	287239	424229	447272	417743	484677	227637	249832	359634	398637
179151	191610	273149	311036	279132	309924	152325	162813	232864	249361
1055	1061	2354	–28065	1372	1101	4074	3267	1165	1020
55124	70340	127043	139706	107165	134709	53877	65651	92887	112366
22334	24228	21683	24595	30074	38943	17361	18101	32718	35890
290035	313341	422233	456780	524888	600260	246053	270280	455301	491902
276603	301657	406553	442547	498623	583528	236974	256044	432742	461472
59717	63870	91050	103679	93044	103308	50775	54271	77621	83120
65900	64966	87630	91003	137100	153701	65484	61358	110798	117856
36749	46893	84695	93137	71443	89806	35918	43767	61924	74910
14889	16152	14455	16397	20049	25962	11574	12067	21812	23926
17001	17856	30676	31373	32587	35054	21181	20886	26362	27986
22399	21097	15709	17094	12241	18570	4752	8231	12030	15694
4257	4703	9204	9240	7913	10974	3802	5226	7335	7877
9813	11128	2890	9474	1509	7249	1780	6111	13921	7340
14329	19876	24560	21401	33114	50681	13364	16574	32185	30840
31549	35116	45684	49749	89623	88223	28344	27553	68754	71923
13432	11684	15680	14233	26265	16732	9079	14236	22559	30430
10420	11126	15805	15652	16530	16939	12757	12683	13181	14731
3217	1763	1906	1415	3343	1023	1925	713	2415	4664
8137	7242	12514	11529	16617	8874	6014	11733	15675	17878
–8960	–8960	–15000	–15000	–10505	–10505	–11871	–11100	–9000	–7000
611	511	455	637	280	362	249	207	288	157
7	2	0	0	0	39	5	0	0	0

6-7 分地区预算内财政支出情况
(2013-2014)

单位:万元

项目	Item	全市 Total		市区 Urban District	
		2013	2014	2013	2014
合计	Total	3033633	3349028	992315	1088806
#一般公共服务	General Public Service	367746	341643	110720	103065
外交	Diplomacy				
国防	National Defense	4940	4418	1058	671
公共安全	Public Safety	219562	236347	71540	79371
教育	Education	708107	756642	177552	180013
科学技术	Science and Technology	120567	140870	30850	37351
文化体育与传媒	Culture, Sports and Media	65079	79559	16367	18999
社会保障和就业	Social Security and Employment	216057	230555	93485	93215
医疗卫生	Medical and Health	170407	223482	35218	48097
节能环保	Energy saving and enviromental protection	118191	108751	30979	21909
城乡社区事务	Affairs of Urban and Rural Community	318188	391502	123400	162252
农林水事务	Affairs of Agriculture, Forestry and Water Resources	331742	318522	126634	84843
交通运输	Transportation	169503	229446	85553	132601
资源勘探电力信息等事务	Servicies about Mining ,Electricity Information,etc	93484	122930	26726	48207
其他支出	Other Expenditure	13740	7086	9186	3545

Budgetary Financial Expenditure by Region
(2012 - 2013)

(10 000 yuan)

嘉善县 Jiashan		平湖市 Pinghu		海宁市 Haining		海盐县 Haiyan		桐乡市 Tongxiang	
2013	2014	2013	2014	2013	2014	2013	2014	2013	2014
370151	396038	430837	449179	511850	606845	256893	283962	471587	524198
46234	42029	53963	53444	73726	63744	32139	29235	50964	50126
97	197	1201	905	1010	1179	865	691	709	775
28163	29628	34096	33946	36677	39061	16346	18165	32740	36176
79110	85742	96750	101841	139614	151617	78401	84498	136680	152931
16448	18293	15380	17420	24342	29024	13684	16340	19863	22442
8262	10736	8978	12086	14047	17631	6279	7036	11146	13071
23573	23093	34636	35171	23430	31422	14618	16464	26315	31190
27082	33236	26552	30672	29603	45214	17835	20390	34117	45873
22764	18501	13169	11201	23706	27712	6721	5416	20852	24012
31447	41256	54008	62973	47470	61656	17479	22102	44384	41263
45323	51563	36902	37366	47224	58431	30362	33704	45297	52615
14383	17881	9352	10336	22522	23677	12355	13612	25338	31339
10005	9263	30622	28262	13139	25444	3326	2869	9666	8885
3667	2550	314	4	539	300	34	30	0	657

主要统计指标解释

财政收入　指国家财政参与社会产品分配所取得的收入,是实现国家职能的财力保证。主要包括:

(1)各项税收:包括国内增值税、国内消费税、进口货物增值税和消费税、出口货物退增值税和消费税、营业税、企业所得税、个人所得税、资源税、城市维护建设税、房产税、印花税、城镇土地使用税、土地增值税、车船税、船舶吨税、车辆购置税、关税、耕地占用税、契税、烟叶税等。

(2)非税收入:包括专项收入、行政事业性收费、罚没收入和其他收入。

财政支出　指国家财政将筹集起来的资金进行分配使用,以满足经济建设和各项事业的需要。主要包括:

(1)一般公共服务:指政府提供基本公共管理与服务的支出,包括人大事务、政协事务、政府办公厅(室)及相关机构事务、发展与改革事务、统计信息事务、财政事务、税收事务、审计事务、海关事务、人力资源事务、纪检监察事务、人口与计划生育事务、商贸事务、知识产权事务、工商行政管理事务、国土资源事务、海洋管理事务、测绘事务、地震事务、气象事务、民族事务、宗教事务、港澳台侨事务、档案事务、共产党事务、民主党派事务及工商联事务、群众团体事务、彩票事务等。

(2)外交:指政府外交事务支出,包括外交行政管理、驻外机构、对外援助、国际组织、对外合作与交流、边界勘界联检等方面的支出。

(3)国防:指政府用于国防方面的支出,包括用于现役部队、预备役部队、民兵、国防科研事业、专项工程、国防动员等方面的支出。

(4)公共安全:指政府维护社会公共安全方面的支出,包括武装警察、公安、国家安全、检察、法院、司法行政、监狱、劳教、国家保密、缉私警察等。

(5)教育:指政府教育事务支出,包括教育行政管理、学前教育、小学教育、初中教育、普通高中教育、普通高等教育、初等职业教育、中专教育、技校教育、职业高中教育、高等职业教育、广播电视教育、留学生教育、特殊教育、干部继续教育、教育机关服务等。

(6)科学技术:指用于科学技术方面的支出,包括科学技术管理事务、基础研究、应用研究、技术研究与开发、科技条件与服务、社会科学、科学技术普及、科技交流与合作等。

(7)文化教育与传媒:指政府在文化、文物、体育、广播影视、新闻出版等方面的支出。

(8)社会保障和就业:指政府在社会保障与就业方面的支出,包括社会保障和就业管理事务、民政管理事务、财政对社会保险基金的补助、补充全国社会保障基金、行政事业单位离退休、企业改革补助、就业补助、抚恤、退役安置、社会福利、残疾人事业、城市居民最低生活保障、其他城镇社会救济、农村社会救济、自然灾害生活救助、红十字事务等。

(9)医疗卫生:指政府医疗卫生方面的支出,包括医疗卫生管理事务支出、医疗服务支出、医疗保障支出、疾病预防控制支出、卫生监督支出、妇幼保健支出、农村卫生支出等。

(10)节能环保:指政府环境保护支出,包括环境保护管理事务支出、环境监测与监察支出、污染治理支出、自然生态保护支出、天然林保护工程支出、退耕还林支出、风沙荒漠治理支出、退牧还草支出、已垦草原退耕还草、能源节约利用、污染减排、可再生能源和资源综合利用等支出。

(11)城乡社区事务:指政府城乡社区事务支出,包括城乡社区管理事务支出、城乡社区规划与管理支出、城乡社区公共设施支出、城乡社区住宅支出、城乡社区环境卫生支出、建设市场管理与监督支出等。

(12)农林水事务:指政府农林水事务支出,包括农业支出、林业支出、水利支出、扶贫支出、农业综合开发支出等。

(13)交通运输:指政府交通运输和邮政业方面的支出,包括公路运输支出、水路运输支出、铁路运输支出、民用航空运输支出、邮政业支出等。

(14)工业商业金融等事务:指政府对工业、商业及金融等方面的支出,包括采掘业支出、制造业支出、建筑业支出、工业和信息产业监管支出、国有资产监管支出、商业流通事务支出、金融业监管支出、旅游业管理与服务支出等。

中央财政收入和地方财政收入　指按现行分税制财政体制划分的中央本级收入和地方本级收入。属于中央财政的收入包括关税,进口货物增值税和消费税,出口货物退增值税和消费税,消费税,铁道部门、各银行总行、各保险公司总公司等集中交纳的营业税和城市维护建设税,增值税75%部分,纳入共享范围的企业所得税60%部分,未纳入共享范围的中央企业所得税、中央企业上交的利润,个人所得税60%部分,车辆购置税,船舶吨税,证券交易印花税97%部分,海洋石油资源税,中央非税收入等。属于地方财政的收入包括营业税(不含铁道部门、各银行总行、各保险公司总公司集中交纳的营业税),地方企业上交利润,城市维护建设税(不含铁道部门、各银行总行、各保险公司总公司集中交纳的部分),房产税,城镇土地使用税,土地增值税,车船税,耕地占用税,契税,烟叶税,印花税,增值税25%部分,纳入共享范围的企业所得税40%部分,个人所得税40%部分,证券交易印花税3%部分,海洋石油资源税以外的其他资源税,地方非税收入等。

中央财政支出和地方财政支出　指根据政府在经济和社会活动中的不同职责,划分中央和地方政府的责权,按照政府的责权划分确定的支出。中央财政支出包括一般公共服务,外交支出,国防支出,公共安全支出,以及中央政府调整国民经济结构、协调地区发展、实施宏观调控的支出等。地方财政支出包括一般公共服务,公共安全支出,地方统筹的各项社会事业支出等。

EXPLANATORY NOTES ON MAIN STATISTICAL INDICATORS

Government Revenue refers to income for the government finance through participating in the distribution of social products. It is the financial guarantee to ensure government functioning. The contents of government revenue include the following main items:

(1) Various tax revenues, including domestic value added tax (VAT), domestic consumption tax, VAT and consumption tax from imports, VAT and consumption tax rebate for exports, business tax, corporate income tax, individual income tax, resource tax, city maintenance and construct tax, house property tax, stamp tax, urban land use tax, land appreciation tax, tax on vehicles and boat operation, ship tonnage tax, vehicle purchase tax, tariffs, farm land occupation tax, deed tax, and tobacco leaf tax, etc.

(2) Non - tax revenue, including special program receipts, charge of administrative and institutional units, penalty receipts and others non - tax receipts.

Government Expenditure refers to the distribution and use of the funds which the government finance has raised, so as to meet the needs of economic construction and various causes. It includes the following main items:

(1) Expenditure for general public services: It refers to the spending on the basic public management and services which provided by governments, including the expense on affairs of People's Congress, affairs of People's Political Consultative Conference, affairs of government general office and relative institutions, affairs of development and reform, affairs of statistics, affairs of finance, affairs of taxation, affairs of audit, affairs of customs, affairs of human resources and social security, affairs of discipline inspection and supervision, affairs of population and family planning, affairs of commerce and trade, affairs of intellectual property, affairs of administration for industry and commerce, affairs of land and resources, affairs of oceanic administration, affairs of surveying and mapping, affairs of earthquake, ethnic affairs, religious affairs, affairs of Hong Kong, Macao, Taiwan, and Overseas Chinese, affairs of archives administration, affairs of Chinese Communist Party, affairs of democratic parties and federation of industry and commerce, affairs of mass organization, and affairs of lottery, etc.

(2) Expenditure for foreign affairs: It refers to the spending of government on foreign affairs, including the expense on administration of foreign affairs, missions overseas, external assistance, international organizations, foreign cooperation and communication, surveying and joint inspection on borderline, etc.

(3) Expenditure for national defence: It refers to the spending of government on national defence, including the expense on active force, reserve force, militia, scientific research on national defence, special projects, mobilization of national defence, etc.

(4) Expenditure for public security: It refers to the spending of government on maintaining social and public security, including the expense on armed police force, public security, state security, prosecution, courts, justice, prison, labour education and rehabilitation, protection of state secrecy, anti - smuggling police, etc.

(5) Expenditure for education: It refers to the spending of government on education, including the expense on the administration of education, pre - primary education, primary education, secondary education, high school education, regular higher education, primary vocational education, secondary vocational education, technical school education, vocational high school education and higher vocational education, radio and television education, student abroad education, special education, on the job training of cadres, education authorities services, etc.

(6) Expenditure for science and technology: It refers to the spending of government on science and technology (S&T), including the expense on the administration of S&T, basic research, applied research, research and development, conditions and services of S&T, popularization of social science, science and technology, exchanges and cooperation of S&T, etc.

(7) Expenditure for culture, sport and media: It refers to the spending of government on culture, cultural heritage, sports, radio, film, television, press and publication, etc.

(8) Expenditure for social safety net and employment effort: It refers to the spending of government on social safety net and employment, including the expense on administration of social safety net and employment, civil affairs, budgetary subsidy on the social insurance funds, subsidy on National Social Security Fund, retirees of administrative units and institutions, subsidy on enterprise reform, subsidy on employment effort, pension, placement of ex - serviceman, social welfare, the handicapped undertakings, the system of cost of living allowances for urban residents, other urban social relief, rural social relief, living relief of natural disasters, affairs of Red Cross Society, etc.

(9) Expenditure for medical and health care: It refers to the spending of government on medical and health care, including the expense on administration of medical and health care, medical services, health care, disease prevention and control, health inspection

and supervision, women and children's health, rural health care, etc.

(10) Expenditure for environment protection: It refers to the spending of government on environment protection, including the expense on administration of environment protection, environment monitoring and supervision, pollution control, natural ecology protection, project of virgin forests protection, reforesting farmland, controlling the sources of dust storms, returning pastureland to grassland, returning pastureland to grassland, returning cultivated land to grassland, energy conservation, emissions reduction, comprehensive utilization of renewable energy and resources, etc.

(11) Expenditure for urban and rural community affairs: It refers to the spending of government on urban and rural community affairs, including the expense on administration of urban and rural community, planning and management of urban and rural community, public facilities of urban and rural community, housing of urban and rural community, sanitation of urban and rural community, management and supervision on the construction market, etc.

(12) Expenditure for agriculture, forestry and water conservancy: It refers to the spending of government on agriculture, forestry and water conservancy, including the expense on agriculture, forestry, water conservancy, poverty alleviation, comprehensive agricultural development, etc.

(13) Expenditure for transportation: It refers to the spending of government on transportation and postal services, including the expense on road transportation, waterway transportation, railway transportation, civil aviation transportation, and postal services.

(14) Expenditure for industry, commerce and banking: It refers to the spending of government on industry, commerce and banking, including the expense on mining, manufacturing, construction, industry and information technology supervision and administration, State - owned assets supervision and administration, commerce and circulation affairs, financial intermediation supervision and administration, tourism administration and service, etc.

Revenue of the Central Government and Revenue of the Local Governments refers to the revenue collected by the Central Government and that by the local governments as defined by the decentralized taxation system. In accordance with this system, the revenue of the Central Government includes tariff, VAT and consumption tax from imports, VAT and consumption tax rebate for exports, consumption tax, business tax and city maintenance and construct tax from the Ministry of Railways, head offices of banks, head offices of insurance company, which are handed over to the government in a centralized way, 75% of the value added tax, 60% the share part of the corporate income tax, unshared part of corporate income tax of the central enterprises, profit handed in by the central enterprises, 60% of individual income tax, vehicle purchase tax, ship tonnage tax, 97% of stamp tax on securities transactions, resource tax on the offshore petroleum resources. The revenue of the local governments includes business tax (excluding the part of the Ministry of Railways, head offices of banks, head offices of insurance company, which are handed over to the government in a centralized way), profit handed in by the local enterprises, city maintenance and construct tax (excluding the part of the Ministry of Railways, head offices of banks, head offices of insurance company, which are handed over to the government in a centralized way), house property tax, urban land use tax, land appreciation tax, tax on vehicles and boat operation, farm land occupation tax, deed tax, and tobacco leaf tax, stamp tax, 25% of the value added tax, 40% the share part of the corporate income tax, 40% of individual income tax, 3% of stamp tax on securities transactions, resource tax other than the tax on offshore petroleum resources, local non - tax revenue, etc.

Expenditure of the Central Government and Expenditure of the Local Governments according to the different functions of the Central Government and local governments in economic and social activities, the rights of affairs administration are demarcated between those of the Central Government and those of local governments; and the classification of the expenditure between the Central Government and local governments are made on the basis of the classification of the rights of affairs administration between them. The expenditure of the Central Government includes the expenditure for general public services, expenditure for foreign affairs, expenditure for public security, and the expenditure of the Central Government for adjusting the national economic structure; coordinating the development among different regions; and exercising macroeconomic regulation. The expenditure of the local governments includes mainly the expenditure for general public services, expenditure for public security, and expenditures for social development which are planed by local governments, etc.

七、农　业
Agriculture

7－1 主要年份全市农村基本情况

指　　标	Item	1985	1998	1999	2000
一、基层组织情况	Grass－roots Units				
乡政府(个)	Number of Township Governments (unit)	121	54	30	30
镇政府(个)	Number of Town Governments(unit)	44	73	67	67
村民委员会(个)	Number of Villagers´Committees(unit)	1817	1761	1558	1196
村民小组(万个)	Number of Villager Group (10 000 unit)	2.35	2.31	2.28	2.2
二、乡村户数、人口	Rural Households and Population				
乡村总户数(万户)	Number of Rural Households (10 000 households)	64.79	69.44	69.12	68.71
乡村总人口(万人)	Rural Population (10 000 persons)	245.94	257.6	255.21	253.26
三、乡村劳动力合计(万人)	Rural Laborers	162.6	150.46	148.29	148.01
(一)按性别分	Grouped by Sex				
1.男劳动力	Male	85.85	77.72	76.46	76.31
2.女劳动力	Female	76.75	72.24	71.83	71.7
(二)按部门分	Grouped by Sector				
1.农林牧渔业	Farming, Forestry, Animal Husbandry and Fishery	108.77	76.38	72.1	64.45
2.工业	Industry	39.63	49.01	50.54	56.47
3.建筑业	Construction	4.87	5.96	5.7	6.06
4.交通运输、邮电业	Transportation, Post and Telecommunications Services	3.2	5.05	5.21	5.49
5.贸易、餐饮业	Trade and Catering Services	0.98	4.42	4.8	5.71
6.其他非农行业	Other Non－agricultural Trades	5.15	9.64	9.94	9.83
四、农村社会基础设施	Basic Establishment of Rural Areas				
1.自来水受益村数(个)	Number of Villages Having Tap Water (unit)		1459	1371	1065
2.通汽车村数(个)	Number of Villages with Bus Services(unit)		1700	1528	1183
3.通电话村数(个)	Number of Villages with Telephone Communication (u-nit)		1761	1557	1196
4.通电村数(个)	Number of Villages with Electricity(unit)		1761	1557	1196
五、农业现代化情况	Agricultural Modernization				
农业机械动力(万千瓦)	Total Agricultural Machinery Power (10 000 kw)	107.69	188.73	197.12	198
农村用电量(万千瓦时)	Electricity Consumed in Rural Areas (10 000 kwh)	62735	238426	261572	307300
化肥使用量(折标)(吨)	Consunmption of Chemical Fertilizers (tons)	567800	594597	595511	540363

注:由于方法制度改变,村民委员会等个别指标取消。

Basic Conditions of Rural Areas in Main Years

2001	2002	2003	2004	2005	2006	2007	2008	2009	2010	2011	2012	2013	2014
2	2	2	1	1	1	1	0	0	0	0	0	0	0
60	60	55	53	53	53	53	53	47	44	44	44	44	44
1090	1029	1028	963	953	943	936	875	861	823	809	804	795	
2.00	1.96	1.93	1.89	1.87	1.86	1.84	1.85	1.85	1.85	1.82	1.84	1.84	
70.61	70.11	68.89	70.91	72.16	73.66	73.93	72.57	72.95	74.69	74.93	75.92	75.33	74.15
257.33	255.08	251.93	256.64	260.28	264.68	262.93	259.72	261.43	266.98	269.75	273.53	273.43	271.41
152.06	150.06	148	149.41	153.42	156.57	158	154.01	157.1	159.31	163.27	177.27	179.25	179.29
78.74	77.16	76.24	77.00	80.29	82.27	82.58	79.94	81.7	82.76	84.12	91.11	92.12	91.84
73.32	72.9	71.36	72.41	73.13	74.3	75.77	74.07	75.4	76.55	79.15	86.16	87.13	87.45
60.82	54.83	48.9	43.82	42.16	40.77	38.72	36.23	35.57	33.87	33.15	31.96	31.04	
62.09	65.5	68.85	74.64	79.34	82.05	85.18	84.14	87.28	90.66	95.06	97.51	100.36	
6.44	6.47	6.94	7.4	7.86	8.27	8.58	8.44	8.85	8.96	9.15	9.44	9.51	
5.40	5.72	5.92	5.55	5.67	6.02	5.62	5.21	5.28	5.35				
7.34	7.64	7.91	8.61	9.19	9.69	10.21	10.96	10.98	11.17				
9.97	9.9	9.08	9.39	9.2	9.77	10.04	9.03	9.14	9.28	25.91	27.17	27.12	
1006	985	985	936	947	938	935	875	861	823	809	804	795	789
1086	1045	1028	963	953	943	935	875	861	823	809	804	795	789
1091	1045	1028	963	953	943	935	875	861	823	809	804	795	789
1091	1045	1028	963	953	943	935	875	861	823	809	804	795	789
199	181	180	168	172	158	156	157	160	158	156	153	152	148
337206	384895	463866	496514	556154	645248	719116	758386	796674	856713	949472	1011357	1113884	1152969
517556	512489	493395	503540	511162	519469	502151	508293	509311	503446	501256	502836	503188	500185

Note: Because of the method system reform, some indexes are canceled.

7－2 主要年份市区农村基本情况

指 标	Item	1985	1998	1999	2000
一、基层组织情况	Grass－roots Units				
乡政府（个）	Number of Township Governments（unit）	26	12	12	12
镇政府（个）	Number of Town Governments（unit）	8	10	10	10
村民委员会（个）	Number of Villagers´Committees（unit）	403	381	281	281
村民小组（万个）	Number of Villager Group（10 000 unit）	0.52	0.5	0.49	0.46
二、乡村户数、人口	Rural Households and Population				
乡村总户数（万户）	Number of Rural Households（10 000 households）	13.46	14.68	14.37	14.38
乡村总人口（万人）	Rural Population（10 000 persons）	48.78	51.79	50.61	50.18
三、乡村劳动力合计（万人）	Rural Laborers	32.01	29.48	28.61	28.73
（一）按性别分	Grouped by Sex				
1.男劳动力	Male	16.49	15.05	14.66	14.76
2.女劳动力	Female	15.52	14.43	13.95	13.97
（二）按部门分	Grouped by Sector				
1.农林牧渔业	Farming，Forestry，Animal Husbandry and Fishery	23.87	17.03	16.2	14.88
2.工业	Industry	5.55	7.82	7.71	8.45
3.建筑业	Construction	0.88	0.95	1	1.06
4.交通运输、邮电业	Transportation，Post and Telecommunications Services	0.47	0.7	0.83	0.91
5.贸易、餐饮业	Trade and Catering Services	0.16	0.83	0.87	1.02
6.其他非农行业	Other Non－agricultural Trades	1.08	2.15	1.94	2.41
四、农村社会基础设施	Basic Establishment of Rural Areas				
1.自来水受益村数（个）	Number of Villages Having Tap Water（unit）		275	238	241
2.通汽车村数（个）	Number of Villages with Bus Services（unit）		372	272	277
3.通电话村数（个）	Number of Villages with Telephone Communication（unit）		381	281	281
4.通电村数（个）	Number of Villages with Electricity（unit）		381	281	281
五、农业现代化情况	Agricultural Modernization				
农业机械动力（万千瓦）	Total Agricultural Machinery Power（10 000 kw）	26.97	47.44	48.28	48.00
农村用电量（万千瓦时）	Electricity Consumed in Rural Areas（10 000 kwh）	12187	50278	57669	66355
化肥使用量（折标）（吨）	Consunmption of Chemical Fertilizers（tons）	122200	110095	108770	89342

注：由于方法制度改变，村民委员会等个别指标取消。

Basic Conditions of Rural Area in Urban District in Main Years

2001	2002	2003	2004	2005	2006	2007	2008	2009	2010	2011	2012	2013	2014
									0	0	0	0	0
10	10	10	10	10	10	10	10	10	10	10	10	10	10
263	223	222	222	211	201	196	190	189	190	177	172	171	
0.47	0.45	0.45	0.44	0.44	0.43	0.41	0.42	0.42	0.42	0.4	0.4	0.4	
						0							
14.37	14.18	14.28	15.43	16.95	17.31	17.12	16.52	17.14	18.19	17.99	17.84	17.52	16.79
50.11	49.38	49.33	52.51	56.42	58.11	56.56	54.75	57.3	59.2	59.47	59.61	59.39	58.73
28.46	27.27	27.87	29.65	32.4	33.93	32.97	29.92	31.82	31.48	33.61	37.45	37.67	37.79
14.64	13.94	14.25	15.39	17.69	18.52	17.67	15.52	16.54	16.37	17.23	19.13	19.63	19.42
13.82	13.33	13.62	14.26	14.71	15.41	15.3	14.4	15.28	15.11	16.38	18.32	18.04	18.37
14.12	12.79	12.23	10.87	10.63	10.25	9.93	9.31	9	8.05	7.99	7.86	7.49	
8.44	8.57	9.01	11.45	13.74	14.38	14.10	13.35	15.47	16.1	18.29	18.83	20.15	
1.23	1.11	1.53	1.9	2.2	2.47	2.31	1.8	1.93	1.73	1.83	1.94	1.95	
0.81	0.91	1.00	0.93	1.04	1.5	1.13	0.87	0.87	0.83				
1.2	1.49	1.77	1.85	2.07	2.35	2.47	2.32	2.21	2.34				
2.66	2.4	2.33	2.65	2.72	2.98	3.03	2.27	2.34	2.42	5.5	5.9	5.79	
218	189	191	199	205	196	195	190	189	190	177	172	171	167
264	221	222	222	211	201	195	190	189	190	177	172	171	167
264	221	222	222	211	201	195	190	189	190	177	172	171	167
264	221	222	222	211	201	195	190	189	190	177	172	171	167
47.35	43.34	39.77	36.64	36.67	32.64	32.06	31.71	31.46	31.19	30.80	29.72	29.53	28.68
69110	79092	93329	92707	98286	105301	120960	127723	132534	154124	169775	186455	206630	204363
123001	127835	127145	135280	134654	135661	132020	135766	134299	127586	124377	125534	125348	124357

Note: Because of the method system reform, some indexes are canceled.

7-3 分地区农村基本情况
(2014)

指　标	Item	全　市 Total	市　区 Urban District
一、基层组织情况	Grass - roots Units		
乡政府(个)	Number of Township Governments (unit)	0	0
镇政府(个)	Number of Town Governments(unit)	44	10
村民委员会(个)	Number of Villagers´Committees(unit)		
村民小组(万个)	Number of Villager Group (10 000 unit)		
二、乡村户数、人口	Rural Households and Population		
乡村总户数(万户)	Number of Rural Households (10 000 households)	74.15	16.79
乡村总人口(万人)	Rural Population (10 000 persons)	271.41	58.73
三、乡村劳动力合计(万人)	Rural Laborers	179.29	37.79
(一)按性别分	Grouped by Sex		
1.男劳动力	Male	91.84	19.42
2.女劳动力	Female	87.45	18.37
(二)按部门分	Grouped by Sector		
1.农林牧渔业	Farming, Forestry, Animal Husbandry and Fishery		
2.工业	Industry		
3.建筑业	Construction		
4.交通运输、邮电业	Transportation, Post and Telecommunications Services		
5.贸易、餐饮业	Trade and Catering Services		
6.其他非农行业	Other Non - agricultural Trades		
四、农村社会基础设施	Basic Establishment of Rural Areas		
1.自来水受益村数(个)	Number of Villages Having Tap Water (unit)	789	167
2.通汽车村数(个)	Number of Villages with Bus Services(unit)	789	167
3.通电话村数(个)	Number of Villages with Telephone Communication (unit)	789	167
4.通电村数(个)	Number of Villages with Electricity(unit)	789	167
五、农业现代化情况	Agricultural Modernization		
农业机械动力(万千瓦)	Total Agricultural Machinery Power (10 000 kw)	147.86	28.68
农村用电量(万千瓦时)	Electricity Consumed in Rural Areas (10 000 kwh)	1152969	204363
化肥使用量(折标)(吨)	Consunmption of Chemical Fertilizers (tons)	500185	124357

注:由于方法制度改变,村民委员会等个别指标取消。

Basic Conditions of Rural Areas by Region
(2014)

南湖区 Nanhu	秀洲区 Xiuzhou	嘉善县 Jiashan	平湖市 Pinghu	海宁市 Haining	海盐县 Haiyan	桐乡市 Tongxiang
0	0	0	0	0	0	0
5	5	6	6	8	5	9
6.28	10.51	10.37	9.17	13.45	10.1	14.27
20.57	38.16	34.79	34.1	52.47	34.77	56.55
13.19	24.60	23.34	23.23	33.20	23.99	37.74
6.77	12.65	12.1	11.55	17.23	12.11	19.43
6.42	11.95	11.24	11.68	15.97	11.88	18.31
55	112	104	96	161	85	176
55	112	104	96	161	85	176
55	112	104	96	161	85	176
55	112	104	96	161	85	176
10.52	18.16	23.43	22.63	26.77	15.19	31.16
73531	130832	140228	245494	201796	108112	252976
56309	68049	48131	112138	39506	78496193	97557

Note: Because of the method system reform, some indexes are canceled.

7－4 主要年份全市耕地面积变动情况

单位:公顷

指 标	Item	1985	1998	1999	2000	2001
本年年末数合计	Total of the End Year	231000	207771	207782	208027	209329
1.水 田	Paddy Field	192987	175925	175835	176023	177133
2.旱 地	Dry Field	38013	31846	31947	32004	32196
本年内增加数合计	Total Increase in the Year	193	1041	882	1497	3425
本年内减少数合计	Total Decrease in the Year	4320	1041	871	1252	2123
1.国家基建占地	State Capital Construction	533	992	376	1001	1550
2.乡村基建占地	Village Capital Construction	713	28	320	185	551
3.改林、桑、茶、果园占地	Construction for Forestry ,Mulberry Tea and Fruit Areas	1067	21	112	35	12
4.挖鱼塘占地	Construction for Digging Fish Groad	1660		22	26	10
5.其他占地	Others	160		41	5	
按总人口计算人均占有耕地面积	Per Cultivated Area by Total Population	0.077	0.063	0.063	0.063	0.063
按乡村人口计算人均占有耕地面积	Per Cultivated Area by Rural Population	0.094	0.081	0.081	0.082	0.081

注:本表除人均占有耕地面积外其它均来自于市国土局。总人口和乡村人口按当年常住人口数计算人均占有耕地面积。

Change of Cultivated Area in Main Years

(hectare)

2002	2003	2004	2005	2006	2007	2008	2009	2010	2011	2012	2013	2014
209992	210562	210844	211030	212315	212396	212555	207853	207478	207415	208036	207585	207344
176394	177056	176602	176486	177754	177494	177831	185535	185099	184952	185545	185003	184729
33597	33505	34242	34544.1	34560	34902	34724	22318	22379	22463	22491	22582	22616
4768	5123	1442	2182.6	3646	1824			1902	1710	1423	1419	1069
4105	4554	1159	1996.7	2361	1743			2277	1774	802	1722	1439
1184	1874	600	1208.7	1155	824							
1712	2670	546	740.5	1190	918							
707	1			2	0							
263		2.8			0							
239	8	11.3	16.2	14	1							
0.063	0.063	0.063	0.053	0.052	0.051	0.050	0.0492	0.0471	0.0458	0.0458	0.0455	0.0454
0.082	0.083	0.082	0.081	0.080	0.081	0.082	0.0813	0.1009	0.1004	0.1024	0.1062	0.1112

Note: The data comes from Jiaxing land resource bureau except the per capita arable land area which caculated by the resident population.

7-5 主要年份市区耕地面积变动情况

单位:公顷

指　标	Item	1985	1998	1999	2000	2001
本年年末数合计	Total of the End Year	58867	53097	52986	52795	52900
1. 水　田	Paddy Field	50127	45188	45054	44892	44957
2. 旱　地	Dry Field	8740	7909	7932	7903	7943
本年内增加数合计	Total Increase in the Year	60	412	278	252	486
本年内减少数合计	Total Decrease in the Year	1720	573	389	443	381
1. 国家基建占地	State Capital Construction	260	526	158	325	255
2. 乡村基建占地	Village Capital Construction	253	27	80	54	126
3. 改林、桑、茶、果园占地	Construction for Forestry ,Mulberry Tea and Fruit Areas	187	20	112	35	
4. 挖鱼塘占地	Construction for Digging Fish Groad	993			26	
5. 其他占地	Others			39	3	
按总人口计算人均占有耕地面积	Per Cultivated Area by Total Population	0.09	0.07	0.07	0.07	0.07
按乡村人口计算人均占有耕地面积	Per Cultivated Area by Rural Population	0.12	0.10	0.10	0.11	0.11

注:本表除人均占有耕地面积外其它均来自于市国土局。总人口和乡村人口按当年常住人口数计算人均占有耕地面积。

Change of Cultivated Area in Urban District in Main Years

(hectare)

2002	2003	2004	2005	2006	2007	2008	2009	2010	2011	2012	2013	2014
52675	52457	52443	52452	52306	52188	52298	53047	52700	52635	52716	52489	52345
44548	44183	44200.9	44170	44055	43866	43916	46536	46155	45984	45961	45827	45763
8127	8274	8242.4	8282	8250	8322	8382	6511	6545	6651	6755	6662	6582
601	1092	203.1	757	883	396			812	553	258	320	203
826	1309	216.9	748	1030	514			1159	618	177	477	390
346	473	76.2	470	626	255							
412	828	132.7	278	403	259							
53				2								
15	8	8										
0.07	0.07	0.07	0.05	0.05	0.05	0.05	0.05	0.04	0.04	0.04	0.04	0.04
0.11	0.11	0.10	0.09	0.09	0.09	0.10	0.09	0.12	0.12	0.13	0.13	0.14

Note: The data comes from Jiaxing land resource bureau except the per capita arable land area which caculated by the resident population.

7－6　分地区耕地变动情况
(2014)

单位:公顷

指　　标	Item	全　市 Total	市　区 Urban District
一、上年年末数	Total at the End of the Last Year	207714	0
1. 水田	Paddy Field	185118	0
2. 旱地	Dry Field	22596	0
二、本年年末数合计	Total Area at the End of Year	207344	52345
1. 水田	Paddy Field	184729	45763
2. 旱地	Dry Field	22615	6582
三、本年内增减数合计	Total Decrease in the Year	2508	0
1. 水田增减	Paddy Field	1069	0
2. 旱地增减	Dry Field	1439	0
四、人均耕地	Per Cultivated Area		
1. 人均占有耕地面积	Per Cultivated Area	0.0454	0.0428
2. 按乡村人口人均占有耕地面积	Per Cultivated Area by Rural Population	0.1112	0.1406

注:本表除人均占有耕地面积外其它均来自于市国土局。总人口和乡村人口按当年常住人口数计算人均占有耕地面积。

Change of Cultivated Area by Region
(2014)

(hectare)

南湖区 Nanhu	秀洲区 Xiuzhou	嘉善县 Jiashan	平湖市 Pinghu	海宁市 Haining	海盐县 Haiyan	桐乡市 Tongxiang
22924	29608	27106	29851	33061	26230	38936
19663	26212	26331	27728	31334	22288	31562
3261	3396	776	2123	1726	3942	7373
22863	29482	27099	29727	33030	26223	38920
19615	26148	26324	27595	31305	22294	31449
3248	3335	775	2132	1725	3930	7470
215	378	235	397	576	235	473
77	127	114	137	272	114	228
138	252	121	260	303	121	244
0.0361	0.0500	0.0475	0.0435	0.0401	0.0593	0.0470
0.2068	0.1127	0.1037	0.1016	0.0888	0.1381	0.1034

Note: The data comes from Jiaxing land resource bureau except the per capita arable land area which caculated by the resident population.

7-7 全市农林牧渔业总产值（1978-2014）
Gross Output Value of Farming, Forestry, Animal Husbandry and Fishery（1978-2014）

单位:万元 （10000 yuan）

年 份 Year	总 计 Total	农 业 Farming	林 业 Forestry	牧 业 Animal Husbandry	渔 业 Fishery	农林牧渔服务业 Services of Farming, Forestry, Animal Husbandry and Fishery
1978	96888	74339	319	21400	830	
1979	124551	89719	342	33510	980	
1980	110590	75355	270	33525	1425	
1981	118636	83591	419	33398	1228	
1982	136715	98654	363	36161	1537	
1983	131247	94039	406	35062	1740	
1984	165013	125760	323	35908	3022	
1985	179127	118040	327	54289	6471	
1986	197328	133393	416	52511	11008	
1987	234809	152468	411	66723	15207	
1988	307500	173950	589	112506	20455	
1989	340121	196070	704	122430	20917	
1990	361324	222111	1239	119467	18507	
1991	371714	228792	1332	121159	20431	
1992	400154	234085	1433	140022	24614	
1993	469166	281571	1424	147917	38254	
1994	728737	413997	1660	262124	50956	
1995	836107	519254	1662	260430	54761	
1996	873062	579943	2926	220743	69450	
1997	920011	560484	3056	289599	66872	
1998	871302	534812	3473	258240	74777	
1999	832199	497349	2810	253364	78676	
2000	946549	523020	3216	324186	96127	
2001	1023582	537257	2953	361201	122171	
2002	1008821	518748	4885	344605	140583	
2003	1147863	541842	6067	387162	173914	38878
2004	1300094	604590	5716	460101	185330	44357
2005	1396773	640318	5991	504629	199887	45948
2006	1405267	669845	5612	513312	156802	59696
2007	1648837	722471	6137	680332	176862	63035
2008	1808702	805939	6534	729701	196900	69628
2009	1829652	842772	5501	697432	211364	72583
2010	2138770	1008674	7666	799112	242368	80950
2011	2438265	1082022	8519	990832	267219	89673
2012	2538502	1205956	9195	940756	288438	94157
2013	2556676	1227071	9529	920054	296097	103925
2014	2491172	1255179	11977	830235	278287	115494

注:按当年价格计算,2003 年起农业产值中包括了农林牧渔服务业产值(下同)。
The data in this table are calculated at current price. Output value in 2003 include services of farming, forestry, animal husbandry and fishery.

7-8 全市农业总产值发展指数(1978-2014、以1980年为100)

Indices of Gross Output Value of Farming, Forestry, Animal Husbandry and Fishery (1978-2014、1980=100)

单位:% (%)

年份 Year	总计 Total	农业 Farming	林业 Forestry	牧业 Animal Husbandry	渔业 Fishery	农林牧渔服务业 Services of Farming, Forestry, Animal Husbandry and Fishery
1978	99.3	111.3	132.8	72.2	59.7	
1979	116.0	122.2	128.3	102.8	64.1	
1980	100.0	100.0	99.9	100.0	100.0	
1981	107.0	110.2	98.9	99.6	77.7	
1982	120.8	127.5	134	105.2	95.3	
1983	112.9	118.7	149.8	97.6	119	
1984	130.9	145.3	113.2	95.2	161.5	
1985	130.5	136.5	117.4	110	220.3	
1986	134.2	140.4	100.4	110.1	315.7	
1987	136.1	141	75.1	110.1	418.4	
1988	140.5	144.9	80.8	117.3	386.5	
1989	137.6	141.2	75.8	117.7	355.7	
1990	143.9	149.6	92.8	119.2	363.8	
1991	142.5	145.8	104.4	120.9	373.7	
1992	152.6	148.7	116.9	139.7	414.7	
1993	150.2	144.5	146.2	135.7	494.4	
1994	157.4	149.5	137.8	140.2	618	
1995	163.9	161.6	116.8	139.7	589.7	
1996	164.8	175.7	153.9	118.8	620.2	
1997	174.9	177.6	162.7	138.7	677.3	
1998	174.1	166.2	236.7	149.2	758.1	
1999	185.1	172.8	205.8	155.8	983.3	
2000	202.2	178.7	270.6	177.5	1219.9	
2001	226.8	182.2	211.0	210.6	1700.4	
2002	246.9	194.6	439.7	217.4	2151.1	
2003	260.4	185.1	576.0	223.2	2945.5	100.0
2004	272.9	193.1	470.6	225.4	3057.4	111.0
2005	287.1	192.5	468.2	256.1	3237.8	113.3
2006	297.3	199.7	446.8	259.7	3492.6	121.2
2007	311.8	204.4	456.6	277.9	3818.1	120.4
2008	321.4	214.7	469.9	275.7	4158.1	126.5
2009	331.6	222.3	367.1	279.2	4532.8	133.0
2010	342.9	227.7	378.9	288.9	4790.0	142.7
2011	348.4	229.1	383.7	296.2	4861.1	149.8
2012	351.0	237.6	395.6	287.3	4954.0	153.9
2013	352.6	245.5	412.7	277.6	4866.7	166.2
2014	348.9	256.9	498.4	256.2	4488.2	179.5

注:按可比价格计算。2003年起农业产值中包括了农林牧渔服务业产值,增长幅度按同口径计算。

The data in this table are calculated at comparable price. Output value in 2003 include services of farming, forestry, animal husbandry and fishery, increasing amplitude is caculated by the same caliber.

7-9 全市农业总产值发展指数(1978-2014、以上年为100)

Indices of Gross Output Value of Farming, Forestry, Animal Husbandry and Fishery (1978-2014、Last year = 100)

单位:% (%)

年份 Year	总计 Total	农业 Farming	林业 Forestry	牧业 Animal Husbandry	渔业 Fishery	农林牧渔服务业 Services of Farming, Forestry, Animal Husbandry and Fishery
1978	124.2	125.8	82.2	120.4	116.8	
1979	116.8	109.8	96.6	142.4	107.4	
1980	86.2	81.8	77.9	97.3	156.0	
1981	107.0	110.2	98.9	99.6	77.7	
1982	112.9	115.7	135.5	105.6	122.7	
1983	93.5	93.1	111.8	92.8	124.9	
1984	115.9	122.4	75.6	97.5	135.7	
1985	99.7	93.9	103.7	115.5	136.4	
1986	102.8	102.9	85.5	100.1	143.3	
1987	101.4	100.4	74.8	100	132.5	
1988	103.2	102.8	107.6	106.5	92.4	
1989	97.9	97.4	93.8	100.3	92.0	
1990	104.6	105.9	122.4	101.3	102.3	
1991	99.0	97.5	112.5	101.4	102.7	
1992	107.1	102.0	112.0	115.6	111.0	
1993	98.4	97.2	125.1	97.1	119.2	
1994	104.8	103.5	94.3	103.3	125	
1995	104.1	108.1	84.8	99.6	95.4	
1996	100.5	108.7	131.8	85.0	105.2	
1997	106.1	101.1	105.7	116.7	109.2	
1998	99.5	93.6	145.5	107.6	111.9	
1999	106.3	104.0	86.9	104.4	129.7	
2000	109.2	103.4	131.5	114.0	124.1	
2001	112.2	102.0	78.0	118.6	139.4	
2002	108.8	106.8	208.3	103.3	126.5	
2003	105.8	95.1	130.9	102.9	136.9	100.0
2004	104.8	104.3	81.7	101.0	103.8	111.0
2005	105.2	99.7	99.5	113.6	105.9	102.1
2006	103.6	103.7	95.4	101.4	107.9	107.0
2007	104.9	102.4	102.2	107.0	109.3	99.3
2008	103.1	105.1	102.9	99.2	108.9	105.0
2009	103.2	103.5	78.1	101.3	109.0	105.2
2010	103.4	102.4	103.2	103.5	105.7	107.2
2011	101.6	100.6	101.3	102.5	101.5	105.0
2012	100.7	103.7	103.1	97.0	101.9	102.7
2013	100.4	103.3	104.3	96.6	98.2	108.0
2014	99.0	104.6	120.8	92.3	92.2	108.0

注:按可比价格计算。2003年起农业产值中包括了农林牧渔服务业产值,增长幅度按同口径计算。
The data in this table are calculated at comparable price. Output value in 2003 include services of farming, forestry, animal husbandry and fishery, increasing amplitude is caculated by the same caliber.

7-10 市区农业总产值（1978-2014）

Gross Output Value of Farming, Forestry, Animal Husbandry and Fishery in Urban District (1978-2014)

单位:万元 (10000 yuan)

年份 Year	总计 Total	农业 Farming	林业 Forestry	牧业 Animal Husbandry	渔业 Fishery	农林牧渔服务业 Services of Farming, Forestry, Animal Husbandry and Fishery
1978	22890	18036	62	4530	262	
1979	27407	20263	69	6778	297	
1980	25413	17717	48	7305	343	
1981	26562	18813	43	7308	398	
1982	29059	21044	47	7552	416	
1983	29474	21397	70	7626	381	
1984	37033	28565	74	7566	828	
1985	39547	27887	82	10113	1465	
1986	46518	32219	136	11077	3086	
1987	55137	35432	165	15518	4022	
1988	67803	38482	234	24459	5528	
1989	78059	44857	196	27928	5078	
1990	84574	50903	118	28196	5357	
1991	88715	53615	125	28611	6364	
1992	92541	53952	169	30768	7652	
1993	113283	68545	200	35549	8989	
1994	168545	100992	211	57178	10164	
1995	197183	120226	153	65199	11605	
1996	202529	135242	173	54839	12275	
1997	217463	133880	129	70002	13452	
1998	206538	127423	131	64176	14808	
1999	199743	113512	87	67746	18398	
2000	229019	121686	148	83230	23955	
2001	251583	125785	185	95821	29792	
2002	255929	123436	388	99100	33005	
2003	292480	125331	880	111198	49694	5377
2004	327746	135811	544	130336	54579	6476
2005	356001	143886	698	145316	59725	6376
2006	375876	146882	462	171997	46013	10522
2007	432064	137712	259	230441	53745	9907
2008	470229	144448	276	255097	59465	10943
2009	464388	154362	490	235424	62744	11368
2010	529137	183145	731	260855	71706	12700
2011	626314	204589	791	328429	78436	14069
2012	622877	223365	834	301825	82081	14772
2013	615946	232311	897	285906	80527	16305
2014	611092	248487	1014	260585	82886	18120

注:按可比价格计算。2003 年起农业产值中包括了农林牧渔服务业产值。
The data in this table are calculated at comparable price. Output value in 2003 include services of farming, forestry, animal husbandry and fishery.

7-11 市区农业总产值发展指数(1978-2014、以1980年为100)

Indices of Gross Output Value of Farming, Forestry, Animal Husbandry and Fishery in Urban District(1978-2014, 1980=100)

单位:% (%)

年 份 Year	总 计 Total	农 业 Farming	林 业 Forestry	牧 业 Animal Husbandry	渔 业 Fishery	农林牧渔服务业 Services of Farming, Forestry, Animal Husbandry and Fishery
1978	100.9	114.1	144.4	69.5	85.8	
1979	118.0	125.2	155.5	101.5	95.3	
1980	100.0	100.0	100.0	100.0	100.0	
1981	111.1	112.8	93.3	106.3	124.0	
1982	126.2	131.1	106.7	114.1	134.4	
1983	116.3	119.3	155.5	106.8	162.1	
1984	142.4	159.0	164.4	97.5	237.9	
1985	137.6	147.3	182.2	105.3	318.9	
1986	143.9	148.8	140.0	115.3	500.9	
1987	146.2	148.1	100.0	119.5	624.9	
1988	152.2	152.7	133.3	128.0	649.5	
1989	153.9	152.5	108.9	135.6	627.8	
1990	164.3	162.3	84.4	145.0	694.3	
1991	164.1	161.3	86.0	145.7	708.9	
1992	170.1	161.9	121.6	157.8	764.1	
1993	167.9	158.7	145.6	158.7	739.7	
1994	175.5	168.4	147.1	160.6	799.9	
1995	183.2	176.2	104.5	168.4	799.1	
1996	188.5	202.5	116.1	138.9	814.2	
1997	200.0	207.3	88.2	156.6	938.0	
1998	198.6	192.4	67.3	179.1	902.4	
1999	210.6	190.0	50.3	197.3	1301.1	
2000	228.4	197.8	85.9	225.4	1451.6	
2001	258.7	203.7	98.3	268.7	2080.0	
2002	282.2	219.0	246.1	290.9	2405.9	
2003	311.5	212.7	622.2	318.6	3629.1	100.0
2004	323.0	215.5	345.3	317.3	3883.1	117.2
2005	343.7	215.0	420.6	366.5	4170.5	113.7
2006	355.8	219.3	283.2	374.9	4475.8	154.5
2007	373.3	221.5	148.4	400.0	5041.2	136.9
2008	377.6	218.2	151.8	403.7	5458.0	143.7
2009	390.8	226.4	252.4	411.7	5931.4	150.6
2010	404.8	231.5	263.5	426.7	6293.5	161.8
2011	413.7	237.4	272.5	436.8	6308.8	169.9
2012	407.4	250.7	282.5	408.9	6259.6	174.6
2013	403.6	256.7	301.5	393.7	6178.4	188.5
2014	397.3	262.9	337.8	369.7	6235.6	203.6

注:按可比价格计算。2003年起农业产值中包括了农林牧渔服务业产值,增长幅度按同口径计算。
The data in this table are calculated at comparable price. Output value in 2003 include services of farming, forestry, animal husbandry and fishery, increasing amplitude is caculated by the same caliber.

7-12 市区农业总产值发展指数(1978-2014、以上年为100)

Indices of Gross Output Value of Farming, Forestry, Animal Husbandry and Fishery in Urban District(1978-2014, Last year = 100)

单位:% (%)

年份 Year	总计 Total	农业 Farming	林业 Forestry	牧业 Animal Husbandry	渔业 Fishery	农林牧渔服务业 Services of Farming, Forestry, Animal Husbandry and Fishery
1978	131.4	132.2	106.6	130.2	107.1	
1979	116.9	109.7	107.7	146.0	111.1	
1980	84.7	79.9	64.3	98.5	104.9	
1981	111.1	112.8	93.3	106.3	124.0	
1982	113.6	116.2	114.4	107.3	108.4	
1983	92.2	91.0	145.7	93.6	120.6	
1984	122.4	133.3	105.7	91.3	146.8	
1985	96.6	92.6	110.8	108.0	134.0	
1986	104.6	101.0	76.8	109.5	157.1	
1987	101.6	99.5	71.4	103.6	124.8	
1988	104.1	103.1	133.3	107.1	103.9	
1989	101.1	99.9	81.7	105.9	96.7	
1990	106.8	106.4	77.5	106.9	110.6	
1991	99.9	99.4	101.9	100.5	102.1	
1992	103.7	100.4	141.4	108.3	107.8	
1993	98.7	98.0	119.7	100.6	96.8	
1994	104.5	106.1	101.0	101.2	108.1	
1995	104.4	104.6	71.0	104.9	99.9	
1996	102.9	114.9	111.1	82.5	101.9	
1997	106.1	102.4	76.0	112.7	115.2	
1998	99.3	92.8	76.3	114.4	96.2	
1999	106.0	98.7	74.7	110.2	144.2	
2000	108.5	104.1	170.8	114.2	111.6	
2001	113.3	103.0	114.4	119.2	143.3	
2002	109.1	107.5	250.4	108.3	115.7	
2003	100.0	100.0	100.0	100.0	100.0	100.0
2004	103.7	101.3	55.5	99.6	107.0	117.2
2005	106.4	99.8	121.8	115.5	107.4	97.0
2006	103.5	102.0	67.3	102.3	107.3	135.9
2007	104.9	101.0	52.4	106.7	112.6	88.6
2008	101.2	98.5	102.3	100.9	108.3	105.0
2009	103.5	103.8	166.3	102.0	108.7	104.8
2010	103.6	102.2	104.4	103.6	106.1	107.4
2011	102.2	102.5	103.4	102.4	100.2	105.0
2012	98.5	105.6	103.7	93.6	99.2	102.7
2013	99.1	102.4	106.7	96.3	98.7	108.0
2014	98.4	102.4	112.0	93.9	100.9	108.0

注:按可比价格计算。2003年起农业产值中包括了农林牧渔服务业产值,增长幅度按同口径计算。
The data in this table are calculated at comparable price. Output value in 2003 include services of farming, forestry, animal husbandry and fishery, increasing amplitude is caculated by the same caliber.

7－13 主要年份全市农业分项产值

单位:万元

指 标	Item	1985	1998	1999	2000	2001	2002
农业总产值	Total	179127	871302	832199	946549	1023582	1008821
一、种植业	Planting	118003	534812	497349	523020	537257	518748
#1. 粮食	Grain	67163	260505	210597	188216	181398	160152
2. 棉花	Cotton	3336	5832	2167	2355	2557	1801
3. 油料	Oil－bearing Crops	12748	18279	30284	32233	31190	22061
4. 麻类	Fiber Crops	3512	753	530	290	254	180
5. 糖料	Sugar Crops	2107	12591	16246	11150	10781	10491
6. 烟叶	Tobacco	314	162	214	195	260	542
7. 药材	Medicinal Crops	1271	8360	8031	6057	8350	8565
8. 桑叶	Mulberry Leaf	8602	28065	23728	23161	24391	18868
9. 茶叶	Tea	69	619	561	552	738	920
10. 蔬菜、瓜类	Vegetables and Melon Crops	11789	127661	129795	183768	204490	213763
11. 水果	Fruits	354	8074	8529	10394	14592	19860
12. 家庭兼营工业	Industry Run by Rural Households	4409	49607	49031	41653	32366	
二、林业	Forestry	327	3473	2810	3216	2953	4885
三、牧业	Animal Husbandry	54326	258240	253364	324186	361202	344605
#1. 牲畜繁殖增长增重	Breeding of Domestic Animal	24706	124321	129034	150862	181393	200186
2. 家禽饲养	Poultry Raising	3654	29650	34517	35709	40973	51387
3. 其它动物饲养	Other Animal Raising	20671	87008	72876	117412	117531	67966
四、渔业	Fishery	6471	74777	78676	96127	122171	140583
五、农林牧渔服务业	Services of Farming ,Forestry, Animal Husbandry and Fishery						

注:按当年价格计算。2003 年起农业产值中包括了农林牧渔服务业产值。

Gross Output Value of Farming ,Forestry,Animal Husbandry and Fishery by Branch in Main Years

(10000 yuan)

2003	2004	2005	2006	2007	2008	2009	2010	2011	2012	2013	2014
1147863	1300094	1396773	1405267	1648837	1808702	1829652	2138770	2438265	2538502	2556676	2491172
541842	604590	640318	669845	722471	805939	842772	1008674	1082022	1205956	1227071	1255179
176710	218645	219889	208303	213087	239159	262934	314193	344162	360854	377806	388015
2553	1914	1845	2097	2465	2766	2541	2467	2191	2155	2242	2414
24211	34522	29519	25559	28354	39713	30911	33089	32276	29316	27316	23107
130	117	118	85	89	69	37	30	22	18	10	9
9017	10382	8863	9777	12292	9779	9120	8219	8646	5603	5578	5718
678	707	773	676	708	741	822	726	605	458	435	461
14749	9296	15321	28766	37578	38588	26822	31360	20276	80846	39678	25998
16566	14832	15471	16784	16947	15046	12236	13158	15856	19243	17642	16046
1019	1027	916	893	933	954	820	318	383	728	718	687
220397	219870	247235	223733	279350	321255	339384	419031	439979	472774	428322	450502
24274	34257	40613	83583	57464	60314	67951	84550	101917	111038	186620	189901
6067	5716	5991	5612	6137	6534	5501	7666	8519	9195	9529	11977
387162	460101	504629	513312	680332	729701	697432	799112	990832	940756	920054	830235
235851	296572	308958	307965	466212	530927	495590	545086	678413	643842	634926	596985
56304	54695	59189	43173	58803	58911	57654	67969	83618	91423	88172	76285
65153	73368	92554	125681	102193	80105	81214	114450	148786	127414	126396	105530
173914	185330	199887	156802	176862	196900	211364	242368	267219	288438	296097	278287
38878	44357	45948	59696	63035	69628	72583	80950	89673	94157	103925	115494

The data in this table are calculated at current price. Output value in 2003 include services of farming,forestry,animal husbandry and fishery.

7-14 主要年份市区农业分项产值

单位:万元

指　　标	Item	1985	1998	1999	2000	2001	2002
农业总产值	Total	39547	206538	199743	229019	251583	255929
一、种植业	Planting	27871	127423	113512	121686	125785	123436
#1.粮食	Grain	18441	72530	56188	48932	45031	40733
2.棉花	Cotton	2	17	5	39	237	150
3.油料	Oil - bearing Crops	2608	4046	6384	7732	7457	4940
4.麻类	Fiber Crops	34					
5.糖料	Sugar Crops	38	1602	1945	2464	2586	2909
6.烟叶	Tobacco						
7.药材	Medicinal Crops	104	6		37	315	206
8.桑叶	Mulberry Leaf	1121	3618	3368	3234	3450	2951
9.茶叶	Tea						
10.蔬菜、瓜类	Vegetables and Melon Crops	2687	27965	30054	44665	51811	50999
11.水果	Fruits	98	2522	2903	3898	4844	7406
12.家庭兼营工业	Industry Run by Rural Households	2065	12320	10122	6400	4500	
二、林业	Forestry	82	131	87	148	185	388
三、牧业	Animal Husbandry	10129	64176	67746	83230	95821	99100
#1.牲畜繁殖增长增重	Breeding of Domestic Animal	5700	35646	41825	51254	63720	71055
2.家禽饲养	Poultry Raising	820	11975	11253	9996	11063	13544
3.其它动物饲养	Other Animal Raising	2705	14640	12494	20038	18452	11259
四、渔业	Fishery	1465	14808	18398	23955	29792	33005
五、农林牧渔服务业	Services of Farming , Forestry, Animal Husbandry and Fishery						

注:按当年价格计算。2003 年起农业产值中包括了农林牧渔服务业产值。

Gross Output Value of Farming ,Forestry, Animal Husbandry and Fishery by Branch of Urban District in Main Years

(10000 yuan)

2003	2004	2005	2006	2007	2008	2009	2010	2011	2012	2013	2014
292480	327746	356001	371562	432064	470229	464388	529137	626314	622877	615946	611092
125331	135811	143886	152729	137712	144448	154362	183145	204589	223365	232311	248487
43326	51524	54739	58659	54757	61591	66801	79729	85694	91143	96157	99973
164	77	156	178	112	178	141	124	103	112	122	113
5749	7756	6577	5750	5307	6934	5909	5328	5260	5191	5212	3586
			0	0	0	0	0	0	0	0	0
2601	2133	1761	1967	2127	1786	1774	1397	1118	758	743	699
			0	0	0	0	0	0	0	0	0
364	322	355	377	524	268	444	442	439	839	427	436
2404	2242	2296	2677	2584	2082	1334	1170	1204	1831	1535	1275
			0	0	0	0	0	0	0	0	0
49333	46610	51924	53770	43228	45911	49275	59138	62419	71067	57055	68734
9542	10984	12903	14488	17242	19478	21500	27327	33561	35562	52692	51887
880	544	698	462	259	276	490	731	791	834	897	1014
111198	130336	145316	145059	230441	255097	235424	260855	328429	301825	285906	260585
81706	102483	112872	107960	196156	224368	205741	226407	285484	259380	248584	234446
15046	12631	13889	13053	13705	13121	13023	14131	17183	17594	15087	9847
10683	11170	13556	18824	13917	9844	7451	9666	12754	11263	10985	8330
49694	54579	59725	64544	53745	59465	62744	71706	78436	82081	80527	82886
5377	6476	6376	8768	9907	10943	11368	12700	14069	14772	16305	18120

The data in this table are calculated at current price. Output value in 2003 include services of farming, forestry, animal husbandry and fishery.

7－15 分地区农业总产值
(2014)

单位:万元

指　　标	Item	全　市 Total	市　区 Urban District
农业总产值	Total	2491172	611092
一、种植业	Planting	1255179	248487
#1. 粮食	Grain	388015	99973
2. 棉花	Cotton	2414	113
3. 油料	Oil－bearing Crops	23107	3586
4. 麻类	Fiber Crops	9	0
5. 糖料	Sugar Crops	5718	699
6. 烟叶	Tobacco	461	0
7. 药材	Medicinal Crops	25998	436
8. 桑叶	Mulberry Leaf	16046	1275
9. 茶叶	Tea	687	0
10. 蔬菜、瓜类	Vegetables and Melon Crops	450502	68734
11. 水果	Fruits	189901	51887
二、林业	Forestry	11977	1014
三、牧业	Animal Husbandry	830235	260585
#1. 牲畜繁殖增长增重	Breeding of Domestic Animal	596985	234446
2. 家禽饲养	Poultry Raising	76285	9847
3. 其它动物饲养	Other Animal Raising	105530	8330
四、渔业	Fishery	278287	82886
五、农林牧渔服务业	Services of Farming ,Forestry, Animal Husbandry and Fishery	115494	18120

注:按当年价格计算。

Gross Output Value of Farming, Forestry, Animal Husbandry and Fishery by Branch and Region (2014)

(10000 yuan)

南湖区 Nanhu	秀洲区 Xiuzhou	嘉善县 Jiashan	平湖市 Pinghu	海宁市 Haining	海盐县 Haiyan	桐乡市 Tongxiang
357619	253473	486963	260137	358002	318006	456971
109717	138770	307473	145259	180100	153135	220725
40705	59269	56861	63548	51777	54371	61484
103	9	0	446	965	592	299
927	2659	1116	4663	6023	3620	4098
0	0	0	0	9	0	0
549	150	14	130	3872	22	981
0	0	0	0	0	0	461
93	343	0	144	35	97	25286
62	1212	0	2	2281	1861	10628
0	0	0	0	0	687	0
34790	33944	160325	49966	50157	55287	66033
24116	27771	47197	7502	27563	31960	23793
855	159	330	1281	2760	4281	2311
190654	69931	112388	55649	110651	113870	177092
180582	53864	91521	48947	58865	82094	81111
5935	3912	7687	2409	19368	19051	17923
1788	6542	46	1048	27986	10246	57875
49787	33098	55501	36406	44660	29385	29450
6606	11514	11271	21543	19833	17334	27393

The data in this table are calculated at current price.

7－16　主要年份全市农作物播种面积

单位:千公顷

指　　标	Item	1985	1998	1999	2000	2001	2002
总　　计	Total	552.24	421.00	432.39	408.46	392.20	382.23
一、粮食	Grain Crops	404.77	287.38	284.91	238.59	205.65	194.53
稻谷	Rice	306.67	196.50	192.07	166.54	151.34	141.43
早稻及早中稻	Early Rice &Early Mid－rice	131.09	35.72	30.85	14.49	7.81	4.59
晚稻及迟中稻	Late Rice & Late Mid－rice	175.58	160.78	161.22	152.05	143.53	136.84
小麦	Wheat	23.49	27.14	31.06	20.56	12.23	10.38
大麦	Barley	59.99	49.74	46.18	31.52	21.70	22.27
玉米	Corn	0.02	0.85	0.87	1.47	1.62	1.77
其他谷物	Other Cereal	0.28	0.13	0.25	0.39	0.37	0.31
豆类	Beans	9.8	10.55	11.93	15.47	15.33	14.95
#大豆	Soybeans	4.94	5.32	6.06	8.18	7.96	7.92
蚕豆	Broad Bean	4.86	4.45	5	6.2	6.10	5.35
薯类	Tubers	4.52	2.47	2.55	2.63	3.06	3.42
二、油料	Oil－bearing Crops	72.26	58.34	61.42	70.47	74.16	70.59
油菜籽	Rapeseeds	72.22	58.26	61.36	70.41	74.10	70.49
三、棉花	Cotton	9.01	4.6	3.14	2.08	2.18	1.57
四、麻类	Fiber Crops	8.79	0.93	0.41	0.27	0.24	0.168
五、糖类	Sugar Crops	2.62	2.13	2.33	2.46	2.34	2.3
六、烟叶	Tobacco	1.81	0.11	0.15	0.15	0.20	0.28
七、药材	Medicinal Materials	3.51	2.78	3.03	2.86	2.93	3.05
八、蔬菜瓜类	Vegetables and Melon Crops	33.09	58.96	69.35	82.39	93.06	97.79
蔬菜	Vegetables	27.21	48.46	55.65	68.16	75.93	83.01
瓜类	Melon Crops	5.88	10.5	13.7	14.23	17.13	14.78
九、其他作物	Other farm Crops	16.38	5.77	7.66	9.21	9.83	8.75
#绿肥	Geen Fertilizer	12.87	1.61	1.77	2.22	2.18	1.45

Total Sown Area of Major Farm Crops in Main Years

(1000 hectares)

2003	2004	2005	2006	2007	2008	2009	2010	2011	2012	2013	2014
351.98	347.24	354.19	350.38	340.06	342.81	343.42	341.43	340.24	340.45	340.15	312.81
174.67	178.24	182.74	186.36	188.01	193.36	201.32	200.05	203.01	207.89	208.06	183.28
127.66	131.42	130.3	129.21	126.86	126.25	124.10	120.19	119.00	117.76	116.57	101.49
2.11	2.19	1.45	0.66	0.41	0.02	0.00	0.02	0.00	0.02	0.01	0.12
125.54	129.23	128.85	128.55	126.45	126.23	124.10	120.17	119.00	117.73	116.56	101.37
8.01	7.38	9.33	11.82	15.53	18.19	21.54	25.00	30.53	37.24	38.68	41.25
15.61	13.12	15.38	17.63	17.26	17.24	21.41	21.51	20.82	20.80	20.73	18.33
2.11	2.4	2.42	2.45	2.65	3.24	3.44	3.51	3.51	3.71	4.07	3.36
0.28	0.21	0.19	0.23	0.23	0.22	0.24	0.22	0.24	0.20	0.21	0.96
17.62	19.54	21.3	21.31	21.60	23.69	23.88	22.91	22.14	21.48	21.00	15.32
10.29	11.85	12.91	12.62	12.53	14.01	14.31	13.68	13.41	13.23	12.99	12.21
5.21	5.31	5.74	6.20	6.18	6.42	6.16	6.00	5.48	5.13	4.98	2.11
3.38	4.17	3.83	3.72	3.87	4.55	6.72	6.71	6.77	6.71	6.82	1.48
58.51	56.01	57.59	50.62	38.21	36.23	33.81	30.68	26.14	22.29	19.47	16.26
58.46	55.97	57.53	50.54	38.14	36.11	33.65	30.52	25.99	22.13	19.30	16.10
1.50	1.61	1.53	1.67	1.90	2.37	2.23	2.03	2.03	1.88	1.87	1.74
0.12	0.1	0.11	0.08	0.08	0.06	0.03	0.03	0.02	0.02	0.01	0.01
2.04	1.68	1.56	1.52	1.45	1.34	1.20	1.05	0.91	0.85	0.74	0.66
0.36	0.33	0.35	0.30	0.29	0.30	0.34	0.30	0.26	0.18	0.17	0.18
3.17	3.24	3.53	3.49	3.47	4.27	4.10	4.21	4.32	3.94	3.64	3.73
94.71	88.33	89.5	0.00	90.23	90.89	89.03	91.78	91.72	91.46	92.04	82.32
81.79	76.37	78.02	77.59	78.41	78.90	77.68	80.56	80.83	81.46	82.08	73.24
12.92	11.96	11.48	12.14	11.82	11.99	11.35	11.23	10.89	10.00	9.96	9.08
8.28	7.97	8.96	8.88	8.76	6.92	4.70	4.21	3.61	3.14	2.87	2.31
2.36	2.49	4.07	2.79	2.46	1.91	1.47	1.54	1.18	0.90	0.78	0.49

7－17　主要年份市区农作物播种面积

单位:千公顷

指　　标	Item	1985	1998	1999	2000	2001	2002
总　　计	Total	138.18	108.91	116.28	109.2	104.61	103.95
一、粮食	Grain Crops	111.1	78.21	78.02	61.27	50.84	49.86
稻谷	Rice	88.42	55.68	53.68	44.61	39.47	36.54
早稻及早中稻	Early Rice &Early Mid－rice	38.99	13.44	11.36	5.72	2.98	2.14
晚稻及迟中稻	Late Rice & Late Mid－rice	49.43	42.24	42.32	38.89	36.492	34.4
小麦	Wheat	4.39	5.36	6.48	2.87	1.24	6.58
大麦	Barley	15.2	15.03	14.49	8.84	5.09	6.58
玉米	Corn		0.13	0.12	0.25	0.23	0.55
其他谷物	Other Cereal	0.06	0.11	0.22	0.36	0.34	0.19
豆类	Beans	1.76	1.37	2.4	3.61	3.46	3.87
#大豆	Soybeans	1.05	0.9	1.55	2.07	1.83	2.08
蚕豆	Broad Bean	0.71	0.47	0.84	1.54	1.62	1.54
薯类	Tubers	1.27	0.53	0.64	0.73	1.01	1.04
二、油料	Oil－bearing Crops	15.77	12.49	13.76	17.61	18.14	17.28
油菜籽	Rapeseeds	15.77	12.49	13.76	17.61	18.14	17.28
三、棉花	Cotton	0.01	0.03	0.01	0.07	0.27	0.22
四、麻类	Fiber Crops	0.16					
五、糖类	Sugar Crops	0.21	0.35	0.4	0.49	0.54	0.6
六、烟叶	Tobacco						
七、药材	Medicinal Materials	0.09	0.02			0.12	0.21
八、蔬菜瓜类	Vegetables and Melon Crops	4.1	15.86	20.50	25.48	30.26	31.71
蔬菜	Vegetables	2.91	13.46	16.65	20.49	23.34	25.8
瓜类	Melon Crops	1.19	2.4	3.85	4.99	6.91	5.91
九、其他作物	Other farm Crops	6.74	1.95	3.59	4.29	4.03	2.83
#绿肥	Geen Fertilizer	5.69	0.58	0.86	1.38	1.23	0.74

Total Sown Area of Major Farm Crops in Urban District in Main Years

(1000 hectares)

2003	2004	2005	2006	2007	2008	2009	2010	2011	2012	2013	2014
95.07	93.31	93.89	92.23	88.70	88.85	88.05	86.92	86.01	86.55	86.52	75.89
43.60	45.25	45.75	46.86	47.21	48.85	51.63	51.99	51.80	53.08	53.38	45.05
31.57	32.79	32.29	32.21	31.25	30.94	30.67	30.13	29.52	29.63	29.80	24.26
1.35	1.81	1.38	0.66	0.41	0.00	0.00	0.02	0.00	0.00	0.00	0.00
30.22	30.98	30.91	31.56	30.83	30.94	30.67	30.12	29.52	29.63	29.80	24.26
0.67	0.77	0.99	1.30	1.97	3.06	4.03	4.90	6.33	7.24	7.70	8.66
4.68	4.23	4.91	5.74	6.39	6.18	7.50	7.68	7.15	7.31	7.36	7.36
0.67	0.69	0.68	0.66	0.72	0.89	0.92	0.88	0.80	0.86	0.84	0.61
0.21	0.16	0.12	0.15	0.12	0.10	0.11	0.09	0.09	0.07	0.07	0.11
4.95	5.17	6.05	6.05	6.02	6.61	6.69	6.54	6.13	6.19	5.86	3.47
3.18	3.46	4.1	4.01	3.75	4.10	4.36	4.17	3.90	4.08	3.90	3.10
1.27	1.29	1.33	1.44	1.44	1.56	1.37	1.45	1.33	1.23	1.09	0.22
0.85	1.45	0.72	0.76	0.74	1.08	1.71	1.78	1.79	1.79	1.75	0.59
14.05	13.05	12.79	11.64	8.75	7.97	7.08	6.08	5.28	4.84	4.54	3.07
14.05	13.05	12.79	11.62	8.74	7.95	7.06	6.06	5.26	4.83	4.52	3.06
0.25	0.2	0.27	0.30	0.30	0.32	0.32	0.27	0.25	0.24	0.25	0.24
				0.00	0.00	0.00	0.00	0.00	0.00	0.00	0.00
0.52	0.39	0.33	0.32	0.27	0.26	0.25	0.21	0.17	0.16	0.14	0.12
				0.00	0.00	0.00	0.00	0.00	0.00	0.00	0.00
0.10	0.07	0.07	0.13	0.11	0.16	0.15	0.11	0.10	0.07	0.06	0.05
30.20	27.76	27.90	0.00	27.30	27.25	25.52	25.48	25.45	25.64	25.47	21.89
25.18	23.16	23.51	22.75	22.71	22.71	21.57	21.50	21.59	21.87	21.77	18.87
5.02	4.6	4.39	4.61	4.59	4.54	3.95	3.97	3.86	3.76	3.70	3.03
3.39	3.73	4.35	3.70	3.13	2.69	1.87	1.75	1.50	1.17	1.02	0.60
1.32	1.62	1.96	1.21	0.95	0.71	0.56	0.67	0.54	0.35	0.30	0.10

7-18 分地区主要农作物播种面积
(2014)

单位:千公顷

指　　标	Item	全　市 Total	市　区 Urban District
总　　计	Total	312.81	75.89
一、粮食	Grain Crops	183.28	45.05
稻谷	Rice	101.49	24.26
早稻及早中稻	Early Rice &Early Mid - rice	0.12	0.00
晚稻及迟中稻	Late Rice & Late Mid - rice	101.37	24.26
小麦	Wheat	41.25	8.66
大麦	Barley	18.33	7.36
玉米	Corn	3.36	0.61
其他谷物	Other Cereal	0.96	0.11
豆类	Beans	15.32	3.47
#大豆	Soybeans	12.21	3.10
蚕豆	Broad Bean	2.11	0.22
薯类	Tubers	2.58	0.59
二、油料	Oil - bearing Crops	16.26	3.07
油菜籽	Rapeseeds	16.10	3.06
三、棉花	Cotton	1.74	0.24
四、麻类	Fiber Crops	0.01	0.00
五、糖类	Sugar Crops	0.66	0.12
六、烟叶	Tobacco	0.18	0.00
七、药材	Medicinal Materials	3.73	0.05
八、蔬菜瓜类	Vegetables and Melon Crops	82.32	21.89
蔬菜	Vegetables	73.24	18.87
瓜类	Melon Crops	9.08	3.03
九、其他作物	Other farm Crops	2.31	0.60
#绿肥	Geen Fertilizer	0.49	0.10

Total Sown Area of Major Farm Crops by Region
(2014)

(1000 hectares)

南湖区 Nanhu	秀洲区 Xiuzhou	嘉善县 Jiashan	平湖市 Pinghu	海宁市 Haining	海盐县 Haiyan	桐乡市 Tongxiang
33.85	42.04	41.47	50.36	43.15	43.09	58.85
19.29	25.76	22.34	37.69	20.60	31.75	25.86
8.83	15.43	13.87	19.93	12.47	15.46	15.50
0.00	0.00	0.05	0.00	0.01	0.06	0.00
8.83	15.43	13.82	19.93	12.46	15.40	15.50
3.15	5.51	5.44	7.49	2.83	11.88	4.96
4.07	3.29	1.69	7.46	0.38	1.24	0.21
0.19	0.42	0.17	0.34	0.93	0.42	0.89
0.07	0.04	0.00	0.00	0.18	0.64	0.03
2.68	0.79	0.95	2.31	3.22	1.83	3.54
2.48	0.62	0.82	1.79	2.42	1.39	2.70
0.13	0.08	0.09	0.45	0.51	0.35	0.49
0.30	0.29	0.23	0.16	0.60	0.27	0.74
0.96	2.11	0.73	3.11	4.52	2.15	2.69
0.94	2.11	0.73	3.10	4.47	2.14	2.62
0.09	0.15	0.00	0.34	0.19	0.66	0.31
0.00	0.00	0.00	0.00	0.01	0.00	0.00
0.11	0.01	0.00	0.02	0.48	0.00	0.05
0.00	0.00	0.00	0.00	0.00	0.00	0.18
0.02	0.03	0.00	0.06	0.04	0.01	3.58
10.88	11.01	14.95	7.77	11.50	7.04	19.17
9.16	9.70	12.88	6.95	10.40	6.10	18.05
1.72	1.31	2.08	0.82	1.10	0.94	1.11
0.12	0.48	0.31	0.00	0.76	0.09	0.55
0.00	0.10	0.23	0.00	0.14	0.00	0.01

7－19 主要年份全市农作物总产量

单位:吨

指　标	Item	1985	2000	2001	2002	2003
一、粮食	Grain	2009851	1530613	1406884	1327462	1176847
(一)稻谷	Rice	1720384	1262307	1204101	1138958	1002183
1. 早稻及早中稻	Early Rice &Early Mid－rice	817207	94670	47866	26485	12746
2. 晚稻及迟中稻	Late Rice & Late Mid－rice	903177	1167637	1156235	1112473	989437
(二)小麦	Wheat	69047	74741	43586	32138	25606
(三)大麦	Barley	180556	126759	86111	77694	55378
(四)玉米	Corn	50	9878	9778	11482	13396
(五)其他谷物	Other Cereal	650	1736	1643	1395	1419
(六)豆类	Beans	21202	36431	39120	36963	47312
大豆	Soybeans	8931	20281	22241	21866	29851
蚕豆	Broad Bean	12271	13444	13601	10704	11477
(七)薯类	Tubers	17962	18761	22545	28832	31553
二、油菜籽	Rapeseeds	134612	164148	165777	129291	109346
三、棉花	Cotton	9465	2259	2479	1906	1924
四、麻类	Fiber Crops	56383	1626	1490	1046	745
五、糖类	Sugar Crops	117639	127204	123891	119944	109628
六、蔬菜瓜类	Vegetables and Melon Crops	838224	1995163	2274809	2310256	2320713
1. 蔬菜	Vegetables	727498	1624581	1813709	1958887	1952221
2. 瓜类	Melon	110726	370582	461100	351369	368492
七、水果	Fruits	3474	40823	57491	83389	98381

Output of Farm Crops in Main Years

(ton)

2004	2005	2006	2007	2008	2009	2010	2011	2012	2013	2014
1249903	1193952	1288358	1273967	1330863	1358631	1344351	1353757	1384286	1388319	1223362
1066313	983122	1050060	1007883	1040982	1027859	1006863	998963	998986	995434	871199
13787	9049	4142	2597	90	0	65	0	131	76	126
1052526	974073	1045918	1005286	1040892	1027859	1006798	998963	998855	995358	871073
27127	36714	49533	69887	84108	94988	107388	123708	158842	165782	186027
54169	66341	75842	77565	78663	94248	88887	92221	90009	88537	80606
15851	16448	16781	17788	19334	20366	19982	20056	21191	23310	19526
1058	881	1016	1102	1070	1349	1287	1324	1088	1107	1447
55329	59637	60882	65225	71889	73181	69667	68569	66548	65371	47913
35322	37859	38239	40188	45313	45511	43630	43700	42940	42284	39146
12716	14411	15847	16270	16983	16939	16179	14972	14262	13943	5871
30056	30809	34244	34517	34817	46640	50278	48916	47622	48778	16644
140858	139664	119436	95621	91115	82878	73872	64599	55255	49033	41448
2501	1940	2307	2861	3593	3386	3014	3012	2817	2800	2638
669	859	489	511	396	217	173	124	101	62	57
91356	69661	85874	82350	73839	64603	56638	47731	44652	38727	35002
2334234	2400752	2508016	2591818	2596995	2639943	2769511	2794063	2763085	2789700	2533085
1989936	2064651	2151042	2228174	2243116	2293457	2428312	2466041	2464607	2486838	2263526
344298	336101	356974	363644	353879	346486	341199	328022	298478	302862	269559
138625	149001	153644	176926	200816	214485	231410	265197	294284	299056	330575

7－20　主要年份市区农作物总产量

单位:吨

指　　标	Item	1985	2000	2001	2002	2003
一、粮食	Grain	566660	401641	357699	344910	300666
（一）稻谷	Rice	501064	337742	312335	293482	251457
1. 早稻及早中稻	Early Rice &Early Mid－rice	242231	36652	18271	12317	7991
2. 晚稻及迟中稻	Late Rice & Late Mid－rice	258833	301090	294064	281165	243466
（二）小麦	Wheat	13237	10816	4535	3398	2135
（三）大麦	Barley	45791	36299	20447	22846	17521
（四）玉米	Corn		1221	1251	4187	4955
（五）其他谷物	Other Cereal	100	1613	1509	751	1077
（六）豆类	Beans	2387	8142	8834	9637	12695
大豆	Soybeans	1298	5118	5606	6063	8798
蚕豆	Broad Bean	1089	3024	3228	2885	2534
（七）薯类	Tubers	4081	5808	8788	10609	10826
二、油菜籽	Rapeseeds	27197	39249	38780	29404	26045
三、棉花	Cotton	5	57	274	236	247
四、麻类	Fiber Crops	199				
五、糖类	Sugar Crops	2122	24637	25862	29095	26017
六、蔬菜瓜类	Vegetables and Melon Crops	128481	560018	698045	678331	647787
1. 蔬菜	Vegetables	101751	418113	498065	540288	501011
2. 瓜类	Melon	26730	141905	199980	138043	146776
七、水果	Fruits	1084	14685	19762	30863	37792

Output of Farm Products of Urban District in Main Years

(ton)

2004	2005	2006	2007	2008	2009	2010	2011	2012	2013	2014
312013	306929	324176	320836	337036	349246	346786	345914	353540	357294	302850
261670	250330	260694	250042	258103	256118	253514	249721	252256	255690	212381
11412	8644	4104	2597	14		65		18	0	0
250258	241686	256590	247445	258089	256118	253449	249721	252238	255690	212381
2874	3933	5357	8793	14517	18182	21854	26744	32253	34234	38541
18034	22104	25577	29715	29209	34187	32793	32580	32245	31991	32668
4168	5339	5436	4414	4808	5656	4979	4511	4942	4871	3460
812	587	659	560	472	708	576	534	468	459	249
15306	17122	16851	18263	20962	21099	20180	19002	18620	17913	11166
10710	12365	11779	12089	14245	14025	13538	12735	12778	12531	10185
2869	2987	3580	3446	3615	3511	3672	3444	3174	2753	566
9149	7514	9602	9049	8965	13296	12890	12822	12756	12136	4385
30449	29501	25176	20750	18689	16316	13557	12256	11159	10432	7248
191	337	373	355	484	437	390	356	360	365	317
									0	0
21336	17607	17055	13133	12043	11023	9217	7694	7610	6555	5358
605745	626155	619755	668988	631682	609295	622756	631797	640558	627056	517475
474302	500919	486319	526877	496353	490797	496897	510886	524236	511854	425591
131443	125236	133436	142111	135329	118498	125859	120911	116322	115202	91884
49193	49970	52384	56585	68966	74683	83308	95138	101483	103531	113903

7－21 分地区主要农作物产量
(2014)

单位:吨

指　　标	Item	全　市 Total	市　区 Urban District
一、粮食	Grain	1223362	302850
(一)稻谷	Rice	871199	212381
1. 早稻及早中稻	Early Rice &Early Mid－rice	126	0
2. 晚稻及迟中稻	Late Rice & Late Mid－rice	871073	212381
(二)小麦	Wheat	186027	38541
(三)大麦	Barley	80606	32668
(四)玉米	Corn	19526	3460
(五)其他谷物	Other Cereal	1447	249
(六)豆类	Beans	47913	11166
大豆	Soybeans	39146	10185
蚕豆	Broad Bean	5871	566
(七)薯类	Tubers	16644	4385
二、油菜籽	Rapeseeds	41448	7248
三、棉花	Cotton	2638	317
四、麻类	Fiber Crops	57	0
五、糖类	Sugar Crops	35002	5358
六、蔬菜瓜类	Vegetables and Melon Crops	2533085	517475
1. 蔬菜	Vegetables	2263526	425591
2. 瓜类	Melon	269559	91884
七、水果	Fruits	330575	113903

Output of Major Farm Crops by Region
(2014)

(ton)

南湖区 Nanhu	秀洲区 Xiuzhou	嘉善县 Jiashan	平湖市 Pinghu	海宁市 Haining	海盐县 Haiyan	桐乡市 Tongxiang
122088	180762	150032	246719	142527	205091	176143
77767	134614	117217	169471	106544	133584	132002
0	0	0	0	126	0	0
77767	134614	117217	169471	106418	133584	132002
7383	31158	22158	34373	14054	53400	23501
24541	8127	6466	33491	1648	5380	953
812	2648	636	1818	5811	2475	5326
137	112	0	0	0	1198	0
9330	1836	2528	6568	10633	7189	9829
8729	1456	2308	5308	8060	5939	7346
365	201	202	1074	1542	996	1491
2118	2267	1027	998	3837	1865	4532
2264	4984	1714	8252	11385	5735	7114
134	183	0	427	352	823	719
0	0	0	0	57	0	0
4993	365	26	865	26700	91	1962
275021	242454	560578	231324	311536	245175	666997
223182	202409	498175	207268	283570	217896	631026
51839	40045	62403	24056	27966	27279	35971
52086	61817	27845	10496	78679	63622	36030

7－22 主要年份全市主要农产品产量
Output of Major Farm Products in Main Years

年份 Year	粮食(万吨) Grain (10000 tons)	棉花(吨) Cotton(ton)	油菜籽(吨) Rapeseeds (ton)	蚕茧(吨) Sillk－worm	年末生猪存栏(万头)Piges (year－end) (10000 heads)	猪牛羊肉产量(吨)Output of Pork,Beef and Mutton (ton)	水产品(吨) Aquatic Products(ton)
1978	199.09	9431	51375	19288	197.29	60401	8179
1983	205.14	9302	73330	24870	205.61	96621	13743
1984	245.83	13928	89493	28328	187.23	84036	19744
1985	200.99	9466	134612	34696	200.64	96059	26427
1986	216.26	7359	119369	36527	214.44	90868	38149
1987	210.81	6401	120972	40170	189.29	79385	44902
1988	216.09	5239	133929	43640	194.42	81048	47346
1989	218.20	3894	110464	47645	206.88	79769	43926
1990	229.00	6492	130736	48900	201.66	83160	42661
1991	221.20	7519	116209	48742	216.76	82524	44684
1992	203.69	6631	130642	56524	279.79	83980	47450
1993	183.37	5598	88234	53975	224.59	87234	51059
1994	181.25	5143	83953	54243	205.45	90721	54365
1995	177.93	4899	135435	50007	215.40	95087	67015
1996	201.45	5388	130596	38708	209.40	94198	71302
1997	193.88	4988	117809	47016	265.59	105612	79342
1998	171.74	4579	64106	52559	291.58	122380	84067
1999	169.64	2370	143396	47410	290.65	147489	89754
2000	153.06	2259	164148	50574	322.64	178791	97015
2001	140.69	2479	165777	58846	316.77	213536	107406
2002	132.74	1906	129291	49048	305.24	229569	119698
2003	117.68	1924	109346	35901	318.00	253495	131650
2004	124.99	2501	140858	36933	327.16	266632	139200
2005	119.40	1940	139664	37578	320.81	275046	145136
2006	128.84	2307	119436	42665	82.19	282873	149421
2007	127.40	2861	95621	41331	282.90	304868	159965
2008	133.09	3593	91115	33908	286.28	313861	165571
2009	135.86	3386	82878	27158	300.89	318956	175387
2010	134.44	3014	73872	26530	297.31	328146	181289
2011	135.38	3012	64599	26973	294.69	329761	180598
2012	138.43	2817	55255	24978	273.10	316246	187628
2013	138.83	2800	49033	22763	195.44	293553	180005
2014	122.34	2638	41448	20057	82.19	264186	163514

7 - 23 主要年份市区主要农产品产量

Output of Major Farm Products of Urban District in Main Years

年 份 Year	粮食(万吨) Grain (10000 tons)	蔬菜(万吨) Vege Tables (10000 tons)	油菜籽(吨) Rapeseeds (ton)	蚕茧(吨) Sillk - worm	年末生猪存栏(万头) Piges (year - end) (10000 heads)	猪牛羊肉产量(吨) Output of Pork, Beef and Mutton (ton)	水产品(吨) Aquatic Products(ton)
1978	52.70		8510	3040	46.66	12661	2130
1983	54.78		13905	3800	57.62	23570	3250
1984	68.87		16147	3740	53.18	21589	4671
1985	56.67	10.18	27197	4564	53.65	21854	6810
1986	59.83	11.05	17774	4842	58.02	20368	12753
1987	58.51	12.71	19965	5530	53.34	20485	14421
1988	60.00	9.86	22835	6270	54.17	22005	15212
1989	61.81	8.95	21185	6936	55.51	25953	14768
1990	64.77	8.48	25217	7429	52.38	27944	14991
1991	62.89	11.93	21485	7517	52.45	28483	15178
1992	58.07	12.05	21668	8838	61.36	29147	15588
1993	50.50	13.40	15224	9067	55.60	30749	15952
1994	49.54	16.52	15080	10119	49.94	29800	16548
1995	48.88	17.59	28499	9177	49.16	31429	16752
1996	54.85	18.03	23491	7291	46.19	29108	17192
1997	53.50	22.49	21001	8389	55.14	34270	20320
1998	48.63	30.18	14607	9106	63.11	40358	21000
1999	45.97	33.88	29421	8345	71.07	51551	22031
2000	40.16	41.81	39249	8092	84.04	65340	22963
2001	35.77	49.81	38780	8984	80.26	78649	24543
2002	34.49	54.03	29403	8373	90.30	93271	26855
2003	30.07	50.10	26045	5634	101.00	103107	30798
2004	31.20	47.43	30449	5504	103.31	106783	38281
2005	30.69	50.09	29501	5568	98.40	107965	39886
2006	32.42	61.98	25176	6375	86.9	112430	42686
2007	32.08	52.69	20750	5919	80.89	122412	46796
2008	33.70	49.64	18689	4354	77.26	126730	51392
2009	34.92	49.08	16316	2744	86.14	126960	54908
2010	34.68	49.69	13557	2457	96.10	131238	56973
2011	34.59	51.09	12256	2500	93.45	132477	55296
2012	35.35	52.42	11159	2291	81.63	119105	54788
2013	35.73	51.19	10432	1996	54.97	105029	53081
2014	30.285	42.5591	7248	1619	26.75	97856	52518

7－24 主要年份全市畜牧业生产情况

指　　标	单位	Item	1985	2000	2001	2002	2003
年末生猪存栏数	万头	Pigs (year－end) (10 000 heads)	200.64	322.64	316.77	305.24	318.00
能繁殖母猪	万头	Reproducable Sows (10 000 heads)	18.54	36.01	35.69	31.77	29.00
年末羊存栏数	万只	Sheep and Goats (year－end) (10 000 heads)	69.57	88.2	84.1	89.36	93.00
年末兔存栏数	万只	Rabbits (year－end) (10 000 heads)	216.02	86.1	99.98	91.72	77.00
年末家禽存栏数	万只	Poultry (year－end) (10 000 heads)	661.48	1397.92	1229.18	1437.84	1537.00
生猪出栏数	万头	Slaughtered Fattened Hogs (10 000 heads)	167.91	323.17	399.67	416.73	444.00
羊出栏数	万只	Slaughtered Sheep (10 000 heads)	6.84	51.14	52.63	66.38	79.00
家禽出栏数	万只	Slaughtered Poultry (10 000 heads)	728.01	2395.49	2803.89	3456.55	3986.00
肉产量合计	吨	Output of Meat (ton)	104905	211421	252717	277343	308640
猪肉	吨	Pork (ton)	93756	169106	203462	217043	238544
羊肉	吨	Mutton (ton)	999	9653	10031	12522	14908
禽肉	吨	Poultry Meat (ton)	9695	32283	38342	46780	54329
禽蛋	吨	Poultry Eggs (ton)	14917	30448	35917	42036	47898
饲养蚕种	张	Number of Silkwrom Cocoon (piece)	953150	1320107	1429095	1266260	887254
春蚕	张	Number of Sping ′s Silkwrom Cocoon (piece)	283916	534233	549132	548632	399184
夏蚕	张	Number of Summer ′s Silkwrom Cocoon (piece)	85468	72137	108184	70835	56685
秋蚕	张	Number of Autumn ′s Silkwrom Cocoon (piece)	583766	713737	771779	646793	431385
蚕茧产量	吨	Output of Silkwrom Cocoon (ton)	34696	50565	58846	49048	35901
春茧	吨	Output of Spring′s Silkwrom Cocoon (ton)	13748	22781	25283	23687	19749
夏茧	吨	Output of Summer ′s Silkwrom Cocoon (ton)	2375	3008	3933	3013	2231
秋茧	吨	Output of Autumn ′s Silkwrom Cocoon (ton)	18573	24776	29630	22348	13921

Indicators on Animal Husbandry in Main Years

2004	2005	2006	2007	2008	2009	2010	2011	2012	2013	2014
327.20	320.81	289.02	282.90	286.28	300.89	297.31	294.69	273.1	195.44	82.19
31.20	31.67	27.54	29.09	31.98	34.54	33.26	32.88	31.85	23.54	6.65
96.60	88.28	80.10	75.43	72.98	75.91	74.09	69.5	62.36	61.69	58.91
70.70	69.74	72.08	67.01	54.95	53.45	47.98	50.53	53.06	43.53	37.52
1484	1496.16	1562.27	1798.75	1651.61	1715.48	1794.7	1836.63	1796.91	1384.32	1162.15
459.5	467.33	455.43	468.36	465.32	469.83	479.94	483.10	461.09	419.81	374.83
88.40	92.03	84.61	84.2	83.27	82.96	85.81	81.21	71.55	68.09	69.52
3792.50	4059.66	3872.37	4202.38	3865.96	3939.46	4204.36	4634.22	4678.54	4261.69	3615
319313	330169	339708	368932	374411	383489	397650	406175	392718	362349	322988
250012	257652	265972	288019	296804	301887	310455	313144	301482	279015	250047
16539	17165	16759	16659	16844	16824	17470	16502	14666	14309	13994
51826	54489	56040	63270	59627	63520	68411	75144	75105	67397	57479
56244	65463	67658	86335	89274	90217	87754	86478	84114	73808	58556
861399	908643	1036729	1023427	806151	597831	571441	598586	533091	486162	432830
365716	383799	439203	467441	401954	311661	271565	278458	279749	258974	245025
63424	57143	56576	55340	33915	19853	30767	31182	27299	21035	21244
432259	467701	540950	500646	370282	266317	269109	288946	226043	206153	166561
36933	37578	42665	41331	33908	27158	26530	26973	24978	22763	20057
17273	19325	21010	20726	18981	15793	13837	14319	14194	13004	12321
2786	1925	2342	1957	1218	876	1252	1470	1220	967	996
16874	16328	19313	18648	13709	10489	11442	11184	9564	8792	6740

7-25 主要年份市区畜牧业生产情况

指　　标	单位	Item	1985	2000	2001	2002	2003
年末生猪存栏数	万头	Pigs (year-end) (10 000 heads)	53.65	84.04	80.26	90.30	101.00
能繁殖母猪	万头	Reproducable Sows (10 000 heads)	4.42	10.12	9.93	9.66	9.00
年末羊存栏数	万只	Sheep and Goats (year-end) (10 000 heads)	6.45	10.91	10.69	11.42	11.00
年末兔存栏数	万只	Rabbits (year-end) (10 000 heads)	45.33	13.84	12.54	14.44	13.00
年末家禽存栏数	万只	Poultry (year-end) (10 000 heads)	154.90	326.40	346.44	419.95	405.00
生猪出栏数	万头	Slaughtered Fattened Hogs (10 000 heads)	45.53	127.19	155.8	170.04	186.00
羊出栏数	万只	Slaughtered Sheep (10 000 heads)	1.03	9.83	10.68	15.94	16.00
家禽出栏数	万只	Slaughtered Poultry (10 000 heads)	170.88	666.48	726.96	860.35	973.00
肉产量合计	吨	Output of Meat (ton)	24570	74283	89635	106155	117670
猪肉	吨	Pork (ton)	21648	63535	76702	90304	100276
羊肉	吨	Mutton (ton)	127	1774	1909	2964	2815
禽肉	吨	Poultry Meat (ton)	2559	8860	10864	12680	14370
禽蛋	吨	Poultry Eggs (ton)	2635	3002	4008	5687	5884
饲养蚕种	张	Number of Silkwrom Cocoon (piece)	122708	210430	215776	220622	144387
春蚕	张	Number of Sping´s Silkwrom Cocoon (piece)	41614	93057	91192	101218	79711
夏蚕	张	Number of Summer´s Silkwrom Cocoon (piece)	7211	7589	9071	6631	4919
秋蚕	张	Number of Autumn´s Silkwrom Cocoon (piece)	73883	109784	115513	112773	59757
蚕茧产量	吨	Output of Silkwrom Cocoon (ton)	4564	8092	8984	8373	5634
春茧	吨	Output of Spring's Silkwrom Cocoon (ton)	2057	3861	4361	4445	3870
夏茧	吨	Output of Summer´s Silkwrom Cocoon (ton)	187	296	336	283	187
秋茧	吨	Output of Autumn´s Silkwrom Cocoon (ton)	2320	3935	4287	3645	1577

Indicators on Animal Husbandry of Urban District in Main Years

2004	2005	2006	2007	2008	2009	2010	2011	2012	2013	2014
103.30	98.40	86.90	80.89	77.26	86.14	96.1	93.45	81.63	54.97	26.75
9.80	9.59	8.26	8.32	9.3	10.55	11.18	10.07	9.06	7.06	1.9
9.50	8.57	8.33	7.85	7.18	6.86	7.03	6.85	6.66	6.05	5.68
11.40	11.64	11.18	9.18	6.66	6.41	6.33	5.99	6.01	5.22	4.88
406.30	383.50	406.06	472.12	437.11	403.35	380.47	391.92	349.36	253.95	167.34
189.90	190.16	181.95	184.05	180.21	181.89	187.82	190.1	167.68	145.42	133.98
14.20	14.49	13.27	12.8	11.6	11.26	11.25	11.65	11.06	10.54	10.17
853.60	942.17	899.49	1024.48	917.95	922.71	914.71	964.22	877.19	586.73	356.63
119665	122270	127818	139948	142561	143285	147047	149377	134211	114242	104473
104225	105363	109984	120072	124226	124495	128805	129958	116651	102711	95623
2557	2602	2442	2336	2491	2465	2433	2518	2454	2301	2215
12736	14178	15192	17358	15661	16200	15680	16758	14988	9082	6511
6853	7935	8753	11063	12058	13835	14541	15148	15397	10767	8872
132511	137950	158937	148526	110507	63300	55580	57635	48857	42836	38124
62375	63790	72200	74099	62366	39287	31171	28223	29391	24836	23251
4891	4725	5668	5093	2837	630	1746	2436	2346	1555	1700
65245	69435	81069	69334	45304	23383	22663	26976	17120	16445	13173
5504	5568	6375	5919	4354	2744	2457	2500	2291	1996	1619
2952	3209	3502	3312	2917	1962	1569	1431	1493	1250	1185
200	169	217	179	102	26	65	104	86	69	75
2352	2190	2656	2428	1335	756	824	965	712	677	359

7－26 分地区畜牧业生产情况
（2014）

指　　标	单位	Item	全　市 Total	市　区 Urban District
年末生猪存栏数	万头	Pigs（year－end）（10 000 heads）	82.19	26.75
能繁殖母猪	万头	Reproducable Sows（10 000 heads）	6.65	1.90
年末羊存栏数	万只	Sheep and Goats（year－end ）（10 000 heads）	58.91	5.68
年末兔存栏数	万只	Rabbits（year－end）（10 000 heads）	37.52	4.88
年末家禽存栏数	万只	Poultry（year－end）（10 000 heads）	1162.15	167.34
生猪出栏数	万头	Slaughtered Fattened Hogs（10 000 heads）	374.83	133.98
羊出栏数	万只	Slaughtered Sheep（10 000 heads）	69.52	10.17
家禽出栏数	万只	Slaughtered Poultry（10 000 heads）	3615	356.63
肉产量合计	吨	Output of Meat（ton）	322988	104473
猪肉	吨	Pork（ton）	250047	95623
羊肉	吨	Mutton（ton）	13994	2215
禽肉	吨	Poultry Meat（ton）	57479	6511
禽蛋	吨	Poultry Eggs（ton）	58556	8872
饲养蚕种	张	Number of Silkwrom Cocoon（piece）	432830	38124
春蚕	张	Number of Sping's Silkwrom Cocoon（piece）	245025	23251
夏蚕	张	Number of Summer's Silkwrom Cocoon（piece）	21244	1700
秋蚕	张	Number of Autumn's Silkwrom Cocoon（piece）	166561	13173
蚕茧产量	吨	Output of Silkwrom Cocoon（ton）	20057	1619
春茧	吨	Output of Spring's Silkwrom Cocoon（ton）	12321	1185
夏茧	吨	Output of Summer's Silkwrom Cocoon（ton）	996	75
秋茧	吨	Output of Autumn's Silkwrom Cocoon（ton）	6740	359

Basic Indicators on Animal Husbandry by Region
(2014)

南湖区 Nanhu	秀洲区 Xiuzhou	嘉善县 Jiashan	平湖市 Pinghu	海宁市 Haining	海盐县 Haiyan	桐乡市 Tongxiang
18.35	8.4	11.75	8.64	5.11	20.04	9.90
1.28	0.62	0.78	0.64	0.40	2.31	0.62
1.51	4.17	1.19	1.43	22.54	5.78	22.29
3.71	1.17	2.07	1.72	5.19	6.45	17.21
79.57	87.77	97.89	42.17	294.17	265.50	295.08
101.67	32.31	61.22	34.90	27.75	56.17	60.81
2.15	8.02	0.94	1.79	18.79	8.14	29.69
143.97	212.66	298.80	73.55	1136.45	759.58	989.99
75961	28512	46326	23301	39005	48241	61642
73164	22459	40565	21462	17760	35108	39529
451	1764	216	322	3382	1624	6235
2258	4253	5510	1486	17730	11393	14849
2901	5971	15659	2426	4811	2291	24497
3312	34812	0	20	112614	42454	239618
2212	21039	0	20	69626	26159	125969
99	1601	0	0	3360	0	16184
1001	12172	0	0	39628	16295	97465
141	1478	0	1	5090	1911	11436
106	1079	0	1	3359	1295	6481
3	72	0	0	157	0	764
32	327	0	0	1574	616	4191

7－27　主要年份全市渔业生产情况

指　　标	单位	Item	1985	2000	2001	2002
一、水产品产量	吨	Total Aquatic Products（ton）	26420	97015	107406	119698
1.海水产品产量	吨	Seawater Aquatic Products（ton）	2140	5827	6858	8046
2.淡水产品产量	吨	Freshwater Aquatic Products（ton）	24280	91188	100548	111652
#养殖	吨	Aquaculture（ton）	19865	66818	77347	86216
淡水产品中按品种分：		Grouped by Products				
鱼类	吨	Fish（ton）		54321	62593	70249
虾蟹类	吨	Shrimps,Prawns and Crabs（ton）		7939	11115	13589
贝类	吨	Shell－fish（ton）		21487	18838	18216
其他	吨	Others（ton）		7441	8002	9598
水产品产量中按生产性质分：		Grouped by Prodution Character				
捕捞	吨	Catching（ton）		29647	28929	31464
养殖	吨	Aquaculture（ton）		67368	78477	88234
二、养殖面积	公顷	Aquaculture Area（hectare）	17167	17382	17237	
1.淡水养殖面积	公顷	Freshwater Aquaculture Area（hectare）	17166	17016	16802	16279
#内塘	公顷	Inside Pound（hectare）	4207	6339	5275	5351
外荡	公顷	Outside Pound（hectare）	12918	10463	10648	10763
2.海水养殖面积	公顷	Seawater Aquaculture Area（hectare）	1	366	435	674

注：本表数据均来自市农经局。

Basic Indicators on Fishery in Main Years

2003	2004	2005	2006	2007	2008	2009	2010	2011	2012	2013	2014
131650	139200	145136	149421	159965	165571	175387	181289	180598	187628	180005	163514
7657	6389	6935	8140	7233	6418	6925	5851	5637	5631	5065	2037
123993	132810	138201	141280	152732	159153	168462	175438	174961	181997	174940	161477
94483	103381	105806	108765	122421	129531	137812	147105	143936	150853	145991	134611
66175	54710	55078	67039	56502	73209	78331	82614	81881	80891	60660	64187
16880	16826	18216	22992	22053	23532	25562	22663	22627	21003	18325	18027
17252	5573	5105	22406	6229	18488	16981	16613	16579	15753	5131	4304
23686	32311	27406	28844	67949	43924	47588	53548	53874	64352	61875	48093
34109	33380	36478	36920	34133	33435	34813	34184	34552	34642	32236	28075
97541	105819	108658	112501	125832	132136	140574	147105	146046	152986	147769	135439
16176	13699	13106	12840	12704.17	12649	12956	12792	12782	12521	12241	11609
15630	12969	12399	12114	12143.07	12205	12369	12323	12365	12052	11828	11329
5201	43829	4732	4610	4594.96	4586	4880	4898	5017	4837	4689	4641
10360	9957	7462	11126	7507.91	7580	7457	7189	6937	6820	6762	6688
546	730	707	726	561.1	444	587	469	417	469	413	280

Note: The data comes from Jiaxing agricultural economics department.

7－28　主要年份市区渔业生产情况

指　标	单位	Item	1985	2000	2001	2002
一、水产品产量	吨	Total Aquatic Products（ton）	6810	22963	24543	26855
1. 海水产品产量	吨	Seawater Aquatic Products（ton）				
2. 淡水产品产量	吨	Freshwater Aquatic Products（ton）	6810	22963	24543	26855
#养殖	吨	Aquaculture（ton）	5480	18903	21340	23690
淡水产品中按品种分：		Grouped by Products				
鱼类	吨	Fish（ton）		16277	18471	20563
虾蟹类	吨	Shrimps, Prawns and Crabs（ton）		1483	1678	1962
贝类	吨	Shell－fish（ton）		2333	1988	1741
其他	吨	Others（ton）		2879	2406	2589
水产品产量中按生产性质分：		Grouped by Prodution Character				
捕捞	吨	Catching（ton）		4060	3203	3165
养殖	吨	Aquaculture（ton）		18903	21340	23690
二、养殖面积	公顷	Aquaculture Area（hectare）	7766	6451	6286	
1. 淡水养殖面积	公顷	Freshwater Aquaculture Area（hectare）	7766	6451	6286	6304
#内塘	公顷	Inside Pound（hectare）	977	1600	1511	1495
外荡	公顷	Outside Pound（hectare）	6790	4744	4715	4782
2. 海水养殖面积	公顷	Seawater Aquaculture Area（hectare）				

注：本表数据均来自市农经局。

Basic Indicators on Fishery of Urban District in Main Years

2003	2004	2005	2006	2007	2008	2009	2010	2011	2012	2013	2014
30798	38281	39886	42686	46796	51392	54908	56973	55296	54788	53081	52518
30798	38281	39886	42686	46796	51392	54908	56973	55296	54788	53081	52518
27965	35357	35661	38286	42187	47329	50730	52953	50911	50339	48912	48667
18993	18570	18862	20715	18666	21024	22300	22754	23611	24535	20981	22056
2614	2858	2749	3714	3770	4310	4322	4669	4492	4007	3493	3420
1357	3679	3679	6225	4449	5633	5154	5276	5421	5407	4006	3314
7834	12033	10371	12032	19911	20425	23132	24274	21772	20840	20432	19877
2833	2924	4225	4400	4610	4063	4178	4020	4385	4449	4169	3851
27965	35357	35661	38286	42187	47329	50730	52953	50911	50339	48912	48667
6145	6881	6430	6264	6451.75	6435	6498	6470	6418	6340	6249	6234
6145	6881	6430	6264	6451.75	6435	6498	6470	6418	6340	6249	6234
1669	16735	1679	2057	1709.14	1683	1739	1985	1898	1810	1674	1676
4472	2402	4644	2050	4740.61	4746	4752	4478	4494	4525	4556	4558

Note: The data comes from Jiaxing agricultural economics department.

7-29 分地区渔业生产情况
(2014)

指　　标	单位	Item	全　市 Total	市　区 Urban District
一、水产品产量	吨	Total Aquatic Products (ton)	163514	52518
1. 海水产品产量	吨	Seawater Aquatic Products (ton)	2037	0
2. 淡水产品产量	吨	Freshwater Aquatic Products (ton)	161477	52518
#养殖	吨	Aquaculture (ton)	134611	48667
淡水产品中按品种分:		Grouped by Products		
鱼类	吨	Fish (ton)	64187	22056
虾蟹类	吨	Shrimps, Prawns and Crabs (ton)	18027	3420
贝类	吨	Shell - fish (ton)	4304	3314
其他	吨	Others (ton)	48093	19877
水产品产量中按生产性质分:		Grouped by Prodution Character		
捕捞	吨	Catching (ton)	28075	3851
养殖	吨	Aquaculture (ton)	135439	48667
二、养殖面积	公顷	Aquaculture Area (hectare)	11609	6234
1. 淡水养殖面积	公顷	Freshwater Aquaculture Area (hectare)	11329	6234
#内塘	公顷	Inside Pound (hectare)	4641	1676
外荡	公顷	Outside Pound (hectare)	6688	4558
2. 海水养殖面积	公顷	Seawater Aquaculture Area (hectare)	280	0

注:本表数据均来自市农经局。

Basic Indicators on Fishery by Region
(2014)

南湖区 Nanhu	秀洲区 Xiuzhou	嘉善县 Jiashan	平湖市 Pinghu	海宁市 Haining	海盐县 Haiyan	桐乡市 Tongxiang
27160	25358	26199	25173	29901	13647	16076
0	0	0	978	125	934	0
27160	25358	26199	24195	29776	12713	16076
26382	22285	23224	10278	28494	10276	13672
3857	18199	15382	6059	11189	3145	6356
571	2849	3955	3583	3371	2294	1404
3299	15	662	320	0	8	0
18655	1222	3225	316	13934	4829	5912
778	3073	2975	14731	1282	2832	2404
26382	22285	23224	10442	28619	10815	13672
1177	5057	1835	564	1005	1548	423
1177	5057	1835	515	1005	1317	423
498	1178	804	199	971	641	350
679	3879	1031	316	34	676	73
0	0	0	49	0	231	0

Note: The data comes from Jiaxing agricultural economics department.

7-30 全市农村水利基本情况
（2001-2014）

指　标	单 位	Item	2001	2002	2003
一、有效灌溉面积	千公顷	Effective Irrigated Area (1 000 hectares)	194.90	192.04	191.23
占耕地面积比重	%	Percentage to Cultivated Area (%)	93.11	91.45	90.82
二、机电排灌面积	千公顷	Mechanical and Electrical Irrigated Area (1 000 hectares)	194.96	192.04	191.23
三、排灌机械装机容量	千瓦	Power of Irrigation and Drainage Machinery (kw)	256825	257947	255982
四、旱涝保收面积	千公顷	Area of Stable Yield Despite Drought or Excessive Rain (1 000 hectares)	166.98	166.57	169.82
五、易涝耕地面积	千公顷	Area Liable to Flooding Water Logging (1 000 hectares)	102.00	105.88	106.72
#除涝面积	千公顷	Flooded or Water Logged Area under Control (1 000 hectares)	102.00	105.88	106.72
六、堤防总长度	公里	Total Length of Dikes (km)	158.61	171.37	202.26
七、保护耕地	千公顷	Cultivated Area Protected (1 000 hectares)	89.75	90.68	90.68
八、水利工程年供水量	万立方米	Annually Water Supply of Water Conservancy (10 000 cu. m)	231118	240212	242179
#农业供水	万立方米	Water Supply for Agriculture (10 000 cu. m)	182592	187200	204798
工业供水	万立方米	Water Supply for Industry (10 000 cu. m)	35093	27178	19343
九、农田基建完成土石方	万立方米	Cubic Metre of Earth and Stone Completed Through Farmland Basic Construction (10 000 cu. m)	6359.32	6115.49	
#水利建设	万立方米	Water Conservancy Construction (10 000 cu. m)	3048.23	4578.39	
十、实用人工	万工日	Real Labor (10 000 man-days)	3584.70	3675.94	
十一、投入资金	万元	Devoted Capital (10 000 yuan)	92498	121434	140093

注：本表数据均来自市水利局，由于方法制度改变，排灌机械装机容量等指标取消。

Basic Conditions of Water Conservancy
(2000 – 2014)

2004	2005	2006	2007	2008	2009	2010	2011	2012	2013	2014
195.24	197.43	201.48	200.75	197.64	198.43	198.79	200.21	198.765	196.38	182.50
96.38	93.55	94.89	94.52	92.98	93.4	93.7	96.5	95.5	94.6	88.0
195.24	197.428	201	203.16	197.64	198.43	198.79	200.21	198.77	196.38	182.50
266061	265888	267781	268127	268878	272835	276566	280631	285227		
173.01	175.01	178.46	176.36	176.3	176.86	176.96	181.164	174.71		
106.98	107.05	114.58	114.58				114.58	133.01		
106.98	107.05	107.17	107.17	107.06	107.38	107.27	108.32	107.48		
255.77	242.97	507.37	441.23	390.93	351.10	301.40	333.77	374.34	5282.41	5054.98
93.8	92.71	92.89	92.39	90.19	90.19	90.19	90.04	128.45		
226564	238354	247312	234285	226882	220817	224901	218760	220590		
186694	199257	201635	190683	183692	170892	169784	171935	149671		
19936	22202	22851	22558	22298	26513	29153	24963	37023		
		4955		4067	3134	2562	2504	2871	4172	3472
		4465								
		946								
136210	103742	132455	145573	109584	92288	117425	142033	152272	165073	142095

Note: The data comes from Jiaxing water department; Because of the method system reform, some indexes are canceled.

7-31 市区农村水利基本情况 (2001-2014)

指　　标	单位	Item	2001	2002	2003
一、有效灌溉面积	千公顷	Effective Irrigated Area (1 000 hectares)	45.20	44.97	42.06
占耕地面积比重	%	Percentage to Cultivated Area (%)	85.44	85.37	80.2
二、机电排灌面积	千公顷	Mechanical and Electrical Irrigated Area (1 000 hectares)	45.27	44.97	42.06
三、排灌机械装机容量	千瓦	Power of Irrigation and Drainage Machinery (kw)	62292	61526	58778
四、旱涝保收面积	千公顷	Area of Stable Yield Despite Drought or Excessive Rain (1 000 hectares)	30.74	31.15	33.67
五、易涝耕地面积	千公顷	Area Liable to Flooding Water Logging (1 000 hectares)	30.54	43.55	34.01
#除涝面积	千公顷	Flooded or Water Logged Area under Control (1 000 hectares)	30.54	43.55	34.01
六、堤防总长度	公里	Total Length of Dikes (km)	40.05	36.00	36.00
七、保护耕地	千公顷	Cultivated Area Protected (1 000 hectares)			
八、水利工程年供水量	万立方米	Annually Water Supply of Water Conservancy (10 000 cu. m)	50474	70874.19	64105
#农业供水	万立方米	Water Supply for Agriculture (10 000 cu. m)	39548	50147	58355
工业供水	万立方米	Water Supply for Industry (10 000 cu. m)	9753	12444	4600
九、农田基建完成土石方	万立方米	Cubic Metre of Earth and Stone Completed Through Farmland Basic Construction (10 000 cu. m)	927	1480	
#水利建设	万立方米	Water Conservancy Construction (10 000 cu. m)	551	857	
十、实用人工	万工日	Real Labor (10 000 man-days)	693	696	
十一、投入资金	万元	Devoted Capital (10 000 yuan)	31776	32771	30285

注:本表数据均来自市水利局,由于方法制度改变,排灌机械装机容量等指标取消。

Basic Conditions of Water Conservancy of Urban District
(2000 – 2014)

	2004	2005	2006	2007	2008	2009	2010	2011	2012	2013	2014
	42.50	42.75	44.44	43.17	41.43	41.76	42.13	42.4	41.96	42.34	38.13
	80.20	81.5	85.0	82.72	79.22	80.36	81.61	80.60	79.60	80.66	72.84
	42.50	42.75	44.44	45.58	41.43	41.76	42.13	42.4	41.96	42.34	38.13
	57490	57243	65576	64501	63536	62101	61828	62821	63269		
	34.47	34.72	34.72	34.72	34.47	34.47	34.57	36.704	37.85		
	34.27	34.34	39.88	39.88				39.88	39.88		
	34.27	34.34	34.45	34.45	34.34	34.66	34.66	34.87	34.87		
	36.00									878.64	899.04
	57030	57379	57900	55253	53430	44329	44230	32240	35823		
	50150	50150	48150	46150	45150	30701	30732	24676	26032		
	5400	5779	5800	5400	5200	8429	8329	4928	5455		
			846		1058	781	842	512	758	717	823
			656								
			191								
	27050	17269	17836	26434	38973	22293	22714	39191	31738	36681	31234

Note: The data comes from Jiaxing water department; Because of the method system reform, some indexes are canceled.

7－32 分地区农村水利情况
(2014)

指　　标	单位	Item	全　市 Total	市　区 Urban District
一、有效灌溉面积	千公顷	Effective Irrigated Area (1 000 hectares)	182.50	38.13
占耕地面积比重	%	Percentage to Cultivated Area (%)	88.0	72.8
二、机电排灌面积	千公顷	Mechanical and Electrical Irrigated Area (1 000 hectares)	182.50	38.13
三、排灌机械装机容量	千瓦	Power of Irrigation and Drainage Machinery (kw)		
四、旱涝保收面积	千公顷	Area of Stable Yield Despite Drought or Excessive Rain (1 000 hectares)		
五、易涝耕地面积	千公顷	Area Liable to Flooding Water Logging (1 000 hectares)		
#除涝面积	千公顷	Flooded or Water Logged Area under Control (1 000 hectares)		
六、堤防总长度	公里	Total Length of Dikes (km)	5055	899
七、保护耕地	千公顷	Cultivated Area Protected (1 000 hectares)		
八、水利工程年供水量	万立方米	Annually Water Supply of Water Conservancy (10 000 cu. m)		
#农业供水	万立方米	Water Supply for Agriculture (10 000 cu. m)		
工业供水	万立方米	Water Supply for Industry (10 000 cu. m)		
九、农田基建完成土石方	万立方米	Cubic Metre of Earth and Stone Completed Through Farmland Basic Construction (10 000 cu. m)	3472	823
#水利建设	万立方米	Water Conservancy Construction (10 000 cu. m)		
十、实用人工	万工日	Real Labor (10 000 man－days)		
十一、投入资金	万元	Devoted Capital (10 000 yuan)	142095	31234

注:本表数据均来自市水利局,由于方法制度改变,排灌机械装机容量等指标取消。

Basic Conditions of Water Conservancy by Region
(2014)

南湖区 Nanhu	秀洲区 Xiuzhou	嘉善县 Jiashan	平湖市 Pinghu	海宁市 Haining	海盐县 Haiyan	桐乡市 Tongxiang
13.67	24.46	24.19	23.03	33.46	25.49	38.20
59.6	82.6	89.2	77.2	101.2	97.2	98.1
13.67	24.46	24.19	23.03	33.46	25.49	38.20
244	655	853	419	607	476	1801
350	460	484	510	325	725	605
12747	18487	21030	30735	7979	19132	31985

Note: The data comes from Jiaxing water department; Because of the method system reform, some indexes are canceled.

主要统计指标解释

农林牧渔业总产值 指以货币表现的农、林、牧、渔业全部产品的总量，它反映一定时期内农业生产总规模和总成果。农业总产值的计算方法通常是按农林牧渔业产品及其副产品的产量分别乘以各自单位产品价格求得；少数生产周期较长，当年没有产品或产品产量不易统计的，则采用间接方法匡算其产值；然后将四业产品产值相加即为农业总产值。1957 年以前的农业总产值中包括了厩肥和农民自给性手工业（如农民自制衣服、鞋、袜，自己从事粮食初步加工等）。1958 年及以后的农业总产值，林业中增加了村及村以下竹木采伐产值；牧业中取消了厩肥产值；渔业中增加了海洋捕捞水产品产值。1980 年及以后的农业总产值，在副业中增加了农民家庭兼营工业商品部分的产值。从 1984 年起村及村以下工业产值划归工业。从 1993 年起取消副业，将野生动物的捕猎划入牧业、野生植物采集和农民家庭兼营商品性工业划归农业。1996 年第一次农业普查以后，由于畜牧业产品年报数据与普查数据之间存在一定的差距，国家统计局农调总队对畜牧业年报数据与普查数据进行衔接，相应的畜牧业产值进行调整。2002 年起增加了农业服务业产值。

粮食产量 指全社会的产量。包括国有经济经营的、集体统一经营的和农民家庭经营的粮食产量，还包括工矿企业办的农场和其他生产单位的产量。粮食除包括稻谷、小麦、玉米、高粱、谷子及其他杂粮外，还包括薯类和豆类。其产量计算方法，豆类按去豆荚后的干豆计算；薯类（包括甘薯和马铃薯，不包括芋头和木薯）1963 年以前按每 4 公斤鲜薯折 1 公斤粮食计算，从 1964 年开始改为按 5 公斤鲜薯折 1 公斤粮食计算。城市郊区作为蔬菜的薯类（如马铃薯等）按鲜品计算，并且不作粮食统计。其他粮食一律按脱粒后的原粮计算。

油料产量 指全部油料作物的生产量。包括花生、油菜籽、芝麻、向日葵籽、胡麻籽（亚麻籽）和其他油料。不包括大豆、木本油料和野生油料。花生以带壳干花生计算。

水产品产量 指人工养殖的水产品和天然生长的水产品的捕捞量。包括海水的鱼类、虾蟹类、贝类和藻类以及内陆水域的鱼类、虾蟹类和贝类，不包括淡水生植物。

猪、牛、羊肉产量 指当年出栏并已屠宰、除去头蹄下水后带骨肉（即胴体重）的重量。

期初（末）畜禽存栏头（只）数 指报告期初（末）农村各种合作经济组织和国营农场、农民个人、机关、团体、学校、工矿企业、部队等单位以及城镇居民饲养的大牲畜、猪、羊、家禽等畜禽的存栏数。

耕地面积 指可以用来种植农作物、经常进行耕锄的田地，包括熟地、当年新开荒地、连续撂荒未满三年的耕地和当年的休闲地（轮歇地），还包括以种植农作物为主并附带种植桑树、茶树、果树和其他林木的土地，以及沿海、沿湖地区已围垦利用的"海涂"、"湖田"等面积。不包括属于专业性的桑园、茶园、果园、果木苗圃、林地、芦苇地、天然或人工草地面积。南方小于一米、北方小于两米宽的渠、路、田埂，包括在耕地中。

农作物播种面积 指实际播种或移植有农作物的面积。凡是实际种植有农作物的面积，不论种植在耕地上还是种植在非耕地上，均包括在农作物播种面积中。在播种季节基本结束后，因遭灾而重新改种和补种的农作物面积，也包括在内。

有效灌溉面积 指具有一定的水源，地块比较平整，灌溉工程或设备已经配套，在一般年景下当年能够进行正常灌溉的耕地面积。在一般情况下，有效灌溉面积应等于灌溉工程或设备已经配备，能够进行正常灌溉的水田和水浇地面积之和。

农用化肥施用量 指本年内实际用于农业生产的化肥数量，包括氮肥、磷肥、钾肥和复合肥。化肥施用量要求按折纯量计算数量。折纯量是指把氮肥、磷肥、钾肥分别按含氮、含五氧化二磷、含氧化钾的百分之一百成份进行折算后的数量。复合肥按其所含主要成分折算。

农业机械总动力 指主要用于农、林、牧、渔业的各种动力机械的动力总和。包括耕作机械、排灌机械、收获机械、农用运输机械、植物保护机械、牧业机械、林业机械、渔业机械和其他农业机械〔内燃机按引擎马力折成瓦（特）计算、电动机按功率折成瓦（特）计算〕。不包括专门用于乡、镇、村、组办工业、基本建设、非农业运输、科学试验和教学等非农业生产方面用的动力机械与作业机械。

农林牧渔业劳动力 指全社会直接参加农林牧渔业生产活动的劳动力。

EXPLANATORY NOTES ON MAIN STATISTICAL INDICATORS

Gross Output Value of Farming, Forestry, Animal Husbandry and Fishery refers to the total value of products of farming, forestry, animal husbandry and fishery, which reflects the total scale and result of agricultural production during a given period. Gross output value of agriculture is obtained by first multiplying the output of each product or by product by its price, resulting in the output value of each single item. For a small number of products, annual output of which is not available or difficult to get due to the long production growing process involved, the output value is estimated through an indirect approach. The sum of output value of all products of farming, forestry, animal husbandry, and fishery is then equal to the gross output value of agriculture. Prior to 1957, Chinas gross agricultural output value included barnyard manure and handicraft products for self consumption (clothes, shoes, stockings, and initial grain processing undertaken by peasants). Since 1958, cutting and felling of bamboo and trees by villages and other cooperative organizations under villages have been included in forestry; value of barnyard manure has been excluded from animal husbandry; self consumed handicrafts has been excluded from sideline occupations, while the output value of industries run by villages and cooperative organizations under village had been included in sideline occupations and the output value of fish catches by motor fishing boats has been added to fishery. Since 1980, the value of handicraft products made for sale by individuals in households had been added to sideline occupations. Since 1984, industries run by villages and under villages have been included in the sector of industry. Since 1993, the subdivision of sideline occupations has been canceled, and the hunting of wild animals has been classified into animal husbandry, The first agriculture census of China in 1996 revealed some discrepancy between the production of animal products from the annual reports and that from the census. Efforts were made by the Rural Socio - economic Survey Organization of NBS to adjust the output value of animal husbandry to make the figures from the annual reports consistent with the census data.

Grain Yield refers to the yield in the whole country including grains produced by state farms, collective units, industrial enterprises and mines. Grain includes rice, wheat, corn, sorghum, millet and other miscellaneous grains as well as tubers and beans. Output of beans refers to dry beans without pods. The output of tubers (sweet potatoes and potatoes, not including taros and cassava) was converted into that of grain at the ratio 4:1, i. e. 4 kilograms of fresh tubers was equivalent to 1 kilogram of grain up to 1963. Since 1964 the ratio for conversion has been 5:1. Tubers supplied as vegetables (such as potatoes) in cities and suburbs are calculated as fresh vegetables and their output is not included in the output of grain. Output of all other grains refers to husked grain.

Yield of Oil - bearing Crops refers to the total yield of oil bearing crops of various kinds, including peanuts, (dry, in shell) rapeseeds, sesame, sunflower seeds, flax seeds, and other oil bearing crops. Soybeans, oil - bearing woody plants, and wild oil - bearing crops are not included.

Output of Aquatic Products refers to catches of both artificially cultured and naturally grown aquatic products, including fish, shrimps, crabs and shellfish in sea and inland water as well as seaweed. Freshwater plants are not included.

Output of Pork, Beef, and Mutton refers to the meat of slaughtered hogs, cattle, sheep and goats with head, feet, and offal taken away.

Number of Livestock or Poultry in Stock at Beginning (or End) refers to the total number of large animals, pigs, sheep, fowls, etc. raised by rural cooperative organizations, state farms, rural individuals, government agencies, schools, industrial and mining enterprises, army, and urban residents at the beginning (or end) of the reference period.

Cultivated Area (Area under cultivation) refers to farmland which is plowed constantly for growing crops, including cultivated land, newly cultivated land in the current year, farmland left without cultivation for less than three years and fallow land in the current year, rotation land, rotation land of grass and crops, farmland with some fruit trees, mulberry trees and other trees and cultivated seashore land, lake land, and etc. The land of mulberry fields, tea plantations, orchards, nurseries of young plants, forest land, reed land, natural and man - made grassland and other land are not included in cultivated land. Ditches, roads and ridges between cultivated fields that are less than 1 meter in width in the south or less than 2 meters in width in the north are included in the cultivated land.

Sown Area of Crops refers to area of land sown or transplanted with crops regardless of being in cultivated area or non cultivated area. Area of land re - sown due to natural disasters is also included.

Irrigated Area refers to areas that are effectively irrigated, i. e. level land which has water source and complete sets of irrigation facilities to lift and move adequate water for irrigation purpose under normal conditions. Under normal conditions, irrigated area is the sum of watered fields and irrigated fields where irrigation systems or equipment have been installed for regular irrigation purpose.

Consumption of Chemical Fertilizers in Agriculture refers to the quantity of chemical fertilizers applied in agriculture in the year, including nitrogenous fertilizer, phosphate fertilizer, potash fertilizer, and compound fertilizer. The consumption of chemical fertilizers is required in calculation to convert the gross weight into weight containing 100% effective component (e. g. 100% nitrogen content in nitrogenous fertilizer, 100% phosphorous pentoxide contents in phosphate fertilizer, 100% potassium oxide contents in potash fertilizer). Compound fertilizer is converted with its major component.

Total Power of Farm Machinery refers to total mechanical power of machinery used in farming, forestry, animal husbandry, and fishery, including ploughing, irrigation and drainage, harvesting, transport, plant protection, stock breeding, forestry and fishery. The power of internal combustion engines is required to convert horsepower into watts and the power of electric motors is required to be converted into watts. Machinery employed for non agricultural purposes, such as the machines used in township run and village – run industry, construction, non agricultural transport, scientific experiments and teaching, is excluded.

Labour Force Engaged in Farming, Forestry, Animal Husbandry and Fishery refers to the total laborers who are directly engaged in production of farming, forestry, animal husbandry and fishery.

八、工　业
Industry

8-1 全市规模以上工业总产值
(1991-2014)

单位:万元

指　　标	Item	1991	1992	1993
总　　计	Total	1496088	1915109	2999160
按经济类型分	Grouped by Ownership			
国有经济	State-owned	502677	602759	789070
集体经济	Collective-owned	945656	1205857	1882466
其他经济	Others	47755	106493	327624
按轻重工业分	Grouped by Light and Heavy Industry			
轻工业	Light Industry	1072463	1337408	2031105
重工业	Heavy Industry	423625	577702	968055
按企业规模分	Grouped by Size of Enterprise			
大型企业	Large	117133	114613	144966
中型企业	Medium-sized	261471	381660	636565
小型企业	Small	1117484	1418836	2217629
微型企业	Micro-enterprises			

注:1997年以前为乡及乡以上数据,1997年-2010年为年主营业务收入500万元以上工业企业,2011年起为2000万元以上工业企业,2008年不包括嘉兴市电力局数据(下同)。

Gross Output Value of Industrial Enterprises above Designated Size (1991 - 2014)

(10 000 yuan)

1994	1995 原规定	1995 新规定	1996	1997	1997 500万元以上	1998	1999	2000	2001
4156045	5338232	4076657	4582993	4770600	4969619	4463225	4758409	5755223	6425095
928175	1140582	923540	951335	897428	897428	634878	519588	339490	253824
2578547	3064097	2257592	2544561	2579484	2692538	2022808	1726215	1283009	745264
649323	1133553	895525	1087096	1293688	1379653	1805539	2512606	4132724	5426007
2926075	3732243	2727529	3017174	3185638	3404688	3031900	3208699	3938092	4508716
1229971	1605989	1349129	1565819	1584962	1564931	1431325	1549710	1817131	1916378
268263	620364	495199	735220	782972	782972	727648	701018	846055	897142
962936	1174376	952522	1147685	1201104	1268896	1091692	1143872	1412429	1630383
2924847	3543492	2628936	2700088	2786524	2917750	2643885	2913519	3496739	3897569

Note: Before 1997, the satatistical range include village and above village, The Data No Incloding To Jiaxing Power Bureau in 2008. The Statistical standard of Industry Above - scale is 5 million yuan between 1997 and 2000. The Statistical standard of Industry Above - scale has been improved to 20 million yuan since 2011 (The same below).

8－1 续表 1

单位:万元

指　　标	Item	2002	2003	2004
总　　计	Total	9362446	12695196	17442955
按经济类型分	Grouped by Ownership			
国有经济	State – owned	366274	342153	778660
集体经济	Collective – owned	484986	517138	140922
其他经济	Others	8511186	11835905	16523373
按轻重工业分	Grouped by Light and Heavy Industry			
轻工业	Light Industry	6068186	7870725	10281952
重工业	Heavy Industry	3294260	4824471	7161003
按企业规模分	Grouped by Size of Enterprise			
大型企业	Large	1024725	1187659	1033487
中型企业	Medium – sized	1711022	2170672	6422041
小型企业	Small	6626699	9336865	9987427
微型企业	Micro – enterprises			

Continued 1

(10 000 yuan)

2005	2006	2007	2008	2009	2010	2011	2012	2013	2014
21789594	26890978	33381612	37382586	38639861	51028508	57633603	60395206	68936724	74637540
1543067	1779441	2046569	1519522	2718534	3234968	3095882	3337667	3376422	3426659
209871	193241	187916	81005	68494	77865	58803	51278	21594	29145
20036656	24918297	31147127	35782059	35852834	47715675	54478918	57006261	65538708	71181736
12498242	15198948	18487993	20318341	20455979	26397038	28893457	29433941	32818997	35234075
9291352	11692031	14893619	17064245	18183882	24631470	28740145	30961266	36117727	39403465
3068242	3505367	4440112	5284854	4739983	7027985	17593697	16220721	18428853	18063667
7697928	9510115	12010226	12172814	13584791	17567394	13415621	15743674	19223637	20074350
11023424	13875496	16931274	19924917	20315087	26433129	26134803	26348382	29278066	33389155
						489481	2082429	2006169	3110368

8-2 市区规模以上工业总产值
(1991-2014)

单位:万元

指　　标	Item	1991	1992	1993
总　　计	Total	411003	521695	778333
按经济类型分	Groupd by Ownership			
国有经济	State - owned	216596	252457	338154
集体经济	Collective - owned	181983	230670	323756
其他经济	Others	12424	38568	116423
按轻重工业分	Grouped by Light and Heavy Industry			
轻工业	Light Industry	293158	348973	510677
重工业	Heavy Industry	117845	172721	267657
按企业规模分	Grouped by Size of Enterprise			
大型企业	Large	90628	93821	109093
中型企业	Medium - sized	93706	111407	194497
小型企业	Small	226669	316467	474744
微型企业	Micro - enterprises			

Gross Output Value of Industrial Enterprises above Designated Size in Urban District (1991 – 2014)

(10000 yuan)

1994	1995 原规定	1995 新规定	1996	1997	1997 500万元以上	1998	1999	2000	2001
954425	1200324	974615	1002153	1000499	1016112	915673	1028231	1223083	1416048
361364	444660	372119	353802	363285	363352	248945	212342	157929	146776
374123	400173	312196	340519	300092	324428	244432	233835	238302	284670
218938	355491	290300	307832	337122	328332	422296	582054	826852	984601
661127	843248	672085	670402	651752	665077	604895	678049	815484	930651
293298	357075	302530	331750	348748	351035	310778	350182	407599	485397
175619	284469	242972	220392	266182	266182	204876	186660	267793	274932
223841	182676	143408	167580	139056	163422	148364	164510	155491	208774
554965	733179	588236	614181	595262	586508	562433	677061	799799	932342

8-2 续表1

单位:万元

指　　标	Item	2002	2003	2004
总　　计	Total	1736207	2337456	3631818
按经济类型分	Groupd by Ownership			
国有经济	State - owned	144909	49254	11555
集体经济	Collective - owned	78703	88960	34041
其他经济	Others	1512595	2199242	3586222
按轻重工业分	Grouped by Light and Heavy Industry			
轻工业	Light Industry	1063764	1355858	2065708
重工业	Heavy Industry	672443	981598	1566110
按企业规模分	Grouped by Size of Enterprise			
大型企业	Large	269955	243957	245720
中型企业	Medium - sized	228225	277942	1241222
小型企业	Small	1238027	1815556	2144876
微型企业	Micro - enterprises			

Continued 1

(10 000 yuan)

2005	2006	2007	2008	2009	2010	2011	2012	2013	2014
5117788	6383027	8012150	8083412	9210570	12143658	13734427	14160329	16248978	17335563
634072	802452	989003	12866	1247247	1482878	1746674	1965755	2094281	2127162
18995	16272	17504	5442	4462	3267	16165	2246	2579	2343
4464721	5564303	7005643	8065104	7958861	10657513	11971588	12192328	14152117	15206058
2652633	3359232	4131187	4552375	4479200	5681568	6257433	6209985	6881803	7259799
2465155	3023795	3880963	3531037	4731370	6462090	7476994	7950344	9367174	10075764
435227	644274	819386	927147	964536	1195305	5747996	5770482	6711652	4656359
2462160	2949948	2888055	3285622	4386672	5970445	3069668	3292350	3993563	4881600
2220401	2788805	4304709	3870644	3859362	4977907	4842099	4888629	5335775	5583382
						74664	208869	207987	2214223

8-3 主要年份全市规模以上分行业工业总产值

Gross Industrial Output Value of Industrial Enterprises above Designated Size by Branch in Main Years

单位:万元 (10000 yuan)

指 标	Item	2012	2013	2014
总 计	Total	60395206	68936724	74637540
非金属矿采选业	Nonmetal Minerals Mining and Dressing	16554	31131	34050
农副食品加工业	Food Processing	1341213	1586468	1443903
食品制造业	Food Production	878745	1014897	955827
酒、饮料和精制茶制造业	Alcohol, Drinks and Tea Production	164113	169042	143836
纺织业	Textile Industry	7617892	8619832	9199179
纺织服装、服饰业	Clothing Industry	3675882	3929299	4313155
皮革、毛皮、羽毛及其制品和制鞋业	Leather, Furs, Down and Related Products	3416331	3468026	3621447
木材加工和木、竹、藤、棕、草制品业	Timber Processing, Bamboo, Cane, Palm Fiber and Straw Products	742910	717394	855878
家具制造业	Furniture Manufacturing	1121494	1532871	1722525
造纸和纸制品业	Papermaking and Paper Products	2056967	2328826	2415326
印刷和记录媒介复制业	Printing	392516	462858	471577
文教、工美、体育和娱乐用品制造业	Culture, Education, Arts, Sports and Entertainment Production	408260	443334	511255
石油加工、炼焦和核燃料加工业	Petroleum Processing and Coking	224711	267265	284834
化学原料和化学制品制造业	Raw Chemical Material and Chemical Products	5585636	7431996	8186517
医药制造业	Medical and Pharmaceutical Products	161157	257582	267155
化学纤维制造业	Chemical Fiber	4892407	5237762	5716886
橡胶和塑料制品业	Rubber and Plastic Production	2699705	2881549	3054417
非金属矿物制品业	Nonmetal Mineral Products	2555583	2911577	3212069
黑色金属冶炼和压延加工业	Smelting and Pressing of Ferrous Metals	2817434	3601823	4060768
有色金属冶炼和压延加工业	Smelting and pressing of Nonferrous Metals	587181	673896	738757
金属制品业	Metal Products	1608892	1662952	1903574
通用设备制造业	Ordinary Machinery Manufacturing	3509061	3618126	4028844
专用设备制造业	Equipment Manufacturing For Special Purposes	1003349	1153119	1268564
汽车制造业	Automobile Manufacturing Industry	863444	1028023	1243821
铁路、船舶、航空航天和其他运输设备制	Transportation Equipment Manufacturing Industry	94413	66522	73911
电气机械和器材制造业	Electric Equipment and Machinery	2995912	3907922	4635499
计算机、通信和其他电子设备制造业	Computer and Communication Equipment Manufacturing Industry	2114078	2768629	2919363
仪器仪表制造业	Instrument Manufacturing Industry	407004	451024	450748
其他制造业	Other Industry	145055	142319	157590
废弃资源综合利用业	Recovry of Resource Discarded and Useless Material	148991	156464	342628
电力、热力生产和供应业	Production and Supply of Electric Power, Steam and Hot water	5898419	6120130	5949166
燃气生产和供应业	Production snd Supply of Gas	113848	130039	264302
水的生产和供应业	Production and Supply of Water	136051	164026	190174

8-4 主要年份市区规模以上分行业工业总产值
Gross Industrial Output Value of Industrial Enterprises above Designated Size by Branch of Urban District in Main Years

单位:万元 (10000 yuan)

指标	Item	2012	2013	2014
总计	Total	14160329	16248978	17335563
农副食品加工业	Food Processing	341823	369881	280652
食品制造业	Food Production	241816	357017	437438
纺织业	Textile Industry	1942267	2134513	2268930
纺织服装、服饰业	Clothing Industry	871953	899771	889717
皮革、毛皮、羽毛及其制品和制鞋业	Leather, Furs, Down and Related Products	218759	255724	303515
木材加工和木、竹、藤、棕、草制品业	Timber Processing, Bamboo, Cane, Palm Fiber and Straw Products	41546	49239	72932
家具制造业	Furniture Manufacturing	253324	354986	358060
造纸和纸制品业	Papermaking and Paper Products	351597	337534	286678
印刷和记录媒介复制业	Printing	30682	32914	37731
文教、工美、体育和娱乐用品制造业	Culture, Education, Arts, Sports and Entertainment Production	39343	48705	54597
石油加工、炼焦和核燃料加工业	Petroleum Processing and Coking	6964		
化学原料和化学制品制造业	Raw Chemical Material and Chemical Products	836250	889740	993391
医药制造业	Medical and Pharmaceutical Products	20097	52711	55840
化学纤维制造业	Chemical Fiber	522402	610663	722785
橡胶和塑料制品业	Rubber and Plastic Production	872121	904094	925310
非金属矿物制品业	Nonmetal Mineral Products	596446	769747	822163
黑色金属冶炼和压延加工业	Smelting and Pressing of Ferrous Metals	864096	977220	1103405
有色金属冶炼和压延加工业	Smelting and pressing of Nonferrous Metals	79549	97096	92627
金属制品业	Metal Products	363882	395824	423421
通用设备制造业	Ordinary Machinery Manufacturing	894547	1071645	1148581
专用设备制造业	Equipment Manufacturing For Special Purposes	287449	288927	309980
汽车制造业	Automobile Manufacturing Industry	476377	582646	654107
铁路、船舶、航空航天和其他运输设备制	Transportation Equipment Manufacturing Industry	41641	25395	26427
电气机械和器材制造业	Electric Equipment and Machinery	703250	802234	946413
计算机、通信和其他电子设备制造业	Computer and Communication Equipment Manufacturing Industry	950189	1435223	1456139
仪器仪表制造业	Instrument Manufacturing Industry	89619	88380	94753
其他制造业	Other Industry	59883	64941	90396
废弃资源综合利用业	Recovry of Resource Discarded and Useless Material		2800	2415
电力、热力生产和供应业	Production and Supply of Electric Power, Steam and Hot water	2065529	2257937	2261726
燃气生产和供应业	Production snd Supply of Gas	57886	46107	166575
水的生产和供应业	Production and Supply of Water	39044	45366	48856

8－5 主要年份全市规模以上独立核算工业企业主要经济指标

单位:万元

指标	Item	1985	1998	1999	2000	2001	2002
企业单位个数(个)	Number of Enterprises (unit)	2860	1362	1355	1277	1303	1777
#亏损单位个数(个)	Loss Making Enterprises(unit)	216	377	290	131	125	184
工业总产值(当年价)	Gross Industrial Output Value (current price)	464684	4463225	4758409	5755223	6425095	7874832
工业增加值(当年价)	Value Added of Industry(current price)	136628	1083590	1169380	1449600	1619523	2066575
全部从业人员平均人数(人)	Average Employees (person)	384292	360664	339488	323806	346014	432867
年末固定资产原值	Original Value of Fixed Assets (year－end)	163555	3129237	3351986	3452601	3746163	4535174
当年固定资产折旧	Depreciation This year	9698	198186	200010	217858	241142	294059
年末资产总计	Total Assets (year－end)		5268278	5602468	5713986	6066618	7585877
#流动资产	Circulating Funds		2496437	2706676	2760837	2915406	3734005
固定资产	Fixed Assets		2451646	2519639	2556809	2687792	3224351
年末负债总计	Total Liabilities(year－end)		3322202	3440032	3386797	3436548	4426679
#长期负债	Long－term Liabilities		738903	738659	914245	844999	968741
流动负债	Circulating Liabilities		2583299	2701373	2472551	2591549	3457939
年末所有者权益	Total Creditors´Equity(year－end)		1946077	2162436	2327190	2630070	3159197
主营业务收入	Sales Revenue	415445	4118482	4504966	5533605	6208068	7659490
主营业务成本	Cost of Sales	329771	3559577	3890563	4761501	5363735	6641437
管理费用	Management Expenses		220969	232817	250455	261351	328971
财务费用	Financial Expenses		164906	127011	106701	96199	108535
利润总额	Total Profits	51523	79506	176515	313901	390189	464931
#亏损企业亏损总额	Total Loss	438	78179	50130	17795	8703	29047
利税总额	Total Taxes and Profits	83625	292621	390214	592845	669318	800229

Main Economic Indications of Industrial Enterprises above Designated Size with Independent Accounting System in Main Years

(10 000 yuan)

2003	2004	2005	2006	2007	2008	2009	2010	2011	2012	2013	2014
2526	4860	4497	5389	5986	6735	6819	7311	3987	4324	4707	5005
215	719	562	635	635	1148	965	734	514	725	665	661
11135272	17442955	21789594	26890978	33381612	37382586	38639861	51028508	57633603	60395206	68936724	74637540
2831096	3915284	4789161	5864087	7380398						12735709	14132161
541718	771772	793296	867074	931027	956223	920096	964361	826321	820816	832990	852676
5616732	11488123	13940614	16154121	18568822	20510274	23827788	27473122	29885066	33535789	35411805	41499702
375435	643620	887625	1037042	1178038	1327553	1521201	1719124	1843819	2094902	2382313	2586975
10189356	19425368	22673857	27143518	32815421	37176078	42200376	50650938	55936423	62975802	69395376	75608191
5117381	8443621	9316980	11895449	14910808	17583249	19690840	25051275	27988421	31482722	35690340	38908657
4064394	9756186	11215391	12538786	14542239	16639070	17415575	19908316	21529396	23447563	24098826	27527998
6067931	12782280	14445501	16968680	20094881	22415905	25608014	30352254	33781011	37360294	40930677	44360435
1118599	4351466	4973975	4918089	4997956	4713752	4712829	5985711	5827841	7099084	6918234	7604221
4949332	8423551	9471526	12050589	15096009	17621807	20642489	24156920	26984579	29779328	33538507	36232611
4121425	6643087	8228356	10174839	12720540	14758227	16592362	20298684	22155413	25527630	28406092	31200645
10877568	17033267	21588658	26501423	32949819	36063234	37252616	50131182	56098856	59071449	67081113	72327922
9444520	14937416	18932179	23247319	28963601	31722719	32402051	43700513	49251622	51852591	58694557	63182399
435846	712298	865538	1052920	1292751	1567339	1691187	2129651	2336619	2613833	2911350	3191794
143229	399728	463280	531506	613439	776468	645505	746636	880733	1161902	1046298	1134821
703627	776067	1016471	1239412	1654711	1508820	2029096	3211009	3095176	2793036	3563875	3748437
15949	93334	92699	112512	117837	214716	170992	118696	172537	337479	250249	336517
1147432	1415380	1800649	2144227	2796401	2756709	3310027	4827103	5109196	4908591	5912705	6265338

8-6 主要年份市区规模以上独立核算工业企业主要经济指标

单位:万元

指标	Item	1985	1998	1999	2000	2001	2002
企业单位个数(个)	Number of Enterprises (unit)	590	260	263	274	312	338
#亏损单位个数(个)	Loss Making Enterprises(unit)	29	66	59	54	53	36
工业总产值(当年价)	Gross Industrial Output Value (current price)	154171	915673	1028231	1223083	1416048	1630976
工业增加值(当年价)	Value Added of Industry(current price)	44585	288070	300688	335334	381851	457637
全部从业人员平均人数(人)	Average Employees (person)	99174	94627	79877	78106	80083	79978
年末固定资产原值	Original Value of Fixed Assets (year - end)	53917	836029	936029	1080796	1182223	1393106
当年固定资产折旧	Depreciation This year	3050	49273	50438	54752	61993	81964
年末资产总计	Total Assets (year - end)		1411003	1649865	1812293	1857347	2180596
#流动资产	Circulating Funds		680802	785926	838266	817453	939626
固定资产	Fixed Assets		654243	755152	851104	906987	1085526
年末负债总计	Total Liabilities(year - end)		736227	852726	1038818	1046025	1292009
#长期负债	Long - term Liabilities		118659	173114	361964	363778	490215
流动负债	Circulating Liabilities		617569	679613	676855	682247	801794
年末所有者权益	Total Creditors´Equity(year - end)		674776	797138	773475	811322	888588
主营业务收入	Sales Revenue	136982	857091	970751	1176643	1317428	1551759
主营业务成本	Cost of Sales	106748	746247	832772	1015437	1134510	1312626
管理费用	Management Expenses		61958	65506	71162	70478	89085
财务费用	Financial Expenses		23063	22663	22014	21239	21561
利润总额	Total Profits	17511	-853	37911	44620	67223	93034
#亏损企业亏损总额	Total Loss	97	28228	13536	10159	3382	5279
利税总额	Total Taxes and Profits	29887	65990	91460	109049	127648	161950

Main Economic Indications of Industrial Enterprises above Designated Size with Independent Accounting System of Urban District in Main Years

(10 000 yuan)

2003	2004	2005	2006	2007	2008	2009	2010	2011	2012	2013	2014
516	1115	967	1136	1252	1422	1379	1400	819	873	951	1000
46	177	139	170	147	247	198	141	112	135	141	134
2346476	3631818	5117788	6383027	8012150	8083412	9210570	12143658	13734427	14160329	16248978	17335563
652655	788754	1030160	1280028	1670572						2899802	3095262
91601	156054	159627	178681	192490	198781	194070	206930	185576	185876	195107	203344
1686662	1986246	3070995	3763248	4387276	4204935	5881561	6238864	6651930	7351401	8118427	8906186
107342	117026	216294	256232	293529	285999	398272	445701	461849	497850	553747	579892
2904932	4018166	5221651	6295227	7394358	7763820	9963831	11082269	11969191	13234137	14768837	16232692
1244577	1958698	2233599	2818216	3326877	3880925	4845288	5641890	6358870	6958321	8101161	9032801
1340636	1703536	2505865	2930420	3375627	3260670	4415618	4450845	4495990	4845686	5130352	5486051
1797613	2420069	3264925	3991962	4696243	4662953	6128131	6564270	6951852	7542864	8308476	9166084
623770	476300	1013794	1031256	1080512	563621	494995	1254075	578158	1217638	1044034	1268520
1173843	1941977	2251131	2960707	3615731	4079869	5527942	5353633	5621777	6255757	7231139	7758066
1107319	1598097	1956726	2303265	2698115	3100867	3835700	4518000	5017339	5640293	6459365	7051788
2243043	3583757	5099457	6386527	7002655	7907962	9052103	11925874	13568092	14096771	16033304	16859147
1904508	3129794	4514822	5660788	6114364	6998333	7873859	10310557	11844504	12337435	13932678	14655952
116001	175796	230255	266324	324679	396617	441025	528461	619951	689912	790581	871221
28934	48014	67714	93086	108311	142510	134837	140856	166004	205229	181129	204891
153910	175160	204798	224863	309598	222851	416577	709673	701005	637483	871494	801713
4611	27941	34052	37525	37456	65059	50417	27940	43913	55349	49146	88457
251295	284483	339358	388721	522813	435994	668459	1008473	1000369	996427	1278248	1229921

8－7　分地区规模以上工业单位数
（2014）

单位：个

指　标	Item	全　市 Total	市　区 Urban District
总　计	Total	5005	1000
按登记注册类型分	Grouped by Registered Type		
国有企业	State－owned Enterprises	6	1
集体企业	Collective－owned Enterprises	9	1
股份合作企业	Share－holding Cooperative Enterprises	29	19
联营企业	Joint Ownership Enterprises		
有限责任公司	Limited Liability Corporations	344	81
股份有限公司	Share－holding Corporations Ltd.	71	19
私营企业	Private Enterprises	3456	621
其他企业	Other Enterprises		
港、澳、台商投资企业	Enterprises with Investment from Hong Kong, Macao and Taiwan	522	106
外商投资企业	Enterprises with Foreign Investment	568	152
按轻重工业分	Grouped by Light and Heavy Industry		
轻工业	Light Industry	3050	610
重工业	Heavy Industry	1955	390
按企业规模分	Grouped by Size of Enterprise		
大型企业	Large	80	22
中型企业	Medium－sized	523	131
小型企业	Small	4111	813
微型企业	Micro－enterprises	291	34

Number of Industrial Enterprises above Designated Size by Region (2014)

(unit)

南湖区 Nanhu	秀洲区 Xiuzhou	嘉善县 Jiashan	海盐县 Haiyan	海宁市 Haining	平湖市 Pinghu	桐乡市 Tongxiang
421	579	679	467	1167	635	1057
1		1	1	1	1	1
1		2	1	3	1	1
15	4		2	2	1	5
56	25	71	53	60	54	25
12	7	6	13	12	5	16
255	366	395	325	914	387	814
37	69	94	40	97	68	117
44	108	110	32	78	118	78
210	400	264	191	846	341	798
211	179	415	276	321	294	259
9	13	7	5	13	22	11
51	80	77	45	88	110	72
352	461	568	396	995	484	855
9	25	27	21	71	19	119

8－8 分地区规模以上工业总产值
(2014)

单位:万元

指　　标	Item	全　市 Total	市　区 Urban District
总　　计	Total	74637540	17335563
按登记注册类型分	Grouped by Registered Type		
国有企业	State－owned Enterprises	3426659	2127162
集体企业	Collective－owned Enterprises	29145	2343
股份合作企业	Share－holding Cooperative Enterprises	178490	110486
联营企业	Joint Ownership Enterprises		
有限责任公司	Limited Liability Corporations	9610268	2200971
股份有限公司	Share－holding Corporations Ltd.	8824973	1868198
私营企业	Private Enterprises	28982722	5155309
其他企业	Other Enterprises		
港、澳、台商投资企业	Enterprises with Investment from Hong Kong, Macao and Taiwan	8938494	1667179
外商投资企业	Enterprises with Foreign Investment	14646790	4203916
按轻重工业分	Grouped by Light and Heavy Industry		
轻工业	Light Industry	35234075	7259799
重工业	Heavy Industry	39403465	10075764
按企业规模分	Grouped by Size of Enterprise		
大型企业	Large	18063667	4656359
中型企业	Medium－sized	20074350	4881600
小型企业	Small	33389155	5583382
微型企业	Micro－enterprises	3110368	2214223

Gross Industrial Output Value of Industrial Enterprises above Designated Size by Region (2014)

(10 000 yuan)

南湖区 Nanhu	秀洲区 Xiuzhou	嘉善县 Jiashan	海盐县 Haiyan	海宁市 Haining	平湖市 Pinghu	桐乡市 Tongxiang
9646165	7689399	9240445	7386276	14018556	12985665	13671035
2127162		250046	154199	425771	135374	334106
2343		5004	2273	12459	5003	2063
96823	13664		15852	27568	2954	21629
1626676	574294	929779	2149615	746313	2629150	954441
1332693	535505	164236	1237528	879710	903753	3771549
2500773	2654536	3496333	2882614	8006687	3336410	6105369
453014	1214166	1290230	623541	2005971	1762168	1589404
1506681	2697234	3104817	320655	1914077	4210853	892473
2769810	4489990	3001958	2393951	8668316	4251381	9658669
6876355	3199409	6238487	4992325	5350239	8734284	4012366
2757950	1898408	1715685	1269467	2849277	2806573	4766306
2097404	2784197	2455835	1796780	3637900	4499852	2802382
2651748	2931633	4961340	4246806	7229885	5592124	5775619
2139062	75161	107584	73224	301494	87116	326727

8－9 分地区、分行业规模以上工业总产值
(2014)

单位:万元

指　　标	Item	全　市 Total	市　区 Urban District
非金属矿采选业	Nonmetal Minerals Mining and Dressing	34050	
农副食品加工业	Food Processing	1443903	280652
食品制造业	Food Production	955827	437438
酒、饮料和精制茶制造业	Alcohol, Drinks and Tea Production	143836	
纺织业	Textile Industry	9199179	2268930
纺织服装、服饰业	Clothing Industry	4313155	889717
皮革、毛皮、羽毛及其制品和制鞋业	Leather, Furs, Down and Related Products	3621447	303515
木材加工和木、竹、藤、棕、草制品业	Timber Processing, Bamboo, Cane, Palm Fiber and Straw Products	855878	72932
家具制造业	Furniture Manufacturing	1722525	358060
造纸和纸制品业	Papermaking and Paper Products	2415326	286678
印刷和记录媒介复制业	Printing	471577	37731
文教、工美、体育和娱乐用品制造业	Culture, Education, Arts, Sports and Entertainment Production	511255	54597
石油加工、炼焦和核燃料加工业	Petroleum Processing and Coking	284834	
化学原料和化学制品制造业	Raw Chemical Material and Chemical Products	8186517	993391
医药制造业	Medical and Pharmaceutical Products	267155	55840
化学纤维制造业	Chemical Fiber	5716886	722785
橡胶和塑料制品业	Rubber and Plastic Production	3054417	925310
非金属矿物制品业	Nonmetal Mineral Products	3212069	822163
黑色金属冶炼和压延加工业	Smelting and Pressing of Ferrous Metals	4060768	1103405
有色金属冶炼和压延加工业	Smelting and pressing of Nonferrous Metals	738757	92627
金属制品业	Metal Products	1903574	423421
通用设备制造业	Ordinary Machinery Manufacturing	4028844	1148581
专用设备制造业	Equipment Manufacturing For Special Purposes	1268564	309980
汽车制造业	Automobile Manufacturing Industry	1243821	654107
铁路、船舶、航空航天和其他运输设备制	Transportation Equipment Manufacturing Industry	73911	26427
电气机械和器材制造业	Electric Equipment and Machinery	4635499	946413
计算机、通信和其他电子设备制造业	Computer and Communication Equipment Manufacturing Industry	2919363	1456139
仪器仪表制造业	Instrument Manufacturing Industry	450748	94753
其他制造业	Other Industry	157590	90396
废弃资源综合利用业	Recovry of Resource Discarded and Useless Material	342628	2415
电力、热力生产和供应业	Production and Supply of Electric Power, Steam and Hot water	5949166	2261726
燃气生产和供应业	Production snd Supply of Gas	264302	166575
水的生产和供应业	Production and Supply of Water	190174	48856

Gross Output Value of Industrial Enterprises above Designated Size by Branch and Region (2014)

(10 000 yuan)

		嘉善县 Jiashan	海盐县 Haiyan	海宁市 Haining	平湖市 Pinghu	桐乡市 Tongxiang
南湖区 Nanhu	秀洲区 Xiuzhou					
			34050			
226404	54249	351073	389180	207381	139574	76043
295963	141476	36755		365782	59719	56133
		41559	21647	73933	4501	2196
231758	2037172	434067	310661	3469827	266192	2449502
278033	611684	191259	282495	729082	1416817	803784
193506	110009	165336	59990	1530014	609418	953176
72932		710891	16240	3231	30411	22173
48425	309635	550973	33326	685201	54651	40315
249928	36751	275477	691313	212869	756383	192605
30256	7475	72702	29630	180276	75029	76210
28196	26401	148430	21539	40430	182118	64141
		11669	27272		245892	
822329	171063	1235725	290340	981963	4068790	616307
6241	49600	18283	8435	50424	82580	51593
149256	573530	7912	284924	326736	7318	4367212
261993	663317	317010	168206	958864	206242	478785
280285	541878	547316	222405	282301	383214	954670
1079704	23701	849012	912347	516832	500457	178716
21324	71303	59476	61424	17681	34291	473258
255605	167816	439365	235475	327688	229240	248385
723762	424819	857940	597552	605918	573472	245381
180085	129896	292384	286082	224551	78752	76816
334055	320053	108932	86681	32316	334288	27497
9639	16788	26999	11148	9338		
471147	475266	330076	426739	1279224	1268000	385046
1032041	424099	798527	28740	318500	145402	172055
19294	75459	8707	108218	2845	66356	169870
32979	57418	29424		6047	7374	24349
2415		13928	305500		11282	9503
2145312	116413	275301	1410865	503924	1115738	381611
114445	52130	19032	14048	27682	12509	24456
48856		14908	9806	47699	19655	49248

8-10 分地区规模以上独立核算工业企业主要经济指标 (2014)

单位:万元

指标	Item	全市 Total	市区 Urban District
企业单位个数(个)	Number of Enterprises (unit)	5005	1000
其中:亏损单位个数(个)	Loss Making Enterprises (unit)	661	134
工业总产值(当年价)	Gross Industrial Output Value (current price)	74637540	17335563
工业增加值(当年价)	Value Added of Industry (current price)	14132161	3095262
工业销售产值(当年价)	Value of Industrial Products Sales (current price)	72510265	16847108
全部从业人员平均人数(人)	Average Employees (person)	852676	203344
年末固定资产原值	Original Value of Fixed Assets (year - end)	41499702	8906186
当年固定资产折旧	Depreciation This year	2586975	579892
年末资产总计	Total Assets (year - end)	75608191	16232692
其中:固定资产	Fixed Assets	27527998	5486051
流动资产	Circulating Funds	38908657	9032801
其中:存货	Stock	9965855	2404847
年末负债总计	Total Liabilities (year - end)	44360435	9166084
其中:长期负债	Long - term Liabilities	7604221	1268520
流动负债	Circulating Liabilities	36232611	7758066
年末所有者权益	Total Creditors Equity (year - end)	31200645	7051788
主营业务收入	Sales Revenue	72327922	16859147
主营业务成本	Cost of Sales	63182399	14655952
主营业务税金及附加	Sales Tax and Extra Charges	314494	72967
管理费用	Management Expenses	3191794	871221
其中:税金	Tax	121914	29323
利息支出	Interests Expenditure	1253156	228257
利润总额	Total Profits	3748437	801713
亏损企业亏损总额	Total Loss	336517	88457
利税总额	Total Taxes and Profits	6265338	1229921

Main Economic Indications of Industrial Enterprises above Designated Size with Independent Accounting System by Region (2014)

(10 000 yuan)

南湖区 Nanhu	秀洲区 Xiuzhou	嘉善县 Jiashan	海盐县 Haiyan	海宁市 Haining	平湖市 Pinghu	桐乡市 Tongxiang
421	579	679	467	1167	635	1057
65	69	97	85	132	144	69
9646165	7689399	9240445	7386276	14018556	12985665	13671035
1311061	1784202	1526117	1770942	2670813	2742312	2326715
9381680	7465428	8892147	7141128	13570765	12661415	13397704
85509	117835	121074	68056	163157	160882	136163
4403830	4502356	3211285	9348529	5879600	8344842	5809259
284288	295604	223170	451579	433150	511510	387676
7956779	8275912	7697399	11705637	13369610	14666226	11936628
2696475	2789576	2205011	6014821	4065304	5780723	3976089
4443465	4589337	4719549	3982554	7715310	7529517	5928926
1176270	1228577	1138420	1381957	1917738	1601132	1521762
4851019	4315065	3913050	7561099	7995893	8869982	6854327
844980	423540	122173	3554587	490816	1222930	945194
3950842	3807224	3691187	3981110	7387412	7510298	5904537
3098863	3952924	3786136	4140377	5365444	5774602	5082299
9424881	7434266	8486209	7077191	13753986	12943148	13208242
8498899	6157053	7440333	5929622	12059086	11388321	11709086
32451	40516	27094	44440	50790	73274	45930
433623	437599	402242	299621	644966	511024	462721
12777	16546	19476	12281	22938	23588	14309
104204	124054	104641	211859	242478	241418	224502
270759	530955	373053	658796	631797	580565	702513
56451	32006	46706	22972	39002	121198	18182
476606	753316	601912	1048160	1207419	1012205	1165722

8－11 分地区规模以上独立核算私营工业企业主要经济指标 (2014)

单位:万元

指标	Item	全市 Total	市区 Urban District
企业单位个数(个)	Number of Enterprises (unit)	3456	621
其中:亏损单位个数(个)	Loss Making Enterprises (unit)	353	65
工业总产值(当年价)	Gross Industrial Output Value (current price)	28982722	5155309
工业增加值(当年价)	Value Added of Industry (current price)	4771847	852740
工业销售产值(当年价)	Value of Industrial Products Sales (current price)	28149165	4996349
全部从业人员平均人数(人)	Average Employees (person)	395546	79021
年末固定资产原值	Original Value of Fixed Assets (year－end)	9713991	2159525
当年固定资产折旧	Depreciation This year	720833	155038
年末资产总计	Total Assets (year－end)	24062879	5149576
其中:固定资产	Fixed Assets	6519721	1444961
流动资产	Circulating Funds	14762618	3039297
其中:存货	Stock	3797769	776002
年末负债总计	Total Liabilities (year－end)	16044953	3257542
其中:长期负债	Long－term Liabilities	709332	191655
流动负债	Circulating Liabilities	15090789	2979561
年末所有者权益	Total Creditors Equity (year－end)	8001835	1888023
主营业务收入	Sales Revenue	28337577	5018503
主营业务成本	Cost of Sales	25203501	4430559
主营业务税金及附加	Sales Tax and Extra Charges	116071	26515
管理费用	Management Expenses	1166119	250129
其中:税金	Tax	32293	6153
利息支出	Interests Expenditure	492217	98145
利润总额	Total Profits	1037702	161953
亏损企业亏损总额	Total Loss	77968	16229
利税总额	Total Taxes and Profits	1991758	319513

Main Economic Indicators of Private industrial Enterprises above Designated Size with Independent Accounting System by Region (2014)

(10 000 yuan)

南湖区 Nanhu	秀洲区 Xiuzhou	嘉善县 Jiashan	海盐县 Haiyan	海宁市 Haining	平湖市 Pinghu	桐乡市 Tongxiang
255	366	395	325	914	387	814
34	31	34	56	90	74	34
2500773	2654536	3496333	2882614	8006687	3336410	6105369
388119	464621	485096	378578	1354206	573301	1127925
2440724	2555625	3379554	2747260	7798163	3270711	5957128
35407	43614	48169	34705	97254	65272	71125
967339	1192186	670418	712245	2975483	1316239	1880081
63071	91967	52362	56629	226044	85188	145572
2636113	2513463	2204475	1877237	6920195	3319234	4592163
675610	769352	459041	486693	1981487	898866	1248673
1573545	1465752	1549004	1170111	4096678	2012352	2895177
372577	403425	389584	328496	1067672	444643	791371
1542323	1715219	1422388	1239665	4612707	2384077	3128575
85748	105907	25050	38394	213697	69819	170718
1403282	1576279	1380443	1190284	4303871	2281648	2954983
1089879	798144	781719	637483	2300561	930463	1463586
2481282	2537221	3279982	2742781	8057045	3273847	5965420
2206741	2223818	2941225	2465167	7198692	2948715	5219143
12087	14428	11983	10361	28302	14123	24786
123046	127084	124868	97273	336667	145016	212166
2935	3218	4610	4070	7962	4694	4805
39205	58940	40165	39181	150721	71640	92366
69594	92359	110279	85312	264721	47799	367639
5846	10383	3921	6532	21686	25330	4270
147313	172201	194956	154866	569248	166623	586552

8-12 分地区规模以上独立核算外商及港澳台投资工业企业主要经济指标（2014）

单位：万元

指　　标	Item	全　市 Total	市　区 Urban District
企业单位个数（个）	Number of Enterprises (unit)	1090	258
其中：亏损单位个数（个）	Loss Making Enterprises (unit)	226	50
工业总产值（当年价）	Gross Industrial Output Value (current price)	23585284	5871095
工业增加值（当年价）	Value Added of Industry (current price)	5132141	1418485
工业销售产值（当年价）	Value of Industrial Products Sales (current price)	22754082	5679185
全部从业人员平均人数（人）	Average Employees (person)	305447	81238
年末固定资产原值	Original Value of Fixed Assets (year - end)	11391051	3472831
当年固定资产折旧	Depreciation This year	765307	220641
年末资产总计	Total Assets (year - end)	24131897	6266872
其中：固定资产	Fixed Assets	7447624	2169820
流动资产	Circulating Funds	14164698	3531171
其中：存货	Stock	3504801	973546
年末负债总计	Total Liabilities (year - end)	12354323	2962041
其中：长期负债	Long - term Liabilities	801275	301475
流动负债	Circulating Liabilities	11396179	2641584
年末所有者权益	Total Creditors Equity (year - end)	11751079	3294811
主营业务收入	Sales Revenue	22796497	5658135
主营业务成本	Cost of Sales	19536494	4644558
主营业务税金及附加	Sales Tax and Extra Charges	113909	27715
管理费用	Management Expenses	1223334	376056
其中：税金	Tax	55587	14182
利息支出	Interests Expenditure	320257	65461
利润总额	Total Profits	1309870	431439
亏损企业亏损总额	Total Loss	176688	37631
利税总额	Total Taxes and Profits	2039777	584376

Main Economic Indicators of Foreign and HongKong ,Macao, Taiwan investment in Industrial Enterprises above Designated Size with Independent Accounting System by Region (2014)

(10 000 yuan)

南湖区 Nanhu	秀洲区 Xiuzhou	嘉善县 Jiashan	海盐县 Haiyan	海宁市 Haining	平湖市 Pinghu	桐乡市 Tongxiang
81	177	204	72	175	186	195
17	33	46	14	31	55	30
1959695	3911400	4395047	944196	3920048	5973021	2481877
360112	1058373	812919	188071	822341	1358091	532234
1868170	3811014	4206456	907526	3823993	5727151	2409770
23813	57425	58018	14116	42037	78101	31937
786059	2686772	1914172	420620	1527778	2926664	1128986
52918	167722	131639	33894	115580	191885	71668
1818830	4448042	4374742	925022	3908787	6129318	2527157
570507	1599312	1306546	277960	1000430	1901735	791133
1110121	2421050	2607875	546391	2492280	3465648	1521333
303666	669880	613378	142637	498930	879148	397162
1002576	1959465	1959511	538555	2146168	3531080	1216967
42460	259016	89907	9854	73195	222073	104770
959316	1682269	1851973	522047	2056055	3214044	1110475
814057	2480754	2417394	385105	1761272	2582306	1310190
1875141	3782994	3914357	923632	3750354	6070661	2479357
1610540	3034018	3353111	803241	3226433	5383164	2125989
7386	20330	10441	7394	13108	45045	10206
135845	240211	225030	58954	189790	266545	106960
3883	10299	12137	1592	11182	11977	4519
17946	47515	50013	14511	59248	86588	44437
85808	345631	211304	29950	243200	224622	169356
17777	19854	33162	10824	12916	70312	11843
130658	453718	305535	61484	420034	401190	267158

8－13 分地区规模以上独立核算其他经济类型工业企业主要经济指标（2014）

单位：万元

指　　标	Item	全　市 Total	市　区 Urban District
企业单位个数（个）	Number of Enterprises（unit）	459	121
其中：亏损单位个数（个）	Loss Making Enterprises（unit）	82	19
工业总产值（当年价）	Gross Industrial Output Value（current price）	22069535	6309160
工业增加值（当年价）	Value Added of Industry（current price）	4228174	824038
工业销售产值（当年价）	Value of Industrial Products Sales（current price）	21607019	6171574
全部从业人员平均人数（人）	Average Employees（person）	151683	43085
年末固定资产原值	Original Value of Fixed Assets（year－end）	20394661	3273830
当年固定资产折旧	Depreciation This year	1100836	204213
年末资产总计	Total Assets（year－end）	27413415	4816244
其中：固定资产	Fixed Assets	13560652	1871270
流动资产	Circulating Funds	9981341	2462334
其中：存货	Stock	2663285	655298
年末负债总计	Total Liabilities（year－end）	15961159	2946500
其中：长期负债	Long－term Liabilities	6093614	775390
流动负债	Circulating Liabilities	9745643	2136921
年末所有者权益	Total Creditors Equity（year－end）	11447731	1868954
主营业务收入	Sales Revenue	21193849	6182509
主营业务成本	Cost of Sales	18442404	5580836
主营业务税金及附加	Sales Tax and Extra Charges	84514	18736
管理费用	Management Expenses	802341	245036
其中：税金	Tax	34034	8988
利息支出	Interests Expenditure	440682	64651
利润总额	Total Profits	1400865	208322
亏损企业亏损总额	Total Loss	81860	34598
利税总额	Total Taxes and Profits	2233804	326032

Main Economic Indicators of Other Industrial Enterprises above Designated Size with Independent Accounting System by Region (2014)

(10 000 yuan)

南湖区 Nanhu	秀洲区 Xiuzhou	嘉善县 Jiashan	海盐县 Haiyan	海宁市 Haining	平湖市 Pinghu	桐乡市 Tongxiang
85	36	80	70	78	62	48
14	5	17	15	11	15	5
5185697	1123463	1349065	3559466	2091821	3676234	5083789
562830	261208	228102	1204293	494266	810921	666556
5072785	1098789	1306136	3486342	1948609	3663552	5030806
26289	16796	14887	19235	23866	17509	33101
2650432	623398	626696	8215665	1376338	4101939	2800192
168298	35915	39168	361056	91526	234437	170436
3501836	1314408	1118182	8903379	2540629	5217674	4817308
1450358	420912	439424	5250167	1083386	2980123	1936282
1759799	702535	562671	2266052	1126352	2051517	1512417
500027	155272	135458	910824	351136	277341	333229
2306120	640381	531151	5782879	1237018	2954825	2508785
716772	58618	7216	3506339	203925	931038	669706
1588245	548676	458772	2268779	1027486	2014607	1839079
1194927	674027	587023	3117788	1303611	2261832	2308523
5068458	1114050	1291870	3410778	1946587	3598641	4763465
4681618	899218	1145998	2661214	1633961	3056442	4363954
12978	5758	4670	26684	9380	14106	10938
174732	70304	52344	143394	118509	99463	143595
5959	3029	2729	6620	3794	6917	4986
47052	17599	14464	158167	32509	83191	87699
115357	92965	51470	543535	123877	308145	165517
32828	1770	9623	5616	4399	25556	2069
198635	127397	101421	831810	218137	444392	312012

8-14 分地区规模以上独立核算工业企业主要经济效益指标(2014)

指标	Item	全市 Total	市区 Urban District
产销率(%)	Proportion of Products Sold(%)	97.15	97.18
资产负债率(%)	Assets liability Ratio (%)	58.67	56.47
成本费用利润率(%)	Rate of Profit to Cost(%)	5.44	4.97
全员劳动生产率(元/人)	Overall Labor Productivity (yuan/person)	165739	152218
亏损率(%)	Ratio of Total Loss to Total Profit	8.24	9.94
新产品产值率(%)	Ratio of Value of New Type of Products to Total Products Value	35.59	33.41
亏损面(%)	Retio of Number of Deficit Enterprises to Total Enterprises	13.21	13.40
每百元固定资产原值实现利税(元)	Pre-tax Profits per 100 Yuan Original Value of Fixed Assets (yuan)	15.10	13.81
每百元销售收入实现利税(元)	Pre-tax Profits per 100 Yuan Sales Revenue (yuan)	8.66	7.30
出口交货值占工业销售产值(%)	Ratio of Export Products Value to Industrial Sales Value (%)	20.57	20.33

Main Indicators On Ecnomic Benifit Industrial Enterprises above Designated Size with Independent Accounting System by Region (2014)

南湖区 Nanhu	秀洲区 Xiuzhou	嘉善县 Jiashan	海盐县 Haiyan	海宁市 Haining	平湖市 Pinghu	桐乡市 Tongxiang
97.26	97.09	96.23	96.68	96.81	97.50	98.00
60.97	52.14	50.84	64.59	59.81	60.48	57.42
2.95	7.65	4.59	10.05	4.78	4.69	5.61
153324	151415	126048	260218	163696	170455	170877
17.25	5.69	11.13	3.37	5.81	17.27	2.52
32.05	35.11	36.82	28.47	38.64	31.58	42.07
15.44	11.92	14.29	18.20	11.31	22.68	6.53
10.82	16.73	18.74	11.21	20.54	12.13	20.07
5.06	10.13	7.09	14.81	8.78	7.82	8.83
15.27	26.70	24.08	12.77	27.13	22.99	13.75

8－15 全市规模以上工业企业主要经济指标 (2014)

单位:万元

指标名称	Item	企业个数 Number of Enterprises (unit)	亏损企业 Loss Making Enterprises (unit)	工业总产值 Gross Industrial Output Value	新产品产值 Value of New Products at State and Province Level
总　计	Total	5005	661	74637540	26565483
按登记注册类型分组	Grouped by Registration Status				
内资企业	Domestic Funded Enterprises	3915	435	51052256	17340819
国有企业	State－owned Enterprises	6		3426659	
集体企业	Collective－owned Enterprises	9	1	29145	
股份合作企业	Share－holding Cooperative Enterprises	29	2	178490	18510
联营企业	Joint Ownership Enterprises				
有限责任公司	Limited Liability Corporations	344	70	9610268	2698055
股份有限公司	Share－holding Corporations Ltd.	71	9	8824973	4483965
私营企业	Private Enterprises	3456	353	28982722	10140289
其他企业	Other Enterprises				
港、澳、台商投资企业	Enterprises with Investment from Hong Kong, Macao and Taiwan	522	113	8938494	3171162
外商投资企业	Enterprises with Foreign Investment	568	113	14646790	6053501
按轻重工业分	Grouped by Light and Heavy Industry				
轻工业	Light Industry	3050	377	35234075	12802142
重工业	Heavy Industry	1955	284	39403465	13763341
按企业规模分	Grouped by Size of Enterprises				
大型企业	Large	80	5	18063667	10128806
中型企业	Medium	523	70	20074350	8391402
小型企业	Small	4111	543	33389155	7868038
微型企业	Micro	291	43	3110368	177238
在总计中:亏损企业	Loss Enterprises	661	661	7351320	2618854
在总计中:国有控股企业	State－owned Industrial Enterprises and Enterprises with Controlling Share Hold by the State	81	18	7614587	869289

Main Economic Indicators of Industrial Enterprises above Designated Size (2014)

(10 000 yuan)

工业销售产值 Value of Industrial Products Sales	出口交货值 Value of Export Products	工业增加值(收入法) Value Added of Industry	资产合计 Total Assets	流动资产 Circulating Funds	应收帐款 Net Accounts Receivable	存货 Inventories	工业产成品 Industrial Products
72510265	14912668	14132161	75608191	38908657	11136170	9965855	3912111
49756184	7810088	9000021	51476293	24743959	6959010	6461054	2566096
3426659		373834	1106840	37447	381	3386	
24028		11623	31521	26588	5551	3063	2169
175241	25791	29887	152095	99166	41741	24986	11347
9574221	1149374	2428168	17024229	5664953	1341679	1578681	366335
8406870	1170288	1384662	9098730	4153187	635713	1053170	470850
28149165	5464635	4771847	24062879	14762618	4933946	3797769	1715395
8606083	2291203	1719512	9308595	5735311	1451686	1417506	547755
14147999	4811377	3412629	14823303	8429387	2725474	2087295	798261
34209744	8502698	6552673	31932188	18039902	4754450	4804416	1976332
38300521	6409971	7579489	43676003	20868756	6381720	5161439	1935780
17592074	4935970	3329908	17247595	8901586	2251700	1959582	905548
19361475	4586848	4113285	19506094	10510417	2674929	2892604	1166955
32465964	5233245	6369739	37436410	18955527	5992796	4989873	1790761
3090753	156605	319229	1418092	541127	216745	123797	48847
7051201	1492762	1018748	9619691	5031444	1323281	1357181	534547
7667295	406642	2040121	13462956	3248919	698896	926779	157179

8－15　续表 1

单位:万元

指标名称	Item	固定资产 Total Fixed Assets	固定资产原价 Original Value of Fixed Assets	本年折旧 Depreciation in This Year
总　　计	Total	27527998	41499702	2586975
按登记注册类型分组	Grouped by Registration Status			
内资企业	Domestic Funded Enterprises	20080374	30108651	1821669
国有企业	State－owned Enterprises	966957	1963551	146957
集体企业	Collective－owned Enterprises	4282	10271	505
股份合作企业	Share－holding Cooperative Enterprises	31692	63871	4032
联营企业	Joint Ownership Enterprises			
有限责任公司	Limited Liability Corporations	9237049	14105893	659410
股份有限公司	Share－holding Corporations Ltd.	3320673	4251075	289932
私营企业	Private Enterprises	6519721	9713991	720833
其他企业	Other Enterprises			
港、澳、台商投资企业	Enterprises with Investment from Hong Kong, Macao and Taiwan	2428584	3614001	257523
外商投资企业	Enterprises with Foreign Investment	5019041	7777050	507784
按轻重工业分	Grouped by Light and Heavy Industry			
轻工业	Light Industry	10134587	15082807	999008
重工业	Heavy Industry	17393411	26416895	1587968
按企业规模分	Grouped by Size of Enterprises			
大型企业	Large	6055904	8655442	562861
中型企业	Medium	6420901	9216091	611148
小型企业	Small	14370496	22249136	1315270
微型企业	Micro	680698	1379033	97697
在总计中:亏损企业	Loss Enterprises	3566455	4707405	297361
在总计中:国有控股企业	State－owned Industrial Enterprises and Enterprises with Controlling Share Hold by the State	8462948	13857563	666729

Continued 1

(10000 yuan)

负债合计 Total Liabilities	流动负债 Circulating Liabilities	长期负债 Long – Term Liabilities	所有者权益 Creditors´ Equity	主营业务收入 Sales Revenue	主营业务成本 Cost of Sales	营业费用 Sales Expenses
44360435	36232611	7604221	31200645	72327922	63182399	1403449
32006112	24836432	6802946	19449566	49531426	43645905	873765
611371	162310	449061	495469	3425795	3339144	
16864	16560		14661	30076	26626	170
87331	84495	1942	64764	174596	159016	3225
10956336	5758096	5115161	6063365	9560896	7947949	181221
4289257	3724182	527450	4809473	8002485	6969669	191394
16044953	15090789	709332	8001835	28337577	25203501	497756
5147923	4784036	252871	4137050	8878132	7772341	180779
7206400	6612143	548404	7614029	13918364	11764153	348905
19041353	17289451	1444803	12867754	33832549	29707963	737630
25319082	18943160	6159418	18332892	38495374	33474436	665818
8583589	7439093	1074512	8661976	16848972	14495909	355081
11004460	10172906	729692	8497664	19376308	16853501	433943
23642052	18045425	5343039	13793974	32991097	28856025	598866
1130333	575186	456977	247032	3111545	2976965	15558
6574332	5692247	700590	3021715	7148191	6755123	143883
8550045	3151750	5339311	4912911	7599685	6463117	82035

8－15 续表2

单位:万元

指标名称	Item	管理费用 Management Expenses	财务费用 Financial Expenses	利息支出 Interest Expenditure
总　计	Total	3191794	1134821	1253156
按登记注册类型分组	Grouped by Registration Status			
内资企业	Domestic Funded Enterprises	1968460	880374	932899
国有企业	State－owned Enterprises	11443	2311	2533
集体企业	Collective－owned Enterprises	1982	269	269
股份合作企业	Share－holding Cooperative Enterprises	6948	2973	2927
联营企业	Joint Ownership Enterprises			
有限责任公司	Limited Liability Corporations	425677	287390	303418
股份有限公司	Share－holding Corporations Ltd.	356290	104315	131534
私营企业	Private Enterprises	1166119	483116	492217
其他企业	Other Enterprises			
港、澳、台商投资企业	Enterprises with Investment from Hong Kong,Macao and Taiwan	442294	94998	141461
外商投资企业	Enterprises with Foreign Investment	781040	159448	178796
按轻重工业分	Grouped by Light and Heavy Industry			
轻工业	Light Industry	1525406	519090	556227
重工业	Heavy Industry	1666388	615731	696929
按企业规模分	Grouped by Size of Enterprises			
大型企业	Large	774902	205824	242171
中型企业	Medium	961827	290088	308963
小型企业	Small	1424570	624783	687953
微型企业	Micro	30495	14126	14069
在总计中:亏损企业	Loss Enterprises	390083	195833	203108
在总计中:国有控股企业	State－owned Industrial Enterprises and Enterprises with Controlling Share Hold by the State	207060	209046	231183

Continued 2

(10000 yuan)

营业利润 Business Profits	利润总额 Total Profits	亏损企业亏损总额 Total Loss	利税总额 Total Pre - tax Profits	应交增值税 Value Added Taxes Payable	从业人员平均人数 Average Employees (person)	应付职工薪酬 Employee benefits payable
3463077	3748437	336517	6265338	2194056	852676	4551371
2209329	2438567	159829	4225562	1579633	547229	2802227
64589	65998		154744	79103	3677	69577
1100	1219	14	6143	4730	1073	4467
2978	5078	1028	11114	4966	2929	11807
723415	862584	76769	1350714	432589	79072	467284
439139	465986	4049	711088	222893	64932	397613
978110	1037702	77968	1991758	835352	395546	1851481
377417	391399	64051	700728	272575	122277	688900
876332	918472	112637	1339049	341848	183170	1060244
1366606	1436835	144529	2651616	1066259	519541	2564792
2096471	2311602	191988	3613722	1127797	333135	1986579
1058431	1107068	23581	1611735	451691	166681	1033315
887880	930288	102673	1579208	571483	270681	1441634
1443768	1633240	199364	2929394	1112395	405949	2002482
72998	77842	10899	145002	58488	9365	73941
-335689	-336517	336517	-178358	135163	111633	538377
634271	771748	14785	1214184	395390	26796	256263

8－16　全市规模以上工业企业分行业主要经济指标
(2014)

单位:万元

指标名称	Item	企业个数 Number of Enterprises (unit)	亏损企业 Loss Making Enterprises (unit)	工业总产值 Gross Industrial Output Value	新产品产值 Value of New Products at State and Province Level
总　　计	Total	5005	661	74637540	26565483
非金属矿采选业	Nonmetal Minerals Mining and Dressing	2		34050	
农副食品加工业	Food Processing	91	9	1443903	267414
食品制造业	Food Production	35	7	955827	297905
酒、饮料和精制茶制造业	Alcohol, Drinks and Tea Production	9	1	143836	28487
纺织业	Textile Industry	1171	77	9199179	2856875
纺织服装、服饰业	Clothing Industry	539	94	4313155	1748787
皮革、毛皮、羽毛及其制品和制鞋业	Leather, Furs, Down and Related Products	358	46	3621447	1597317
木材加工和木、竹、藤、棕、草制品业	Timber Processing, Bamboo, Cane, Palm Fiber and Straw Products	77	2	855878	217021
家具制造业	Furniture Manufacturing	110	33	1722525	570042
造纸和纸制品业	Papermaking and Paper Products	110	18	2415326	820960
印刷和记录媒介复制业	Printing	49	4	471577	176490
文教、工美、体育和娱乐用品制造业	Culture, Education, Arts, Sports and Entertainment Production	65	17	511255	142288
石油加工、炼焦和核燃料加工业	Petroleum Processing and Coking	3		284834	3698
化学原料和化学制品制造业	Raw Chemical Material and Chemical Products	211	28	8186517	3949737
医药制造业	Medical and Pharmaceutical Products	26	1	267155	137840
化学纤维制造业	Chemical Fiber	109	14	5716886	2469627
橡胶和塑料制品业	Rubber and Plastic Production	275	28	3054417	750670
非金属矿物制品业	Nonmetal Mineral Products	241	41	3212069	909637
黑色金属冶炼和压延加工业	Smelting and Pressing of Ferrous Metals	108	11	4060768	1381970
有色金属冶炼和压延加工业	Smelting and pressing of Nonferrous Metals	39	10	738757	296566
金属制品业	Metal Products	188	19	1903574	790244
通用设备制造业	Ordinary Machinery Manufacturing	387	73	4028844	1262981
专用设备制造业	Equipment Manufacturing For Special Purposes	128	16	1268564	532257
汽车制造业	Automobile Manufacturing Industry	91	14	1243821	438272
铁路、船舶、航空航天和其他运输设备制	Transportation Equipment Manufacturing Industry	12	2	73911	15114
电气机械和器材制造业	Electric Equipment and Machinery	301	54	4635499	2464680
计算机、通信和其他电子设备制造业	Computer and Communication Equipment Manufacturing Industry	146	22	2919363	1833494
仪器仪表制造业	Instrument Manufacturing Industry	34	1	450748	214990
其他制造业	Other Industry	20	3	157590	50772
废弃资源综合利用业	Recovry of Resource Discarded and Useless Material	9	1	342628	256202
电力、热力生产和供应业	Production and Supply of Electric Power, Steam and Hot water	29	2	5949166	83146
燃气生产和供应业	Production snd Supply of Gas	10		264302	
水的生产和供应业	Production and Supply of Water	22	13	190174	

Main Economic Indicators of Industril Enterprises above Designated Size by Branch
(2014)

(10 000 yuan)

工业销售产值 Value of Industrial Products Sales	出口交货值 Value of Export Products	工业增加值(收入法) Value Added of Industry	资产合计 Total Assets	流动资产 Circulating Funds	应收帐款 Net Accounts Receivable	存货 Inventories	工业产成品 Industrial Products
72510265	14912668	14132161	75608191	38908657	11136170	9965855	3912111
33820		11171	50421	12525		854	80
1419747	14086	124995	649208	395985	107402	101672	30549
926943	88998	213760	1050617	482558	138879	149013	48496
142698	22723	42302	130408	45718	6714	24718	6504
8897749	1924881	1769285	8567441	4965051	1490539	1477173	740941
4155966	2053847	1138015	3520145	2278782	583290	641336	271347
3486994	1323164	710705	2726303	1996586	505142	662637	244456
826632	328043	109806	525359	383473	103698	160276	67100
1640616	974976	350587	1760882	1182444	267770	323917	101511
2330178	41901	387671	3308229	1631217	426457	281039	104153
459319	41951	104503	542380	309373	123940	66350	18779
503155	346446	117168	352569	210357	64672	66640	20234
284766		59833	140819	66463	27347	21315	327
7887758	698988	1231928	9222653	4779770	949999	878307	325011
259285	85583	88332	298778	167158	50579	44084	23400
5617978	473238	613022	3677836	1460989	247049	340367	137205
3008500	657533	617033	3235820	1758027	689582	323410	136019
3165968	586097	699407	4613742	2176284	901322	405412	202001
3812974	233063	300114	2392428	1579122	329558	555182	277191
708827	77189	89875	784010	393106	60179	79798	23975
1831179	473796	333574	1743358	986436	313307	290811	152796
3975434	1078244	788875	4336111	2713727	869767	835272	368761
1223065	353533	300393	1412442	898378	300944	262639	75661
1225361	292612	357988	1459077	896512	314280	175878	64385
74071	20853	15281	83733	37665	14889	8982	2841
4529774	1341194	862659	4147282	2530229	990045	563608	247652
2767004	1188021	703017	2986122	1863497	769531	376956	174904
439938	121572	140196	462161	314859	113775	89058	29644
156830	63342	34381	119843	76794	35084	15490	3759
337109	6793	30412	173486	101105	14748	29898	9989
5930803		1675411	9616154	1789189	306259	708703	32
259770		33668	368576	182986	7226	1632	1413
190056		76796	1149798	242296	12198	3433	997

8-16 续表 1

单位:万元

指标名称	Item	固定资产 Total Fixed Assets	固定资产原价 Original Value of Fixed Assets	本年折旧 Depreciation in This Year
总　计	Total	27527998	41499702	2586975
非金属矿采选业	Nonmetal Minerals Mining and Dressing	5147	8161	1282
农副食品加工业	Food Processing	189281	273145	17123
食品制造业	Food Production	463271	581059	40859
酒、饮料和精制茶制造业	Alcohol, Drinks and Tea Production	54829	108951	6625
纺织业	Textile Industry	2698836	4350386	309882
纺织服装、服饰业	Clothing Industry	821250	1386479	90309
皮革、毛皮、羽毛及其制品和制鞋业	Leather, Furs, Down and Related Products	507007	770775	48341
木材加工和木、竹、藤、棕、草制品业	Timber Processing, Bamboo, Cane, Palm Fiber and Straw Products	99218	143244	7968
家具制造业	Furniture Manufacturing	362689	568001	32424
造纸和纸制品业	Papermaking and Paper Products	1372796	1640644	100273
印刷和记录媒介复制业	Printing	162254	256250	18694
文教、工美、体育和娱乐用品制造业	Culture, Education, Arts, Sports and Entertainment Production	116517	177601	10647
石油加工、炼焦和核燃料加工业	Petroleum Processing and Coking	60042	83868	4163
化学原料和化学制品制造业	Raw Chemical Material and Chemical Products	3181341	4104672	286328
医药制造业	Medical and Pharmaceutical Products	89627	123605	8051
化学纤维制造业	Chemical Fiber	1518244	2479532	169940
橡胶和塑料制品业	Rubber and Plastic Production	1012273	1517841	96896
非金属矿物制品业	Nonmetal Mineral Products	1686775	2373299	131571
黑色金属冶炼和压延加工业	Smelting and Pressing of Ferrous Metals	675127	923218	74668
有色金属冶炼和压延加工业	Smelting and pressing of Nonferrous Metals	110569	155731	13336
金属制品业	Metal Products	558968	777772	54314
通用设备制造业	Ordinary Machinery Manufacturing	1110507	1678113	109262
专用设备制造业	Equipment Manufacturing For Special Purposes	329793	504859	35560
汽车制造业	Automobile Manufacturing Industry	414158	577681	44161
铁路、船舶、航空航天和其他运输设备制	Transportation Equipment Manufacturing Industry	20464	35491	2434
电气机械和器材制造业	Electric Equipment and Machinery	1168693	1693902	138872
计算机、通信和其他电子设备制造业	Computer and Communication Equipment Manufacturing Industry	919450	1231710	88086
仪器仪表制造业	Instrument Manufacturing Industry	106291	160298	11460
其他制造业	Other Industry	34433	50679	3284
废弃资源综合利用业	Recovry of Resource Discarded and Useless Material	28244	35513	3215
电力、热力生产和供应业	Production and Supply of Electric Power, Steam and Hot water	6718590	11580227	573852
燃气生产和供应业	Production snd Supply of Gas	135674	156563	8078
水的生产和供应业	Production and Supply of Water	795642	990434	45015

Continued 1

(10000 yuan)

负债合计 Total Liabilities	流动负债 Circulating Liabilities	长期负债 Long – Term Liabilities	所有者权益 Creditors´ Equity	主营业务收入 Sales Revenue	主营业务成本 Cost of Sales	营业费用 Sales Expenses
44360435	36232611	7604221	31200645	72327922	63182399	1403449
25583	14783	10800	24838	34056	24027	
361321	343363	17146	287887	1468956	1368286	31664
623148	568828	23894	427408	920264	776298	32165
60456	57921	2106	70381	118280	96317	2377
5499651	5163841	239527	3067596	8883334	7858742	116783
2040931	1983844	43592	1478046	4166715	3562268	123664
1830677	1770010	55261	893103	3524017	3092798	59749
335814	321390	7829	189435	791198	712781	18307
1156178	1119964	11169	593932	1557103	1326996	58711
1906093	1656923	198592	1401947	2139656	1840969	65999
273223	261238	10891	268993	455569	384923	13072
191132	184288	3764	161036	502339	439402	15584
42544	31094	11450	98276	284766	233704	722
5296996	4908059	358998	3935657	8302430	7562806	131003
105709	92055	13132	193069	258990	164966	38221
1957567	1517292	434566	1716092	5482331	5142267	33773
1601568	1471543	128485	1632605	2997044	2507622	77717
2741006	2255891	457681	1869551	3051782	2483627	120095
1625504	1508973	43485	750171	3873137	3641988	42443
493881	468058	10555	290059	717689	643647	4185
909496	855903	49191	830080	1801037	1587317	36549
2328704	2191904	121654	2007808	3958313	3333308	115784
752933	698872	46140	652472	1207370	995326	32800
607393	545815	61578	849616	1238554	982445	33359
52127	50626	1500	31606	74441	64976	2529
2311476	2178389	123502	1833883	4473440	3841717	101486
1526011	1451811	35140	1459063	2733361	2261290	46829
214902	209429	5332	247259	438368	315512	15156
63666	63466		55508	157491	130619	5001
112515	77515	35000	60971	336970	316664	1159
6252454	1861731	4388905	3363700	5927168	5100971	8479
263555	89427	174128	105020	261739	231248	5768
796220	258364	479230	353578	190013	156575	12319

8－16 续表 2

单位：万元

指标名称	Item	管理费用 Management Expenses	财务费用 Financial Expenses	利息支出 Interest Expenditure
总　计	Total	3191794	1134821	1253156
非金属矿采选业	Nonmetal Minerals Mining and Dressing	2467	1587	1588
农副食品加工业	Food Processing	32862	7337	10831
食品制造业	Food Production	46734	10030	12157
酒、饮料和精制茶制造业	Alcohol, Drinks and Tea Production	5405	498	499
纺织业	Textile Industry	358517	169217	187334
纺织服装、服饰业	Clothing Industry	246559	52986	59721
皮革、毛皮、羽毛及其制品和制鞋业	Leather, Furs, Down and Related Products	140401	46642	56367
木材加工和木、竹、藤、棕、草制品业	Timber Processing, Bamboo, Cane, Palm Fiber and Straw Products	26906	9387	9979
家具制造业	Furniture Manufacturing	85066	39751	31546
造纸和纸制品业	Papermaking and Paper Products	101897	61137	62002
印刷和记录媒介复制业	Printing	29887	7793	8304
文教、工美、体育和娱乐用品制造业	Culture, Education, Arts, Sports and Entertainment Production	27438	3567	3547
石油加工、炼焦和核燃料加工业	Petroleum Processing and Coking	3948	1938	1803
化学原料和化学制品制造业	Raw Chemical Material and Chemical Products	284522	111429	133445
医药制造业	Medical and Pharmaceutical Products	23977	3862	4000
化学纤维制造业	Chemical Fiber	118038	54850	51466
橡胶和塑料制品业	Rubber and Plastic Production	166357	48959	47781
非金属矿物制品业	Nonmetal Mineral Products	150982	89451	96596
黑色金属冶炼和压延加工业	Smelting and Pressing of Ferrous Metals	88057	36486	53213
有色金属冶炼和压延加工业	Smelting and pressing of Nonferrous Metals	23304	16114	19614
金属制品业	Metal Products	98817	27039	27750
通用设备制造业	Ordinary Machinery Manufacturing	249395	55115	54940
专用设备制造业	Equipment Manufacturing For Special Purposes	97833	18081	20964
汽车制造业	Automobile Manufacturing Industry	94308	6456	12114
铁路、船舶、航空航天和其他运输设备制	Transportation Equipment Manufacturing Industry	4645	638	700
电气机械和器材制造业	Electric Equipment and Machinery	292448	58673	60322
计算机、通信和其他电子设备制造业	Computer and Communication Equipment Manufacturing Industry	208479	14194	26097
仪器仪表制造业	Instrument Manufacturing Industry	45491	3392	4368
其他制造业	Other Industry	11332	2055	2240
废弃资源综合利用业	Recovry of Resource Discarded and Useless Material	6058	1460	1549
电力、热力生产和供应业	Production and Supply of Electric Power, Steam and Hot water	94595	150008	161507
燃气生产和供应业	Production snd Supply of Gas	8693	3603	4044
水的生产和供应业	Production and Supply of Water	16377	21089	24770

Continued 2

(10 000 yuan)

营业利润 Business Profits	利润总额 Total Profits	亏损企业亏损总额 Total Loss	利税总额 Total Pre - tax Profits	应交增值税 Value Added Taxes Payable	从业人员平均人数 Average Employees (person)	应付职工薪酬 Employee benefits payable
3463077	3748437	336517	6265338	2194056	852676	4551371
3882	3760		7385	1531	245	954
29669	34916	3451	62823	25466	7987	45720
56232	62808	15480	97559	30429	11545	69455
17635	19153	52	29181	5477	1778	9571
384600	391296	15223	727911	294667	132595	652409
158004	167762	19582	362218	167580	118478	560642
180997	174100	6212	321794	131677	65593	302751
22755	23705	561	45678	18923	10748	48689
48643	58459	16308	125266	58477	34361	168958
80372	91272	3498	171240	71393	20961	110960
20444	21870	1022	37333	13615	8354	45248
15473	14276	3048	28420	11592	12173	53287
19779	19739		51429	6875	165	3321
238225	255842	77072	460361	186664	28600	194617
35598	39053	715	54867	13898	4425	25344
143235	154389	2229	275262	112018	33689	178561
211012	212333	2722	317180	92043	33611	189249
204152	210564	17553	330480	103874	36122	211362
76410	78622	17213	124638	41520	12849	74243
33700	34991	3299	49021	11397	3619	22297
54234	58923	7820	113416	47560	29638	145235
197434	203924	35636	324731	103852	54048	309490
63100	69959	7510	132419	54990	20165	134662
124421	132476	6724	170033	30926	21701	128805
2606	2641	742	5595	2523	1641	6257
187551	212277	49141	353115	123621	62123	350650
201190	209589	9199	273347	53700	62124	290472
58372	63055	76	78187	12174	7695	45754
8141	7853	461	12195	3569	2607	10992
11153	13469	105	21471	7280	1226	5544
566328	694525	1153	1080850	347810	7709	125048
17852	17649		21265	2823	636	4921
		12713		4116	3465	25907

8-17 市区规模以上工业企业主要经济指标
(2014)

单位:万元

指标名称	Item	企业个数 Number of Enterprises (unit)	亏损企业 Loss Making Enterprises (unit)	工业总产值 Gross Industrial Output Value	新产品产值 Value of New Products at State and Province Level
总　计	Total	1000	134	17335563	5790969
按登记注册类型分组	Grouped by Registration Status				
内资企业	Domestic Funded Enterprises	742	84	11464468	3714569
国有企业	State - owned Enterprises	1		2127162	
集体企业	Collective - owned Enterprises	1		2343	
股份合作企业	Share - holding Cooperative Enterprises	19	2	110486	5501
联营企业	Joint Ownership Enterprises				
有限责任公司	Share - holding Corporations Ltd.	81	13	2200971	1019455
股份有限公司	Private Enterprises	19	4	1868198	975039
私营企业	Other Enterprises	621	65	5155309	1714575
港、澳、台商投资企业	Enterprises with Investment from Hong Kong, Macao and Taiwan	106	21	1667179	695312
外商投资企业	Enterprises with Foreign Investment	152	29	4203916	1381088
按轻重工业分	Grouped by Light and Heavy Industry				
轻工业	Light Industry	610	68	7259799	2483326
重工业	Heavy Industry	390	66	10075764	3307643
按企业规模分	Grouped by Size of Enterprises				
在总计中:大型企业	Large	22	1	4656359	2504458
在总计中:中型企	Medium	131	14	4881600	2152026
在总计中:小型企业	Small	813	107	5583382	1124618
在总计中:微型企业	Micro	34	12	2214223	9868
在总计中:亏损企业	Loss Enterprises	134	134	1034208	361621
在总计中:国有控股企业	State - owned Industrial Enterprises and Enterprises with Controlling Share Hold by the State	23	3	3248175	544852

Main Economic Indicators of Industrial Enterprises above Designated Size in Urban District (2014)

(10 000 yuan)

工业销售产值 Value of Industrial Products Sales	出口交货值 Value of Export Products	工业增加值（收入法） Value Added of Industry	资产合计 Total Assets	流动资产 Circulating Funds	应收帐款 Net Accounts Receivable	存货 Inventories	工业产成品 Industrial Products
16847108	3425475	3095262	16232692	9032801	2835070	2404847	1074935
11167924	1695819	1676777	9965820	5501631	1596689	1431301	656895
2127162		202649	537233	2729		603	
2343		2423	43	39	5		
108590	22439	13094	83183	61740	30351	13710	5956
2202891	528263	384230	2501702	1381103	414753	299393	148642
1730588	395890	221642	1694084	1016723	137105	341592	171601
4996349	749228	852740	5149576	3039297	1014476	776002	330695
1603983	555698	362252	1932153	1108117	347692	332796	140906
4075202	1173958	1056233	4334719	2423054	890688	640750	277134
7090980	1708984	1420587	7687203	4246653	1167462	1238046	546977
9756128	1716491	1674675	8545489	4786148	1667608	1166801	527958
4450935	1338217	917616	4426707	2543738	749143	652909	357725
4729430	1226287	1005237	5399550	2892061	858778	825941	344618
5450531	839435	962975	5766122	3524186	1202640	914766	369046
2216212	21536	209434	640313	72816	24509	11231	3546
984901	192656	138359	1760356	942243	310075	303570	129817
3248385	199319	395408	2088366	860302	255417	137968	98495

8-17 续表 1

单位:万元

指标名称	Item	固定资产 Total Fixed Assets	固定资产原价 Original Value of Fixed Assets	本年折旧 Depreciation in This Year
总　计	Total	5486051	8906186	579892
按登记注册类型分组	Grouped by Registration Status			
内资企业	Domestic Funded Enterprises	3316232	5433355	359251
国有企业	State - owned Enterprises	461528	1076738	79317
集体企业	Collective - owned Enterprises	3	10	1
股份合作企业	Share - holding Cooperative Enterprises	17074	36995	2195
联营企业	Joint Ownership Enterprises			
有限责任公司	Share - holding Corporations Ltd.	882661	1318571	73475
股份有限公司	Private Enterprises	510004	841517	49225
私营企业	Other Enterprises	1444961	2159525	155038
港、澳、台商投资企业	Enterprises with Investment from Hong Kong, Macao and Taiwan	644542	964048	58249
外商投资企业	Enterprises with Foreign Investment	1525277	2508784	162391
按轻重工业分	Grouped by Light and Heavy Industry			
轻工业	Light Industry	2588262	4168480	274033
重工业	Heavy Industry	2897789	4737706	305859
按企业规模分	Grouped by Size of Enterprises			
在总计中:大型企业	Large	1432560	2394492	153038
在总计中:中型企	Medium	1829631	2702460	176197
在总计中:小型企业	Small	1750946	2714600	169878
在总计中:微型企业	Micro	472914	1094634	80779
在总计中:亏损企业	Loss Enterprises	616690	941402	56211
在总计中:国有控股企业	State - owned Industrial Enterprises and Enterprises with Controlling Share Hold by the State	1019621	2026215	120701

Continued1

(10000 yuan)

负债合计 Total Liabilities	流动负债 Circulating Liabilities	长期负债 Long – Term Liabilities	所有者权益 Creditors´ Equity	主营业务收入 Sales Revenue	主营业务成本 Cost of Sales	营业费用 Sales Expenses
9166084	7758066	1268520	7051788	16859147	14655952	386569
6204043	5116482	967045	3756977	11201011	10011395	222727
518029	78983	439046	19205	2126298	2071790	
76	76		–33	2343	2013	
47173	44494	1786	36010	108041	100404	2183
1558549	1240141	318358	942363	2230606	1866692	71887
822673	773228	16201	871410	1715220	1539936	43288
3257542	2979561	191655	1888023	5018503	4430559	105369
948134	858990	72355	976027	1608945	1341196	45967
2013907	1782595	229120	2318784	4049190	3303362	117875
4414130	3966126	357961	3261584	7151504	6207707	200513
4751954	3791940	910559	3790203	9707642	8448245	186056
2062598	1832143	200455	2362082	4352721	3633369	117014
2955599	2632977	277628	2443715	4741771	4011469	131211
3564691	3168596	350685	2199847	5541745	4848480	136859
583196	124351	439751	46145	2222910	2162635	1486
1211213	1076172	104360	537866	1013055	917895	36557
1417700	738604	679046	670666	3255946	3021239	37378

8－17 续表2

单位:万元

指标名称	Item	管理费用 Management Expenses	财务费用 Financial Expenses	利息支出 Interest Expenditure
总　　计	Total	871221	204891	228257
按登记注册类型分组	Grouped by Registration Status			
内资企业	Domestic Funded Enterprises	495165	145399	162796
国有企业	State－owned Enterprises		374	422
集体企业	Collective－owned Enterprises	264		
股份合作企业	Share－holding Cooperative Enterprises	3344	2118	2079
联营企业	Joint Ownership Enterprises			
有限责任公司	Share－holding Corporations Ltd.	149973	32618	35008
股份有限公司	Private Enterprises	91456	13193	27143
私营企业	Other Enterprises	250129	97097	98145
港、澳、台商投资企业	Enterprises with Investment from Hong Kong, Macao and Taiwan	106501	26314	28741
外商投资企业	Enterprises with Foreign Investment	269555	33177	36720
按轻重工业分	Grouped by Light and Heavy Industry			
轻工业	Light Industry	386207	113555	125844
重工业	Heavy Industry	485015	91336	102414
按企业规模分	Grouped by Size of Enterprises			
在总计中:大型企业	Large	271660	39818	49636
在总计中:中型企	Medium	304099	75367	80611
在总计中:小型企业	Small	292170	87682	96335
在总计中:微型企业	Micro	3292	2024	1676
在总计中:亏损企业	Loss Enterprises	113997	33903	34449
在总计中:国有控股企业	State－owned Industrial Enterprises and Enterprises with Controlling Share Hold by the State	70529	13513	18460

Continued 2

(10000 yuan)

营业利润 Business Profits	利润总额 Total Profits	亏损企业亏损总额 Total Loss	利税总额 Total Pre-tax Profits	应交增值税 Value Added Taxes Payable	从业人员平均人数 Average Employees (person)	应付职工薪酬 Employee benefits payable
752521	801713	88457	1229921	354256	203344	1120373
334555	370274	50827	645545	229084	122106	629812
49703	50685		87765	32212	1919	39528
21	1		425	379	490	2009
226	608	1028	3266	2042	1948	7226
109707	111092	32023	155704	35520	22927	135288
40828	45935	1547	78873	28384	15801	92010
134070	161953	16229	319513	130549	79021	353751
87877	89046	16201	132773	35850	27791	154604
330088	342393	21430	451604	89322	53447	335957
246901	264297	61599	481207	179897	113191	547057
505620	537416	26858	748714	174359	90153	573316
295077	311120	130	402920	74900	44348	294461
235542	247350	45001	389638	118575	72775	381635
172757	193210	41492	347930	126745	83494	402084
49144	50033	1834	89434	34036	2727	42193
-89492	-88457	88457	-52432	29886	23565	113177
104202	110984	1682	171192	51422	11551	106743

8-18 市区规模以上工业企业分行业主要经济指标（2014）

单位：万元

指标名称	Item	企业个数 Number of Enterprises (unit)	亏损企业 Loss Making Enterprises (unit)	工业总产值 Gross Industrial Output Value	新产品产值 Value of New Products at State and Province Level
总　　计	Total	1000	134	17335563	5790969
农副食品加工业	Farm Byproduct Processing	27	1	280652	17573
食品制造业	Food Production	13	4	437438	126516
纺织业	Textile Industry	256	18	2268930	819558
纺织服装、服饰业	Clothing Industry	86	10	889717	486099
皮革、毛皮、羽毛及其制品和制鞋业	Leather, Furs, Down and Related Products	38	6	303515	54814
木材加工和木、竹、藤、棕、草制品业	Timber Processing, Bamboo, Cane, Palm Fiber and Straw Products	5		72932	46642
家具制造业	Furniture Manufacturing	29	9	358060	119802
造纸和纸制品业	Papermaking and Paper Products	13	3	286678	80216
印刷和记录媒介复制业	Printing and Record Medium Reproduction	7	1	37731	36
文教、工美、体育和娱乐用品制造业	Culture, Education, Arts, Sports and Entertainment Production	7	3	54597	15465
化学原料和化学制品制造业	Raw Chemical Material and Chemical Products	35	3	993391	514149
医药制造业	Medical and Pharmaceutical Products	6		55840	7644
化学纤维制造业	Chemical Fiber	20	3	722785	76483
橡胶和塑料制品业	Rubber and Plastic Production	61	8	925310	180629
非金属矿物制品业	Plastic Products	41	14	822163	283642
黑色金属冶炼和压延加工业	Nonmetal Mineral Products	11		1103405	650830
有色金属冶炼和压延加工业	Smelting and Pressing of Ferrous Metals	14	2	92627	
金属制品业	Smelting and Pressing of Nonferrous Metals	45	4	423421	108265
通用设备制造业	Metal Products	71	11	1148581	488402
专用设备制造业	Ordinary Machinery Manufacturing	30	4	309980	124318
汽车制造业	Automobile Manufacturing Industry	32	7	654107	201490
铁路、船舶、航空航天和其他运输设备制	Transportation Equipment Manufacturing Industry	6		26427	7587
电气机械和器材制造业	Electric Machinery and Equipment	92	18	946413	332716
计算机、通信和其他电子设备制造业	Telecommunication, Computer and Other Electronic Equipments	30	4	1456139	933020
仪器仪表制造业	Instruments, Meters, Cultural and Office Machinery	9		94753	11902
其他制造业	Other Industry	7	1	90396	38447
废弃资源综合利用业	Recovry of Resource Discarded and Useless Material	1		2415	
电力、热力生产和供应业	Production and Supply of Electric Power and Hot water	4		2261726	64724
燃气生产和供应业	Production snd Supply of Gas	2		166575	
水的生产和供应业	Production and Supply of Water	2		48856	

Main Economic Indicators of Industrial Enterprises above Designated Size In Urban District by Branch (2014)

(10 000 yuan)

工业销售产值 Value of Industrial Products Sales	出口交货值 Value of Export Products	工业增加值(收入法) Value Added of Industry	资产合计 Total Assets	流动资产 Circulating Funds	应收帐款 Net Accounts Receivable	存货 Inventories	工业产成品 Industrial Products
16847108	3425475	3095262	16232692	9032801	2835070	2404847	1074935
280714	142	25304	159507	115547	29968	22262	3802
429602	8595	89079	577113	216797	67645	65984	21567
2168226	288787	408296	2381403	1319766	356719	444044	233677
890895	514205	245553	760235	493768	146232	146313	63203
298468	56571	66461	225495	170755	50935	72369	29396
73161	56547	10920	56935	37965	18318	11405	2836
343079	224992	78415	390082	252070	62085	85463	25332
284922	5707	62740	519421	226972	69642	54090	25299
38136	14915	10045	42236	22371	9765	3267	840
52466	31185	13614	55496	26156	7494	10857	4694
983990	127007	159102	1051467	627820	137659	134683	47770
57166	34828	16190	52220	31045	10990	10060	3157
706212	78687	112552	698649	316993	100364	58438	27283
915450	190860	243129	1293163	590050	281034	115003	45724
777425	146069	188678	1012709	586734	238412	120899	54421
982655	95098	57678	695399	462930	20476	218417	113947
92498	12849	8750	67903	41205	16737	10409	3255
419946	87294	72583	399324	217690	89895	54989	17090
1136987	309765	213448	1125776	771811	265664	206933	126050
303863	142943	86311	428201	291259	77917	79081	18691
643203	170407	193680	742303	501245	155769	70128	21428
26368	12195	5034	15636	8693	3883	2024	934
929363	244803	143683	1035806	627001	223737	166852	70601
1353212	466584	256105	1002432	717081	337276	195509	95215
93373	43730	39516	117778	78956	19125	24704	15984
90651	60711	18033	53777	32782	14551	8898	1581
2339		722	13851	9723	5394	4235	11
2257939		240969	745193	52414	8341	4729	
165945		13201	291273	153942	1079	1164	1150
48856		15473	221911	31262	7967	1638	

8－18 续表1

单位:万元

指标名称	Item	固定资产 Total Fixed Assets	固定资产原价 Original Value of Fixed Assets	本年折旧 Depreciation in This Year
总　　计	Total	5486051	8906186	579892
农副食品加工业	Farm Byproduct Processing	28612	47364	2496
食品制造业	Food Production	304509	369726	24871
纺织业	Textile Industry	866038	1367512	97101
纺织服装、服饰业	Clothing Industry	163487	273926	16485
皮革、毛皮、羽毛及其制品和制鞋业	Leather, Furs, Down and Related Products	42003	74769	4882
木材加工和木、竹、藤、棕、草制品业	Timber Processing, Bamboo, Cane, Palm Fiber and Straw Products	12670	16434	1047
家具制造业	Furniture Manufacturing	88904	149274	8255
造纸和纸制品业	Papermaking and Paper Products	210506	392206	20674
印刷和记录媒介复制业	Printing and Record Medium Reproduction	13379	25459	1869
文教、工美、体育和娱乐用品制造业	Culture, Education, Arts, Sports and Entertainment Production	23490	36846	1962
化学原料和化学制品制造业	Raw Chemical Material and Chemical Products	231215	369547	26941
医药制造业	Medical and Pharmaceutical Products	18355	25102	1653
化学纤维制造业	Chemical Fiber	322465	636515	42719
橡胶和塑料制品业	Rubber and Plastic Production	476053	740887	41949
非金属矿物制品业	Plastic Products	327272	475233	36783
黑色金属冶炼和压延加工业	Nonmetal Mineral Products	209041	293386	19975
有色金属冶炼和压延加工业	Smelting and Pressing of Ferrous Metals	15728	21455	2294
金属制品业	Smelting and Pressing of Nonferrous Metals	146656	252260	15021
通用设备制造业	Metal Products	275993	407528	26892
专用设备制造业	Ordinary Machinery Manufacturing	99787	165217	11516
汽车制造业	Automobile Manufacturing Industry	181496	273260	20174
铁路、船舶、航空航天和其他运输设备制	Transportation Equipment Manufacturing Industry	5793	9155	561
电气机械和器材制造业	Electric Machinery and Equipment	288202	384530	26111
计算机、通信和其他电子设备制造业	Telecommunication, Computer and Other Electronic Equipments	230300	343311	23326
仪器仪表制造业	Instruments, Meters, Cultural and Office Machinery	32360	54994	3509
其他制造业	Other Industry	16454	21480	1244
废弃资源综合利用业	Recovry of Resource Discarded and Useless Material	1965	3328	297
电力、热力生产和供应业	Production and Supply of Electric Power and Hot water	584733	1275347	86939
燃气生产和供应业	Production snd Supply of Gas	101329	114708	5948
水的生产和供应业	Production and Supply of Water	167257	285427	6399

Continued 1

(10000 yuan)

负债合计 Total Liabilities	流动负债 Circulating Liabilities	长期负债 Long – Term Liabilities	所有者权益 Creditors′ Equity	主营业务收入 Sales Revenue	主营业务成本 Cost of Sales	营业费用 Sales Expenses
9166084	7758066	1268520	7051788	16859147	14655952	386569
76742	75115	1328	82764	291965	270438	6126
394672	351211	13085	182440	445325	386187	20570
1532538	1415816	80771	848965	2160059	1933062	29520
350654	343355	7299	409412	889001	734705	37465
145563	139310	5538	79927	314920	268160	14283
39632	39632		17303	73677	63682	3127
243688	225879	959	138333	352512	295442	11912
267035	235054	31161	252184	295132	255853	9209
20347	19064	1283	21889	38450	32664	1031
28002	27960	42	27494	54490	46530	1766
360376	353130	5373	691091	977287	842432	24502
24137	21937	2200	28083	56055	42976	1997
446786	312363	129921	249220	701738	633910	15183
519333	454271	64167	773617	912187	710391	29968
588321	526823	53661	424388	746646	574632	36976
467631	467180	451	227768	959529	898580	9911
46449	46029	420	21154	90649	83995	545
201610	185475	16125	197711	418629	372836	9836
636209	595907	39903	489567	1145851	955671	30054
214082	192482	20928	214120	303072	243169	8276
234406	213030	21376	505870	654293	508459	19118
7972	7629	343	7664	26402	22471	828
681575	621256	60020	353725	936139	795213	28939
583193	531620	13572	418449	1357113	1177523	20502
40882	38632	2251	76895	93262	67090	1466
31934	31934		21843	91808	76288	2619
12956	12956		896	2339	2075	
618757	177103	441654	126436	2256004	2170341	
224496	62707	161789	66776	165452	153038	4401
126108	33209	92899	95804	49164	38140	6438

8－18　续表 2

单位:万元

指标名称	Item	管理费用 Management Expenses	财务费用 Financial Expenses	利息支出 Interest Expenditure
总　　计	Total	871221	204891	228257
农副食品加工业	Farm Byproduct Processing	8167	－398	1758
食品制造业	Food Production	24457	7072	7270
纺织业	Textile Industry	80653	50236	52980
纺织服装、服饰业	Clothing Industry	61483	5621	8435
皮革、毛皮、羽毛及其制品和制鞋业	Leather, Furs, Down and Related Products	17361	3079	3798
木材加工和木、竹、藤、棕、草制品业	Timber Processing, Bamboo, Cane, Palm Fiber and Straw Products	4386	1075	1263
家具制造业	Furniture Manufacturing	24953	4289	6109
造纸和纸制品业	Papermaking and Paper Products	20690	8166	8559
印刷和记录媒介复制业	Printing and Record Medium Reproduction	2693	336	342
文教、工美、体育和娱乐用品制造业	Culture, Education, Arts, Sports and Entertainment Production	5460	440	291
化学原料和化学制品制造业	Raw Chemical Material and Chemical Products	49331	9554	8479
医药制造业	Medical and Pharmaceutical Products	5832	985	806
化学纤维制造业	Chemical Fiber	16225	15439	14718
橡胶和塑料制品业	Rubber and Plastic Production	67178	15132	11606
非金属矿物制品业	Plastic Products	42828	18537	18309
黑色金属冶炼和压延加工业	Nonmetal Mineral Products	37012	6023	15208
有色金属冶炼和压延加工业	Smelting and Pressing of Ferrous Metals	3594	2209	2136
金属制品业	Smelting and Pressing of Nonferrous Metals	22352	7483	7495
通用设备制造业	Metal Products	76856	10187	9887
专用设备制造业	Ordinary Machinery Manufacturing	27950	3630	5064
汽车制造业	Automobile Manufacturing Industry	47359	1980	3940
铁路、船舶、航空航天和其他运输设备制	Transportation Equipment Manufacturing Industry	1454	141	162
电气机械和器材制造业	Electric Machinery and Equipment	94065	16450	17190
计算机、通信和其他电子设备制造业	Telecommunication, Computer and Other Electronic Equipments	99612	7647	8493
仪器仪表制造业	Instruments, Meters, Cultural and Office Machinery	7538	745	1113
其他制造业	Other Industry	6613	804	909
废弃资源综合利用业	Recovry of Resource Discarded and Useless Material	232		
电力、热力生产和供应业	Production and Supply of Electric Power and Hot water	7684	3395	3799
燃气生产和供应业	Production snd Supply of Gas	3957	3375	3692
水的生产和供应业	Production and Supply of Water	3247	1260	4446

Continued 2

(10000 yuan)

营业利润 Business Profits	利润总额 Total Profits	亏损企业亏损总额 Total Loss	利税总额 Total Pre-tax Profits		从业人员平均人数 Average Employees (person)	应付职工薪酬 Employee benefits payable
				应交增值税 Value Added Taxes Payable		
752521	801713	88457	1229921	354256	203344	1120373
8237	8846	74	10926	1521	1829	10999
8917	10518	13234	25779	13101	6014	32465
64207	61330	7010	125897	53737	35316	154012
39151	45064	4495	80140	29207	20430	104907
10343	10323	585	21918	9876	8074	35543
1436	1722		4734	2878	1161	6357
14605	15547	3834	21306	3610	8431	39930
365	3899	858	17331	11843	4359	24043
1794	1520	242	3127	1366	990	4187
85	320	227	1519	767	1886	8595
58816	59702	1538	89033	25713	5340	33677
4759	5258		7131	1515	985	5493
31181	33347	1062	50609	14312	4471	22391
103751	105320	523	137082	26491	10775	66809
70548	70958	4468	94675	19406	6900	47132
12215	12705		14989	1544	2056	14919
242	1033	235	2723	1392	840	3455
6650	7325	344	17652	8391	7216	35120
66600	68797	5164	94469	21514	13698	80773
20593	22573	1708	36064	11541	5889	52904
79048	85265	3441	103725	13962	9611	64260
1329	1344		2018	493	636	2279
798	12228	38816	35287	17647	16480	75725
47432	53196	588	81387	22781	22521	124236
15887	17074		20199	2108	2636	12259
5462	4994	10	5925	552	1146	4982
17	11		81		70	433
71251	73835		114216	35151	2496	44778
5694	5527		6843	1024	243	1951
1108	2137		3140	813	845	5760

8－19 分地区规模以上工业企业主要产品产量（2014）

指　　标	Item	单位	unit	全　市 Total	市　区 Urban District
发电量	Electricity	万千瓦小时	10 000 kwh	6313240	182068
自来水生产量	Tap Water Supply Capacity	万吨	10 000 tons	50551	13155
配混合饲料	Forage	吨	ton	1518667	575592
纱	Yarn	吨	ton	186337	73667
布	Cloth	万米	10 000 m	307203	243257
绒线（毛线）	Knitting Wool	吨	ton	22647	
呢绒	Woolen Goods	万米	10 000 m	809	447
丝	Silk	吨	ton	7630	796
服装	Garements	万件	10 000 units	51652	10568
皮鞋	Leather Shoes	万双	10 000 pairs	793	47
机制纸及纸板	Machine － made Paper and Paperboard	吨	ton	3957463	449107
塑料制品	Plastic Products	吨	ton	1180431	99750
水泥	Cement	万吨	10 000 tons	1629	319
砖（折标准砖）	Brick	万块	10 000 units	52178	17485
粗钢	Steel	吨	ton	1557090	676171
钢材	Steel Products	吨	ton	6349697	705152
滚动轴承	Bearing	万套	10 000 units	22531	11491
金属紧固件	Standard Fasteners	吨	ton	1196801	93377
电动自行车	Electric Bicycle	辆	unit	70978	70978
交流电动机	Alternating Current Motor	千瓦	kw	11824795	
电风扇	Electric Fan	台	unit	123877	
轻革	Light Leather	平方米		49802194	250418
皮革服装	Leather Clothing	万件	10 000 units	1954	14
涂料	Paint	吨	ton	138936	34680
初级形态的塑料	Primary Plastic	吨	ton	589738	114556
化学纤维	Chemical Fiber	吨	ton	5186009	428416
太阳能电池	Solar Cell	千瓦	kw	2644421	
移动通信手持机	Mobile Phone	台	unit	27715824	27715824
电子元件	Electronic Component	万只	10 000 units	1470031	98820

Output of Major Products of Industrial Enterprises above Designated Size by Region (2014)

南湖区 Nanhu	秀洲区 Xiuzhou	嘉善县 Jiashan	海盐县 Haiyan	海宁市 Haining	平湖市 Pinghu	桐乡市 Tongxiang
55554	126514	13886	3605464	66366	2379546	65910
13155		6508	2814	9283	8547	10244
490463	85129	312842	288348	119444	86491	135951
2257	71410		11084	72821	8176	20589
8660	234597	3568	8432	31548	2183	18215
		354	1010			21284
323	123	269				94
153	644	494	1362	315	109	4554
3643	6925	2266	3522	4738	23059	7499
	47					746
394873	54234	98842	2038147	27346	1249973	94048
63961	35789	66228	48731	769690	48603	147429
267	52	304	252	25	128	601
10344	7141		8972	703	13001	12017
676171		880919				
705152		1433424	2323789	1131381	540593	215358
	11491	2102	95	920	7923	
26758	66619	352251	559375	18786	168279	4733
17122	53856					
				450896		11373899
						123877
250418				23617330		25934446
	14		1029	618	220	74
23631	11049	44577	145	2667	2184	54683
96342	18214		17868	37416	417222	2675
143287	285129		163104	158864	4619	4431006
				1830015	814406	
27715824						
91354	7466	42779	3992	1173987	6546	143908

8-20 全市规模以上工业产品产量(2008-2014)
Output of Major Products Produced by Industrial Enterprises above Designated Size(2008-2014)

指标	Item	单位	unit	2008	2009	2010	2011	2012	2013	2014
发电量	Electricity	万千瓦小时	10 000 kwh	4375847	4509788	4640172	5346595	6675659	6744190	6313240
自来水生产量	Tap Water Supply Capacity	万吨	10 000 tons	28463	23061	34451	47222	31352	52571	50551
配合饲料	Forage	吨	ton	1141190	1189251	862293	1400101	1880408	1878250	1518667
啤酒	Beer	千升	kl	115539	132091	159928	149298	154648	168287	128605
纱	Yarn	吨	ton	119503	144333	186898	147757	172282	175560	186337
布	Cloth	万米	10 000 m	275924	294956	353008	273931	262738	292441	307203
绒线(毛线)	Knitting Wool	吨	ton		2704	7947	12630	18011	19311	22647
呢绒	Woolen Goods	万米	10 000 m	1236	1927	1529	1217	515	589	809
丝	Silk	吨	ton	15551	12533	12554	4885	7321	7494	7630
服装	Garments	万件	10 000 units	63546	61315	66533	49789	48658	53189	51652
皮鞋	Leather Shoes	万双	10 000 pairs	1205	703	1270	887	681	819	793
机制纸及纸板	Machine - made Paper and Paperboard	吨	ton	2441708	2765232	2539926	3272119	4208835	3969184	3957463
化学农药	Chemical Pesticide	吨	ton	3214	5270	7511	5544	7787	16406	12562
塑料制品	Plastic Products	吨	ton	764395	600146	841282	666939	816498	1039298	1180431
水泥	Cement	万吨	10 000 tons	1616	1700	1685	1806	1672	1646	1629
砖(折标准砖)	Brick	万块	10 000 units	214140	195236	176143	30817	30981	46881	52178
粗钢	Steel	吨	ton	302758	372946	607497	779666	719636	1454971	1557090
钢材	Steel Products	吨	ton	1496972	1425068	2217385	2296766	3048057	5158563	6349697
轴承	Bearing	万套	10 000 units	30376	22889	24465	32068	42257	19001	22531
标准紧固件	Standard Fasteners	吨	ton	1188586	815844	1130089	1105831	1090361	1307278	1196801
电动自行车	Electric Bicycle	辆	unit	120303	167872	315936	167418	157417	78969	70978
交流电动机	Alternating Current Motor	千瓦	kw	1770733	1209225	1490380	11153232	10698660	11285933	11824795
电风扇	Electric Fan	台	unit	166120		176995	185549	162984	132276	123877

8-21 市区规模以上工业产品产量(2008-2014)

Output of Major Products Produced by Industrial Enterprises above Designated Size in Urban District(2008-2014)

指标	Item	单位	unit	2008	2009	2010	2011	2012	2013	2014
发电量	Electricity	万千瓦小时	10 000 kwh	147346	178527	170690	110406	160044	176584	182068
配混合饲料	Forage	吨	ton	439993	474496	219164	664769	778619	804571	575592
纱	Yarn	吨	ton	50362	53019	64865	81099	72658	64216	73667
布	Cloth	万米	10 000 m	189739	212654	253756	211368	218756	232894	243257
呢绒	Woolen Goods	万米	10 000 m	381	416	344	284	300	326	447
丝	Silk	吨	ton	1979	1633	1254	670	482	820	796
丝织品	Silk - knit Goods	万米	10 000 m	5325				0		
服装	Garments	万件	10 000 units	12092	11730	13161	9987	9681	11099	10568
皮鞋	Leather Shoes	万双	10 000 pairs	113	112	113	100	66	63	47
机制纸及纸板	Machine - made Paper and Paperboard	吨	ton	249540	224038	207661	716450	767634	482291	449107
塑料制品	Plastic Products	吨	ton	56984	51499	67677	46026	51779	87911	99750
水泥	Cement	万吨	10 000 tons	383	401	441	469	428	410	319
砖(折标准砖)	Brick	万块	10 000 units	53379	41119	30796		7327	15690	17485
粗钢	Steel	吨	ton					0	644654	676171
钢材	Steel Products	吨	ton	24530	8475	255307	319444	508646	663871	705152
轴承	Bearing	万套	10 000 units	5176	4347	7035	8154	26396	9881	11491
标准紧固件	Standard Fasteners	吨	ton	37881	32870	51182	78034	77512	98270	93377
电动自行车	Electric Bicycle	辆	unit		167872	261440	167418	157417	74324	70978

8-22 分地区规模以上工业增加值
(2014)

单位:万元

指　标	Item	全　市 Total	市　区 Urban District
总　计	Total	14132161	3095262
按登记注册类型分	Grouped by Registered Type		
国有企业	State - owned Enterprises	373834	202649
集体企业	Collective - owned Enterprises	11623	2423
股份合作企业	Share - holding Cooperative Enterprises	29887	13094
联营企业	Joint Ownership Enterprises		
有限责任公司	Limited Liability Corporations	2428168	384230
股份有限公司	Share - holding Corporations Ltd.	1384662	221642
私营企业	Private Enterprises	4771847	852740
其他企业	Other Enterprises		
港、澳、台商投资企业	Enterprises with Investment from Hong Kong, Macao and Taiwan	1719512	362252
外商投资企业	Enterprises with Foreign Investment	3412629	1056233
按轻重工业分	Grouped by Light and Heavy Industry		
轻工业	Light Industry	6552673	1420587
重工业	Heavy Industry	7579489	1674675
按企业规模分	Grouped by Size of Enterprise		
大型企业	Large	3329908	917616
中型企业	Medium - sized	4113285	1005237
小型企业	Small	6369739	962975
微型企业	Micro - enterprises	319229	209434

Added Value of Industrial Enterprises above Designated Size by Region
(2014)

(10 000 yuan)

		嘉善县 Jiashan	海盐县 Haiyan	海宁市 Haining	平湖市 Pinghu	桐乡市 Tongxiang
南湖区 Nanhu	秀洲区 Xiuzhou					
1311061	1784202	1526117	1770942	2670813	2742312	2326715
202649		26361	29866	49407	19241	46311
2423		1570	386	2975	3903	367
10636	2458		4146	8973	314	3359
239003	145226	146582	927018	170404	591010	208925
108119	113523	53589	242876	262508	196453	407593
388119	464621	485096	378578	1354206	573301	1127925
81698	280554	213546	107362	384553	319277	332522
278414	777820	599372	80710	437788	1038814	199712
483755	936832	533369	449478	1756870	890705	1501663
827306	847369	992748	1321464	913943	1851607	825052
351610	566006	313895	208131	631056	678655	580556
349887	655350	474164	308255	734673	978036	612920
406773	556203	730103	1250417	1252026	1075597	1098620
202791	6644	7954	4140	53057	10025	34619

8－23　分地区、分行业规模以上工业增加值
（2014）

单位：万元

指　　标	Item	全　市 Total	市　区 Urban District
非金属矿采选业	Nonmetal Minerals Mining and Dressing	11171	
农副食品加工业	Food Processing	124995	25304
食品制造业	Food Production	213760	89079
酒、饮料和精制茶制造业	Alcohol, Drinks and Tea Production	42302	
纺织业	Textile Industry	1769285	408296
纺织服装、服饰业	Clothing Industry	1138015	245553
皮革、毛皮、羽毛及其制品和制鞋业	Leather, Furs, Down and Related Products	710705	66461
木材加工和木、竹、藤、棕、草制品业	Timber Processing, Bamboo, Cane, Palm Fiber and Straw Products	109806	10920
家具制造业	Furniture Manufacturing	350587	78415
造纸和纸制品业	Papermaking and Paper Products	387671	62740
印刷和记录媒介复制业	Printing	104503	10045
文教、工美、体育和娱乐用品制造业	Culture, Education, Arts, Sports and Entertainment Production	117168	13614
石油加工、炼焦和核燃料加工业	Petroleum Processing and Coking	59833	
化学原料和化学制品制造业	Raw Chemical Material and Chemical Products	1231928	159102
医药制造业	Medical and Pharmaceutical Products	88332	16190
化学纤维制造业	Chemical Fiber	613022	112552
橡胶和塑料制品业	Rubber and Plastic Production	617033	243129
非金属矿物制品业	Nonmetal Mineral Products	699407	188678
黑色金属冶炼和压延加工业	Smelting and Pressing of Ferrous Metals	300114	57678
有色金属冶炼和压延加工业	Smelting and pressing of Nonferrous Metals	89875	8750
金属制品业	Metal Products	333574	72583
通用设备制造业	Ordinary Machinery Manufacturing	788875	213448
专用设备制造业	Equipment Manufacturing For Special Purposes	300393	86311
汽车制造业	Automobile Manufacturing Industry	357988	193680
铁路、船舶、航空航天和其他运输设备制	Transportation Equipment Manufacturing Industry	15281	5034
电气机械和器材制造业	Electric Equipment and Machinery	862659	143683
计算机、通信和其他电子设备制造业	Computer and Communication Equipment Manufacturing Industry	703017	256105
仪器仪表制造业	Instrument Manufacturing Industry	140196	39516
其他制造业	Other Industry	34381	18033
废弃资源综合利用业	Recovry of Resource Discarded and Useless Material	30412	722
电力、热力生产和供应业	Production and Supply of Electric Power, Steam and Hot water	1675411	240969
燃气生产和供应业	Production snd Supply of Gas	33668	13201
水的生产和供应业	Production and Supply of Water	76796	15473

Added Value of Industrial Enterprises above Designated Size by Branch And Region
(2014)

(10 000 yuan)

		嘉善县 Jiashan	海盐县 Haiyan	海宁市 Haining	平湖市 Pinghu	桐乡市 Tongxiang
南湖区 Nanhu	秀洲区 Xiuzhou					
			11171			
22196	3108	25072	32597	23840	9543	8639
50033	39046	9960		94847	9775	10099
		7400	12157	20495	1707	543
51400	356896	74844	78097	637206	65022	505821
61558	183995	36710	62447	231467	372038	189800
33524	32937	26619	9870	257248	155568	194940
10920		87129	2547	256	5395	3560
11311	67104	107547	5052	142080	9413	8080
56796	5944	34179	141372	27612	87779	33989
9117	928	23439	6294	31145	18099	15481
7939	5676	19588	3285	9438	51014	20228
		774	743		58316	
129818	29284	120581	46864	122398	661369	121613
336	15854	3813	3324	16752	37710	10544
15923	96629	1175	30297	75766	1660	391571
39664	203465	67910	25043	150655	38989	91306
39928	148751	78126	43680	54397	63972	270553
55376	2302	60417	59945	63413	33337	25324
3666	5084	3862	13438	973	5785	57065
37006	35577	68043	57764	50382	46105	38697
119937	93511	198741	87990	126727	99626	62344
39446	46865	72022	49407	54232	22074	16347
89020	104660	25097	28982	8228	96203	5797
1835	3200	6026	1199	3023		
44464	99219	54401	75996	266318	259148	63112
139694	116411	256462	6800	98760	40902	43989
5129	34387	2450	35581	823	17741	44085
5814	12220	5699		1898	2359	6392
722		828	22338		5313	1211
207218	33751	36385	809758	68851	456114	63334
5800	7401	2422	3756	4819	3476	5995
15473		8395	3146	26768	6760	16254

主要统计指标解释

工业 指从事自然资源的开采,对采掘品和农产品进行加工和再加工的物质生产部门。具体包括：(1)对自然资源的开采,如采矿、晒盐、森林采伐等(但不包括禽兽捕猎和水产捕捞)；(2)对农副产品的加工、再加工,如粮油加工、食品加工、轧花、缫丝、纺织、制革等；(3)对采掘品的加工、再加工,如炼铁、炼钢、化工生产、石油加工、机器制造、木材加工等,以及电力、自来水、煤气的生产和供应等；(4)对工业品的修理、翻新,如机器设备的修理、交通运输工具(包括小卧车)的修理等。

1984 年以前农村的村及村以下办工业归属农业,1984 年以后划归工业。

工业统计调查单位 工业统计调查单位分为两类：独立核算法人工业企业和工业活动单位。

(1)独立核算法人工业企业 是指从事工业生产经营活动的单位。独立核算法人工业企业应同时具备以下条件：①依法成立,有自己的名称、组织机构和场所,能够承担民事责任；②独立拥有和使用资产,承担负债,有权与其他单位签订合同；③独立核算盈亏,并能够编制资产负债表。

(2)工业活动单位 是指在一个场所从事一种或主要从事一种工业生产活动的经济单位。它包括独立核算工业企业按主营业务活动(即工业生产活动)划分的主营业务活动单位和非工业企业所属的工业生产活动单位(即原非独立核算工业生产单位)。工业活动单位,一般应同时具备以下三个条件：①具有一个场所,从事一种或主要从事一种工业活动；②单独组织工业生产、经营或业务活动；③单独核算收入和支出。

本年鉴中涉及的企业登记注册类型：

⑴国有及国有控股企业 指国有企业加上国有控股企业。国有企业(即过去的全民所有制工业或国营工业)是指企业全部资产归国家所有,并按《中华人民共和国企业法人登记管理条例》规定登记注册的非公司制的经济组织。包括国有企业、国有独资公司和国有联营企业。1957 年以前的公私合营和私营工业,后均改造为国营工业,1992 年改为国有工业,这部分工业的资料不单独分列时,均包括在国有企业内。国有控股企业是对混合所有制经济的企业进行的“国有控股”分类。它是指这些企业的全部资产中国有资产(股份)相对其他所有者中的任何一个所有者占资(股)最多的企业。该分组反映了国有经济控股情况。

⑵集体企业 指企业资产归集体所有,并按《中华人民共和国企业法人登记管理条例》规定登记注册的经济组织。是社会主义公有制经济的组成部分。包括城乡所有使用集体投资举办的企业,以及部分个人通过集资自愿放弃所有权并依法经工商行政管理机关认定为集体所有制的企业。

⑶股份有限公司 指根据《中华人民共和国企业法人登记管理条例》规定登记注册,其全部注册资本由等额股份构成并通过发行股票筹集资本,股东以其认购的股份对公司承担有限责任,公司以其全部资产对其债务承担责任的经济组织。

⑷港、澳、台商投资企业 指企业注册登记类型中的港、澳、台资合资、合作、独资经营企业和股份有限公司之和。

⑸外商投资企业 指企业注册登记类型中的中外合资、合作经营企业、外资企业和外商投资股份有限公司之和。

⑹本年鉴中涉及的名为“其他”的企业 均指除国有企业、集体企业、个体经营以外的其他类型工业企业(单位)。包括联营企业、私营企业、股份有限公司,有限责任公司；外商投资企业(中外合资经营、中外合作经营、外资企业)；港、澳、台投资企业(与大陆合资经营、与大陆合作经营、港、澳、台独资企业)及其他企业。

轻工业 指主要提供生活消费品和制作手工工具的工业。按其所使用的原料不同,可分为两大类：(1)以农产品为原料的轻工业,是指直接或间接以农产品为基本原料的轻工业。主要包括食品制造、饮料制造、烟草加工、纺织、缝纫、皮革和毛皮制作、造纸以及印刷等工业；(2)以非农产品为原料的轻工业,是指以工业品为原料的轻工业。主要包括文教体育用品、化学药品制造、合成纤维制造、日用化学制品、日用玻璃制品、日用金属制品、手工工具制造、医疗器械制造、文化和办公用机械制造等工业。

重工业 是指为国民经济各部门提供物质技术基础的主要生产资料的工业。按其生产性质和产品用途,可以分为下列三类：(1)采掘(伐)工业,是指对自然资源的开采,包括石油开采、煤炭开采、金属矿开采、非金属矿开采和木材采伐等工业；(2)原材料工业,指向国民经济各部门提供基本材料、动力和燃料的工业。包括金属冶炼及加工、炼焦及焦炭、化学、化工原料、水泥、人造板以及电力、石油和煤炭加工等工业；(3)加工工业,是指对工业原材料进行再加工制造的工业。包括装备国民经济各部门的机械设备制造工业、金属结构、水泥制品等工业,以及为农业提供的生产资料如化肥、农药等工业。

根据上述划分原则,修理业中以重工业产品为修理作业对象的划为重工业,反之划为轻工业。

工业总产值 是以货币表现的工业企业在一定时期内生产的已出售或可供出售工业产品总量,它反映一定时间内工业生产的总规模和总水平。它包括：在本企业内不再进行加工,经检验、包装入库(规定不需包装的产品除外)的成品价值,对外加工费收入,自制半成品、在产品期末初差额价值。工业总产值采用“工厂法”计算,即以工业企业作为一个整体,按企业工业生产活动的最终成果来计算,企业内部不允许重复计算,不能把企业内部各个车间(分厂)生产的成果相加。但在企业之间、行业之间、地区之间存在着重复计算。

轻重工业总产值的划分也是按“工厂法”计算的，即一个工业企业在正常情况下生产的主要产品的性质属于轻工业，产的主要产品的性质属于重工业，则该企业的全部总产值作为重工业总产值。

工业总产值原规定与新规定的计算口径变化：

一是计算价格不同：“新规定”计算现价工业总产值的价格不含销项增值税，而“原规定”按含销项增值税的价格计算；

二是来料加工的计算原则不同：“新规定”计算现价工业总产值时与会计核算相衔接，按加工费计算工业总产值，而“原规定”包括来料加工的来料价值。

三是自制半成品、产成品其初期末差额的计算原则不同：“新规定”计算工业总产值与会计核算相衔接，会计核算时包括这部分价值，统计工业总产值也包括；会计核算不包括，工业总产值统计也不包括；而“原规定”则以生产周期为区分界限，生产周期6个月及以上的要计算，6个月以下可免算。

工业增加值 是指工业行业在报告期内以货币表现的工业生产活动的最终成果。

实收资本 指企业实际收到的投资人投入的资本。按投资主体可分为国家资本、集体资本、法人资本、个人资本、港澳台资本和外商资本等。

资产合计 指企业拥有或控制的能以货币计量的经济资源。包括各种财产、债权和其他权利。资产按其流动性划分为流动资产、长期投资、固定资产、无形及递延资产和其他资产。

(1)流动资产 指企业可以在一年内或者超过一年的一个生产周期内变现或耗用的资产合计。包括现金及各种存款、短期投资、应收及预付款项、存货等。

(2)固定资产 指企业固定资产净值、固定资产清理、在建工程、待处理固定资产损失所占用的资金合计。

(3)无形资产 指企业长期使用而没有实物形态的资产。包括专利权、非专利技术、商标权、著作权、土地使用权、商誉等。

负债合计 指企业承担的能以货币计量，将以资产或劳务偿付的债务。负债一般按偿还期长短分为流动负债和长期负债、递延税项等。

(1)流动负债 指企业在一年内或者超过一年的一个营业周期内需要偿还的债务合计，其中包括短期借款、应付及预收款项、应付工资、应交税金和应交利润等。

(2)长期负债 指企业在一年以上或者超过一年的一个营业周期以上需要偿还的债务合计，其中包括长期借款、应付债务、长期应付款项等。

所有者权益 指企业投资人对企业净资产的所有权。企业净资产等于企业全部资产减去全部负债后的余额，其中包括投资者对企业的最初投入，以及资本公积金、盈余公积金和未分配利润，对股份制企业即为股东权益。

固定资产原价 指企业在建造、购置、安装、改建、扩建、技术改造某项固定资产时所支出的全部货币总额。它一般包括买价、包装费、运杂费和安装费等。

固定资产净值 是指固定资产原价减去历年已提折旧额后的净额。

流动资产 是指可以在一年或者超过一年的一个营业周期内变现或者耗用的资产，包括现金及各种存款、短期投资、应收及预付货款、存货等。

主营业务收入 指企业销售产品和提供劳务等主要经营业务取得的业务总额。

主营业务成本 指企业销售产品和提供劳务等主要经营业务的实际成本。

主营业务税金及附加 指企业销售产品和提供工业性劳务等主要经营业务应负担的城市维护建设税、消费税、资源税和教育费附加。

利润总额 指企业实现的利润。

应交增值税 指企业在报告期内应交纳的增值税额。

总资产贡献率 反映企业全部资产的获利能力，是企业经营业绩和管理水平的集中体现，是评价和考核企业盈利能力的核心指标。计算公式为：

总资产贡献率(%)=(利润总额+税金总额+利息支出)/平均资产总额×100%

资产负债率 该指标既反映企业经营风险的大小，也反映企业利用债权人提供的资金从事经营活动的能力。计算公式为：

资产负债率(%)=负债总额/资产总额×100%

工业成本费用利润率 指在一定时期内实现的利润与成本费用之比，是反映工业生产成本及费用投入的经济效益指标，同时也是反映降低成本的经济效益的指标。计算公式为：

工业成本费用利润率(%)=利润总额/成本费用总额×100%

工业增加值率 指在一定时期内工业增加值占同期工业总产值的比重，反映降低中间消耗的经济效益。计算公式为：

工业增加值率(%)=工业增加值(现价)/工业总产值(现价)×100%

流动资产周转次数 指在一定时期内流动资产完成的周转次数,反映流动资产的周转速度。计算公式为:

流动资金周转次数 = 产品销售收入/全部流动资产平均余额

产品销售率 指报告期工业销售产值与同期全部工业总产值之比,是反映工业产品已实现销售的程度,分析工业产销衔接情况,研究工业产品满足社会需求程度的指标。计算公式为:

产品销售率(%) = 工业销售产值/工业总产值(现价) × 100%

全员劳动生产率 指根据产品的价值量指标计算的平均每一个从业人员在单位时间内的产品生产量。是考核企业经济活动的重要指标,是企业生产技术水平、经营管理水平、职工技术熟练程度和劳动积极性的综合表现。目前我国的全员劳动生产率是将工业企业的工业增加值除以同一时期全部从业人员的平均人数来计算的。计算公式为:

全员劳动生产率 = 工业增加值/全部从业人员平均人数

为了使各年度的全员劳动生产率数字可以比较,1990 年以前各年的全员劳动生产率均按指数换算成 1990 年不变价格。

EXPLANATORY NOTES ON MAIN STATISTICAL INDICATORS

Industry refers to the material production sector which is engaged in extraction of natural resources and processing and reprocessing of minerals and agricultural products, including (1) extraction of natural resources, such as mining, salt production, logging (but not including hunting and fishing); (2) processing and reprocessing of farm and sideline produces, such as rice husking, flour milling, wine making, oil pressing, cotton ginning, silk reeling, spinning and weaving, and leather making; (3) manufacture of industrial products, such as steel making, iron smelting, chemicals manufacturing, petroleum processing, machine building, timber processing; water and gas production and electricity generation and supply; (4) repairing of industrial products such as the repairing of machinery and means of transport (including cars).

Prior to 1984, the rural industry run by villages and cooperative organizations under village was classified into agriculture. Since 1984, it has been grouped into industry.

Units of Industrial Statistics and Inquiry: They are classified into two categories (1) corporate industrial enterprises with independent accounting system (2) industrial establishments.

(1) Corporate industrial enterprises with independent accounting system refer to enterprises engaging in industrial production activities, which meet the following requirements: ①They are established legally, having their own names, organizations, location, able to take civil liability; ②They possess and use their assets independently, assume liabilities, and are entitled to sign contracts with other units; ③They are financially independent and compile their own balance sheets.

(2) Industrial establishments refer to economic units which located in one single place and engaged entirely or primarily in one kind of industrial activity, including financially independent industrial enterprises and units engaged in industrial activities under the non industrial enterprises (or financially dependent). Industrial establishments generally meet the following requirements: ① They have each one location and are engaged in one kind of industrial activity each; ② They operate and manage their industrial production activities separately; ③ They have accounts of income and expenditures separately.

(1) State – owned Enterprises refers to industrial enterprises where the means of production or income are owned by the state. Joint state – private industries and private industries, which existed before 1957, have been transformed into state industries. Statistics on these enterprises has been included in the state – owned industries since 1957 when separation of data was no longer necessary.

(2) Collective – owned Enterprises refers to industrial enterprises where the means of production are owned collectively, including urban and rural enterprises invested by collectives and some enterprises which were formerly owned privately but have been registered in industrial and commercial administration agency as collective units through raising fund from the public.

(3) Share – holding Corporations Ltd. refer to economic units registered in accordance with the regulation of the People's Republic of China on the Management of Registration of Corporate Enterprises, with total registered capitals divided into equal shares and raised throught issuing stocks. Each investor bears limited liability to the corporation depending on the holding of shares, and the forporation bears liability to its debt to the maximum of its total assets.

(4) Enterprises with Funds form Hong Kong, Macao and Taiwan refers to all industrial enterprises registered as the joint – venture, cooperative, sole (exclsive) investment industrial enterprises and limited liability corporations with funds from Hong Kong, Macao and Taiwan.

(5) Foreign Funded Enterprises refers to all industrial enterprises registered asthe joint – venture, cooperative, sole (exclsive) investment industrial enterprises and limited liability corporations with foreign funds.

(6) Industry of Other Types of Ownership in this yearbook refers to industrial enterprises (units) of the ownership other than the state – owned enterprises, collective enterprises and individual enterprises. They include private enterprises, joint – owned enterprises, share – holding economy (companies limited by shares and companies limited with liabilities.), foreign – funded enterprises (Sino – foreign joint ventures, Sino – foreign cooperative enterprises and foreign ventures exclusively with their own investment), enterprises funded by the entrepreneurs from Hong Kong, Macao and Taiwan (joint ventures and cooperative enterprises with the mainland as well as ventures exclusively with their own investment) and enterprises of other types of ownership.

Light Industry refers to the industry that produces consumer goods and hand tools. It consists of two categories, depending on the materials used:

(1) Industries using farm products as raw materials. These are branches of light industry which directly or indirectly use farm products as basic raw materials, including the manufacture of food and beverages, tobacco processing, textile, clothing, fur and leather manufacturing, paper making, printing, etc.

(2) Industries using non farm products as raw materials. These are branches of light industry which use manufactured goods as raw materials, including the manufacture of cultural, educational articles and sports goods, chemicals, synthetic fiber, chemical products for daily use, glass products for daily use, metal products for daily use, hand tools, medical apparatus and instruments, and the manufacture of cultural and clerical machinery.

Heavy Industry refers to the industry which produces capital goods, and provides various sectors of the national economy with necessary material and technical basis. It consists of the following three branches according to the purpose of production or the use of products:

(1) Mining, quarrying and logging industry refers to the industry that extracts natural resources, including extraction of petroleum, coal, metal and non – metal ores and logging.

(2) Raw materials industry refers to the industry that provides various sectors of the national economy with raw materials, fuels and power. It includes smelting and processing of metals, coking and coke chemistry, chemical materials and building materials such as cement, plywood, and power, petroleum refining and coal dressing.

(3) Manufacturing industry refers to the industry that processes raw materials. It includes machine building industry which equips sectors of the national economy, industries of metal structure and cement products, industries producing means of agricultural production, such as chemical fertilizers and pesticides. According to the above principle of classification, the repairing trades which are engaged primarily in repairing products of heavy industry are classified into heavy industry while these engaged in repairing products of light industry are classified into light industry.

Gross Industrial Output Value is the total volume of industrial products sold or available for sale in value terms which reflects the total achievements and overall scale of industrial production during a given period. It includes the value of the finished products, which are not to be further processed in the enterprises and have been inspected, packed and put in storage, the value of industrial services rendered to other units, and the changes in the value of the semi – finished products and products in process between the beginning and closing of the period. The gross industrial output value is calculated with "factory method". No double calculations are to be made within the same enterprise. However, double counting does occur among different enterprises.

Output value of light and heavy industries is also classified with the "factory" method. Under normal conditions, if the major products of an industrial enterprise belong to light industry products, the gross output value of that enterprise is classified wholly into light industry; the same principle applies to heavy industry.

Value – added of Industry refers to the final results of industrial production of the industrial trade in money terms during the reference period.

Capital Obtained refers to capital actually received by the enterprise from investors. It can be further classified by investors as state capital, collective capital, corporate capital, individual capital, capital from Hong Kong, Macau and Taiwan and foreign capital.

Total Assets refer to all economic resources, owned or controlled by enterprises, that could be measured in monetary terms, including properties, creditors equity and other economic rights of all forms. Classified by the degree of equitability, total assets include circulating assets, long term investment, fixed assets, intangible assets and deferred assets, and other assets.

(1) Circulating assets (working capital) refer to assets which can be cashed in or spent or consumed in an operating cycle of one year or over one year, including cash, all kinds of deposits, short term investment, receivables, advance payment, stock, etc.

(2) Fixed assets refer to the net value of fixed assets, clearance of fixed assets, project under construction, fixed assets losses in suspense. These are corporations' fund holdings.

(3) Intangible assets refer to the assets without material form used by enterprises over a long time, such as patents, non – patent technologies, trade marks, copyright, land use right, business reputation, etc.

Total Liabilities refer to the debts, measured in monetary terms, that enterprises are responsible for repaymentin the form of cash, assets or labour. Classified by terms of repayment, liability include liquid liabilities and long – term liabilities.

(1) Liquid liabilities (also called quick liabilities or immediate liabilities) refer to enterprises' total debt payable within an operating cycle of one year or over one year, including short term loans, payable and advance payments, wages payable, taxes payable and profit payable, etc.

(2) Long term liabilities refers to total debt payable within an operating cycle of one year or over one year, including long – term loans, payable liabilities, long – term payable, etc.

Creditors' Equity refers to investors ownership of net assets of the enterprise. It is equal to the total assets of the enterprise minus its total liabilities, including the primary input from investors, capital accumulation fund, surplus accumulation fund and undistributed profit. It is the shareholder's equity in share – holding companies.

Original Value of Fixed Assets refers to the original value of all fixed assets owned by industrial enterprises, calculated at the cost paid at the time of purchase, installation, reconstruction, expansion, and technical innovation and transformation of the said assets, which includes expenses on purchase, package, transportation, and installation, etc.

Net Value of Fixed Assets is obtained by deducting depreciation over years from the original value of fixed assets.

Working Capital (Circulating Assets) refers to assets which can be cashed in or spent or consumed in an operating cycle of one year or over one year, which includes cash, various deposits, short term investment, and receivable payments, and advance payments, stock, etc.

Main Business Revenue refers to the revenue from the sales of products by industrial enterprises and the revenue from services provided and etc.

Main Business Cost refers to the actual cost of products of industrial enterprises and industrial services provided, etc..

Tax and Extra Charges on Main Business refer to the tax on city maintenance and construction, consumption tax, resources tax and extra charges for education, which should be borne by the enterprises in selling products and providing industrial services.

Total Profits refer to the profits gained by the enterprises.

Value – added Tax Payable refers to the amount of the value added tax which should be paid by the enterprises in the reporting period.

Ratio of Profits, Taxes and Interests to Average Assets reflects the profit – making capability of all assets of the enterprise and is a key indicator manifesting the performance and management and evaluating the profit – making potential of the enterprise. It is calculated as follows:

Ratio of profits, taxes and interests to average assets (%) = [(Total profits + total Taxes + interest payment) / average assets] × 100%

Ratio of Debts to Assets reflect both the operation risk and the capability of the enterprise in making use of the capital from the creditors. It is calculated as follows:

Ratio of debts to assets (%) = (Total debts / total assets) × 100%

Ratio of Profits to Total Industrial Costs refers to the ratio of profits realized in a given period to the total costs in the same period, which reflects the economic efficiency of input cost and is calculated as follows:

Ratio of Profits to Total Industrial Cost(%) = (Total Profits/ Total Costs) × 100%

Value – added Rate of Industry refers to the ratio of value added of industry in a given period to the gross output value in the same period, which reflects the economic efficiency of cutting down the intermediate input and is calculated as follows:

Value – added Rate of Industry(%) = [Value – added of Industry (at current prices)] / [Gross Output Value (at Current Prices)] × 100%

Turnover of Working Capital refers to the number of times of turnover of working capital in a given period of time, which reflects the speed of the turnover of working capital and is calculated as follows:

Turnover of Working Capital(%) = (Sales Revenue of Products) / (Average Balance of Total Working Capital) × 100%

Ratio of Sales to Gross Output Value refers to the sales of industrial products to the gross industrial output value during the reference period, and is important in reflecting the linkage between production and sales and the extent of the needs of the society that has been met by the supply of industrial products. It is calculated as follows:

Ratio of Sales to Gross Output Value = [Industrial sales / Gross industrial output value (at current prices)] × 100%

Overall Labour Productivity of Industrial Enterprises refers to the average output per employed person in industrial enterprises in value terms. At present, the value added and the average number of staff and workers of an industrial enterprises in a given period are used to calculate the overall labour productivity. The formula used is:

Overall Labour Productivity = (Value Added of Industry) / (Average Number of Staff and Workers)

For the purpose of comparison of the overall labour productivity among different years, the data on the overall labour productivity of the years prior to 1990 have been adjusted on the basis of 1990 constant prices.

九、建筑业
Construction

9-1 全市具有资质等级建筑业企业主要生产经营指标 (2001-2014)

单位:万元

指　　标	Item	2001	2002	2003
企业个数(个)	Number of Enterprises (unit)	238	202	200
亏损企业个数(个)	Number of Loss Enterprises (unit)	45	27	24
建筑业总产值	Gross Output Value of Construction	593254	662971	908741
竣工产值	Output Value of Buildings Completed	502713	566094	715179
房屋建筑施工面积(万平方米)	Floor Space of Buildings under Construction (10 000 sq. m)	954.28	1104.95	1566.06
房屋建筑竣工面积(万平方米)	Floor Space of Buildings Completed (10 000 sq. m)	563.1	604.73	760.23
房屋建筑优良工程竣工面积(万平方米)	Floor Space of Buildings Completed in High Quality (10 000 sq. m)	141166	142986	142077
固定资产原价	Original Value of Fixed Assets	122625	122895	122578
其中:生产经营用	Use for Production and Management	136866	141097	151345
实收资本合计	Actual Capital Hold	532613	579890	728185
流动资产小计	Circulating Assets	401393	442268	559037
其中:存货	Stocks	147461	155966	187167
在建工程	Projects Under Construction	94147	99568	32393
固定资产小计	Fixed Assets	101207	103457	131003
年末负债合计	Total Liabilities at Year-end	357590	392185	525461
流动负债小计	Liquid Liabilities	351954	383355	519324
长期负债小计	Sum of the Non Current Liabilities	5635	8830	6137
所有者权益合计	Creditors´Equity	175023	187705	151345
营业收入	Business Income	520915	590625	824864
营业成本	Operating Cost	470617	534551	752585
营业税金及附加	Business Tax and Surchanges	17492	19621	27153
管理费用	Management Expenditures	23202	27553	27632
财务费用	Financial Expenditures	2248	2070	2628
营业利润	Operating Profits	10651	12736	16937
利润总额(亏损为-)	Total Profits	10380	12385	18152

注:2001 年以前为建筑业资质等级四级及以上建筑业企业,2002 年及以后为具有建筑业资质等级所有独立核算建筑业企业,劳务分包建筑企业除外。

Major Economic Indicators of Construction Enterprises Having Class (2001 - 2014)

(10 000 yuan)

2004	2005	2006	2007	2008	2009	2010	2011	2012	2013	2014
194	202	214	264	248	247	271	291	308	325	322
19	13	14	13	11	13	7	19	27	25	37
1111881	1229046	1569736	2372678	3154840	4071590	5898670	7642751	8442914	9425426	9847473
873758	1080514	1267513	1841753	2361146	3078822	3705062	4894272	5857227	6666795	4730585
1769.98	2000.42	2364.46	3408.37	3857.63	4489.90	6197.76	7791.62	7957.87	8477.60	8526.77
871.76	1048.68	1270.75	1682.81	1899.61	2164.07	2334.59	2870.43	2976.68	3112.82	3372.44
137202	158442	174737	253068	277086	339422	447341	514032	528441	544158	570472
116365	121196	138997	204760	217963	262019	366099				
151937	168894	214720	278457	368068	461278	638575	752110	851397	889107	1033478
879312	980317	1084354	1465074	1672664	2072714	3070710	3803794	4203853	4574659	5023878
741800	823678	891620	1207364	1371584	1693660	2554144	3197863	3618663	3845427	4346187
273586	311278	326961	507129	521855	560648	807912	845564	946400	1142161	1371859
2331	14025	34460	14399	13531	21174	17547	24485	20237	51040	47959
99241	121314	149992	188785	202782	255647	330577	379401	361668	403942	410717
674914	743991	803058	1078152	1183686	1427611	2178541	2763858	3019256	3182436	3548306
668359	737855	795804	1063065	1162550	1404489	2139311	2682594	2913757	3025997	3417352
6555	6135	7253	15087	21136	23123	39230	81265	75682	46058	37784
204398	236327	281297	386923	488978	645103	892169	1039936	1181528	1304544	1475572
987583	1147670	1421708	2043765	2565036	3353451	4769293	5739290	6391388	7120907	7239821
896916	1043184	1292357	1862378	2342633	3065741	4369974	5268440	5865412	6548047	6699556
32686	40559	46386	66449	85665	112169	159053	187724	199312	228999	235448
32363	35927	42716	56356	65931	75979	95356	106630	130166	134744	131578
2640	3345	5180	10462	13975	14377	25434	45006	53959	56708	59446
22654	24706	34309	45586	55825	80392	113034	119516	125354	110188	103127
25024	28296	39318	48976	66812	90431	121435	120532	126677	120615	106980

In 2001 and before, the statistical caliber of the data refers to enterprises of construction having class; Since 2002, the scope of enterprises except for sub - work include all enterprises of construstion having class with independent accounting system.

9-2 市区具有资质等级建筑业企业主要生产经营指标（2001-2014）

单位：万元

指　　标	Item	2001	2002	2003
企业个数(个)	Number of Enterprises (unit)	74	66	67
亏损企业个数(个)	Number of Loss Enterprises (unit)	15	11	10
建筑业总产值	Gross Output Value of Construction	194247	234708	291735
竣工产值	Output Value of Buildings Completed	156081	195766	222995
房屋建筑施工面积(万平方米)	Floor Space of Buildings under Construction (10 000 sq. m)	251.51	282.41	412.27
房屋建筑竣工面积(万平方米)	Floor Space of Buildings Completed (10 000 sq. m)	145.84	150.73	168.43
房屋建筑优良工程竣工面积(万平方米)	Floor Space of Buildings Completed in High Quality (10 000 sq. m)	50421	54389	46889
固定资产原价	Original Value of Fixed Assets	43804	48706	40752
其中:生产经营用	Use for Production and Management	44106	43306	46029
实收资本合计	Actual Capital Hold	174418	180886	189160
流动资产小计	Circulating Assets	126904	127415	137507
其中:存货	Stocks	39478	46916	47378
在建工程	Projects Under Construction	26139	31829	9854
固定资产小计	Fixed Assets	36025	41547	43328
年末负债合计	Total Liabilities at Year-end	117200	113263	128218
流动负债小计	Liquid Liabilities	114289	41049	125798
长期负债小计	Sum of the Non Current Liabilities	2911	2214	2420
所有者权益合计	Creditors´Equity	57218	67623	46029
营业收入	Business Income	173052	205241	268167
营业成本	Operating Cost	156340	182299	242447
营业税金及附加	Business Tax and Surchanges	5626	6960	8597
管理费用	Management Expenditures	9818	11173	10283
财务费用	Financial Expenditures	858	583	797
营业利润	Operating Profits	2551	9034	7508
利润总额(亏损为-)	Total Profits	2365	9030	8205

注:2001 年以前为建筑业资质等级四级及以上建筑业企业,2002 年及以后为具有建筑业资质等级所有独立核算建筑业企业,劳务分包建筑企业除外。

Major Economic Indicators of Construction Enterprises Having Class in Urban District (2001 – 2014)

(10 000 yuan)

2004	2005	2006	2007	2008	2009	2010	2011	2012	2013	2014
72	77	81	88	79	79	98	108	120	134	130
7	5	6	5	2	3	2	4	11	8	13
407273	416132	464021	709857	993544	1314724	1816845	2283760	2380746	2572029	2480194
306079	386207	394579	557790	686489	861419	1143800	1226461	1446056	1869211	1664747
538.32	584.79	594.80	809.50	1065.26	1286.72	1754.84	2217.55	2126.66	2343.77	2352.12
245.63	308.03	268.53	351.12	419.53	454.44	614.13	667.28	680.62	792.67	858.78
57187	64317	62182	88207	99308	118552	142128	169557	188320	215996	214967
47708	42186	43318	71491	66995	81831	112912			0	
50058	55992	73412	90897	118949	155683	194723	230839	258922	299181	329647
259870	283824	324668	393617	493279	600202	786786	868820	1038142	1293940	1302784
203776	224352	263504	301159	391719	479734	631953	681971	851631	997136	1082349
81762	86912	110252	114024	119469	130803	177419	169041	237351	293102	266217
488	2000	5626	7177	7017	5529	7126	4825	6854	5650	10418
42688	48122	48079	72617	74915	86080	104198	119383	135251	149895	148527
185372	203158	224029	264972	331083	397540	525522	564145	688289	813516	874070
184070	201084	222445	262203	325991	388689	514987	556427	678965	698074	782407
1302	2074	1584	2768	5092	8851	10535	7718	5224	12380	2182
74498	80667	100639	128645	162196	202662	261264	304675	347790	393969	428715
361441	382826	447287	615868	812290	1079870	1432180	1709470	1750908	1932672	1958691
322647	341507	398511	557057	737080	987501	1313629	1573770	1605347	1751231	1806907
11705	15300	14240	20131	26178	34858	46750	53283	53631	57711	57361
13958	15358	17775	21645	27752	29836	35002	39958	44047	47623	46289
885	870	1787	2590	3759	4335	6624	10112	13535	13423	14982
12589	11356	15859	14223	17922	21806	26602	29814	28706	25332	26888
14641	12587	18382	16891	25856	24528	25192	31463	29628	25728	27636

In 2001 and before, the statistical caliber of the data refers to enterprises of construction having class; Since 2002, the scope of enterprises except for sub – work include all enterprises of construstion having class with independent accounting system.

9-3 分地区具有资质等级建筑业企业主要生产经营指标 (2014)

单位:万元

指 标	Item	全 市 Total	市 区 Urban District
建筑业企业个数(个)	Number of Enterprises (unit)	322	130
亏损企业个数(个)	Number of Loss Enterprises (unit)	37	13
建筑业总产值	Gross Output Value of Construction	9847473	2480194
竣工产值	Output Value of Buildings Completed (10 000 sq. m)	6930067	1664747
房屋建筑施工面积(万平方米)	Floor Space of Buildings under Construction (10 000 sq. m)	8526.77	2352.12
房屋建筑竣工面积(万平方米)	Floor Space of Buildings Completed(10 000 sq. m)	3372.44	858.78
年初存货	The Beginning Inventories	1264050	262305
年末资产负债	Assets and Liabilities at Year - end		
流动资产合计	Sum of Circulating Funds	4346187	1082349
其中:应收工程款	Accounts Receivable	786642	225869
存货	Inventories	1371859	266217
固定资产合计	Total Fixed Assets	410717	148527
固定资产原价	Original Value of Fixed Assets	570472	214967
累计折旧	Total Cumulative Depreciation	231245	83102
其中:本年折旧	Depreciation This year	36478	13274
在建工程	Projects Under Construction	47959	10418
资产合计	Total Assets	5023878	1302784
流动负债合计	Liquid Liabilities	3417352	782407
其中:应付账款	Accounts Payable	865531	177340
非流动负债合计	Sum of the Non Current Liabilities	37784	2182
负债合计	Total Liabilities	3548306	874070
所有者权益合计	Creditors´Equity	1475572	428715
其中:实收资本	Paid - in Capital	1033478	329647
国家资本	National Capital	15820	3020
集体资本	Collective Capital	10855	
法人资本	Corporate Capital	267357	70854
个人资本	Personal Capital	739447	255774

Major Economic Indicators of Enterprises of Construction Having Class by Region

(2014)

(10 000 yuan)

南湖区 Nanhu	秀洲区 Xiuzhou	嘉善县 Jiashan	海盐县 Haiyan	海宁市 Haining	平湖市 Pinghu	桐乡市 Tongxiang
69	61	30	25	39	45	53
6	7	10	3	4	6	1
1424757	1055437	314684	521260	2132591	1215795	3182950
1028942	635805	330992	325981	1422145	934400	2251802
1290.13	1061.99	341.29	393.59	1523.87	1237.73	2678.17
404.31	454.47	156.99	174.92	645.61	443.20	1092.93
133319	128986	47620	51468	582472	175431	144755
684249	398100	188340	250487	1552586	633366	639059
139419	86450	37048	73062	189388	118785	142490
147752	118465	62459	58383	630418	182024	172359
70537	77989	23057	22025	79278	44700	93131
111456	103511	30720	28467	107016	69833	119470
46352	36750	9780	11228	49536	32249	45350
6932	6341	1699	959	5169	5119	10258
579	9838	796	2196	20895	4363	9292
793194	509590	219876	309911	1719708	704975	766624
469695	312711	125483	215104	1384631	454583	455144
103459	73881	29367	80971	429588	48386	99879
2033	149	11	220	26117	9023	231
552369	321700	125494	215324	1412748	464992	455679
240825	187890	94382	94587	306960	239982	310946
179423	150224	75712	81636	233087	117647	195750
1000	2020			10000	800	2000
		9	200	5546	3000	2100
34654	36200	14612	14288	98306	1693	67604
143769	112004	61091	67148	119235	112153	124046

9－3 续表

单位:万元

指　　标	Item	全　市 Total	市　区 Urban District
损益及分配	Distribution of Profit and Lost		
营业收入	Sales Revenue	7239821	1958691
其中:主营业务收入	Sales Revenue of Main Business	7217445	1949574
营业成本	Cost of Sales	6699556	1806907
其中:主营业务成本	Main Business Cost	6651442	1800158
营业税金及附加	Sales Tax and Extra Charges	235448	57361
其中:主营业务税金及附加	Sales Tax and Extra Charges of Main Business	235058	57100
其他业务利润	Non－Main Business Profits	8164	2481
销售费用	Sales Expenses	11913	5352
管理费用	Management Expenses	131578	46289
其中:税金	Tax	6170	2327
财务费用	Financial Expenses	59446	14982
其中:利息收入	Interest Income	6860	3697
利息支出	Interest Expenditure	57514	17697
营业利润	Business Profits	103127	26888
补贴收入	Subsidies Income	15558	1341
营业外收入	Exceptional Profits	3902	291
营业外支出	Exceptional Expenses	12119	824
利润总额	Total Pre－tax Profits	106980	27636
应交所得税	Income Tax	31296	7494
应付职工薪酬(本年贷方累计发生额)	Wages Payable	1243112	338272
建筑业企业在境外完成的营业收入	Revenue from Other Region of China	1652	400

Continued

(10 000 yuan)

南湖区 Nanhu	秀洲区 Xiuzhou	嘉善县 Jiashan	海盐县 Haiyan	海宁市 Haining	平湖市 Pinghu	桐乡市 Tongxiang
1165911	792780	283107	397987	1582045	919876	2098115
1161008	788566	282382	397870	1573573	916634	2097413
1074814	732093	263805	368874	1471087	840257	1948626
1069258	730901	263700	339624	1465817	839069	1943074
36133	21228	8736	13818	53930	32586	69018
35887	21213	8728	13817	53834	32583	68996
838	1643	614	101	4136	744	89
3593	1758	465	244	3163	760	1929
24974	21316	5996	6895	26980	19208	26211
1743	585	428	251	747	538	1878
8196	6787	1696	3526	14207	11283	13752
3492	204	7	275	1874	427	580
10910	6788	1692	3373	12481	11439	10833
18562	8326	2302	4734	13853	16218	39131
744	597	64	128	9569	3578	878
73	219	9	44	2866	112	580
457	367	277	501	9595	333	588
19080	8556	2089	4361	13968	19497	39428
5000	2494	1240	1060	6031	5245	10226
186264	152009	52459	70697	159375	144822	477486
	400		1252			

9－4 建筑业企业财务状况指标
(2014)

单位:万元

指　　标	Item	年初存货 The Beginning Inventories	流动资产合　计 Circulating Funds	应　收 工程款 Receivables	存　货 Inventories
总　　计	Total	1264050	4346187	786642	1371859
其中:国有及国有控股企业	State－owned Holding Enterprises	102571	243331	33576	88534
按登记注册类型分组	Grouped by Registered Type				
内资企业	Domestic Enterprises	1264050	4346187	786642	1371859
国有企业	State－owned Enterprises				
集体企业	Collective－owned Enterprises	1057	1828	350	329
股份合作企业	Share－holding Cooperative Enterprises	1	7565	734	1
联营企业	Joint Ownership Enterprises				
有限责任公司	Limited Liability Corporations	179765	650704	120086	189657
股份有限公司	Share－holding Corporations Ltd.	92185	305722	78938	74330
私营企业	Private Enterprises	991042	3380368	586534	1107543
按企业资质等级分组	Grouped by Qualification Type				
施工总承包	Construction General Contract	1152273	3827524	675148	1251627
一级	Grade－One	788332	2294542	369276	847943
二级	Grade－Two	231303	1015177	186984	271602
三级以下	The Following Grade－Three	132639	517805	118888	132081
专业承包	Professional Contract	111777	518663	111494	120233
一级	Grade－One	52692	278616	53330	56297
二级	Grade－Two	30134	104223	28393	28810
三级以下	The Following Grade－Three	28951	135824	29771	35125
按国民经济行业分组	Grouped by Industrial Branch				
房屋建筑业	Housing Industrial	927815	3051903	500467	1056746
土木工程建筑业	Civil Engineering Industrial	237878	803243	164584	211642
建筑安装业	Installation Industrial	78472	311954	72421	81581
建筑装饰和其他建筑业	Decoration or other Industrial	19885	179087	49170	21890

The Financials of Construction Enterprises (2014)

(10 000 yuan)

固定资产合计 Total Fixed Assets	固定资产原价 Original Value of Fixed Assets	累计折旧 Accumulated Depreciation	本年折旧 Depreciation in this year	在建工程 Projects Under Construction	资产合计 Total Assets	流动负债合计 Circulating Liabilities	应付账款 Accounts Payable
410717	570472	231245	36478	47959	5023878	3417352	865531
14133	24157	11728	1237	0	267515	133201	23321
410717	570472	231245	36478	47959	5023878	3417352	865531
197	444	247	6	0	2025	1166	0
135	727	647	10	55	7700	6405	2339
69978	80974	34203	8456	17493	752587	559367	109525
44627	58940	17885	3584	1767	391655	198028	44035
295781	429387	178264	24423	28644	3869911	2652386	709633
324170	458079	183181	29434	28952	4371887	2993295	809539
139694	190116	75573	9748	17320	2585770	1898763	548613
108656	175118	70730	11798	334	1178846	778617	168229
75820	92845	36878	7888	11298	607271	315915	92697
86547	112393	48065	7044	19007	651991	424057	55992
46268	52940	22528	2661	15731	359684	250108	29890
14946	21488	10310	1576	1708	124229	76948	9028
25333	37965	15227	2807	1568	168079	97002	17074
195378	274251	106894	17760	17649	3406556	2514767	713099
127494	191311	86094	10966	11736	990484	495105	90849
66124	73830	25324	5729	15903	406250	272900	38725
21722	31080	12934	2024	2671	220589	134579	22859

9－4 续表 1

单位:万元

指　　标	Item	非流动负债合计 Sum of Non Current Liabilities	负债合计 Total Liabilities	所有者权益合计 Creditors′ Equity	实收资本 Paid－in Capital
总　　计	Total	37784	3548306	1475572	1033478
其中:国有及国有控股企业	State－owned Holding Enterprises	6128	214098	53417	36915
按登记注册类型分组	Grouped by Registered Type				
内资企业	Domestic Enterprises	37784	3548306	1475572	1033478
国有企业	State－owned Enterprises				
集体企业	Collective－owned Enterprises	0	1166	860	1046
股份合作企业	Share－holding Cooperative Enterprises	12	6417	1283	614
联营企业	Joint Ownership Enterprises				
有限责任公司	Limited Liability Corporations	19708	585104	167483	124831
股份有限公司	Share－holding Corporations Ltd.	2006	274793	116862	78230
私营企业	Private Enterprises	16059	2680827	1189084	828757
按企业资质等级分组	Grouped by Qualification Type				
施工总承包	Construction General Contract	17575	3103182	1268706	865975
一级	Grade－One	17013	1917776	667994	424963
二级	Grade－Two	15	794057	384790	289361
三级以下	The Following Grade－Three	547	391349	215922	151651
专业承包	Professional Contract	20209	445125	206866	167503
一级	Grade－One	13658	263765	95918	80413
二级	Grade－Two	73	77180	47048	36791
三级以下	The Following Grade－Three	6478	104179	63900	50300
按国民经济行业分组	Grouped by Industrial Branch				
房屋建筑业	Housing Industrial	16323	2545976	860579	583958
土木工程建筑业	Civil Engineering Industrial	1470	574180	416304	291660
建筑安装业	Installation Industrial	19708	292933	113317	85875
建筑装饰和其他建筑业	Decoration or other Industrial	284	135218	85371	71985

Continued 1

(10 000 yuan)

营业收入 Sales Revenue	主营业务收入 The Main Business Revenue	营业成本 Cost of Business	主营业务成本 Cost of Main Sales	营业税金及附加 Business Tax and Surcharges	主营业务税金及附加 Main Business Tax and Surcharges	其他业务利润 Other Profit	销售费用 Cost of Sales
7239821	7217445	6699556	6651442	235448	235058	8164	11913
187917	186531	169721	168963	4904	4892	611	611
7239821	7217445	6699556	6651442	235448	235058	8164	11913
2807	2807	2584	2584	93	93	0	0
21359	21359	20382	20382	316	316	0	0
639174	629723	576015	541249	17625	17592	3704	1315
1110771	1104715	1043706	1040214	32605	32364	1078	389
5465710	5458842	5056870	5047013	184809	184693	3382	10208
6630183	6614828	6157518	6116195	218610	218262	6618	9250
4211906	4202457	3930178	3925235	139720	139402	3266	5901
1742478	1739797	1616661	1586060	57967	57956	1303	1746
675799	672575	610679	604901	20923	20904	2049	1603
609639	602616	542038	535246	16838	16796	1546	2663
311351	305986	280390	276367	8268	8268	751	817
133135	132354	117074	116261	3469	3444	124	621
165152	164276	144574	142619	5101	5085	671	1226
5222235	5211395	4876493	4836995	172881	172561	3560	6521
1406644	1403198	1282020	1281046	44878	44843	2184	2757
329278	321287	290922	283316	8751	8717	2354	1673
281664	281564	250121	250086	8938	8937	67	961

9－4　续表2

单位:万元

指　　标	Item	管理费用 Management Expense	税　金 Tax	财务费用 Financial Expenses	利息收入 Interest Income	利息支出 Interest Expenditure
总　　计	Total	131578	6170	59446	6860	57514
其中:国有及国有控股企业	State－owned Holding Enterprises	6510	137	3378	336	3698
按登记注册类型分组	Grouped by Registered Type					
内资企业	Domestic Enterprises	131578	6170	59446	6860	57514
国有企业	State－owned Enterprises					
集体企业	Collective－owned Enterprises	72	1	5	0	5
股份合作企业	Share－holding Cooperative Enterprises	116	10	0	0	0
联营企业	Joint Ownership Enterprises					
有限责任公司	Limited Liability Corporations	25670	568	8032	3418	11427
股份有限公司	Share－holding Corporations Ltd.	12133	995	9055	587	7509
私营企业	Private Enterprises	93587	4597	42354	2855	38573
按企业资质等级分组	Grouped by Qualification Type					
施工总承包	Construction General Contract	104319	5047	47257	6601	45534
一级	Grade－One	50918	2583	33739	2132	29620
二级	Grade－Two	27407	1352	11506	3627	13509
三级以下	The Following Grade－Three	25994	1112	2013	842	2405
专业承包	Professional Contract	27259	1123	12189	259	11980
一级	Grade－One	11813	391	8389	163	8426
二级	Grade－Two	6176	400	2107	53	1966
三级以下	The Following Grade－Three	9270	332	1693	43	1588
按国民经济行业分组	Grouped by Industrial Branch					
房屋建筑业	Housing Industrial	62965	3104	40783	5203	39307
土木工程建筑业	Civil Engineering Industrial	38650	1776	8154	1328	7824
建筑安装业	Installation Industrial	18598	922	6968	281	7156
建筑装饰和其他建筑业	Decoration or other Industrial	11366	368	3542	48	3226

Continued 2

(10 000 yuan)

营业利润 Profits of Management	营业外收入 Exceptional Profits	补贴收入 Subsidies Income	营业外支出 Exceptional Expenses	利润总额 Total Profits	应交所得税 Income Tax Payable	应付职工薪酬（本年贷方累计发生额） Wages Payable	建筑业企业在境外完成的营业收入 The Business Revenue from Foreign Countries
103127	15558	3902	12119	106980	31296	1243112	1652
2601	335	41	349	2587	564	38144	0
103127	15558	3902	12119	106980	31296	1243112	1652
53	0	0	3	51	13	125	0
545	0	0	0	545	125	3029	0
10836	502	109	905	10433	3646	110857	400
11701	1106	462	317	12732	3301	240508	0
79991	13949	3331	10895	83220	24212	888593	1252
94316	14323	3672	9972	99030	27772	1160626	1652
52176	12666	2683	8321	56858	17039	796466	0
27803	1128	937	1001	27954	7184	273456	1652
14338	529	53	649	14218	3549	90704	0
8810	1235	230	2147	7950	3524	82486	0
1730	909	125	1727	958	1278	51752	0
3693	240	81	140	3793	1310	14752	0
3387	86	25	280	3200	936	15982	0
63888	13223	3399	9126	68217	20174	963069	1252
30042	1269	330	735	30706	7548	196932	0
2426	519	161	468	2483	1712	37959	400
6771	547	12	1789	5574	1862	45153	0

主要统计指标解释

建筑业统计单位 指从事房屋、构筑物建造和设备安装活动的法人企业。建筑业法人企业应同时具备的条件是：①依法成立，有自己的名称、组织机构和场所，能够承担民事责任；②独立拥有和使用资产，承担负债，有权与其他单位签订合同；③独立核算盈亏，能够编制资产负债表。

建筑业总产值（即自行完成施工产值） 是以货币表现的建筑安装企业在一定时期内生产的建筑业产品的总和。建筑业总产值包括：

⑴建筑工程产值：指列入建筑工程预算内的各种工程价值。

⑵设备安装工程产值：指设备安装工程价值，不包括被安装设备本身价值。

⑶房屋、构筑物修理产值：指房屋、构筑物修理所完成的价值，但不包括被修理房屋、构筑物本身的价值和生产设备的修理价值。

⑷非标准设备制造产值：指加工制造没有定型的、非标准的生产设备的加工费和原材料价值，以及附属加工厂为本企业承建工程制作的非标准设备的价值。

建筑业增加值 指建筑业企业在报告期内以货币表现的建筑业生产经营活动的最终成果。目前建筑业增加值采用分配法（收入法）计算，即从收入的角度出发，根据生产要素在生产过程中应得的收入份额计算。具体计算公式为：

建筑业增加值＝本年提取的固定资产折旧＋应付工资＋应付福利费＋管理费用中的劳动待业保险金、税金＋工程结算税金及附加＋工程结算利润

房屋建筑面积 指房屋全部平面面积的总和。它从房屋的外墙线算起，包括可供使用的有效面积和墙柱等结构占用面积。多层房屋按各层（包括地下室）面积总合计算。旧房加层或改造，只计算增加的建筑面积；旧房拆除重建，计算其全部面积；临时房屋不计算建筑面积。

房屋施工面积 指报告期内施工的全部房屋建筑面积。包括本期新开工的房屋建筑面积、上期跨入本期继续施工的房屋建筑面积、上期停缓建在本期恢复施工的房屋建筑面积、本期竣工的房屋建筑面积以及本期施工后又停缓建的房屋建筑面积。多层建筑应填各层建筑面积之和。

房屋竣工面积 指报告期内房屋建筑按照设计要求已全部完工，达到住人和使用条件，经验收鉴定合格或达到竣工验收标准，可正式移交使用的各栋房屋建筑面积的总和。

房屋竣工价值 指报告期内按规定已经上报竣工的房屋本身的建造价值。一般按房屋设计和预算规定的内容计算。包括竣工房屋本身的基础、结构、屋面、装修以及水、电、卫等附属工程的建筑价值；也包括作为房屋建筑组成部分而列入房屋建筑工程预算内的设备（如电梯、通风设备等）的购置和安装费用。不包括厂房内的工艺设备、工艺管线的购置和安装，工艺设备基础的建造；室外的水、暖、电、卫、道路工程、挡土墙等环境工程的费用；办公和生活用家具的购置等费用；购置土地的费用；迁移补偿费和场地平整的费用及城市建设配套投资。

房屋竣工价值不仅包括该竣工房屋在报告期内完成的价值，也包括跨年施工的房屋在本期以前完成的价值。未竣工而转让给其他单位的房屋建筑工程，出让单位不计算竣工价值，待接受单位继续施工并符合竣工条件后，由接受单位计算其竣工价值，包括出让单位在出让前所完成的价值。房屋竣工价值一般按结算价格（或中标价）计算。

EXPLANATORY NOTES ON MAIN STATISTICAL INDICATORS

Statistical Unit in Construction refers to corporate enterprise engaged in the construction of buildings and structures and in the installation of equipment. A corporate construction enterprise should meet the following 3 requirements: ①being set up in line with relevant legal basis, having its full name, organization and location, and capable of taking civil liabilities; ②independently possessing and using its assets and assuming its liabilities, and entitled to sign contracts with other institutions; and ③ making independent accounts of its profits and losses, and capable of compiling its own balance sheet.

Gross Output Value of Construction (Output Value of Projects Under Construction) refers to total of construction products, expressed in money terms, completed by construction and installation enterprises during a given period of time. It includes:

(1) Output value of construction projects, that is the value of projects covered by the project budgets;

(2) Output value of installation projects, that is the value of the installation of equipment, (excluding the value of the equipment to be installed);

(3) Output value of repair of buildings and structures, that is the value created through the repairs of buildings or structures, but does not include the value of buildings or structures being repaired and the value of the repair of production equipment;

(4) Output value of manufactured non – standard equipment, that is the value of non – standard production equipment (including raw materials and manufacturing cost) made for the construction project, and the equipment manufactured by subsidiary workshops.

Value – added of Construction refers to the final result of the activities of production and management of construction in monetary terms in the reference period. At present, the value – added of construction is calculated with the income approach. In other words, it is the sum of income of various production factors in the production process. The formula is as follows:

Value – added of construction = depreciation of fixed assets in the year + wages payable + welfare expenses payable + insurance premium and tax for waiting for employment in the administrative expenses + taxes and surcharges on project settlement + profit gained from project settlement.

Housing Construction Area: this area is the summation that all level accumulates the building. It is reckoned from the exterior line, includes the usable area and the footprint area of the walls. the area of multilayer buildings is the summation that each level accumulates the building including the under level. The area of renovation projects only includes the enlargement. The area of rebuild project includes all rebuild area. The area of tabernacle does not include in this.

Floor Space under Construction: this area includes all floor space under construction in the current period, including the new housing construction area in the current period, the continued construction area from the previous period, the restoration construction area of the ceased project from the previous period, the completed floor space in the current period, the area of the unfinished and ceased projects. The area of multilayer buildings is the summation that each level accumulates the building.

Completed Floor Space: this area is the summation that all level accumulates the buildings which have been completed and meet the requirements to live and reach the completion inspection and acceptance standard.

Value of The Completed building: This is the value of the completed buildings. The value is generally calculated on the design and budget. This value contains the value of completed buildings and the appendants, however, does not include equipment and environmental engineering cost as well as the relevant expenses of the land.

The value does not only include the value of completed buildings in the current period, but also include the value of completed buildings from the previous period; the value of the unfinished house is calculated by the accepting unit when it is finished.

十、交通邮电业

Transport, Post and Telecommunication Services

10-1 全市主要年份公路、内河通车、通航里程

Length of Highways and Navigable Inland Waterways in Main Years

单位:千米 (km)

年 份 Year	一、公路通车里程 Total Length of Highways	高速公路 Express-way	一级公路 First Class	二级公路 Second Class	三级公路 Third Class	四级公路 Forth Class	二、内河通航里程 Length of Navigable Inland Waterways
1990	830						2000
2001	1883	88	206	272	658	512	2145
2002	1966	150	212	286	670	510	1941
2003	2006	150	291	258	661	514	1936
2004	2062	150	321	278	724	529	1936
2005	2837	150	397	300	752	1181	1914
2006	2772	150	478	321	743	1080	1914
2007	3419	233	588	383	789	1426	1912
2008	7412	336	594	496	925	4361	1946
2009	7501	350	608	513	935	4578	1946
2010	7669	349	645	532	1038	3360	1949
2011	7758	348	676	555	1045	3773	1949
2012	7863	348	702	581	1089	3691	1949
2013	8000	391	737	601	1117	3761	1949
2014	8067	393	758	637	1165	3754	1957

10-2 市区主要年份公路、内河通车、通航里程

Length of Highways and Navigable Inland Waterways in Urban District in Main Years

单位:千米 (km)

年 份 Year	一、公路通车里程 Total Length of Highways	高速公路 Express-way	一级公路 First Class	二级公路 Second Class	三级公路 Third Class	四级公路 Forth Class	二、内河通航里程 Length of Navigable Inland Waterways
1990	164						425
2001	433	35	41	74	164	44	419
2002	496	80	47	80	178	45	419
2003	486	80	47	67	178	45	439
2004	486	80	47	67	178	45	439
2005	549	80	47	67	178	177	439
2006	580	80	72	79	206	143	439
2007	754	114	106	109	209	216	449
2008	1514	114	106	126	208	657	448
2009	1511	114	105	128	202	824	448
2010	1556	115	106	132	238	498	448
2011	1583	115	121	142	240	753	448
2012	1596	115	122	144	241	760	448
2013	1624	125	136	139	242	771	450
2014	1632	125	136	140	242	979	461

注:资料来源,嘉兴市交通局,2008 年公路通车里程数据包含通村公路。
The data is from Jiaxing traffic bureau, The length of highways is including that of village road in 2008.

10－3 分地区含通村公路里程
（2014）

单位：千米

指　　标	Item	全　市 Total	市　区 Urban District
总　　计	Total	8067	1632
一、按行政等级分	GroupedbyGradeofAdiministration		
国道	StateHighway	349	103
省道	ProvincialHighway	329	93
县道	CoutryHighway	1845	403
乡道	TownshipHighway	1939	299
村道	Coutry Highway	3509	706
专业公路	Professional Road	96	29
二、按路面等级分	GroupedbyStandardofRoadSurface		
高级路面	High	7480	1523
次高级路面	Sub－high	256	62
中级路面	Medium	331	47
低级路面	Low		
三、按技术等级分	GroupedbyTechnicalGrade		
高速公路	Express－way	393	125
一级公路	FirstClass	758	136
二级公路	SecondClass	637	140
三级公路	ThirdClass	1165	242
四级公路	ForthClass	3754	779
准四级公路	Forth Class	1232	200
等外公路	SubstandardHighway	127	10

Length of Highways by Region
(2014)

(km)

		嘉善县 Jiashan	平湖市 Pinghu	海宁市 Haining	海盐县 Haiyan	桐乡市 Tongxiang
南湖区 Nanhu	秀洲区 Xiuzhou					
694	938	772	1243	1420	989	2012
35	68	30	31	91	40	54
49	44	22	61	97	31	25
190	213	183	257	318	326	358
152	147	313	261	393	206	468
264	443	215	623	496	373	1096
5	23	9	11	24	12	11
674	849	770	1116	1420	961	1690
	62		1		2	190
20	27	2	125		26	131
48	77	37	46	101	41	44
62	74	67	124	202	76	153
93	47	57	118	115	117	90
59	183	182	159	194	141	247
229	550	355	432	693	493	1002
192	8	72	293	113	76	476
10		1	70		46	

10－4 主要年份全市全社会旅客、货物运输情况

指　　标	Item	1990	2002	2003
客运量(万人)	Passenger Traffic(10 000 person－times)	3597	8095	11102
铁　　路	Railway	330	398	390
公　　路	Highway	2921	7690	10710
水　　路	Waterway	345	7	2
客运周转量(万人公里)	Passenger－kilometers(10 000 person－km)	101074	273503	311708
铁　　路	Railway			
公　　路	Highway	91925	273056	311543
水　　路	Waterway	9321	447	165
货运量(万吨)	Freight Traffic(10000 ton)	2339	6624	7343
铁　　路	Railway	54	69.00	72.00
公　　路	Highway	551	2063	2317
水　　路	Waterway	1673	4492	4954
货运周转量(万吨公里)	Freight Ton－kilometers (10000 ton－km)	176223	605959	693060
铁　　路	Railway			
公　　路	Highway	33003	124410	138015
水　　路	Waterway	141640	481549	555045

注:周转量中不包括铁路周转量,2009 年以后公路客运数据统计口径为营业性车辆。

Total Passenger Traffic and Traffic Turnover – Volume in Main Years

2004	2005	2006	2007	2008	2009	2010	2011	2012	2013	2014
13627	16218	16878	16503	17166	11674	11955	12160	12343	12579	10780
472	466	501	499	524	575	611	677	822	958	1149
13150	15747	16344	15972	16596	11055	11298	11411	11469	11578	9594
5	5	33	32	46	44	46	72	52	43	37
399199	471951	515237	551292	560944	314376	347387	360668	364961	369819	316879
398962	471787	514972	551020	560651	314102	347157	360297	364692	369602	316692
237	164	265	272	293	274	230	371	269	217	187
7919	6881	10101	10463	10670	14853	16004	16869	16876	17266	18185
96.00	75.00	64.00	42.00	29.00	25.71	26.41	32.59	29.21	41.00	27.98
2360	2596	2977	3304	3535	7464	7919	8378	8432	8842	9861
5463	4210	7060	7117	7106	7363	8059	8458	8415	8383	8296
791976	979088	1068707	1154622	1204551	1745127	1986133	2259712	2245510	2282601	2453170
151611	166633	179863	201573	214197	658116	737090	813270	861726	893918	1040555
640365	812455	888844	953049	990354	1087011	1249043	1446442	1383784	1388683	1412615

Note: the railway turnover isnt included in the index of turnover, and since 2009 the statistics caliber of road tranportion data is commercial vehicles.

10－5 全市船舶拥有情况
（2001－2014）

指　　标	单位	Item	2001	2002	2003	2004
1. 全社会合计						
（一）机动船	艘	Motorboat(unit)	13456	11797	9158	8239
	吨位	ton	597933	665313	701995	106673
	客位	seat	804	704	927	454
#客轮	艘	Passenger Ship(unit)	9	8	28	4
	客位	seat	804	704	927	454
#货轮	艘	Cargo Ship(unit)	13421	11713	9053	8183
	吨位	ton	597231	665217	701995	105859
#油轮	艘	Oil Tanker(unit)	1	4	2	11
	吨位	ton	40	222	195	1401
（二）驳轮		Barge				
驳船	艘	Barge(unit)	781	847	819	559
	客位	seat	804	404	304	204
	吨位	ton	66728	75669	70204	51993
2. 个体户		Individual				
（一）机动船	艘	Motorboat(unit)	13345	11302	9000	8175
	吨位	ton	593832	651270	698180	106099
	客位	seat				0
#货船机动船	艘	Cargo Motorboat(unit)	13345	11296	8993	8147
	吨位	ton	593832	651270	701995	105508
（二）驳轮	艘	Barge(unit)	22	58	70	272
	客位	seat				
	吨位	ton	1582	4100	5493	24659

Possession of Transport Vessels
(2001 – 2014)

2005	2006	2007	2008	2009	2010	2011	2012	2013	2014
7813	7515	6335	6089	5599	4894	4204	4083	3702	3663
818538	879315	892512	893008	892707	907077	929894	962477	989393	1091399
1460	1460	1750	1448	1530	1648	1648	1748	1964	2034
16	16	30	27	30	38	38	40	44	46
1460	1460	1750	1448	1530	1648	1648	1748	1964	2034
7765	7461	6273	6030	5540	4831	4145	4025	3644	3608
818538	879314	892511	893008	892707	904577	929894	962477	989393	1091399
10	9	8	6	6	6	6	6	6	6
1351	1676	1626	1176	1176	1176	1176	1176	1176	11537
468	343	286	233	204	152	147	126	113	71
46480	38610	33140	27155	28454	22394	22333	20463	21344	13054
7582	7189	5905	5620	5147	4541	3872	3762	3389	3345
789664	830334	801141	781441	749456	748983	745616	759562	782041	850272
208									
7578	7185	5902	5618	5145	4538	3869	3759	3388	3343
789664	830334	801141	781441	749456	748983	745616	759562	782041	850272
45	45	35	24	22	31	23	23	13	13
4469	4469	3457	2495	2343	3855	3113	3113	2491	2491

10-6 市区船舶拥有情况
(2001-2014)

指　　标	单位	Item	2001	2002	2003	2004
1. 全社会合计						
(一)机动船	艘	Motorboat(unit)	2731	1676	2400	2127
	吨位	ton	122095	98497	130685	163843
	客位	seat	504	504	927	454
#客轮	艘	Passenger Ship(unit)	6	6	28	4
	客位	seat	504	504	927	454
#货轮	艘	Cargo Ship(unit)	2703	1652	2355	2110
	吨位	ton	122095	98497	130685	163843
#油轮	艘	Oil Tanker(unit)				3
	吨位	ton				580
(二)驳轮		Barge				
驳船	艘	Barge(unit)	217	222	197	144
	客位	seat	204	204	304	204
	吨位	ton	19329	22122	16210	15251
2. 个体户		Individual				
(一)机动船	艘	Motorboat(unit)	2585	1635	2337	2088
	吨位	ton	121275	97705	130057	161981
	客位	seat				
#货船机动船	艘	Cargo Motorboat(unit)	2686	1635	2337	2088
	吨位	ton	121275	97705	130057	161981
(二)驳轮	艘	Barge(unit)				
	客位	seat				
	吨位	ton				

Possession of Transport Vessels in Urban District
(2001 – 2014)

2005	2006	2007	2008	2009	2010	2011	2012	2013	2014
1834	1969	1249	1212	1039	798	832	786	828	893
150992	191517	116280	165426	147380	150014	188771	205027	251352	300937
1226	1430	1720	1418	1480	1598	1598	1728	1926	1996
13	15	29	26	27	35	35	38	41	43
1226	1430	1720	1418	1009	1598	1598	1728	1926	1996
1810	1947	1215	1182	1012	763	797	748	787	850
150992	191517	115250	165426	147380	150014	153358	205027	251352	300937
121	66	32	22	12					
216			258						
13317	8200	4069		1512					
1798	1699	947	919	791	653	689	652	693	748
150277	151732	81924	119987	110016	124306	163821	175464	215352	254652
1798	1699	947	919	791	653	689	652	693	747
150277	151732	81924	119987	110016	124306	163821	175464	215352	254652
			1						
			106						

10－7 全市营运车辆拥有情况
(2001－2014)

指　标	单位	Item	2001	2002	2003	2004
营运客运汽车实有数	辆	Passenger Vehicles(unit)	3177	3118	3288	3433
	客位	Seat	37037	36878	38039	43315
#个体	辆	Individual(unit)	634	189	102	41
	客位	Seat	4683	1256	649	320
营运载货汽车实有数	辆	Goods Vehicles(unit)	21976	22489	23449	26391
	吨位	tons	43508	44930	49636	61445
#个体	辆	Individual(unit)	9180	9796	6073	7037
	吨位	tons	10967	12492	9295	11755
其他机动车	辆	Other Motor Vehicles of Non－transportation Sytem(unit)	954	646	154	139
	吨位	tons	487	325	164	203
#营运车辆	辆	Total(unit)	231	157	103	139
	吨位	tons	173	118	139	203
#个体	辆	Individual(unit)	175	122	91	131
	吨位	tons	121	85	126	194
拖拉机	辆	Tractors of Non－transportation System(unit)	11115	9800	11432	8481
	吨位	tons	11165	9812	11443	8488

注:2009 年以后拖拉机数据由市农经局提供,口径为大中型运输车辆。

Possession of Vehicles
(2001 – 2014)

2005	2006	2007	2008	2009	2010	2011	2012	2013	2014
3613	3522	3547	3893	3891	3981	4099	4230	4300	4465
49044	51811	53632	63812	67149	78268	83276	92370	98310	106789
18	10	8	8	8	8	7	6	6	6
72	40	32	32	32	32	28	24	24	24
27515	29399	30297	27289	31338	32806	42266	43355	44973	41940
73160	104429	110956	109608	133150	169174	220568	227181	262707	267447
8092	10543	11549	11375	13767	16171	20820	22858	23490	21071
14511	22202	25272	26039	35327	47663	63576	70073	75033	70923
125	70	62	2	4					
163	95	74	2	63					
106	70	62	2	4					
151	95	74	2	63					
98	70	58	1						
142	80	70	1						
8532	8718	8616	3377	5330	5713	5144	8924	8093	6118
8539	8723	8626	3376	5311	5679	5658	9727	8813	6662

Note: the number of tractor is provided by the municipal Bureau of Agricultural economic with the statistics caliber of medium and large transport vehicles since 2009.

10－8　市区营运车辆拥有情况
(2001－2014)

指　　标	单位	Item	2001	2002	2003	2004
营运客运汽车实有数	辆	Passenger Vehicles(unit)	1110	746	791	872
	客位	Seat	12238	9047	8391	9580
#个体	辆	Individual(unit)	1	0		
	客位	Seat	16	0		
营运载货汽车实有数	辆	Goods Vehicles(unit)	7665	5834	6080	7437
	吨位	tons	17552	15226	14163	21191
#个体	辆	Individual(unit)	2225	1116	173	704
	吨位	tons	2351	1308	176	1127
其他机动车	辆	Other Motor Vehicles of Non－transportation Sytem(unit)	430	0	1	
	吨位	tons	184	0	0.4	
#营运车辆	辆	Total(unit)	13	0	1	
	吨位	tons	9	0	0.4	
#个体	辆	Individual(unit)	9	0		
	吨位	tons	5	0		
拖拉机	辆	Tractors of Non－transportation System(unit)	406	541	644	692
	吨位	tons	406	541	644	692

Possession of Vehicles in Urban District
(2001 – 2014)

2005	2006	2007	2008	2009	2010	2011	2012	2013	2014
1361	1317	1322	1403	1336	1452	1491	1650	1643	1737
16869	17731	18233	21148	19957	19089	19602	26400	34981	37949
9633	9782	10456	10165	11003	11709	14772	15336	16274	14508
25709	36319	36635	36913	40450	48584	62419	63799	77727	73871
2074	2871	3620	4132	4712	5868	7715	8532	8824	7676
2916	4439	6095	7256	9046	11327	17864	19726	21581	19324
				2					
				61					
				2					
				61					
1272	1252	1255	695	933	1052	818	1033	620	469
1273	1251	1254	694	912	989	899	1126	676	511

10－9 分地区全部机动车辆分类数(2012－2014)

Number of Motor Vehicles by Type and Region (2012－2014)

单位:辆 (unit)

地 区 region	年 份 Year	机动车总数 total motor vehicles	汽 车 automobile	摩托车 motorbike	其 它 others
全市 total	2014	1464209	791861	667822	4526
	2013	1345911	683694	658046	4171
	2012	1244847	574270	666839	3738
市区 Urban	2014	396820	242870	153002	948
	2013	364307	213079	150310	918
	2012	335199	180771	153600	828
嘉善 Jiashan	2014	161750	85521	75209	1020
	2013	151318	76195	74255	868
	2012	141598	65841	75002	755
海盐 Haiyan	2014	166637	77672	88612	353
	2013	155716	67635	87775	306
	2012	145028	56376	88383	269
海宁 Haining	2014	267160	135788	131119	253
	2013	243202	113086	129891	225
	2012	226140	94149	131758	233
平湖 Pinghu	2014	172948	90896	80561	1491
	2013	158386	77237	79765	1384
	2012	147831	63542	83089	1200
桐乡 Tongxiang	2014	298894	159114	139319	461
	2013	272982	136462	136050	470
	2012	249051	113591	135007	453

注:资料来源嘉兴市公安局。
Note data comes from Jiaxing Municipal Bureau of Public Security.

10-10 分地区私人汽车拥有量(2005-2014)
Number of Motor Vehicles by Type and Region(2005-2014)

单位:辆 (unit)

年份 Year	全市 total	市区 Urban	嘉善 Jiashan	平湖 Pinghu	海宁 Haining	海盐 Haiyan	桐乡 Tongxiang
2005	76095	24584	12532	6785	9251	7080	15863
2006	97657	31889	14780	8737	12331	9428	20492
2007	127299	41963	17961	11729	16896	12110	26640
2008	146003	48193	20264	13477	19691	13860	30518
2009	193658	64352	25438	18300	27155	18673	39740
2010	265802	86991	32915	26308	38599	26400	54589
2011	352245	112690	41411	35890	53957	35548	72749
2012	451331	141765	50387	47465	71395	45847	94472
2013	551324	171413	59500	59972	88647	56043	115749
2014	652677	199318	67791	72452	110333	65337	137446

10-11 分地区电信业务情况(2014)
Business Volume of Telecommunications by Region (2014)

地区	Region	电信业务总量(万元) Bussiness Volume of telecommunication (10 000 yuan)	年末移动电话用户数(万户) Mobile Telephone Subscribers at Year-end (10000Subscribers)	国际互联网用户数(万户) Internet Subscribers (10000Subscribers)
全市	Total	810134	614.60	141.91
市区	Urban District	280220	216.78	47.38
嘉善县	Jiashan	91647	66.89	15.29
平湖市	Pinghu	95594	74.68	17.73
海宁市	Haining	136039	97.39	24.10
海盐县	Haiyan	61181	46.16	11.20
桐乡市	Tongxiang	145452	112.71	26.20

10－12 全市邮电业务总量(1978－2014)

Business Volume of Post And Telecommunications (1978－2014)

年 份 Year	邮电业务总量（万元）Business Volume of Post and Telecommunications (10000 yuan)	函件(万件) Number of Letters (10000 cases)	订销报刊累计份数(万份) Total of Newspaper and Magazine Subscribed (10000 copies)	长途电话(万张次) Communication Time by Long－distance Telephone Call (10000 times)	电信固定电话用户数(万户) Number of Telephone Subscribers (10000 Subscribers)
1978	526	731	3684	78	0.72
1979	581	818	4150	87	0.78
1980	667	918	4732	100	0.86
1981	737	984	5360	108	0.98
1982	799	1012	5916	116	1.09
1983	923	1039	6664	136	1.23
1984	1110	1200	7530	179	1.43
1985	1409	1398	8708	243	1.65
1986	1568	1530	8994	268	1.85
1987	1868	1771	10520	340	2.09
1988	2360	1829	10686	455	2.66
1989	2995	1727	7695	549	3.07
1990	3778	1650	7650	730	3.54
1991	9958	1663	8414	1262	4.51
1992	15575	1814	8953	2046	6.44
1993	27644	2160	8636	2850	9.93
1994	41415	2594	7140	4121	14.89
1995	58272	2750	7457	5418	21.16
1996	73734	2358	7453	6703	26.35
1997	91631	2240	7352	8252	33.82
1998	117267	2155	7383	8108	42.65
1999	161751	1777	7442	7536	53.80
2000	227500	1822	6250	8292	71.49
2001	195528	2323	6649	8551	91.18
2002	207103	2358	6919	10128	105.84
2003	265031	2331	7583	12203	122.95
2004	342262	2127	8150	15174	140.25
2005	383010	2046	8126	26605	143.82
2006	473488	1955	8837	31474	168.70
2007	528890	1708	9180	18054	167.36
2008	597576	1976	9738	16320	161.48
2009	664793	1977	7924	13884	147.71
2010	705979	3996	7948		139.30
2011	775174	4173	9657		134.71
2012	825524	4624	9782		129.65
2013	873495	3454	9747		121.69
2014	854324	3089	9547		104.99

注:2001 年起邮电业务总量按 2000 价计算。
Since 2001 business volume of post and telecommunication are calculated at 2000 constant price.

10－13 市区邮电业务总量(1978－2014)

Business Volume of Post And Telecommunications in Urban District (1978－2014)

年 份 Year	邮电业务总量(万元) Business Volume of Post and Telecommunications (10000 yuan)	函件(万件) Number of Letters (10000 cases)	订销报刊累计份数(万份) Total of Newspaper and Magazine Subscribed (10000 copies)	长途电话(万张次) Communication Time by Long－distance Telephone Call (10000 times)	电信固定电话用户数(万户) Number of Telephone Subscribers (10000 Subscribers)
1978	136	227	1138	26	0.20
1979	152	251	1299	29	0.22
1980	171	280	1520	33	0.24
1981	194	310	1700	35	0.31
1982	208	319	1824	37	0.33
1983	264	315	2033	41	0.39
1984	322	364	2293	55	0.45
1985	401	416	2587	73	0.53
1986	452	472	2648	82	0.60
1987	550	594	3149	104	0.70
1988	742	587	3128	161	1.01
1989	1038	549	2429	231	1.17
1990	1337	545	2464	308	1.38
1991	3557	602	2673	469	1.64
1992	5177	620	2816	699	2.06
1993	8984	816	2784	964	3.12
1994	13009	1043	2151	1336	4.59
1995	17774	1042	2251	1635	6.64
1996	21425	1042	2278	1923	8.00
1997	26743	981	2107	2368	9.99
1998	36581	960	2147	2389	11.64
1999	56869	715	2224	2324	14.12
2000	98351	861	1943	2545	18.07
2001	63672	1299	2016	2604	23.12
2002	66733	1300	1989	3359	27.43
2003	84057	1251	2272	3773	32.16
2004	108115	1213	2429	4454	37.90
2005	114798	1118	2616	5738	39.41
2006	145382	1045	2785	7423	47.64
2007	153309	983	3329	5103	47.38
2008	173660	1092	3672	4472	46.07
2009	193252	1014	2323	3984	41.85
2010	204805	1798	2408		39.01
2011	248342	2196	3340		37.75
2012	273309	2161	3437		36.21
2013	281671	1411	3341		33.75
2014	293736	838	3069		28.72

注:2001 年起邮电业务总量按 2000 价计算。
Since 2001 business volume of post and telecommunication are calculated at 2000 constant price.

10－14　全市邮电业主要指标
（2001－2014）

指　　标	单位	Item	2001	2002	2003
一、邮电局、所总数	所	Number of Post Office(unit)	249	239	256
二、邮电线路长度		Length of Postal Routes			
邮路及农村投递线路总长度	公里	Length of Postal Routes(km)	10700	11203	11262
三、邮运工具及通讯设备		Telecommunications Facilities			
邮运汽车	辆	Postal Cars(unit)	37	35	29
长途自动交换机容量	路端	Long Distance Switchboard (terminal circuit)	17145	17145	19155
#程控	路端	Controlled by Program(terminal circuit)	17145	17145	19155
固定电话交换机容量	万门	Telephone Switch board(10000 lines)	116.54	130.32	137.23
#程控	万门	Controlled by Program(10000 lines)	116.54	130.32	137.23
电话机部数	部	Telephone Sets(user)	1455801	1644641	1835561
#农村电话机部数	部	Rural Area(user)	904000	1001065	1066730
四、邮电业务量		Business Volume of Post and Telecommunications			
邮电业务总量(1990年不变价)	万元	Business Volume of Post and Telecommunications(10 000 yuan)	195528	207103.02	265031
函件	万件	Letters(10 000 pcs)	2322.67	2358	2331
包件	万件	Pieces of Courier Services(10 000 pcs)	32.24	35.16	37.56
汇票	万件	Bill of Exchange(10 00 pcs)	90.43	105.5	112.8
订销报刊期发数	万份	Newspaper and Magazine issued (10 000 copies)	81.38	91.0	110.0
订销报刊累计份数	万份	Newspaper and Magazine Subscribed(10000 copies)	6649	6919	7583
年末市话到达户数	户	Urban Telephone Subscribers at Year－end (Subscriber)	354770	439829	557451
年末农话到达户数	户	Rural Telephone Subscribers at Year－end (Subscriber)	557021	618611	672027

Principal Indicators of Post And Telecommunications Services (2001 -2014)

2004	2005	2006	2007	2008	2009	2010	2011	2012	2013	2014
164	168	169	163	161	154	150	151	150	144	148
11906	13870	12037	14878	13782	14420	12850	12110	13650	13705	14107
33	35	36	30	30	26	35	31	28	31	29
19155	20115	19650	39300	30540	30540	40703	40703	40703	40703	40703
19155	20115	19650	39300	30540	30540	40703	40703	40703	40703	40703
150.33	150.51	156.65	232.86	232.75	232.38	234.40	231.80	222.54	208.82	110.46
150.33	150.51	156.65	232.86	232.75	232.38	234.40	231.80	222.54	208.82	110.46
1915220	1968616	2037039	2090684	2090684	1991399	1907150	1930931	1904512	1839298	1827316
1341891	1367679	1388536	1390880	1390880	1470221	1472383	1321946	1304766	1314229	1242064
342262	385155	473488	528890	597576	664793	705979	775174	825524	873495	854324
2127	2046	1955	1708	1976	1977	3996	4173	4624	3454	3089
34.02	36.0	37.6	38.00	35.24	29.16	29.0	34.9	39.6	41.7	36.7
120	105	106.66	144.1	168.8	168.7	155.8	156.6	131.2	113.45	87.77
53.0	65.0	79.44	78.54	113.62	48.03	61.98	87.4	93.5	98.25	123.26
8150	8126	8837.1	9180	9738	7924	7948	9657	9782	9747	9547
653984	663926	887261	917733	573971	474686	463493	487274	478035	413060	401078
748526	774314	799694	755837	691130	770471	772991	622554	605374	614837	542672

10－15 市区邮电业主要指标
(2001－2014)

指 标	单位	Item	2001	2002	2003
一、邮电局、所总数	所	Number of Post Office(unit)	59	61	54
二、邮电线路长度		Length of Postal Routes			
邮路及农村投递线路总长度	公里	Length of Postal Routes(km)	2613	2820	2992
三、邮运工具及通讯设备		Telecommunications Facilities			
邮运汽车	辆	Postal Cars(unit)	14	12	11
长途自动交换机容量	路端	Long Distance Switchboard (terminal circuit)	17145	17145	19155
#程控	路端	Controlled by Program(terminal circuit)	17145	17145	19155
固定电话交换机容量	万门	Telephone Switch board(10000 lines)	36.59	35.75	38.52
#程控	万门	Controlled by Program(10000 lines)	36.59	35.75	38.52
电话机部数	部	Telephone Sets(user)	281611	325836	370662
#农村电话机部数	部	Rural Area(user)	109395	123031	135940
四、邮电业务量		Business Volume of Post and Telecommunications			
邮电业务总量(1990 年不变价)	万元	Business Volume of Post and Telecommunications(10 000 yuan)	63672	66732.9	84057
函件	万件	Letters(10 000 pcs)	1298.97	1299.51	1251
包件	万件	Pieces of Courier Services(10 000 pcs)	11.41	11.8	11.72
汇票	万件	Bill of Exchange(10 00 pcs)	29.5	35.18	37.47
订销报刊期发数	万份	Newspaper and Magazine issued (10 000 copies)	44.01	54.66	70.57
订销报刊累计份数	万份	Newspaper and Magazine Subscribed(10000 copies)	2016.07	1989	2272
年末市话到达户数	户	Urban Telephone Subscribers at Year－end (Subscriber)	122544	151984	186211
年末农话到达户数	户	Rural Telephone Subscribers at Year－end (Subscriber)	108646	122289	135391

Principal Indicators of Post and Telecommunications Services in Urban District (2001 - 2014)

2004	2005	2006	2007	2008	2009	2010	2011	2012	2013	2014
42	44	45	42	41	40	40	38	38	36	37
3006	3955	3224	4481	3870	4413	2913	2248	2914	3027	3045
11	12	15	11	10	5	7	8	7	8	7
19155	20115	19650	39300	30540	30540	40703	40703	40703	40703	40703
19155	20115	19650	39300	30540	30540	40703	40703	40703	40703	40703
43.12	42.12	43.64	70.07	71.03	71.03	72.48	71.49	67.72	60.39	26.90
43.12	42.12	43.64	70.07	71.03	71.03	72.48	71.49	67.72	60.39	26.90
401988	416636	438117	460480	460480	449838	421341	423606	416876	414165	415171
276580	292577	295193	297813	297813	301605	301923	254341	250322	262100	243773
108115	106015	145382	153309	173660	193252	204805	248342	273309	281671	293736
1213	1118	1045	983	1092	1014	1798	2196	2161	1411	838
10.61	11.22	11.10	11.00	9.88	8.10	8.05	10.09	11.40	13.13	11.59
36.48	29.98	30.56	35.00	38.19	37.87	29.72	33.40	28.70	24.68	20.77
14.5	24.24	37.71	39.00	67.69	15.45	25.53	43.44	48.30	34.96	51.46
2429	2615.85	2785	3329	3672.13	2322.84	2408	3340	3437	3341	3069
221121	220259	303639	304133	192116	181474	176667	178932	176221	148937	149943
157875	173872	172733	169689	147168	150960	150827	103245	99226	111004	92677

10-16 全市规模以上交通运输业企业分类型、行业主要经济指标 (2014)

单位:万元

指标	Item	企业数(个) Number of Enterprises (unit)	亏损企业 Loss Making Enterprises	增加值 Value Added
交通运输、仓储和邮政业	Transportation, storage and postal industry	237	53	374400
1、按登记注册类型分	Grouped by Status of Registration			
国有企业	State - owned	10	1	50525
集体企业	Collective - owned	2	0	3725
股份合作企业	Share - holding Cooperative	0		
联营企业	Joint Ownership	0		
有限责任公司	Limited Liability Company	64	17	224572
股份有限公司	Share - holding Cooperations Ltd.	2	2	-57
私营企业	Private - owned	150	30	74080
其他企业	Others	0		
港、澳、台商投资企业	Owned by Entrepreneurs from HONG KONG, Macau and Taiwan	2	1	2389
外商投资企业	Enterprises with Foreign Investment	7	2	19166
2、按主要行业分	Grouped By Main Sector			
道路运输业	Road transportation	129	28	220962
其中:公路旅客运输	Road passenger transport	9	3	34293
道路货物运输	Road transport of goods	108	21	55582
水上运输业	Water transportation	18	6	36111
装卸搬运和运输代理业	Handling and transportation agent	43	9	36022
仓储业	Storage	30	8	18324
邮政业	Postal service	17	2	62981
其中:快递服务	Express	16	2	35308

注:2014 年规模以上服务业规模划分标准有变化,与上年年鉴数据不可比,下同。

Major Economic Indicators on Transportation, storage and postal Enterprises above Designated Size by Ownership and Sector (2014)

(10000 yuan)

资产合计 Total Assets	负债合计 Total Liabilities	所有者权益合计 Total Creditors Equity	固定资产原价 Original Value of Fixed Assets	本年折旧 Depreciation of the Current Year	营业收入 Revenue	营业成本 Cost of Sales
3188534	2081641	1106894	2422051	112052	1128350	845090
187117	134399	52718	126073	8848	155054	135628
1654	665	989	1644	200	5588	3211
2356534	1589098	767436	1845399	73695	570063	382705
8566	5875	2691	2490	461	2448	2689
397795	240022	157773	219094	21242	342513	285787
42450	6600	35850	44171	1133	3061	1515
194420	104982	89438	183179	6473	49624	33556
2200931	1503150	697781	1720374	77017	600224	420513
149982	108806	41176	103433	11022	69666	55458
242205	146479	95726	140609	15455	266966	224406
372060	223532	148528	357854	15132	84185	56945
164568	98341	66227	53936	4484	168510	138630
371161	218988	152173	219391	10265	140775	117886
79814	37630	42185	70497	5154	134656	111117
37679	20648	17031	21315	3037	89709	73380

Note: The standard of scale – division is different from the previous year, the same below。

10－16 续表1

单位:万元

指　　标	Item	营业税金及附加 Business Tax and Surcharges	销售费用 Cost of Sales	管理费用 Management Expense
交通运输、仓储和邮政业	Transportation, storage and postal industry	11798	25177	85657
1、按登记注册类型分	Grouped by Status of Registration			
国有企业	State－owned	460	2967	11668
集体企业	Collective－owned	150	0	1629
股份合作企业	Share－holding Cooperative			
联营企业	Joint Ownership			
有限责任公司	Limited Liability Company	8414	5982	41155
股份有限公司	Share－holding Cooperations Ltd.	12	0	302
私营企业	Private－owned	2242	15452	24420
其他企业	Others			
港、澳、台商投资企业	Owned by Entrepreneurs from HONG KONG, Macau and Taiwan	146	27	618
外商投资企业	Enterprises with Foreign Investment	375	750	5866
2、按主要行业分	Grouped By Main Sector			
道路运输业	Road transportation	9125	12834	42032
其中:公路旅客运输	Road passenger transport	295	914	11215
道路货物运输	Road transport of goods	1723	11919	19208
水上运输业	Water transportation	267	2141	6713
装卸搬运和运输代理业	Handling and transportation agent	1169	2213	12898
仓储业	Storage	727	5073	8379
邮政业	Postal service	511	2917	15636
其中:快递服务	Express	243	2917	10211

Continued1

(10000 yuan)

财务费用 Financial Expenses	营业利润 Profits of Management	利润总额 Total Profits	应交所得税 Income Tax Payable	应付职工薪酬 Employee benefits payable	应交增值税 Value Added Tax Payable	从业人员平均人数(人) Average Employees (person)
88082	7655	87479	32828	164042	12470	23224
3022	323	1512	419	39151	401	4095
-2	65	601	149	2641	131	373
76331	2067	66254	26596	82293	5184	11053
409	65	-966	0	387	47	95
5343	4845	11913	3665	34599	5896	7124
348	65	408	17	353	1	51
2631	226	7758	1982	4617	810	433
70524	4167	55034	24591	81929	6780	12107
1574	291	1888	604	21169	1421	2917
3507	3488	6532	2130	27000	4815	5164
7872	581	12227	3543	9926	1776	1085
798	1389	15273	2875	14823	2412	2510
8802	969	111	1171	5710	630	772
86	549	4833	647	51654	872	6750
79	517	3316	647	28071	885	4523

10－17　市区规模以上交通运输业企业分类型、行业主要经济指标（2014）

单位：万元

指　标	Item	企业数（个）Number of Enterprises（unit）	亏损企业 Loss Making Enterprises	增加值 Value Added
交通运输、仓储和邮政业	Transportation, storage and postal industry	72	16	224829
1、按登记注册类型分	Grouped by Status of Registration			
国有企业	State－owned	5	1	41510
集体企业	Collective－owned	1	0	3619
股份合作企业	Joint Ownership	0		
联营企业	Share－holding Cooperative	0		
有限责任公司	Limited Liability Company	23	8	161587
股份有限公司	Share－holding Cooperations Ltd.	0		
私营企业	Private－owned	41	6	16398
其他企业	Others	0		
港、澳、台商投资企业	Owned by Entrepreneurs from HONG KONG, Macau and Taiwan	0		
外商投资企业	Enterprises with Foreign Investment	2	1	1715
2、按主要行业分	Grouped By Main Sector			
道路运输业	Road transportation	41	8	158105
其中：公路旅客运输	Road passenger transport	2	2	12664
道路货物运输	Road transport of goods	34	3	27691
水上运输业	Water transportation	2	2	－4
装卸搬运和运输代理业	Handling and transportation agent	16	3	6487
仓储业	Storage	6	1	5046
邮政业	Postal service	7	2	55194
其中：快递服务	Express	6	2	27520

Major Economic Indicators on Transportation, storage and postal Enterprises above Designated Size of Urban District by Ownership and Sector (2014)

(10000 yuan)

资产合计 Total Assets	负债合计 Total Liabilities	所有者权益合计 Total Creditors Equity	固定资产原价 Original Value of Fixed Assets	本年折旧 Depreciation of the Current Year	营业收入 Revenue	营业成本 Cost of Sales
2123817	1445984	677833	1631135	62359	578946	399974
163152	123619	39533	94691	5556	104193	91077
1315	422	893	1452	160	5012	2722
1857717	1267072	590645	1464889	49835	365620	222449
65421	41352	24069	50219	5902	99620	82497
36212	13518	22693	19885	907	4501	1230
1890446	1302856	587591	1519687	56037	361265	217598
43607	38954	4652	33182	3606	25967	23617
78307	48672	29635	61243	7043	103646	82405
5459	3742	1718	1787	93	6673	6977
21082	9145	11937	6567	366	49289	43626
139064	96974	42089	41089	1779	52257	41880
67766	33267	34498	62005	4086	109462	89894
25630	16286	9344	12824	1970	64515	52156

10－17 续表1

单位:万元

指　　标	Item	营业税金及附加 Business Tax and Surcharges	销售费用 Cost of Sales	管理费用 Management Expense
交通运输、仓储和邮政业	Transportation, storage and postal industry	8819	13469	34044
1、按登记注册类型分	Grouped by Status of Registration			
国有企业	State－owned	311	1369	8348
集体企业	Collective－owned	148	0	1554
股份合作企业	Joint Ownership			
联营企业	Share－holding Cooperative			
有限责任公司	Limited Liability Company	7462	4256	15590
股份有限公司	Share－holding Cooperations Ltd.			
私营企业	Private－owned	679	7845	6504
其他企业	Others			
港、澳、台商投资企业	Owned by Entrepreneurs from HONG KONG, Macau and Taiwan			
外商投资企业	Enterprises with Foreign Investment	218	0	2048
2、按主要行业分	Grouped By Main Sector			
道路运输业	Road transportation	8002	7942	15264
其中:公路旅客运输	Road passenger transport	136	914	1972
道路货物运输	Road transport of goods	878	7027	8006
水上运输业	Water transportation	17	0	128
装卸搬运和运输代理业	Handling and transportation agent	132	865	2452
仓储业	Storage	300	2086	3439
邮政业	Postal service	368	2576	12761
其中:快递服务	Express	101	2576	7336

Continued1

(10000 yuan)

财务费用 Financial Expenses	营业利润 Profits of Management	利润总额 Total Profits	应交所得税 Income Tax Payable	应付职工薪酬 Employee benefits payable	应交增值税 Value Added Tax Payable	从业人员平均人数(人) Average Employees (person)
68596	2326	55039	24411	94787	3741	11947
2661	162	468	152	34958	1	3487
-2	32	591	147	2597	121	363
64446	743	52289	23559	49812	2608	6473
738	1324	1413	395	7395	1011	1620
753	65	278	158	26	0	4
65431	1324	47041	23132	44289	2309	5817
150	65	-771	-7	9212	453	1184
687	1098	4603	1326	13160	1856	2346
32	65	-232	0	266	96	46
33	517	2412	537	3143	648	454
3013	194	1604	261	1051	43	112
86	226	4214	480	46039	645	5518
79	194	2698	480	22456	657	3291

10－18 全市规模以上信息业企业分类型、行业主要经济指标

(2014)

单位:万元

指标	Item	企业数(个) Number of Enterprises (unit)	亏损企业 Loss Making Enterprises	增加值 Value Added
信息传输、软件和信息技术服务业	Information Transmission, Computer Services and Software	62	18	329545
1、按登记注册类型分	Grouped by Status of Registration			
国有企业	State－owned	6	1	19329
集体企业	Collective－owned	0		
股份合作企业	Share－holding Cooperative	0		
联营企业	Joint Ownership	0		
有限责任公司	Limited Liability Company	16	4	10953
股份有限公司	Share－holding Cooperations Ltd.	1	0	106631
私营企业	Private－owned	34	10	10983
其他企业	Others	0		
港、澳、台商投资企业	Owned by Entrepreneurs from HONG KONG, Macau and Taiwan	2	1	179392
外商投资企业	Enterprises with Foreign Investment	3	2	2257
2、按主要行业分	Grouped By Main Sector			
电信、广播电视和卫星传输服务	Telecommunications, broadcasting television and satellite transmission services	11	4	309153
其中:电信	Telecom	5	2	288624
互联网和相关服务	The Internet and related services	3	2	6090
软件和信息技术服务业	Software and information technology services	48	12	14303
其中:软件开发	Software engineering	30	8	8611

Major Economic Indicators on Information Transmission, Computer Services and Software Enterprises above Designated Size by Ownership and Sector (2014)

(10000 yuan)

资产合计 Total Assets	负债合计 Total Liabilities	所有者权益合计 Total Creditors Equity	固定资产原价 Original Value of Fixed Assets	本年折旧 Depreciation of the Current Year	营业收入 Revenue	营业成本 Cost of Sales
1225072	217733	1007339	1562849	107361	651220	347654
112943	48313	64630	118680	9694	41683	33115
113117	37133	75984	53821	5442	55697	52463
250911	48443	202468	563645	31963	163851	81624
25527	11482	14045	8244	745	35185	23979
716541	69460	647081	815611	59324	349034	150982
6033	2902	3131	2848	194	5770	5491
1100950	172835	928115	1513338	103564	559668	270086
971358	124584	846774	1405098	91908	521634	239619
42825	17201	25624	35581	3053	12769	12098
81297	27698	53600	13930	744	78783	65470
38566	12625	25941	5935	506	26721	18805

10-18 续表1

单位:万元

指　标	Item	营业税金及附加 Business Tax and Surcharges	销售费用 Cost of Sales	管理费用 Management Expense
信息传输、软件和信息技术服务业	Information Transmission, Computer Services and Software	10142	109752	37094
1、按登记注册类型分	Grouped by Status of Registration			
国有企业	State - owned	552	2969	3791
集体企业	Collective - owned			
股份合作企业	Share - holding Cooperative			
联营企业	Joint Ownership			
有限责任公司	Limited Liability Company	174	1806	4622
股份有限公司	Share - holding Cooperations Ltd.	2749	25962	6558
私营企业	Private - owned	370	2514	6064
其他企业	Others			
港、澳、台商投资企业	Owned by Entrepreneurs from HONG KONG, Macau and Taiwan	6292	76444	15116
外商投资企业	Enterprises with Foreign Investment	6	57	944
2、按主要行业分	Grouped By Main Sector			
电信、广播电视和卫星传输服务	Telecommunications, broadcasting television and satellite transmission services	9622	106003	26285
其中:电信	Telecom	9214	103020	21776
互联网和相关服务	The Internet and related services	160	1595	2011
软件和信息技术服务业	Software and information technology services	361	2154	8798
其中:软件开发	Software engineering	172	1246	5516

Continued1

(10000 yuan)

财务费用 Financial Expenses	营业利润 Profits of Management	利润总额 Total Profits	应交所得税 Income Tax Payable	应付职工薪酬 Employee benefits payable	应交增值税 Value Added Tax Payable	从业人员平均人数(人) Average Employees (person)
2111	2003	142339	12756	60637	9846	6434
91	194	2464	379	7866	101	743
-127	517	-2070	371	8345	260	868
104	32	45712	11658	20408	4177	1224
95	1098	2342	349	6803	891	1475
1783	65	94011	0	14318	4410	1972
166	97	-120	0	2897	7	152
1912	355	141388	12040	44432	8714	4101
1887	162	141031	11658	35665	8592	3301
198	97	-2974	15	6258	-99	1003
2	1550	3925	701	9947	1231	1330
197	969	1818	306	6332	764	789

10－19 市区规模以上信息业企业分类型、行业主要经济指标（2014）

单位:万元

指标	Item	企业数(个) Number of Enterprises (unit)	亏损企业 Loss Making Enterprises	增加值 Value Added
信息传输、软件和信息技术服务业	Information Transmission, Computer Services and Software	41	10	310051
1、按登记注册类型分	Grouped by Status of Registration			
国有企业	State－owned	3	0	8703
集体企业	Collective－owned	0		
股份合作企业	Share－holding Cooperative	0		
联营企业	Joint Ownership	0		
有限责任公司	Limited Liability Company	8	1	3484
股份有限公司	Share－holding Cooperations Ltd.	1	0	106631
私营企业	Private－owned	24	6	9584
其他企业	Others	0		
港、澳、台商投资企业	Owned by Entrepreneurs from HONG KONG, Macau and Taiwan	2	1	179392
外商投资企业	Enterprises with Foreign Investment	3	2	2257
2、按主要行业分	Grouped By Main Sector			
电信、广播电视和卫星传输服务	Telecommunications, broadcasting television and satellite transmission services	6	2	294856
其中:电信	Telecom	5	2	288624
互联网和相关服务	The Internet and related services	1	0	3310
软件和信息技术服务业	Software and information technology services	34	8	11885
其中:软件开发	Software engineering	22	7	7313

Major Economic Indicators on Information Transmission, Computer Services and Software Enterprises above Designated Size of Urban District by Ownership and Sector(2014)

(10000 yuan)

资产合计 Total Assets	负债合计 Total Liabilities	所有者权益合计 Total Creditors Equity	固定资产原价 Original Value of Fixed Assets	本年折旧 Depreciation of the Current Year	营业收入 Revenue	营业成本 Cost of Sales
1082002	170719	911282	1455775	95092	611026	312383
39679	26441	13238	61469	2995	21562	15984
49450	13339	36111	6948	140	39607	36614
250911	48443	202468	563645	31963	163851	81624
19388	10135	9253	5255	477	31203	21688
716541	69460	647081	815611	59324	349034	150982
6033	2902	3131	2848	194	5770	5491
1007252	144404	862848	1440725	94290	534762	248897
971358	124584	846774	1405098	91908	521634	239619
2944	1558	1386	3020	235	4487	2306
71805	24757	47049	12030	567	71777	61180
32767	10595	22172	4529	375	22918	16496

10－19 续表1

单位:万元

指　标	Item	营业税金及附加 Business Tax and Surcharges	销售费用 Cost of Sales	管理费用 Management Expense
信息传输、软件和信息技术服务业	Information Transmission, Computer Services and Software	9803	106496	31417
1、按登记注册类型分	Grouped by Status of Registration			
国有企业	State－owned	341	1550	1645
集体企业	Collective－owned			
股份合作企业	Share－holding Cooperative			
联营企业	Joint Ownership			
有限责任公司	Limited Liability Company	99	162	2263
股份有限公司	Share－holding Cooperations Ltd.	2749	25962	6558
私营企业	Private－owned	316	2321	4893
其他企业	Others			
港、澳、台商投资企业	Owned by Entrepreneurs from HONG KONG, Macau and Taiwan	6292	76444	15116
外商投资企业	Enterprises with Foreign Investment	6	57	944
2、按主要行业分	Grouped By Main Sector			
电信、广播电视和卫星传输服务	Telecommunications, broadcasting television and satellite transmission services	9394	103956	23231
其中:电信	Telecom	9214	103020	21776
互联网和相关服务	The Internet and related services	135	590	1249
软件和信息技术服务业	Software and information technology services	274	1949	6938
其中:软件开发	Software engineering	127	1084	4414

Continued1

(10000 yuan)

财务费用 Financial Expenses	营业利润 Profits of Management	利润总额 Total Profits	应交所得税 Income Tax Payable	应付职工薪酬 Employee benefits payable	应交增值税 Value Added Tax Payable	从业人员平均人数(人) Average Employees (person)
1744	1324	145573	12544	49164	9657	5252
-217	97	2683	327	3052	34	286
-203	258	1360	259	2379	231	286
104	32	45712	11658	20408	4177	1224
111	775	1927	301	6110	797	1332
1783	65	94011	0	14318	4410	1972
166	97	-120	0	2897	7	152
1670	194	142341	11985	37801	8626	3496
1887	162	141031	11658	35665	8592	3301
29	32	96	15	2762	0	674
45	1098	3136	544	8602	1030	1082
241	711	1469	221	5548	651	657

主要统计指标解释

公路里程 指在一定时期内实际达到《公路工程〔WTBZ〕技术标准 JTJ01－88》规定的等级公路，并经公路主管部门正式验收交付使用的公路里程数。包括大中城市的郊区公路以及通过小城镇街道部分的公路里程和桥梁、渡口的长度，不包括大中城市的街道、厂矿、林区生产用道和农业生产用道的里程。两条或多条公路共同经由同一路段，只计算一次，不得重复计算里程长度。它是反映公路建设发展规模的重要指标，也是计算运输网密度等指标的基础资料。

内河航道里程 也称内河通航里程，指在一定时期内，能通航运输船舶及排筏的天然河流、湖泊水库、运河及通航渠道的长度。包括全年季节性通航累计三个月以上的航道，不包括仅供零散流放竹、木排的河道。它是反映内河水运网规模、水平和发展情况的主要指标。

货(客)运量 指在一定时期内，各种运输工具实际运送的货物(旅客)数量。它是反映运输业为国民经济和人民生活服务的数量指标，也是制定和检查运输生产计划、研究运输发展规模和速度的重要指标。货运按吨计算，客运按人计算。货物不论运输距离长短、货物类别，均按实际重量统计。旅客不论行程远近或票价多少，均按一人一次客运量统计；半价票、小孩票也按一人统计。

货物(旅客)周转量 指在一定时期内，由各种运输工具运送的货物(旅客)数量与其相应运输距离的乘积之总和。它是反映运输业生产总成果的重要指标，也是编制和检查运输生产计划，计算运输效率、劳动生产率以及核算运输单位成本的主要基础资料。计算货物周转量通常按发出站与到达站之间的最短距离，也就是计费距离计算。计算公式为：

货物(旅客)周转量 = ∑货物(旅客)运输量 × 运输距离

邮电业务总量 指以价值量形式表现的邮电通信企业为社会提供各类邮电通信服务的总数量。邮电业务量按专业分类包括函件、包件、汇票、报刊发行、邮政快件、特快专递、邮政储蓄、集邮、公众电报、用户电报、传真、长途电话、出租电路、无线寻呼、移动电话、分组交换数据通信、出租代维等。计算方法为各类产品乘以相应的平均单价(不变价)之和，再加上出租电路和设备、代用户维护电话交换机和线路等的服务收入。它综合反映了一定时期邮电业务发展的总成果，是研究邮电业务量构成和发展趋势的重要指标。计算公式为：

邮电业务总量 = ∑(各类邮电业务量 × 不变单价) + 出租代维及其他业务收入

移动电话用户 是指通过移动电话交换机进入移动电话网、占用移动电话号码的电话用户。用户数量以报告期末在移动电话营业部门实际办理登记手续进入移动电话网的户数进行计算，一部移动电话统计为一户。

电话用户 指接入国家公众固定电话网，并按固定电话业务进行经营管理的电话用户。1997 年以前，电话用户分为市内电话用户和农村电话用户。"市内电话用户"是指接入县城及县以上城市的电话网上的电话用户；"农村电话用户"是指接入县邮电局农话台及县以下农村电话交换点，以县城为中心(除市话用户外)联通县、乡(镇)、行政村、村民小组的用户。从 1997 年起，电话用户数分组调整为以用户所在区域划分为"城市电话用户"和"乡村电话用户"，与过去的按市内电话和农村电话划分方法不同。而电话用户总数、电话机总部数统计范围不变。

城市电话用户 指直辖市、省辖市、地级市、县级市的市区、市郊区及县城(包括县人民政府所在地的县城关区或行政建制相当于县人民政府所在地的镇)范围内接入局用交换机的电话用户数，包括分布在农村地区的独立工矿区、林区、驻军等接入局用交换机的电话用户数。

乡村电话用户 指县城关区以下的集镇和农村接入局用交换机的电话用户数。

住宅电话用户 是指安装在居民住宅或农民家里并按照住宅电话用户登记注册和收费的电话用户。包括私人付费、单位付费和按规定免费安装的住宅电话用户。

局用交换机容量 是指安装在本地电信运营商内用于接续本地固定电话的电话交换机容量，有倍增设备按倍增后的数量计数。包括现用和备用的人工或自动交换机的全部容量。

EXPLANATORY NOTES ON MAIN STATISTICAL INDICATORS

Length of Highways refers to the length of highways which are built in conformity with the grades specified by the highway engineering standard formulated by the Ministry of Communications, and have been formally checked and accepted by the departments of highways and put into use. The length of highways includes that of the suburb highways at large and medium – sized cities, highways passing through streets at small cities and towns, and also the length of bridges and ferries. It does not include the length of streets in big and medium – sized cities and highways built for the production purpose at factories, mines, forest areas and agricultural areas. If two or more highways go the same section of the way, the length of the section is only calculated for once and no duplication is allowed. The length of highways is an important indicator to show the development of the highway construction and to provide essential information to calculate the transport network density.

Length of Navigable Inland Waterways an indicator reflecting the size and development of inland water network, it refers to the length of the natural rivers, lakes, reservoirs, canals, and ditches open to navigation during a given period, which enables the transport by ships and rafts. It includes the channels open to navigation for over an accumulative 3 months in a year, yet this does not include the river courses which are only used to float odd logs and bamboo rafts.

Freight (Passenger) Traffic refers to the volume of freight (passenger) transported with various means. Freight transport is calculated in tons and passenger traffic is calculated in the number of persons. Despite the type of freight and travelling distance, the freight transport is calculated in the actual weight of the goods; and despite the travelling distance and ticket price, the passenger traffic is calculated by the principle that one person can be counted only once in one travel. The passenger who travel with a half price ticket or a child ticket is also calculated as one person. The freight (passenger) traffic provides a quantitative measure to show how the transport industry serves the national economy and people, and is also an important indicator for planning the transport industry and for studying the development scale and speed of the transport industry.

Freight Ton – kilometers (Passenger – kilometers) refer to the sum of the products of the volume of transported cargo (passengers) multiplying by the transport distance, usually using ton – kilometer and passenger – kilometer as units for measurement. Normally, the shortest distance between the departure station and the destination station (i. e., the payable distance) is the basis to calculate the freight ton – kilometers. This is an important indicator to show the total results of the transport industry, to prepare and examine the transport plan and to measure the efficiency, the labour productivity and the unit cost of transport.

The formula is as follows:

Freight Ton – kilometers (Passenger – kilometers) = $\sum$ {Freight (Passenger) Traffic x Distance of Transportation}

Measuring unit: ton – kilometer (person – kilometer)

Business Volume of Post and Telecommunications refers to the total amount of post and telecommunications services, expressed in value terms, provided by the post and telecommunications departments for the society. Post and telecommunication services can be classified as letters, parcels, remittance, issue of newspapers and magazines, fast mail service, express mail service, savings deposits, stamps for collection, public and individual telegraph service, facsimiles, long – distance telephone service, leasing of telephone lines, urban paging service, mobile telephone service, data transfer and transmission, etc. The accounting approach is to multiply the service products of all types with their average unit price (constant price) to get sum of business value, plus income from other services such as leasing of telephone lines and equipment, maintenance of telephone switchboards and lines on behalf of customers. This indicator reflects the overall results of post and telecommunications service during a given period, and is important to study the composition of business service and the development of post and telecommunications service.

The formula is as follows:

Business Volume of Post and Telecommunications = $\sum$ (Transaction of Post and Telecommunication Service x Constant Price) + Income from Leasing, Maintenance and other Services

Mobile Telephone Subscribers refer to the persons who own mobile telephone numbers and are connected with the mobile telephone communication network through the mobile telephone switchboards. The number of subscribers is calculated by the subscribers who have completed registration at mobile communication business centers and entered into the mobile telephone network. One mobile telephone is taken as a subscriber.

Telephone Subscribers refer to subscribers that are connected to the public line telephone network provided with telephone services. Before 1997, telephone subscribers were classified as city subscribers and village subscribers. City subscribers referred to those connected to city telephone networks in county towns and cities, while village subscribers referred to those connected to village telephone stations at and below counties. Since 1997, the classification of telephone subscribers was modified on the basis of physical location of the subscribers as "urban telephone subscribers" and "rural telephone subscribers", which is different from the previous classification of categorizing "local telephones" and "rural telephones", while the definition of total subscribers and total number of telephones remain unchanged.

Urban Telephone Subscribers refer to subscribers telephone subscribers, located at municipalities, cities under the jurisdiction of province, cities at prefectural level, downtown and suburb of city at county level town and county towns (including country towns where county government located, and towns of county level according to the administrative organizational system), that are connected to the public line telephone network, including rural mineral area, forest area, military area.

Rural Telephone Subscribers refer to telephone subscribers, located at towns under county town and country, that are connected to the public line telephone network.

Household Telephone Subscribers refer to telephone sets installed in the dwelling units of urban or rural residents, and registered as residence subscribers for payment, including 3 types of payment for the service: private payment, public payment and free service.

Capacity of Office Telephone Exchanges refers to the capacity (measured in gate) of telephone exchanges installed in the offices of local telecommunication service providers for communication between fixed telephones. It includes the capacity of both manual and automatic exchanges in use and for stand – by purpose. Equipment with expansion function is to be counted by the expanded capacity.

十一、贸易、对外经济与旅游业
Trade, Foreign Economy and Tourism

11－1 分地区社会消费品零售总额(1985－2014)

Total Retail Sales of Consumer Goods by Region (1985－2014)

单位:万元 (10000 yuan)

年份 Year	全市 Total	市区 Urban District	南湖区 Nanhu	秀洲区 Xiuzhou	嘉善 Jiashan	平湖 Pinghu	海宁 Haining	海盐 Haiyan	桐乡 Tongxiang
1985	166205	53450			19089	19745	29344	16256	28321
1986	196126	56741			23169	23009	35866	20515	36826
1987	230317	61380			28335	28691	43661	24288	43962
1988	313821	84738			38065	40790	57449	33387	59392
1989	339127	89995			40181	43107	64196	37752	63896
1990	339534	89938			40427	45039	67113	36570	60447
1991	394856	105895			44065	51613	78431	42880	71972
1992	493951	146085			52499	63874	92192	47690	91611
1993	775649	301509			84803	75582	134340	60286	119129
1994	1086977	374409			130989	109073	200982	85908	185616
1995	1371182	440762			158732	128728	263932	131268	247760
1996	1531553	471271			163342	160460	297458	128380	310642
1997	1594817	480332			167756	172896	323636	134927	315270
1998	1683071	498112			178574	185224	356660	135737	328764
1999	1809869	542258			189296	199968	387330	142388	353750
2000	2003275	632299			210576	217965	437638	154064	401152
2001	2237435	711228			237656	243685	504757	172398	461325
2002	2492095	791388			264987	276095	566947	193430	521759
2003	2793875	843758			302403	316681	633084	220897	560631
2004	3253423	912816	635400	277416	353600	368300	715800	261100	641807
2005	3755923	1068982	741654	327328	405521	421530	821397	302226	736267
2006	4323735	1232465	854720	377745	467386	486421	945975	341891	849599
2007	5058651	1442798	1003411	439386	548317	571330	1108290	391209	996708
2008	6070139	1720499	1208784	511715	659965	683958	1341590	463345	1200782
2009	6942960	1968865	1386018	582847	750781	779827	1539133	524368	1379987
2010	7993625	2275598	1592064	683534	877361	884938	1779681	604878	1571168
2011	9485671	2693969	1909402	784567	1042841	1050155	2116390	715276	1867040
2012	10837443	3005272	2088150	917123	1205259	1215702	2428008	822399	2160803
2013	11969340	3282975	2264479	1018497	1347160	1336250	2693428	923253	2386274
2014	13470432	3701410	2554943	1146467	1515116	1496601	3040131	1030543	2686632

注:根据国家局制度规定,2010 年社会消费品零售总额的统计口径范围有所调整,与 2009 年之前相比,剔除非批发和零售业法人单位所属的限额以下批发和零售业产业活动单位、非住宿和餐饮业法人单位所属的限额以下住宿和餐饮业产业活动单位和"其他"行业的零售额,2009 年社会消费品零售总额原口径为 694.3 亿元,按 2010 年口径为 672.1 亿元。2010 年社会消费品零售总额的增速按可比统计口径计算。

Note: According to the National Statistics Bureau, comparing with the situation before 2009, the total retail sales of consumption hasn't included the retail sales of the ones as follows: the wholesale and retail units in industrial activities below the limit which not belong to the wholesale and retail trade of non－legal, the accommodation and catering units in industrial activities below the limit which not belong to the accommodation and catering trade of non－legal. The total retail sales of consumption in 2009 is 694.3 billion, if counted according to the new defination, the index is 672.1 billion. The growth of total retail sales of consumption in 2010 is counted according to the comparable prices.

11－2 全市分行业社会消费品零售总额（1985－2014）

Total Retail Sales of Consumer Goods by Sector (1985－2014)

单位:万元 (10000 yuan)

年份 Year	社会消费品零售总额 Total Retail Sales of Consumer Goods	按行业分: by Sector 批发零售贸易业 Wholesale and Retail Sale Trade	住宿餐饮业 Accommodation and Catering Services	制造业 Manufacturing	其它 Others	农业生产者 Agriculture
1985	166205	112738	5190	30308	17969	10923
1986	196126	126994	5977	41446	21710	14479
1987	230317	150096	7462	46259	26500	18701
1988	313821	202544	9896	61976	39405	26706
1989	339127	227853	11834	63675	35765	24488
1990	339534	231142	12355	57868	38169	28353
1991	394856	264314	13923	68752	47868	34480
1992	493951	325377	16478	81629	70467	51420
1993	775649	429788	34482	194345	117034	107891
1994	1086976	628781	36140	228353	193702	148186
1995	1371182	766159	62345	339445	203223	176548
1996	1531553	877880	88203	347747	217723	200149
1997	1594817	936117	103317	335197	220186	201491
1998	1683071	1070597	105806	305357	201311	167618
1999	1809869	1214722	117698	295300	182149	145346
2000	2003275	1309491	136955	340931	215898	148016
2001	2237435	1454205	166875	375951	240404	155259
2002	2492095	1600688	203776	421465	266166	165651
2003	2793875	2400740	260194		132941	
2004	3253423	2761831	338281		153311	
2005	3755923	3190839	398283		166800	
2006	4323735	3679032	471551		173152	
2007	5058651	4286222	588194		184236	
2008	6070139	5229618	644064		196457	
2009	6942960	5927886	821923		193150	
2010	7993625	7142900	850725			
2011	9485671	8480005	1005666			
2012	10837443	9716511	1120932			
2013	11969340	10771748	1197592			
2014	13470432	12153528	1316904			

注:国家统计局规定,从2003年起"社会消费品零售额"统计指标不再包括"制造业"企业的科、室对居民及社会集团的零售额和"农业生产者"对非农业居民的零售额。从2010年起将"社会消费品零售总额"的"市、县、县以下"统计分组修订为"城镇(其中:城区)、乡村";从2010年起将"社会消费品零售额"统计指标不再包括"其它"的零售额。

Note: According to the National Statistics Bureau, Since 2003 the total retail sales of consumption has no longer included that ones to presidents and social groups sold by the department of manufacturing enterprises, also not included retail sales created by farming producers to non－farming presidents. Since 2010, the total retail sales of consumption has been grouped by town and countryside (city included) instead of city, country and following , meanwhile, The index has no longer included other retail sales .

11－3 市区分行业社会消费品零售总额（1985－2014）

Total Retail Sales of Consumer Goods of Urban District by Sector (1985－2014)

单位：万元 （10000 yuan）

年份 Year	社会消费品零售总额 Total Retail Sales of Consumer Goods	按行业分：by Sector				
		批发零售贸易业 Wholesale and Retail Sale Trade	住宿餐饮业 Accommodation and Catering Services	制造业 Manufacturing	其 它 Others	农业生产者 Agriculture
1985	53450	34704	2066	11609	5071	2036
1986	56741	29407	2474	17591	7269	4223
1987	61380	34350	3151	16549	7330	4851
1988	84738	49695	4453	18942	11648	7724
1989	89995	56054	5056	17669	11216	7649
1990	89938	57130	5104	16279	11425	8349
1991	105895	68805	6257	18366	12467	8981
1992	146085	87549	7158	23430	27948	22079
1993	301509	165816	10362	67008	58323	58033
1994	374409	242592	9909	51323	70585	66898
1995	440762	274121	18271	57535	90834	85623
1996	471271	267461	28812	66472	108526	106089
1997	480332	274254	34334	63307	108437	103512
1998	498112	305017	30323	51131	111640	103269
1999	542258	370211	30785	56897	84364	73976
2000	632299	414351	39220	88643	90085	68051
2001	711228	465225	47225	105989	92788	70118
2002	791388	515000	60907	122194	93287	68309
2003	843758	743355	71693		28709	
2004	912816	792877	96824		23115	
2005	1068982	929488	113212		26282	
2006	1232465	1066272	135939		30254	
2007	1442798	1237666	172789		32342	
2008	1720499	1512484	175683		32332	
2009	1968865	1703708	229106		36051	
2010	2275598	2052287	223312			
2011	2693969	2380755	313214			
2012	3005272	2708629	296643			
2013	3282975	2971244	311731			
2014	3701410	3350547	350863			

注：注：按国家统计局新的零售额按销售地区分组：市的零售额是指直辖市、省、地辖市的市区和郊区以及县级市的市区的各行业的消费品零售额。按经普口径和考虑到历年数据的衔接性，对1986年以来数据进行了调整。

Note：According to the Notional Statistics Bureau's new prescription of retail sales classified by sales area：Retail Sales of City means the all sector's retail sales of consumer goods in the urban area and rural area of the municipality，province or city and in the urban area of the county. According to the caliber of economic census and considering the interface of the calendar year，the data since 1986 has been adjusted.

11－4 全市限额以上批零贸易业销售总额（2009－2014）

Total Sales of Wholesale and Retail Sale Trades above Designated Size（2009－2014）

单位:万元 （10000 yuan）

类型、行业	Ownership and Sector	2009	2010	2011	2012	2013	2014
总　计	Total	8225650	11583634	15664174	17220186	19406380	21397375
其中:国有及国有控股	State－owned and State Holding Majority Shares	2146261	2253063	2766851	2895865	3544568	3880618
(一)按登记注册类型分	Grouped by Status of Registration						
国有企业	State－owned	961558	749041	811896	876448	777930	14104
集体企业	Collective－owned	67716	91047	113818	109722	119875	111165
股份合作企业	Share－holding Cooperative	42697	42480	29961	15034	21879	25646
联营企业	Joint Ownership						0
有限责任公司	Limited Liability Company	1952297	2564684	3361110	3636371	3908990	5364951
股份有限公司	Share－holding Cooperations Ltd.	1479272	1912708	2180455	2231618	2653526	2761121
私营企业	Private－owned	3459416	5762551	8284563	9253914	10688760	11718316
其他企业	Other Enterprises	21291		34463	17818	31603	35003
港、澳、台商投资企业	Owned by Entrepreneurs from Hongkong,Macau and Taiwan	72429	189579	556594	682069	836732	950138
外商投资企业	Enterprises with Foreign Investment	168974	271545	291314	397192	367086	416930
(二)按主要行业分	Grouped By Main Sector						
食品、饮料及烟草制品批发业	Wholesale of Foods, Beverages and Tobaccos	944717	809412	1145293	1382260	1560221	1595057
纺织、服装及日用品批发业	Wholesale of Textiles, Garments and Daily Consumer Goods	1532141	2245212	2659636	3212295	3480125	4021672
矿产品、建材及化工产品批发业	Wholesale of MineralProducts, Building Materials and Chemicals	2879663	4190603	6915643	7553102	8657445	9487297
机械设备、五金交电及电子产品批发业	Wholesale of Machinery Equipment, Hardware and Electronic Products	496844	870471	915753	633790	763268	892279
综合零售业	Retail of Synthesis	513982	655663	711141	883694	937184	954319
食品、饮料及烟草制品专门零售业	Special Retail of Foods, Beverages and Tobacco Products	47939	52623	77968	50483	49845	80334
纺织、服装及日用品专门零售业	Special Retail of Textiles, Garments and Daily Consumer Goods	2901	24006	114425	67434	238902	201486
文化、体育用品及器材专门零售业	Special Retail of Cutural, Sport Articles and Equipments	37635	48502	52157	59192	80011	77114
医药及医疗器材专门零售业	Special Retail of Medicines and Medical Appliances	65492	78587	82233	87821	101419	115128
汽车、摩托车、燃料及零配件专门零售业	Special Retail of Cars, Motors, Fuels and Accessories and Fittings	734089	1278667	1543947	1916268	2042286	2399475
家用电器及电子产品专门零售业	Specia Retail of Home Appliances and Electronic Products	117946	167457	173553	163319	172889	177203
五金、家具及室内装修材料专门零售业	Special Retail of Hardware, Furnitures and Indoor Decorative Materials	2685	3640	7845	12630	2959	4887
无店铺及其他零售业	Retail without Store and Others	27578	33167	38880	48876	53341	56520

11－5 市区限额以上批零贸易业销售总额（2009－2014）

Total Sales of Wholesale and Retail Sale Trades above Designated Size in Urban District（2009－2014）

单位：万元 （10000 yuan）

类型、行业	Ownership and Sector	2009	2010	2011	2012	2013	2014
总　　计	Total	4039509	5925373	7061385	7744428	8869743	9465612
其中：国有及国有控股	State－owned and State Holding Majority Shares	1364424	1827797	2218688	2200289	2819535	3084314
（一）按登记注册类型分	Grouped by Status of Registration						
国有企业	State－owned	462752	635270	702654	757373	765802	0
集体企业	Collective－owned	3773				2485	3031
股份合作企业	Share－holding Cooperative	42697	42480	29961	13160	15236	20201
联营企业	Joint Ownership					0	0
有限责任公司	Limited Liability Company	934824	1232053	1383891	1353543	1676833	2590198
股份有限公司	Share－holding Cooperations Ltd.	1344956	1741499	1940434	2025575	2450721	2530522
私营企业	Private－owned	1052461	1948796	2609082	3136522	3506211	3738413
其他企业	Other Enterprises	8726	0	16088		0	3455
港、澳、台商投资企业	Owned by Entrepreneurs from Hongkong, Macau and Taiwan	30410	69048	125914	113468	138367	206893
外商投资企业	Enterprises with Foreign Investment	158913	256228	253362	344788	314088	372900
（二）按主要行业分	Grouped By Main Sector						
食品、饮料及烟草制品批发业	Wholesale of Foods, Beverages and Tobaccos	473020	685096	763561	820359	873965	909651
纺织、服装及日用品批发业	Wholesale of Textiles, Garments and Daily Consumer Goods	823834	1164725	1324088	1443296	1357252	1512685
矿产品、建材及化工产品批发业	Wholesale of MineralProducts, Building Materials and Chemicals	1424095	2028525	2696245	3142171	3971289	4195528
机械设备、五金交电及电子产品批发业	Wholesale of Machinery Equipment, Hardware and Electronic Products	124159	263812	267332	132289	208740	222458
综合零售业	Retail of Synthesis	221794	272824	298179	323416	329994	328927
食品、饮料及烟草制品专门零售业	Special Retail of Foods, Beverages and Tobacco Products	20606	22864	43257	17097	17471	18743
纺织、服装及日用品专门零售业	Special Retail of Textiles, Garments and Daily Consumer Goods	909	22655	48613	49403	192196	152811
文化、体育用品及器材专门零售业	Special Retail of Cutural, Sport Articles and Equipments	14075	21065	20388	22792	32426	30737
医药及医疗器材专门零售业	Special Retail of Medicines and Medical Appliances	7747	12340	11884	15407	21743	29782
汽车、摩托车、燃料及零配件专门零售业	Special Retail of Cars, Motors, Fuels and Accessories and Fittings	533533	901189	1058677	1206800	1245954	1399372
家用电器及电子产品专门零售业	Specia Retail of Home Appliances and Electronic Products	81936	112029	106607	90061	94501	98860
五金、家具及室内装修材料专门零售业	Special Retail of Hardware, Furnitures and Indoor Decorative Materials				5275	0	0
无店铺及其他零售业	Retail without Store and Others	5876	8325	10285	11636	15729	17590

注：2003 年起按行业分组采用新的国民经济行业分类标准。
Note: Since 2003 the data groued by sector have adopted new sector classified standard.

11－6　全市限额以上批零贸易业购、销、存情况(2014)

Purchases, Sales and Inventory of Wholesale and Retail Sale Trade above Designated Size (2014)

单位:万元　　(10000 yuan)

类型、行业	Ownership and Sector	商品购进总额 Total Purchases of Commodities	商品销售总额 Total Sales of Commodities	批发 Value in Wholesale Trade	零售 Value in Retail Sale Trade	年末库存 Year－end Inventory
总　　计	Total	18728416	21397375	16537872	4859503	1255600
按地区分	By Region					
市区	Urban District	7520418	9465612	6572573	2893039	561804
嘉善	Jiashan	1332090	1368680	1181780	186900	94423
平湖	Pinghu	2365308	2491813	2278899	212914	120423
海宁	Haining	3618230	3809882	2930218	879664	178857
海盐	Haiyan	908692	975181	851552	123629	47648
桐乡	Tongxiang	2983678	3286207	2722851	563356	252446
一、批发业	Wholesale Trade	14857338	17330908	16325788	1005121	796212
其中:国有及国有控股	State－owned and State Holding Majority Shares	1891259	3361714	2593038	768676	123694
1. 按登记注册类型分	Grouped by Status of Registration					
国有企业	State－owned	4215	5302	5302	0	50
集体企业	Collective－owned	84076	85076	83330	1746	5853
股份合作企业	Share－holding Cooperative	18345	19409	19409	0	879
联营企业	Joint Ownership	0	0	0	0	0
有限责任公司	Limited Liability Company	3602730	4075278	4013536	61742	180471
股份有限公司	Share－holding Cooperations Ltd.	1358955	2559103	1815263	743840	44873
私营企业	Private－owned	8967038	9729888	9538456	191432	516562
其他企业	Other Enterprises	31854	33131	28116	5015	7984
港、澳、台商投资企业	Owned by Entrepreneurs from HONG KONG, Macau and Taiwan	535165	551549	551542	7	33676
外商投资企业	Enterprises with Foreign Investment	254960	272173	270834	1339	5865
2. 按主要行业分	Grouped by Main Sector					
农畜产品批发业	Wholesale of Farm and Animal Products	285872	305279	299678	5601	41076
食品、饮料及烟草制品批发业	Wholesale of Foods, Beverages and Tobacco Products	1322774	1595057	1586255	8802	117793
其中:米、面制品及食用油批发	Wholesale of Rice, Flour Products and Edible Oil	125135	128698	126167	2531	33511
烟草制品批发	Wholesale of Tobacco Products	589969	809896	809896	0	27180
纺织、服装及日用品批发业	Wholesale of Textiles, Garments and Daily Consumer Goods	3571269	4021672	3970050	51623	210455
其中:服装批发	Wholesale of Garments	1288358	1453556	1428547	25009	58051
文化、体育用品及器材批发业	Wholesale of Cutural, Sport Articles and Equipments	167920	176568	175478	1090	14703
医药及医疗器材批发业	Wholesale of Medicines and Medical Appliances	370600	371158	208912	162246	37706
矿产品、建材及化工产品批发业	Wholesale of MineralProducts, Building Materials and Chemicals	7928319	9487297	8810175	677122	286685
其中:煤炭及制品批发	Wholesale of Coal and Related Products	998969	1046362	1046362	0	51985
石油及制品批发	Wholesale of Petroleum and Related Products	1427669	2600294	1945297	654997	41217
金属及金属矿批发	Wholesale of Metal and Metal Mineral	3121974	3357760	3342779	14982	79545

11－6 续表1

Continue 1

单位:万元 (10000 yuan)

类型、行业	Ownership and Sector	商品购进总额 Total Purchases of Commodities	商品销售总额 Total Sales of Commodities	批发 Value in Wholesale Trade	零售 Value in Retail Sale Trade	年末库存 Year－end Inventory
建材批发	Wholesale of Building Materials	527584	562505	562305	200	45213
化肥批发	Wholesale of Chemical Fertilizer	53760	55573	55573	0	8738
机械设备、五金交电及电子产品批发业	Wholesale of Machinery Equipment, Hardware and Electronic Products	807648	892279	793671	98607	48079
其中:汽车、摩托车及零配件批发	Wholesale of Cars, Motors, Fuels and Accessories and Fittings	27481	29425	29425	0	2572
家用电器批发	Wholesale of Home Appliances					
计算机、软件及辅助设备批发	Wholesale of Computers, Software and Subsidiary Equipments	0	0	0	0	0
贸易经纪与代理	Trade Agency	25097	25405	25405	0	732
其他批发业	Others	377841	456194	456164	30	38985
二、零售业	Retail Sale Trade	3871077	4066466	212084	3854382	459388
其中:国有及国有控股	State－owned and State Holding Majority Shares	502077	518905	42568	476336	66401
1. 按登记注册类型分	Grouped by Status of Registration					
国有企业	State－owned	9001	8802	0	8802	2426
集体企业	Collective－owned	23913	26089	0	26089	1113
股份合作企业	Share－holding Cooperative	5631	6237	0	6237	328
联营企业	Joint Ownership	0	0	0	0	0
有限责任公司	Limited Liability Company	1212167	1289673	69370	1220303	119774
股份有限公司	Share－holding Cooperations Ltd.	189389	202018	572	201446	76503
私营企业	Private－owned Enterprises	1912738	1988429	132149	1856279	224090
其他企业	Others	1864	1872	0	1872	0
港、澳、台商投资企业	Owned by Entrepreneurs from HONG KONG, Macau and Taiwan	369891	398589	430	398159	13451
外商投资企业	Enterprises with Foreign Investment	146485	144757	9563	135195	21703
2. 按主要行业分	Grouped By Main Sector					
综合零售业	Retail of Synthesis	880805	954319	3167	951152	145907
其中:百货零售	Retail of Department Store	407774	451779	1351	450428	111513
超级市场零售	Retail of Supermarket	471777	493772	1816	491956	33852
食品、饮料及烟草专门零售业	Special Retail of Foods, Beverages and Tobacco Products	77127	80334	30839	49495	2390
纺织、服装及日用品专门零售业	Special Retail of Textiles, Garments and Daily Consumer Goods	164504	201486	28232	173254	19218
文化、体育用品及器材专门零售业	Special Retail of Cutural, Sport Articles and Equipments	80814	77114	10754	66360	21577
医药及医疗器材专门零售业	Special Retail of Medicines and Medical Appliances	109063	115128	9335	105793	21433
汽车、摩托车、燃料及零配件专门零售业	Special Retail of Cars, Motors, Fuels and Accessories and Fittings	2356379	2399475	96451	2303024	230816
家用电器及电子产品专门零售业	Specia Retail of Home Appliances and Electronic Products	149500	177203	21487	155716	15194
五金、家具及室内装修材料专门零售业	Special Retail of Hardware, Furnitures and Indoor Decorative Materials	4530	4887	0	4887	279
无店铺及其他零售业	Retail without Store and Others	48357	56520	11819	44701	2575

11－7　市区限额以上批零贸易业购、销、存情况（2014）

Purchases, Sales and Inventory of Wholesale and Retail Sale Trade above Designated Size of Urban District (2014)

单位：万元　　　　(10000 yuan)

类型、行业	Ownership and Sector	商品购进总额 Total Purchases of Commodities	商品销售总额 Total Sales of Commodities	批发 Value in Wholesale Trade	零售 Value in Retail Sale Trade	年末库存 Year－end Inventory
总　计	Total	7520418	9465612	6572573	2893039	561804
一、批发业	Wholesale Trade	5569118	7388790	6487351	901439	262760
其中：国有及国有控股	State－owned and State Holding Majority Shares	1505546	2935633	2192016	743617	71949
1. 按登记注册类型分	Grouped by Status of Registration					
国有企业	State－owned	0	0	0	0	0
集体企业	Collective－owned	0	0	0	0	0
股份合作企业	Share－holding Cooperative	15181	16252	16252	0	100
联营企业	Joint Ownership	0	0	0	0	0
有限责任公司	Limited Liability Company	1470010	1866331	1864800	1531	55495
股份有限公司	Share－holding Cooperations Ltd.	1243108	2444049	1700456	743593	42990
私营企业	Private－owned	2587245	2794106	2638316	155790	156436
其他企业	Other Enterprises	3288	3455	2937	518	0
港、澳、台商投资企业	Owned by Entrepreneurs from HONG KONG, Macau and Taiwan	22477	25939	25932	7	4658
外商投资企业	Enterprises with Foreign Investment	227808	238659	238659	0	3082
2. 按主要行业分	Grouped by Sector					
农畜产品批发业	Wholesale of Farm and Animal Products	6208	6062	6062	0	148
食品、饮料及烟草制品批发业	Wholesale of Foods, Beverages and Tobacco Products	674007	909651	907215	2436	36473
其中：米、面制品及食用油批发	Wholesale of Rice, Flour Products and Edible Oil	33056	38476	38296	180	2006
烟草制品批发	Wholesale of Tobacco Products	589969	809896	809896	0	27180
纺织、服装及日用品批发业	Wholesale of Textiles, Garments and Daily Consumer Goods	1302418	1512685	1488367	24318	54280
其中：服装批发	Wholesale of Garments	543384	648267	629036	19231	18813
文化、体育用品及器材批发业	Wholesale of Cutural, Sport Articles and Equipments	85939	89678	89500	179	6734
医药及医疗器材批发业	Wholesale of Medicines and Medical Appliances	304656	301649	184170	117479	30800
矿产品、建材及化工产品批发业	Wholesale of MineralProducts, Building Materials and Chemicals	2902948	4195528	3535367	660162	110529
其中：煤炭及制品批发	Wholesale of Coal and Related Products	460135	480342	480342	0	15461
石油及制品批发	Wholesale of Petroleum and Related Products	386390	1531920	885902	646018	9015
金属及金属矿批发	Wholesale of Metal and Metal Mineral	1102026	1180737	1166720	14017	44719
建材批发	Wholesale of Building Materials	209773	229291	229291	0	17512
化肥批发	Wholesale of Chemical Fertilizer	15792	15198	15198	0	4241
机械设备、五金交电及电子产品批发业	Wholesale of Machinery Equipment, Hardware and Electronic Products	188194	222458	125621	96837	20127

11－7　续表1

Continue 1

单位:万元　　(10000 yuan)

类型、行业	Ownership and Sector	商品购进总额 Total Purchases of Commodities	商品销售总额 Total Sales of Commodities	批发 Value in Wholesale Trade	零售 Value in Retail Sale Trade	年末库存 Year－end Inventory
其中:汽车、摩托车及零配件批发	Wholesale of Cars, Motors, Fuels and Accessories and Fittings	22752	24267	24267	0	2571
家用电器批发	Wholesale of Home Appliances	0	0	0	0	0
计算机、软件及辅助设备批发	Wholesale of Computers, Software and Subsidiary Equipments	0	0	0	0	0
贸易经纪与代理	Trade Agency	0	0	0	0	0
其他批发业	Others	104748	151081	151051	30	3669
二、零售业	Retail Sale Trade	1951300	2076822	85222	1991600	299044
其中:国有及国有控股	State－owned and State Holding Majority Shares	156093	148681	0	148681	41727
1. 按登记注册类型分	Grouped by Status of Registration					
国有企业	State－owned	0	0	0	0	0
集体企业	Collective－owned	1361	3031	0	3031	204
股份合作企业	Share－holding Cooperative	3575	3948	0	3948	277
联营企业	Joint Ownership	0	0	0	0	0
有限责任公司	Limited Liability Company	675592	723867	14166	709701	77615
股份有限公司	Share－holding Cooperations Ltd.	75273	86474	0	86474	64490
私营企业	Private－owned	893275	944308	61063	883244	126894
其他企业	Other Enterprises	0	0	0	0	0
港、澳、台商投资企业	Owned by Entrepreneurs from HONG KONG, Macau and Taiwan	164471	180954	430	180524	9239
外商投资企业	Enterprises with Foreign Investment	137754	134241	9563	124678	20327
2. 按主要行业分	Grouped By Main Sector					
综合零售业	Retail of Synthesis	288084	328927	21	328906	106006
其中:百货零售	Retail of Department Store	176508	202459	0	202459	100447
超级市场零售	Retail of Supermarket	111524	118889	21	118867	5031
食品、饮料及烟草专门零售业	Special Retail of Foods, Beverages and Tobacco Products	18023	18743	0	18743	1254
纺织、服装及日用品专门零售业	Special Retail of Textiles, Garments and Daily Consumer Goods	123072	152811	4343	148468	15689
文化、体育用品及器材专门零售业	Special Retail of Cutural, Sport Articles and Equipments	32280	30737	5212	25525	9515
医药及医疗器材专门零售业	Special Retail of Medicines and Medical Appliances	25526	29782	5031	24751	5321
汽车、摩托车、燃料及零配件专门零售业	Special Retail of Cars, Motors, Fuel and Accessories and Fittings	1371795	1399372	53240	1346132	157106
家用电器及电子产品专门零售业	Specia Retail of Home Appliances and Electronic Products	78181	98860	10844	88016	3383
五金、家具及室内装修材料专门零售业	Special Retail of Hardware, Furnitures and Indoor Decorative Materials	0	0	0	0	0
无店铺及其他零售业	Retail without Store and Others	14340	17590	6531	11060	772

11－8 全市限额以上批发零售贸易企业分类型、行业主要经济指标（2014）

单位：万元

指标	Item	企业数（个）Number of Enterprises (unit)	亏损企业 Loss Making Enterprises
2003		233	49
2004		286	38
2005		328	49
2006		350	49
2007		420	63
2008		644	116
2009		667	125
2010		812	122
2011		1052	294
2012		1238	431
2013		1300	293
2014		1512	361
一、批发企业	Wholesale Enterprises	1129	225
其中：国有及国有控股	State－owned and State Holding Majority Shares	33	3
1. 按登记注册类型分	Grouped by Status of Registration		
国有企业	State－owned	1	0
集体企业	Collective－owned	4	1
股份合作企业	Share－holding Cooperative	3	0
联营企业	Joint Ownership	0	0
有限责任公司	Limited Liability Company	150	35
股份有限公司	Share－holding Cooperations Ltd.	16	4
私营企业	Private－owned	920	182
其他企业	Other Enterprises	15	0
港、澳、台商投资企业	Owned by Entrepreneurs from HONG KONG, Macau and Taiwan	11	2
外商投资企业	Enterprises with Foreign Investment	9	1
2. 按主要行业分	Grouped by Main Sector		
农畜产品批发业	Wholesale of Farm and Animal Products	75	5
食品、饮料及烟草制品批发业	Wholesale of Foods, Beverages and Tobacco Products	51	8
其中：米、面制品及食用油批发	Wholesale of Rice, Flour Products and Edible Oil	15	3
烟草制品批发	Wholesale of Tobacco Products	1	0
纺织、服装及日用品批发业	Wholesale of Textiles, Garments and Daily Consumer Goods	397	47
其中：服装批发	Wholesale of Garments	102	8
文化、体育用品及器材批发业	Wholesale of Cutural, Sport Articles and Equipments	22	3
医药及医疗器材批发业	Wholesale of Medicines and Medical Appliances	16	1
矿产品、建材及化工产品批发业	Wholesale of MineralProducts, Building Materials and Chemicals	437	132
其中：煤炭及制品批发	Wholesale of Coal and Related Products	60	12
石油及制品批发	Wholesale of Petroleum and Related Products	52	14
金属及金属矿批发	Wholesale of Metal and Metal Mineral	129	56
建材批发	Wholesale of Building Materials	49	18
化肥批发	Wholesale of Chemical Fertilizer	6	1
机械设备、五金交电及电子产品批发业	Wholesale of Machinery Equipment, Hardware and Electronic Products	84	14
其中：汽车、摩托车及零配件批发	Wholesale of Cars, Motors, Fuel and Accessories and Fittings	9	1
家用电器批发	Wholesale of Home Appliances		

Major Economic Indicators on Wholesale and Retail Sale Trade Enterprises above Designated Size by Ownership and Sector (2014)

(10 000 yuan)

商品销售收入 Sales Revenue	商品销售收入净额 Net Value of Sales Revenue	商品销售成本 Cost of Sales	经营费用 Management Cost	主营业务利润 Profits of Major Management	管理费用 Management Expenses	财务费用 Financial Expenses
	2589750	2404339	75827	106304	58312	13846
3462311		3212518	98846	245230	75605	14702
4100183		3812250	107287	273316	79861	16036
4498405		4174725	121231	303270	79527	20399
5570690		5186882	141326	369837	93864	30945
7759451		7197717	204919	548771	145258	44882
7460172		6957469	209205	470854	143089	30296
10212238		9572078	277363	589086	185057	58656
14177398		13340476	378634	780244	232544	91306
15393260		14412371	431447	845733	274719	132092
18012634		16733347	479014	1092227	327879	148658
19058325		17814011	519547	1089312	314748	162266
15428143		14552882	293315	763814	209751	127010
2921762		2640910	48745	227228	48842	-3377
4533		4215	122	299	45	-1
74915		72085	968	1716	858	-41
16589		15631	454	809	201	217
0		0	0	0	0	0
3596557		3280723	52247	253018	64273	25591
2255675		2167886	43598	83127	22919	5911
8720747		8298726	169143	392128	115255	93851
33144		31707	42	1437	517	83
490637		457341	21022	21162	2857	1240
235347		224568	5719	10119	2827	158
284522		260949	4697	21776	5919	1663
1396924		1150374	36539	185167	39495	-6636
121665		111503	4123	4938	3262	2096
692654		501289	8711	149079	27340	-10649
3671187		3431497	107190	226905	67728	30101
1368905		1253613	56147	112539	28541	8840
152454		142567	4101	9242	2392	1293
320344		303129	5756	15997	7166	1817
8337717		8089337	97277	221503	65047	83729
906517		875432	13416	28664	6405	8665
2260981		2175177	34747	77859	18798	11731
2967437		2912062	15175	46365	20338	34990
488037		468532	6936	17098	4662	6845
55149		51149	2723	3678	705	326
847371		781240	28151	64824	17656	5182
26352		23982	1026	2280	699	154
				0		

11－8 续表1

单位:万元

指　　标	Item	企业数(个) Number of Enterprises (unit)	亏损企业 Loss Making Enterprises
计算机、软件及辅助设备批发	Wholesale of Computers,Software and Subsidiary Equipments	0	0
贸易经纪与代理	Trade Agency	5	1
其他批发业	Others	42	14
二、零售企业	Retail Sale Enterprises	383	136
其中:国有及国有控股	State－owned and State Holding Majority Shares	26	3
1. 按登记注册类型分	Grouped by Status of Registration		
国有企业	State－owned	1	0
集体企业	Collective－owned	4	0
股份合作企业	Share－holding Cooperative	3	0
联营企业	Joint Ownership	0	0
有限责任公司	Limited Liability Company	80	25
股份有限公司	Share－holding Cooperations Ltd.	2	0
私营企业	Private－owned	275	102
其他企业	Other Enterprises	1	0
港、澳、台商投资企业	Owned by Entrepreneurs from HONG KONG,Macau and Taiwan	11	4
外商投资企业	Enterprises with Foreign Investment	6	5
2. 按主要行业分	Grouped By Main Sector		
综合零售业	Retail of Synthesis	43	17
其中:百货零售	Retail of Department Store	16	6
超级市场零售	Retail of Supermarket	25	11
食品、饮料及烟草专门零售业	Special Retail of Foods, Beverages and Tobacco Products	14	1
纺织、服装及日用品专门零售业	Special Retail of Textiles, Garments and Daily Consumer Goods	28	8
文化、体育用品及器材专门零售业	Special Retail of Cutural,Sport Articles and Equipments	13	3
医药及医疗器材专门零售业	Special Retail of Medicines and Medical Appliances	26	3
汽车、摩托车、燃料及零配件专门零售业	Special Retail of Cars,Motors,Fuels and Accessories and Fittings	187	95
家用电器及电子产品专门零售业	Specia Retail of Home Appliances and Electronic Products	52	11
五金、家具及室内装修材料专门零售业	Special Retail of Hardware, Furnitures and Indoor Decorative Materials	5	0
无店铺及其他零售业	Retail without Store and Others	15	1
3.按零售业态分组	Grouped by Retail Size		
#有店铺零售	Department Store	366	127
食杂店	Supermarket	0	0
便利店	Specialized Store	4	0
折扣店	Authorized store	0	0
超市	Convenience store	16	7
大型超市	Warehouse store	13	6
仓储会员店	Home Building Materials store	0	0
百货店	Department store	17	5
专业店	professional Store	192	45
专卖店	Monopoly Store	114	62
家居建材商店	Building materials store	0	0
购物中心	shopping center	3	1
厂家直销中心	direct selling center	7	1
无店铺零售	The satatistical range does not include retail stores	17	9

Continue 1

(10 000 yuan)

商品销售收入 Sales Revenue	商品销售收入净额 Net Value of Sales Revenue	商品销售成本 Cost of Sales	经营费用 Management Cost	主营业务利润 Profits of Major Management	管理费用 Management Expenses	财务费用 Financial Expenses
0		0	0	0	0	0
23238		21890	732	1329	125	25
394385		371900	8872	17071	4224	9838
3630182		3261129	226232	325498	104997	35256
457888		410391	21797	41603	15778	2498
7923		5826	734	1973	638	-55
25809		19773	2271	4937	2986	51
5338		4739	476	588	30	3
0		0	0	0	0	0
1126131		998364	86034	116052	29657	8775
180721		152771	16043	17499	4497	2079
1790063		1653861	77437	120845	49782	21201
1872		1864	0	7	0	6
363962		309915	31874	51231	14311	2023
128365		114017	11363	12368	3096	1172
859423		729405	77142	107563	32055	6889
395644		337561	26741	45927	18904	3797
456285		385904	49152	60110	12990	3089
72920		67744	1702	4719	3259	-24
177958		118099	50656	58212	9424	922
68131		54931	5862	11990	4663	-105
100897		83271	11138	16602	4680	709
2141351		2026094	61233	100672	43233	25929
155316		135014	14886	18475	5093	686
4213		3895	79	309	141	36
49974		42674	3536	6956	2450	214
3576091		3218024	215229	314690	99261	34882
0		0	0	0	0	0
18622		15091	1900	3373	586	3
0		0	0	0	0	0
94566		84276	6939	9236	3037	397
253252		210375	35253	39436	3193	1081
0		0	0	0	0	0
529259		451053	35664	59970	26729	5623
1060997		971699	47235	79739	30623	8887
1576823		1446842	85976	119298	33789	18526
0		0	0	0	0	0
9501		8132	1069	1281	391	34
33072		30556	1194	2357	915	331
54091		43105	11003	10808	5736	374

11－8　续表 2

单位:万元

指　　标	Item	利息支出 Expenditure for Interests	营业利润 Profits of Management
2003		11442	42121
2004		13017	73808
2005		13028	87376
2006		14069	100305
2007		20391	124486
2008		30203	191638
2009		22322	123550
2010		40153	128350
2011		95519	159171
2012		132922	104292
2013		156991	283435
2014		166653	228570
一、批发企业	Wholesale Enterprises	138605	235696
其中:国有及国有控股	State－owned and State Holding Majority Shares	4880	146648
1. 按登记注册类型分	Grouped by Status of Registration		
国有企业	State－owned	0	140
集体企业	Collective－owned	12	770
股份合作企业	Share－holding Cooperative	230	－63
联营企业	Joint Ownership	0	0
有限责任公司	Limited Liability Company	34637	147122
股份有限公司	Share－holding Cooperations Ltd.	5425	20447
私营企业	Private－owned	96878	56759
其他企业	Other Enterprises	58	793
港、澳、台商投资企业	Owned by Entrepreneurs from HONG KONG, Macau and Taiwan	1181	7816
外商投资企业	Enterprises with Foreign Investment	185	1912
2. 按主要行业分	Grouped by Main Sector		
农畜产品批发业	Wholesale of Farm and Animal Products	1540	12063
食品、饮料及烟草制品批发业	Wholesale of Foods, Beverages and Tobacco Products	3117	133084
其中:米、面制品及食用油批发	Wholesale of Rice, Flour Products and Edible Oil	1760	－94
烟草制品批发	Wholesale of Tobacco Products	0	124050
纺织、服装及日用品批发业	Wholesale of Textiles, Garments and Daily Consumer Goods	24827	44149
其中:服装批发	Wholesale of Garments	9111	25289
文化、体育用品及器材批发业	Wholesale of Cutural, Sport Articles and Equipments	1385	1778
医药及医疗器材批发业	Wholesale of Medicines and Medical Appliances	307	2033
矿产品、建材及化工产品批发业	Wholesale of MineralProducts, Building Materials and Chemicals	95921	31466
其中:煤炭及制品批发	Wholesale of Coal and Related Products	7997	2543
石油及制品批发	Wholesale of Petroleum and Related Products	12175	22117
金属及金属矿批发	Wholesale of Metal and Metal Mineral	47246	－2116
建材批发	Wholesale of Building Materials	5933	1196
化肥批发	Wholesale of Chemical Fertilizer	349	181
机械设备、五金交电及电子产品批发业	Wholesale of Machinery Equipment, Hardware and Electronic Products	5035	13884
其中:汽车、摩托车及零配件批发	Wholesale of Cars, Motors, Fuel and Accessories and Fittings	144	401
家用电器批发	Wholesale of Home Appliances		

Continue 2

(10 000 yuan)

利润总额 Total Profits	应付工资总额 Total Wages Payable	应付福利费总额 Total Welfare Expenses Payable	应付职工薪酬 Employee benefits payable	应交增值税 Value added Tax Payable	流动资产 Circulating Funds	存货 Inventory
53622	33482	4631		22440	920425	191185
84783	41629	4982		36339	937565	189891
105028	43851	6383		33620	1249480	233972
112555	46815	7496		37352	1339178	235132
136923	54497	5094		43513	1624733	273282
194569	85112	10219		66149	2144776	394728
163497	84438	6178		102319	2560081	444782
179290	105648	8436		153113	3847953	590031
178062			176267	144875	5647004	807264
133130			238081	154422	7089372	925704
313958			277897	205782	7237616	1110888
255062			289210	157752	7310249	1137286
250655			157092	120423	6006781	766650
146021			43092	37581	839848	142524
136			100	65	1401	50
782			1072	640	28970	5077
27			193	1541	5832	766
0			0	0	0	0
157428			41774	46511	1419199	177454
21056			28167	7637	488250	64440
61861			76619	58151	3822836	479063
891			440	0	12383	4589
7065			4978	4364	137016	29581
1409			3749	1514	90894	5632
12473			5775	1477	157551	44027
133822			26430	34246	533684	109260
213			2837	581	89130	37727
124039			14761	27900	319447	23861
49262			51211	18389	1618728	191426
28918			22181	6595	485609	58159
1958			2047	1047	72582	12811
2026			4365	1865	112990	40840
36914			49422	32672	3000291	284420
2390			2633	11099	299029	48050
21342			23798	9847	398749	60641
-6639			9787	4068	1358468	71108
1556			2219	2193	268946	38162
1756			908	0	18523	8700
14946			11857	4310	332312	44252
417			810	344	12181	2307

11－8 续表3

单位:万元

指　　标	Item	利息支出 Expenditure for Interests	营业利润 Profits of Management
计算机、软件及辅助设备批发	Wholesale of Computers, Software and Subsidiary Equipments	0	0
贸易经纪与代理	Trade Agency	66	448
其他批发业	Others	6406	－3207
二、零售企业	Retail Sale Enterprises	28048	－7126
其中:国有及国有控股	State－owned and State Holding Majority Shares	4322	8864
1. 按登记注册类型分	Grouped by Status of Registration		
国有企业	State－owned	0	770
集体企业	Collective－owned	51	550
股份合作企业	Share－holding Cooperative	3	78
联营企业	Joint Ownership	0	0
有限责任公司	Limited Liability Company	9572	2912
股份有限公司	Share－holding Cooperations Ltd.	141	3558
私营企业	Private－owned	15326	－16863
其他企业	Other Enterprises	6	1
港、澳、台商投资企业	Owned by Entrepreneurs from HONG KONG, Macau and Taiwan	1927	3797
外商投资企业	Enterprises with Foreign Investment	1023	－1930
2. 按主要行业分	Grouped By Main Sector		
综合零售业	Retail of Synthesis	5955	11906
其中:百货零售	Retail of Department Store	4831	8774
超级市场零售	Retail of Supermarket	1124	3019
食品、饮料及烟草专门零售业	Special Retail of Foods, Beverages and Tobacco Products	54	374
纺织、服装及日用品专门零售业	Special Retail of Textiles, Garments and Daily Consumer Goods	736	－3104
文化、体育用品及器材专门零售业	Special Retail of Cutural, Sport Articles and Equipments	315	2001
医药及医疗器材专门零售业	Special Retail of Medicines and Medical Appliances	447	655
汽车、摩托车、燃料及零配件专门零售业	Special Retail of Cars, Motors, Fuels and Accessories and Fittings	19866	－19868
家用电器及电子产品专门零售业	Specia Retail of Home Appliances and Electronic Products	425	－863
五金、家具及室内装修材料专门零售业	Special Retail of Hardware, Furnitures and Indoor Decorative Materials	35	54
无店铺及其他零售业	Retail without Store and Others	216	1720
3. 按零售业态分组	Grouped by Retail Size		
#有店铺零售	Department Store	27820	－1452
食杂店	Supermarket	0	0
便利店	Specialized Store	0	998
折扣店	Authorized store	0	0
超市	Convenience store	275	－217
大型超市	Warehouse store	858	2423
仓储会员店	Home Building Materials store	0	0
百货店	Department store	4967	8979
专业店	professional Store	8014	361
专卖店	Monopoly Store	13371	－13823
家居建材商店	Building materials store	0	0
购物中心	shopping center	0	－153
厂家直销中心	direct selling center	334	－21
无店铺零售	The satatistical range does not include retail stores	228	－5674

Continued 3

(10 000 yuan)

利润总额 Total Profits	应付工资总额 Total Wages Payable	应付福利费总额 Total Welfare Expenses Payable	应付职工薪酬 Employee benefits payable	应交增值税 Value added Tax Payable	流动资产 Circulating Funds	存货 Inventory
0			0	0	0	0
507			179	36	11073	683
-1253			5806	26382	167570	38932
4407			132118	37329	1303468	370636
11720			18368	6720	193160	64559
1000			518	94	6267	1428
622			2153	196	7553	944
77			230	105	759	277
0			0	0	0	0
9240			48972	14651	418323	111662
3497			7823	3113	77197	14358
-12792			53897	14149	696422	213645
6			25	0	189	0
4506			13622	4973	61813	8353
-1749			4879	49	34946	19970
13021			40005	12524	294435	80674
9949			16010	7063	187870	52037
2960			23441	5229	105453	28173
3203			2788	471	27477	2175
-3001			17013	6797	87263	18056
4274			5463	667	67508	19142
751			9996	2730	45608	20285
-16631			47414	10944	703223	213091
-78			7606	1839	55306	14351
54			115	45	2821	410
2814			1719	1314	19828	2452
10049			128546	35950	1279336	364174
0			0	0	0	0
2125			1063	262	5298	1230
0			0	0	0	0
-223			4221	493	29587	9097
2537			14250	3069	46198	9527
0			0	0	0	0
10005			22335	9015	233507	71755
7408			37352	9877	392121	92534
-11631			47732	12897	559172	172084
0			0	0	0	0
-153			739	166	5319	4208
-18			855	172	8135	3740
-5642			3572	1379	24132	6462

11－8 续表 4

单位：万元

指　　标	Item	固定资产 Fixed Assets	固定资产原价 Original Value of Fixed Assets
2003		202993	229796
2004			305312
2005			329221
2006			309240
2007			372930
2008			476479
2009		411816	569572
2010		465133	648738
2011		556715	804412
2012		602317	901798
2013		713247	1032865
2014		829378	1188212
一、批发企业	Wholesale Enterprises	477888	701303
其中：国有及国有控股	State－owned and State Holding Majority Shares	124869	208447
1. 按登记注册类型分	Grouped by Status of Registration		
国有企业	State－owned	257	486
集体企业	Collective－owned	2205	4452
股份合作企业	Share－holding Cooperative	461	811
联营企业	Joint Ownership	0	0
有限责任公司	Limited Liability Company	131009	209055
股份有限公司	Share－holding Cooperations Ltd.	87675	136266
私营企业	Private－owned	240656	323542
其他企业	Other Enterprises	2123	2231
港、澳、台商投资企业	Owned by Entrepreneurs from HONG KONG, Macau and Taiwan	9608	17471
外商投资企业	Enterprises with Foreign Investment	3895	6990
2. 按主要行业分	Grouped by Main Sector		
农畜产品批发业	Wholesale of Farm and Animal Products	22316	29555
食品、饮料及烟草制品批发业	Wholesale of Foods, Beverages and Tobacco Products	65221	117240
其中：米、面制品及食用油批发	Wholesale of Rice, Flour Products and Edible Oil	20121	27566
烟草制品批发	Wholesale of Tobacco Products	29749	64269
纺织、服装及日用品批发业	Wholesale of Textiles, Garments and Daily Consumer Goods	132990	198569
其中：服装批发	Wholesale of Garments	62425	89241
文化、体育用品及器材批发业	Wholesale of Cutural, Sport Articles and Equipments	6353	10307
医药及医疗器材批发业	Wholesale of Medicines and Medical Appliances	9339	14695
矿产品、建材及化工产品批发业	Wholesale of MineralProducts, Building Materials and Chemicals	223141	301154
其中：煤炭及制品批发	Wholesale of Coal and Related Products	21648	32387
石油及制品批发	Wholesale of Petroleum and Related Products	107826	133876
金属及金属矿批发	Wholesale of Metal and Metal Mineral	52278	73274
建材批发	Wholesale of Building Materials	12383	16466
化肥批发	Wholesale of Chemical Fertilizer	1120	3170
机械设备、五金交电及电子产品批发业	Wholesale of Machinery Equipment, Hardware and Electronic Products	15238	23577
其中：汽车、摩托车及零配件批发	Wholesale of Cars, Motors, Fuel and Accessories and Fittings	516	990
家用电器批发	Wholesale of Home Appliances		

Continued 4

(10 000 yuan)

本年折旧 Depreciation of the Current Year	资产合计 Total Assets	负债合计 Total Liabilities	所有者权益合计 Total Creditors Equity	实收资本 Total Capital Hold
10365	1203294	946915	256379	125615
15305	1302738	939909	362829	178924
15593	1656207	1201925	454282	171055
15845	1799498	1380499	419000	202457
18220	2117181	1640599	476582	299883
31754	2763254	2012595	750659	415777
31649	3324012	2461555	862457	492685
38725	4853671	3723932	1129740	713976
47465	7064695	5467684	1597011	1110979
58385	8763720	6860289	1903432	1440528
71876	9637664	7285446	2352219	1466433
74445	9948235	7483234	2465001	4487967
41966	7961524	5814083	2147441	2701951
10632	1145212	641079	504133	115076
23	1659	578	1081	120
221	36910	25096	11814	6021
39	6331	4966	1366	1234
0	0	0	0	0
10181	1837350	1107621	729728	269654
7612	818244	629888	188356	137415
22179	4985445	3875145	1110300	2181352
33	15239	10709	4530	1167
1290	164894	70917	93978	83376
389	95452	89164	6288	21613
1651	200735	135903	64832	32342
6275	638032	226477	411555	40393
1288	135452	99955	35497	15689
3266	352379	29422	322957	6215
11477	2031714	1494690	537024	386382
4657	668810	457369	211441	106103
700	81344	61554	19789	15139
1026	132707	104453	28254	10893
18618	4328619	3373948	954671	2131502
2141	345143	277642	67501	1099639
8195	689230	548307	140922	627776
4134	2079787	1609600	470187	221813
1049	318743	265156	53588	52551
152	21024	14744	6280	3656
1704	361732	257203	104529	56083
133	14489	10020	4469	3700

11-8 续表5

单位:万元

指　　标	Item	固定资产 Fixed Assets	固定资产原价 Original Value of Fixed Assets
计算机、软件及辅助设备批发	Wholesale of Computers, Software and Subsidiary Equipments	0	0
贸易经纪与代理	Trade Agency	462	608
其他批发业	Others	2828	5598
二、零售企业	Retail Sale Enterprises	351490	486909
其中:国有及国有控股	State－owned and State Holding Majority Shares	93312	115337
1. 按登记注册类型分	Grouped by Status of Registration		
国有企业	State－owned	3029	3809
集体企业	Collective－owned	3828	9360
股份合作企业	Share－holding Cooperative	107	247
联营企业	Joint Ownership	0	0
有限责任公司	Limited Liability Company	124039	160872
股份有限公司	Share－holding Cooperations Ltd.	41722	60193
私营企业	Private－owned	122767	168326
其他企业	Other Enterprises	99	99
港、澳、台商投资企业	Owned by Entrepreneurs from HONG KONG, Macau and Taiwan	42971	64969
外商投资企业	Enterprises with Foreign Investment	12929	19036
2. 按主要行业分	Grouped By Main Sector		
综合零售业	Retail of Synthesis	155909	219169
其中:百货零售	Retail of Department Store	114426	141927
超级市场零售	Retail of Supermarket	41375	76725
食品、饮料及烟草专门零售业	Special Retail of Foods, Beverages and Tobacco Products	7622	10453
纺织、服装及日用品专门零售业	Special Retail of Textiles, Garments and Daily Consumer Goods	7138	10722
文化、体育用品及器材专门零售业	Special Retail of Cutural, Sport Articles and Equipments	16897	22947
医药及医疗器材专门零售业	Special Retail of Medicines and Medical Appliances	8103	12139
汽车、摩托车、燃料及零配件专门零售业	Special Retail of Cars, Motors, Fuels and Accessories and Fittings	140376	188103
家用电器及电子产品专门零售业	Specia Retail of Home Appliances and Electronic Products	12500	16564
五金、家具及室内装修材料专门零售业	Special Retail of Hardware, Furnitures and Indoor Decorative Materials	136	239
无店铺及其他零售业	Retail without Store and Others	2809	6573
3. 按零售业态分组	Grouped by Retail Size		
#有店铺零售	Department Store	350492	484242
食杂店	Supermarket	0	0
便利店	Specialized Store	621	1239
折扣店	Authorized store	0	0
超市	Convenience store	2079	5362
大型超市	Warehouse store	20374	40094
仓储会员店	Home Building Materials store	0	0
百货店	Department store	134738	175580
专业店	professional Store	80758	115196
专卖店	Monopoly Store	108393	141603
家居建材商店	Building materials store	0	0
购物中心	shopping center	119	353
厂家直销中心	direct selling center	3412	4815
无店铺零售	The satatistical range does not include retail stores	998	2667

Continued 5

(10 000 yuan)

本年折旧 Depreciation of the Current Year	资产合计 Total Assets	负债合计 Total Liabilities	所有者权益合计 Total Creditors Equity	实收资本 Total Capital Hold
0	0	0	0	0
61	11587	6051	5535	3160
455	175055	153803	21253	26058
32479	1986711	1669151	317560	1786016
4158	340652	255038	85614	23807
96	11098	4783	6315	20
416	16189	9719	6470	2521
24	884	431	453	240
0	0	0	0	0
8052	626133	505851	120282	68247
4170	191514	158545	32969	11742
13259	956713	844042	112671	1608789
0	292	231	61	50
5083	131672	91049	40624	82472
1379	52217	54500	-2284	11935
12723	581254	500052	81202	83707
5273	347250	277184	70066	43914
7414	232628	219479	13149	39543
639	37347	15726	21622	4798
1090	97521	88798	8723	38774
925	102224	56251	45973	8570
714	56447	42272	14174	58421
14948	1010688	889665	121024	1570589
1002	70653	55182	15472	15660
20	2957	1989	968	709
419	27620	19217	8403	4788
32043	1958918	1638756	320162	1749160
0	0	0	0	0
113	6961	6007	955	1158
0	0	0	0	0
545	38221	30883	7338	8900
3425	77370	79090	-1720	25790
0	0	0	0	0
8846	482405	402599	79806	50725
7349	591911	462111	129800	137406
11388	742748	641411	101337	1519533
0	0	0	0	0
30	5470	5358	112	2015
348	13832	11297	2534	3632
436	27792	30394	-2602	36856

11－9 市区限额以上批发零售贸易企业分类型、行业主要经济指标（2014）

单位：万元

指 标	Item	企业数（个）Number of Enterprises（unit）	亏损企业 Loss Making Enterprises
2003		76	17
2004		107	18
2005		126	18
2006		116	17
2007		123	21
2008		242	63
2009		242	38
2010		294	41
2011		359	92
2012		395	141
2013		417	128
2014		444	144
一、批发企业	Wholesale Enterprises	313	82
其中：国有及国有控股	State－owned and State Holding Majority Shares	11	2
1．按登记注册类型分	Grouped by Status of Registration		
国有企业	State－owned	0	0
集体企业	Collective－owned	0	0
股份合作企业	Share－holding Cooperative	2	0
联营企业	Joint Ownership	0	0
有限责任公司	Limited Liability Company	48	10
股份有限公司	Share－holding Cooperations Ltd.	11	3
私营企业	Private－owned	248	68
其他企业	Other Enterprises	1	0
港、澳、台商投资企业	Owned by Entrepreneurs from HONG KONG, Macau and Taiwan	2	1
外商投资企业	Enterprises with Foreign Investment	1	0
2．按主要行业分	Grouped by Main Sector		
农畜产品批发业	Wholesale of Farm and Animal Products	1	0
食品、饮料及烟草制品批发业	Wholesale of Foods, Beverages and Tobacco Products	15	4
其中：米、面制品及食用油批发	Wholesale of Rice, Flour Products and Edible Oil	3	1
烟草制品批发	Wholesale of Tobacco Products	1	0
纺织、服装及日用品批发业	Wholesale of Textiles, Garments and Daily Consumer Goods	95	15
其中：服装批发	Wholesale of Garments	27	2
文化、体育用品及器材批发业	Wholesale of Cutural, Sport Articles and Equipments	9	2
医药及医疗器材批发业	Wholesale of Medicines and Medical Appliances	9	0
矿产品、建材及化工产品批发业	Wholesale of MineralProducts, Building Materials and Chemicals	146	56
其中：煤炭及制品批发	Wholesale of Coal and Related Products	20	4
石油及制品批发	Wholesale of Petroleum and Related Products	22	7
金属及金属矿批发	Wholesale of Metal and Metal Mineral	52	27
建材批发	Wholesale of Building Materials	13	6
化肥批发	Wholesale of Chemical Fertilizer	2	1
机械设备、五金交电及电子产品批发业	Wholesale of Machinery Equipment, Hardware and Electronic Products	29	6
其中：汽车、摩托车及零配件批发	Wholesale of Cars, Motors, Fuel and Accessories and Fittings	7	0
家用电器批发	Wholesale of Home Appliances	0	0

Major Economic Indicators on Wholesale and Retail Sale Trade Enterprises above Designated Size of Urban District by Ownership and Sector(2014)

(10 000 yuan)

商品销售收入 Sales Revenue	商品销售收入净额 Net Value of Sales Revenue	商品销售成本 Cost of Sales	经营费用 Management Cost	主营业务利润 Profits of Major Management	管理费用 Management Expenses	财务费用 Financial Expenses
	1433052	1355305	38809	37510	21181	7003
1823928		1715699	54179	106401	30653	6057
2150992		2028297	56332	116714	32778	6049
2112733		1997295	55611	112358	30496	8096
2379304		2238104	63964	135645	36642	11496
3883506		3655477	104950	223060	58299	19408
3697214		3477805	107515	197135	62242	11726
5208693		4816064	151085	351506	93533	19163
6447680		5957555	212975	446780	117239	32667
6904366		6359571	230165	474382	138261	48088
8492047		7842053	261245	563971	148983	46624
8382371		7731400	269849	569261	140007	58357
6536872		6091941	127091	384959	95791	37845
2524860		2268349	40402	211785	41199	-7048
0		0	0	0	0	0
0		0	0	0	0	0
13891		13017	363	727	198	239
0		0	0	0	0	0
1639903		1409269	24176	180957	40366	9088
2146368		2062966	42174	79623	20111	6306
2505571		2386459	52550	112866	33258	21909
3455		3288	0	167	69	20
23242		18991	3665	4649	999	152
204443		197951	4162	5971	791	130
6062		5944	0	110	83	14
780188		578669	12390	158380	30459	-9549
33098		30766	851	2266	481	566
692654		501289	8711	149079	27340	-10649
1396045		1303047	46607	87203	24026	9535
628479		580551	24028	47289	9335	4218
76881		71961	2481	4493	826	695
260625		246843	4465	12913	5576	1530
3664408		3554589	52951	99880	26072	31536
418237		407894	4357	9239	1941	3969
1321905		1262932	28251	55311	11870	1932
1031371		1015834	7176	12984	6199	7695
203030		197101	2267	4957	1330	3091
14622		13210	875	1278	300	50
220808		202607	6728	18946	7608	2464
21194		19445	860	1662	344	99
0		0	0	0	0	0

11－9 续表 1

单位:万元

指　　标	Item	企业数(个) Number of Enterprises (unit)	亏损企业 Loss Making Enterprises
计算机、软件及辅助设备批发	Wholesale of Computers,Software and Subsidiary Equipments	0	0
贸易经纪与代理	Trade Agency	0	0
其他批发业	Others	9	1
二、零售企业	Retail Sale Enterprises	131	62
其中:国有及国有控股	State－owned and State Holding Majority Shares	6	1
1. 按登记注册类型分	Grouped by Status of Registration		
国有企业	State－owned	0	0
集体企业	Collective－owned	1	0
股份合作企业	Share－holding Cooperative	1	0
联营企业	Joint Ownership	0	0
有限责任公司	Limited Liability Company	36	14
股份有限公司	Share－holding Cooperations Ltd.	1	0
私营企业	Private－owned	81	41
其他企业	Other Enterprises	0	0
港、澳、台商投资企业	Owned by Entrepreneurs from HONG KONG,Macau and Taiwan	6	3
外商投资企业	Enterprises with Foreign Investment	5	4
2. 按主要行业分	Grouped By Main Sector		
综合零售业	Retail of Synthesis	13	5
其中:百货零售	Retail of Department Store	5	1
超级市场零售	Retail of Supermarket	7	4
食品、饮料及烟草专门零售业	Special Retail of Foods, Beverages and Tobacco Products	4	1
纺织、服装及日用品专门零售业	Special Retail of Textiles, Garments and Daily Consumer Goods	10	3
文化、体育用品及器材专门零售业	Special Retail of Cutural,Sport Articles and Equipments	5	3
医药及医疗器材专门零售业	Special Retail of Medicines and Medical Appliances	5	1
汽车、摩托车、燃料及零配件专门零售业	Special Retail of Cars, Motors, Fuels and Accessories and Fittings	83	46
家用电器及电子产品专门零售业	Specia Retail of Home Appliances and Electronic Products	8	3
五金、家具及室内装修材料专门零售业	Special Retail of Hardware, Furnitures and Indoor Decorative Materials	0	0
无店铺及其他零售业	Retail without Store and Others	3	0
3. 按零售业态分组	Grouped by Retail Size		
#有店铺零售	Department Store	122	56
食杂店	Supermarket	0	0
便利店	Specialized Store	2	0
折扣店	Authorized store	0	0
超市	Convenience store	4	2
大型超市	Warehouse store	7	3
仓储会员店	Home Building Materials store	0	0
百货店	Department store	5	1
专业店	professional Store	37	15
专卖店	Monopoly Store	61	33
家居建材商店	Building materials store	0	0
购物中心	shopping center	3	1
厂家直销中心	direct selling center	3	1
无店铺零售	The satatistical range does not include retail stores	9	6

Continued 1

(10 000 yuan)

商品销售收入 Sales Revenue	商品销售收入净额 Net Value of Sales Revenue	商品销售成本 Cost of Sales	经营费用 Management Cost	主营业务利润 Profits of Major Management	管理费用 Management Expenses	财务费用 Financial Expenses
0		0	0	0	0	0
0		0	0	0	0	0
131855		128281	1470	3035	1141	1620
1845499		1639459	142758	184303	44216	20512
133015		114413	10298	15416	3761	1112
0		0	0	0	0	0
2590		1344	654	1186	0	2
3375		2967	343	401	0	2
0		0	0	0	0	0
629350		542695	64769	79611	13136	6499
77379		64036	9466	7712	0	451
847281		777402	41950	63755	21081	11657
0		0	0	0	0	0
166472		144497	16512	20890	7040	745
119053		106518	9066	10748	2959	1157
298408		248360	34809	39051	4939	2221
176932		147020	19373	20974	2152	1621
114998		96288	14190	16675	2688	598
17516		15128	800	2275	628	23
130311		74912	48999	54304	7817	345
26926		22592	2461	3877	1575	262
26475		21380	3866	4964	860	199
1243607		1171571	38333	64067	24995	17024
86357		72772	11552	12775	2560	360
0		0	0	0	0	0
15901		12744	1938	2990	842	78
1807566		1610384	132898	175590	39411	20303
0		0	0	0	0	0
9069		6395	1900	2587	99	3
0		0	0	0	0	0
7715		7064	454	605	180	-23
121131		101419	14901	17653	2796	687
0		0	0	0	0	0
187216		156175	20167	21872	2867	1770
476852		435320	25251	37832	11625	6213
967578		869594	68157	91694	20591	11288
0		0	0	0	0	0
9501		8132	1069	1281	391	34
28503		26285	999	2066	863	331
37933		29075	9859	8713	4805	210

11－9　续表2

单位:万元

指　　标	Item	利息支出 Expenditure for Interests	营业利润 Profits of Management
2003		5044	12948
2004		5041	22897
2005		4785	30528
2006		5602	26352
2007		8772	31760
2008		12048	55461
2009		8445	33391
2010		11072	112027
2011		36922	129667
2012		44391	103040
2013		51685	159343
2014		63985	152853
一、批发企业	Wholesale Enterprises	45783	161509
其中:国有及国有控股	State－owned and State Holding Majority Shares	1678	142218
1. 按登记注册类型分	Grouped by Status of Registration		
国有企业	State－owned	0	0
集体企业	Collective－owned	0	0
股份合作企业	Share－holding Cooperative	230	－72
联营企业	Joint Ownership	0	0
有限责任公司	Limited Liability Company	21689	130820
股份有限公司	Share－holding Cooperations Ltd.	5034	19644
私营企业	Private－owned	18730	9967
其他企业	Other Enterprises	20	78
港、澳、台商投资企业	Owned by Entrepreneurs from HONG KONG, Macau and Taiwan	0	－242
外商投资企业	Enterprises with Foreign Investment	80	1314
2. 按主要行业分	Grouped by Main Sector		
农畜产品批发业	Wholesale of Farm and Animal Products	14	13
食品、饮料及烟草制品批发业	Wholesale of Foods, Beverages and Tobacco Products	1062	125835
其中:米、面制品及食用油批发	Wholesale of Rice, Flour Products and Edible Oil	569	365
烟草制品批发	Wholesale of Tobacco Products	0	124050
纺织、服装及日用品批发业	Wholesale of Textiles, Garments and Daily Consumer Goods	6932	15607
其中:服装批发	Wholesale of Garments	4369	13547
文化、体育用品及器材批发业	Wholesale of Cutural, Sport Articles and Equipments	700	734
医药及医疗器材批发业	Wholesale of Medicines and Medical Appliances	16	1850
矿产品、建材及化工产品批发业	Wholesale of MineralProducts, Building Materials and Chemicals	34149	17402
其中:煤炭及制品批发	Wholesale of Coal and Related Products	4073	711
石油及制品批发	Wholesale of Petroleum and Related Products	1584	18973
金属及金属矿批发	Wholesale of Metal and Metal Mineral	9115	－5479
建材批发	Wholesale of Building Materials	2795	－1048
化肥批发	Wholesale of Chemical Fertilizer	74	137
机械设备、五金交电及电子产品批发业	Wholesale of Machinery Equipment, Hardware and Electronic Products	1961	1192
其中:汽车、摩托车及零配件批发	Wholesale of Cars, Motors, Fuel and Accessories and Fittings	89	359
家用电器批发	Wholesale of Home Appliances	0	0

Continued 2

(10 000 yuan)

利润总额 Total Profits	应付工资总额 Total Wages Payable	应付福利费总额 Total Welfare Expenses Payable	应付职工薪酬 Employee benefits payable	应交增值税 Value added Tax Payable	流动资产 Circulating Funds	存货 Inventory
16419	11680	1671		8748	468861	91869
24770	16968	2305		13998	396913	80767
31349	18045	2849		16931	576901	117537
31391	14454	2187		11780	524566	102606
33003	22166	2025		14442	584898	118701
56912	38084	4404		28022	842406	187651
46736	39440	3203		33358	1099673	210419
132284	58584	5081		73993	1580747	247431
131424	0	0	96484	58374	2006753	341824
112039	0	0	131944	84630	2404012	394445
170247	0	0	154809	103296	2898552	510598
166799	0	0	147204	76658	3036059	495080
171088	0	0	78011	56378	2302329	266249
141557	0	0	36983	36252	699969	87420
0	0	0	0	0	0	0
0	0	0	0	0	0	0
19	0	0	163	1525	3883	100
0	0	0	0	0	0	0
139569	0	0	23933	29982	818043	52981
19740	0	0	26303	7655	448463	62617
12608	0	0	23404	16351	937726	143915
78	0	0	14	0	433	2
-1816	0	0	1900	319	20201	4000
891	0	0	2294	548	73579	2634
13	0	0	22	0	1174	146
126117	0	0	18284	29494	372288	32532
671	0	0	960	416	27901	2156
124039	0	0	14761	27900	319447	23861
15623	0	0	22619	5960	484425	47573
14456	0	0	10063	3225	168777	18804
517	0	0	863	547	28930	5695
1669	0	0	2907	1350	90609	34863
25983	0	0	28270	13777	1146716	122485
601	0	0	886	1810	121566	16114
18613	0	0	20270	7816	160793	30284
-5356	0	0	2946	1617	467454	37161
-956	0	0	807	649	93772	15369
249	0	0	256	0	6842	4165
1628	0	0	4137	571	125802	19534
360	0	0	651	344	9335	2306
0	0	0	0	0	0	0

11－9 续表3

单位：万元

指　标	Item	利息支出 Expenditure for Interests	营业利润 Profits of Management
计算机、软件及辅助设备批发	Wholesale of Computers, Software and Subsidiary Equipments	0	0
贸易经纪与代理	Trade Agency	0	0
其他批发业	Others	949	－1124
二、零售企业	Retail Sale Enterprises	18202	－8656
其中：国有及国有控股	State－owned and State Holding Majority Shares	2925	1944
1. 按登记注册类型分	Grouped by Status of Registration		
国有企业	State－owned	0	0
集体企业	Collective－owned	0	533
股份合作企业	Share－holding Cooperative	3	56
联营企业	Joint Ownership	0	0
有限责任公司	Limited Liability Company	7451	－929
股份有限公司	Share－holding Cooperations Ltd.	141	2648
私营企业	Private－owned	8821	－6843
其他企业	Other Enterprises	0	0
港、澳、台商投资企业	Owned by Entrepreneurs from HONG KONG, Macau and Taiwan	764	－2856
外商投资企业	Enterprises with Foreign Investment	1023	－1265
2. 按主要行业分	Grouped By Main Sector		
综合零售业	Retail of Synthesis	3513	5374
其中：百货零售	Retail of Department Store	2894	4482
超级市场零售	Retail of Supermarket	619	838
食品、饮料及烟草专门零售业	Special Retail of Foods, Beverages and Tobacco Products	48	879
纺织、服装及日用品专门零售业	Special Retail of Textiles, Garments and Daily Consumer Goods	116	－3615
文化、体育用品及器材专门零售业	Special Retail of Cutural, Sport Articles and Equipments	315	－334
医药及医疗器材专门零售业	Special Retail of Medicines and Medical Appliances	64	91
汽车、摩托车、燃料及零配件专门零售业	Special Retail of Cars, Motors, Fuels and Accessories and Fittings	13929	－10707
家用电器及电子产品专门零售业	Specia Retail of Home Appliances and Electronic Products	141	－1166
五金、家具及室内装修材料专门零售业	Special Retail of Hardware, Furnitures and Indoor Decorative Materials	0	0
无店铺及其他零售业	Retail without Store and Others	78	823
3. 按零售业态分组	Grouped by Retail Size		
#有店铺零售	Department Store	18126	－3127
食杂店	Supermarket	0	0
便利店	Specialized Store	0	587
折扣店	Authorized store	0	0
超市	Convenience store	0	27
大型超市	Warehouse store	678	909
仓储会员店	Home Building Materials store	0	0
百货店	Department store	2980	3719
专业店	professional Store	5402	－2517
专卖店	Monopoly Store	8734	－5634
家居建材商店	Building materials store	0	0
购物中心	shopping center	0	－153
厂家直销中心	direct selling center	333	－65
无店铺零售	The satatistical range does not include retail stores	76	－5529

Continued 3

(10 000 yuan)

利润总额 Total Profits	应付工资总额 Total Wages Payable	应付福利费总额 Total Welfare Expenses Payable	应付职工薪酬 Employee benefits payable	应交增值税 Value added Tax Payable	流动资产 Circulating Funds	存货 Inventory
0	0	0	0	0	0	0
0	0	0	0	0	0	0
-462	0	0	907	4680	52386	3421
-4289	0	0	69193	20280	733730	228831
3832	0	0	6903	2412	99976	45318
0	0	0	0	0	0	0
536	0	0	316	4	800	123
56	0	0	108	49	525	237
0	0	0	0	0	0	0
999	0	0	30442	9408	271119	76195
2835	0	0	3676	1471	46846	3530
-5377	0	0	22648	7280	355277	121835
0	0	0	0	0	0	0
-2254	0	0	7898	2175	25518	8138
-1084	0	0	4106	-107	33646	18774
5699	0	0	15908	5002	141611	49305
4708	0	0	8959	3541	123072	44333
940	0	0	6442	1232	17545	4520
870	0	0	605	413	9097	1121
-3514	0	0	16076	6145	50123	14636
1528	0	0	2037	203	36851	11184
85	0	0	2482	486	13914	5105
-8412	0	0	27628	6024	459507	143667
-1395	0	0	3968	1160	19331	3061
0	0	0	0	0	0	0
850	0	0	489	848	3298	754
1240	0	0	66045	19153	716883	223763
0	0	0	0	0	0	0
588	0	0	823	233	1794	574
0	0	0	0	0	0	0
11	0	0	319	15	2922	555
1027	0	0	6838	1329	21044	5796
0	0	0	0	0	0	0
3961	0	0	9552	3710	132501	52658
-173	0	0	13478	4366	196186	43619
-3958	0	0	33516	9191	350161	112676
0	0	0	0	0	0	0
-153	0	0	739	166	5319	4208
-63	0	0	781	143	6956	3677
-5529	0	0	3147	1126	16847	5069

11－9 续表4

单位:万元

指　　标	Item	固定资产 Fixed Assets	固定资产原价 Original Value of Fixed Assets
2003		103605	116918
2004			153518
2005			162055
2006			126338
2007			157237
2008		0	230864
2009		184025	257698
2010		224330	323680
2011		268925	398224
2012		279969	430090
2013		339730	516650
2014		400057	585467
一、批发企业	Wholesale Enterprises	214464	341330
其中:国有及国有控股	State－owned and State Holding Majority Shares	92174	163579
1. 按登记注册类型分	Grouped by Status of Registration		
国有企业	State－owned	0	0
集体企业	Collective－owned	0	0
股份合作企业	Share－holding Cooperative	72	382
联营企业	Joint Ownership	0	0
有限责任公司	Limited Liability Company	55665	102920
股份有限公司	Share－holding Cooperations Ltd.	82093	126897
私营企业	Private－owned	76202	109938
其他企业	Other Enterprises	26	34
港、澳、台商投资企业	Owned by Entrepreneurs from HONG KONG,Macau and Taiwan	290	799
外商投资企业	Enterprises with Foreign Investment	116	361
2. 按主要行业分	Grouped by Main Sector		
农畜产品批发业	Wholesale of Farm and Animal Products	79	88
食品、饮料及烟草制品批发业	Wholesale of Foods, Beverages and Tobacco Products	34642	72943
其中:米、面制品及食用油批发	Wholesale of Rice,Flour Products and Edible Oil	482	780
烟草制品批发	Wholesale of Tobacco Products	29749	64269
纺织、服装及日用品批发业	Wholesale of Textiles, Garments and Daily Consumer Goods	56555	78082
其中:服装批发	Wholesale of Garments	20880	28439
文化、体育用品及器材批发业	Wholesale of Cutural,Sport Articles and Equipments	4409	6459
医药及医疗器材批发业	Wholesale of Medicines and Medical Appliances	3110	6627
矿产品、建材及化工产品批发业	Wholesale of MineralProducts,Building Materials and Chemicals	104957	161058
其中:煤炭及制品批发	Wholesale of Coal and Related Products	4071	7032
石油及制品批发	Wholesale of Petroleum and Related Products	57182	92419
金属及金属矿批发	Wholesale of Metal and Metal Mineral	33213	44111
建材批发	Wholesale of Building Materials	1133	2223
化肥批发	Wholesale of Chemical Fertilizer	732	1997
机械设备、五金交电及电子产品批发业	Wholesale of Machinery Equipment, Hardware and Electronic Products	9782	14073
其中:汽车、摩托车及零配件批发	Wholesale of Cars,Motors,Fuel and Accessories and Fittings	428	741
家用电器批发	Wholesale of Home Appliances	0	0

Continued 4

(10 000 yuan)

本年折旧 Depreciation of the Current Year	资产合计 Total Assets	负债合计 Total Liabilities	所有者权益合计 Total Creditors Equity	实收资本 Total Capital Hold
5133	605843	503535	102308	61443
7547	585790	441229	144561	94253
7197	767789	586209	181579	81121
6053	715493	564943	150550	93387
7030	787913	648601	139312	149022
14703	1143596	851872	291724	209901
14557	1434292	964561	469731	231128
18716	2010120	1432604	577516	327041
22625	2632089	1870422	761667	480581
27897	3096498	2221081	875417	609256
32775	3866969	2813773	1053195	688714
33454	4042470	2937265	1105205	2990416
18836	3002324	2047022	955302	2015978
8460	942787	507392	435395	96196
0	0	0	0	0
0	0	0	0	0
21	3955	3313	643	574
0	0	0	0	0
5349	1073616	536186	537430	163055
7046	725050	582733	142318	104335
6282	1104804	849574	255231	1719953
3	459	295	163	100
92	20605	2803	17802	27191
43	73834	72119	1716	770
10	1252	1221	31	6
3808	418347	78699	339649	17022
82	33243	30755	2488	2500
3266	352379	29422	322957	6215
4436	621571	458658	162913	154054
1806	243218	171704	71514	37540
357	34464	30561	3903	2317
692	99915	87109	12806	8448
8618	1625649	1249903	375746	1805171
479	145420	115255	30165	1041699
5107	349540	254629	94911	593111
1735	548945	463469	85475	78586
218	98423	80613	17810	20468
82	8527	5117	3410	1858
776	147296	93798	53497	20670
89	11549	7591	3957	3400
0	0	0	0	0

11－9 续表5

单位:万元

指　　标	Item	固定资产 Fixed Assets	固定资产原价 Original Value of Fixed Assets
计算机、软件及辅助设备批发	Wholesale of Computers,Software and Subsidiary Equipments	0	0
贸易经纪与代理	Trade Agency	0	0
其他批发业	Others	930	2001
二、零售企业	Retail Sale Enterprises	185593	244136
其中:国有及国有控股	State－owned and State Holding Majority Shares	68369	75319
1. 按登记注册类型分	Grouped by Status of Registration		
国有企业	State－owned	0	0
集体企业	Collective－owned	54	122
股份合作企业	Share－holding Cooperative	95	199
联营企业	Joint Ownership	0	0
有限责任公司	Limited Liability Company	88011	104708
股份有限公司	Share－holding Cooperations Ltd.	25225	35757
私营企业	Private－owned	52834	73445
其他企业	Other Enterprises	0	0
港、澳、台商投资企业	Owned by Entrepreneurs from HONG KONG,Macau and Taiwan	6700	12521
外商投资企业	Enterprises with Foreign Investment	12674	17384
2. 按主要行业分	Grouped By Main Sector		
综合零售业	Retail of Synthesis	93083	114323
其中:百货零售	Retail of Department Store	87772	102209
超级市场零售	Retail of Supermarket	5255	11687
食品、饮料及烟草专门零售业	Special Retail of Foods, Beverages and Tobacco Products	2420	3617
纺织、服装及日用品专门零售业	Special Retail of Textiles, Garments and Daily Consumer Goods	1856	4616
文化、体育用品及器材专门零售业	Special Retail of Cutural,Sport Articles and Equipments	3041	4583
医药及医疗器材专门零售业	Special Retail of Medicines and Medical Appliances	1122	1702
汽车、摩托车、燃料及零配件专门零售业	Special Retail of Cars,Motors,Fuels and Accessories and Fittings	73479	101813
家用电器及电子产品专门零售业	Specia Retail of Home Appliances and Electronic Products	9270	11177
五金、家具及室内装修材料专门零售业	Special Retail of Hardware, Furnitures and Indoor Decorative Materials	0	0
无店铺及其他零售业	Retail without Store and Others	1323	2305
3. 按零售业态分组	Grouped by Retail Size		
#有店铺零售	Department Store	184763	241715
食杂店	Supermarket	0	0
便利店	Specialized Store	111	548
折扣店	Authorized store	0	0
超市	Convenience store	1217	2054
大型超市	Warehouse store	5262	11735
仓储会员店	Home Building Materials store	0	0
百货店	Department store	87885	102401
专业店	professional Store	31123	43241
专卖店	Monopoly Store	55762	76722
家居建材商店	Building materials store	0	0
购物中心	shopping center	119	353
厂家直销中心	direct selling center	3283	4661
无店铺零售	The satatistical range does not include retail stores	831	2422

Continued 5

(10 000 yuan)

本年折旧 Depreciation of the Current Year	资产合计 Total Assets	负债合计 Total Liabilities	所有者权益合计 Total Creditors Equity	实收资本 Total Capital Hold
0	0	0	0	0
0	0	0	0	0
140	53830	47074	6756	8291
14617	1040147	890244	149903	974438
2404	183048	144345	38703	10050
0	0	0	0	0
23	854	155	699	10
21	626	341	285	138
0	0	0	0	0
5296	392544	323661	68882	40776
977	80478	52412	28066	7942
5641	476400	429990	46410	864097
0	0	0	0	0
1422	39200	36939	2261	49540
1237	50046	46746	3300	11935
4055	250381	223987	26395	27764
2958	220598	182398	38200	14002
1069	28647	38239	-9592	13712
270	12089	3328	8761	1850
717	54478	49402	5076	35833
243	52449	32251	20199	5650
137	15878	11668	4210	3337
8466	619970	538193	81777	894485
599	29725	27856	1869	4819
0	0	0	0	0
132	5176	3559	1617	700
14233	1021144	866448	154696	940170
0	0	0	0	0
51	1991	3505	-1515	60
0	0	0	0	0
121	4424	3723	701	1150
1054	32350	39924	-7574	13581
0	0	0	0	0
2973	230350	192859	37491	14742
3375	283148	230915	52232	33427
6291	450889	379646	71243	871995
0	0	0	0	0
30	5470	5358	112	2015
339	12523	10518	2006	3200
384	19003	23796	-4793	34268

11－10 全市星级住宿业和限额以上餐饮企业主要经济指标(2014)

单位:万元

指　　标	Item	企业数 Number of Enterprises	亏损企业 Loss Making Enterprises	营业收入 Sales Revenue
1999		24	17	18923
2000		30	19	23554
2001		36	17	28593
2002		42	19	30761
2003		51	18	40948
2004		80	36	83758
2005		80	31	82900
2006		102	45	121849
2007		110	49	147895
2008		135	47	174457
2009		140	68	190417
2010		145	61	237799
2011		159	88	298509
2012		174	90	314084
2013		194	114	302246
2014		206	120	342895
一、住宿业	AccommodationTrade	94	59	200276
其中:国有及国有控股	State－ownedandStateHoldingMajorityShares	9	5	18027
1.按登记注册类型分组	GroupedbyStatusofRegistration			
国有	State－owned	2	0	2675
集体	Collective－owned	1	0	2345
股份合作	Share－holdingCooperative	0	0	0
联营企业	JointOwnership	1	1	355
有限责任公司	LimitedLiabilityCompany	25	18	73417
股份有限公司	Share－holdingCooperationsLtd.	0	0	0
私营企业	Private－owned	59	36	74554
其他	OtherEnterprises	0	0	0
港澳台商投资企业	OwnedbyEntrepreneursfromHONGKONG,MacauandTaiwan	3	2	39418
外商投资企业	EnterpriseswithForeignInvestment	3	2	7512

注:2003 年及以前年份的数据,口径上仅指限额以上餐饮企业主要经济指标。

Main Economic Indicators of Star Accommodation and Enterprises above Designated Size in Catering Trade (2014)

(10 000 yuan)

营业成本 Cost of Sales	营业费用 Expense of Business	管理费用 Management Expenses	财务费用 Financial Expenses	利息支出 Expenditure for Interests	营业利润 Profits of Management	利润总额 Total Profits	应付工资总额 Total Wages Payable	应付福利费总额 Total Welfare Expenses Payable
8261	7280	3266	985	744	-1965	-1991	2490	488
10791	8409	3721	1126	751	-1830	-1672	3281	402
13688	9068	4615	1140	871	-1548	-1581	3477	389
15091	9498	4959	851	802	-1396	-1181	4286	602
20628	11857	6301	797	731	-577	106	5459	730
38865	24288	14542	2127	1829	-925	-700	11175	1287
40030	23083	15144	2046	1623	-1936	-1253	10978	1335
57137	39468	27831	3501	2481	-12483	-10445	18366	1724
72278	42873	27513	3793	2630	-6627	-5721	20270	2013
83409	48128	33787	4712	3811	-3906	-1417	26550	3498
89015	61777	39503	4886	3298	-14201	-12097	30548	1360
109759	73877	44812	7915	6188	-10705	-10018	35752	1923
135632	95471	58658	14677	10623	-20910	-20819	0	0
139190	102172	59069	19493	13882	-22403	-12850	0	0
134499	99500	60859	21592	19766	-30338	-27404		
157022	103126	68841	21770	15671	-26212	-21907		
81993	61781	43963	13132	8484	-11864	-10000		
6805	8684	2876	2463	1405	-3716	-3625		
1479	882	135	3	1	36	39		
924	773	545	20	0	-46	1		
0	0	0	0	0	0	0		
367	0	0	2	0	-53	-53		
23311	28895	18898	7240	5292	-8607	-7248		
0	0	0	0	0	0	0		
27802	26996	17677	5650	3118	-7547	-7048		
0	0	0	0	0	0	0		
25270	3032	2977	107	0	5172	5118		
2840	1203	3731	111	73	-821	-809		

Note: In and before 2003, the statistical caliber of the data only refers to the main economic indicators of enterprises above designated size in catering trade.

11－10 续表1

单位:万元

指 标	Item	企业数 Number of Enterprises	亏损企业 Loss Making Enterprises	营业收入 Sales Revenue
2. 按国民经济行业分组	Grouped by Sector			
旅游饭店	Tourism Hotel	62	45	182286
一般旅馆	General Hotel	27	12	15204
其他住宿服务	Other Accommodation Services	5	2	2787
二、餐饮业	Catering Trade	112	61	142619
其中:国有及国有控股	State－owned and State Holding Majority Shares	0	0	0
1. 按登记注册类型分组	Grouped by Status of Registration			
国有	State－owned	0	0	0
集体	Collective－owned	0	0	0
股份合作	Share－holding Cooperative	0	0	0
联营企业	Joint Ownership	0	0	0
有限责任公司	Limited Liability Company	17	11	60047
股份有限公司	Share－holding Cooperations Ltd.	0	0	0
私营企业	Private－owned	91	48	78453
其他	Other Enterprises	1	0	711
港澳台商投资企业	Owned by Entrepreneurs from HONG KONG,Macau and Taiwan	0	0	0
外商投资企业	Enterprises with Foreign Investment	3	2	3408
2. 按国民经济行业分组	Grouped by Sector			
正餐服务业	Dinner	98	55	123143
快餐服务业	Fast Food	6	1	14161
饮料及冷饮服务业	Beverage and Cold Drink	0	0	0
其他餐饮服务业	Other Catering Trades	8	5	5315

Continued 1

(10 000 yuan)

营业成本 Cost of Sales	营业费用 Expense of Business	管理费用 Management Expenses	财务费用 Financial Expenses	利息支出 Expenditure for Interests	营业利润 Profits of Management	利润总额 Total Profits	应付工资总额 Total Wages Payable	应付福利费总额 Total Welfare Expenses Payable
76212	53682	38832	12518	8003	-9210	-7610		
4718	7069	4571	573	450	-2600	-2336		
1064	1030	561	41	31	-55	-54		
75029	41345	24878	8639	7187	-14348	-11907		
0	0	0	0	0	0	0		
0	0	0	0	0	0	0		
0	0	0	0	0	0	0		
0	0	0	0	0	0	0		
0	0	0	0	0	0	0		
29256	21615	6923	3255	2519	-4140	-3379		
0	0	0	0	0	0	0		
43969	18754	16196	5104	4400	-9263	-7470		
410	1	259	0	0	2	7		
0	0	0	0	0	0	0		
1394	974	1500	279	268	-948	-1065		
61948	37920	22499	6508	5067	-12431	-11634		
8632	2860	2039	2088	2079	-1730	-94		
0	0	0	0	0	0	0		
4449	565	340	43	41	-187	-180		

11－10 续表2

单位:万元

指　　标	Item	应付职工薪　　酬 Employee benefits payable	流动资产 Circulating Funds	存货 Inventory
1999			11172	2622
2000			13134	1340
2001			5467	832
2002			7271	933
2003			10197	1203
2004			30826	2268
2005			26775	2346
2006			54703	4281
2007			63287	4472
2008			69226	5737
2009			107292	8900
2010			207343	28300
2011		53735	232896	44011
2012		62565	259540	55279
2013		66437	282620	63705
2014		67356	245275	54339
一、住宿业	AccommodationTrade	41244	161372	49212
其中:国有及国有控股	State－ownedandStateHoldingMajorityShares	5042	7343	302
1.按登记注册类型分组	GroupedbyStatusofRegistration			
国有	State－owned	586	785	16
集体	Collective－owned	633	311	67
股份合作	Share－holdingCooperative	0	0	0
联营企业	JointOwnership	99	127	10
有限责任公司	LimitedLiabilityCompany	18954	43640	2823
股份有限公司	Share－holdingCooperationsLtd.	0	0	0
私营企业	Private－owned	16728	64399	2759
其他	OtherEnterprises	0	0	0
港澳台商投资企业	OwnedbyEntrepreneursfromHONGKONG，MacauandTaiwan	1866	50259	43369
外商投资企业	EnterpriseswithForeignInvestment	2379	1850	168

Continued 2

(10 000 yuan)

固定资产 Sub – total Fixed Assets	固定资产原价 Original Value of Fixed Assets	本年折旧 Depreciation of the Current Year	资产合计 Total Assets	负债合计 Total Liabilities	所有者权益 Total Creditors Equity	实收资本 Total Captial Hold
35471	35750	1681	50585	42295	8290	9414
34662	35313	1705	52563	42246	10316	7931
28581	36469	2528	38957	34472	4485	8800
25703	35132	1894	37202	35874	1328	6282
28645	39338	2230	44361	36134	8227	10412
	103290	5953	123359	96071	27287	24846
	109334	6032	132075	110528	21548	30504
	170004	9690	254437	210393	44044	58099
	189823	10168	278639	228111	50528	64335
	196558	13270	327345	247960	79386	92317
177422	253927	15752	392105	321986	70119	152142
183933	259605	8034	606102	455226	150876	169971
288718	385933	23255	690612	530144	160468	217710
305260	413779	26543	756107	592754	163354	217152
365359	501346	25109	836441	641535	194906	256740
352886	518416	28901	795709	607661	188048	278102
240267	374520	18138	536497	404396	132101	183696
33035	41912	1419	49615	42242	7373	6000
331	1496	62	1151	743	408	275
297	801	43	817	650	167	20
0	0	0	0	0	0	0
195	1433	39	323	104	219	700
122255	169779	7882	234557	166495	68063	80062
0	0	0	0	0	0	0
77094	138681	7253	196232	174213	22019	44443
0	0	0	0	0	0	0
22962	33041	1309	83307	53682	29625	35183
17133	29289	1549	20110	8510	11600	23013

11-10 续表3

单位:万元

指　标	Item	应付职工薪酬 Employee benefits payable	流动资产 Circulating Funds	存货 Inventory
2.按国民经济行业分组	Grouped by Sector			
旅游饭店	Tourism Hotel	36745	147169	48760
一般旅馆	General Hotel	3917	12497	418
其他住宿服务	Other Accommodation Services	583	1706	35
二、餐饮业	Catering Trade	26112	83902	5127
其中:国有及国有控股	State - owned and State Holding Majority Shares	0	0	0
1.按登记注册类型分组	Grouped by Status of Registration			
国有	State - owned	0	0	0
集体	Collective - owned	0	0	0
股份合作	Share - holding Cooperative	0	0	0
联营企业	Joint Ownership	0	0	0
有限责任公司	Limited Liability Company	9891	30223	1251
股份有限公司	Share - holding Cooperations Ltd.	0	0	0
私营企业	Private - owned	14933	48134	3594
其他	Other Enterprises	151	37	11
港澳台商投资企业	Owned by Entrepreneurs from HONG KONG, Macau and Taiwan	0	0	0
外商投资企业	Enterprises with Foreign Investment	1137	5508	272
2.按国民经济行业分组	Grouped by Sector			
正餐服务业	Dinner	23344	62305	4530
快餐服务业	Fast Food	2139	19853	72
饮料及冷饮服务业	Beverage and Cold Drink	0	0	0
其他餐饮服务业	Other Catering Trades	628	1744	525

Continued 3

(10 000 yuan)

固定资产 Sub - total Fixed Assets	固定资产原价 Original Value of Fixed Assets	本年折旧 Depreciation of the Current Year	资产合计 Total Assets	负债合计 Total Liabilities	所有者权益 Total Creditors Equity	实收资本 Total Captial Hold
219768	346957	16710	497664	373142	124522	169125
19832	26198	1353	35779	28979	6800	13331
668	1364	74	3055	2276	779	1240
112619	143896	10763	259212	203265	55948	94406
0	0	0	0	0	0	0
0	0	0	0	0	0	0
0	0	0	0	0	0	0
0	0	0	0	0	0	0
0	0	0	0	0	0	0
46066	62575	5053	85554	78990	6564	22950
0	0	0	0	0	0	0
61168	72462	5512	132472	109990	22482	37927
38	40	2	75	81	-5	0
0	0	0	0	0	0	0
5347	8819	197	41111	14204	26907	33529
85178	118094	9212	203443	162561	40882	77080
26912	24298	1459	53216	39282	13934	16155
0	0	0	0	0	0	0
529	1505	93	2553	1421	1132	1172

11－11　全市商品交易市场分类及主要商品成交情况
（1997－2014）

单位:万元

指　　标	Item	1997	1998	1999	2000	2001	2002
商品交易市场(个)	Number of Free Markets	307	333	350	356	351	344
城市	Urban Areas	59	75	85	90	237	82
农村	Rural Areas	248	258	265	266	114	262
市场成交额	Transaction Value	2122287	2373663	2589957	3224358	3714834	4093125
城市	Urban Areas	507942	653253	758396	1449518	974966	1987800
农村	Rural Areas	1614345	1720410	1831561	1774840	2739868	2105325
成交额中主要分类	By Category						
(一)消费品	Consumer Goods	1898904	2296320	2499987	3048322	3500150	3792923
粮食类	Grain	9464	8966	17707	20195	34414	51775
油脂油料类	Oil and Oil－bearing	3056	3741	4631	5294	9221	16253
肉禽蛋类	Meal,Poultry and Eggs	143611	173759	210369	278878	368784	345628
水产类	Aquatic Products	91593	127593	150439	207764	258385	285932
蔬菜类	Vegetables	94935	134830	154890	200162	237345	283749
干鲜果类	Dried and Fresh Fruits	83078	82910	113904	133296	170802	234109
工业品类	Industrial Products	1138085	1333516	1820349	2177144	2383738	2545818
其 他	Others	302903	408890	7445		14771	2714
(二)生产资料	Means of Production	223383	77343	89970	176036	264400	300202
机动车	Vehicles	7610	9419	8772	62231	107517	138395
钢 材	Steel Products	173915	12897	12680	16147	19306	12420
木 材	Timber	8857	3735	10688	25169	57828	44175
其 他	Others	33001	51292	57830	72489	79749	105212

注:从2008年起集贸市场成交额中不包括网上商品成交额。资料来源嘉兴市工商局。

The classification of commodity trading market and major commodity trading in city district(1997 – 2014)

(10 000 yuan)

2003	2004	2005	2006	2007	2008	2009	2010	2011	2012	2013	2014
320	323	326	337	340	343	319	314	327	329	325	327
93											
227											
4510069	5102434	6207811	6899495	7363337	6008859	6744458	8240799	10168500	11157908	13260201	14927367
2346209											
2163860											
4139789	3703466	3804235	4261016	4690316	4910570	5309489	6290781	7343646	8554518	11228957	12579494
45243	46571	54291	62922	111797	122382	107181	116884	116488	123526	522079	164219
15275	22320	22803	48844	50323	46451	39406	42391	48039	51171	55056	84355
371002	462091	429655	431761	541326	613040	630851	692885	728139	756849	804736	872810
294666	275557	287179	284964	284782	319203	310793	344195	364645	370991	419361	488021
327067	342822	396976	405304	469302	472906	536096	607982	775599	826596	929454	1082929
224317	264096	267818	320579	392087	447015	557421	655906	786132	820483	1037042	1234019
2837958	2251921	2311872	2669289	2789883	2831947	3081394	3780132	4470787	5459562	7329628	7872679
3760	4547	7776	15040	27973	57626	46347	50406	53817	145340	131601	780462
370280	1398968	2403576	2638479	2673021	1098289	1434969	1950018	2824854	2603390	2031244	2347873
212402	220147	231792	263949	369382	357278	589293	792270	992555	918511	1026562	1084864
12350	17954	16856	95125	99884	231978	318776	625670	1190656	1015855	315102	463710
46923	17709	17761	16002	16586	13077	16714	15445	15588	15681	18893	20782
98605	1118158	2137167	2263403	2187169	495956	510186	516633	626055	653343	670687	778517

Note: The data comes from Jiaxing Trade and Industry Bureau. The terminal martet turnover do not include online commodity turnover since 2008.

11－12　市区商品交易市场分类及主要商品成交情况（1997－2014）

单位：万元

指　标	Item	1997	1998	1999	2000	2001	2002
商品交易市场（个）	Number of Free Markets	69	74	79	84	90	77
城市	Urban Areas	32	38	43	49	63	43
农村	Rural Areas	37	36	36	35	27	34
市场成交额	Transaction Value	621094	751567	940377	1335117	1447886	1540828
城市	Urban Areas	234934	397349	501486	848059	974966	1029979
农村	Rural Areas	386160	354218	438891	48058	472920	510849
成交额中主要分类	By Category						
（一）消费品	Consumer Goods	572207	679159	861750	1191982	1296276	1345869
粮食类	Grain	2348	1791	10423	14341	22993	3376
油脂油料类	Oil and Oil－bearing	336	257	953	1406	1731	3843
肉禽蛋类	Meal, Poultry and Eggs	41908	51553	74885	101293	167715	138500
水产类	Aquatic Products	36198	60319	76829	108496	123799	137196
蔬菜类	Vegetables	51667	90090	94115	126734	142732	151745
干鲜果类	Dried and Fresh Fruits	56428	56552	82992	99401	111905	125704
工业品类	Industrial Products	365187	400610	508722	727796	721562	707180
其 他	Others	10646	10735	6620			72251
（二）生产资料	Means of Production	48887	72408	78627	143135	196621	194959
机动车	Vehicles	7610	9419	8772	62231	98380	112740
钢 材	Steel Products	11034	11697	12680	10427	10641	
木 材	Timber					58253	
其 他	Others	30243	51292	57175	70477	30197	82219

注：从2008年起集贸市场成交额中不包括网上商品成交额。

The classification of commodity trading market and major commodity trading in urban district (1997 – 2014)

(10 000 yuan)

2003	2004	2005	2006	2007	2008	2009	2010	2011	2012	2013	2014
83	86	90	93	93	97	100	101	101	101	102	103
48											
35											
1596995	2379874	3298480	3595426	3855545	2332713	2583815	3155939	3816250	4645270	5620258	6049702
1141327											
455668											
1333006	1136699	1067836	1166065	1403060	1542378	1624401	1964138	2365448	3260454	4362483	4471814
16736	14496	20500	26097	72642	83914	69030	71572	67686	71955	465263	95193
3787	8378	8158	33927	36332	28826	23075	23605	27355	29746	31361	50943
139327	154204	151873	152979	209481	241038	259137	262939	271248	289306	288854	325370
141926	128871	133864	133299	140170	154688	146468	160871	158172	167238	174269	250262
162955	169144	204706	203297	245258	247986	295912	356786	549979	576536	636645	718862
125133	183609	197186	239809	315751	345327	464273	556193	686193	722922	901066	1059161
733033	466136	337021	356161	350353	383369	320569	490440	560534	1267516	1733651	1194202
3370	4547	7776	14168	25953	57230	45937	41732	44281	135235	131374	777821
263989	1243175	2230644	2429361	2452485	790335	959414	1191801	1450802	1384816	1257775	1577888
200026	213696	186880	200003	287203	287613	501714	686743	850233	784425	853900	898000
	4280		81475	86564	118598	75688	86914	87614	86970	108550	344410
											0
63963	1025199	2043764	2147883	2078718	384124	382012	418144	512955	513421	295325	335478

Note: The data comes from Jiaxing Trade and Industry Bureau. The terminal martet turnover do not include online commodity turnover since 2008.

11－13　全市个体户、私营企业基本情况
（1980－2014）

年　份 Year	城乡个体户 Self－employed Individuals in Urban and Rural Areas		
	户　数 Households （unit）	从业人数（人） Employed Persons （peron）	注册资金（万元） Registered Funds （10000 yuan）
1980	1543	1594	18
1981	2363	2475	28
1982	3388	3597	41
1983	9703	11978	431
1984	22970	35254	1882
1985	35004	60271	4386
1986	43359	76820	6620
1987	51878	90634	9809
1988	67904	117740	15969
1989	72958	131051	24624
1990	80140	143224	28642
1991	89312	154098	36037
1992	94227	164883	41134
1993	95979	162721	54861
1994	124109	204625	97486
1995	123465	210259	124500
1996	129339	209752	129279
1997	122199	196077	141783
1998	124676	197582	178771
1999	135209	215116	202269
2000	139111	229528	210858
2001	132006	239394	211895
2002	134672	244435	225336
2003	115999	242814	233642
2004	122356	219993	264218
2005	120837	204150	364507
2006	129304	260183	547440
2007	133269	314768	628049
2008	142289	365238	806372
2009	152555	367816	826524
2010	161570	378029	847626
2011	173114	405022	972821
2012	186076	432808	1137073
2013	193179	408384	1319660
2014	213743	451857	1581463

注：资料来源嘉兴市工商局。

Basic Statistics On Self – Employed Individuals and Private Enterprises over the Years (1980 – 2014)

城乡私营企业 Private Enterprises In Urban and Rural Areas						
户数 Households (unit)				投资者人数（人） Investors (person)	雇工人数（人） Employment Persons (person)	注册资金(万元) Registered Funds (10000 yuan)
合计 Total	独资 Exclusive Investment	合伙 Partnership	有限公司 Limited Corporations			
127	49	76	2	872	1821	594
707	315	384	8	1754	9579	3979
610	297	305	8	1465	8414	3411
569	295	263	11	1290	7867	3329
617	303	293	21	1433	8579	4245
1118	540	346	232	2327	14351	19802
3460	2036	698	726	5836	40703	73881
4494	2388	754	1361	7799	51386	138781
5137	2483	583	1971	9393	59947	184479
5655	2565	633	2457	10320	68832	214019
6426	2787	530	3109	12296	91851	293526
8084	3559	536	3989	16392	120209	404658
10930	4677	948	5305	22536	188975	569823
13513	5598	1239	6676	28351	221510	769085
16902	7027	1222	8653	37718	266934	1024245
21371	8688	1441	11242	49484	339890	1402803
25677	10426	1663	13588	53702	372458	1943456
28903	11717	1805	15381	62544	441985	2467327
33960	12589	2042	19326	72454	484634	4731477
39215	14274	2359	22566	86487	507320	5240936
44742	13934	2275	28310	93641	687871	6840952
48776	14240	2403	31864	100022	706137	7819172
54154	14986	2540	36326	111780	723247	11576977
60299	15503	2762	41674	125981	733634	15253925
64351	16141	2947	44876	133969	743718	17308819
74911	17015	2914	53328	162349	801232	22027678
86473	15219	3370	63486	203367	865429	29770383

Note: The data comes from Jiaxing Trade and Industry Bureau.

11 – 14 城乡个体经济基本情况
(2014)

项　目	Item	个体工商户 Self – Employer Individuals 户　数 Households (unit)	从业人数(人) Employed Persons (peron)	注册资金(万元) Registered Fouds (10000 yuan)
合　　计	Total	213743	451857	1581463
一、按地区分	By Region			
市区	Urban District	53443	108169	381873
嘉善县	Jiashan	21257	42356	152086
平湖市	Pinghu	27056	59812	209895
海宁市	Haining	42540	88404	324139
海盐县	Haiyan	19079	46335	154116
桐乡市	Tongxiang	50368	106781	359354
二、按行业分	Grouped by Main Sector			
农、林、牧、渔业	Farming, Forestry, Animal Husbandry and Fishery	2023	6512	110748
采矿业	Mining and Quarrying	2	16	3
制造业	Manufacturing	32751	122218	327307
电力、燃气及水的生产和供应业	Production and Supply of Electric Power, Gas and Water	11	49	113
建筑业	Construction	528	1735	7927
交通运输、仓储和邮政业	Transport and Storage	7810	10264	41940
信息传输、计算机服务和软件业	Information Transmission, Computer Services and Software	381	553	1232
批发和零售业	Wholesale and Retail	124762	56166	774019
住宿和餐饮业	Hotels and Restaurants	17731	45950	144630
金融业	Finance	0	0	0
房地产业	Real Estate	425	655	1369
租赁和商务服务业	Tenancy and Business Services	3239	12993	21258
广告业	Advertising			
科学研究、技术服务和地质勘查业	Scientific Research、Technical Services and Geological Prospecting	802	1538	4668
水利、环境和公共设施管理业	Water Consevancy , Environment and Public Establishment Management	112	165	1234
居民服务和其他服务业	Resident and Other Services	20677	41851	111471
教育	Education	74	250	693
卫生、社会保障和社会福利业	Public Health,Social Security and Social Welfare	144	379	1993
文化、体育和娱乐业	Culture,Sports and Recreation	1620	3301	29655
其他	Others	651	370	1203

注:资料来源嘉兴市工商局。

Basic Statistics On Self – Employed Economy of City and Township (2014)

城镇 Urban Area			乡村 Rural Area		
户　数 Households (unit)	从业人数(人) Employed Persons (peron)	注册资金(万元) Registered Capital (10000 yuan)	户　数 Households (unit)	从业人数(人) Number of Employed Persons (peron)	注册资金(万元) Registered Capital (10000 yuan)
123068	260168	889025	90675	191689	692438
42331	89121	296479	11112	19048	85394
8966	18273	58303	12291	24083	93783
18029	40385	133320	9027	19427	76575
23754	50395	218296	18786	38009	105843
7927	16662	55530	11152	29673	98586
22061	45332	127097	28307	61449	232257
799	2361	43974	1224	4151	66774
1	5	1	1	11	2
12067	45185	116355	20684	77033	210952
9	44	80	2	5	33
327	952	4956	201	783	2971
4963	6392	23457	2847	3872	18483
294	436	910	87	117	322
75060	34540	474814	49702	21626	299205
11544	32152	104781	6187	13798	39849
0	0	0	0	0	0
405	620	1241	20	35	128
2265	11692	12929	974	1301	8329
			0	0	0
623	1234	3852	179	304	816
84	93	820	28	72	414
13052	28050	73946	7625	13801	37525
53	181	554	21	69	139
111	299	1637	33	80	356
1127	2627	24231	493	674	5424
284	172	487	367	198	716

Note: The data comes from Jiaxing Trade and Industry Bureau.

11－15 私营经济基本情况
(2014)

项 目	Item	私营企业 Private Enterprises			
		户 数 Households (unit)	投资者人数(人)Number of Investors (person)	雇工人数(人) Number of Employment (person)	注册资金(万元) Registered Capital (10000 yuan)
合 计	Total	86473	203367	865429	29770383
一、按地区分	By Region				
市区	Urban District	27432	92412	214233	12866053
嘉善县	Jiashan	11058	22903	73452	3158251
平湖市	Pinghu	11567	18938	86006	2885155
海宁市	Haining	15644	28982	196294	5589663
海盐县	Haiyan	7595	13519	47704	2226708
桐乡市	Tongxiang	13177	26613	247740	3044553
二、按行业分	Grouped by Main Sector				
农、林、牧、渔业	Farming, Forestry, Animal Husbandry and Fishery	1386	2225	5229	233471
采矿业	Mining and Quarrying	10	6	33	5471
制造业	Manufacturing	38675	77228	624689	9625977
电力、燃气及水的生产和供应业	Production and Supply of Electric Power, Gas and Water	93	213	431	75376
建筑业	Construction	2530	4676	28541	1278073
交通运输、仓储和邮政业	Transport and Storage	1329	2867	5158	421529
信息传输、计算机服务和软件业	Information Transmission, Computer Services and Software	1490	2652	4082	292369
批发和零售业	Wholesale and Retail	26343	46763	73690	4039845
住宿和餐饮业	Hotels and Restaurants	999	1698	6489	118653
金融业	Finance	253	923	870	728229
房地产业	Real Estate	1609	3289	4743	2434476
租赁和商务服务业	Tenancy and Business Services	6299	49096	83049	8930560
广告业	Advertising				
科学研究、技术服务和地质勘查业	Scientific Research、Technical Services and Geological Prospecting	2387	5272	9733	1073865
水利、环境和公共设施管理业	Water Consevancy , Environment and Public Establishment Management	197	413	825	98514
居民服务和其他服务业	Resident and Other Services	1596	3030	5305	127664
教育	Education	69	307	390	8449
卫生、社会保障和社会福利业	Public Health, Social Security and Social Welfare	69	131	522	20093
文化、体育和娱乐业	Culture, Sports and Recreation	733	1044	3100	154263
其他	Others	406	1534	8550	103506

注:资料来源嘉兴市工商局。

Basic Statistics On Private Economy
(2014)

城镇 Urban Area				乡村 Rural Area			
户 数 Households (unit)	投资者人数 (人)Number of Investors (person)	雇工人数 (人) Number of Employment (person)	注册资金(万元) Registered Capital (10000 yuan)	户 数 Households (unit)	投资者人数 (人)Number of Investors (person)	雇工人数 (人) Number of Employment (person)	注册资金(万元) Registered Capital (10000 yuan)
54263	147389	277326	21605086	32210	55978	588103	8165297
22630	83598	26040	11970392	4802	8814	188193	895661
5615	12248	22739	2184812	5443	10655	50713	973439
6976	12430	53077	1887936.73	4591	6508	32929	997218
7554	14650	43702	2283361	8090	14332	152592	3306302
4336	9052	13152	1554226	3259	4467	34552	672482
7152	15411	118616	1724358	6025	11202	129124	1320195
667	1141	2558	144237	719	1084	2671	89234
3	3	10	5003	7	3	23	468
17294	36166	103480	4505406	21381	41062	521209	5120571
51	160	412	52022	42	53	19	23354
1868	3995	22748	936259	662	681	5793	341814
930	2481	4313	316373	399	386	845	105156
1280	2478	3883	243603	210	174	199	48766
20546	39437	71743	3307115	5797	7326	1947	732730
774	1503	5957	99326	225	195	532	19327
161	864	719	666102	92	59	151	62127
1220	2818	4041	1926648	389	471	702	507828
5279	46513	81408	8077191	1020	2583	1641	853369
1939	4560	9128	1023869	448	712	605	49996
136	328	742	56593	61	85	83	41921
1244	2635	5223	102669	352	395	82	24995
56	253	349	5722	13	54	41	2727
43	112	419	19608	26	19	103	485
492	750	2759	101499	241	294	341	52764
280	1192	1059	15841	126	342	7491	87665

Note: The data comes from Jiaxing Trade and Industry Bureau.

11-16 全市旅游事业发展情况(2008-2014)
Development of Tourism (2008-2014)

项　目	Item	2008	2009	2010	2011	2012	2013	2014
国内旅游	Domestic Tourism							
人数(万人次)	Number of Domestic tourism (10 000 person-times)	2140	2492	3070	3536	4101	4660	5321
收入(亿元)	Income (100 million yuan)	180	216	281	338	402	470	551
国际旅游	International Tourism							
人数合计(人次)	Total International Tourism (person-time)	529574	556708	664063	721407	781733	657752	706642
外国人	Foreigners	357574	357762	380441	463989	501324	449481	422715
香港同胞	Compatriots from Hong Kong	73256	78939	86294	85701	79172	48481	63622
澳门同胞	Compatriots from Macao	6406	14864	30584	20822	17781	8818	11446
台湾同胞	Compatriots from Taiwan	92338	105143	166744	150895	183456	150972	208859
创汇收入(万美元)	Foreign Exchange Earnings of Tourism (USD 10 000)	18917	19182	22643	25857	27658	24389	22728
旅游星级饭店情况	Condition of Tourist Hotel (Star Standard)							
饭店个数(座)	Number of Hotels (unit)	58	56	54	55	56	59	2466
房间数(间)	Number of Rooms (room)	5871	6139	6295	7602	7666	8122	70092
床位数(张)	Number of Beds (unit)	9845	10236	10522	12599	12699	13924	117459

11－17 市区旅游事业发展情况(2008－2014)
Development of Tourism (2008－2014)

项　　目	Item	2008	2009	2010	2011	2012	2013	2014
国内旅游	Domestic Tourism							
人数(万人次)	Number of Domestic tourism (10 000 person－times)	515	602	724	832	966	1085	1232
收入(亿元)	Income (100 million yuan)	47	56	70	82	98	113	130
国际旅游	International Tourism							
人数合计(人次)	Total International Tourism (person－time)	27910	22110	23071	42413	35502	28601	43436
外国人	Foreigners	23362	18003	18786	36737	30448	24022	29307
香港同胞	Compatriots from Hong Kong	2493	2021	2012	1995	1976	1259	1409
澳门同胞	Compatriots from Macao	62	44	69	56	433	69	106
台湾同胞	Compatriots from Taiwan	1993	2042	2204	3625	2645	3251	12614
创汇收入(万美元)	Foreign Exchange Earnings of Tourism (USD 10 000)	1645	1095	1109	1675	1139	1308	1301
旅游星级饭店情况	Condition of Tourist Hotel (Star Standard)							
饭店个数(座)	Number of Hotels (unit)	6	6	6	9	10	12	434
房间数(间)	Number of Rooms (room)	939	939	1129	1505	1505	1810	14930
床位数(张)	Number of Beds (unit)	1633	1633	1921	2443	2443	2866	26746

11－18 分地区旅游事业发展情况
(2014)

项　目	Item	全　市 Total	市　区 Urban District
国内旅游	Domestic Tourism		
人数(万人次)	Number of Domestic tourism (10 000 person－times)	5320.57	1231.50
收入(亿元)	Income (100 million yuan)	551.06	130.20
国际旅游	International Tourism		
人数合计(人次)	Total International Tourism (person－time)	706642	43436
外国人	Foreigners	422715	29307
香港同胞	Compatriots from Hong Kong	63622	1409
澳门同胞	Compatriots from Macao	11446	106
台湾同胞	Compatriots from Taiwan	208859	12614
创汇收入(万美元)	Foreign Exchange Earnings of Tourism (USD 10 000)	22728	1301
旅游星级饭店情况	Condition of Tourist Hotel (Star Standard)		
饭店个数(座)	Number of Hotels (unit)	2466	434
房间数(间)	Number of Rooms (room)	70092	14930
床位数(张)	Number of Beds (unit)	117459	26746

注:国内旅游人数、收入各县(市、区)加总不等于全市。

Development of Tourism
(2014)

嘉善县 Jiashan	平湖市 Pinghu	海宁市 Haining	海盐县 Haiyan	桐乡市 Tongxiang
1046.93	577.66	1366.69	500.72	1595.20
104.53	54.60	141.46	44.37	158.49
193488	16881	125006	6951	320880
155845	14548	59202	5901	157912
1055	738	4906	408	55106
52	77	52	53	11106
36536	1518	60846	589	96756
4354	2998	3728	534	9813
1031	199	231	164	407
14980	7190	10604	5948	16440
22096	11204	17765	10447	29201

Note: The whole city's number and income of domestic tourism datas are not equal to the sum of various counties (cities, districts).

11－19 全市进出口总值(1990－2014)
Total Value of Exports by Region (1990－2014)

单位:万美元 (USD 10000)

年 份 Year	进出口总值 Total Imports and Exports	出 口 Export	一般贸易	进 口 Imports	一般贸易
1990		3844			
1991		9310			
1992		14490			
1993		25658			
1994		36493			
1995		47026			
1996		68943			
1997	138592	93677	50699	44915	20857
1998	139420	100337	53687	39083	10874
1999	178336	125358	70891	52978	12043
2000	272791	188959	111682	83832	32410
2001	326862	221694	127350	105168	37072
2002	369607	254807	156833	114800	43678
2003	571174	361619	221569	209555	83921
2004	792482	510580	324839	281902	98053
2005	992246	704385	461567	287861	109504
2006	1265358	917576	599487	347782	138710
2007	1610963	1167353	767619	443610	174907
2008	1983273	1410421	939375	572852	278838
2009	1720475	1234118	848057	486357	285163
2010	2282418	1603997	1184097	678421	437315
2011	2848425	1927151	1451578	921274	621871
2012	2874358	1960260	1495710	914098	639897
2013	3176292	2151208	1652659	1025084	766604
2014	3373431	2365087	1861033	1008344	758431

11－20 市区进出口总值(1990－2014)

Total Value of Exports by Region (1990－2014)

单位:万美元 (USD 10000)

年 份 Year	进出口总值 Total Imports and Exports	出 口 Export	一般贸易	进 口 Imports	一般贸易
1990		2772			
1991		4491			
1992		6348			
1993		10889			
1994		13923			
1995		18023			
1996		20901			
1997		31928			
1998		39602			
1999		49056			
2000		68737			
2001	93730	71722	54928	22008	7670
2002	109085	77689	59618	31396	15603
2003	160298	93468	69236	66830	37756
2004	205650	138563	101526	67087	33565
2005	257884	193036	140759	64848	26725
2006	357396	262399	185870	94997	37819
2007	463600	342547	239916	121053	53015
2008	568726	428083	292534	140643	67577
2009	480212	363910	262049	116302	64381
2010	619996	458247	351414	161749	106587
2011	757687	554316	441492	203371	149111
2012	780861	563487	444613	217374	161280
2013	875414	639007	506006	236407	172348
2014	950123	705918	560982	244205	176730

11-21 分地区出口总值(1990-2014)
Total Value of Exports by Region(1990-2014)

单位:万美元　　(USD 10000)

年份 Year	全市 Total	市区 Urban District	嘉善 Jiashan	平湖 Pinghu	海宁 Haining	海盐 Haiyan	桐乡 Tongxiang
1990	3844	2772	187	370	108	100	307
1991	9310	4491	217	3026	300	180	1096
1992	14490	6348	650	4161	567	155	2609
1993	25658	10889	1473	7819	1735	431	3311
1994	36493	13923	2198	11941	3439	1094	3898
1995	47026	18023	2852	15451	4604	2038	4058
1996	68943	20901	4770	24731	7194	4156	7191
1997	93677	31928	6559	28083	10372	6610	10115
1998	100337	39602	8580	21420	12025	7024	11686
1999	125358	49056	11724	28277	15529	5688	15084
2000	188959	68737	18179	43447	25756	8403	24437
2001	221694	71722	18216	56712	35530	10853	28661
2002	254807	77689	24560	59688	45183	19004	28683
2003	361619	93468	29745	91669	80490	28778	37469
2004	510580	138563	50976	117264	110926	39103	53748
2005	704385	193036	80747	150010	147673	51769	81150
2006	917580	262399	106372	188295	192345	64580	103585
2007	1167353	342547	136012	225962	234878	91546	136408
2008	1410421	428083	168324	263581	267732	110358	172343
2009	1234118	363910	154585	240578	249927	83778	141340
2010	1603997	458247	206463	303362	331892	119525	184508
2011	1927151	554316	233612	353695	395440	150702	239386
2012	1960260	563487	229894	361737	398762	151106	255273
2013	2151208	639007	253689	383304	456191	149617	269400
2014	2365087	705918	271056	407706	508467	165618	306322

11－22　分地区外商投资企业出口(1990－2014)

Value of Exports of Foreign－Funded Enterprises by Region (1990－2014)

单位:万美元　　　　(USD 10000)

年份 Year	全市 Total	市区 Urban District	嘉善 Jiashan	平湖 Pinghu	海宁 Haining	海盐 Haiyan	桐乡 Tongxiang
1990	1200	394	187	351	14	2	252
1991	4354	658	217	2935	99		445
1992	6303	884	642	4159	144	14	460
1993	14400	3039	1377	7631	819	197	1335
1994	19469	2913	1882	11001	1596	488	1589
1995	23008	4834	1849	13383	1680	849	413
1996	37256	5898	3395	21081	2705	2466	1711
1997	47867	10482	4739	22334	3763	4538	2011
1998	45819	12148	6385	15490	4244	5201	2351
1999	61212	15364	9510	21850	7045	4606	2837
2000	89102	21188	14810	33163	11130	5114	3697
2001	113008	23804	15047	44904	16847	5612	6794
2002	140351	26922	22781	45744	23342	9404	12158
2003	204854	33806	27104	75388	37332	14957	16267
2004	295842	57274	45376	88502	59506	19497	25687
2005	407659	85448	71602	108659	76013	25021	40916
2006	518683	116849	89925	134756	97675	26290	53188
2007	648645	148346	111612	156521	118329	41620	72217
2008	745333	175548	130235	176736	123609	42283	96922
2009	648697	141152	118357	162311	120924	26330	79623
2010	804844	172752	148058	195035	143581	35690	109728
2011	913293	210921	156999	219939	142839	42067	140528
2012	869967	221130	144133	216511	134843	40546	112804
2013	882087	240253	147668	218330	132631	36608	106597
2014	942452	249767	148710	226252	140830	45584	131309

11－23 全市利用外资情况(1985－2014)
Utilization Of Foreign Capital (1985－2014)

单位:万美元 (USD 10000)

年 份 Year	利用外资协议(合同) Agreements & Contracts Utilization of Foreign Capital		实际利用外资 Total Amount of Foreign Captial Actually Used			
	项 目 Number of Projects	金额 Value		第一产业 Primary Industry	第二产业 Secondary industry	第三产业 Tertiary Industry
1985	4	339	——			
1986	2	17	123			
1987	5	133	52			
1988	12	825	422			
1989	10	159	335			
1990	18	343	133			
1991	46	759	901			
1992	224	5117	1601			
1993	445	14524	5242			
1994	307	18785	6135			
1995	167	19254	8019			
1996	107	27550	12158			
1997	103	20500	14780			
1998	77	14683	12128			
1999	97	21279	12300			
2000	188	34575	15318			
2001	292	90140	27067			
2002	475	116719	44478			
2003	634	209508	79683	162	75173	4348
2004	574	257970	102187	637	96667	4883
2005	440	250049	115666	1350	104548	9768
2006	468	255863	122178	125	105424	16629
2007	420	345512	166228	2860	143753	19615
2008	242	228735	135975	408	113947	21620
2009	255	262282	133460	1908	102807	28745
2010	300	320604	160994	2067	131933	26994
2011	260	311305	172066	2462	113470	56134
2012	234	281419	178159	2943	119950	55266
2013	248	339082	220676	3219	156447	61010
2014	246	441547	249577	3113	169391	77073

注:2008 年以前浙江省用的实际外资数据是根据会计师事务所验资的企业到位资本,商务部数据是在以上基础上国家商务部根据出资方式的不同与其他系统进行比对后共同的部分作为实际外资。根据商务部新的统计办法,2008 年开始采用商务部数据。

Note: Zhejiang's data of total amount of foreign captial actually used before 2008 is on the base of the enterprise's amount of actual investment verified by public accounting firm. On this basis, China Ministry of Commerce use the components in common as Foreign Capital Actually Used compared with other systems according to the difference forms of investment. According to its new statistical method, the data of 2008 in table is from Ministry of Commerce.

11－24 市区利用外资情况(2002－2014)

Utilization of Foreign Capital (2002－2014)

单位:万美元 (USD 10000)

年 份 Year	利用外资协议(合同) Agreements & Contracts Utilization of Foreign Capital		实际利用外资 Total Amount of Foreign Captial Actually Used	第一产业 Primary Industry	第二产业 Secondary industry	第三产业 Tertiary Industry
	项 目 Number of Projects	金额 Value				
2002	156	41873	18073	—	—	—
2003	205	80067	28326	—	—	—
2004	205	97035	34548	—	—	—
2005	129	91080	37424	—	—	—
2006	138	98985	35875	—	—	—
2007	156	142784	53994	—	—	—
2008	84	87147	46249	—	—	—
2009	105	97995	37526	—	—	—
2010	100	116965	50742	—	—	—
2011	87	104159	59962	—	—	—
2012	93	100519	68098	—	—	—
2013	76	109356	75727	—	—	—
2014	88	148150	85696	—	—	—

注:2008 年以前浙江省用的实际外资数据是根据会计师事务所验资的企业到位资本,商务部数据是在以上基础上国家商务部根据出资方式的不同与其他系统进行比对后共同的部分作为实际外资。根据商务部新的统计办法,2008 年开始采用商务部数据。

Note: Zhejiang's data of total amount of foreign captial actually used before 2008 is on the base of the enterprise's amount of actual investment verified by public accounting firm. On this basis, China Ministry of Commerce use the components in common as Foreign Capital Actually Used compared with other systems according to the difference forms of investment. According to its new statistical method, the data of 2008 in table is from Ministry of Commerce.

11－25 分地区实际利用外资情况(1990－2014)

Utilization of Foreign Capital (1990－2014)

单位:万美元 (USD 10000)

年份 Year	全市 Total	市区 Urban District	南湖区 Nanhu	秀洲区 Xiuzhou	嘉善 Jiashan	平湖 Pinghu	海宁 Haining	海盐 Haiyan	桐乡 Tongxiang
1990	133								
1991	901								
1992	1601								
1993	5242								
1994	6135								
1995	8019								
1996	12158								
1997	14780								
1998	12128								
1999	12300								
2000	15318								
2001	27067								
2002	44478								
2003	79683	28326	4138	8501	17525	10582	10109	5120	8021
2004	102187	34548	5195	11867	20218	14254	16126	5445	11596
2005	115666	37424	7204	10138	21212	14907	23080	6018	13025
2006	122178	35875	8075	9525	24690	15113	24279	6671	15550
2007	166228	53994	14067	15689	32758	20587	25778	13075	20036
2008	135975	46249	14072	10150	32763	16009	20068	6003	14883
2009	133460	37526	12743	8319	27887	17044	24101	10003	16899
2010	160994	50742	13701	13512	29597	17129	26721	12047	24758
2011	172066	59962	13055	12873	32892	18040	27709	13233	20230
2012	178159	68098	13005	16591	33723	23644	23480	6521	22693
2013	220676	75727	13150	21852	45496	31011	33460	11054	23928
2014	249577	85696	19165	22511	41848	34007	44007	10896	33123

11－26　全市分行业利用外资情况（2013－2014）

Utilization of Foreign Capital by Sector (2013－2014)

单位：万美元　　　　（USD10 000）

指　　标	Item	合同外资 Compact of Foreign Capital		实际利用外资 Foreign Captial Actually Used	
		2013	2014	2013	2014
总　　计	Total	339082	441547	220676	249577
农、林、牧、渔业	Farming ,Forestry,Animal Husbandry and Fishery	3784	4179	3219	3113
制造业	Manufacturing	197354	222284	155524	166282
纺织业	Textile Industry	12980	8904	10157	8162
纺织服装、鞋、帽制造业	Garments and Other Fiber Products	4066	14166	1706	7000
皮革、毛皮、羽毛（绒）及其制品业	Leather, Furs, Down and Related Products	1653	8640	2574	3490
木材加工及木、竹、藤、棕、草制品业	Timber Processing, Bamboo, Cane, Palm Fiber and Straw Products	827	4278	325	997
家具制造业	Furniture Manufacturing	3197	7530	1662	3718
造纸及纸制品业	Papermaking and Paper Products	2798	5686	3758	3348
化学原料及化学制品制造业	Raw Chemical Material and Chemical Products	9131	9135	11687	10761
化学纤维制造业	Chemical Fiber	2659	2991	684	3655
塑料制品业	Plastic Products	4385	6605	4738	3324
非金属矿物制品业	Nonmetal Mineral Products	4668	9331	3441	3048
金属制品业	Metal Products	11312	4047	6185	6693
通用设备制造业	Electronic in Common Use	32914	17456	21316	16375
专用设备制造业	Electronic for Special Purpose	8356	6718	9130	5041
交通运输设备制造业	Transport Equipment Manufacturing	23486	18808	12083	17051
电气机械及器材制造业	Electric Equipment and Machinery	29617	24184	26775	15443
通信设备、计算机及其他电子设备制造业	Electronic and Telecommunications Equipment	14263	26287	18776	24981
仪器仪表及文化、办公用机械制造业	Instruments, Meters, Cultural and Office Machinery	2915	1105	2742	3113
工艺品及其他制造业	Handicraft Article and Other Manufacturing	－301	153	246	145
电力、燃气及水的生产和供应业	Production and Supply of Electricity, Gas and Water	100	1789	474	2553
建筑业	Construction	690	365	449	556
交通运输、仓储和邮政业	Transport, Storage and Post	12358	24435	3372	8035
批发和零售业	Wholesale and Retail Trades	44742	44274	12351	13611
住宿和餐饮业	Hotels and Catering Services	－327	1103	715	947
房地产业	Real Estate	31320	22194	29992	32977
租赁和商务服务业	Leasing and Business Services	30320	61605	8430	3647
科学研究、技术服务和地质勘查业	Scientific Research, Technical Services and Geologic Prospecting	4453	32456	1891	7752

11－27 全市分国别、地区进出口总额(2014)
Total Import and Export Value by Country and Region (2014)

单位:万美元 (USD 10000)

国别、地区	Country and Region	进出口总额 Total Imports and Exports	出口 Exports	进口 Imports
总计	Total	3373431	2365087	1008344
亚洲	Asia	1402452	771337	631115
#香港	HongKong, China	44469	42234	2235
印度尼西亚	Indonesia	81673	27590	54083
日本	Japan	382716	214952	167764
马来西亚	Malaysia	27141	14379	12762
新加坡	Singapore	46568	12688	33880
韩国	Republic Korea	219163	76706	142457
泰国	Thailand	57524	29808	27716
阿拉伯联合酋长国	United Arab Emirates	36559	30329	6229
台湾	Taiwan, China	137921	38700	99221
非洲	Africa	137689	96055	41634
欧洲	Europe	823355	680318	143037
#比利时	Belgium	29591	22539	7052
英国	United Kingdom	93452	83528	9923
德国	Federal Repubic of Germany	173292	128937	44356
法国	France	60144	47886	12258
意大利	Italy	80592	62092	18501
荷兰	Netherlands	52180	45415	6765
西班牙	Spain	54250	46490	7761
芬兰	Finland	9290	6959	2331
瑞士	Switzerland	9952	2925	7028
拉丁美洲	Latin America	185440	140313	45127
#巴西	Brazil	73015	52414	20600
北美洲	North America	702513	619205	83307
#加拿大	Canada	68575	56225	12350
美国	United States	633938	562980	70957
大洋洲	Oceania	121982	57859	64124
#澳大利亚	Australia	92520	50238	42282

11－28 全市主要商品出口额(2009－2014)
Export Value of Main Commodities (2009 －2014)

单位:万美元　　　　(USD 10 000)

商品名称	Name	2009	2010	2011	2012	2013	2014
总　值	Total	1234118	1603997	1927151	1960260	2151208	2365087
服装及衣着附件	Garments and Accessories of Clothes	325473	367035	411469	390900	429198	423442
机电产品(含具体列名)	Mechanical and Electric Products	332263	488996	610161	643590	679706	779322
纺织纱线、织物及制品	Yarn,Fabric and Textile Products	204626	263852	328540	334545	377999	425799
钢铁或铜制标准紧固件	Steely or Coppery Standard Firmware	49876	76150	99982	92620	86146	94551
旅行用品及箱包	Travelling Articles and Case and Bag	41402	57332	66815	76752	81442	96160
扬声器	Loudhailer	13067	16473	19148	17408	16475	17172
电动机及发电机	Electromotor and Dynamo	25234	34508	48155	51095	49025	54512
家具	Furniture	113581	132030	131682	142204	152274	171240
轮胎	Tyre	19962	18240	21018	28196	25353	21519
鞋类	Shoes	8398	10745	14217	12091	11360	10895
塑料制品	Plastic Products	12252	16805	24634	32569	39564	46170
灯具、照明装置及类似品	Lamps and Lanterns, Illuminative Setting and Analogus Products	9996	15552	19300	20805	30981	37853
床垫、寝具及类似品	Mattress Bedclothing and Analogus Products	11507	16413	18681	23101	24123	25775
电线和电缆	Electrical Wire and Cable	7232	9798	13758	15788	17353	18385
电视、收音机及无线电讯设备的零附件	TV , Radio Recorder and Accessories Products	7543	9763	7187	9048	4789	3589
生丝	Raw Silk	1249	1408	1541	2650	2959	2732
合成有机染料	Synthetical Origanic Dye	1315	1709	1274	982	1857	1755
玩具	Toy	5930	8438	9528	10465	12006	16679
二极管、晶体管及类似半导体器件	Diode, Transistor and Analogus Products of Semiconductor	5358	22941	28385	20063	8644	8628
其它商品	Others	37854	35809	51678	35388	99954	108909

11－29 全市规模以上商务服务业企业分类型、行业主要经济指标（2014）

单位:万元

指标	Item	企业数(个) Number of Enterprises (unit)	亏损企业 Loss Making Enterprises	增加值 Value Added
租赁和商务服务业	Tenancy and Business Services	324	66	550255
1、按登记注册类型分	Grouped by Status of Registration			
国有企业	State－owned	23	6	94387
集体企业	Collective－owned	11	3	11359
股份合作企业	Share－holding Cooperative	0		
联营企业	Joint Ownership	0		
有限责任公司	Limited Liability Company	57	11	230243
股份有限公司	Share－holding Cooperations Ltd.	3	1	107273
私营企业	Private－owned	224	44	100978
其他企业	Others	2	0	445
港、澳、台商投资企业	Owned by Entrepreneurs from HONG KONG, Macau and Taiwan	1	1	424
外商投资企业	Enterprises with Foreign Investment	3	0	5146
2、按主要行业分	Grouped By Main Sector			
租赁业	Tenancy	9	2	4959
商务服务业	Business Services	315	64	545296
其中:企业管理服务	Business administration	44	14	257829
广告业	Advertising	46	9	14629

注:2014 年规模以上服务业规模划分标准有变化,与上年年鉴数据不可比,下同。

Major Economic Indicators on Tenancy and Business Services Enterprises above Designated Size by Ownership and Sector (2014)

(10000 yuan)

资产合计 Total Assets	负债合计 Total Liabilities	所有者权益合计 Total Creditors Equity	固定资产原价 Original Value of Fixed Assets	本年折旧 Depreciation of the Current Year	营业收入 Revenue	营业成本 Cost of Sales
8464003	4499035	3964968	1031215	45469	1205048	772005
3505624	1713692	1791932	244609	12219	183130	86460
103926	61480	42446	21895	721	21113	14364
3441171	2021086	1420085	270570	10962	463322	341430
544534	177907	366628	240452	9374	126835	21993
838647	510407	328240	228862	11095	401008	303538
419	221	198	44	16	788	0
10905	5365	5540	8102	566	612	566
18776	8876	9899	16682	517	8240	3655
40975	21710	19266	22711	1628	12595	8145
8423028	4477325	3945703	1008504	43841	1192453	763861
6743278	3743516	2999762	449488	19733	695512	518940
65314	19976	45338	9697	1581	40728	24887

Note: The standard of scale - division is different from the previous year, the same below。

11－29 续表 1

单位:万元

指　　标	Item	营业税金及附加 Business Tax and Surcharges	销售费用 Cost of Sales	管理费用 Management Expense
租赁和商务服务业	Tenancy and Business Services	44290	54604	116608
1、按登记注册类型分	Grouped by Status of Registration			
国有企业	State－owned	4923	16324	16347
集体企业	Collective－owned	910	307	4927
股份合作企业	Share－holding Cooperative			
联营企业	Joint Ownership			
有限责任公司	Limited Liability Company	10582	7443	48503
股份有限公司	Share－holding Cooperations Ltd.	19447	5958	3935
私营企业	Private－owned	8265	24491	40998
其他企业	Others	5	0	676
港、澳、台商投资企业	Owned by Entrepreneurs from HONG KONG,Macau and Taiwan	5	1	5
外商投资企业	Enterprises with Foreign Investment	154	81	1218
2、按主要行业分	Grouped By Main Sector			
租赁业	Tenancy	70	625	1611
商务服务业	Business Services	44220	53979	114997
其中:企业管理服务	Business administration	14170	19868	42884
广告业	Advertising	843	2581	5487

Continued1

(10000 yuan)

财务费用 Financial Expenses	营业利润 Profits of Management	利润总额 Total Profits	应交所得税 Income Tax Payable	应付职工薪酬 Employee benefits payable	应交增值税 Value Added Tax Payable	从业人员平均人数(人) Average Employees (person)
42226	10465	229983	36552	274557	6842	30407
21154	743	58764	1059	35382	2268	7069
293	355	451	193	9370	1	1889
18556	1841	55649	6435	169418	601	10931
-1979	97	86865	21129	1172	84	171
3886	7235	24004	6920	57659	3674	10230
0	65	107	49	281	36	34
232	32	-183	0	0	49	0
85	97	4327	767	1275	129	83
528	291	1991	369	1441	190	255
41698	10175	227992	36183	273117	6652	30152
37905	1421	97248	5026	158075	2013	7368
-22	1486	2735	167	3723	1244	642

11－30 市区规模以上商务服务业企业分类型、行业主要经济指标
(2014)

单位:万元

指标	Item	企业数(个) Number of Enterprises (unit)	亏损企业 Loss Making Enterprises	增加值 Value Added
租赁和商务服务业	Tenancy and Business Services	130	25	139005
1、按登记注册类型分	Grouped by Status of Registration			
国有企业	State－owned	10	1	31350
集体企业	Collective－owned	7	2	2736
股份合作企业	Share－holding Cooperative	0		
联营企业	Joint Ownership	0		
有限责任公司	Limited Liability Company	27	3	50792
股份有限公司	Share－holding Cooperations Ltd.	1	1	1415
私营企业	Private－owned	82	18	51320
其他企业	Others	2	0	445
港、澳、台商投资企业	Owned by Entrepreneurs from HONG KONG, Macau and Taiwan	0		
外商投资企业	Enterprises with Foreign Investment	1	0	948
2、按主要行业分	Grouped By Main Sector			
租赁业	Tenancy	2	1	84
商务服务业	Business Services	128	24	138921
其中:企业管理服务	Business administration	23	6	59175
广告业	Advertising	21	5	10215

Major Economic Indicators on Tenancy and Business Services Enterprises above Designated Size of Urban District by Ownership and Sector(2014)

(10000 yuan)

资产合计 Total Assets	负债合计 Total Liabilities	所有者权益合计 Total Creditors Equity	固定资产原价 Original Value of Fixed Assets	本年折旧 Depreciation of the Current Year	营业收入 Revenue	营业成本 Cost of Sales
4153433	2281560	1871873	323126	15490	420547	257528
1864865	1069024	795841	35974	1238	56494	11938
95031	58824	36207	19573	619	4188	76
1864842	949566	915276	154172	6698	212463	156026
4395	3272	1123	3737	1006	2983	2239
322977	200533	122443	109534	5897	142354	86533
419	221	198	44	16	788	0
904	119	784	92	16	1276	717
4107	3633	474	970	54	649	458
4149326	2277927	1871399	322156	15436	419898	257070
3775022	2070599	1704422	194649	7676	259224	167375
23337	10048	13288	6093	1236	25774	14992

11－30 续表1

单位:万元

指 标	Item	营业税金及附加 Business Tax and Surcharges	销售费用 Cost of Sales	管理费用 Management Expense
租赁和商务服务业	Tenancy and Business Services	10620	23244	51086
1、按登记注册类型分	Grouped by Status of Registration			
国有企业	State－owned	1858	2623	5043
集体企业	Collective－owned	689	47	3199
股份合作企业	Share－holding Cooperative			
联营企业	Joint Ownership			
有限责任公司	Limited Liability Company	2865	3101	22277
股份有限公司	Share－holding Cooperations Ltd.	62	78	210
私营企业	Private－owned	5133	17393	19331
其他企业	Others	5	0	676
港、澳、台商投资企业	Owned by Entrepreneurs from HONG KONG, Macau and Taiwan			
外商投资企业	Enterprises with Foreign Investment	9	0	349
2、按主要行业分	Grouped By Main Sector			
租赁业	Tenancy	2	14	219
商务服务业	Business Services	10619	23230	50867
其中:企业管理服务	Business administration	6066	14165	16929
广告业	Advertising	330	1441	3046

Continued1

(10000 yuan)

财务费用 Financial Expenses	营业利润 Profits of Management	利润总额 Total Profits	应交所得税 Income Tax Payable	应付职工薪酬 Employee benefits payable	应交增值税 Value Added Tax Payable	从业人员平均人数(人) Average Employees (person)
29188	4199	70600	5259	59140	2667	10599
14381	323	36957	75	6283	653	1150
310	226	-2	60	1517	0	196
9982	872	26202	1498	21332	447	3865
176	32	-4136	0	63	63	9
4339	2649	11261	3523	29007	1407	5335
0	65	107	49	281	36	34
0	32	210	54	659	61	10
0	65	-44	0	61	11	23
29188	4134	70643	5259	59079	2656	10576
26337	743	52435	774	15386	362	2178
114	678	1659	45	1632	900	311

11－31　全市规模以上居民服务业企业分类型、行业主要经济指标
（2014）

单位：万元

指　　标	Item	企业数（个）Number of Enterprises （unit）	亏损企业 Loss Making Enterprises	增加值 Value Added
居民服务、修理和其他服务业	Resident and Other Services	86	22	17674
1、按登记注册类型分	Grouped by Status of Registration			
国有企业	State－owned	0		
集体企业	Collective－owned	6	0	1674
股份合作企业	Share－holding Cooperative	0		
联营企业	Joint Ownership	1	0	767
有限责任公司	Limited Liability Company	4	0	1091
股份有限公司	Share－holding Cooperations Ltd.	0		
私营企业	Private－owned	74	21	14052
其他企业	Others	0		
港、澳、台商投资企业	Owned by Entrepreneurs from HONG KONG，Macau and Taiwan	1	1	91
外商投资企业	Enterprises with Foreign Investment	0		
2、按主要行业分	Grouped By Main Sector			
居民服务业	Resident Services	15	4	4170
机动车、电子产品和日用产品修理业	Motor，electronic products and commodity repairment	57	16	7889
其他服务业	Other Services	14	2	5615

Major Economic Indicators on Resident Services Enterprises above Designated Size by Ownership and Sector (2014)

(10000 yuan)

资产合计 Total Assets	负债合计 Total Liabilities	所有者权益合计 Total Creditors Equity	固定资产原价 Original Value of Fixed Assets	本年折旧 Depreciation of the Current Year	营业收入 Revenue	营业成本 Cost of Sales
53046	38699	14347	18649	1414	45634	29578
7802	3775	4027	1156	127	3868	1141
3689	2433	1255	401	22	1269	198
7966	6041	1925	632	30	6394	4944
33419	25471	7948	16410	1222	33407	23131
171	979	-808	50	13	697	164
15145	10623	4521	2894	309	8845	2950
33660	25891	7769	13661	863	27887	22863
4242	2185	2057	2094	242	8902	3764

11－31 续表1

单位:万元

指　　标	Item	营业税金及附加 Business Tax and Surcharges	销售费用 Cost of Sales	管理费用 Management Expense
居民服务、修理和其他服务业	Resident and Other Services	1018	4317	8193
1、按登记注册类型分	Grouped by Status of Registration			
国有企业	State－owned			
集体企业	Collective－owned	109	537	1138
股份合作企业	Share－holding Cooperative			
联营企业	Joint Ownership	0	266	231
有限责任公司	Limited Liability Company	82	304	375
股份有限公司	Share－holding Cooperations Ltd.			
私营企业	Private－owned	788	3211	5581
其他企业	Others			
港、澳、台商投资企业	Owned by Entrepreneurs from HONG KONG, Macau and Taiwan	40	0	869
外商投资企业	Enterprises with Foreign Investment			
2、按主要行业分	Grouped By Main Sector			
居民服务业	Resident Services	320	1144	3245
机动车、电子产品和日用产品修理业	Motor, electronic products and commodity repairment	284	763	3044
其他服务业	Other Services	414	2410	1904

Continued1

(10000 yuan)

财务费用 Financial Expenses	营业利润 Profits of Management	利润总额 Total Profits	应交所得税 Income Tax Payable	应付职工薪酬 Employee benefits payable	应交增值税 Value Added Tax Payable	从业人员平均人数(人) Average Employees (person)
422	2778	1999	298	11929	1147	3488
-59	194	1048	27	428	7	76
-99	32	695	0	71	0	10
21	129	469	113	279	30	54
555	2390	169	158	10733	1110	3288
5	32	-382	0	418	0	60
14	485	1099	46	2320	0	586
383	1841	479	143	5041	1141	1350
26	452	422	110	4568	7	1552

11－32 市区规模以上居民服务业企业分类型、行业主要经济指标 (2014)

单位:万元

指标	Item	企业数(个) Number of Enterprises (unit)	亏损企业 Loss Making Enterprises	增加值 Value Added
居民服务、修理和其他服务业	Resident and Other Services	22	7	4257
1、按登记注册类型分	Grouped by Status of Registration			
国有企业	State－owned	0		
集体企业	Collective－owned	0		
股份合作企业	Share－holding Cooperative	0		
联营企业	Joint Ownership	0		
有限责任公司	Limited Liability Company	3	0	659
股份有限公司	Share－holding Cooperations Ltd.	0		
私营企业	Private－owned	18	6	3507
其他企业	Others	0		
港、澳、台商投资企业	Owned by Entrepreneurs from HONG KONG,Macau and Taiwan	1	1	91
外商投资企业	Enterprises with Foreign Investment	0		
2、按主要行业分	Grouped By Main Sector			
居民服务业	Resident Services	4	3	516
机动车、电子产品和日用产品修理业	Motor, electronic products and commodity repairment	14	3	2447
其他服务业	Other Services	4	1	1294

Major Economic Indicators on Resident Services Enterprises above Designated Size of Urban District by Ownership and Sector (2014)

(10000 yuan)

资产合计 Total Assets	负债合计 Total Liabilities	所有者权益合计 Total Creditors Equity	固定资产原价 Original Value of Fixed Assets	本年折旧 Depreciation of the Current Year	营业收入 Revenue	营业成本 Cost of Sales
14572	13009	1563	4108	310	14999	10851
6186	5142	1045	91	3	5263	4490
8215	6889	1326	3966	294	9040	6197
171	979	-808	50	13	697	164
1928	3459	-1531	266	39	2067	760
12042	9434	2608	3371	213	10667	8836
602	116	486	471	57	2266	1255

11-32 续表1

单位:万元

指　　标	Item	营业税金及附加 Business Tax and Surcharges	销售费用 Cost of Sales	管理费用 Management Expense
居民服务、修理和其他服务业	Resident and Other Services	346	1022	2848
1、按登记注册类型分	Grouped by Status of Registration			
国有企业	State - owned			
集体企业	Collective - owned			
股份合作企业	Share - holding Cooperative			
联营企业	Joint Ownership			
有限责任公司	Limited Liability Company	18	134	231
股份有限公司	Share - holding Cooperations Ltd.			
私营企业	Private - owned	288	889	1749
其他企业	Others			
港、澳、台商投资企业	Owned by Entrepreneurs from HONG KONG, Macau and Taiwan	40	0	869
外商投资企业	Enterprises with Foreign Investment			
2、按主要行业分	Grouped By Main Sector			
居民服务业	Resident Services	121	266	1524
机动车、电子产品和日用产品修理业	Motor, electronic products and commodity repairment	116	396	814
其他服务业	Other Services	109	361	510

Continued1

(10000 yuan)

财务费用 Financial Expenses	营业利润 Profits of Management	利润总额 Total Profits	应交所得税 Income Tax Payable	应付职工薪酬 Employee benefits payable	应交增值税 Value Added Tax Payable	从业人员平均人数(人) Average Employees (person)
225	711	-414	108	3609	284	913
13	97	272	91	231	30	45
207	581	-304	17	2960	254	808
5	32	-382	0	418	0	60
119	129	-723	7	1079	0	279
106	452	294	97	1435	283	389
0	129	16	4	1095	1	245

主要统计指标解释

社会消费品零售总额 指国民经济各行业直接售给城乡居民和社会集团的消费品总额。它是反映各行业通过多种商品流通渠道向居民和社会集团供应的生活消费品总量，是研究国内零售市场变动情况、反映经济景气程度的重要指标。

社会消费品零售总额包括：⑴售给城乡居民作为生活用的商品和修建房屋用的建筑材料；⑵售给社会集团的各种办公用品和公用消费品；⑶售给机关、团体、学校、部队、企业、事业单位的职工食堂和旅店（招待所）附设专门供本店旅客食用，不对外营业的食堂的各种食品、燃料；企业、单位和国营农场直接售给本单位职工和职工食堂的自己生产的产品；⑷售给部队干部、战士生活用的粮食、副食品、衣着品、日用品、燃料；⑸售给来华的外国人、华侨、港澳台同胞的消费品；⑹居民自费购买的中、西药品、中药材及医疗用品；⑺报社、出版社直接售给居民和社会集团的报纸、图书、杂志，集邮公司出售的新、旧纪念邮票、特种邮票、首日封、集邮册、集邮工具等；⑻旧货寄售商店自购、自销部分的商品；⑼煤气公司、液化石油气站售给居民和社会集团的煤气灶具和罐装液化石油气；⑽农民售给非农业居民和社会集团的商品。不包括售给国民经济各部门企业、事业单位（包括国有经济的农场）生产经营用的各种原材料、燃料、设备、工具等和售给批发零售贸易业、餐饮业作为转卖用的商品，旧货寄售商店受托寄售卖出的商品，服务业的营业收入，邮局出售邮票的收入，自来水、电力、煤气生产（供应）单位的产品供应收入，也不包括农民之间的商品销售。

批发零售贸易业商品购、销、存总额 指各种登记注册类型的批发、零售贸易业企业（单位）以本企业（单位）为总体的商品购进、销售、库存总额。

商品购进总额 指从本企业（单位）以外的单位和个人购进（包括从境外直接进口）作为转卖或加工后转卖的商品总额。它反映批发零售贸易业从国内、国外市场上购进商品的总量。商品购进总额包括：⑴从工农业生产者购进的商品；⑵从出版社、报社的出版发行部门购进的图书、杂志和报纸；⑶从各种登记注册类型的批发零售贸易企业（单位）购进的商品；⑷从其他单位购进的商品，如从机关、团体、企业等单位购进的剩余物资，从餐饮业、服务业购进的商品，从海关、市场管理部门购进的缉私和没收的商品，从居民手中收购的废旧商品等；⑸从国（境）外直接进口的商品。不包括企业（单位）为自身经营用和未通过买卖行为而收入的商品以及销售退回、商品升溢等。

商品销售总额 指对本企业（单位）以外的单位和个人出售（包括对境外直接出口）的商品总额。它反映批发零售贸易业在国内市场上销售商品以及出口商品的总量。商品销售总额包括：⑴售给城乡居民和社会集团消费用的商品；⑵售给工业、农业、建筑业、运输邮电业、批发零售贸易业、餐饮业、服务业等作为生产、经营使用的商品；⑶售给批发零售贸易业作为转卖或加工后转卖的商品；⑷对国（境）外直接出口的商品。不包括出售本企业（单位）自用的废旧包装用品；未通过买卖行为付出的商品；经本单位介绍，由买卖双方直接结算，本单位只收取手续费的业务；购货退出的商品以及商品损耗和损失等。

批发零售贸易业库存 指报告期末各种登记注册类型的批发零售贸易企业（单位）已取得所有权的商品。它反映批发零售贸易企业（单位）的商品库存情况和对市场商品供应的保证程度。期末库存包括：⑴存放在批发零售贸易业经营单位（如门市部、批发站、经营处）仓库、货场、货柜和货架中的商品；⑵挑选、整理、包装中的商品；⑶已记入购进而尚未运到本单位的商品，即发货单或银行承兑凭证已到而货未到的部分；⑷寄放他处的商品，如因购货方拒绝承付而暂时存放在购货方的商品和已办完加工成品收回手续而未提回的商品；⑸委托其他单位代销（未作销售或调出）尚未售出的商品；⑹代其他单位购进尚未交付的商品。不包括所有权不属于本单位的商品、拨付除批发零售贸易业以外的其他行业所属独立核算加工厂等加工生产尚未收回成品的商品、代国家物资储备部门保管的商品等。

库存总额采用的计算价格是：农副产品采购单位按购进价计算；批发单位按进货价计算；零售单位按核算价格计算，即按什么价格核算就按什么价格计算。

消费品市场成交额 指从事消费品交易的商品市场的全部商品成交金额。消费品市场包括农副产品市场和工业消费品市场。

进出口总额 海关进出口总额指实际进出我国国境的货物总金额。包括对外贸易实际进出口货物，来料加工装配进出口货物，国家间、联合国及国际组织无偿援助物资和赠送品，华侨、港澳台同胞和外籍华人捐赠品，租赁期满归承租人所有的租赁货物，进料加工进出口货物，边境地方贸易及边境地区小额贸易进出口货物（边民互市贸易除外），中外合资企业、中外合作经营企业、外商独资经营企业进出口货物和公用物品，到、离岸价格在规定限额以上的进出口货样和广告品（无商业价值、无使用价值和免费提供出口的除外），从保税仓库提取在中国境内销售的进口货物，以及其他进出口货物。进出口总额用以观察一个国家在对外贸易方面的总规模。我国规定出口货物按离岸价格统计，进口货物按到岸价格统计。

商品经营单位所在地进、出口额 指所在地海关注册登记的有进出口经营权的企业实际进、出口额。

商品目的地进口额和商品货源地出口额 目的地进口额指进口货物的消费、使用或最终抵运地的实际进口额，货源地出口额是指出口货物的产地或原始发货地的实际出口额。

利用外资 指我国各级政府、部门、企业和其他经济组织通过对外借款、吸收外商直接投资以及用其他方式筹措的境外现汇、设备、技术等。

对外借款 是我国利用外资的重要部分。指通过对外正式签订借款协议，从境外筹措的资金，包括外国政府贷款、国际金融组织贷款、外国银行商业贷款、出口信贷以及对外发行债券等。1996 年及以前还包括对外发行股票。

外商直接投资 指外国企业和经济组织或个人（包括华侨、港澳台胞以及我国在境外注册的企业）按我国有关政策、法规，用现汇、实物、技术等在我国境内开办外商独资企业、与我国境内的企业或经济组织共同举办中外合资经营企业、合作经营企业或合作开发资源的投资（包括外商投资收益的再投资），以及经政府有关部门批准的项目投资总额内企业从境外借入的资金。

外商其他投资 指除对外借款和外商直接投资以外的各种利用外资的形式。包括企业在境内外股票市场公开发行的以外币计价的股票（目前主要是在香港证券市场发行的 H 股和在境内证券市场发行的 B 股）发行价总额，国际租赁进口设备的应付款，补偿贸易中外商提供的进口设备、技术、物料的价款，加工装配贸易中外商提供的进口设备、物料的价款。

旅游者人数

(1)入境国际旅游者人数：指来中国参观、访问、旅行、探亲、访友、休养、考察、参加会议和从事经济、科技、文化、教育、宗教等活动的外国人、华侨、港澳同胞和台湾同胞的人数。不包括外国在我国的常驻机构，如使领馆、通讯社、企业办事处的工作人员；来我国常住的外国专家、留学生以及在岸逗留不过夜人员。

(2)出境居民人数：指大陆居民因公务活动或私人事务短期出境的人数。公务活动出境居民人数包括在国际交通工具上的中国服务员工，因私出境居民人数不包括在国际交通工具上的中国服务员工。

(3)国内旅游者人数：指我国大陆居民和在我国常住 1 年以上的外国人、华侨、港澳台同胞离开常住地在境内其他地方的旅游设施内至少停留一夜，最长不超过 6 个月的人数。

国际旅游（外汇）收入 指入境旅游的外国人、华侨、港澳同胞和台湾同胞在中国大陆旅游过程中发生的一切旅游支出，对于国家来说就是国际旅游（外汇）收入。

国际旅行社 指经营对外招徕并接待外国人、华侨、港澳同胞和台湾同胞来中国、归国或回内地旅游业务的旅行社。

国内旅行社 指负责经营招徕、组团、接待国内旅客的旅游业务，以及不对外招徕，负责经营接待国际旅行社或其它涉外部门组织的外国人、华侨、港澳同胞和台湾同胞来中国、归国或回内地的旅游业务的旅行社。

涉外饭店 指经有关部门批准，允许接待外国人、华侨、港澳同胞和台湾同胞的饭店。

EXPLANATORY NOTES ON MAIN STATISTICAL INDICATORS

Total Retail Sales of Consumer Goods refer to the sum of retail sales of consumer goods sold by all sectors of the national economy to urban and rural residents and social groups. This indicator is used to show the supply of consumers goods through various channels to households and institutions, and is very important for the study on changes at the domestic retail market, and on economic cycles.

The retail sales of consumer goods include: (1) commodities sold to urban and rural residents for their daily use and building materials sold to them for the construction or repair of houses; (2) office appliances and supplies sold to institutions; (3) food and fuels sold to canteens of institutions, enterprises, schools, military units and to canteens of hotels and hostels that only serve their guests, and commodities produced by enterprises, institutions or state farms and sold directly to their employees or their canteens; (4) grain and non - staple food, clothing, daily articles and fuels sold to military personnel; (5) consumer goods sold to foreigners, overseas Chinese, and Chinese compatriots from Taiwan, Hong Kong and Macao during their stay in the mainland of China; (6) Chinese and western medicines, herbs and medical facilities purchased by residents; (7) newspapers, books and magazines directly sold to residents and social groups by publishers, new and old commemorative stamps, special stamps, first - day covers, stamp albums and other stamp - collection articles sold by stamp companies; (8) consumer goods purchased and then sold by second - hand shops; (9) stoves and other heating facilities and liquefied gas sold by gas companies to households and institutions; and (10) commodities sold by farmers to non - agricultural residents and social groups. Excluded under this heading are: raw materials, fuels, equipment, tools sold to enterprises, institutions and state farms for production purpose; commodities sold to trade establishments for re - selling; commissioned sales at second - hand shops; operational income of urban public utilities; stamps sold at post offices; income of water, power, gas production and supply establishments from the supply of their products; and sales of commodities among farmers.

Purchase, Sales and Stock of Commodities by Wholesale and Retail Trade refer to the purchase, sales and stock of commodities by wholesale and retail establishments of different status of registration (excluding individual sellers).

Total Purchases of Commodities refer to the total value of purchases of commodities by the establishments from other establishments or individuals (including direct import from abroad) for the purpose of re - selling, either with or without further processing of the commodities purchased. This indicator is used to show the total value of purchases of commodities by wholesale and retail establishments from domestic and overseas markets. The total purchases include: (1) agricultural and industrial products purchased from producers; (2) books, magazines and newspapers purchased from distribution departments of the publishers; (3) commodities purchased from wholesale and retail establishments of different status of registration; (4) commodities purchased from other units, such as surplus materials purchased from government agencies, enterprises or institutions, commodities purchased from catering and service establishments, confiscated goods purchased from customs authorities or market management agencies, second - hand goods and wastes purchased from residents; and (5) commodities directly imported from abroad. Excluded are commodities purchased by establishments (units) for use in their own business operation, commodities obtained without buying or selling procedures, rejected commodities, etc.

Total Sales of Commodities refer to value of commodities sold by the establishments to other establishments and individuals (including direct export). This indicator is used to show the total value of sales of commodities at domestic markets and export. The total sales include: (1) commodities sold to urban and rural residents and social groups for their consumption; (2) commodities sold to establishments in industry, agriculture, construction, transportation, post and telecommunications, wholesale and retail trades, catering trade and public utility for their production and operation; (3) commodities sold to wholesale and retail establishments for re selling, with or without further processing; and (4) commodities for direct export to other countries. Excluded are selling of waste packaging materials used by the establishments (units) themselves, commodities transferred without buying or selling procedures, commission income from brokerage in transactions whose settlement is directly handled by buyers and sellers, rejected commodities in the purchase, loss in commodities, etc.

Commodity Stock of Wholesale and Retail Enterprises refers to total commodities possessed by wholesale and retail enterprises (units) of various types of registration status at the end of the reference period, which reflects the commodity stock level of various wholesale and retail enterprises and the potential for market supply. It includes: (1) commodities located in storage, garages, counters, and shelves of operating units (such as sale stores, wholesale centers, and operating offices) of wholesale and retail enterprises; (2) commodities in the process of selecting, sorting, and packing; (3) commodities not arrived but recorded as purchase in the account, i. e. commodities not arrived but payment receipts for the commodities from the sellers or the banks arrived; (4) commodities deposited in other places rather than places mentioned above, for instance: commodities in the hold of purchasers temporarily due to the refusal of payment and commodities not taken back after going through the formalities; (5) commodities entrusted to other units to sell but not sold yet; (6) commodities purchased for other units but not delivered yet. Commodities not included as stock are those not owned by the enterprises (units), those allocated to financially independent factories rather than wholesale and retail enterprises for processing but not taken back yet, and finally those put in stock by wholesale and retail enterprises on behalf of the state material reserves units.

For the calculation of the value of commodities stock, the value is calculated at purchasing prices in agricultural goods purchasing units and wholesale units, and at the accounting prices in retail units.

Volume of Transaction at Free Markets for Consumer Goods refers to the value of transaction of all goods at the free trade markets for consumer goods, where markets include both free markets for farm and sideline products and for manufactured consumer goods.

Total Imports and Exports at Customs refer to the value of commodities imported into and exported from the boundary of China. They include the actual imports and exports through foreign trade, imported and exported goods under the processing and assembling trades and materials, supplies and gifts as aid given gratis between governments and by the United Nations and other international organizations, and contributions donated by overseas Chinese, compatriots in Hong Kong and Macao and Chinese with foreign citizenship, leasing commodities owned by tenant at the expiration of leasing period, the imported and exported commodities processed with imported materials, commodities trading in border areas (excluding mutual exchange goods), the imported and exported commodities and articles for public use of the Sino – foreign joint ventures, cooperative enterprises and ventures exclusively with foreign own investment. Also included are import or export of samples and advertising goods for whose CIF or FOB value are beyond the permitted ceiling (excluding goods of no trading or use value and free commodities for export), imported goods sold in China from bonded warehouses and other imported or exported goods. The indicator of the total imports and exports at customs can be used to observe the total size of external trade in a country. In accordance with the stipulation of the Chinese government, imports are calculated at CIF, while exports are calculated at FOB.

Import Export Value by Location of China's Foreign Trade Managing Units refers to actual value of imports and exports carried out by corporations which have been registered by the local customhouse and are vested with right to run import export business.

Import Value of Commodities by the Places of their Destination and Export Value of Commodities by the Places of their Origin in China: The former indicator refers to the value of import commodities of the places of their consumption, utilization or the places of their final destination. The latter indicator refers to the value of export commodities of the places of their origin or the places of the commodities dispatched.

Utilization of Foreign Capital refers to remittance, equipment and technology financed from abroad, by loans, foreign direct investment and other forms undertaken by the Chinese governments at all levels, by various departments, enterprises and other economic units.

Foreign Borrowings an important part of China's utilization of foreign capital, it refer to funds borrowed from abroad through formal signing of borrowing agreements with foreign institutions, including loans of foreign governments, loans of international financial institutions, commercial loans of foreign banks, export credit, and funds raised by Chinese bonds (and shares before 1996) issued abroad.

Direct Investment by Foreign Entrepreneurs refers to the investments inside China by foreign enterprises and economic organizations or individuals (including overseas Chinese, compatriots from Hong Kong and Macao, and Chinese enterprises registered abroad), following the relevant policies and laws of China, for the establishment of ventures exclusively with foreign own investment, Sino – foreign joint ventures and cooperative enterprises or for co – operative exploration of resources with enterprises or economic organizations in China. It includes the re investment of the foreign entrepreneurs with the profits gained from the investment and the funds that enterprises borrow from abroad in the total investment of projects which are approved by the relevant department of the government.

Other Investment by Foreign Entrepreneurs refers to all forms of utilization of foreign capitals other than foreign borrowings and foreign direct investment. It includes the total value of stock shares in foreign currencies issued by enterprises at domestic or foreign stock exchanges (now mainly consisting of H shares issued at Hong Kong Security Market and B shares issued at domestic security markets), rent payable for the imported equipment through international leasing arrangement, cost of imported equipment, technology and materials provided by foreign counterparts in compensation trade and processing and assembly trade.

Number of Tourists

(1) International tourists refer to foreigners, overseas Chinese, Chinese compatriots from Hong Kong, Macao and Taiwan coming to China for sight – seeing, visits, tours, family reunions, vacations, study tours, conferences and other activities of a business, scientific and technological, cultural, educational and religious nature. It does not include representatives and employees of resident institutions of foreign countries in China such as embassies, consulates, news agencies and offices of foreign companies and organizations, nor does it include long – term foreign experts or students residing in China, or persons in transition without spending a night in China.

(2) Chinese residents going abroad refer to Chinese residents going abroad for short terms for either public business or private purposes. Chinese employees working on international transport carriers are included in those going abroad for public business purpose, not in those for private purpose.

(3) Domestic tourists refer to residents of the mainland of China who stay for one night at least but no more than 6 months at tourist facilities in other places than their permanent residence within the territory of the mainland China, including foreigners, overseas Chinese and Chinese compatriots from Hong Kong, Macao and Taiwan who have resided in China for over one year.

Foreign Exchange Earnings from International Tourism refer to the total expenditures of foreigners, overseas Chinese, Chinese compatriots from Hong Kong, Macao and Taiwan during their stay in the mainland of China, which are earnings of foreign exchange from international tourism from the point of view from China.

International Travel Agencies refer to travel agencies engaged in the promotion, solicitation, organization and reception of tours to the mainland of China by foreigners, overseas Chinese, Chinese compatriots from Hong Kong, Macao and Taiwan.

Domestic Travel Agencies refer to travel agencies engaged in the promotion, solicitation, organization and reception of domestic tourists, and in the reception of foreigners, overseas Chinese, Chinese compatriots from Hong Kong, Macao and Taiwan organized by international travel agencies or other departments concerned, without their own promotion and solicitation programmes.

Tourist Hotels refer to hotels that are able, with the approval of departments concerned, to accommodate foreigners, overseas Chinese, Chinese compatriots from Hong Kong, Macao and Taiwan Province.

十二、银行、保险及证券
Banking, Insurance and Securities Business

12－1 金融机构人民币存贷款主要指标（1978－2014）

Major Indicators of Banking in Main Years (1978－2014)

（年末余额）单位:万元　　　　(year－end)(10000 yuan)

年份 Year	全市 Total			市区 Urban District		
	金融机构存款余额 Balance of Deposits of Financial Institutions	城乡居民储蓄存款年末余额 Balance of Savings Deposits of Rural and Urban Residents	金融机构贷款余额 Balance of Loans of Finanical Institutions	金融机构存款余额 Balance of Deposits of Financial Institutions	城乡居民储蓄存款余额 Balance of Savings Deposits of Rural and Urban Residents	金融机构贷款余额 Balance of Loans of Finanical Institutions
1978	25674	4344	43809	7824	1636	20138
1979	36315	6080	52308	11576	2053	22581
1980	39638	8113	63770	13324	3010	26114
1981	47731	10058	72808	15628	3794	30536
1982	61595	12887	83127	19586	4853	36503
1983	87483	30522	94583	25455	6479	37085
1984	143099	50221	163408	44267	17524	56191
1985	187693	70537	207222	59148	24007	78113
1986	261723	104371	282874	77105	34525	93689
1987	318647	139023	336812	88643	43076	114051
1988	360617	167616	391922	100487	49145	119599
1989	471455	234314	464736	135878	61883	142506
1990	636359	314303	579131	184665	81696	191817
1991	660836	399627	715494	192686	101414	231609
1992	823910	489930	875370	243022	122586	277658
1993	1062373	638034	1058252	333700	166420	333591
1994	1529239	973842	1386346	481501	258547	441055
1995	2012134	1338436	1691354	631014	364207	550546
1996	2656872	1761794	2087409	877198	494696	706969
1997	3328136	2174608	2685627	1133286	610150	889117
1998	4095615	2614368	3007308	1403948	742261	1059702
1999	4890026	3040188	3411797	1602590	836311	1170728
2000	5458298	3268902	3786857	1719166	867606	1378054
2001	6276255	3724333	4292057	2011259	993797	1639701
2002	7633992	4364239	5218706	2503415	1180480	1988713
2003	10279478	5414963	7578288	3454307	1482455	2715990
2004	11660431	6321092	8773576	3946256	1780023	3461866
2005	13417470	7371382	9605064	4594840	2134036	3825606
2006	15832790	8504255	11447082	5464723	2479162	4456652
2007	17960930	9074849	13515371	6203956	2658418	5049588
2008	21862400	11553785	16038436	7646276	3427224	5899730
2009	28532997	13767568	21705759	10039764	4059160	7757603
2010	35266051	16212901	26159151	11969444	4769686	9015493
2011	40751783	18705571	30386872	13875008	5458757	10487068
2012	44530697	21444946	34195265	15101644	6222656	11557174
2013	50726871	24382135	38600250	17410003	7080602	12971378
2014	55138654	27015761	43931643	19229593	7730122	15171024

12－2 主要年份全市金融机构人民币存贷款情况

（年末余额）单位：万元

指　标	Item	1990	1999	2000	2001
一、存款合计	Total Deposits	636359	4890026	5458298	6276255
1.企业存款	Deposits of Enterprises	125989	1491807	1730354	1980106
1）活期存款	Circulating – term Deposits		1069470	1206102	1388888
2）定期存款	Fixed – term Deposits		422337	524252	591218
2.财政性存款	Treasury Deposits	26964	29750	25500	46635
3.机关团体存款	Deposits of Government Agencies and Organizations and Army		81020	100431	98744
4.城乡储蓄存款	Urban and Rural Savings Deposits	314303	3040118	3268902	3724333
1）活期储蓄	Circulating – term Savings		522676	668113	841303
2）定期储蓄	Fixed – term Savings		2517442	2600789	2883031
5.农业存款	Agricultural Deposits	127204	172919	220747	246461
6.信托存款	Trusted Deposits	7096	1844	530	
7.委托存款	Commimission Deposits	7008	12478	11921	10908
8.其他存款	Other Deposits	27795	60090	99913	169067
二、贷款合计	Total Loans	579131	3411797	3786857	4292057
（一）短期贷款	Short – term Loans	508187	2755494	2906354	3015898
1.工业贷款	Industrial Loans	173959	491275	417322	449297
2.商业贷款	Commercial Loans	168155	591990	549333	531685
其中：农副产品贷款	Loans to Farm Products and Byproduct		143201	107007	96374
3.建筑业贷款	Constrution Loans	8574	50746	65113	98146
4.农业贷款	Agricultural Loans	8097	129438	129573	171302
5.乡镇企业贷款	Loans toTownship Enterprises	141650	915913	931047	983637
6.三资企业贷款	Loans to Sino – foreign Joint Venture and Cooperative Enterprises and Foreign – funded Enterprises		185994	209218	203394
7.私营及个体贷款	Private and Individual Loans	7752	52843	92829	109860
8.其他短期贷款	Other Short – term Loan		337295	511919	468577
（二）中长期贷款	Medium – term and Long – term Loans	48465	556133	774167	1160777
1.基本建设贷款	Loans to Capital Construction	21767	316523	512886	701374
2.技术改造贷款	Loans to Techinical Innovaiton	26088	121184	121169	120680
3.其他中长期贷款	Other Medium – term and Long – term Loans	610	118426	140112	338723
（三）信托贷款	Trusted Loans	3060	1490	220	1842
（四）融资租赁	Finacing Tenancy				
（五）委托贷款	Commimission Loans		14638	14032	10842
（六）逾期贷款	Overdue Loans		38178	36893	
（七）中期流动资金贷款	Medium – term Loans of Circulating Funds		45864	55191	73065
（八）其他贷款	Other Loans	19419			
（九）票据融资	Note Financing				25187
其中：贴现	Discount				25187
（十）各项垫款	Various Money paid Back later				4446

注：2010年起，人民银行金融统计制度按照全新分类方式设置贷款指标，贷款分项指标见12－5表，下同。

Deposits and Loans of Financial Institutions in Main Years

(year – end) (10 000 yuan)

2002	2003	2004	2005	2006	2007	2008	2009	2010
7633992	10279478	11660431	13417470	15832790	17960930	21862400	28532997	35266051
2354629	3404062	3742975	3937228	4615055	5681294	6280398	9550996	10959834
1665915	2370670	2526077	2567304	3058618	3594997	3596465	5619264	6712283
688714	1033392	1216898	1369925	1556437	2086297	2683933	3931732	4247551
59858	107372	109130	127837	173715	230698	217763	300641	540616
319067	434203	416561	512589	766939	863606	1020640	1339878	3339041
4364239	5414963	6321092	7371382	8504255	9074849	11553785	13767568	16212901
1103442	1526839	1806681	2149165	2552787	2852600	3402557	4229406	5239455
3260797	3888124	4514411	5222217	5951467	6222250	8151227	9538162	10973446
284088	434044	463346	496639	571194	742314	637590	975433	1193170
11016	896	2264	3076	4519	1585	75927	83692	133669
241097	483939	605064	968718	1197114	1366584	2076298	2514789	2886822
5218706	7578288	8773576	9605064	11447082	13515371	16038436	21705759	26159151
3593183	4456340	5032400	5270344	6441116	7869565	9029988	11379508	13715372
595756	797276	912206	1452581	2566314	3219937	3662359	4219675	
431450	436726	343216	348175	406843	480323	478344	674494	
79712	87872	95466	99005					
233328	88660	33351	69872	64928	61588	86334	135423	
238406	365735	418777	432837	508501	614857	716749	823789	
1045978	1260952	1369015	1514238	1611341	1995540	2225888	2660309	
130455	135743	157779	263973	217559	259694	351184	421341	
134313	259968	380761	395053	260585	371143	402661	675184	
783498	1111280	1417296	793615	805046	866482	1106468	1769293	
1430409	2728814	3396744	4173571	4737138	5503057	6651110	9971713	12213943
865466	1749057	2060290	2418202	2698095	2971610	3613251	5269786	
52405	49517	55950	107919	71332	87024	141064	123115	
512538	930240	1280504	1647450	1967711	2444424	2896795	4578812	
1692								
10702								
87470	159486	180796						
91417	230228	158106	151397	265665	140147	354183	345635	225120
91417	230228	158106	151397	265665	140147	354183	345635	225120
3832	3420	5529	9752	3162	2601	3155	8904	4716

Note: According to the Financial statistics system of the People's Bank , since the year of 2010 the categories of loan index has benn re-set as shown in table 12 – 5.

12－3 主要年份市区金融机构人民币存贷款情况

(年末余额) 单位:万元

指 标	Item	1990	1998	1999	2000
一、存款合计	Total Deposits	184665	1403948	1644747	1804366
1. 企业存款	Deposits of Enterprises	44487	549512	674862	768070
1)活期存款	Circulating－term Deposits		397876	472430	530931
2)定期存款	Fixed－term Deposits		151636	202432	237139
2. 财政性存款	Treasury Deposits	13163	13580	15070	6124
3. 机关团体存款	Deposits of Government Agencies and Organizations and Army		22731	30024	35740
4. 城乡储蓄存款	Urban and Rural Savings Deposits	81696	742261	842571	881067
1)活期储蓄	Circulating－term Savings		115787	152194	192092
2)定期储蓄	Fixed－term Savings		626474	690377	688975
5. 农业存款	Agricultural Deposits	25338	32114	38873	48612
6. 信托存款	Trusted Deposits	2230	4281	1844	530
7. 委托存款	Commimission Deposits	7008	21704	16295	15273
8. 其他存款	Other Deposits	10743	17765	25208	48950
二、贷款合计	Total Loans	187245	1059702	1198930	1428170
(一)短期贷款	Short－term Loans	166072	801602	872500	986090
1. 工业贷款	Industrial Loans	76140	169209	150169	137992
2. 商业贷款	Commercial Loans	55715	219058	260825	262857
其中:农副产品贷款	Loans to Farm Products and Byproduct		54325	54994	48430
3. 建筑业贷款	Constrution Loans	4869	12142	19321	29685
4. 农业贷款	Agricultural Loans	6131	19082	22823	23130
5. 乡镇企业贷款	Loans toTownship Enterprises	23217	154002	132379	142946
6. 三资企业贷款	Loans to Sino－foreign Joint Venture and Cooperative Enterprises and Foreign－funded Enterprises		87377	96221	103882
7. 私营及个体贷款	Private and Individual Loans		4268	18290	30394
8. 其他短期贷款	Other Short－term Loan		136463	172472	255204
(二)中长期贷款	Medium－term and Long－term Loans	15628	207364	265191	379655
1. 基本建设贷款	Loans to Capital Construction	4760	103663	154420	255424
2. 技术改造贷款	Loans to Techinical Innovaiton	10868	78207	77028	73887
3. 其他中长期贷款	Other Medium－term and Long－term Loans		25494	33743	50344
(三)信托贷款	Trusted Loans		1560	1490	220
(四)融资租赁	Finacing Tenancy		55		
(五)委托贷款	Commimission Loans		22434	14638	14032
(六)逾期贷款	Overdue Loans		23884	24583	27375
(七)中期流动资金贷款	Medium－term Loans of Circulating Funds		2803	20528	20798
(八)其他贷款	Other Loans	5545			
(九)票据融资	Note Financing				
其中:贴现	Discount				
(十)各项垫款	Various Money paid Back later				

Deposits and Loans of Financial Institutions in Urban District in Main Years

(year – end) (10 000 yuan)

2001	2002	2003	2004	2005	2006	2007	2008	2009	2010
2010593	2503415	3454307	3946256	4594840	5464723	6203956	7646276	10039764	11969443
799947	973239	1388070	1534345	1584742	1903936	2268453	2628816	4147631	4376754
573125	667277	993982	1092882	1047193	1318681	1460029	1540400	2408370	2670899
226822	305962	394088	441463	537550	585255	808424	1088416	1739262	1705856
12654	21845	47781	54433	61925	73940	132301	138943	177578	318141
27921	94056	146946	143601	226133	308369	331365	355112	394120	1204337
993802	1180480	1482455	1780023	2134036	2479162	2658418	3427224	4059160	4769686
249663	329731	454115	530534	644277	749168	826749	994547	1205218	1536612
744140	850749	1028341	1249489	1489759	1729994	1831669	2432677	2853943	3233074
61947	70395	122311	115155	109485	116740	157757	138583	204432	239052
11830	10414	630	850	617	367	778	38891	37983	58107
102493	152986	266114	317850	477902	582209	654884	918709	1018860	1003366
1639580	1988713	2715990	3461866	3825606	4456652	5049588	5899730	7757603	9015493
990080	1203620	1389229	1820202	1849098	2163419	2655996	3142309	3764064	4202670
159190	241167	302487	423999	580041	880814	1081499	1315304	1360938	
244814	155797	192327	235797	223193	244522	317146	303190	390009	
42461	36098	46074	47866	51857					
53523	85890	13176	16181	33307	26024	22450	43489	67140	
22053	39044	59946	61232	78753	98972	123047	148104	180138	
158338	173957	188485	284381	315097	315814	409305	448362	530955	
77111	30205	38807	65132	79960	95294	114565	128590	148148	
29789	48205	112623	151880	165087	158571	201793	214337	286501	
245263	429356	481078	581601	373660	343408	386192	540933	800235	
592299	686500	1178848	1515869	1884814	2141479	2315011	2576314	3881779	4708427
365496	388545	696198	916110	1117237	1195878	1211328	1309634	1804914	
81707	34744	31724	27783	46905	24770	24126	26716	29137	
145096	263211	450926	571976	720672	920831	1079557	1239964	2047727	
1842	1692								
10842	10702								
25393	27483	41109	56633						
18212	57897	106025	66290	88854	149571	76411	179575	109683	102508
18212	57897	106025	66290	88854	149571	76411	179575	109683	102508
913	818	779	2872	2840	2183	2170	1532	2078	1887

12－4　主要年份金融机构现金收支情况

单位:万元

指　　标	Item	1990	1999	2000
全　市	Total			
一、现金收入合计	Total Cash Income	1045904	12053870	14983055
#商品销售收入	# Income from Commodity Sales	332109	2165876	2736670
服务业收入	Income from Services	35780	483634	569569
城乡个体经营收入	Income from Urban and Rural Individual Management	107163	363312	445999
储蓄存款收入	Income from Saving Desposits	407089	7672949	9392376
二、现金支出合计	Total Cash Expenditure	1132714	12106116	15217703
#工资性支出	# Expenditure for Wages	151858	633245	693383
行政企业管理费支出	Expenditure for Government Management and Eterprises Management	88633	616147	776476
工矿产品采购支出	Expenditure for Industrial and Mineral Products		566820	726667
农副产品采购支出	Expenditure for Farm Products and byproducts	126448	285318	407019
城乡个体经营支出	Expenditure for Urban and Rural Individual Management	38149	754983	995124
储蓄存款支出	Expenditure for Saving Desposits	351973	8171063	10370580
三、净投入(＋)净回笼(－)	Net Issuance (＋) or Net Withdrawal (－)	86810	52246	234648
市　区	URBAN DISTRICT			
一、现金收入合计	Total Cash Income		3219066	3849811
#商品销售收入	# Income from Commodity Sales		628298	739926
服务业收入	Income from Services		196119	204964
城乡个体经营收入	Income from Urban and Rural Individual Runing		178325	157877
储蓄存款收入	Income from Saving Desposits		1800684	2201124
二、现金支出合计	Total Cash Expenditure		3032917	3628905
#工资性支出	# Expenditure for Wages		154736	135337
行政企业管理费支出	Expenditure for Government and Enterprises Management		201785	259335
工矿产品采购支出	Expenditure for Purchasing Industrial and Mineral Products		137107	211766
农副产品采购支出	Expenditure for Purchasing Farm Products and byproducts		72881	74748
城乡个体经营支出	Expenditure for Urban and Rural Individual Runing		206436	204874
储蓄存款支出	Expenditure for Saving Desposits		1937793	2483827
三、净投入(＋)净回笼(－)	Net Issuance (＋) or Net Withdrawal (－)		－186149	－220906

注:2010年以后新的金融统计制度中,该表内容已经取消。

Cash Income and Expenditure of Financial Institutions in Main Years

(10 000 yuan)

2001	2002	2003	2004	2005	2006	2007	2008	2009	2010
17585826	20265634	27430441	35018590	38935877	43732909	50549727	48961295	50299616	59594542
3184399	3376060	4156617	4877209	5000389	5511191	6295084	6357571	6426280	7307582
643206	707275	774108	901300	986018	1207290	1149877	1150112	1039161	1055802
482819	525470	552790	712015	584749	659541	577558	477582	382926	460638
11110050	13380401	19284645	25322716	28858881	31995215	37511380	35519297	37365034	44270341
17891357	20676926	28171121	36013932	40007544	44881253	51612708	49679945	50808492	60102995
765003	754391	836472	1045873	1130691	1382642	1575195	1862405	2065301	2514920
815219	821979	914378	990282	999210	1150419	1356758	1290873	1211031	1294999
966662	1183195	1901892	2381149	2607419	2854489	2941123	2555129	1897543	1780862
457441	480572	568022	715543	721756	850454	786691	706873	761130	945608
1167092	1267470	1553203	1666101	1579973	1675484	1815747	1516918	1241348	1340380
12011516	14385872	20291044	26677079	30302883	33844327	39624083	38484703	40739073	48593197
305531	411292	740680	995342	1071667	1148345	1062982	718650	508876	508453
4491441	5406270	7498141	9728384	11164863	12809826	15109169	14670441	15352597	18309493
896128	963528	1253153	1455950	1418888	1621486	1909170	1737968	1769862	1977805
231136	252380	273553	325568	357944	366793	361358	394096	392293	381754
135378	184305	213358	283531	231692	244738	271763	222960	194819	177093
2663295	3445308	5043859	6807877	8204592	9162512	10746909	10341540	11048815	13238189
4306051	5268420	7348195	9675689	11075653	12693791	14724163	14049432	14608456	16917491
143308	166544	179381	254369	280369	271806	280709	333342	392981	501007
280357	293321	258265	274130	272189	301381	379574	340028	341748	416247
288140	366483	527403	633138	693520	751601	798272	823087	649092	624694
124314	123614	99956	284921	255239	287043	280745	197466	190232	134526
266098	294933	457074	607423	530624	530436	560101	428356	369110	388723
2838449	3611579	5129630	6869588	8283910	9485827	11118875	10665825	11671654	13651700
-185389	-137850	-149946	-52695	-89210	-116035	-385006	-621009	-744141	-1392002

12-5 分地区金融机构人民币存贷款情况
(2014)

单位:万元

项　　目	Item	全市 Total
一、各项存款合计	Total Deposits	55138654
1. 单位存款	Unit Deposits	25101757
2. 个人存款	Individual Deposits	27637053
3. 财政性存款	Fiscal Deposits	769855
4. 临时性存款	Temporary Deposits	70205
5. 委托存款	Trust Deposits	665682
6. 其他存款	Other Deposits	894101
二、各项贷款合计	Total Loans	43931643
(一)境内贷款	DomesticLoans	43926342
1. 短期贷款	Short - term Loans	22836724
2. 中长期贷款	Long - term Loans	20532693
(1)个人贷款	Personal Loans	5848548
(2)单位贷款贷款	Unit Loans	13758241
(3)普通并购贷款	Gerneral M&A Loans	41880
(4)银团贷款	Syndicated Loans	884023
(5)贸易融资	Trade Finance	
(6)境外筹资转贷款	Overseas Financing transferred Loans	
3. 融资租赁	Finance Leases	
4. 票据融资	Bill Financing	508520
5. 各项垫款	The advances	48405
(二)境外贷款	Foreign Loans	5300

Deposits and Loans of Financial Institutions
(2014)

(10 000 yuan)

市 区 Urban District	嘉 善 Jiashan	平 湖 Pinghu	海 宁 Haining	海 盐 Haiyan	桐 乡 Tongxiang
19229593	5384766	6955507	10388477	4508851	8671460
9757319	2164266	3222128	4799150	1872421	3286474
7953158	3042625	3456448	5468524	2510260	5206038
503217	95245	102783	28832	11867	27910
37463	5741	5557	10725	2456	8263
241271	56649	119858	52074	91017	104812
737163	20241	48733	29171	20830	37963
15171024	4023389	4947882	7931728	4708390	7149230
15169102	4020711	4947331	7931720	4708389	7149089
7087622	2326274	2472687	4679321	1793844	4476977
7737268	1645085	2413019	3228689	2852023	2656608
2324598	600571	645798	1020006	362075	895500
4948633	1037714	1581982	2144011	2435192	1610709
41880					
422156	6800	185239	64672	54756	150400
328930	43042	48404	11427	61709	15009
15283	6309	13221	12284	813	496
1922	2678	551	8	2	140

12－6 分地区金融机构本外币存贷款情况
(2014)

单位:万元

项　　目	Item	全　市 Total	市　区 Urban District
一、各项存款合计	Total Deposits	56840981	19586123
1. 单位存款	Unit Deposits	26667462	10051014
2. 个人存款	Individual Deposits	27770793	8017334
3. 财政性存款	Fiscal Deposits	765140	498503
4. 临时性存款	Temporary Deposits	77659	40695
5. 委托存款	Trust Deposits	665698	241287
6. 其他存款	Other Deposits	894229	737291
二、各项贷款合计	Total Loans	46412587	15819252
(一)境内贷款	DomesticLoans	46407286	15817330
1. 短期贷款	Short－term Loans	24800915	7661424
2. 中长期贷款	Long－term Loans	21049076	7811509
(1)个人贷款	Personal Loans	5848556	2324598
(2)单位贷款贷款	Unit Loans	14214808	5022875
(3)普通并购贷款	Gerneral M&A Loans	48733	41880
(4)银团贷款	Syndicated Loans	936979	422156
(5)贸易融资	Trade Finance		
(6)境外筹资转贷款	Overseas Financing transferred Loans		
3. 融资租赁	Finance Leases		
4. 票据融资	Bill Financing	508706	328930
5. 各项垫款	The advances	48589	15467
(二)境外贷款	Foreign Loans	5300	1922

Deposits and Loans of Financial Institutions
(2014)

(10 000 yuan)

嘉善 Jiashan	平湖 Pinghu	海宁 Haining	海盐 Haiyan	桐乡 Tongxiang
5762193	7266384	10806625	4551731	8867925
2530381	3513699	5202033	1903449	3466887
3053803	3473590	5482725	2521750	5221592
95245	102783	28832	11867	27910
5875	7721	11790	2818	8760
56649	119858	52074	91017	104812
20241	48733	29171	20830	37963
4240233	5492241	8366092	5086441	7408327
4237555	5491690	8366084	5086440	7408187
2543119	2957467	5054568	1904592	4679747
1645085	2472599	3287806	3119326	2712751
600571	645798	1020006	362083	895500
1037714	1636514	2203128	2654579	1659998
				6853
6800	190287	64672	102664	150400
43042	48404	11427	61709	15194
6309	13221	12284	813	496
2678	551	8	2	140

12－7 全市保险业务情况(2012－2014)
Conditions of Insurance Business(2012－2014)

单位:万元 (yuan 10000)

指 标	Item	2012	2013	2014
一、承保额	Insurance Value	150724800	223327600	400511282
1. 财产险	Property Insurance	121654400	164055700	205874482
#企业财产险	Enterprise Property Insurance	34409100	40596600	46674498
机动车辆险	Motor Vehicle Insurance	40153400	54053800	81144930
货物运输险	Freight Transport Insurance	9097500	6952800	6853037
家庭财产险	Family Property Insurance	5047300	6324600	6268660
2. 人寿保险	Life Insurance	29070400	59271900	194636800
#寿险、健康险	Life Insurance, Health Insurance	29070400	59271900	194636800
二、保费收入	Premiums Income	747090	840654	966665
1. 财产险	Property Insurance	327630	384726	446144
#企业财产险	Enterprise Property Insurance	31547	33698	36787
机动车辆险	Motor Vehicle Insurance	262213	310500	363735
货物运输险	Freight Transport Insurance	3231	4221	3920
家庭财产险	Family Property Insurance	5260	6951	6997
2. 人寿保险	Life Insurance	419459	455928	520522
#寿险、健康险	Life Insurance and Health Insurance	419459	455928	520522
三、有效储金	Effective Deposits			
四、当年赔款	Indemnity Expenditure of the Year	183137	257172	271810
1. 财产险	Property Insurance	169479	237064	249020
#企业财产险	Enterprise Property Insurance	14405	31751	29534
机动车辆险	Motor Vehicle Insurance	141552	180490	204760
货物运输险	Freight Transport Insurance	1819	1225	1009
家庭财产险	Family Property Insurance	1290	1299	1569
2. 人寿保险	Life Insurance	13658	20108	22790
#寿险、健康险	Life Insurance, Health Insurance	13658	20108	22790

注:本表汇总单位:全市范围内全部保险公司。
Note:The from refersto all fhe insecrance vompanics of the vity the nent fabeeisthe same.

12－8 市区保险业务情况(2012－2014)
Conditions of Insurance Business(2012－2014)

单位:万元 (yuan 10000)

指标	Item	2012	2013	2014
一、承保额	Insurance Value			
1. 财产险	Property Insurance			
#企业财产险	Enterprise Property Insurance			
机动车辆险	Motor Vehicle Insurance			
货物运输险	Freight Transport Insurance			
家庭财产险	Family Property Insurance			
2. 人寿保险	Life Insurance			
#寿险、健康险	Life Insurance, Health Insurance			
二、保费收入	Premiums Income	259453	327360	400463
1. 财产险	Property Insurance	120533	157493	179768
#企业财产险	Enterprise Property Insurance	8601	10365	11928
机动车辆险	Motor Vehicle Insurance	101406	130725	150004
货物运输险	Freight Transport Insurance			
家庭财产险	Family Property Insurance			
2. 人寿保险	Life Insurance	138920	169867	220694
#寿险、健康险	Life Insurance and Health Insurance	138920	169867	220694
三、有效储金	Effective Deposits			
四、当年赔款	Indemnity Expenditure of the Year	68821	95044	109410
1. 财产险	Property Insurance	62747	84692	96873
#企业财产险	Enterprise Property Insurance	3147	4885	6429
机动车辆险	Motor Vehicle Insurance	54491	73797	84585
货物运输险	Freight Transport Insurance			
家庭财产险	Family Property Insurance			
2. 人寿保险	Life Insurance	6074	10352	12537
#寿险、健康险	Life Insurance, Health Insurance	6074	10352	12537

12-9 全市上市公司基本情况(2014)
Basic Conditions of Listed Companies (2014)

证券代码 Stock Code	股票名称 Stock Name	上市时间 Stock - listing Time	总股本(万股) Total Share Capital (10000)	累计募集资金 (万元) Cumulative Fund Raised (10000 yuan)	收盘价(元) 12月31日 Closing Price (yuan) December 28.	总市值(万元) Total Market Value (10000 yuan)
600796	钱江生化	1997.4.8	30140	19411	7.24	218214
600208	新湖中宝	1999.6.23	803282	1119507	7.32	5880024
600235	民丰特纸	2000.6.25	35130	99042	6.69	235020
600330	天通股份	2001.1.18	64882	137240	9.28	602105
900955	九龙山 B	1999.1.18	130350	131471	2.88(美元 0.470)	375408
600555	九龙山 A	2001.3.28	130350	131471	6.85	892898
002067	景兴纸业	2006.9.15	109395	240633	3.71	405855
601002	晋亿实业	2007.1.16	79269	136152	19.41	1538611
002144	宏达高科	2007.8.3	17676	78301	17.30	305795
002188	新嘉联	2007.11.22	15600	18386	11.20	174720
002206	海利得	2008.1.23	44758	132892	8.06	360749
002343	禾欣股份	2010.1.26	19812	72385	13.30	263500
002344	海宁皮城	2010.1.26	112000	134421	15.91	1781920
002381	双箭股份	2010.4.2	23400	54763	12.57	294138
002404	嘉欣丝绸	2010.5.11	26033	69220	10.74	279594
002522	浙江众成	2010.12.10	44164	105697	19.18	847066
002562	兄弟科技	2011.3.10	21340	52151	12.26	261628
601233	桐昆股份	2011.5.18	96360	313138	10.60	1021416
002648	卫星石化	2011.12.28	80509	190087	12.10	974159
002677	浙江美大	2012.5.25	20000	44631	23.80	476000
600567	山鹰纸业	2013.6.14	376694	511496	2.89	1088646
002718	友邦吊顶	2014.1.28	5160	16025	70.56	364090
603168	莎普爱思	2014.7.2.	6535	30674	80.97	529139
600176	中国巨石	2014.9.4	87263	313756	15.47	1349959
600273	嘉化能源	2014.9.9	130629	615994	8.94	1167823
603889	新澳股份	2014.12.31	10668	43056	25.85	275768
HK.00496	卡森国际	2005.10.20	116232	77500	0.83(港元 1.050)	96473
HK.00528	金达控股	2006.12.12	63160	30188	0.93(港元 1.180)	58739
HK.02198	中国三江化工	2010.9.16	99310	73700	1.96(港元 2.48)	194648
HK.01673	华章科技	2013.5.16	27200	6462	3.39(港元 4.3)	92208
Nyse.SOL	昱辉阳光	2008.1.3	10170	240000	8.63(美元 1.41)	87767
TMX.BOY	博元建设	2009.3.12	1619	20000	3.92(美元 0.64)	6346
Nyse.JKS	晶科能源	2010.5.14	3088	175353	120.61(美元 19.71)	372444
WAYPORT (900130)	亚特电器	2010.7.23	5588	12000	4.89(韩元 860)	27325
ASX.KFG	康丰家纺	2012.4.20	2500	3269	0.96(澳元 0.192)	2400
5538 F-東明	东明控股	2013.12.16.	16800	8098	6.19(新台币 31.6)	103992

注:资料来源,嘉兴市企业上市工作领导小组办公室。
Note: Data from Jiaxing Municipal Office of Leading Group for Enterprise's Listing Work.

12－10 全市规模以上银行、保险单位主要经济指标(2014)

Main Economic Indicators of Banks and Insurance Companies above Designated Size(2014)

单位:万元 (yuan 10000)

指　标	Item	合 计 Total	银 行 Bank	保 险 Insurance Company
单位数(个)	Number of Enterprises (unit)	69	29	40
增加值	Value Added	1651358	1638584	12773
资产总计	Total Assets	64521058	62562934	1958124
负债合计	Total Liabilities	62584587	60212889	2371698
所有者权益合计	Total Creditors Equity	1936471	2350045	－413574
固定资产原价	Original Value of Fixed Assets	569505	544876	24629
本年折旧	Depreciation of the Current Year	46643	44455	2188
营业收入	Revenue	4734762	3888967	845795
营业支出	Cost	3617364	2710992	906372
营业税金及附件	Business Tax and Surcharges	157861	157861	0
营业利润	Profits of Management	1117397	1177975	－60577
利润总额	Total Profits	1115849	1176130	－60281
应交所得税	Income Tax Payable	132503	132483	20
净利润	Net profit	983347	1043647	－60301
从业人员平均人数(人)	Average Employees (person)	20281	15123	5158
应付工资总额	Wages Payable	253228	217213	36015
应付福利费总额	Welfare Funds Paybble	16576	14796	1780
劳动、失业、养老、医疗保险费	Insurance	48251	43387	4864
住房公积金和住房补贴	Housing Fund	25971	23783	2189

12－11 全市规模以上金融业(不含银行、保险、证券)企业分类型、行业主要经济指标 (2014)

单位:万元

指 标	Item	企业数(个) Number of Enterprises (unit)	亏损企业 Loss Making Enterprises	增加值 Value Added
金融业	Finance	41	4	64580
1、按登记注册类型分	Grouped by Status of Registration			
国有企业	State－owned	1	0	1407
集体企业	Collective－owned	0		
股份合作企业	Share－holding Cooperative	0		
联营企业	Joint Ownership	0		
有限责任公司	Limited Liability Company	5	0	5681
股份有限公司	Share－holding Cooperations Ltd.	2	0	11498
私营企业	Private－owned	32	4	44878
其他企业	Others	0		
港、澳、台商投资企业	Owned by Entrepreneurs from HONG KONG, Macau and Taiwan	1	0	1117
外商投资企业	Enterprises with Foreign Investment	0		
2、按主要行业分	Grouped By Main Sector			
货币金融服务	Monetary and financial services	32	3	56367
资本市场服务	Capital Markets Services	1	0	731
保险业	Insurance	3	0	695
其他金融业	Others	5	1	6788

注:2014 年规模以上服务业规模划分标准有变化,与上年年鉴数据不可比,下同。

Major Economic Indicators on Financal Enterprises above Designated Size by Ownership and Sector (2014)

(10000 yuan)

资产合计 Total Assets	负债合计 Total Liabilities	所有者权益合计 Total Creditors Equity	固定资产原价 Original Value of Fixed Assets	本年折旧 Depreciation of the Current Year	营业收入 Revenue	营业成本 Cost of Sales
868671	304512	564159	11263	1024	101299	16452
21864	3190	18674	730	49	1009	0
67339	14317	53022	1189	77	8653	3366
92228	18965	73263	1356	74	15098	1732
535486	134998	400488	7823	803	66650	7006
151753	133041	18712	166	21	9890	4348
689708	209790	479919	7649	651	87178	15155
5653	1662	3991	222	11	751	13
7034	243	6791	184	35	2518	1284
166276	92817	73459	3208	327	10853	0

Note: The standard of scale – division is different from the previous year, the same below。

12－11 续表1

单位:万元

指标	Item	营业税金及附加 Business Tax and Surcharges	销售费用 Cost of Sales	管理费用 Management Expense
金融业	Finance	5099	805	18427
1、按登记注册类型分	Grouped by Status of Registration			
国有企业	State－owned	0	0	375
集体企业	Collective－owned			
股份合作企业	Share－holding Cooperative			
联营企业	Joint Ownership			
有限责任公司	Limited Liability Company	568	139	614
股份有限公司	Share－holding Cooperations Ltd.	898	0	2430
私营企业	Private－owned	3428	666	14252
其他企业	Others			
港、澳、台商投资企业	Owned by Entrepreneurs from HONG KONG, Macau and Taiwan	205	0	756
外商投资企业	Enterprises with Foreign Investment			
2、按主要行业分	Grouped By Main Sector			
货币金融服务	Monetary and financial services	4636	148	15542
资本市场服务	Capital Markets Services	93	0	63
保险业	Insurance	143	174	853
其他金融业	Others	227	483	1969

Continued1

(10000 yuan)

财务费用 Financial Expenses	营业利润 Profits of Management	利润总额 Total Profits	应交所得税 Income Tax Payable	应付职工薪酬 Employee benefits payable	应交增值税 Value Added Tax Payable	从业人员平均人数(人) Average Employees (person)
3333	1324	57139	14190	5522	5	542
-543	32	1786	447	168	0	17
-565	162	5031	1151	520	4	46
107	65	11388	2737	595	0	39
4266	1034	38419	9727	3871	0	417
67	32	514	129	368	1	23
508	1034	49420	12336	4162	5	364
-1	32	1020	146	42	0	2
1	97	72	17	447	0	82
2826	162	6627	1691	870	0	94

12－12 市区规模以上金融业(不含银行、保险、证券)企业分类型、行业主要经济指标 (2014)

单位:万元

指标	Item	企业数(个) Number of Enterprises (unit)	亏损企业 Loss Making Enterprises	增加值 Value Added
金融业	Finance	11	0	16160
1、按登记注册类型分	Grouped by Status of Registration			
国有企业	State－owned	0		
集体企业	Collective－owned	0		
股份合作企业	Share－holding Cooperative	0		
联营企业	Joint Ownership	0		
有限责任公司	Limited Liability Company	2	0	3660
股份有限公司	Share－holding Cooperations Ltd.	0		
私营企业	Private－owned	9	0	12500
其他企业	Others	0		
港、澳、台商投资企业	Owned by Entrepreneurs from HONG KONG, Macau and Taiwan	0		
外商投资企业	Enterprises with Foreign Investment	0		
2、按主要行业分	Grouped By Main Sector			
货币金融服务	Monetary and financial services	9	0	15628
资本市场服务	Capital Markets Services	0		
保险业	Insurance	0		
其他金融业	Others	2	0	532

Major Economic Indicators on Financal Enterprises above Designated Size of Urban District by Ownership and Sector (2014)

(10000 yuan)

资产合计 Total Assets	负债合计 Total Liabilities	所有者权益合计 Total Creditors Equity	固定资产原价 Original Value of Fixed Assets	本年折旧 Depreciation of the Current Year	营业收入 Revenue	营业成本 Cost of Sales
163057	27537	135520	1950	263	23547	5584
35398	10305	25092	914	59	4686	812
127659	17232	110427	1036	205	18861	4773
156291	27314	128977	1846	243	21659	4753
6766	224	6543	105	20	1888	831

12-12 续表1

单位:万元

指　　标	Item	营业税金及附加 Business Tax and Surcharges	销售费用 Cost of Sales	管理费用 Management Expense
金融业	Finance	1327	201	2643
1、按登记注册类型分	Grouped by Status of Registration			
国有企业	State - owned			
集体企业	Collective - owned			
股份合作企业	Share - holding Cooperative			
联营企业	Joint Ownership			
有限责任公司	Limited Liability Company	262	27	456
股份有限公司	Share - holding Cooperations Ltd.			
私营企业	Private - owned	1065	174	2188
其他企业	Others			
港、澳、台商投资企业	Owned by Entrepreneurs from HONG KONG, Macau and Taiwan			
外商投资企业	Enterprises with Foreign Investment			
2、按主要行业分	Grouped By Main Sector			
货币金融服务	Monetary and financial services	1220	27	1923
资本市场服务	Capital Markets Services			
保险业	Insurance			
其他金融业	Others	107	174	721

Continued1

(10000 yuan)

财务费用 Financial Expenses	营业利润 Profits of Management	利润总额 Total Profits	应交所得税 Income Tax Payable	应付职工薪酬 Employee benefits payable	应交增值税 Value Added Tax Payable	从业人员平均人数(人) Average Employees (person)
280	355	14173	3745	1327	1	173
104	65	3035	759	301	1	35
176	291	11138	2986	1026	0	138
279	291	14109	3730	982	1	114
1	65	64	15	345	0	59

主要统计指标解释

信贷资金 指金融机构以信用方式积聚和分配的货币资金。金融机构信贷资金的来源有各项存款、对国际金融机构负债、流通中货币、银行自有资金及当年结益等；信贷资金的运用有各项贷款、黄金占款、外汇占款、财政借款及在国际金融机构中的资产等。

存款 指企业、机关、团体或居民根据资金必须收回的原则，把货币资金存入银行或其他信用机构保管并取得一定利息的一种信用活动形式。根据存款对象的不同可划分为企业存款、财政存款、机关团体存款、基本建设存款、城镇储蓄存款、农村存款等科目。它是银行信贷资金的主要来源。

贷款 指银行或其他信用机构根据资金必须归还的原则，按一定利率，为企业、个人等提供资金的一种信用活动形式。我国银行贷款分为流动资金贷款、固定资产贷款、城乡个体工商户贷款以及农业贷款等科目。

保险公司 在中国境内的、经过保险监督部门批准设立，并依法登记注册的各类商业保险公司。

保险金额 指保险人承担赔偿或者给付保险金责任的最高限额。

保费 指投保人为取得保险人在约定范围内所承担赔偿责任而支付给保险人的费用。

赔款 指保险人根据保险合同的规定，向被保险人支付的赔偿保险责任损失的金额。

给付 包括死伤医疗给付和满期给付。死伤医疗给付是指保险人根据人寿保险及长期健康保险合同的规定，因被保险人在保险期内发生保险责任范围内的保险事故支付给被保险人（或受益人）的金额。满期给付是指被保险人生存期满，保险人按人寿保险合同规定支付给被保险人的满期保险金额。

EXPLANATORY NOTES ON MAIN STATISTICAL INDICATORS

Credit Funds refer to the funds issued as loans by banking institutions. The sources of credit funds of the banking institutions included deposits, liabilities to international financial institutions, currency in circulation, self – owned funds and current retained profits, etc. The credit funds can be used in forms of loans, gold, foreign exchange, government debt and assets in the international financial institutions.

Deposit is a form of credit by which enterprises, institutions, organizations or households can put money into banks and other credit institutions for safekeeping and interest earning under the principle of free withdrawal. According to different depositors, deposits are divided into enterprise deposits, treasury deposits, deposits of government agencies and organizations, capital construction deposits, urban savings deposits, rural deposits and other deposits. Deposits are major sources of the credit funds of banks.

Loan is a form of credit by which banks and other credit institutions provide funds at certain interest rate to enterprises and individuals in the light of the principle of unconditional repayment. Loans from Chinese banks include circulating capital loans, fixed assets loans, loans to urban and rural individuals engaged in industrial and commercial business and agricultural loans.

Insurance Companies refer to commercial insurance companies of various forms registered by law and established in China with the approval of insurance regulatory agencies.

Amount Insured refers to the maximum that the insurant will get for the claim of the case insured.

Premium is the fee paid by the insurant to the insurer to obtain the obligation of compensation from the insurance within the agreed terms.

Settled Claim is the compensation paid by the insurer to the insurant in accordance with the insurance contract.

Payment includes payment for death, injury or medical treatment and mature payment. Payment for death, injury or medical treatment refers to the money paid to the insurant (or the beneficiary) in accordance with the life or health insurance contract when the insurant encounters accidents within the insured period covered in the contract. Mature payment refers to the mature payment to the insurant in accordance with the life insurance contract at the end of the insured period.

十三、科学、教育、文化、医疗卫生、体育、广电和质量技术监督

Science, Education, Culture, Medical and Health, Sports, Broadcasting and TV, Quality and Technical Supervision

13－1 主要年份市属科研与技术开发机构情况

Basic Statistics on Scientific Research and Technological Development Organization Attached to Government at City Level in Main Years

项 目	Item	单位	unit	1995	2008	2009	2010	2011	2012	2013	2014
一、机构数	Number of Institutions	个	unit	6	5	4	4	4	4	3	3
二、职工人数	Number of Staff and Workers	人	person	205	268	200	209	195	177	128	117
#专业技术干部	Specialized Technological Cadres	人	person	130	195	144	140	135	129	89	87
#高级技术职务	Senior Technical Service	人	person	23	40	28	29	27	28	22	26
中级技术职务	Junior Technical Service	人	person	50	61	36	32	29	31	22	21
#科技管理人员	Scientific and Technological Management Personnel	人	person	22	24	28	13	16	24	21	42
课题活动人员	Persons Engaged in Activities of Topics	人	person	90	132	83	74	84	75	44	21
科技服务人员	Persons of Scientific and Technological Services	人	person	49	39	33	53	35	30	24	24
三、本年收入合计	Total Income	千元	1000 yuan	5803	99276	52259	62855	67427	57440	38961	37857
1. 政府拨款	Government Appropriations	千元	1000 yuan	2538	18641	15727	17928	13738	12989	13473	16030
2. 横向技术性收入	Transverse Income of Technology	千元	1000 yuan	2531	31182	9268	16587	20141	23384	18338	15543
3. 生产经营收入	Income of Production and Running	千元	1000 yuan	102	22083	24768	23518	28504	15451	6028	4260
4. 银行贷款	Bank Loans	千元	1000 yuan	461							
5. 其它	Others	千元	1000 yuan	171	26131	2496	4822	5044	5616	1122	1954
四、课题情况	Topics										
1. 课题数	Number of Topics	个	topic	45	92	59	63	64	51	52	46
#当年开题	Number of Topics of the Current Year	个	topic	21	28	19	21	17	17	18	14
当年完成	Number of Topics Completed in the Current Year	个	topic	40	29	20	33	32	13	19	16
2. 实收课题经费	Funds Received Actually for Topics	千元	1000 yuan	2212	9493	17502	15041	19841	16650	25653	

注：资料来源市科技局。
Note: The data is from scienctific bureau.

13－2 全市工业企业科技活动情况
（2010－2014）

指　　标	单位	Item
有科技活动的单位数	个	Number of Enterprises Having Scientific and Technological Activities
#有 R&D 活动的单位数	个	Number of Enterprises Having R&D
#有 R&D 活动的单位数	人	Personnel Engaged in S&T Activities
#研究与实验发展人员	人	Personnel for Research and development
科技活动经费内部支出总额	万元	Total Intramural Expenditure on S&T Activities
#R&D 经费支出	万元	Expenditures on R&D
#新产品开发经费支出	万元	Expenditures on New Product Development
专利申请数	件	Number of Patent Applications
发明专利	件	Invention
拥有发明专利数	件	Patent Owned
科技项目数	项	Scientific and Technological Projects
#R&D 项目数	项	Projects on R&D
新产品开发项目数	项	Projects of New Product Development
技术引进经费支出	万元	Expenditures for Indraught of Technology
消化吸收经费支出	万元	Expenditures for Absorb and Digest
购买国内技术经费支出	万元	Expenditures for Inner Technology
企业办科技机构数	个	Number of Scientific and Technological Institutions in Ebterprises
使用来自政府部门的科技活动资金	万元	Funding for S&T Activities from Government Department
研究开发费用加计扣除减免税	万元	Total Expenditure on R&D deduct Tax Relief
高新技术企业减免税	万元	Tax Relief for High－tech Enterprises

注：调查单位为有科技活动的工业企业、民营科技企业、农业企事业单位、软件开发单位。2010 年调查对象为主营收入 500 万元及以上的农业企事业单位，规模以上工业企业，软件开发单位和民营科技企业。2012 年调查对象为主营收入 2000 万元及以上的农（林、牧、渔）业，规模以上工业企业，建筑业，交通运输、仓储和邮政业，信息传输、软件和信息技术服务业，租赁和商务服务业中有科技活动企事业单位。

Basic Statistics on Scientific and Technological Activities of All Statistical Units and Industrial Enterprises (2010 – 2014)

2010	2011	2012	2013	2014
2978	2721	1980	2141	2228
1184	1302	1056	1160	1228
45837	51211	50256	53016	53934
24625	28972	30712	33959	34866
826787	933065	987940	1142519	1300156
474253	577000	662473	769523	867264
620087	776481	814180	942985	1064990
5512	5839	5797	7034	8030
554	768	730	1042	1256
758	779	905	1264	1604
5429	5633	5219	5995	6637
2783	3235	3355	3963	4429
3944	4112	4065	4702	5103
36337	40230	37560	25184	23783
20497	27319	23388	14544	11092
19632	17219	15721	34424	8334
682	872	816	1081	1409
10371	9130	11083	10330	9680
28548	26416	28298	34003	44252
41007	52814	84772	60931	72824

Note: The statistical units includes industrial enterprises who having S&T activities, private technological enterprises, agricultural enterprises and institutions, software supplier. Besides, the statistics survey since 2000 includes the units as follows: the agricultural enterprises whose Main business revenue over 500,0000 yuan, Industrial enterprises above designated size, software supplier and private technological enterprises.

13-3 市区工业企业科技活动情况
(2010-2014)

指　标	单位	Item
有科技活动的单位数	个	Number of Enterprises Having Scientific and Technological Activities
#有 R&D 活动的单位数	个	Number of Enterprises Having R&D
#有 R&D 活动的单位数	人	Personnel Engaged in S&T Activities
#研究与实验发展人员	人	Personnel for Research and development
科技活动经费内部支出总额	万元	Total Intramural Expenditure on S&T Activities
#R&D 经费支出	万元	Expenditures on R&D
#新产品开发经费支出	万元	Expenditures on New Product Development
专利申请数	件	Number of Patent Applications
发明专利	件	Invention
拥有发明专利数	件	Patent Owned
科技项目数	项	Scientific and Technological Projects
#R&D 项目数	项	Projects on R&D
新产品开发项目数	项	Projects of New Product Development
技术引进经费支出	万元	Expenditures for Indraught of Technology
消化吸收经费支出	万元	Expenditures for Absorb and Digest
购买国内技术经费支出	万元	Expenditures for Inner Technology
企业办科技机构数	个	Number of Scientific and Technological Institutions in Ebterprises
使用来自政府部门的科技活动资金	万元	Funding for S&T Activities from Government Department
研究开发费用加计扣除减免税	万元	Total Expenditure on R&D deduct Tax Relief
高新技术企业减免税	万元	Tax Relief for High - tech Enterprises

Basic Statistics on Scientific and Technological Activities of All Statistical Units and Industrial Enterprises (2010 - 2014)

2010	2011	2012	2013	2014
335	306	241	242	268
207	185	170	178	208
10775	12535	12144	12221	13068
6882	7455	8512	8664	10082
168993	196251	198777	235748	268060
120834	139084	160224	191133	220445
139443	181556	179379	221757	244722
1230	1593	1236	1299	1441
163	241	168	196	227
172	212	257	308	423
1069	1331	1353	1333	1382
682	841	1008	964	1085
925	1146	1151	1153	1204
9046	2712	2129	2391	1815
4335	1942	1722	1781	888
2118	145	15	165	693
164	189	181	194	221
4251	3187	4337	3362	2874
12574	10207	11659	9217	12875
15237	20355	53491	19059	24636

13-4 分地区工业企业科技活动情况
(2014)

指　标	单位	Item	全　市 Total	市　区 Urban District
有科技活动的单位数	个	Number of Enterprises Having Scientific and Technological Activities	2228	268
#有 R&D 活动的单位数	个	Number of Enterprises Having R&D	1228	208
科技活动人员合计	人	Personnel Engaged in S&T Activities	53934	13068
#研究与实验发展人员	人	Personnel for Research and development	34866	10082
科技活动经费内部支出总额	万元	Total Intramural Expenditure on S&T Activities	1300156	268060
#R&D 经费支出	万元	Expenditures on R&D	867264	220445
#新产品开发经费支出	万元	Expenditures on New Product Development	1064990	244722
专利申请数	件	Number of Patent Applications	8030	1441
发明专利	件	Invention	1256	227
拥有发明专利数	件	Patent Owned	1604	423
科技项目数	项	Scientific and Technological Projects	6637	1382
#R&D 项目数	项	Projects on R&D	4429	1085
新产品开发项目数	项	Projects of New Product Development	5103	1204
技术引进经费支出	万元	Expenditures for Indraught of Technology	23783	1815
消化吸收经费支出	万元	Expenditures for Absorb and Digest	11092	888
购买国内技术经费支出	万元	Expenditures for Inner Technology	8334	693
企业办科技机构数	个	Number of Scientific and Technological Institutions in Ebterprises	1409	221
使用来自政府部门的科技活金	万元	Funding for S&T Activities from Government Department	9680	2874
研究开发费用加计扣除减免税	万元	Total Expenditure on R&D deduct Tax Relief	44252	12875
高新技术企业减免税	万元	Tax Relief for High - tech Enterprises	72824	24636

Basic Statistics on Scientific and Technological Activities of Industrial Enterprises by Region (2014)

南湖区 Nanhu	秀洲区 Xiuzhou	嘉善县 Jiashan	海盐县 Haiyan	海宁市 Haining	平湖市 Pinghu	桐乡市 Tongxiang
108	160	178	219	740	367	456
91	117	122	154	289	202	253
6244	6824	5764	4944	12692	7127	10339
4884	5198	3940	3452	7575	4173	5644
148401	119660	145026	131552	292829	174544	288145
134832	85613	106719	88371	177736	117574	156418
145505	99218	118472	115841	231020	104475	250461
557	884	846	874	2295	1170	1404
122	105	145	145	238	191	310
218	205	224	200	295	145	317
612	770	669	603	1888	741	1354
481	604	505	453	1182	473	731
539	665	539	432	1348	529	1051
341	1474	4879	4985	4715	6661	728
239	649	0	2758	195	5385	1867
313	380	235	4533	2760	0	113
91	130	133	124	480	130	321
1361	1513	684	813	1955	774	2580
6063	6813	3716	8422	6881	5921	6437
12850	11785	13350	4762	12000	10190	7887

13－5 全市工业企业分类型科技活动情况

(2014)

单位:个、人、万元

指　　标	Item	有科技活动的单位数 Number of Enterprises Having Scientific and Technological Activities	#有 R&D 活动的单位数 Total Intramural Expenditure on S&T Activities
一、按企业规模分组	Grouped by Size of Enterprise		
大型	Large	73	53
中型	Medium－sized	388	240
小型	Small	1724	923
微型	Micro－enterprises	43	12
二、按登记注册类型分组	Groupd by Ownership		
内资企业	Domestic funded enterprises	1706	932
国有企业	State－owned Enterprises	1	0
集体企业	Collective－owned Enterprises	2	1
股份合作企业	Share－holding Cooperative Enterprises	6	5
联营企业	Joint Ownership Enterprises	0	0
有限责任公司	Limited Liability Corporations	159	114
股份有限公司	Share－holding Corporations Ltd.	61	57
私营企业	Private Enterprises	1477	755
其他企业	Other Enterprises	0	0
港、澳、台商投资企业	Enterprises with Investment from Hong Kong, Macao and Taiwan	261	150
外商投资企业	Enterprises with Foreign Investment	261	146

Basic Statistics on Scientific and Technological Activities of Industrial Enterprises by Type (2014)

(unit, person, 10 000 yuan)

科技活动人员合计 Personnel Engaged in S&T Activities	#研究与实验发展人员 Personnel for Research and development	科技活动经费内部支出总额 Total Intramural Expenditure on S&T Activities	#R&D 经费支出 Expenditures on R&D	#新产品开发经费支出 Expenditures on New Product Development	专利申请数 Number of Patent Applications	发明专利 Invention	拥有发明专利数 Patent Owned
12401	7795	408730	271694	356002	829	198	314
18550	12764	427582	280039	361859	2381	349	483
22712	14247	457830	313628	342645	4748	705	807
271	60	6015	1903	4484	72	4	0
36673	23781	870830	569062	724252	5825	838	1137
33	0	41	0	0	10	1	8
10	5	350.9	293.6	293.6	0	0	0
88	76	1170.5	974.2	974.2	5	2	5
0	0	0	0	0	0	0	0
6504	4335	149802	112997	133060	652	131	230
6948	5032	191669	137967	163707	540	104	251
23090	14333	527797	316830	426217	4618	600	643
0	0	0	0	0	0	0	0
7583	4759	177647	125257	135040	1148	224	246
9678	6326	251680	172945	205698	1057	194	221

13－5 续表

单位:个、人、万元

指　　标	Item	科技项目数 Scientific and Technological Projects	#R&D 项目数 Projects on R&D
一、按企业规模分组	Grouped by Size of Enterprise		
大型	Large	809	509
中型	Medium－sized	1738	1256
小型	Small	4002	2645
微型	Micro－enterprises	88	19
二、按登记注册类型分组	Groupd by Ownership		
内资企业	Domestic funded enterprises	4735	3127
国有企业	State－owned Enterprises	4	0
集体企业	Collective－owned Enterprises	2	1
股份合作企业	Share－holding Cooperative Enterprises	12	11
联营企业	Joint Ownership Enterprises	0	0
有限责任公司	Limited Liability Corporations	646	462
股份有限公司	Share－holding Corporations Ltd.	681	493
私营企业	Private Enterprises	3390	2160
其他企业	Other Enterprises	0	0
港、澳、台商投资企业	Enterprises with Investment from Hong Kong, Macao and Taiwan	863	585
外商投资企业	Enterprises with Foreign Investment	1039	717

continued

(unit,person,10 000 yuan)

新产品开发项目数 Projects of New Product Development	技术引进经费支出 Expenditures for Indraught of Technology	消化吸收经费支出 Expenditures for Absorb and Digest	购买国内技术经费支出 Expenditures for Inner Technology	企业办科技机构数 Number of Scientific and Technological Institutions in Ebterprises	使用来自政府部门的科技活金 Funding for S&T Activities from Government Department	研究开发费用加计扣除减免税 Total Expenditure on R&D deduct Tax Relief	高新技术企业减免税 Tax Relief for High – tech Enterprises
680	12388	7950	3210	102	2991	11969	32011
1434	6887	834	1450	318	3076	20105	32161
2957	4508	2309	3674	979	3596	12178	8651
32	0	0	0	10	17	0	0
3584	10933	4750	8211	1055	8394	31672	45337
0	0	0	0	0	0	0	0
1	0	0	0	1	0	0	0
11	0	0	0	4	5	18.9	133.2
0	0	0	0	0	0	0	0
497	1563	211	3042	111	2720	6911	8734
572	7976	3495	3263	82	1700	10592	20909
2503	1394	1044	1907	857	3969	14150	15561
0	0	0	0	0	0	0	0
685	1453	2747	122	171	585	4388	5143
834	11397	3595	1	183	702	8192	22344

13 - 6 市区工业企业分类型科技活动情况
(2014)

单位:个、人、万元

指　　标	Item	有科技活动的单位数 Number of Enterprises Having Scientific and Technological Activities	#有 R&D 活动的单位数 Total Intramural Expenditure on S&T Activities
一、按企业规模分组	Grouped by Size of Enterprise		
大型	Large	19	14
中型	Medium - sized	74	61
小型	Small	172	132
微型	Micro - enterprises	3	1
二、按登记注册类型分组	Groupd by Ownership		
内资企业	Domestic funded enterprises	179	146
国有企业	State - owned Enterprises	0	0
集体企业	Collective - owned Enterprises	0	0
股份合作企业	Share - holding Cooperative Enterprises	2	2
联营企业	Joint Ownership Enterprises	0	0
有限责任公司	Limited Liability Corporations	40	33
股份有限公司	Share - holding Corporations Ltd.	13	11
私营企业	Private Enterprises	124	100
其他企业	Other Enterprises	0	0
港、澳、台商投资企业	Enterprises with Investment from Hong Kong, Macao and Taiwan	41	32
外商投资企业	Enterprises with Foreign Investment	48	30

Basic Statistics on Scientific and Technological Activities of Industrial Enterprises by Type (2014)

(unit, person, 10 000 yuan)

科技活动人员合计 Personnel Engaged in S&T Activities	#研究与实验发展人员 Personnel for Research and development	科技活动经费内部支出总额 Total Intramural Expenditure on S&T Activities	#R&D经费支出 Expenditures on R&D	#新产品开发经费支出 Expenditures on New Product Development	专利申请数 Number of Patent Applications	发明专利 Invention	拥有发明专利数 Patent Owned
3927	3079	117859	98913	117372	321	66	126
5705	4408	98037	82078	84870	436	59	143
3416	2590	52104	39423	42431	678	102	154
20	5	61	30	50	6	0	0
7393	5916	165996	147176	154093	745	101	240
	0	0	0	0	0	0	0
0	0	0	0	0	0	0	0
15	14	256.5	279.8	279.8	2	2	2
0	0	0	0	0	0	0	0
2626	2095	47195	52828	47785	187	30	65
1400	1106	53558	45005	49110	62	18	63
3352	2701	64987	49063	56918	494	51	110
0	0	0	0	0	0	0	0
2508	1952	36916	28385	32371	392	73	86
3167	2214	65149	44884	58258	304	53	97

13 – 6 续表

单位:个、人、万元

指　　标	Item	科技项目数 Scientific and Technological Projects	#R&D 项目数 Projects on R&D
一、按企业规模分组	Grouped by Size of Enterprise		
大型	Large	222	164
中型	Medium – sized	514	417
小型	Small	639	503
微型	Micro – enterprises	7	1
二、按登记注册类型分组	Groupd by Ownership		
内资企业	Domestic funded enterprises	804	668
国有企业	State – owned Enterprises		0
集体企业	Collective – owned Enterprises	0	0
股份合作企业	Share – holding Cooperative Enterprises	3	3
联营企业	Joint Ownership Enterprises	0	0
有限责任公司	Limited Liability Corporations	210	168
股份有限公司	Share – holding Corporations Ltd.	154	132
私营企业	Private Enterprises	437	365
其他企业	Other Enterprises	0	0
港、澳、台商投资企业	Enterprises with Investment from Hong Kong, Macao and Taiwan	226	183
外商投资企业	Enterprises with Foreign Investment	352	234

continued

(unit, person, 10 000 yuan)

新产品开发项目数 Projects of New Product Development	技术引进经费支出 Expenditures for Indraught of Technology	消化吸收经费支出 Expenditures for Absorb and Digest	购买国内技术经费支出 Expenditures for Inner Technology	企业办科技机构数 Number of Scientific and Technological Institutions in Ebterprises	使用来自政府部门的科技活金 Funding for S&T Activities from Government Department	研究开发费用加计扣除减免税 Total Expenditure on R&D deduct Tax Relief	高新技术企业减免税 Tax Relief for High - tech Enterprises
196	639	331	1	25	932	4701	6843
465	1176	406	0	79	1005	5602	14456
536	0	152	692	117	937	2573	3337
7	0	0	0	0	0	0	0
667	835	178	692	154	2601	5731	16281
0	0	0	0	0	0	0	0
0	0	0	0	0	0	0	0
3	0	0	0	1	0	0	0
0	0	0	0	0	0	0	0
165	0	0	312	29	1487	1135	7397
126	835	178	0	24	491	841	1578
373	0	0	380	100	623	3755	7306
0	0	0	0	0	0	0	0
223	0	0	0	34	234	2176	2238
314	980	710	1	33	40	4968	6116

13－7　全市工业企业分行业科技活动情况
（2014）

单位：个、人、万元

指　标	Item	有科技活动的单位数 Number of Enterprises Having Scientific and Technological Activities	#有 R&D 活动的单位数 Total Intramural Expenditure on S&T Activities
按国民经济行业大类分组	Grouped by Branch		
采矿业	Mining and Quarrying	0	0
制造业	Manufacturing	2218	1219
农副食品加工业	Food Processing	37	29
食品制造业	Food Production	18	14
酒、饮料和精制茶制造业	Beverage Production	7	3
烟草制造业	Tobacco Processing	0	0
纺织业	Textile Industry	474	182
纺织服装、服饰业	Garments and Other Fiber Products	298	56
皮革、毛皮、羽毛及其制品和制鞋业	Leather, Furs, Down and Related Products	202	49
木材加工和木、竹、藤、棕、草制品业	Timber Processing, Bamboo, Cane, Palm Fiber and Straw Products	16	7
家具制造业	Furniture Manufacturing	43	10
造纸和纸制品业	Papermaking and Paper Products	33	20
印刷和记录媒介复制业	Printing and Record Medium Reproduction	19	15
文教、工美、体育和娱乐用品制造业	Cultural, Educational and Sports Goods	31	18
石油加工、炼焦和核燃料加工业	Petroleum Processing and Coking	1	1
化学原料和化学制品制造业	Raw Chemical Material and Chemical Products	107	92
医药制造业	Medical and Pharmaceutical Products	17	14
化学纤维制造业	Chemical Fiber	26	21
橡胶和塑料制品业	Rubber Products	108	71
非金属矿物制品业	Plastic Products	73	52
黑色金属冶炼和压延加工业	Nonmetal Mineral Products	33	23
有色金属冶炼和压延加工业	Smelting and Pressing of Ferrous Metals	16	14
金属制品业	Smelting and pressing of Nonferrous Metals	77	56
通用设备制造业	Metal Products	147	112
专用设备制造业	Generic Machinery Manufacturing	74	59
汽车制造业	For Special Purposes Equipment Manufacturing	48	41
铁路、船舶、航空航天和其他运输设备	Transport Equipment Manufacturing	6	2
电气机械和器材制造业	Electric Equipment and Machinery	168	147
计算机、通信和其他电子设备制造业	Electronic and Telecommunications Equipment	105	80
仪器仪表制造业	Instruments, Meters, Cultural and Office Machinery	22	21
其他制造业	Other Manufacturing	7	6
废弃资源综合利用业	Recovry of Resource Discarded and Useless Material	5	4
金属制品、机械和设备修理业	Equipment Repair Industry	0	0
电力、燃气及水的生产和供应业	Production and Supply of Electric Power, Gas and Hot Water	10	9
电力、热力的生产和供应业	Production and Supply of Electric Power, Steam and Hot water	9	8
燃气生产和供应业	Production snd Supply of Gas	0	0
水的生产和供应业	Production and Supply of Water	1	1

Basic Statistics on Scientific and Technological Activities of Industrial Enterprises by Sector (2014)

(unit, person, 10 000 yuan)

科技活动人员合计 Personnel Engaged in S&T Activities	#研究与实验发展人员 Personnel for Research and development	科技活动经费内部支出总额 Total Intramural Expenditure on S&T Activities	#R&D 经费支出 Expenditures on R&D	#新产品开发经费支出 Expenditures on New Product Development	专利申请数 Number of Patent Applications	发明专利 Invention	拥有发明专利数 Patent Owned
0	0	0	0	0	0	0	0
53129	34503	1279277	851770	1058709	7997	1252	1545
534	388	19517	12591	15278	89	17	72
520	295	13707	8300	10923	90	25	25
99	61	1124	539	1363	2	0	0
0	0	0	0	0	0	0	0
6071	3269	131296	67697	107121	1099	85	96
4792	1600	61846	25055	43936	626	16	20
3243	1115	75355	30897	54668	645	23	23
533	206	16362	4486	13026	56	10	13
1116	207	20766	4942	16620	137	4	8
1413	1068	42772	35250	30467	56	27	16
521	479	9893	8031	7263	56	22	14
451	274	5742	3729	4948	280	18	15
6	6	462	507	0	0	0	0
3735	2687	158644	109775	93048	315	110	178
612	449	7973	7502	8315	61	18	32
2646	1505	91530	44833	87888	146	26	31
2385	1608	52711	36941	47307	349	70	64
1751	1138	47306	31750	40716	394	94	104
869	583	79985	43318	86872	95	17	30
432	252	13791	7336	8631	37	16	30
1726	1511	25329	22424	20981	273	56	45
5033	4008	89023	81025	87494	430	98	97
2155	1620	39224	31888	34979	458	93	123
1624	1124	27517	18293	24342	275	34	55
81	33	1473	498	1367	26	2	0
4492	3728	119533	101837	102096	1220	227	189
5016	4253	92166	84899	74892	471	83	163
1074	900	21748	20847	21794	236	46	89
108	71	4358	2380	4254	60	8	2
91	65	8128	4202	8119	15	7	11
0	0	0	0	0	0	0	0
805	363	20879	15494	6281	33	4	59
793	351	20770	15382	6281	33	4	59
0	0	0	0	0	0	0	0
12	12	109	112	0	0	0	0

13-7 续表

单位：个、人、万元

指　　标	Item	科技项目数 Scientific and Technological Projects	#R&D 项目数 Projects on R&D
按国民经济行业大类分组	Grouped by Branch		
采矿业	Mining and Quarrying	0	0
制造业	Manufacturing	6563	4390
农副食品加工业	Food Processing	115	66
食品制造业	Food Production	94	71
酒、饮料和精制茶制造业	Beverage Production	12	7
烟草制造业	Tobacco Processing	0	0
纺织业	Textile Industry	951	509
纺织服装、服饰业	Garments and Other Fiber Products	411	135
皮革、毛皮、羽毛及其制品和制鞋业	Leather, Furs, Down and Related Products	334	102
木材加工和木、竹、藤、棕、草制品业	Timber Processing, Bamboo, Cane, Palm Fiber and Straw Products	46	23
家具制造业	Furniture Manufacturing	89	23
造纸和纸制品业	Papermaking and Paper Products	105	78
印刷和记录媒介复制业	Printing and Record Medium Reproduction	71	64
文教、工美、体育和娱乐用品制造业	Cultural, Educational and Sports Goods	56	29
石油加工、炼焦和核燃料加工业	Petroleum Processing and Coking	1	1
化学原料和化学制品制造业	Raw Chemical Material and Chemical Products	497	386
医药制造业	Medical and Pharmaceutical Products	115	94
化学纤维制造业	Chemical Fiber	251	117
橡胶和塑料制品业	Rubber Products	350	260
非金属矿物制品业	Plastic Products	232	164
黑色金属冶炼和压延加工业	Nonmetal Mineral Products	107	77
有色金属冶炼和压延加工业	Smelting and Pressing of Ferrous Metals	68	42
金属制品业	Smelting and pressing of Nonferrous Metals	258	222
通用设备制造业	Metal Products	558	459
专用设备制造业	Generic Machinery Manufacturing	329	251
汽车制造业	For Special Purposes Equipment Manufacturing	232	175
铁路、船舶、航空航天和其他运输设备	Transport Equipment Manufacturing	12	8
电气机械和器材制造业	Electric Equipment and Machinery	652	545
计算机、通信和其他电子设备制造业	Electronic and Telecommunications Equipment	455	364
仪器仪表制造业	Instruments, Meters, Cultural and Office Machinery	125	98
其他制造业	Other Manufacturing	26	16
废弃资源综合利用业	Recovry of Resource Discarded and Useless Material	11	4
金属制品、机械和设备修理业	Equipment Repair Industry	0	0
电力、燃气及水的生产和供应业	Production and Supply of Electric Power, Gas and Hot Water	74	39
电力、热力的生产和供应业	Production and Supply of Electric Power, Steam and Hot water	73	38
燃气生产和供应业	Production snd Supply of Gas	0	0
水的生产和供应业	Production and Supply of Water	1	1

continued

(unit,person,10 000 yuan)

新产品开发项目数 Projects of New Product Development	技术引进经费支出 Expenditures for Indraught of Technology	消化吸收经费支出 Expenditures for Absorb and Digest	购买国内技术经费支出 Expenditures for Inner Technology	企业办科技机构数 Number of Scientific and Technological Institutions in Ebterprises	使用来自政府部门的科技活金 Funding for S&T Activities from Government Department	研究开发费用加计扣除减免税 Total Expenditure on R&D deduct Tax Relief	高新技术企业减免税 Tax Relief for High – tech Enterprises
0	0	0	0	0	0	0	0
5081	22583	11092	6071	1407	9460	39785	71906
66	0	0	15	29	72	30	10
74	0	11	0	15	129	202	163
10	0	0	0	6	0	0	0
0	0	0	0	0	0	0	0
696	51	74	36	238	483	4887	1595
272	639	320	0	86	185	2628	5634
205	0	0	0	112	208	35	0
38	0	0	0	12	0	118	0
59	0	0	0	36	2	147	0
73	345	361	1167	21	342	705	393
53	0	0	0	11	11	378	1022
46	0	0	0	20	10	0	0
0	0	0	0	0	0	0	0
353	4879	0	405	101	854	6549	15594
112	0	0	0	14	50	956	1633
242	5328	1945	2670	22	12	1575	2125
293	835	202	19	92	365	2097	4292
196	48	0	93	53	1276	717	5453
92	560	85	814	20	55	117	28
35	0	0	0	9	107	49	1304
210	1018	734	3	50	125	1812	909
461	1979	3250	181	103	1457	3179	4925
256	357	246	0	55	550	1975	2089
203	524	200	1	41	144	3544	3616
11	0	0	0	4	0	0	0
527	6020	3512	78	136	906	3576	4266
343	0	152	547	85	1394	3255	14362
120	0	0	43	26	692	1120	2220
26	0	0	0	6	0	136	275
9	0	0	0	4	32	0	0
0	0	0	0	0	0	0	0
22	1200	0	2264	2	220	4467	918
22	1200	0	2264	1	220	4467	918
0	0	0	0	0	0	0	0
0	0	0	0	1	0	0	0

13－8 市区工业企业分行业科技活动情况
（2014）

单位：个、人、万元

指 标	Item	有科技活动的单位数 Number of Enterprises Having Scientific and Technological Activities	#有 R&D 活动的单位数 Total Intramural Expenditure on S&T Activities
按国民经济行业大类分组	Grouped by Branch		
采矿业	Mining and Quarrying	0	0
制造业	Manufacturing	267	207
农副食品加工业	Food Processing	8	6
食品制造业	Food Production	5	5
酒、饮料和精制茶制造业	Beverage Production	0	0
烟草制造业	Tobacco Processing	0	0
纺织业	Textile Industry	33	20
纺织服装、服饰业	Garments and Other Fiber Products	19	11
皮革、毛皮、羽毛及其制品和制鞋业	Leather, Furs, Down and Related Products	4	2
木材加工和木、竹、藤、棕、草制品业	Timber Processing, Bamboo, Cane, Palm Fiber and Straw Products	1	1
家具制造业	Furniture Manufacturing	9	4
造纸和纸制品业	Papermaking and Paper Products	2	2
印刷和记录媒介复制业	Printing and Record Medium Reproduction	0	0
文教、工美、体育和娱乐用品制造业	Cultural, Educational and Sports Goods	4	3
石油加工、炼焦和核燃料加工业	Petroleum Processing and Coking	0	0
化学原料和化学制品制造业	Raw Chemical Material and Chemical Products	14	13
医药制造业	Medical and Pharmaceutical Products	6	5
化学纤维制造业	Chemical Fiber	4	2
橡胶和塑料制品业	Rubber Products	11	6
非金属矿物制品业	Plastic Products	8	6
黑色金属冶炼和压延加工业	Nonmetal Mineral Products	1	1
有色金属冶炼和压延加工业	Smelting and Pressing of Ferrous Metals	1	1
金属制品业	Smelting and pressing of Nonferrous Metals	9	7
通用设备制造业	Metal Products	22	16
专用设备制造业	Generic Machinery Manufacturing	13	12
汽车制造业	For Special Purposes Equipment Manufacturing	16	15
铁路、船舶、航空航天和其他运输设备	Transport Equipment Manufacturing	3	1
电气机械和器材制造业	Electric Equipment and Machinery	45	41
计算机、通信和其他电子设备制造业	Electronic and Telecommunications Equipment	22	21
仪器仪表制造业	Instruments, Meters, Cultural and Office Machinery	5	4
其他制造业	Other Manufacturing	2	2
废弃资源综合利用业	Recovry of Resource Discarded and Useless Material	0	0
金属制品、机械和设备修理业	Equipment Repair Industry	0	0
电力、燃气及水的生产和供应业	Production and Supply of Electric Power, Gas and Hot Water	1	1
电力、热力的生产和供应业	Production and Supply of Electric Power, Steam and Hot water	1	1
燃气生产和供应业	Production snd Supply of Gas	0	0
水的生产和供应业	Production and Supply of Water	0	0

Basic Statistics on Scientific and Technological Activities of Industrial Enterprises by Sector (2014)

(unit, person, 10 000 yuan)

科技活动人员合计 Personnel Engaged in S&T Activities	#研究与实验发展人员 Personnel for Research and development	科技活动经费内部支出总额 Total Intramural Expenditure on S&T Activities	#R&D 经费支出 Expenditures on R&D	#新产品开发经费支出 Expenditures on New Product Development	专利申请数 Number of Patent Applications	发明专利 Invention	拥有发明专利数 Patent Owned
0	0	0	0	0	0	0	0
13011	10049	265257	219428	244722	1438	227	420
42	31	540	379	437	1	0	0
131	71	3826	1965	2013	46	4	4
0	0	0	0	0	0	0	0
0	0	0	0	0	0	0	0
1022	643	13099	9208	9989	117	23	33
969	670	17717	13844	14855	96	2	10
126	115	3601	3318	3538	21	1	1
105	87	1934	1361	1361	0	0	3
365	137	7329	3646	5155	15	3	5
225	193	4437	4399	4399	2	2	6
0	0	0	0	0	0	0	0
125	117	849	730	747	50	6	2
0	0	0	0	0	0	0	0
574	540	16210	15944	11829	28	16	36
214	159	2048	1889	1902	11	5	8
69	13	4848	143	2716	0	0	0
658	399	13762	8555	14095	89	10	30
232	150	14466	7774	13951	14	3	24
130	114	27479	22205	27146	20	5	2
13	11	173	96	173	0	0	0
467	439	5431	4506	4708	14	1	2
1946	1565	29133	33709	32685	53	7	22
538	457	8075	6289	6006	172	45	64
1017	633	14866	9144	16207	98	15	24
40	3	216	37	126	0	0	0
1343	1166	21621	19950	19305	365	29	52
2461	2201	48969	46654	46960	173	37	80
141	80	2293	1471	2205	12	6	11
58	55	2339	2215	2215	41	7	1
0	0	0	0	0	0	0	0
0	0	0	0	0	0	0	0
57	33	2804	1017	0	3	0	3
57	33	2804	1017	0	3	0	3
0	0	0	0	0	0	0	0
0	0	0	0	0	0	0	0

13－8 续表

单位：个、人、万元

指　　标	Item	科技项目数 Scientific and Technological Projects	#R&D 项目数 Projects on R&D
按国民经济行业大类分组	Grouped by Branch		
采矿业	Mining and Quarrying	0	0
制造业	Manufacturing	1376	1081
农副食品加工业	Food Processing	9	7
食品制造业	Food Production	23	11
酒、饮料和精制茶制造业	Beverage Production	0	0
烟草制造业	Tobacco Processing	0	0
纺织业	Textile Industry	117	84
纺织服装、服饰业	Garments and Other Fiber Products	56	42
皮革、毛皮、羽毛及其制品和制鞋业	Leather, Furs, Down and Related Products	18	13
木材加工和木、竹、藤、棕、草制品业	Timber Processing, Bamboo, Cane, Palm Fiber and Straw Products	9	8
家具制造业	Furniture Manufacturing	30	14
造纸和纸制品业	Papermaking and Paper Products	7	7
印刷和记录媒介复制业	Printing and Record Medium Reproduction	0	0
文教、工美、体育和娱乐用品制造业	Cultural, Educational and Sports Goods	6	5
石油加工、炼焦和核燃料加工业	Petroleum Processing and Coking	0	0
化学原料和化学制品制造业	Raw Chemical Material and Chemical Products	94	90
医药制造业	Medical and Pharmaceutical Products	33	29
化学纤维制造业	Chemical Fiber	8	2
橡胶和塑料制品业	Rubber Products	96	72
非金属矿物制品业	Plastic Products	42	26
黑色金属冶炼和压延加工业	Nonmetal Mineral Products	16	14
有色金属冶炼和压延加工业	Smelting and Pressing of Ferrous Metals	3	2
金属制品业	Smelting and pressing of Nonferrous Metals	71	66
通用设备制造业	Metal Products	156	114
专用设备制造业	Generic Machinery Manufacturing	91	79
汽车制造业	For Special Purposes Equipment Manufacturing	115	72
铁路、船舶、航空航天和其他运输设备	Transport Equipment Manufacturing	3	1
电气机械和器材制造业	Electric Equipment and Machinery	197	171
计算机、通信和其他电子设备制造业	Electronic and Telecommunications Equipment	140	130
仪器仪表制造业	Instruments, Meters, Cultural and Office Machinery	26	12
其他制造业	Other Manufacturing	10	10
废弃资源综合利用业	Recovry of Resource Discarded and Useless Material	0	0
金属制品、机械和设备修理业	Equipment Repair Industry	0	0
电力、燃气及水的生产和供应业	Production and Supply of Electric Power, Gas and Hot Water	6	4
电力、热力的生产和供应业	Production and Supply of Electric Power, Steam and Hot water	6	4
燃气生产和供应业	Production snd Supply of Gas	0	0
水的生产和供应业	Production and Supply of Water	0	0

continued

(unit,person,10 000 yuan)

新产品开发项目数 Projects of New Product Development	技术引进经费支出 Expenditures for Indraught of Technology	消化吸收经费支出 Expenditures for Absorb and Digest	购买国内技术经费支出 Expenditures for Inner Technology	企业办科技机构数 Number of Scientific and Technological Institutions in Ebterprises	使用来自政府部门的科技活金 Funding for S&T Activities from Government Department	研究开发费用加计扣除减免税 Total Expenditure on R&D deduct Tax Relief	高新技术企业减免税 Tax Relief for High - tech Enterprises
0	0	0	0	0	0	0	0
1204	1815	888	693	220	2854	12697	23718
7	0	0	0	4	22	0	0
12	0	11	0	4	9	15	0
0	0	0	0	0	0	0	0
0	0	0	0	0	0	0	0
91	0	0	0	26	145	1856	580
45	639	320	0	12	178	703	1485
18	0	0	0	2	13	0	0
8	0	0	0	1	0	0	0
27	0	0	0	10	0	147	0
7	0	0	0	2	0	54	184
0	0	0	0	0	0	0	0
6	0	0	0	1	0	0	0
0	0	0	0	0	0	0	0
68	0	0	380	15	19	1527	6092
31	0	0	0	4	21	492	70
5	0	0	0	1	0	0	0
94	835	167	0	15	329	550	922
39	0	0	0	5	241	342	3847
16	0	0	0	1	0	0	0
3	0	0	0	0	0	0	0
68	0	0	0	8	13	393	0
131	0	0	0	17	922	718	2788
76	341	239	0	10	10	160	155
113	0	0	1	13	95	3056	3151
2	0	0	0	3	0	0	0
170	0	0	0	37	364	950	1396
133	0	152	312	23	452	1432	2693
24	0	0	0	4	24	169	80
10	0	0	0	2	0	136	275
0	0	0	0	0	0	0	0
0	0	0	0	0	0	0	0
0	0	0	0	1	20	178	918
0	0	0	0	1	20	178	918
0	0	0	0	0	0	0	0
0	0	0	0	0	0	0	0

13-9 地方企业单位各类专业技术人员

(2014)

单位:人

项目	Item	合计 Total	农林牧渔水利业 Farming, Forestry, Animal Husbandry and Fishery	制造业 Manufac-turing
总计	Total	5022	136	771
其中:在管理岗位工作的	Working In The Executive Position	1297	38	117
其中:具有职业资格证书的	With Qualification	440	36	5
专业技术职务	Specific Technical Personnel			
高级职务	Senior Post	327	3	30
其中:正高级职务	Advanced Post	2	1	
中级职务	Intermediate Post	1362	31	185
初级职务	Junior Post	2823	57	267
未聘任专业技术职务	Without Professional Post	510	45	289
专业类别分:	Professional Classification			
#1. 工程技术人员	Engineering	2624	40	454
2. 农业技术人员	Agricultural Technical Personnel	19	12	
3. 卫生技术人员	Medical Technical Personnel	100		2
4. 教学人员	Teaching	52	1	
5. 经济人员	Economic Personnel	1262	54	233
6. 会计人员	Accountants	732	18	51
7. 统计人员	Statisticians	71	6	22
8. 图书档案. 文博人员	Books, Archives, Cultural Relics and Museum Personnel	59	3	1
9. 新闻出版人员	Journalism Personnel	31		

注:资料来源市人事局 pm6 表。

Specialized Technical Personnel in Local Enterprises and Institutions (2014)

(person)

电力燃气及水的供应业 Production and Supply of Electricity, Gas and Water	建筑业 Construction	交通运输仓储和邮政业 Transportation, Storage and Post	信息传输计算机服务和软件业 Information Transmission, Computer and Software Services	批发和零售业 Wholesale and Retail Trade	住宿和餐饮业 Housing and Catering Services	金融业 Banking and Insurance
620	548	558	147	292	10	
175	121	183	10	81	1	
56	38	50	66		4	
13	38	56	10	4		
100	176	139	43	51	1	
502	319	348	94	235	9	
5	15	15		2		
339	336	184	69	11		
4		1				
		1		91		
	1	37	6	2		
157	135	183	37	76	1	
96	69	114	25	96	6	
4		7		6	1	
16	4	17	1	1		
	1		1			

Note: The date is from organizational department.

13-9 续表 1

单位:人

项 目	Item	房地产业 Real Estate	租赁和商务服务业 Tenancy and Business Services	科学研究技术服务和地质勘查业 Scientific Research、Technical Services and Geological Prospecting
总 计	Total	355	241	362
其中:在管理岗位工作的	Working In The Executive Position	177	121	32
其中:具有职业资格证书的	With Qualification	35	5	77
专业技术职务	Specific Technical Personnel			
高级职务	Senior Post	15	21	48
其中:正高级职务	Advanced Post			1
中级职务	Intermediate Post	137	54	118
初级职务	Junior Post	201	128	153
未聘任专业技术职务	Without Professional Post	2	38	43
专业类别分:	Professional Classification			
#1. 工程技术人员	Engineering	170	49	331
2. 农业技术人员	Agricultural Technical Personnel	2		
3. 卫生技术人员	Medical Technical Personnel			1
4. 教学人员	Teaching	4		
5. 经济人员	Economic Personnel	110	84	21
6. 会计人员	Accountants	53	94	6
7. 统计人员	Statisticians	8	6	
8. 图书档案. 文博人员	Books, Archives, Cultural Relics and Museum Personnel		2	1
9. 新闻出版人员	Journalism Personnel	2	2	

Continued 1

(person)

水利环境和公共设施管理业 Water Consevancy , Environment and Public Establishment Management	居民服务和其他服务业 Resident and Other Services	教育 Education	卫生社会保障和社会福利业 Health Care, Social Security and Welfare	文化体育和娱乐业 Culture, Sports and Entertainment	公共管理和社会组织 Public Management and Social Organizations
684	201			97	
178	55			8	
35	33				
72	15			2	
217	85			25	
382	82			46	
13	19			24	
469	131			41	
5					
1					
97	52			22	
86	14			4	
9	2				
11	2				
				25	

13－10 全市各类学校在校学生数（1985－2014）

单位：人

年份 Year	高等学校 Institutions of Higher Education	高等职业技术学院 Higher Colleges of Vocational Technology	中等专业学校 Specialized Secondary Schools	师范 Teacher Training Schools	普通中学 Regular Secondary Schools	初中 Junior Secondary Schools	高　中 Senior Secondary Schools
1985	160		2239	886	124302	107656	16646
1986	227		2990	1194	122428	105048	17380
1987	1209		3545	1303	114403	96958	17445
1988	1578		4108	1291	89807	72922	16885
1989	1743		4481	1204	78975	63656	15319
1990	1827		4738	1203	82964	68749	14215
1991	1836		4929	1201	95567	83293	12274
1992	1937		5324	1229	109022	98062	10960
1993	2170		6404	1432	112657	102094	10563
1994	2442		8202	1759	120567	108373	12194
1995	2526		10770	2021	131893	117933	13960
1996	2743		13359	2293	134835	119601	15234
1997	3103		10682	2716	126791	108460	18331
1998	3511		10332	2409	118928	95688	23240
1999	4061	83	9612	1672	135983	107928	28055
2000	4982	797	8542	727	164603	133627	30976
2001	6400	1290	7843	877	182882	148503	34379
2002	8218	2892	7623	744	189020	144958	44062
2003	9628	4018	10177	702	194462	137946	56516
2004	11893	5772	13348	661	201463	136997	64466
2005	13940	7358	16546	711	204236	139835	64401
2006	16430	9110	18961	656	206059	141934	64125
2007	19455	10718	19230		213265	148066	65199
2008	23051	11802	19419		219687	152200	67487
2009	26584	12348	20816		215717	146728	68989
2010	40330	12021	22446		207225	136801	70424
2011	44626	12195	26331		194676	122855	71821
2012	60753	12475	25287		183379	113213	70166
2013	63731	12830	23613		174957	108690	66267
2014	65722	12994	22837		170202	110283	59919

Student Enrollment by Type of School
(1985 – 2014)

(person)

职业中学 Vocational Secondary Schools	小 学 Primary Schools	幼儿园 Kindergartens	特殊学校 Special Schools	技工学校 Technical Workers Schools	成人高校 Institutions of Higher Education for Adults	成人中专 Specialized Secondary Schools for Adults
3900	191897	52070	204	749	4455	538
5336	186820	61996	207	993	3754	653
5972	189980	73024	217	1216	2034	890
5529	211840	71018	223	1261	1743	798
4591	231961	58644	229	1180	2067	1334
4704	233485	55743	246	1215	1374	1656
4034	226397	72857	233	1338	990	2016
4280	221771	88514	509	1334	1349	2081
5070	234234	90363	262	1420	1351	2698
6165	247471	82138	307		332	4382
7332	247803	81342	2651	2139	2596	7092
6437	254674	83075	2691	2758	2529	7399
12353	271627	84328	3222	3750	2354	9510
14599	282866	85690	3424	4276	2608	8529
16114	279291	89289	3298	3707	2956	8709
14264	271273	91122	3280	2600	2739	7168
14528	272316	92811	2905	1966	3062	5613
20791	280414	86662	2195	2688	12976	3804
25991	276831	79841	2005	3942	14332	4208
27678	275474	80823	1776	5690	12618	4603
26034	265992	83031	1615	6150	14794	4344
24030	254608	80402	1339	6611	20611	4132
24745	247686	82278	1270	7170	26362	3772
24517	236252	86763	1228	8063	26095	3738
25066	224763	90791	1094	8622	25864	2238
28596	225516	98513	1057	7156	27659	3938
27440	233814	102405	1001	7568	29108	2775
26472	230977	106820	1119	8209	36467	2153
24501	226835	110437	1127	7906	32108	1993
22179	245353	114451	1107	6011	36960	1720

13－11 市区各类学校在校学生数
(1985－2014)

单位:人

年份 Year	高等学校 Institutions of Higher Education	高等职业技术学院 Higher Colleges of Vocational Technology	中等专业学校 Specialized Secondary Schools	师范 Teacher Training Schools	普通中学 Regular Secondary Schools	初中 Junior Secondary Schools	高中 Senior Secondary Schools
1985	160	—	1353		30214	26075	4139
1986	277		1796		29744	25152	4592
1987	1209		2242		27340	22605	4735
1988	1578		2817		20170	15626	4544
1989	1743		3277		17027	12756	4271
1990	1827		3535		18293	14256	4037
1991	1836		3728		21643	18250	3393
1992	1937		4095		25225	22336	2889
1993	2170		4972		25659	22849	2810
1994	2442		6443		27772	24483	3289
1995	2526		8749		30915	27205	3710
1996	2743		11066		32318	28626	3692
1997	3103		7966		31022	26685	4337
1998	3511		7923		29643	23980	5663
1999	4061	83	7940		33671	26402	7269
2000	4982	797	8296		40385	31865	8520
2001	6400	1290	7375		44797	35405	9392
2002	8218	2892	6268		46435	34571	11864
2003	9628	4018	6541		48396	32833	15563
2004	11893	5772	7864	661	50246	32650	17596
2005	13940	7358	10414	711	51988	34528	17460
2006	16430	9110	12037	656	52992	36031	16961
2007	19455	10718	12266		56538	38668	17870
2008	23051	11802	12153		58382	39118	19264
2009	26584	12348	12720		57269	36585	20684
2010	40330	12021	13853		55274	33900	21374
2011	44626	12195	14896		52844	30881	21963
2012	60753	12475	14311		50610	29147	21463
2013	63731	12830	13266		49249	28943	20306
2014	65722	12994	11427		50271	31873	18398

Student Enrollment in Urban District by Type
(1985 – 2014)

(person)

职业中学 Vocational Secondary Schools	小 学 Primary Schools	幼儿园 Kindergartens	特殊学校 Special Schools	技工学校 Technical Workers Schools	成人高校 Institutions of Higher Education for Adults	成人中专 Specialized Secondary Schools for Adults
648	31773	10447	204	211	4455	16
1042	38478	13645	207	131	3754	109
1081	38876	16569	217	170	2034	302
863	44448	17068	223	180	1743	423
587	50696	14746	229	156	2067	378
772	52067	13539	246	164	1374	983
645	51255	16553	191	226	990	1452
679	50907	21709	188	250	1349	1453
997	54342	20831	172	205	1351	2123
1341	57591	20155	191		332	3382
1816	58107	19045	594	227	2596	5769
1898	59555	18391	512	427	2529	5575
3945	63449	19185	582	653	2354	7951
4842	66177	19008	566	844	2608	6892
5286	66069	19279	570	891	2956	6161
4467	65217	20266	876	653	2739	5659
3440	65878	19965	136	424	3062	4526
3798	70042	18123	596	421	12976	2684
3885	68687	18024	510	809	14332	2005
3763	66311	19636	468	1365	12618	2484
2627	64212	19725	411	1598	14794	1961
1362	61783	18325	381	1477	20611	1875
1083	63345	19418	382	1436	26362	1716
884	60505	20961	344	1387	26095	1761
689	57201	22402	316	1663	25864	2238
308	82601	25689	318	2328	27659	2584
122	59335	27882	267	2591	29108	1879
44	58318	29240	328	2674	38478	1310
0	59052	31901	329	2349	32108	1290
0	71965	33687	300	2906	36960	1247

13－12　全市各类学校专任教师人数
(1985－2014)

单位:人

年份 Year	高等学校 Institutions of Higher Education	高等职业技术学院 Higher Colleges of Vocational Technology	中等专业学校 Specialized Secondary Schools	师范 Teacher Training Schools	普通中学 Regular Secondary Schools	初中 Junior Secondary Schools	高　中 Senior Secondar
1985	45		231	87	5313	4252	1061
1986	61		264	98	6124	4971	1153
1987	206		354	100	6242	5043	1199
1988	257		392	124	6173	1286	4887
1989	252		433	113	5915	4646	1269
1990	260		417	103	5850	4590	1260
1991	239		416	104	5966	4812	1154
1992	265		427	107	6021	4970	1051
1993	270		420	104	6128	5101	1027
1994	263		473	107	6306	5256	1050
1995	256		492	108	6742	5626	1116
1996	258		505	108	7119	5934	1185
1997	274		459	106	7296	6011	1285
1998	321		467	115	7373	5893	1480
1999	313		469		7818	5992	1826
2000	486		243		8800	6743	2057
2001	486		289		9816	7465	2351
2002	510	164	179		10652	7724	2928
2003	575	192	339		11272	7739	3533
2004	696	268	401		11846	7891	3955
2005	800	333	435		12257	8139	2066
2006	922	422	547		12586	8352	4234
2007	1103	473	568		12947	8609	4338
2008	1337	464	577		13476	9001	4475
2009	1500	495	559		13829	9251	4578
2010	2078	509	594		14067	9319	4748
2011	2266	542	759		14192	9363	4829
2012	3210	545	831		14126	9205	4921
2013	2910	536	1067		14139	9158	4981
2014	2989	565	1211		14446	9451	4995

Full – Time Teachers by Type
(1985 – 2014)

(person)

职业中学 Secondary Schools	小　学 Primary Schools	幼儿园 Kindergartens	特殊学校 Special Schools	技工学校 Technical Workers Schools	成人高校 Institutions of Higher Education for Adults	成人中专 Specialized Secondary Schools for Adults
216	8749	2039	27	71	52	43
255	8568	2466	26	97	60	72
260	8597	3128	28	113	130	84
302	9120	2893	29	129	116	98
306	9733	2998	29	132	159	76
388	9151	3034	34	136	145	117
341	9209	3141	33	149	126	121
341	9372	3344	37	127	120	116
341	9502	3370	43	105	134	61
364	9729	3360	43		62	38
421	9986	3363	53	143	144	110
473	10368	3370	73	157	152	124
569	10670	3441	62	157	144	168
653	11053	3482	63	168	98	158
668	11464	3501	62	132	104	166
712	11619	3610	60	137	115	147
792	11734	3637	64	132	286	257
1044	11854	3639	67	168	131	238
1117	11848	3588	69	171	230	136
1344	11862	3746	68	151	239	148
1374	11943	3887	78	183	240	139
1314	11981	4141	84	225	246	138
1358	12132	4329	85	237	256	146
1357	12115	4636	88	245	280	149
1405	12054	4943	92	284	273	142
1477	12027	5266	98	256	266	142
1542	12166	5498	116	246	117	144
1582	11129	5872	104	258	321	144
1403	11205	6315	117	278	323	143
1461	13738	6747	122	148	335	144

13－13 市区各类学校专任教师人数
(1985－2014)

单位:人

年份 Year	高等学校 Institutions of Higher Education	高等职业技术学院 Higher Colleges of Vocational Technology	中等专业学校 Specialized Secondary Schools	师范 Teacher Training Schools	普通中学 Regular Secondary Schools	初中 Junior Secondary Schools	高中 Senior Seconda Schools
1985	45		144		1553	1265	288
1986	61		166		1602	1260	342
1987	206		254		1646	1298	348
1988	257		268		1544	1194	350
1989	252		320		1468	1109	359
1990	260		314		1407	1069	338
1991	239		312		1429	1130	299
1992	265		320		1448	1174	274
1993	270		316		1474	1205	269
1994	263		366		1489	1226	263
1995	256		384		1616	1344	272
1996	258		397		1721	1448	273
1997	274		353		1781	1479	302
1998	321		352		1836	1477	359
1999	313		374		1967	1503	464
2000	486		228		2376	1754	622
2001	486		251		2595	1903	692
2002	510		149		2820	2018	802
2003	575	192	188		2928	2007	921
2004	696	268	216		3039	1993	1046
2005	800	333	233		3170	2066	1104
2006	922	422	238		3255	2134	1121
2007	1103	473	234		3415	2247	1168
2008	1337	464	337		3585	2355	1230
2009	1500	495	360		3670	2391	1279
2010	2078	509	366		3789	2395	1394
2011	2266	542	507		3845	2410	1435
2012	3210	545	554		3853	2380	1473
2013	2910	536	721		3864	2387	1477
2014	2989	565	734		4067	2594	1473

Full－Time Teachers in Urban District by Type (1985－2014)

(person)

职业中学 Vocational Secondary Schools	小 学 Primary Schools	幼儿园 Kindergartens	特殊学校 Special Schools	技工学校 Technical Workers Schools	成人高校 Institutions of Higher Education for Adults	成人中专 Specialized Secondary Schools for Adults
66	1905	408	27	23	52	
66	1902	536	26	21	60	2
26	1888	604	28	23	130	37
57	2019	638	29	24	116	50
32	2215	673	29	24	159	52
71	2122	694	34	22	145	54
57	2103	707	25	39	126	38
43	2164	761	26	19	120	78
46	2226	725	28	23	134	44
47	2268	767	25		62	2
56	2361	757	25	22	144	110
55	2425	745	27	22	152	46
82	2510	750	27	24	144	76
107	2619	746	30	27	98	67
98	2697	704	30	22	104	47
124	2706	790	26	20	115	50
120	2679	815	30	19	286	159
134	2861	825	32	22	131	161
96	2869	883	33	25	230	19
116	2852	949	33		239	18
108	2902	1035	35		240	17
126	2879	1090	38		246	19
124	3008	1158	39		256	22
129	3025	1286	40		280	21
129	2977	1367	40		273	18
137	2968	1494	39		266	18
147	2980	1617	44		117	21
139	2656	1737	40		321	18
0	2614	1930	44		323	17
0	3625	2053	48		335	17

13－14 各类学校基本情况
(2014)

单位:人

名 称	Name	学校数(所) Number of Schools (unit)
1. 高等学校	Institutions of Higher Specialized Subject	6
#高等职业技术学院	Higher Colleges of Vocational Technology	2
2. 中等专业学校	Specialized Secondary Schools	8
#师范	# Teacher Training Schools	
3. 普通中学	Regular Secondary Schools	175
#初中	# Junior Secondary Schools	139
高中	Senior Secondary Schools	36
4. 职业中学	Vocational Secondary Schools	8
5. 小学	Primary Schools	170
6. 幼儿园	Kindergartens	312
7. 特殊学校	Specialized Schools	6
8. 技工学校	Technical Schools	3
9. 成人高校	Institutions of Higher Education for Adults	4
10. 成人中专	Specialized Secondary Schools for Adults	6

Basic Statistics on Various Schools
(2014)

(person)

班数(个) Number of Classes(unit)	毕业生人数 Number of Graduates	招生人数 New Student Enrollment	在校学生人数 Student Enrollment	2014 年预计毕业生 Graduates Estimated in 2014	专任教师数 Teachers and Staff
	14087	20449	65722		2989
	4041	4454	12994		565
	9293	6975	22837		1211
	58744	54689	170202		14446
	34470	36245	110283		9451
	24274	18444	59919		4995
	8518	7091	22179		1461
	37917	39685	245353		13738
	37015	41816	114451		6747
	196	194	1107		122
	1468	1871	6011		148
	14737	17451	36960		335
	928	759	1720		144

13－15 分地区各类学校
(2014)

单位:所

指 标	Item	全 市 Total
1. 高等学校	Institutions of Higher Specialized Subject	6
#高等职业技术学院	Higher Colleges of Vocational Technology	2
2. 中等专业学校	Specialized Secondary Schools	8
#师范	# Teacher Training Schools	
3. 普通中学	Regular Secondary Schools	175
#初中	# Junior Secondary Schools	139
高中	Senior Secondary Schools	36
4. 职业中学	Vocational Secondary Schools	8
5. 小学	Primary Schools	170
6. 幼儿园	Kindergartens	312
7. 特殊学校	Specialized Schools	6
8. 技工学校	Technical Schools	3
9. 成人高校	Institutions of Higher Education for Adults	4
10. 成人中专	Specialized Secondary Schools for Adults	6

Number of Schools by Type and Region
(2014)

(unit)

市 区 Urban District	嘉 善 Jiashan	平 湖 Pinghu	海 宁 Haining	海 盐 Haiyan	桐 乡 Tongxiang
5			1		
2					
4		1	2		1
57	19	17	32	16	34
43	15	13	26	13	29
14	4	4	6	3	5
	3	1	1	2	1
39	33	21	29	21	27
97	30	45	66	35	39
1	1	1	1	1	1
1		1			1
4					
2	1	1	1		1

13－16　分地区各类学校在校学生数
（2014）

单位：人

指　标	Item	全　市 Total
1. 高等学校	Institutions of Higher Specialized Subject	65722
#高等职业技术学院	Higher Colleges of Vocational Technology	12994
2. 中等专业学校	Specialized Secondary Schools	22837
#师范	# Teacher Training Schools	
3. 普通中学	Regular Secondary Schools	170202
#初中	# Junior Secondary Schools	110283
高中	Senior Secondary Schools	59919
4. 职业中学	Vocational Secondary Schools	22179
5. 小学	Primary Schools	245353
6. 幼儿园	Kindergartens	114451
7. 特殊学校	Specialized Schools	1107
8. 技工学校	Technical Schools	6011
9. 成人高校	Institutions of Higher Education for Adults	36960
10. 成人中专	Specialized Secondary Schools for Adults	1720

Number of Student Enrollment in Various Schools By Region (2014)

(person)

市 区 Urban District	嘉 善 Jiashan	平 湖 Pinghu	海 宁 Haining	海 盐 Haiyan	桐 乡 Tongxiang
55821			9901		
12994					
11427		1845	6039		3526
50271	18875	21283	28400	17270	34103
31873	12775	14040	18045	11334	22216
18398	6100	7243	10355	5936	11887
	4404	3844	4788	5305	3838
71965	31165	27354	44039	23067	47763
33687	11710	13496	19875	12394	23289
300	64	195	200	85	263
2906		1408			1697
36960					
1247	190				283

13－17 分地区各类学校招生人数
（2014）

单位：人

指　标	Item	全　市 Total
1. 高等学校	Institutions of Higher Specialized Subject	20449
#高等职业技术学院	Higher Colleges of Vocational Technology	4454
2. 中等专业学校	Specialized Secondary Schools	6975
#师范	# Teacher Training Schools	
3. 普通中学	Regular Secondary Schools	54689
#初中	# Junior Secondary Schools	36245
高中	Senior Secondary Schools	18444
4. 职业中学	Vocational Secondary Schools	7091
5. 小学	Primary Schools	39685
6. 幼儿园	Kindergartens	41816
7. 特殊学校	Specialized Schools	194
8. 技工学校	Technical Schools	1871
9. 成人高校	Institutions of Higher Education for Adults	17451
10. 成人中专	Specialized Secondary Schools for Adults	759

New Students Enrollment By Region and Type
(2014)

(person)

市 区 Urban District	嘉 善 Jiashan	平 湖 Pinghu	海 宁 Haining	海 盐 Haiyan	桐 乡 Tongxiang
17948			2501		
4454					
3619		570	1668		1118
16635	6003	6510	9280	5649	10612
10899	4164	4390	5934	3913	6945
5736	1839	2120	3346	1736	3667
	1467	1257	1528	1699	1140
13441	5367	4393	6220	3850	6414
12128	4305	5410	7221	3492	9260
55	4	28	54	28	25
923		377			571
17451					
681					78

13-18 分地区各类学校专任教师数
(2014)

单位:人

指 标	Item	全 市 Total
1. 高等学校	Institutions of Higher Specialized Subject	2989
#高等职业技术学院	Higher Colleges of Vocational Technology	565
2. 中等专业学校	Specialized Secondary Schools	1211
#师范	# Teacher Training Schools	
3. 普通中学	Regular Secondary Schools	14446
#初中	# Junior Secondary Schools	9451
高中	Senior Secondary Schools	4995
4. 职业中学	Vocational Secondary Schools	1461
5. 小学	Primary Schools	13738
6. 幼儿园	Kindergartens	6747
7. 特殊学校	Specialized Schools	122
8. 技工学校	Technical Schools	148
9. 成人高校	Institutions of Higher Education for Adults	335
10. 成人中专	Specialized Secondary Schools for Adults	144

Full – Time Teachers By Region and Type
(2014)

(person)

市　区 Urban District	嘉　善 Jiashan	平　湖 Pinghu	海　宁 Haining	海　盐 Haiyan	桐　乡 Tongxiang
2457			532		
565					
734		79	222		176
4067	1662	1887	2575	1527	2728
2594	1119	1259	1663	1008	1808
1473	543	628	912	519	920
	251	291	267	339	313
3625	1803	1670	2620	1442	2578
2053	640	840	1205	687	1322
48	8	5	23	5	33
		56			92
335					
17	36	5	46		40

13－19 分地区各类学校毕业生数
(2014)

单位:人

指 标	Item	全 市 Total
1. 高等学校	Institutions of Higher Specialized Subject	14087
#高等职业技术学院	Higher Colleges of Vocational Technology	4041
2. 中等专业学校	Specialized Secondary Schools	9293
#师范	# Teacher Training Schools	
3. 普通中学	Regular Secondary Schools	58744
#初中	# Junior Secondary Schools	34470
高中	Senior Secondary Schools	24274
4. 职业中学	Vocational Secondary Schools	8518
5. 小学	Primary Schools	37917
6. 幼儿园	Kindergartens	37015
7. 特殊学校	Specialized Schools	196
8. 技工学校	Technical Schools	1468
9. 成人高校	Institutions of Higher Education for Adults	14737
10. 成人中专	Specialized Secondary Schools for Adults	928

Number of Graduates By Region and Type
(2014)

(person)

市　区 Urban District	嘉　善 Jiashan	平　湖 Pinghu	海　宁 Haining	海　盐 Haiyan	桐　乡 Tongxiang
11976			2111		
4041					
4888	122	688	2182		1413
16418	6562	7949	10145	6409	11261
8990	3932	4812	6357	3639	6740
7428	2630	3137	3788	2770	4521
	1225	1733	1868	1912	1780
9444	4157	4566	7227	3853	8670
10795	4197	4351	6953	3482	7237
57	6	48	57	3	25
403		260			805
14737					
633	91	78			126

13 - 20　全市文化艺术基本情况
(1999 - 2014)

指　　标	Item	单位	Unit	1999	2000
一、艺术事业	Art Relic				
(一)艺术表演团体	Art Performance Troups	个	unit	8	8
1. 演出场次	Number of Performances	场	show	657	617
2. 观众人次	Number of Audiences	万人次	10000 person - times	30	35
(二)表演场所	Performance Places	个	unit	13	13
1. 座席数	Seating Capacity	个	unit	6501	6448
2. 演出场次	Number of Performances	场	show	19912	19487
3. 观众人次	Number of Audiences	万人次	10000 person - times	77	75
二、图书馆情况	Statistics on Libraries				
1. 公共图书馆	Public Libraries	个	unit	6	6
2. 藏书	Total Collections	万册	10000 vol-umns	138	141
3. 发放借书证数	Number of Library Cards Distributed	个	unit	22100	28373
4. 图书流通人次	Number of Circulation of Books	万人次	10000 person - times	65	71
三、群艺馆、文化馆情况	Statistics on Mass Art Centers and Cultural Centers				
1. 群艺馆、文化馆数	Number of Mass Art Centers and Cultural Centers	个	unit	8	8
2. 举办展览个数	Number of Exhibitions	个	unit	86	88
3. 组织文艺活动次数	Number of Entertainment Activities	次	times	313	370
4. 举办训练班次数	Number of Training Courses	次	times	170	289
5. 举办训练结业人数	Number of Persons Completing Training Courses	人次	person - time	4568	13584

Basic Statistics on Culture and Art
(1999 – 2014)

2001	2002	2003	2004	2005	2006	2007	2008	2009	2010	2011	2012	2013	2014
8	8	8	4	2	3	2	3	3	3	2			
763	732	403	446	213	403	502	540	404	276	407			
48	14	23	30.5	32.6	60.5	35.7	26.2	30.6	28	35			
13	13	13	13	11	6	4	5	5	6	9			
6513	6423	6342	5262	5541	4463	4403	4403	4104	4842	11097			
10764	6428	5647	3472	3404	1301	1989	609	787	2785	6611			
53	53	45	36.5	24	18.7	25.2	28	49.2	37.6	48.8			
6	6	6	6	6	6	6	6	6	6	6	6	6	6
146	151	165	191.6	191.7	228.4	254.52	303.07	352.07	421.12	506.8	593.64	582.32	671.14
28758	33292	49754	55790	60407	70667	110080	144993	174540	214393	230222	279729	352366	392849
91	98	105	152.1	179.8	207.5	232.71	275.03	424.22	475.09	626.60	688.12	761.59	1018.35
8	8	8	8	8	8	8	8	8	8	8	8	8	8
80	86	108	92	136	115	95	89	97	87	76	112	193	241
381	414	415	525	939	608	648	714	779	865	731	927	774	999
234	281	471	276	399	547	465	643	578	455	973	1107	721	1111
3329	4968	5321	5489	9903	6042	8124	21118	13922	18191	33480	54274	84045	100912

13－21 分地区文化艺术基本情况
(2014)

指　标	Item	单位	Unit	全　市 Total
一、电影放映情况	Conditions of Film Projection			
(一)城市电影院	Projection Units	个	unit	2
1、放映场次	Number of Projection	万场	10000 shows	19.01
2、观众人数	Number of Audiences	万人次	10000 person－times	430.3
3、放映收入	Projection Income	万元	10000 yuan	15477.1
(二)农村公益电影放映队	Income from Publishing	个	unit	5
1、放映场次	Number of Projection	万场	10000 shows	1.28
2、观众人数	Number of Audiences	万人次	10000 person－times	182.2
二、艺术事业	Art Relic			
(一)艺术表演团体	Art Performance Troups	个	unit	
1、演出场次	Number of Performances	场	show	
2、观众人次	Number of Audiences	万人次	10000 person－times	
(二)表演场所	Performance Places	个	unit	
1、座席数	Seating Capacity	个	unit	
2、演出场次	Number of Performances	场	show	
3、观众人次	Number of Audiences	万人次	10000 person－times	
三、图书馆情况	Statistics on Libraries			
1、公共图书馆	Public Libraries	个	unit	6
2、乡镇分馆	Public Libraries	个	unit	62
3、总藏书量	Total Collections	万册	10000 volumns	671.14
4、发放借书证数	Number of Library Cards Distributed	个	unit	392849
5、图书流通人次	Number of Circulation of Books	万人次	10000 person－times	1018.35
四、群艺馆、文化馆情况	Statistics on Mass Art Centers and Cultural Centers			
1、群艺馆、文化馆数	Number of Mass Art Centers and Cultural Centers	个	unit	8
2、举办展览个数	Number of Exhibitions	个	unit	241
3、组织文艺活动次数	Number of Entertainment Activities	次	times	999
4、举办训练班次数	Number of Training Courses	次	times	1111
5、举办训练结业人数	Number of Persons Completing Training Courses	人次	person－time	100912
五、文化站情况	Units Responsible for Guilding Cultural Centers			
1、文化站数	Collective Cultural Stations	个	unit	73
2、组织文艺活动次数	Cultural Centers in Towns	次	person－times	5206
3、藏书量	Cultural Clubs	册	volumns	2528890

Basic Statistics on Culture and Art by Region
(2014)

市 区 Urban District	嘉 善 Jiashan	平 湖 Pinghu	海 宁 Haining	海 盐 Haiyan	桐 乡 Tongxiang
7	3	2	4	3	4
7.66	0.81	1.73	4.04	2.45	2.31
188.75	27.35	53.33	47.66	36.81	76.48
7153.59	906.11	1986.13	1632.48	1278.56	2520.27
13	8.0	10	11	5	12
0.29	0.15	0.17	0.24	0.13	0.31
46.58	28.70	24.95	36.82	11.32	33.90
1	1	1	1	1	1
12	9	9	11	9	12
202.56	69.55	70.12	140.99	62.67	125.25
153959	25184	53045	57717	33818	69126
287.58	186.76	115.53	155.75	120	152.73
3	1	1	1	1	1
90	40	25	47	3	36
344	148	210	91	79	127
203	29	210	134	125	410
28100	2772	25000	8040	22500	14500
22	9	9	12	9	12
615	889	1156	1586	375	585
534878	303760	302751	595869	185715	605917

13-22 全市电视台制作节目情况(2008-2014)

Production of Television Programs (2008-2014)

指　标	Item	单位	Unit	2008	2009	2010	2011	2012	2013	2014
基本情况	Basic Statistics									
电视台	Television Station	座	set	6	6	6	6	6	6	6
一千瓦以上电视发射台及转播台	Number of TV Transmittion Stations and Relaying Stations at 1 kw and Higher Level	座	set	6	6	6	6	6	6	6
平均每周播出时间	Broadcasting Hours Per Week	小时	hour	816	965	935	985	987	982	978
电视人口覆盖率	Viewer Rating									
中央电视台第一套节目	CCTV Channel 1	%	%	100	100	100	100	100	100	100
浙江电视台	ZJTV	%	%	100	100	100	100	100	100	100
制作节目情况	Production of Programs									
制作节目时间合计	Total Time of Producing Programs	小时	hour	5247	7756	8308	7028	6399	7833	11141
新闻节目	News Programs	小时	hour	2558	3203	2990	3281	2539	3426	5556
专题节目	Special Subject Programs	小时	hour	1605	2067	2054	1331	1369	2161	1917
文艺节目	Programs of Entertainment	小时	hour	194	297	439	882	963	347	1703
服务性节目	Service Programs	小时	hour	348	1603	1895	1259	1162	1486	1098
其它节目	Service Programs	小时	hour	542	586	930	275	366	413	867

13－23　全市广播电台和制作节目情况(2008－2014)

Statistics on Broadcasting Stations and Production of Programs (2008－2014)

指　标	Item	单位	Unit	2008	2009	2010	2011	2012	2013	2014
基本情况	Basic Statistics									
广播电台	Broadcasting Stations	座	set	1	1	1	1	1	1	1
中短波广播发射台及转播台	Number of Medium and short Waves Broadcast Transmitting Stations Relaying Stations (1999－2002)	座	set							
县台(站)	Number of Broadcast Stations at County Level	个	unit	5	5	5	5	5	5	5
乡(镇)县属区广播站	Number of Broadcast Stations under County or town	个	unit	66	63	66	65	65	65	65
广播人口覆盖率	Listener Rating									
浙江第一套节目	Zhejiang Channel 1	%	%	100	100	100	100	100	100	100
有线广播电视传输干线网络总长	Special Routes for Broadcasting	公里	km	19864	23249	23375	24440	24303	25466	24490
平均每日播出时间	Broadcasting Hours Per Day	小时	hour	122.28	128.91	137.42	134.75	133.60	132.07	139.15
制作节目情况	Production of Programs									
制作节目时间合计	Total Time of Producing Programs	小时	hour	28393	31078	27579	27544	27723	29152	30109
新闻节目	News Programs	小时	hour	3917	5306	3813	4542	4770	5654	5987
专题节目	Special Subject Programs	小时	hour	7577	8329	8727	10089	10658	10098	10871
文艺节目	Programs of Entertainment	小时	hour	5500	6625	4704	3711	3779	4183	4214
服务性节目	Service Programs	小时	hour	4467	4283	2199	3721	3680	3571	3459
其它节目	Service Programs	小时	hour	6932	6535	8136	5481	4836	5646	5578

13-24 分地区卫生机构数 (2013-2014)

单位:个

项目	Item	全市 total		市区 Urban District	
		2014	2013	2014	2013
总计	Total	1374	1340	326	319
医院	Hospitals	49	45	14	12
综合医院	General Hospitals	25	26	8	8
中医医院	Hospitals of Chinese Medicine	8	8	1	1
中西医结合医院	Hospitals of Integrated Traditional Chinese and Westerm Medicine	2	2	1	1
口腔医院	Stomatological Hospitals	2	2	1	1
眼科医院	Ophthalmologic Hospitals	1	1	1	1
精神病医院	Mental Hospitals	6	3	1	
其他专科医院	Other Specialized Hospitals	3	2	1	
护理院	Nursing Homes	2	1		
社区卫生服务中心(站)	Health Care Central of Service for Community	808	822	169	169
卫生院	Cottage Hospital	53	47	13	13
门诊部	Clinics	64	55	32	27
急救中心(站)	First Aid Central (Station)	5	4	1	1
采供血机构	Institutions of Collection and Supply Blood	2	2	1	1
妇幼保健院(所、站)	Hospitals for Maternity and Child Care	7	7	2	2
专科疾病防治所(站)	Specialized Prevention Stations	3	3	1	1
疾病预防控制中心	Preventing Disease and Control Central	7	7	2	2
预防保健中心	Health Protection and Prevention Central				
卫生监督所	Health Care Supervisal Stations	8	8	3	3
医学在职培训机构	On-the-job Trainning Institutions for Medicine	5	5		
其他卫生机构	Other Health Care Institutions	16	18	5	7
诊所、卫生所、医务室	Clinics、Health Care Stations and Infirmaries	345	316	81	80

Number of Health Institutions of Whole Municipality (2013 - 2014)

(unit)

南湖区 Nanhu		秀洲区 Xiuzhou		嘉善 Jiashan		平湖 Pinghu		海宁 Haining		海盐 Haiyan		桐乡 Tongxiang	
2014	2013	2014	2013	2014	2013	2014	2013	2014	2013	2014	2013	2014	2013
188	185	138	134	160	166	171	173	284	263	150	150	283	269
10	9	4	3	8	8	6	4	7	8	6	5	8	8
6	6	2	2	3	3	4	3	4	5	2	3	4	4
1	1			2	2	1	1	2	2	1	1	1	1
1	1			1	1								
1	1									1	1		
		1	1										
		1		1	1	1		1	1	1		1	1
1				1	1							1	1
										1		1	1
80	79	89	90	104	109	104	111	161	160	105	112	165	161
6	6	7	7	6	6	7	7	9	9	6		12	12
25	21	7	6	1	2	5	5	10	10	3	3	13	8
1	1			1				1	1	1	1	1	1
1	1					1	1						
1	1	1	1	1	1	1	1	1	1	1	1	1	1
		1	1	1	1							1	1
1	1	1	1	1	1	1	1	1	1	1	1	1	1
2	2	1	1	1	1	1	1	1	1	1	1	1	1
				1	1	1	1	1	1	1	1	1	1
5	7			2	2	1	1	3	2	4	5	1	1
55	57	26	23	33	34	43	40	89	69	21	20	78	73

13－25 分地区卫生机构床位数
(2013－2014)

单位:个

项　目	Item	全市 total		市区 Urban District	
		2014	2013	2014	2013
总　计	Total	21038	19412	8615	7964
医院	Hospitals	16887	15421	6926	6309
综合医院	General Hospitals	12501	11742	6036	5529
中医医院	Hospitals of Chinese Medicine	2586	2292	630	630
中西医结合医院	Hospitals of Integrated Traditional Chinese and Westerm Medicine	150	150	100	100
口腔医院	Stomatological Hospitals	20	20	20	20
眼科医院	Ophthalmologic Hospitals	30	30	30	30
精神病医院	Mental Hospitals	1281	1010	60	
其他专科医院	Other Specialized Hospitals	215	78	50	
护理院	Nursing Homes	104	99		
社区卫生服务中心(站)	Health Care Central of Service for Community	499	658	117	117
卫生院	Cottage Hospital	2603	2319	822	802
门诊部	Clinics	23	3		
急救中心(站)	First Aid Central (Station)				
采供血机构	Institutions of Collection and Supply Blood				
妇幼保健院(所、站)	Hospitals for Maternity and Child Care	1002	987	750	736
专科疾病防治所(站)	Specialized Prevention Stations	24	24		
疾病预防控制中心	Preventing Disease and Control Central				
预防保健中心	Health Protection and Prevention Central				
卫生监督所	Health Care Supervisal Stations				
医学在职培训机构	On－the－job Trainning Institutions for Medicine				
其他卫生机构	Other Health Care Institutions				
诊所、卫生所、医务室	Clinics、Health Care Stations and Infirmaries				

Number of Beds in Health Care Institutions of Whole Municipality (2013 - 2014)

(unit)

南湖区 Nanhu		秀洲区 Xiuzhou		嘉善 Jiashan		平湖 Pinghu		海宁 Haining		海盐 Haiyan		桐乡 Tongxiang	
2014	2013	2014	2013	2014	2013	2014	2013	2014	2013	2014	2013	2014	2013
6865	6344	1750	1620	1967	1672	2484	2027	3770	3282	1541	1550	3061	2917
5858	5337	1068	972	1717	1437	1880	1489	2744	2615	1089	1134	2531	2437
5058	4587	978	942	1076	929	1282	1040	1955	1980	724	884	1428	1380
630	630			246	200	598	449	539	405	215	250	358	358
100	100			50	50								
20	20												
		30	30										
		60		200	200			250	230	150		621	580
50				145	58							20	20
												104	99
65	65	52	52	60	45	75	95	56	56	191	345		
292	292	530	510	190	190	526	440	420	461	189		456	426
						3	3					20	
650	650	100	86					150	150	72	71	30	30
												24	24

13－26 分地区卫生机构技术人员数
（2013－2014）

单位：人

项　　目	Item	全市 total		市区 Urban District	
		2014	2013	2014	2013
总　计	Total	28036	26439	10142	9477
医院	Hospitals	16608	15426	6625	6112
综合医院	General Hospitals	12373	11701	5513	5110
中医医院	Hospitals of Chinese Medicine	3138	2966	905	860
中西医结合医院	Hospitals of Integrated Traditional Chinese and Westerm Medicine	119	110	98	90
口腔医院	Stomatological Hospitals	73	62	21	19
眼科医院	Ophthalmologic Hospitals	33	33	33	33
精神病医院	Mental Hospitals	687	447	19	
其他专科医院	Other Specialized Hospitals	105	59	36	
护理院	Nursing Homes	80	48		
社区卫生服务中心（站）	Health Care Central of Service for Community	2121	2419	349	355
卫生院	Cottage Hospital	4959	4629	1221	1224
门诊部	Clinics	845	789	425	365
急救中心（站）	First Aid Central (Station)	16	14	2	2
采供血机构	Institutions of Collection and Supply Blood	63	57	51	44
妇幼保健院（所、站）	Hospitals for Maternity and Child Care	1733	1601	1096	1017
专科疾病防治所（站）	Specialized Prevention Stations	51	52	1	1
疾病预防控制中心	Preventing Disease and Control Central	346	324	109	100
预防保健中心	Health Protection and Prevention Central				
卫生监督所	Health Care Supervisal Stations	147	124	39	31
医学在职培训机构	On－the－job Trainning Institutions for Medicine	100	92		
其他卫生机构	Other Health Care Institutions	15	18	5	6
诊所、卫生所、医务室	Clinics、Health Care Stations and Infirmaries	1031	894	218	220

Persons Engaged in Health Care Institutions of Whole Municiality (2013 - 2014)

(person)

南湖区 Nanhu		秀洲区 Xiuzhou		嘉善 Jiashan		平湖 Pinghu		海宁 Haining		海盐 Haiyan		桐乡 Tongxiang	
2014	2013	2014	2013	2014	2013	2014	2013	2014	2013	2014	2013	2014	2013
8069	7516	2073	1961	2617	2443	3164	2967	5214	5040	2286	2174	4613	4338
5780	5356	845	756	1626	1533	1689	1501	3050	2923	1211	1117	2407	2240
4720	4387	793	723	1129	1074	1169	1030	2260	2208	736	819	1566	1460
905	860			333	317	487	471	636	594	273	255	504	469
98	90			21	20								
21	19									52	43		
		33	33										
		19		79	68	33		154	121	124		278	258
36				64	54							5	5
										26		54	48
275	283	74	72	258	239	349	338	386	383	413	744	366	360
445	431	776	793	521	498	747	756	989	1048	334		1147	1103
316	259	109	106	17	17	101	102	137	148	50	48	115	109
2	2			1				2		8	9	3	3
51	44					12	13						
943	877	153	140	35	37	51	49	263	242	141	130	147	126
		1	1	9	7							41	44
77	71	32	29	30	30	38	35	89	84	31	28	49	47
28	31	11		23		15	20	21	23	19	20	30	30
					1	6	6	28	24	1	1	65	60
5	6			3	3					7	8		1
146	156	72	64	94	78	156	147	249	165	71	69	243	215

13－27 分地区卫生机构人员分类数
(2013－2014)

单位:人

项　目	Item	全市 Total		市区 Urban District	
		2014	2013	2014	2013
总　计	Total	32382	30345	11988	11090
卫生技术人员	Medical Technical Personnel	28036	26439	10142	9477
其他技术人员	Other Technical Personnel	843	823	238	230
管理人员	Managerial Personnel	1016	1075	454	525
工勤技能人员	Logistics Workers	2487	2008	1154	858
卫生技术人员分类	Type of Medical Technical Personnel				
执业医师	Practicing Physicians	8198	7751	3116	2961
执业助理医师	Practicing Assistant Physicians	1082	1086	213	216
注册护师	Registered Senior Nurses	11384	10546	4562	4235
药师(士)	Pharmaceutist Persons	1767	1651	579	509
技师(士)	Assistant Laboratory Technicians	1323	1247	528	511
其他	Other Personnel	4282	4158	1144	1045
平均每千人拥有卫生技术人员	Number of Medical Technical Personnel per 1000 Population	8.05	7.64	11.74	11.09
#医生	#Doctors	2.67	2.55	3.85	3.72

Persons Engaged in Health Care Institutions by Type and Reigon (2013 - 2014)

(person)

南湖区 Nanhu		秀洲区 Xiuzhou		嘉善 Jiashan		平湖 Pinghu		海宁 Haining		海盐 Haiyan		桐乡 Tongxiang	
2014	2013	2014	2013	2014	2013	2014	2013	2014	2013	2014	2013	2014	2013
9519	8747	2469	2343	3067	2858	3488	3266	5954	5698	2585	2443	5300	4990
8069	7516	2073	1961	2617	2443	3164	2967	5214	5040	2286	2174	4613	4338
193	193	45	37	96	60	60	36	128	141	117	99	204	257
333	373	121	152	56	113	130	123	173	148	43	44	160	122
924	665	230	193	298	242	134	140	439	369	139	126	323	273
2530	2404	586	557	732	681	1013	956	1371	1331	668	637	1298	1185
125	127	88	89	127	122	132	139	240	249	144	140	226	220
3728	3483	834	752	968	883	1204	1085	2027	1959	803	737	1820	1647
457	398	122	111	186	185	178	181	341	331	152	139	331	306
428	417	100	94	122	114	138	126	202	189	118	108	215	199
801	687	343	358	482	458	499	480	1033	981	401	413	723	781
16.54	15.53	5.52	5.29	6.75	6.32	6.44	6.06	7.74	8.52	6.04	5.77	6.72	6.35
5.44	5.23	1.79	1.74	2.22	2.08	2.33	2.24	2.39	2.36	2.15	2.06	2.22	2.06

13－28 卫生机构诊疗次数和入院人数（2002－2014）

指　　标	Item	2002	2003	2004
全　市	Total			
机构数(个)	Number of Health Institutions (unit)			
总诊疗人次数(人次)	Total Number of Patients Treated (person－time)	11818414	12459329	14418865
#门急诊人次数(人次)	#Number of Out－Patients (person－time)	11540658	12170480	14030644
健康检查人数(人)	Number of Persons Received Physical Check－up (person)	615843	785928	839481
入院人数(人)	Hospital Admissions(person)	225720	242677	274023
市　区	Urban District			
机构数(个)	Number of Health Institutions			
总诊疗人次数(人次)	Total Number of Patients Treated (person－time)	3412544	3532078	4184228
#门急诊人次数(人次)	Number of Out－Patients (person－time)	3387357	3452388	4126805
健康检查人数(人)	Number of Persons Received Physical Check－up (person)	133799	193191	188516
入院人数(人)	Hospital Admissions(person)	83052	97255	116031

Number of Hospital Patients on Health Institutions
(2002 - 2014)

2005	2006	2007	2008	2009	2010	2011	2012	2013	2014
	715	1445	1365	1370	1376	1364	1343	1340	1374
15323164	15870661	17957613	21071374	24080695	25287440	28488174	30945562	32899148	34942332
15049265	15560148	17825820	20954073	23916897	25188562	28279790	30621014	32459878	34404094
1221918	1563516	1465803	1647317	1824860	2116928	1991539	1905292	1980162	2413251
290984	308430	338416	360839	390068	428641	466547	536254	586019	639272
	217	326	314	315	320	321	318	319	326
4593896	4936214	5359717	6353602	7359101	8238483	9546275	10145758	10568717	11317951
4586892	4910412	5357745	6312928	7246556	8222540	9489980	10099811	10529705	11278809
168104	287312	278440	426309	394352	629093	555050	410396	453985	527080
132032	146039	160069	172247	186216	205553	224562	259593	280654	301722

13－29 分地区卫生主要综合指标情况
（2014）

项　目	Item	单位	Unit	全　市 Total	市　区 Urban District
孕产妇死亡率	Maternal Mortality	/10 万	/100,000	3.49	4.38
婴儿死亡率	Infant Mortality	‰	‰	2.82	2.93
5 岁以下儿童死亡率	Mortality for Children under Five Years Old	‰	‰	4.11	4.16
合作医疗参保率	Participation Rate of Cooperative Medical Insurance	%	%		
农村安全卫生饮用水人口覆盖率	Coverage of The Rural Safe－Health Drinking Population	%	%	99.97	99.84
农村卫生厕所普及率	Prevalence Rate of The Rural Hygienic Lavatories	%	%	99.07	98.05

Main Comprehensive Index Conditions on Public Health by Region (2014)

南湖区 Nanhu	秀洲区 Xiuzhou	嘉善县 Jiashan	平湖市 Pinghu	海宁市 Haining	海盐县 Haiyan	桐乡市 Tongxiang
0	0	0	0	0	0	16.96
4.7	2.81	1.73	2.41	3.07	3.04	2.37
6.08	4.21	2.42	3.48	4.95	5.41	3.05
99.54	100	100	100	100	100	100
98.09	98.03	99.52	98.68	99.24	99.87	99.43

13－30 分地区体育事业发展情况
(2014)

项　目	Item	单位	Unit	全　市 Total
一、国家体育锻炼标准达标人数	Nubmer of Persons Who Have Come up to the State Physical Training Standards	人	person	
小学	Primary Schools	人	person	
中学	Secondary Schools	人	person	
二、县级以上运动会	Number of Sport Meetings at County Level	次	time	
参加运动员	Number of Athletes	员	person	
三、等级运动员发展人数	Number of Athletes in Grades	人	person	84
#女运动员	# Female	人	person	29
四、等级裁判员发展人数	Number of Referees in Grades	人	person	384
#女裁判	# Female	人	person	71
五、省级及以上的比赛成绩	Achivement at Province and above Level			
金牌	Number of Gold Medal	枚	piece	59
银牌	Number of Silver Medal	枚	piece	72
铜牌	Number of Copper Medal	枚	piece	104.5
六、体育场	Stadiums	个	unit	6
七、体育馆	Gymnasiums	个	unit	7
八、游泳池	Swimming Pools	个	unit	51
#室内	# Indoor	个	unit	19
九、少年儿童业余体校数	Number of Sparetime Sports Schools for Children	个	unit	6
“在校”学生数	Number of Students Enrollment	人	person	2462
专职教练员	Full－Time Coaches	人	person	94

Development Statistics on Sports Activities by Region
(2014)

市　区 Urban District	嘉善县 Jiashan	平湖市 Pinghu	海宁市 Haining	海盐县 Haiyan	桐乡市 Tongxiang
71		8		5	
27				2	
367		7		10	
71					
59					
72					
104.5					
1	1	1	1	1	1
1	1	1	2	1	1
26	2	1	10	6	6
12	1	1	1	3	1
1	1	1	1	1	1
492	440	550	350	430	200
40	11	10	13	8	12

13－31 分地区标准计量、质量监督基本情况
(2014)

项　目	Item	单位	Unit	全　市 Total
一、机构数	Number of Institutions	个	unit	25
二、年末职工人数	Number of Staff and Workers at the End of Year	人	person	459
大学本科、专科	Regular College Course and Specialized Subject			379
高中、中专	Senior and Specialized Secondary Schools	人	person	28
专业技术人员	Specialized Technological Personnel	人	person	335
中级职称以上	Members with above Junior Titles	人	person	148
业务管理、行政及其他人员	Professional Management, Administrative and Other Personnel	人	person	215
三、行政事业性收费	Income from Administrative Fees	万元	10000 yuan	6506
计量检定费	Income of Fine	万元	10000 yuan	1119
产品质量检验费	Other Extra－budgetary Revenues	万元	10000 yuan	293
特种设备检验检测费	Income of Management and Sales	万元	10000 yuan	4662
统一代码证书费	Other Revenue	万元	10000 yuan	268
四、固定资产总额	Total Value of Fixed Assets	万元	10000 yuan	21436
#仪器设备	# Value of Instrument and Device	万元	10000 yuan	9658
五、现有房屋面积	Floor Sapce of House	m2	sq. m	43059
六、业务情况	Conditions of Business			0
计量器具鉴定总数	Total Measure Appatatus Appraised	台件	piece	196601
#长度鉴定	# Length Appraisal	台件	piece	25732
温度鉴定	Temperature Appraisal	台件	piece	13730
力学鉴定	Mechanics Appraisal	台件	piece	144790
#衡器	# Weighing Apparatus	台件	piece	39424
计量器具强制检定数	Quantity Checked by Measurement Implement Tested Compulsively	项	kind	23
计量器具强制检定数	Quantity Checked by Measurement Implement Tested Compulsively	种	kind	27
已强检的计量标准器具	Quantity Checked by Measurement Implement Tested Compulsively	台件	piece	158

注：资料来源于市技术监督局。

Basic Statistics on Standard Measuring and Quality Supervising by Region (2014)

市 区 Urban District	嘉 善 Jiashan	平 湖 Pinghu	海 宁 Haining	海 盐 Haiyan	桐 乡 Tongxiang
7	4	4	4	3	3
155	74	56	61	70	43
121	65	51	43	60	39
9	6		7	4	2
117	49	42	47	51	29
77	15	7	14	29	6
57	27	34	41	25	31
6161	110	91			144
969	70				80
247		46			
4662					
119	40	45			64
14007	1620	850	2301	1299	1359
6871	120	401	1774	275	218
28605	5446	900		3677	4431
46224	11410	20093	44143	22953	51778
8960	5093	2340	2368	5377	1594
3118	705	1032	1119	2050	5706
28926	5347	15899	39469	11028	44121
14750	4601	1478	5469	4205	8921
19		5	12	3	13
25		5	17	5	18
41			117		

Note: The data in this table are taken from Jiaxing City Bereau of Technological Supervision.

13－32　全市规模以上科技服务业企业分类型、行业主要经济指标（2014）

单位：万元

指　　标	Item	企业数（个）Number of Enterprises（unit）	亏损企业 Loss Making Enterprises	增加值 Value Added
科学研究和技术服务业	Scientific Research、Technical Services and Geological Prospecting	107	8	90482
1、按登记注册类型分	Grouped by Status of Registration			
国有企业	State－owned	9	2	8563
集体企业	Collective－owned	1	0	449
股份合作企业	Share－holding Cooperative	0		
联营企业	Joint Ownership	0		
有限责任公司	Limited Liability Company	32	0	37672
股份有限公司	Share－holding Cooperations Ltd.	2	0	1330
私营企业	Private－owned	57	5	39304
其他企业	Others	4	1	1266
港、澳、台商投资企业	Owned by Entrepreneurs from HONG KONG,Macau and Taiwan	0		
外商投资企业	Enterprises with Foreign Investment	2	0	1899
2、按主要行业分	Grouped By Main Sector			
研究和试验发展	Research and experiment	10	2	4457
专业技术服务业	Professional technical services	84	5	81032
科技推广和应用服务业	Science and technology popularization and application	13	1	4994

注：2014 年规模以上服务业规模划分标准有变化，与上年年鉴数据不可比，下同。

Major Economic Indicators on Technical Enterprises above Designated Size by Ownership and Sector (2014)

(10000 yuan)

资产合计 Total Assets	负债合计 Total Liabilities	所有者权益合计 Total Creditors Equity	固定资产原价 Original Value of Fixed Assets	本年折旧 Depreciation of the Current Year	营业收入 Revenue	营业成本 Cost of Sales
294340	152705	141636	84773	7353	215577	133807
19704	4849	14855	12596	1075	12471	5938
1389	87	1303	232	25	449	185
118114	73318	44796	32712	3154	83093	52151
2931	1601	1331	1858	110	2296	712
138871	70700	68171	29958	2420	103915	64377
3313	1088	2225	1204	181	7948	7462
10018	1063	8956	6214	389	5405	2982
30537	11839	18698	14301	1137	17477	10776
226141	128047	98094	61117	5423	174578	103480
37662	12819	24844	9355	793	23522	19552

Note: The standard of scale – division is different from the previous year, the same below。

13－32 续表1

单位:万元

指　　标	Item	营业税金及附加 Business Tax and Surcharges	销售费用 Cost of Sales	管理费用 Management Expense
科学研究和技术服务业	Scientific Research、Technical Services and Geological Prospecting	3424	7612	56025
1、按登记注册类型分	Grouped by Status of Registration			
国有企业	State－owned	89	1231	2833
集体企业	Collective－owned	2	0	91
股份合作企业	Share－holding Cooperative			
联营企业	Joint Ownership			
有限责任公司	Limited Liability Company	1031	1262	23015
股份有限公司	Share－holding Cooperations Ltd.	19	49	1130
私营企业	Private－owned	2281	4250	27224
其他企业	Others	0	163	51
港、澳、台商投资企业	Owned by Entrepreneurs from HONG KONG, Macau and Taiwan			
外商投资企业	Enterprises with Foreign Investment	2	657	1681
2、按主要行业分	Grouped By Main Sector			
研究和试验发展	Research and experiment	114	1433	5244
专业技术服务业	Professional technical services	2710	5666	48826
科技推广和应用服务业	Science and technology popularization and application	600	512	1955

Continued1

(10000 yuan)

财务费用 Financial Expenses	营业利润 Profits of Management	利润总额 Total Profits	应交所得税 Income Tax Payable	应付职工薪酬 Employee benefits payable	应交增值税 Value Added Tax Payable	从业人员平均人数(人) Average Employees (person)
766	3456	16668	4047	59520	5892	8440
-180	291	2982	1058	4288	528	421
-27	32	197	12	211	14	21
528	1034	6642	1604	25683	2636	2957
22	65	378	69	741	95	107
330	1841	6126	1294	26314	2619	4378
35	129	252	2	848	0	462
58	65	92	9	1436	0	94
313	323	892	209	3161	406	386
377	2713	14328	3550	53888	5332	7390
76	420	1448	288	2470	153	664

13－33　市区规模以上科技服务业企业分类型、行业主要经济指标（2014）

单位:万元

指　　标	Item	企业数(个) Number of Enterprises (unit)	亏损企业 Loss Making Enterprises	增加值 Value Added
科学研究和技术服务业	Scientific Research、Technical Services and Geological Prospecting	62	5	62443
1、按登记注册类型分	Grouped by Status of Registration			
国有企业	State－owned	5	2	6109
集体企业	Collective－owned	0		
股份合作企业	Share－holding Cooperative	0		
联营企业	Joint Ownership	0		
有限责任公司	Limited Liability Company	22	0	31142
股份有限公司	Share－holding Cooperations Ltd.	2	0	1330
私营企业	Private－owned	29	2	21964
其他企业	Others	2	1	－1
港、澳、台商投资企业	Owned by Entrepreneurs from HONG KONG, Macau and Taiwan	0		
外商投资企业	Enterprises with Foreign Investment	2	0	1899
2、按主要行业分	Grouped By Main Sector			
研究和试验发展	Research and experiment	7	2	1925
专业技术服务业	Professional technical services	49	2	57941
科技推广和应用服务业	Science and technology popularization and application	6	1	2578

Major Economic Indicators on Technical Enterprises above Designated Size of Urban District by Ownership and Sector (2014)

(10000 yuan)

资产合计 Total Assets	负债合计 Total Liabilities	所有者权益合计 Total Creditors Equity	固定资产原价 Original Value of Fixed Assets	本年折旧 Depreciation of the Current Year	营业收入 Revenue	营业成本 Cost of Sales
218677	127681	90996	60349	5239	149809	90589
14323	4243	10081	11188	909	9484	4889
104246	69300	34946	28179	2730	71293	46072
2931	1601	1331	1858	110	2296	712
86143	50728	35415	12704	1095	60740	35368
1016	747	269	207	5	591	566
10018	1063	8956	6214	389	5405	2982
23356	8549	14806	13127	926	12596	7835
177226	113890	63337	45545	4110	128400	76169
18095	5242	12854	1677	202	8813	6585

13－33 续表1

单位:万元

指　标	Item	营业税金及附加 Business Tax and Surcharges	销售费用 Cost of Sales	管理费用 Management Expense
科学研究和技术服务业	Scientific Research、Technical Services and Geological Prospecting	2572	5594	41690
1、按登记注册类型分	Grouped by Status of Registration			
国有企业	State－owned	73	1084	1974
集体企业	Collective－owned			
股份合作企业	Share－holding Cooperative			
联营企业	Joint Ownership			
有限责任公司	Limited Liability Company	791	1088	19103
股份有限公司	Share－holding Cooperations Ltd.	19	49	1130
私营企业	Private－owned	1688	2716	17782
其他企业	Others	0	0	21
港、澳、台商投资企业	Owned by Entrepreneurs from HONG KONG, Macau and Taiwan			
外商投资企业	Enterprises with Foreign Investment	2	657	1681
2、按主要行业分	Grouped By Main Sector			
研究和试验发展	Research and experiment	40	1426	4051
专业技术服务业	Professional technical services	1988	3955	36439
科技推广和应用服务业	Science and technology popularization and application	544	213	1200

Continued1

(10000 yuan)

财务费用 Financial Expenses	营业利润 Profits of Management	利润总额 Total Profits	应交所得税 Income Tax Payable	应付职工薪酬 Employee benefits payable	应交增值税 Value Added Tax Payable	从业人员平均人数(人) Average Employees (person)
678	2003	11047	2948	41618	4122	5653
-111	162	2013	813	3135	397	268
563	711	4836	1334	21643	2230	2450
22	65	378	69	741	95	107
115	937	3742	723	14642	1400	2724
32	65	-14	0	22	0	10
58	65	92	9	1436	0	94
234	226	-121	159	1761	147	168
437	1583	10279	2561	38472	3851	5353
7	194	889	228	1384	124	132

13－34　全市规模以上教育企业分类型、行业主要经济指标（2014）

单位：万元

指标	Item	企业数（个）Number of Enterprises（unit）	亏损企业 Loss Making Enterprises	增加值 Value Added
教育	Education	42	5	23861
1、按登记注册类型分	Grouped by Status of Registration			
国有企业	State－owned	2	0	4000
集体企业	Collective－owned	2	1	703
股份合作企业	Share－holding Cooperative	1	0	245
联营企业	Joint Ownership	0		
有限责任公司	Limited Liability Company	1	0	723
股份有限公司	Share－holding Cooperations Ltd.	0		
私营企业	Private－owned	32	2	17255
其他企业	Others	3	2	390
港、澳、台商投资企业	Owned by Entrepreneurs from HONG KONG, Macau and Taiwan	1	0	545
外商投资企业	Enterprises with Foreign Investment	0		
2、按主要行业分	Grouped By Main Sector			
学前教育	Preschool education	5	3	1167
技能培训、教育辅助及其他教育	Skills training, education and other education	37	2	22694

Major Economic Indicators on Educational Enterprises above Designated Size by Ownership and Sector (2014)

(10000 yuan)

资产合计 Total Assets	负债合计 Total Liabilities	所有者权益合计 Total Creditors Equity	固定资产原价 Original Value of Fixed Assets	本年折旧 Depreciation of the Current Year	营业收入 Revenue	营业成本 Cost of Sales
45964	33420	12544	33421	4048	49812	29180
12943	10607	2336	6881	489	8234	3944
1201	408	793	487	84	1121	183
1040	2	1038	548	41	495	0
1302	1069	233	468	89	1097	861
27971	21012	6959	24277	3286	37649	24126
439	228	211	247	31	599	66
1069	94	975	512	27	618	0
1915	706	1208	1119	123	1559	66
44049	32714	11336	32302	3925	48252	29114

13－34 续表1

单位:万元

指　　标	Item	营业税金及附加 Business Tax and Surcharges	销售费用 Cost of Sales	管理费用 Management Expense
教育	Education	1785	3981	10584
1、按登记注册类型分	Grouped by Status of Registration			
国有企业	State－owned	355	675	2239
集体企业	Collective－owned	26	119	473
股份合作企业	Share－holding Cooperative	17	157	292
联营企业	Joint Ownership			
有限责任公司	Limited Liability Company	37	0	141
股份有限公司	Share－holding Cooperations Ltd.			
私营企业	Private－owned	1351	3030	6565
其他企业	Others	0	0	505
港、澳、台商投资企业	Owned by Entrepreneurs from HONG KONG, Macau and Taiwan	0	0	370
外商投资企业	Enterprises with Foreign Investment			
2、按主要行业分	Grouped By Main Sector			
学前教育	Preschool education	0	0	1231
技能培训、教育辅助及其他教育	Skills training, education and other education	1785	3981	9354

Continued1

(10000 yuan)

财务费用 Financial Expenses	营业利润 Profits of Management	利润总额 Total Profits	应交所得税 Income Tax Payable	应付职工薪酬 Employee benefits payable	应交增值税 Value Added Tax Payable	从业人员平均人数(人) Average Employees (person)
252	1357	4109	974	13735	7	2971
138	65	1002	254	2257	7	368
2	65	326	82	275	0	74
7	32	18	5	151	0	42
-18	32	74	12	521	0	64
112	1034	2407	621	9918	0	2239
5	97	32	0	337	0	116
5	32	249	0	276	0	68
15	162	280	0	796	0	237
237	1195	3829	974	12939	7	2734

13－35　市区规模以上教育企业分类型、行业主要经济指标（2014）

单位：万元

指标	Item	企业数(个) Number of Enterprises (unit)	亏损企业 Loss Making Enterprises	增加值 Value Added
教育	Education	13	2	7546
1、按登记注册类型分	Grouped by Status of Registration			
国有企业	State－owned	1	0	1678
集体企业	Collective－owned	0		
股份合作企业	Share－holding Cooperative	1	0	245
联营企业	Joint Ownership	0		
有限责任公司	Limited Liability Company	1	0	723
股份有限公司	Share－holding Cooperations Ltd.	0		
私营企业	Private－owned	6	0	3965
其他企业	Others	3	2	390
港、澳、台商投资企业	Owned by Entrepreneurs from HONG KONG, Macau and Taiwan	1	0	545
外商投资企业	Enterprises with Foreign Investment	0		
2、按主要行业分	Grouped By Main Sector			
学前教育	Preschool education	4	2	935
技能培训、教育辅助及其他教育	Skills training, education and other education	9	0	6611

Major Economic Indicators on Educational Enterprises above Designated Size of Urban District by Ownership and Sector (2014)

(10000 yuan)

资产合计 Total Assets	负债合计 Total Liabilities	所有者权益合计 Total Creditors Equity	固定资产原价 Original Value of Fixed Assets	本年折旧 Depreciation of the Current Year	营业收入 Revenue	营业成本 Cost of Sales
13760	7925	5835	9701	950	14153	7091
6062	4712	1349	4488	221	3961	2304
1040	2	1038	548	41	495	0
1302	1069	233	468	89	1097	861
3848	1819	2029	3437	541	7383	3861
439	228	211	247	31	599	66
1069	94	975	512	27	618	0
1508	322	1186	759	58	1217	66
12252	7603	4649	8942	892	12936	7025

13－35 续表1

单位:万元

指　　标	Item	营业税金及附加 Business Tax and Surcharges	销售费用 Cost of Sales	管理费用 Management Expense
教育	Education	526	612	3159
1、按登记注册类型分	Grouped by Status of Registration			
国有企业	State－owned	211	55	482
集体企业	Collective－owned			
股份合作企业	Share－holding Cooperative	17	157	292
联营企业	Joint Ownership			
有限责任公司	Limited Liability Company	37	0	141
股份有限公司	Share－holding Cooperations Ltd.			
私营企业	Private－owned	262	400	1369
其他企业	Others	0	0	505
港、澳、台商投资企业	Owned by Entrepreneurs from HONG KONG, Macau and Taiwan	0	0	370
外商投资企业	Enterprises with Foreign Investment			
2、按主要行业分	Grouped By Main Sector			
学前教育	Preschool education	0	0	876
技能培训、教育辅助及其他教育	Skills training, education and other education	526	612	2284

Continued1

(10000 yuan)

财务费用 Financial Expenses	营业利润 Profits of Management	利润总额 Total Profits	应交所得税 Income Tax Payable	应付职工薪酬 Employee benefits payable	应交增值税 Value Added Tax Payable	从业人员平均人数(人) Average Employees (person)
189	420	2576	573	3473	7	821
178	32	735	184	506	7	101
7	32	18	5	151	0	42
-18	32	74	12	521	0	64
12	194	1468	372	1682	0	430
5	97	32	0	337	0	116
5	32	249	0	276	0	68
11	129	281	0	613	0	184
179	291	2295	573	2860	7	637

13－36 全市规模以上卫生和社会服务业企业分类型、行业主要经济指标
（2014）

单位：万元

指 标	Item	企业数（个）Number of Enterprises（unit）	亏损企业 Loss Making Enterprises	增加值 Value Added
卫生和社会工作	Public Health，Social Security and Social Welfare	15	7	27166
1、按登记注册类型分	Grouped by Status of Registration			
国有企业	State－owned	0		
集体企业	Collective－owned	0		
股份合作企业	Share－holding Cooperative	0		
联营企业	Joint Ownership	0		
有限责任公司	Limited Liability Company	4	3	1389
股份有限公司	Share－holding Cooperations Ltd.	0		
私营企业	Private－owned	7	3	12922
其他企业	Others	3	1	424
港、澳、台商投资企业	Owned by Entrepreneurs from HONG KONG，Macau and Taiwan	0		
外商投资企业	Enterprises with Foreign Investment	1	0	12431
2、按主要行业分	Grouped By Main Sector			
卫生	Public Health	14	7	26967
其中：医院	Hospital	7	3	25080
门诊部（所）	Outpatient department	7	4	1887
社会工作	Social Welfare	1	0	199

Major Economic Indicators on Public Health, Social Security and Social Welfare Enterprises above Designated Size by Ownership and Sector (2014)

(10000 yuan)

资产合计 Total Assets	负债合计 Total Liabilities	所有者权益合计 Total Creditors Equity	固定资产原价 Original Value of Fixed Assets	本年折旧 Depreciation of the Current Year	营业收入 Revenue	营业成本 Cost of Sales
96355	81674	14681	68765	4245	62486	40994
13312	7084	6228	8180	232	4255	2963
33225	20443	12783	26375	2039	28585	16399
2539	4115	-1575	1228	206	1742	1398
47279	50033	-2754	32981	1768	27904	20234
96106	81578	14528	68692	4239	62136	40724
91028	76934	14094	64807	3840	56578	37414
5078	4644	434	3885	399	5558	3310
249	96	153	73	6	351	270

13-36 续表1

单位:万元

指　标	Item	营业税金及附加 Business Tax and Surcharges	销售费用 Cost of Sales	管理费用 Management Expense
卫生和社会工作	Public Health, Social Security and Social Welfare	38	5272	11147
1、按登记注册类型分	Grouped by Status of Registration			
国有企业	State - owned			
集体企业	Collective - owned			
股份合作企业	Share - holding Cooperative			
联营企业	Joint Ownership			
有限责任公司	Limited Liability Company	1	559	1360
股份有限公司	Share - holding Cooperations Ltd.			
私营企业	Private - owned	9	3605	5765
其他企业	Others	1	283	667
港、澳、台商投资企业	Owned by Entrepreneurs from HONG KONG, Macau and Taiwan			
外商投资企业	Enterprises with Foreign Investment	28	825	3355
2、按主要行业分	Grouped By Main Sector			
卫生	Public Health	38	5272	11131
其中:医院	Hospital	35	4472	9593
门诊部(所)	Outpatient department	3	800	1538
社会工作	Social Welfare	0	0	15

Continued1

(10000 yuan)

财务费用 Financial Expenses	营业利润 Profits of Management	利润总额 Total Profits	应交所得税 Income Tax Payable	应付职工薪酬 Employee benefits payable	应交增值税 Value Added Tax Payable	从业人员平均人数(人) Average Employees (person)
1739	485	3695	486	19408	0	2250
127	129	-754	15	1911	0	277
1307	226	1770	471	9373	0	1090
-3	97	-461	1	820	0	169
307	32	3141	0	7304	0	714
1739	452	3630	486	19280	0	2212
1511	226	3950	466	17477	0	1853
228	226	-320	20	1804	0	359
0	32	66	0	128	0	38

13－37　市区规模以上卫生和社会服务业企业分类型、行业主要经济指标
(2014)

单位:万元

指标	Item	企业数(个) Number of Enterprises (unit)	亏损企业 Loss Making Enterprises	增加值 Value Added
卫生和社会工作	Public Health,Social Security and Social Welfare	9	4	16286
1、按登记注册类型分	Grouped by Status of Registration			
国有企业	State－owned	0		
集体企业	Collective－owned	0		
股份合作企业	Share－holding Cooperative	0		
联营企业	Joint Ownership	0		
有限责任公司	Limited Liability Company	3	2	1365
股份有限公司	Share－holding Cooperations Ltd.	0		
私营企业	Private－owned	3	1	2265
其他企业	Others	2	1	225
港、澳、台商投资企业	Owned by Entrepreneurs from HONG KONG,Macau and Taiwan	0		
外商投资企业	Enterprises with Foreign Investment	1	0	12431
2、按主要行业分	Grouped By Main Sector			
卫生	Public Health	9	4	16286
其中:医院	Hospital	4	2	14745
门诊部(所)	Outpatient department	5	2	1541
社会工作	Social Welfare	0		

Major Economic Indicators on Public Health, Social Security and Social Welfare Enterprises above Designated Size of Urban District by Ownership and Sector (2014)

(10000 yuan)

资产合计 Total Assets	负债合计 Total Liabilities	所有者权益合计 Total Creditors Equity	固定资产原价 Original Value of Fixed Assets	本年折旧 Depreciation of the Current Year	营业收入 Revenue	营业成本 Cost of Sales
55965	57970	-2005	38397	2305	38963	24966
2882	2686	197	1745	174	3763	2182
3514	1234	2280	2516	162	5905	1421
2291	4018	-1728	1155	201	1392	1129
47279	50033	-2754	32981	1768	27904	20234
55965	57970	-2005	38397	2305	38963	24966
52825	54884	-2058	36465	2130	34499	22504
3140	3087	53	1932	175	4464	2462

13-37 续表1

单位:万元

指标	Item	营业税金及附加 Business Tax and Surcharges	销售费用 Cost of Sales	管理费用 Management Expense
卫生和社会工作	Public Health, Social Security and Social Welfare	36	4505	6075
1、按登记注册类型分	Grouped by Status of Registration			
国有企业	State - owned			
集体企业	Collective - owned			
股份合作企业	Share - holding Cooperative			
联营企业	Joint Ownership			
有限责任公司	Limited Liability Company	1	559	887
股份有限公司	Share - holding Cooperations Ltd.			
私营企业	Private - owned	7	2839	1182
其他企业	Others	1	283	651
港、澳、台商投资企业	Owned by Entrepreneurs from HONG KONG, Macau and Taiwan			
外商投资企业	Enterprises with Foreign Investment	28	825	3355
2、按主要行业分	Grouped By Main Sector			
卫生	Public Health	36	4505	6075
其中:医院	Hospital	34	3917	4841
门诊部(所)	Outpatient department	2	588	1234
社会工作	Social Welfare			

Continued1

(10000 yuan)

财务费用 Financial Expenses	营业利润 Profits of Management	利润总额 Total Profits	应交所得税 Income Tax Payable	应付职工薪酬 Employee benefits payable	应交增值税 Value Added Tax Payable	从业人员平均人数(人) Average Employees (person)
437	291	3071	144	10823	0	1341
128	97	7	15	1183	0	186
5	97	450	128	1645	0	310
-3	65	-527	1	692	0	131
307	32	3141	0	7304	0	714
437	291	3071	144	10823	0	1341
308	129	3020	123	9512	0	1069
129	162	51	20	1312	0	272

13－38 全市规模以上文化娱乐业企业分类型、行业主要经济指标（2014）

单位:万元

指　　标	Item	企业数(个) Number of Enterprises (unit)	亏损企业 Loss Making Enterprises	增加值 Value Added
文化、体育和娱乐业	Culture, Sports and Recreation	82	36	54642
1、按登记注册类型分	Grouped by Status of Registration			
国有企业	State－owned	4	1	2172
集体企业	Collective－owned	1	1	15
股份合作企业	Share－holding Cooperative	0		
联营企业	Joint Ownership	1	0	9971
有限责任公司	Limited Liability Company	12	6	5479
股份有限公司	Share－holding Cooperations Ltd.	0		
私营企业	Private－owned	59	25	31594
其他企业	Others	0		
港、澳、台商投资企业	Owned by Entrepreneurs from HONG KONG, Macau and Taiwan	3	2	690
外商投资企业	Enterprises with Foreign Investment	2	1	4721
2、按主要行业分	Grouped By Main Sector	0		
新闻和出版业	The news and publishing	2	1	802
广播、电视、电影和影视录音制作业	Radio, television, film and video recording	50	20	42674
其中:电影和影视节目制作	Film and television program production	38	17	26049
文化艺术业	Culture and art	3	2	458
体育	Gym	14	8	6593
娱乐业	Entertainment	13	5	4116

Major Economic Indicators on Culture, Sports and Recreation Enterprises above Designated Size by Ownership and Sector (2014)

(10000 yuan)

资产合计 Total Assets	负债合计 Total Liabilities	所有者权益合计 Total Creditors Equity	固定资产原价 Original Value of Fixed Assets	本年折旧 Depreciation of the Current Year	营业收入 Revenue	营业成本 Cost of Sales
553806	314454	239351	143249	7216	217518	150455
35880	7908	27972	14512	700	13189	11249
29079	8785	20294	1207	107	828	4
29275	2492	26783	26412	1118	13008	2385
123905	66801	57104	53491	2261	15254	6839
268621	189739	78882	5050	604	164531	124395
40776	24198	16578	5770	316	4367	3463
26269	14532	11738	36809	2111	6342	2121
33653	7077	26576	11943	497	10246	9963
282654	189105	93549	37734	2368	179488	128468
237362	177600	59762	381	51	150766	118606
29945	9052	20893	1460	156	2254	769
180137	100043	80094	80597	3670	15763	7519
27417	9177	18240	11516	524	9767	3737

13－38 续表1

单位:万元

指　标	Item	营业税金及附加 Business Tax and Surcharges	销售费用 Cost of Sales	管理费用 Management Expense
文化、体育和娱乐业	Culture, Sports and Recreation	3846	21295	22000
1、按登记注册类型分	Grouped by Status of Registration			
国有企业	State－owned	597	2626	3121
集体企业	Collective－owned	36	97	565
股份合作企业	Share－holding Cooperative			
联营企业	Joint Ownership	481	8516	1512
有限责任公司	Limited Liability Company	390	2976	5653
股份有限公司	Share－holding Cooperations Ltd.			
私营企业	Private－owned	1455	4892	8877
其他企业	Others			
港、澳、台商投资企业	Owned by Entrepreneurs from HONG KONG, Macau and Taiwan	246	65	870
外商投资企业	Enterprises with Foreign Investment	642	2124	1403
2、按主要行业分	Grouped By Main Sector			
新闻和出版业	The news and publishing	542	1769	2921
广播、电视、电影和影视录音制作业	Radio, television, film and video recording	1516	15289	9125
其中:电影和影视节目制作	Film and television program production	730	3763	5087
文化艺术业	Culture and art	57	743	659
体育	Gym	1182	3275	6289
娱乐业	Entertainment	550	219	3006

Continued1

(10000 yuan)

财务费用 Financial Expenses	营业利润 Profits of Management	利润总额 Total Profits	应交所得税 Income Tax Payable	应付职工薪酬 Employee benefits payable	应交增值税 Value Added Tax Payable	从业人员平均人数(人) Average Employees (person)
2985	2649	32935	7647	21809	7132	3076
-258	129	3897	147	3941	922	761
408	32	-298	0	154	0	34
91	32	924	0	7807	536	515
118	388	662	258	3145	379	431
1681	1906	28269	7241	3734	5295	677
927	97	-1208	0	1303	0	269
18	65	688	0	1725	0	389
-265	65	3310	0	3455	835	698
1805	1615	27083	7035	12002	6215	1161
1618	1227	23614	6590	1864	5170	271
403	97	-366	1	593	29	76
1066	452	-1863	21	4998	53	928
-24	420	4771	590	761	0	213

13－39　市区规模以上文化娱乐业企业分类型、行业主要经济指标
(2014)

单位:万元

指　标	Item	企业数(个) Number of Enterprises (unit)	亏损企业 Loss Making Enterprises	增加值 Value Added
文化、体育和娱乐业	Culture,Sports and Recreation	14	3	14771
1、按登记注册类型分	Grouped by Status of Registration			
国有企业	State－owned	1	0	－84
集体企业	Collective－owned	1	1	15
股份合作企业	Share－holding Cooperative	0		
联营企业	Joint Ownership	1	0	9971
有限责任公司	Limited Liability Company	6	2	4042
股份有限公司	Share－holding Cooperations Ltd.	0		
私营企业	Private－owned	4	0	684
其他企业	Others	0		
港、澳、台商投资企业	Owned by Entrepreneurs from HONG KONG,Macau and Taiwan	1	0	143
外商投资企业	Enterprises with Foreign Investment	0		
2、按主要行业分	Grouped By Main Sector	0		
新闻和出版业	The news and publishing	1	0	－84
广播、电视、电影和影视录音制作业	Radio, television, film and video recording	6	1	13821
其中:电影和影视节目制作	Film and television program production	0		
文化艺术业	Culture and art	2	1	531
体育	Gym	5	1	503
娱乐业	Entertainment	0		

Major Economic Indicators on Culture, Sports and Recreation Enterprises above Designated Size of Urban r District by Ownership and Secto(2014)

(10000 yuan)

资产合计 Total Assets	负债合计 Total Liabilities	所有者权益合计 Total Creditors Equity	固定资产原价 Original Value of Fixed Assets	本年折旧 Depreciation of the Current Year	营业收入 Revenue	营业成本 Cost of Sales
162437	70303	92134	81479	3250	34580	16346
32325	5820	26504	11792	486	9038	8661
29079	8785	20294	1207	107	828	4
29275	2492	26783	26412	1118	13008	2385
66174	52260	13913	40225	1439	9784	4518
4501	777	3724	793	43	1694	776
1084	169	916	1051	57	228	2
32325	5820	26504	11792	486	9038	8661
39430	7054	32376	31572	1542	21456	6712
29625	8989	20636	1460	156	1939	365
61057	48439	12618	36655	1066	2148	609

13－39 续表1

单位:万元

指　　标	Item	营业税金及附加 Business Tax and Surcharges	销售费用 Cost of Sales	管理费用 Management Expense
文化、体育和娱乐业	Culture, Sports and Recreation	1316	13000	7941
1、按登记注册类型分	Grouped by Status of Registration			
国有企业	State－owned	495	1769	2921
集体企业	Collective－owned	36	97	565
股份合作企业	Share－holding Cooperative			
联营企业	Joint Ownership	481	8516	1512
有限责任公司	Limited Liability Company	235	2410	2314
股份有限公司	Share－holding Cooperations Ltd.			
私营企业	Private－owned	62	208	447
其他企业	Others			
港、澳、台商投资企业	Owned by Entrepreneurs from HONG KONG, Macau and Taiwan	8	0	182
外商投资企业	Enterprises with Foreign Investment			
2、按主要行业分	Grouped By Main Sector			
新闻和出版业	The news and publishing	495	1769	2921
广播、电视、电影和影视录音制作业	Radio, television, film and video recording	695	9922	2387
其中:电影和影视节目制作	Film and television program production			
文化艺术业	Culture and art	55	743	650
体育	Gym	72	565	1984
娱乐业	Entertainment			

Continued1

(10000 yuan)

财务费用 Financial Expenses	营业利润 Profits of Management	利润总额 Total Profits	应交所得税 Income Tax Payable	应付职工薪酬 Employee benefits payable	应交增值税 Value Added Tax Payable	从业人员平均人数(人) Average Employees (person)
161	452	5863	230	12663	1561	1548
-262	32	3325	0	2560	765	647
408	32	-298	0	154	0	34
91	32	924	0	7807	536	515
-88	194	1726	180	1712	259	236
11	129	151	50	387	1	107
1	32	35	0	43	0	9
-262	32	3325	0	2560	765	647
19	194	2773	217	9070	785	716
403	65	-293	1	586	10	75
1	162	58	12	447	1	110

13－40 全市规模以上服务业非企业分行业主要经济指标（2014）

单位：万元

指标	Item	单位数（个）Number of units (unit)	增加值 Value Added	年末资产总计 Total Assets
合计	Total	696	1293925	8204514
按主要行业分	Grouped By Main Sector			
道路运输业	Road transportation	9	8977	49646
水上运输业	Water transportation	3	3865	18529
电信、广播电视和卫星传输服务	Telecommunications, broadcasting television and satellite transmission services	7	3990	37448
互联网和相关服务	The Internet and related services	1	93	482
软件和信息技术服务业	Software and information technology services	1	138	1042
货币金融服务	Monetary and financial services	1	3277	4042199
房地产业	Real Estate	8	2489	15412
商务服务业	Business Services	14	7032	134424
研究和试验发展	Research and experiment	3	5418	65024
专业技术服务业	Professional technical services	13	9784	43063
科技推广和应用服务业	Science and technology popularization and application	21	11536	56347
水利管理业	Water Consevanc	13	6722	106799
生态保护和环境治理业	environmental protection and ecological conservation	2	382	648
公共设施管理业	Public Establishment Management	17	14486	37418
居民服务业	Resident Services	11	7467	43657
其他服务业	Other Services	2	814	1024
教育	Education	246	493263	1402445
卫生	Public Health	124	374008	987893
社会工作	Social Welfare	7	3215	23212
新闻和出版业	The news and publishing	2	1036	1325
广播、电视、电影和影视录音制作业	Radio, television, film and video recording	3	7246	72628
文化艺术业	Culture and art	28	12881	44912
体育	Gym	1	193	200
娱乐业	Entertainment	4	616	4446
中国共产党机关	Chinese Communist Party organs	25	14696	11426
国家机构	National Institutions	98	283984	933906
人民政协、民主党派	The CPPCC, democratic parties	8	4006	2219
社会保障	Social security	5	3829	5325
群众团体、社会团体和其他成员组织	Mass organizations, social organizations and other members of the organization	17	7062	50745
基层群众自治组织	Grassroots autonomous organizations of a mass	2	1417	10672

Main Economic Indicators of Administrative Institution above Designated Size by Sector

(2014)

(10000 yuan)

固定资产原价 Original Value of Fixed Assets	本年收入合计 Total Revenue	财政拨款 Financial Allocation	事业收入 Revenue for non - profit organization	经营收入 Operating income
2547317	3005669	1641981	1041869	106497
24617	49786	44369	2661	0
9054	8797	4043	4335	0
28339	7262	320	6370	0
0	161	102	0	0
930	373	352	21	0
13185	0	0	0	0
4283	4181	1257	1577	1276
20903	33940	27178	3056	1234
30963	13565	3809	6968	0
20881	24453	14248	988	4934
5191	46444	33607	181	0
73855	15010	13901	64	256
316	586	447	109	0
22735	53435	39296	4695	1212
9431	12694	1919	2488	7941
282	1363	1363	0	0
1009248	648782	446653	150085	13148
680805	975066	120131	820639	25110
4510	9122	2785	873	49
274	1798	299	712	739
17689	15502	5927	4199	1923
39221	21113	16327	3155	156
89	233	192	17	7
2111	2642	0	2612	0
6623	35882	32979	0	0
490847	984457	804859	21732	46915
863	5914	5911	0	0
3667	5384	4885	1	0
19915	26477	14450	4334	721
6491	1249	373	0	876

13-40 续表1

单位:万元

指　标	Item	本年支出合计 Total Cose	工资福利支出 Wages and Welfare expenditure
合　计	Total	2904296	863541
按主要行业分	Grouped By Main Sector		
道路运输业	Road transportation	34433	5403
水上运输业	Water transportation	5047	2431
电信、广播电视和卫星传输服务	Telecommunications, broadcasting television and satellite transmission services	6772	2181
互联网和相关服务	The Internet and related services	199	80
软件和信息技术服务业	Software and information technology services	431	90
货币金融服务	Monetary and financial services	4748	2148
房地产业	Real Estate	3724	1365
商务服务业	Business Services	32143	4401
研究和试验发展	Research and experiment	11474	2538
专业技术服务业	Professional technical services	17545	3993
科技推广和应用服务业	Science and technology popularization and application	46774	5324
水利管理业	Water Consevanc	16968	2486
生态保护和环境治理业	environmental protection and ecological conservation	733	219
公共设施管理业	Public Establishment Management	53420	7731
居民服务业	Resident Services	8776	2050
其他服务业	Other Services	1580	448
教育	Education	623523	330082
卫生	Public Health	929319	283126
社会工作	Social Welfare	7620	1206
新闻和出版业	The news and publishing	1736	878
广播、电视、电影和影视录音制作业	Radio, television, film and video recording	16091	4777
文化艺术业	Culture and art	20258	6766
体育	Gym	230	136
娱乐业	Entertainment	2287	225
中国共产党机关	Chinese Communist Party organs	35741	8316
国家机构	National Institutions	990949	176917
人民政协、民主党派	The CPPCC, democratic parties	5892	2455
社会保障	Social security	5596	2609
群众团体、社会团体和其他成员组织	Mass organizations, social organizations and other members of the organization	19523	2995
基层群众自治组织	Grassroots autonomous organizations of a mass	766	166

Continued1

(10000 yuan)

商 品 和服务支出 Goods and Services expenditure	对 个 人 和 家庭的补助 Subsidy	经营支出 Operating cost	经营税金（限事业单位） Business taxes for non – profit organization	从业人员平均人数（人） Average Employees (person)
1007666	256574	74223	1580	85237
4649	1689	0	0	698
1010	761	0	0	278
3103	450	0	0	203
94	9	0	0	8
124	10	0	0	8
1440	137	0	0	269
1651	466	1014	174	152
7843	747	854	389	396
5995	616	0	84	251
6278	1270	2885	93	558
12701	5850	0	8	428
4678	1107	202	1	267
379	135	0	0	18
31609	2743	58	84	1382
5036	379	3455	0	237
999	128	0	0	38
113570	106109	4234	157	34834
570060	42218	12438	134	26422
763	1677	50	0	206
477	70	759	60	88
4203	1133	1903	198	445
7731	1943	0	28	879
37	43	1	1	15
1686	31	0	0	78
20048	4823	0	0	676
189791	74906	45898	145	15574
2087	1298	0	0	198
1760	900	0	0	262
7405	4807	224	0	344
460	118	249	23	25

13－41　市区规模以上服务业非企业分行业主要经济指标（2014）

单位：万元

指　　标	Item	单位数（个）Number of units (unit)	增加值 Value Added	年末资产总计 Total Assets
合　　计	Total	197	452744	5526933
按主要行业分	Grouped By Main Sector	0		
道路运输业	Road transportation	4	4384	17584
水上运输业	Water transportation	0		
电信、广播电视和卫星传输服务	Telecommunications, broadcasting television and satellite transmission services	5	1312	16945
互联网和相关服务	The Internet and related services	0		
软件和信息技术服务业	Software and information technology services	0		
货币金融服务	Monetary and financial services	1	3277	4042199
房地产业	Real Estate	2	805	6791
商务服务业	Business Services	4	1929	12271
研究和试验发展	Research and experiment	2	4530	62656
专业技术服务业	Professional technical services	7	7113	25539
科技推广和应用服务业	Science and technology popularization and application	9	7223	30662
水利管理业	Water Consevanc	6	1074	20435
生态保护和环境治理业	environmental protection and ecological conservation	1	146	148
公共设施管理业	Public Establishment Management	0		
居民服务业	Resident Services	3	2935	18985
其他服务业	Other Services	0		
教育	Education	64	166726	582107
卫生	Public Health	33	148052	398920
社会工作	Social Welfare	3	2081	1489
新闻和出版业	The news and publishing	0		
广播、电视、电影和影视录音制作业	Radio, television, film and video recording	0		
文化艺术业	Culture and art	7	4355	21226
体育	Gym	0		
娱乐业	Entertainment	2	489	3592
中国共产党机关	Chinese Communist Party organs	7	4752	3859
国家机构	National Institutions	28	86293	243571
人民政协、民主党派	The CPPCC, democratic parties	3	1563	522
社会保障	Social security	1	1144	352
群众团体、社会团体和其他成员组织	Mass organizations, social organizations and other members of the organization	5	2562	17081
基层群众自治组织	Grassroots autonomous organizations of a mass	0		

Main Economic Indicators of Administrative Institution above Designated Size by Sector of Urban District

(2014)

(10000 yuan)

固定资产原价 Original Value of Fixed Assets	本年收入合计 Total Revenue	财政拨款 Financial Allocation	事业收入 Revenue for non - profit organization	经营收入 Operating income
1029467	1047141	533454	422452	41188
13508	20458	19668	781	0
11428	4155	64	3932	0
13185	0	0	0	0
2380	1332	224	208	892
622	14969	12318	1245	292
29158	12447	2698	6961	0
18694	11699	7048	714	3713
3361	22612	17208	0	0
1274	11671	10694	0	251
134	171	138	3	0
3721	5215	448	0	4660
441661	219688	121614	74923	10567
278485	381073	35386	319904	20658
793	2455	2246	8	0
20070	7685	5659	1747	155
2049	1981	0	1953	0
2984	9507	7439	0	0
180153	308413	283945	7270	0
429	2350	2349	0	0
231	1805	1805	0	0
5147	7458	2503	2803	0

13－41 续表1

单位:万元

指　标	Item	本　年 支出合计 Total Cose	工资福利支出 Wages and Welfare expenditure
合　计	Total	992123	285180
按主要行业分	Grouped By Main Sector		
道路运输业	Road transportation	7176	2392
水上运输业	Water transportation		
电信、广播电视和卫星传输服务	Telecommunications, broadcasting television and satellite transmission services	3924	607
互联网和相关服务	The Internet and related services		
软件和信息技术服务业	Software and information technology services		
货币金融服务	Monetary and financial services	4748	2148
房地产业	Real Estate	1705	456
商务服务业	Business Services	13562	1172
研究和试验发展	Research and experiment	10410	2069
专业技术服务业	Professional technical services	11007	3049
科技推广和应用服务业	Science and technology popularization and application	23881	2787
水利管理业	Water Consevanc	11445	668
生态保护和环境治理业	environmental protection and ecological conservation	167	72
公共设施管理业	Public Establishment Management		
居民服务业	Resident Services	2774	436
其他服务业	Other Services		
教育	Education	206122	104229
卫生	Public Health	354639	103719
社会工作	Social Welfare	2404	400
新闻和出版业	The news and publishing		
广播、电视、电影和影视录音制作业	Radio, television, film and video recording		
文化艺术业	Culture and art	7465	2183
体育	Gym		
娱乐业	Entertainment	1775	110
中国共产党机关	Chinese Communist Party organs	9657	2562
国家机构	National Institutions	310096	53437
人民政协、民主党派	The CPPCC, democratic parties	2511	855
社会保障	Social security	1817	851
群众团体、社会团体和其他成员组织	Mass organizations, social organizations and other members of the organization	4839	981
基层群众自治组织	Grassroots autonomous organizations of a mass		

Continued1

(10000 yuan)

		经营支出 Operating cost	经营税金（限事业单位） Business taxes for non – profit organization	从业人员平均人数(人) Average Employees (person)
商品和服务支出 Goods and Services expenditure	对个人和家庭的补助 Subsidy			
368570	79622	11136	441	27009
1975	753	0	0	386
2206	205	0	0	64
1440	137	0	0	269
1061	181	892	51	43
789	293	62	171	109
5615	419	0	84	210
4527	1092	1910	79	464
6530	4120	0	8	203
1841	301	200	1	66
41	55	0	0	4
1673	87	2495	0	39
48593	32153	1780	31	10715
222417	13583	3799	0	9111
449	1554	0	0	49
2447	524	0	16	248
1547	28	0	0	54
4666	1959	0	0	191
57931	20092	0	0	4540
1043	585	0	0	73
610	195	0	0	94
1170	1305	0	0	77

主要统计指标解释

独立研究与开发机构 指有明确的任务和研究方向，有一定学术水平的业务骨干和一定数量的研究人员，具有研究、开发、开展学术工作的基本条件，主要进行科学研究与技术开发活动，并且在行政上有独立的组织形式，财务上独立核算盈亏，有权与其他单位签订合同，在银行有单独户头的单位。包括国务院各部门、中国科学院、中国社会科学院和各省、自治区、直辖市以及地（市）以上〔含地（市）〕各部门所属的国有科学研究与技术开发机构。

独立研究与开发机构职工 指在独立研究与开发机构工作，并由其支付工资的人员。包括长期职工、临时职工和招聘人员，不包括编制以外的离休、退休人员和停薪留职人员。

研究与发展经费支出 指用于研究与发展课题活动（基础研究、应用研究、实验发展）的全部实际支出，包括用于研究与发展课题活动的直接支出和间接用于研究与发展活动的支出（如研究院、所管理费，维持研究院、所正常运转的必需费用和与研究发展有关的基本建设支出）。

科学家和工程师 指具有大学本科及以上学历和不具备上述学历但有高、中级职称的人员。

其他科技人员 指大专、中专毕业和具有初级职称的从事科技活动人员。

专业技术人员 指已取得科学技术职称，或大学、中专的理、工、农、医科系毕业，以及国民经济各部门从工作实践中提拔，从事理、工、农、医等自然科学技术的研究、教学、生产的专业人员和在机关、企业、事业中从事科学技术业务管理工作的专业人员。

工程技术人员 指在国民经济各行业中从事工程技术工作的自然科学技术专业人员，包括高级工程师、工程师、助理工程师、技术员和未评定职称的技术人员。

农业技术人员 指在国民经济各行业中从事农业技术工作的自然科学技术专业人员，包括高级农艺师、农艺师、助理农艺师、技术员和未评定职称的技术人员。

卫生技术人员 指在国民经济各行业中从事卫生医务工作的自然科学技术专业人员，包括正副主任医师、主治医师、医师、医（护）士和未评定职称的技术人员。

科学研究人员 指在国民经济各行业中从事科学技术活动的自然科学技术专业人员，包括正副研究员、助理研究员、研究实习员、技术员和未评定职称的技术人员。

自然科学教学人员 指在国民经济各行业中从事自然科学技术教学活动的专业人员，包括正副教授、讲师、助教、教师和在中学从事自然科学技术教学活动的人员。

发明 是专利法及其实施细则所称的发明，指对有关产品、方法或其改进所提出的新的技术方案。

实用新型 是专利法及其实施细则所称的实用新型，指对产品的形状、构造或者其结合所提出的适于实用的新的技术方案。

外观设计 是专利法及其实施细则所称的外观设计，指对产品的形状、图案、色彩或者其结合所作出的富有美感并适于工业上应用的新设计。

普通高等学校 指按照国家规定的设置标准和审批程序批准举办，通过国家统一招生考试，招收高中毕业生为主要培养对象，实施高等教育的全日制大学、独立设置的学院和高等专科学校、短期职业大学。

成人高等学校 指按照国家有关规定审批，招收通过全国成人高教统一招生考试的具有高中毕业或同等学历的在职从业人员，利用脱产、半脱产、业余或函授等多种形式对其实施高等学历教育，培养高等教育专科或本科毕业水平的专门人才，修业年限、课程设置和总学时数均按高等学历教育要求付诸实施的学校。包括广播电视大学、职工高等学校、农民高等学校、管理干部学院、教育学院、独立设置的函授学院等。

小学学龄儿童入学率 指调查范围内已入小学学习的学龄儿童占校内外学龄儿童总数（包括弱智儿童，不包括盲聋哑儿童）的比重。计算公式为：

小学学龄儿童入学率 = 已入学的小学学龄儿童数/校内外小学学龄儿童总数 × 100%

文化事业机构 指从事专业文化工作和为专业文化工作服务的独立建制的单位。不包括这些单位另外举办独立核算的其他机构和各部门的业余文化组织。

艺术表演团体 指从事戏曲、音乐、舞蹈、杂技等专业艺术表演，有独立帐户的单位，不包括半工半艺、半农半艺和民间职业剧团。

电影放映单位 指具有放映机器设备、固定或不固定的放映场所与专职或兼职的放映技术人员，经有关部门登记批准，经常为一定的观众对象放映电影的机构。包括经批准对外开放进行营业，并与电影发行放映管理机构分帐的专用放映单位和军委系统租片单位。

艺术表演观众人数（人次） 指售票、包场演出或民族地区免费演出的艺术表演观众人次数，不包括彩排审查和内部观摩演出的观看人次数。

医院 指设有固定床位,能收容病人住院并能为病人提供医疗、护理服务的医疗机构,包括县及县以上医院、农村乡卫生院和其他医院三部分。医院按所属性质不同分为卫生部门、工业及其他部门和集体经济单位三类。县及县以上医院按业务性质不同分为综合医院和专科医院。

卫生技术人员 指卫生事业机构支付工资的全部职工中现任职务为卫生技术工作的专业人员,包括中医师、西医师、中西医结合高级医师、护师、中药师、西药师、检验师、其他技师、中医士、西医士、护士、助产士、中药剂士、西药剂士、检验士、其他技士、其他中医、护理员、中药剂员、西药剂员、检验员和其他初级卫生技术人员。

医生 指经卫生部门审查合格,从事医疗工作的专业人员。分为中医医生和西医医生。包括卫生技术人员中的中医师、西医师、中西医结合高级医师、中医士、西医士和其他中医。

等级运动员人数 指经考核正式批准授予等级运动员称号的人数。运动员等级分为国际级运动健将、运动健将、一级运动员、二级运动员、三级运动员、少年级运动员。

等级裁判员人数 指经考核正式批准授予等级裁判员称号的人数。裁判员等级分为国际裁判、国家级裁判、一级裁判、二级裁判、三级裁判。

体育场 指有400米跑道(中心含足球场),有固定道牙,跑道6条以上,并有固定看台的室外田径场地。体育场按看台容纳观众人数分为:甲级25000人以上,乙级15000-25000人,丙级5000-15000人,丁级5000人以下。

体育馆 指有固定看台,可供篮球、排球、羽毛球、乒乓球、体操等项目训练比赛活动用的室内运动场地。体育馆按看台容纳观众人数分为:甲级6000人以上,乙级4000-6000人,丙级2000-4000人,丁级2000人以下。

EXPLANATORY NOTES ON MAIN STATISTICAL INDICATORS

Independent Research and Development Institutions refer to the state owned institutions which have direct mission and research purpose, a certain number of core member with higher research level and a certain number of research personnel, necessary conditions for R & D activities and engaging in scientific research and technological development. The institutions also have their own independent organization and finance, authority to sign contracts with other units, with their own accounts in banks. Independent research and development institutions include the institutions attached to central government agencies, Chinese Academy of Sciences. Chinese Academy of Social Sciences and the institutions attached to local governments.

Personnel of Independent Research and Development Institutions refers to the persons working in and receiving payment from research and development institutions. It includes regular full – time and temporary staff and workers and employees working on contracts, but excludes retirees and persons leaving their work without payment but still retaining their posts, who are not on the employee list.

Total Expenditure on Research and Development refers to all actual expenditure made for R&D (basic research, applied research and experimental development) in reference period. It includes direct expenditure on R&D and indirect expenditure on R&D (including management and necessary administrative expenses of research institutes, investment in capital construction relating to R&D).

Scientists and Engineers refer to persons who have completed university or higher education or obtained titles of senior and middle level professional positions.

Other Technical Personnel refers to persons involved in science and technology with secondary specialized education or three – year college education and persons with junior professional titles.

Natural Scientific and Technical Personnel refers to those professionals holding scientific and technical titles or taking such positions, or being graduated from departments of science, engineering, agriculture and medicine, and/or having been promoted in practice in different sectors of the national economy and working on research, teaching and production technique in the scientific and technological fields such as science, engineering, agriculture and medicine, etc. and the professionals doing administrative work related to science and technology in government agencies, enterprises and institutions.

Engineering Professionals refer to the persons who are engaged in engineering science and technology in different sectors of the national economy, including senior engineers, engineers, assistant engineers, technicians and technical personnel without professional titles.

Agricultural Professionals refer to the persons who are working on the science of agriculture in different sectors of the national economy, including senior agronomists, agronomists, assistant argonomists, technicians and technical personnel without professional titles.

Public Health Professionals refer to the persons who are engaged in medical and health work in different sectors of the national economy, including director doctors and their deputies, doctors in charge, doctors, paramedics, nurses and technical personnel without professional titles.

Scientific Research Personnel refers to those personnel engaged in scientific and technical activities in different sectors of the national economy, including research fellows and their deputies, assistant research fellows, research trainees, technicians and technical personnel without professional titles.

Natural Scientific Teaching Personnel refers to professionals engaged in the teaching of natural science and technology in different sectors of the national economy, including professors, associate professors, lecturers, teaching assistants, teachers and teaching personnel in science and technology in middle schools.

Inventions refer to the inventions as specified by the patent law and its detailed rules and regulations for implementation. They refer to the new technical proposals to the products or methods or their modifications.

Utility Models refer to the utility models as specified by the patent law and its detailed rules and regulations for implementation. They refer to the practical and new technical proposals on the shape and structure of the product or the combination of both.

Designs refer to the designs as specified by the patent law and its detailed rules and regulation for implementation. They refer to the aesthetics and industry applicable new designs for the shape, pattern and color of the product, or their combinations.

Regular Institutions of Higher Learning refer to educational establishments set up according to the government evaluation and approval procedures, enrolling graduates from senior secondary schools and providing higher education courses and training for senior professionals. They include full – time universities, colleges, high professional schools and short – term professional universities.

Institutions of Higher Learning for Adults refer to educational establishments, set up in line with relevant rules approved by the government, enrolling staff and workers with senior secondary school or equivalent education, and providing higher education courses in many forms of full time, part time, spare time, or correspondence for adults. Professionals thus trained receive a qualification equivalent to graduates studying regular courses at regular universities, colleges and professional colleges. Institutions of higher learning for adults include Radio and TV universities, schools of high education for staff and workers and peasants, colleges for management cadres, pedagogical colleges, independent correspondence colleges.

Enrollment Rate of Primary School Age Children refers to the proportion of school age children enrolled at schools to the total number of school age children both in and outside schools (including retarded children, but excluding blind, deaf and mute children). The formula is:

Enrollment Rate of Primary School – age Children = (Total Primary School – age Children at Schools) (Total Primary School age Children Both at and Outside Schools) 100%

Cultural Institutions refer to units which have their own organizational system and independent accounting system and specialize in or serve cultural development. They exclude other establishments run by these cultural institutions and amateur cultural groups established by various departments.

Art Troupe refers to the troupe which is engaged in drama, opera, music, dance, acrobatics or other art performance, opens independent accounts with banks and has self – supporting accounting system; excluding the troupes which are engaged partly in industrial or agricultural activities, partly in art performance and the professional troupes organized by the people.

Film Projection Units refer to units with film projection equipment, full or part time projectionists, permanent or non permanent places, approved by related administrative departments to show films regularly for certain groups of audience, including those film projection units which have been approved to give commercial shows and run business with independent accounting system as well as those film – renting units of the military system.

Number of Spectators at Art Performance refers to the number of attendants at commercial shows, completely booked shows or free shows given in minority national areas, and does not include the number of spectators at rehearsals for examination and internal shows for study.

Hospitals refer to medical institutions with permanent hospital beds, which are able to take in patients and provide them with medical and nursing services. Hospitals are classified into three categories: hospitals at or above the county level, hospitals of rural townships, and other hospitals. According to their ownership, hospitals can be classified into three categories: hospitals under the public health departments, hospitals under industrial and other departments and collective – owned hospitals. Hospitals at or above county level are divided into comprehensive and specialized hospitals.

Medical Technical Personnel refers to all medical staff and workers employed by medical institutions, including doctors of Chinese and Western medicine, senior doctors who integrate traditional Chinese therapeutics with Western therapeutics in practice, senior nurses, pharmacists of Chinese and Western medicine, laboratory specialists, other specialists, paramedics of Chinese and Western medicine, nurses, midwives, druggists in Chinese and Western medicine, laboratory technicians, other technicians, other practitioners of Chinese medicine, nursing attendants, pharmacological workers of Chinese and Western medicine, laboratory workers, and other primary medical personnel.

Doctors refer to qualified professional medical workers approved to practice by public health departments. They are classified into doctors of Chinese medicine, doctors of Western medicine, senior doctors who integrate traditional Chinese therapeutics with Western therapeutics in practice, paramedics of Chinese medicine and Western medicine, and other specialists of Chinese medicine.

Number of Athletes in Grades refers to the number of athletes who have been given titles through examination. The titles of athletes include international masters of sports, masters of sports, first – grade, second – grade and third – grade sportsmen and young athletes.

Number of Referees in Grades refers to the number of referees who have been given titles after examination. They are classified as international referees, national referees and referees of the first, second and third grades.

Stadiums refer to stadiums for track and field events with six lane 400 – meter tracks around soccer fields, permanent track marks and permanent bleachers. Stadiums are classified according to seating capacity. They include: Class A stadiums seating 25000 people each. Class B stadiums seating 15000 to 25000 people each. Class C stadiums seating 5000 to 15000 people each, and Class D stadiums seating fewer than 5000 people.

Gymnasiums refer to indoor sports grounds with permanent seats in which basketball, volleyball. badminton, table tennis and gymnastics competitions can be held. Gymnasiums are classified according to seating capacity. They include Class A gymnasiums seating over 6000 people. Class B gymnasiums seating 4000 to 6000 people. Class C gymnasiums seating 2000 to 4000 people, and Class D gymnasiums seating fewer than 2000 people.

十四、城市比较
Cities Compare

14－1 浙江省内各市县主要经济指标
(2014)

单位:万元

指标名称	Item	土地面积(平方公里) Area of Land (sq. km)	年末总人口(万人) Total Population (year－end) (10000 persons)	年平均人口(万人) Annual Average Population (10000 persons)	生产总值(亿元) Gross Domestic Product (100 million yuan)	第一产业 Primary Industry
杭州市	**Hangzhou Municipality**	**16596**	**715.76**	**711.19**	**9206.16**	**274.35**
杭州市区	Urban Area	4876	525.08	520.88	7977.37	156.31
萧山区	Xiaoshan	1163	125.54	124.96	1727.63	61.60
余杭区	Yuhang	1222	92.54	91.44	1101.23	45.54
桐庐县	Tonglu	1780	40.84	40.72	306.13	21.78
淳安县	Chun'an	4452	45.90	45.83	192.06	30.11
建德市	Jiande	2364	50.97	50.93	298.93	28.65
富阳市	Fuyang	1808	66.61	66.24	601.47	39.93
临安市	Lin'an	3124	52.97	52.84	431.67	37.50
宁波市	**Ningbo Municipality**	**9816**	**583.78**	**581.96**	**7610.28**	**275.70**
宁波市区	Urban Area	2462	229.64	228.62	4589.30	60.12
鄞州区	Yinxian	1346	85.20	84.61	1296.64	39.34
余姚市	Yuyao	1501	83.67	83.59	804.36	41.34
慈溪市	Cixi	1361	104.59	104.48	1109.41	48.48
奉化市	Fenghua	1268	48.37	48.37	308.99	28.50
象山县	Xiangshan	1382	54.86	54.62	388.08	57.95
宁海县	Ninghai	1843	62.64	62.29	410.14	39.30
温州市	**Wengzhou Municipality**	**12065**	**813.69**	**810.46**	**4303.05**	**117.94**
温州市区	Urban Area	1138	152.45	151.72	1699.70	11.14
鹿城区	Lucheng	290	74.32	73.87	755.24	1.67
龙湾区	Longwan	381	35.18	35.09	531.54	3.56
瓯海区	Eouhai	466	42.95	42.76	412.92	5.91
瑞安市	Ruian	1350	123.11	122.69	676.88	18.96
乐清市	Yueqing	1367	128.73	128.26	724.69	19.99
洞头县	Dongtou	173	13.23	13.20	56.45	4.21
永嘉县	Yongjia	2677	97.67	97.31	312.27	9.91
平阳县	Pingyang	1042	88.40	88.18	319.62	13.45
苍南县	Cangnan	1253	133.18	132.69	393.60	27.21
文成县	Wencheng	1296	40.24	39.91	66.38	6.98
泰顺县	Taishun	1768	36.68	36.49	67.95	6.21
嘉兴市	**Jiaxing Municipality**	**3915**	**348.14**	**347.03**	**3352.60**	**144.77**
嘉兴市区	Urban Area	968	86.36	85.92	837.91	31.62
平湖市	Pinghu	537	49.14	49.05	478.21	16.48
海宁市	Haining	668	67.38	67.15	669.09	22.75
桐乡市	Tongxiang	727	68.68	68.48	614.36	29.19
嘉善县	Jiashan	507	38.75	38.70	402.59	23.65
海盐县	Haiyan	508	37.83	37.75	350.70	21.06
湖州市	**Huzhou Municipality**	**5820**	**263.78**	**263.14**	**1956.00**	**120.34**
湖州市区	Urban Area	1565	110.65	110.29	865.50	42.61
德清县	Deqing	938	43.70	43.63	367.50	20.33
长兴县	Changxing	1431	63.05	62.94	438.10	31.71
安吉县	Anji	1886	46.38	46.28	284.50	25.69
绍兴市	**Shaoxing Municipality**	**8279**	**443.04**	**442.35**	**4265.88**	**194.28**
绍兴市区	Urban Area	2965	217.78	217.24	2525.71	87.45
诸暨市	Zhuji	2311	108.04	107.84	981.12	49.09
上虞区	Shangyu	1406	78.00	77.97	681.03	41.36

注:该部分数据均为快年报数。

Main Economic Indicators of Natinal Economy By City and County in Province

(2014)

(10 000 yuan)

第二产业 Secondary Industry	工业 Industry	第三产业 Tertiary	城镇单位职工平均工资(元) Average Wage of Staff and Workers at Work (yuan)	农村居民人均纯收入(元) Per Capita Annual Net Income of Rural Residents (yuan)	城镇居民人均可支配收入(元) Per Capita Annual Disposable Income of Urban Residents (yuan)	居民消费价格指数(上年为100) Consumer Price Indices(Preceding year = 100)	固定资产投资额 Total Investment in Fixed Assets
3845.58	**3414.90**	**5086.24**	**70824**	**23555**	**44632**		**49527010**
3202.00	2837.52	4619.06	71711			102.0	42572154
928.27	852.69	737.77	58249	26758	47195	102.0	8508518
441.25	400.83	614.45	73689	26581	45329	101.6	7861506
172.13	155.68	112.22	62312	20627	36366	101.5	2096371
76.27	58.26	85.69	61872	13278	30559	102.4	1450503
161.30	147.18	108.99	60115	18295	35117	101.7	1432850
316.59	291.78	244.95	56829	22840	39954	101.6	3500717
233.88	216.26	160.29	58319	21578	37860	101.3	1975132
3980.41	**3533.68**	**3354.17**	**68672**	**24283**	**44155**	**101.9**	**39894626**
2340.31	2088.45	2188.87		25815	47190	101.9	22452497
761.82	710.33	495.48	69872	26682	46324		5933325
467.73	422.34	295.29	60738	24312	41921	101.9	5156152
637.93	587.95	423.00	64811	25041	43526	101.7	6360715
140.60	118.43	139.89	63228	22033	38755	102.1	1821652
180.65	129.66	149.49	55580	22146	40189	101.7	1852034
213.20	186.85	157.64	63987	22209	40664	101.6	2251576
2029.70	**1707.25**	**2155.41**	**59463**	**19394**	**40510**	**101.8**	**30528120**
811.17	653.34	877.39	70402			101.8	10407507
231.50	169.65	522.07	62119	23434	45698		3065740
347.94	298.48	180.03	53856	24525	40855		4261352
231.73	185.20	175.28	60515	23708	42058		3080415
322.66	292.26	335.26	58317	21682	43208		4349674
388.45	363.51	316.25	55398	22668	42610		4859031
20.67	12.71	31.57	91313	16617	31730		823411
167.55	138.95	134.82	50509	15404	32330		2411736
143.28	119.35	162.89	47338	15823	33396		2977883
169.74	139.62	196.65	51376	15471	33585		3537070
22.00	13.80	37.40	68073	11943	27419		565041
22.69	10.84	39.05	46718	11739	26166		596767
1813.67	**1636.88**	**1394.17**	**60310**	**24676**	**42143**		**22212077**
395.95	352.60	410.33	64627	23689	37673	102.0	5847672
289.69	276.63	172.03	54175	24758	43192		2972787
379.81	329.92	266.53	61585	25786	44887	102.0	4481583
320.35	281.62	264.82	57400	25195	41438		3723334
224.18	204.51	154.76	53873	25048	43126		2576319
204.50	192.57	125.14	68244	25101	43618		2610382
999.10	**901.76**	**836.56**	**56444**	**22404**	**38959**		**12429184**
425.16	380.21	397.73	56315			102.3	5390651
206.24	192.72	140.92	55391	22820	39516		2319746
229.99	203.46	176.40	58693	22685	39234		3266141
137.28	124.96	121.53	55734	21562	37963		1452646
2213.48	**1926.32**	**1858.12**	**54762**	**23539**	**43167**		**23046833**
1295.60	1116.83	1142.67	55112				14115194
533.32	454.47	398.71	54196	25583	45790		5687691
372.09	319.09	267.58	58470	23018	43569		4090485

Note: The data are from from fast annual report.

14-1 续表1

单位:万元

指标名称	Item	土地面积(平方公里) Area of Land (sq. km)	年末总人口(万人) Total Population (year-end) (10000 person)	年平均人口(万人) Annual Average Population (10000 person)	生产总值(亿元) Gross Domestic Product (100 million yuan)	第一产业 Primary Industry
嵊州市	Shengzhou	1789	73.31	73.34	423.04	37.01
柯桥区	Shaoxing	1066	64.98	64.64	1138.08	32.92
新昌县	Xinchang	1214	43.90	43.92	333.77	20.74
金华市	**Jinhua Municipality**	**10942**	**475.07**	**474.21**	**3208.20**	**138.56**
金华市区	Urban Area	2049	95.09	94.83	605.98	32.21
兰溪市	Lanxi	1312	66.09	66.38	273.56	23.62
义乌市	Yiwu	1105	76.66	76.33	971.47	21.19
东阳市	Dongyang	1747	83.42	83.24	439.25	17.38
永康市	Yongkang	1047	59.17	58.85	459.51	8.78
武义县	Wuyi	1568	33.85	33.94	195.28	15.25
浦江县	Pujing	918	39.61	39.52	188.59	9.44
磐安县	Panan	1195	21.19	21.11	74.55	10.68
衢州市	**Quzhou Municipality**	**8845**	**255.67**	**254.94**	**1115.10**	**82.64**
衢州市区	Urban Area	2354	84.13	83.87	467.68	28.62
柯城区	Kecheng	607	43.97	43.83	149.46	8.36
衢江区	Qujiang	1748	40.16	40.04	131.94	20.09
江山市	Jiangshan	2019	61.19	60.94	250.17	20.79
常山县	Changshan	1097	34.10	33.99	107.09	7.76
开化县	Kaihua	2231	35.82	35.73	98.39	12.13
龙游县	Longyou	1143	40.42	40.41	189.72	13.34
舟山市`	**Zhoushan Municipality**	**1455**	**97.49**	**97.40**	**1015.26**	**100.90**
舟山市区	Urban Area	1034	70.90	70.77	743.54	51.72
岱山县	Daishan	324	18.79	18.83	192.33	29.13
嵊泗县	Shensi	97	7.80	7.81	78.14	20.05
台州市	**Taizhou Municipality**	**9411**	**597.10**	**595.57**	**3387.38**	**215.63**
台州市区	Urban Area	1536	158.47	158.12	1233.21	43.33
温岭市	Wenling	836	121.80	121.43	797.21	58.29
临海市	Linhai	2171	119.04	118.74	439.34	38.57
玉环县	Yuhuan	378	43.02	42.92	423.68	26.91
三门县	Sanmen	1072	44.06	43.95	156.43	22.92
天台县	Tiantai	1426	59.84	59.69	173.79	12.10
仙居县	Xianju	1992	50.87	50.73	155.83	13.50
丽水市	**Lishui Municipality**	**17298**	**265.65**	**264.79**	**1051.75**	**88.56**
丽水市区	Urban Area	1502	39.99	39.80	269.29	16.96
青田县	Qingtian	2484	53.58	53.18	181.77	7.51
缙云县	Jinyun	1482	46.39	46.21	184.06	9.72
遂昌县	Suichang	2539	23.23	23.24	87.37	10.37
松阳县	Songyang	1406	24.06	24.02	81.60	12.85
云和县	Yunhe	978	11.36	11.36	50.78	4.30
庆元县	Qingyuan	1898	20.65	20.64	53.15	7.46
景宁县	Jingning	1950	17.33	17.34	42.00	6.44
龙泉市	Longquan	3059	29.06	29.00	102.61	12.94

Continued 1

(10 000 yuan)

第二产业 Secondary Industry	工业 Industry	第三产业 Tertiary	城镇单位职工平均工资(元) Average Wage of Staff and Workers at Work (yuan)	农村居民人均纯收入(元) Per Capita Annual Net Income of Rural Residents (yuan)	城镇居民人均可支配收入(元) Per Capita Annual Disposable Income of Urban Residents (yuan)	居民消费价格指数(上年为100) Consumer Price Indices (Preceding year = 100)	固定资产投资额 Total Investment in Fixed Assets
212.84	194.40	173.19	53466	20749	41058		1921196
630.69	556.29	474.47	52306	26743	46809		5769451
171.73	160.63	141.29	54865	19802	40556		1322752
1508.36	**1302.05**	**1561.29**	**55807**	**16459**	**39807**		**15947862**
240.40	196.49	333.37	63712			102.4	3519063
148.57	138.27	101.38	48437	12166	29766	102.3	1501298
369.93	316.60	580.34	64719	23677	51899		4381825
215.11	165.79	206.77	50959	18447	38105		2194071
281.65	263.51	169.09	64919	18111	39432		1825167
106.87	95.13	73.16	62356	12112	28126		1124585
109.29	98.03	69.86	56907	13714	32719	102.5	917074
36.54	28.24	27.33	44035	10113	27600		484779
558.90	**481.57**	**473.56**	**65057**	**15354**	**30583**		**7821018**
220.33	190.91	218.74	68930	14736	32305	102.5	3273527
35.55	22.67	105.55	68643	16134	32821		915333
64.08	52.68	47.77	71296	13789	26120		1019478
135.68	123.06	93.70	62031	16659	32022		1510210
54.68	44.04	44.65	68128	13939	25899		1030091
41.99	29.22	44.27	65291	11920	24532		737613
104.31	92.45	72.06	54519	15559	31424		1269577
425.27	**336.20**	**489.09**	**68954**	**23783**	**41466**	**101.7**	**9608783**
313.66	245.55	378.17					7777748
99.99	86.76	63.21	64714	23894	36723		1220219
12.24	4.44	45.85	61770	23012	37103	102.0	610816
1578.85	**1374.80**	**1592.89**	**53703**	**19362**	**39763**	**102.4**	**17659343**
566.08	503.09	623.80	53657	20544	44082	102.3	6015251
369.86	315.59	369.06	57207	21786	41225		3396117
200.10	166.31	200.68	54709	19180	36488	103.0	2514391
248.57	236.02	148.19	50478	22950	47761		1351492
60.99	43.27	72.52	56041	17040	31805		1658844
75.65	64.65	86.04	49873	15765	32257		1307380
65.88	52.88	76.45	50604	14398	28526		1415868
505.57	**433.37**	**457.63**	**66113**	**13635**	**30413**		**6650781**
104.80	83.90	147.53	77145	17601	32327	102.6	1881729
106.57	97.13	67.69	63570	15546	31256		952539
107.03	97.34	67.30	63856	13416	29766		919975
38.09	33.77	38.91	55728	12908	31478		479202
38.76	33.73	30.00	69899	12039	26525		482947
26.52	22.12	19.97	53109	12789	28726		360282
23.30	18.29	22.38	67672	11762	26224		412342
13.42	8.42	22.14	62964	12432	26152		397104
47.29	38.84	42.37	58981	14404	31511	101.9	764661

14－1 续表2

单位:万元

指标名称	Item	财政预算内收入(亿元) Budgetary Financial Revenue	地方财政预算内收入 Local Budgetary Financial Revenue	地方财政预算内支出 Local Financial Expenditure	金融机构存款余额 Deposits in Financial Institutions	城乡居民储蓄余额 Savings Deposits of Urban & Rural Residents	金融机构贷款余额 Loans in Financial Institutions
杭州市	**Hangzhou Municipality**	**1920.11**	**10273169**	**9611771**	**239500462**	**66945512**	**203561710**
杭州市区	Urban Area		9426504	8077961	226419846	60042569	192783793
萧山区	Xiaoshan		1338521	1201955	30393751	12050531	27321877
余杭区	Yuhang		1488016	1371185	18019404	8216776	12911710
桐庐县	Tonglu		239132	329203	3325142	1747211	2836964
淳安县	Chun'an		138599	435595	2599113	1219005	2047449
建德市	Jiande		187008	312391	2820394	1814761	2315598
富阳市	Fuyang		496002	576965	8712709	3538491	8852869
临安市	Lin'an		281926	456621	4335968	2121966	3577905
宁波市	**Ningbo Municipality**	**1790.89**	**8606109**	**10008563**	**133074057**	**47803126**	**136106069**
宁波市区	Urban Area		5975334	6611346	90895101	26524842	88924643
鄞州区	Yinxian		1662205	1682225	16967728	7669925	15166860
余姚市	Yuyao		648070	804673	11818683	6102543	12190861
慈溪市	Cixi		1000151	1078856	16786957	8799376	17578428
奉化市	Fenghua		290233	476853	4411760	2441901	5196728
象山县	Xiangshan		331678	527444	4239795	1862886	6038970
宁海县	Ninghai		360643	509391	4505463	2041617	5721209
温州市	**Wengzhou Municipality**	**612.44**	**3525253**	**4889810**	**79371557**	**38831144**	**72236337**
温州市区	Urban Area		1613144	1653053	43911440	17886015	36054968
鹿城区	Lucheng		235508	302126	29086741	11746764	23784119
龙湾区	Longwan		301270	319973	7761452	4017701	8244117
瓯海区	Eouhai		242396	280865	7506553	4339972	6282341
瑞安市	Ruian		484417	553097	9607492	5774901	9307422
乐清市	Yueqing		556525	613477	9946558	5484939	10621430
洞头县	Dongtou		45021	167861	572925	224341	555812
永嘉县	Yongjia		223100	452592	4417972	2745593	4229378
平阳县	Pingyang		220002	405822	3529190	2279145	3561927
苍南县	Cangnan		256366	494925	4584808	2752558	6141937
文成县	Wencheng		64766	273173	1574751	1051419	904535
泰顺县	Taishun		61912	275810	1226421	632234	858928
嘉兴市	**Jiaxing Municipality**	**568.09**	**3070675**	**3349028**	**55138654**	**27015761**	**43931643**
嘉兴市区	Urban Area		938112	1088806	19229593	7730122	15171024
平湖市	Pinghu		456780	449179	6955507	3364556	4947882
海宁市	Haining		600260	606845	10388477	5350058	7931728
桐乡市	Tongxiang		491902	524198	8671460	5131430	7149230
嘉善县	Jiashan		313341	396038	5384766	2978839	4023389
海盐县	Haiyan		270280	283962	4508851	2460756	4708390
湖州市	**Huzhou Municipality**	**295.71**	**1678400**	**2245670**	**27560543**	**13699495**	**23249508**
湖州市区	Urban Area		644229	944538	14259438	7173907	10818216
德清县	Deqing		337070	379230	4646372	2371307	3930400
长兴县	Changxing		402255	514130	5264432	2347483	4684659
安吉县	Anji		294846	407772	3390302	1806798	3816233
绍兴市	**Shaoxing Municipality**	**546.34**	**3172705**	**3464437**	**65542219**	**28061541**	**58233946**
绍兴市区	Urban Area		2011253	2048234	45104814	17285944	40418570
诸暨市	Zhuji		663386	741445	11454039	5865144	10920153
上虞区	Shangyu		465581	500112	9020655	4434845	7833209

注:金融机构存贷款余额为人民币口径。

Continued 2

(10 000 yuan)

本地电话用户数(万户) Local Telephone Subscribers (10000 subscribers)	移动电话用户数(户) Mobile Telephone Subscribers (Subscriber)	国际互联网用户数(户) Number of Internet Subscribers (Subscriber)	全年用电量(万千瓦时) Total Electricity Consumption (10000kwh)	工业用电 Industrial Consumption	城乡居民生活用电 Residents Consumption for Living	批发零售贸易业商品销售总额 Total Sales of Wholesale and Retailsale Trade	社会消费品零售额 Total Retail Sales of Consumer Goods
311.14	**15617100**	**2787800**	**6401917**	**4200699**	**838607**	**165053508**	**42014577**
269.07	13553100	2368500	5527078	3550615	725608	161842736	37855210
61.57	2488500	455500	2118482	1779648	135158	19408416	5156481
30.55	1922600	367900	760810	489009	117653	8680678	3494348
9.96	502600	105100	181273	121881	29110	981980	1173697
8.17	350900	67600	95527	56336	16285	519735	640460
8.66	471000	92400	289341	242375	24867	479443	934093
18.59	910000	199000	718561	611897	57565	3226763	1707917
15.28	739500	154200	308698	229492	42736	1229614	1411117
270.00	**12670000**	**2810000**	**5767787**	**4352456**	**608304**	**126455459**	**29920297**
			571140	233253	108198	112218703	16197618
55.40	2291700	436521	770919	542136	106962	15563067	4049648
33.92	1615600	338291	733023	577211	73560	5439322	3880758
41.63	2857300	408933	1116873	896209	113256	5295621	4848567
15.42	641700	142475	278991	203297	38463	1312297	1446516
16.84	769000	171900	195245	115104	40362	1122635	1883154
14.43	800400	164806	262049	186342	45456	1066882	1663684
210.06	**11133412**	**2614831**	**3492657**	**2172936**	**787437**	**25994980**	**24103624**
84.74	4199304	1054372	1282475	779475	250194	18027144	12487093
			380285	129012	122204	10150496	7417575
			488446	374607	60981	6295933	3305159
			369792	231904	67009	1580715	1764359
30.62	1722983	377510	636107	442254	134899	2888157	2989381
33.58	1619056	373690	497785	292386	135063	1965684	2733854
1.73	115572	23689	24180	7684	8526	524700	201539
16.86	897740	193368	230151	141447	55554	870117	1172192
12.47	837362	201158	258769	160424	64435	591775	1416436
22.49	1319356	316894	490314	318414	112811	948297	2475253
4.31	180234	31067	38979	18974	11826	106202	307046
3.26	241805	43083	33898	11877	14130	72904	320831
135.23	**6146033**	**1419060**	**3964500**	**3288812**	**277883**	**21317202**	**13470432**
39.20	2167764	473760	1013706	800089	76542	9400799	3701410
16.95	746822	177324	571558	489891	35755	2477178	1496601
26.83	973873	241042	705905	578002	49479	3809158	3040131
22.28	1127129	262036	766418	647695	54219	3286207	2686632
16.28	668874	152949	468038	389425	38350	1368680	1515116
13.69	461571	111949	410863	355698	23538	975181	1030543
90.62	**3830033**	**878432**	**1916143**	**1477791**	**197405**	**20045370**	**8711964**
46.01	2066274	435925	780792	561503	87347	9086948	4521114
13.86	538200	150359	345008	275660	31080	2911665	1210263
15.66	672492	158783	572434	487369	44748	7577127	1854684
15.09	553067	133365	202276	137627	34228	469631	1125903
150.94	**6916250**	**1541298**	**3649320**	**2972695**	**318879**	**21758441**	**14871391**
88.69	4090572	958755				15801458	8395942
34.92	1484421	310807	733673	593658	75591	4505980	3161767
22.84	958185	213561	446541	355149	43898	2168524	2438530

Note: The balance of deposits and loans in Financial institutions includes foreign currency.

14－1 续表3

单位：万元

指标名称	Item	财政预算内收入(亿元) Budgetary Financial Revenue	地方财政预算内收入 Local Budgetary Financial Revenue	地方财政预算内支出 Local Financial Expenditure	金融机构存款余额 Deposits in Financial Institutions	城乡居民储蓄余额 Savings Deposits of Urban & Rural Residents	金融机构贷款余额 Loans in Financial Institutions
嵊州市	Shengzhou		250538	344500	5055389	3067645	3999520
柯桥区	Shaoxing		820088	714241	14420837	6189789	12560780
新昌县	Xinchang		247528	330258	3927976	1842808	2895702
金华市	**Jinhua Municipality**	**461.40**	**2688673**	**3528648**	**65487835**	**32125785**	**56471812**
金华市区	Urban Area		636948	915494	13939909	5633660	11959858
兰溪市	Lanxi		199533	334858	3564189	1892311	3240748
义乌市	Yiwu		696800	722345	23473635	11652740	19303833
东阳市	Dongyang		414838	480546	8070921	4206105	6379961
永康市	Yongkang		388485	406350	9214745	4634220	8649923
武义县	Wuyi		158001	263081	3145596	1701616	3328061
浦江县	Pujing		134018	216350	2795159	1790502	2554445
磐安县	Panan		60050	189624	1283680	614631	1054982
衢州市	**Quzhou Municipality**	**126.82**	**803239**	**1919400**	**16242871**	**7900575**	**14544620**
衢州市区	Urban Area		434912	824201	7763791	3193316	7131253
柯城区	Kecheng		75147	153031			
衢江区	Qujiang		79872	182769			
江山市	Jiangshan		136610	309000	3302747	1891946	3053344
常山县	Changshan		71903	214095	1471855	780632	1253036
开化县	Kaihua		57685	298987	1469341	815180	1086380
龙游县	Longyou		102129	273117	2235137	1219501	2020607
舟山市`	**Zhoushan Municipality**	**148.93**	**1010203**	**1881904**	**16027038**	**5980044**	**14160290**
舟山市区	Urban Area		836590	1385561	13572112	4775918	12634591
岱山县	Daishan		114443	298684	1794004	838215	1177973
嵊泗县	Shensi		59170	197659	660922	365911	347726
台州市	**Taizhou Municipality**	**485.29**	**2652092**	**3714666**	**56090430**	**28924078**	**49122356**
台州市区	Urban Area		1156668	1405076	26226783	12357799	23484160
温岭市	Wenling		478388	645088	11687531	6449711	9246375
临海市	Linhai		352566	513476	6457647	3680009	5276493
玉环县	Yuhuan		298358	399668	4569683	2456449	3996499
三门县	Sanmen		127657	253475	1912773	1039008	2467319
天台县	Tiantai		132867	260850	2685313	1515871	2383130
仙居县	Xianju		105588	237033	2550699	1425230	2268381
丽水市	**Lishui Municipality**	**135.02**	**809573**	**2172733**	**17418095**	**9377059**	**14044944**
丽水市区	Urban Area		306237	497743	5922185	2335594	5335843
青田县	Qingtian		128629	292725	3620623	2751496	2011318
缙云县	Jinyun		94876	244622	2195878	1196910	1943597
遂昌县	Suichang		60016	207846	1082689	622081	950289
松阳县	Songyang		43818	201380	1009490	610652	754731
云和县	Yunhe		36598	132922	725347	379932	545653
庆元县	Qingyuan		30057	184677	766648	402846	738059
景宁县	Jingning		47961	206842	768772	309709	568818
龙泉市	Longquan		61381	203976	1326462	767841	1196636

Continued 3

(10 000 yuan)

本地电话用户数(万户) Local Telephone Subscribers (10000 subscribers)	移动电话用户数(户) Mobile Telephone Subscribers (Subscriber)	国际互联网用户数(户) Number of Internet Subscribers (Subscriber)	全年用电量(万千瓦时) Total Electricity Consumption (10000kwh)	工业用电 Industrial Consumption	城乡居民生活用电 Residents Consumption for Living	批发零售贸易业商品销售总额 Total Sales of Wholesale and Retailsale Trade	社会消费品零售额 Total Retail Sales of Consumer Goods
18.06	813524	166467	216252	148218	42684	579317	2056163
18.76	1047601	222498	1385783	1230027	62017	6589040	2102469
9.26	527733	105269	178467	134297	25311	871686	1257518
136.49	**9183639**	**1946151**	**2847865**	**2020390**	**385067**	**14742172**	**15926986**
28.59	1896828	451449	503986	309239	87213	6276031	4639520
9.32	591573	126316	396275	342366	31110	1089008	1064877
43.20	2782460	617932	747164	477529	93703	3123386	4665765
19.33	1219256	249967	362664	244423	64004	1463594	2088093
17.43	1377017	237487	389695	298874	55043	2145481	1611123
7.26	531639	104651	196728	156090	21254	232285	722465
8.60	582420	117866	197054	153256	24630	320354	881602
2.77	202444	40483	39356	23669	8110	92032	253542
48.04	**2800386**	**506042**	**1282967**	**1033404**	**120762**	**4459999**	**5037864**
21.59	1214385	232653	679802	572386	48958	2884579	1963081
						2374522	1462178
						510057	500903
9.17	575287	90644	212291	161957	25390	406870	963769
4.37	284910	49578	122391	98168	13267	159616	492745
4.08	290124	49829	55978	31928	12709	75927	573500
8.84	435680	83337	201608	158069	20438	933007	1044769
41.25	**1632954**	**1296100**	**454339**	**234986**	**76576**	**12785259**	**3765820**
32.74	1310667	1049625	352190	189102	60586	12507064	2922388
5.94	220528	171198	61677	39722	11359	228177	576648
2.57	101759	75277	40471	6163	4631	50019	266784
140.55	**7586216**	**1676744**	**2544168**	**1731691**	**465746**	**16998350**	**16463225**
54.28	2739081	668320	954879	651513	153237	12024254	6644874
28.65	1560495	337718	518686	334223	118839	2281261	4305372
17.82	1279809	233719	352248	242177	65738	1269834	1838683
16.83	823033	185848	385435	298979	57678	818955	1419498
6.90	347480	79242	116322	68530	21156	199384	705021
9.74	435528	97743	108311	64910	27264	104713	850878
6.34	400790	74154	90004	53075	21835	299950	698901
46.68	**2892637**	**513712**	**784203**	**528954**	**135359**	**5131155**	**4763502**
13.12	770450	157766	183421	103027	33085	2787919	1700838
7.80	429585	69938	128284	83279	26311	115400	688491
8.26	443655	74955	153588	119099	21548	226547	586442
3.71	236221	44446	81492	64259	10137	278056	380460
3.65	231514	38532	50402	32904	10503	109170	308387
2.05	160445	27365	74603	62129	7188	101301	205731
2.40	173661	28829	26033	13494	6595	117447	254956
1.67	154992	23258	17692	7130	5951	1150259	223398
4.01	291817	48623	52356	27299	14042	245055	414799

14－1 续表 4

单位:万美元、人

指标名称	Item	当年新签项目(合同) Value for Utilization of Foreign Capital 个(unit)	当年实际使用外资金额 Amount of Foreign Capital Actually Used	进口额 Total Imports	出口额 Total Exports	高等学校在校生 Students Enrollment in Tertiary Institutions
杭州市	**Hangzhou Municipality**	**408**	**633460**	**1883212**	**4916563**	**474700**
杭州市区	Urban Area	368	587798	1828786	4526592	459200
萧山区	Xiaoshan	72	125852	385536	999287	24800
余杭区	Yuhang	57	107800	43362	557858	14800
桐庐县	Tonglu	15	14020	7524	125868	
淳安县	Chun′an	3	6519	3200	20602	
建德市	Jiande	15	14015	7594	86608	
富阳市	Fuyang	18	25681	147810	137170	
临安市	Lin′an	7	11108	36108	156893	15500
宁波市	**Ningbo Municipality**	**468**	**402514**	**3159502**	**7310904**	**150854**
宁波市区	Urban Area	70	302839	2577190	4812036	
鄞州区	Yinxian	91	58874	257363	1207326	
余姚市	Yuyao	66	39133	208899	708408	
慈溪市	Cixi	32	43717	198352	937140	
奉化市	Fenghua	13	11745	41704	253201	
象山县	Xiangshan	29	10013	18234	235448	
宁海县	Ninghai	17	11200	24015	222722	
温州市	**Wengzhou Municipality**	**43**	**53267**	**223068**	**1855115**	**81612**
温州市区	Urban Area	17	17797	117621	861729	81612
鹿城区	Lucheng	6	11520	25312	355304	
龙湾区	Longwan	8	4569	74582	291414	
瓯海区	Eouhai	3	1708	17727	215011	
瑞安市	Ruian	4	2016	37638	337437	
乐清市	Yueqing	4	9258	7886	214215	
洞头县	Dongtou	2	10	20170	6368	
永嘉县	Yongjia	3	70	8396	68496	
平阳县	Pingyang	1	5796	9647	70110	
苍南县	Cangnan	12	7623	1954	68731	
文成县	Wencheng		99	65	3344	
泰顺县	Taishun				3495	
嘉兴市	**Jiaxing Municipality**	**246**	**249577**	**1008344**	**2365087**	**65722**
嘉兴市区	Urban Area	80	74605	244205	705918	55821
平湖市	Pinghu	35	45098	413963	407706	
海宁市	Haining	40	44007	94801	508467	9901
桐乡市	Tongxiang	33	33123	122334	306322	
嘉善县	Jiashan	32	41848	89951	271056	
海盐县	Haiyan	26	10896	43091	165618	
湖州市	**Huzhou Municipality**	**157**	**98419**	**118325**	**880581**	**26988**
湖州市区	Urban Area	57	45717	60899	275684	26988
德清县	Deqing	39	19158	29990	195790	
长兴县	Changxing	33	19300	21652	162065	
安吉县	Anji	28	14244	5784	247042	
绍兴市	**Shaoxing Municipality**	**141**	**67130**	**493245**	**2975147**	**80348**
绍兴市区	Urban Area	113	54670	405452	2139198	74184
诸暨市	Zhuji	27	10045	73747	491438	6164
上虞区	Shangyu	32	22025	40838	330851	0

Continued 4

(USD 10000、person)

中等专业学校在校生 Students in Specialized Secondary Schools	普通中学在校生(万人) Students in Regular Secondary Schools (10000person)	小学在校生(万人) Students in Primary Schools (10000person)	成人高校在校生(人) Students in Institutions of Higher Education for Adults	从事科技活动人员数(人) Professional of Various Type (person)	公共图书馆图书藏量(千册) Total Books Collected by Public Libraries (1000volumns)	医院、卫生院数(个) Number of Health Care Institutions (unit)	医院、卫生院床位数(张) Number of Beds in Health Care Institutions (beds)	医生数(含执业助理医师)(人) Technicians Engaged in Health Care Institutions (person)	城镇人均现住房建筑面积(平方米) Per Capita Net Living Space (sqm)
112119	**32.44**	**50.27**	**111411**		**18642**	**307**	**51402**	**31977**	**35.1**
96940	24.90	41.33	105629		16759	182	44677	27675	
16102	6.52	10.67	5129		2627	45	6501	3835	48.0
10656	4.38	8.23	5407		716	10	2751	2469	34.8
2809	1.60	2.30			491	19	1485	1036	50.4
3679	1.72	1.66			309	28	1507	782	32.0
3953	2.09	2.09			560	30	1888	1059	44.9
8777	3.29	4.45			384	19	1732	1691	52.2
4738	2.14	2.90	5782		524	48	1845	1425	42.7
69268	**28.01**	**48.26**	**55048**		**7218**	**233**	**29652**	**20984**	**39.7**
31378	12.23	21.16			4956	94	17905	11733	29.3
12427	4.13	8.21			1317	29	3472	3021	36.7
9465	3.96	6.76			578	22	2676	2124	44.0
10853	4.89	8.76			666	33	3361	3126	51.2
5902	1.99	3.28			220	31	2196	1315	38.6
4858	2.17	3.53			422	25	1879	1211	34.1
6812	2.77	4.77			376	28	1635	1475	45.1
59982	**36.71**	**62.11**	**28967**		**16444**	**391**	**30864**	**21855**	**42.1**
19209	8.43	16.59	28967		7090	98	15141	8380	
592	0.45	6.46			6146	54	12984	5999	30.4
1081	1.45	3.20			472	24	1288	1153	41.0
3741	2.40	4.89			473	20	869	1228	34.6
8402	5.71	9.87			4550	38	3837	3261	40.8
7241	5.97	10.16			848	52	3372	3357	56.2
489	0.39	0.58			429	8	175	215	51.1
6614	4.32	6.48			645	53	1589	1674	46.5
7305	3.81	5.69			907	36	2149	1834	51.5
7681	5.73	9.25			1082	53	3156	2211	43.7
1000	0.91	1.56			597	14	804	506	61.3
2041	1.44	1.93			295	39	641	417	57.9
51027	**17.02**	**24.54**	**36960**	**53934**	**6801**	**130**	**19989**	**9280**	**38.2**
14333	5.03	7.20	14219	13068	2026	36	7865	3329	33.1
7097	2.13	2.74	4441	7127	701	16	2481	1145	42.9
10827	2.84	4.40	7066	12692	1500	20	3220	1611	40.0
9061	3.41	4.78	10654	10339	1252	23	2987	1524	40.1
4404	1.89	3.12	581	5764	695	17	1967	859	40.7
5305	1.73	2.31	0	4944	627	18	1469	812	38.5
32341	**12.20**	**15.61**	**5699**	**26259**	**2174**	**114**	**11632**	**6819**	**37.3**
10146	4.93	6.89	5699	8851	1059	25	5940	3332	
4028	2.13	2.43		6505	344	26	1367	1108	
11118	2.93	3.61		6952	490	30	2504	1387	
7049	2.22	2.68		3951	281	33	1821	992	
53624	**24.61**	**28.86**	**15822**	**52153**	**3367**	**162**	**20804**	**12012**	**43.1**
31039	11.80	15.34		26238	2247	78	11389	6643	—
12034	7.67	7.22	1003	12914	347	35	4580	2998	59.5
7412	3.71	4.35	1715	8829	456	25	2766	1625	40.5

14－1 续表 5

单位:万美元、人

指标名称	Item	当年新签项目(合同)Value for Utilization of Foreign Capital 个(unit)	当年实际使用外资金额 Amount of Foreign Capital Actually Used	进口额 Total Imports	出口额 Total Exports	高等学校在校生 Students Enrollment in Tertiary Institutions
嵊州市	Shengzhou	1	209	8543	155035	
柯桥区	Shaoxing	59	21003	159404	1100265	7536
新昌县	Xinchang		2206	5504	189476	
金华市	**Jinhua Municipality**	**70**	**27840**	**181618**	**3967096**	**86725**
金华市区	Urban Area	13	12750	10343	351383	63712
兰溪市	Lanxi	2	2275	38865	126121	
义乌市	Yiwu	47	6034	48129	2370934	8093
东阳市	Dongyang	0	2422	24207	242972	14920
永康市	Yongkang	4	2012	49199	489665	
武义县	Wuyi	2	1024	3242	256619	
浦江县	Pujing	1	1253	6327	92651	
磐安县	Panan	1	70	1305	36751	
衢州市	**Quzhou Municipality**	**14**	**7009**	**156293**	**288476**	**13664**
衢州市区	Urban Area	6	3362	136968	158898	13664
柯城区	Kecheng	2	645	4230	23825	
衢江区	Qujiang	2	996	18373	41075	
江山市	Jiangshan	4	1049	1677	62897	
常山县	Changshan	1	519	241	17811	
开化县	Kaihua			3217	17980	
龙游县	Longyou	3	2079	14191	30890	
舟山市`	**Zhoushan Municipality**	**14**	**19962**	**655895**	**577574**	**22731**
舟山市区	Urban Area	13	15981	546192	465938	22731
岱山县	Daishan	1	850	27539	101376	0
嵊泗县	Shensi	0	3131	82164	10260	0
台州市	**Taizhou Municipality**	**40**	**27705**	**272793**	**1935131**	**32631**
台州市区	Urban Area	17	13648	222005	746168	25112
温岭市	Wenling	7	5811	15011	384573	0
临海市	Linhai	3	4110	15558	248724	7519
玉环县	Yuhuan	4	1092	10986	354340	
三门县	Sanmen		1193	4062	68749	
天台县	Tiantai	6	610	2475	64903	
仙居县	Xianju	3	1241	2697	67674	
丽水市	**Lishui Municipality**	**27**	**17838**	**27091**	**263696**	**19551**
丽水市区	Urban Area	5	5619	8653	53208	19551
青田县	Qingtian	4	2841	8871	42170	
缙云县	Jinyun	1	4900	1370	70474	
遂昌县	Suichang	3	760	7513	14682	
松阳县	Songyang	4	950	35	24120	
云和县	Yunhe	2	652	235	12516	
庆元县	Qingyuan	3	650	1	8124	
景宁县	Jingning	1	700	301	7257	
龙泉市	Longquan	4	766	112	31146	

Continued 5

(USD 10000 person)

中等专业学校在校生 Students in Specialized Secondary Schools	普通中学在校生(万人) Students in Regular Secondary Schools (10000person)	小学在校生(万人) Students in Primary Schools (10000person)	成人高校在校生 Students in Institutions of Higher Education for Adults	从事科技活动人员数(人) Professional of Various Type (person)	公共图书馆图书藏量(千册) Total Books Collected by Public Libraries (1000volumns)	医院、卫生院数(个) Number of Health Care Institutions (unit)	医院、卫生院床位数(张) lNumber of Beds in Health Care Institutions (beds)	医生数(含执业助理医师)(人) Technicians Engaged in Health Care Institutions (person)	城镇人均现住房建筑面积(平方米) Per Capita Net Living Space (sqm)
6495	3.11	3.62	1154	3890	539	30	2628	1448	53.9
11578	4.19	5.41	1703	11963	350	25	3470	2320	49.0
4056	2.03	2.68	1863	9111	234	19	2207	923	45.0
70845	**24.21**	**41.06**	**3435**	**39851**	**2813**	**268**	**23154**	**13833**	**45.9**
29790	5.34	7.71	3435	7299	570	69	7338	3720	
5338	2.76	3.40		2808	240	36	2019	1336	32.6
12755	4.56	9.51		7726	645	36	3851	2609	50.9
7611	4.23	7.09		4757	334	27	3900	2253	67.0
7637	3.10	5.73		8088	330	26	2365	1680	55.5
2396	1.35	2.77		3688	275	24	1057	717	55.3
3717	1.93	3.61		4677	248	26	1975	1082	39.5
1601	0.93	1.23		808	172	24	649	436	35.8
28386	**11.20**	**14.30**	**15065**	**9675**	**1475**	**177**	**9744**	**6752**	**50.6**
13633	4.08	5.10	7829	3871	743	58	4696	3181	43.9
	1.03	2.70	1092	412	0	33	3852	1192	41.0
2519	1.52	2.12	0	635	104	25	844	735	78.2
7003	2.78	3.48	2187	2634	206	25	1912	1209	45.2
1622	1.30	1.78	1384	714	175	18	776	647	46.0
2497	1.36	1.85	1430	1078	235	39	1024	811	70.1
3631	1.67	2.08	2235	1378	116	37	1336	904	39.4
8045	**3.36**	**4.71**	**4631**		**1437**	**60**	**5050**	**3055**	**34.1**
7280	2.64	3.74	4631		1077	41	4312	2482	
537	0.49	0.70			242	10	438	392	39.0
228	0.23	0.27			117	9	300	181	42.0
63905	**28.23**	**48.16**	**33284**	**39722**	**2623**	**209**	**21334**	**14266**	**46.9**
18580	8.17	14.08	13209	13253	1232	55	7132	4726	42.1
10449	5.29	9.93	1518	9328	385	49	4798	2955	53.8
15143	5.60	8.67	9205	4775	390	42	4174	2642	37.9
3550	1.93	4.94	1413	7222	218	13	1470	962	42.3
3956	1.61	2.86	1706	1216	130	14	961	773	41.1
6328	2.94	3.68	4242	2063	140	16	1666	1204	54.8
5899	2.69	4.00	1991	1865	127	20	1133	1004	56.5
29885	**10.56**	**16.63**	**20187**	**7715**	**1655**	**238**	**10724**	**6200**	**40.0**
7596	2.32	3.41	20187	1531	333	31	4463	2193	31.0
3817	1.82	3.14		1344	191	37	980	707	40.0
5309	1.90	3.00		1975	219	23	1693	825	42.0
2110	0.82	1.22		458	140	23	657	525	56.0
2164	0.90	1.34		418	204	30	882	448	61.0
1909	0.52	0.79		516	181	10	400	309	42.0
2002	0.70	1.10		579	105	20	420	400	43.0
1286	0.52	0.91		68	103	25	485	269	37.0
3692	1.23	1.72		826	179	39	744	524	40.0

14－2 长江三角洲地区主要经济指标
(2014)

指标	单位	Item	杭　州 Hangzhou	宁　波 Ningbo	嘉　兴 Jiaxing	湖州 Huzhou
年末总人口	万人	Total Population at year－end (10000persons)	715.76	583.78	348.14	263.78
年末单位从业人数	万人	Number of Employed Persons (10000persons)	293.44	171.71	80.08	49.43
生产总值	亿元	Gross Domestic Product (100 million yuan)	9206.16	7610.28	3352.60	1956.00
第一产业	亿元	Primary Industry (100 million yuan)	274.35	275.70	144.77	120.34
第二产业	亿元	Secondary Industry (100 million yuan)	3845.58	3980.41	1813.67	999.10
其中:工业	亿元	Industry (100 million yuan)	3414.90	3533.68	1636.88	901.76
第三产业	亿元	Tertiary Industry (100 million yuan)	5086.24	3354.17	1394.17	836.56
城市居民人均可支配收入	元	Per Capital Annual Disposable Income of Urban Residents (yuan)	44632	44155	42143	38959
城市居民人均消费性支出	元	Per Capita Living Expenditure of Urban Residents(yuan)	32165	27893	23032	24875
居民消费价格指数(上年为100)	%	Consumer Price Indices (Preceding year = 100)	102.0	101.9	102.0	102.3
固定资产投资额	亿元	Total Investment in Fixed Assets (100 million yuan)	4952.70	3989.46	2221.21	1242.92
财政预算内收入	亿元	Budgetary Financial Revenue (100million yuan)	1920.11	1790.89	568.09	295.71
地方财政收入	亿元	Local Budgetary Financial Revenue (100 million yuan)	1027.32	860.61	307.07	167.84
地方财政支出	亿元	Local Financial Expenditure (100 million yuan)	961.18	1000.86	334.90	224.57
金融机构存款余额	亿元	Deposits in Financial Institutions (100 million yuan)	23950.05	13307.41	5513.87	2756.05
其中:城乡居民	亿元	Savings Deposits of Urban and Rural Residents (100 million yuan)	6694.55	4780.31	2701.58	1369.95
金融机构贷款余额	亿元	Loans in Financial Institutions (100 million yuan)	20356.17	13610.61	4393.16	2324.95
全年用电量	亿千瓦时	Total Electricity Consumption (100 million kwh)	640.19	576.78	396.45	191.61
其中:工业用电量	亿千瓦时	Industrial Electricity Consumption (100 million kwh)	420.07	435.25	328.88	147.78
当年实际利用外资	亿美元	Amount of Foreign Capital Actually Used (USD 100)	63.35	40.25	24.96	9.84
出口总值	亿美元	Total Exports (USD 100)	491.66	731.09	236.51	88.06
社会消费品零售额	亿元	Total Retail Sales of Consumer Goods (100 million yuan)	4201.46	2992.03	1347.04	871.20

注:外省区地方财政收支包括基金收支,金融机构存贷款为人民币口径。

Main Economic Indicators of the Cities Lies in Yangtze River Delta (2014)

绍兴 Shaoxing	舟山 Zhoushan	台州 Taizhou	苏州 Suzhou	无锡 Wuxi	常州 Changzhou	南京 Nanjing	南通 Nantong	扬州 Yangzhou	镇江 Zhengjiang	泰州 Taizhou	上海 Shanghai
443.04	97.49	597.10	661.08	477.14	368.64	648.72	767.63	461.34	272.07	508.51	1429.26
139.74	18.33	107.43	—	—	—	—	—	—	—	—	—
4265.88	1015.26	3387.38	13760.89	8205.31	4901.87	8820.75	5652.69	3697.91	3252.44	3370.89	23560.94
194.28	100.90	215.63	203.98	138.13	138.46	214.25	339.57	227.36	121.45	209.25	124.26
2213.48	425.27	1578.85	6892.98	4095.89	2408.11	3623.48	2812.34	1885.75	1631.10	1697.45	8164.79
1926.32	336.20	1374.80	6360.14	3747.59	2170.19	3119.12	2307.64	1634.48	1498.41	1462.03	7362.84
1858.12	489.09	1592.89	6663.93	3971.29	2355.30	4983.02	2500.78	1584.80	1499.89	1464.19	15271.89
43167	41466	39763	46677	41731	39483	42568	33374	30322	35752	31346	47710
26231	27807	26458	28973	27358	23590	25855	22035	18417	21310	19517	30520
102.1	101.7	102.3	102.1	102.2	102.2	102.6	102.1	102.1	102.0	102.1	102.7
2304.68	960.88	1765.93	6054.00	4610.77	3310.05	5430.77	3896.39	2416.66	2142.34	2197.34	6016.43
546.34	148.93	485.29	—	—	1335.45	1771.85	1403.93	726.27	656.10	805.94	—
317.27	101.02	265.21	1443.82	768.01	433.88	903.49	550.00	295.19	277.76	277.95	4585.55
346.44	188.19	371.47	1304.83	748.06	434.93	921.20	649.58	367.73	311.85	371.21	4923.44
6554.22	1602.70	5609.04	21428.20	11849.03	6758.57	20161.86	8339.54	4269.75	3536.27	3955.84	69549.14
2806.15	598.00	2892.41	6753.44	4341.45	2934.19	5055.77	4602.87	2117.09	1569.40	1984.80	21269.32
5823.39	1416.03	4912.24	17247.94	8669.62	4789.74	15628.53	5130.38	2732.42	2679.83	2751.51	43227.33
364.93	45.43	254.42	1268.12	598.18	395.06	470.50	333.23	204.36	209.41	232.30	1369.03
297.27	23.50	173.17	1044.14	477.47	316.09	289.02	242.89	147.89	162.44	180.73	785.63
6.71	2.00	2.77	81.20	29.04	24.09	32.91	23.05	13.88	12.95	9.39	181.66
297.51	57.76	193.51	1811.78	442.31	213.64	326.28	224.80	76.82	66.02	61.78	2102.77
1487.14	376.58	1646.32	4095.09	2607.90	1805.40	4167.19	2166.10	1128.10	1003.80	903.60	8718.65

Note: The revenue and expenditure of the local government of region in other provinces include income and expenses of funds. The statistical caliber of deposits and loans of financial institutions is RMB. .

14－3 上海及长三角江苏八市分地区主要经济指标
（2014）

指　　标	单位	Item	上　海 shanghai	南京市 nanjing	市　区 district
年末总人口	万人	Total Population at year－end（10000persons）	1429.26	648.72	
年末单位从业人数	万人	Number of Employed Persons（10000persons）			
生产总值	亿元	Gross Domestic Product（100 million yuan）	23560.94	8820.75	
第一产业	亿元	Primary Industry（100 million yuan）	124.26	214.25	
第二产业	亿元	Secondary Industry（100 million yuan）	8164.79	3623.48	
其中:工业	亿元	Industry（100 million yuan）	7362.84	3119.12	
第三产业	亿元	Tertiary Industry（100 million yuan）	15271.89	4983.02	
城市居民人均可支配收入	元	Per Capital Annual Disposable Income of Urban Residents（yuan）	47710	42568	
城市居民人均消费性支出	元	Per Capita Living Expenditure of Urban Residents（yuan）	30520	25855	
居民消费价格指数(上年为100)	%	Consumer Price Indices(Preceding year ＝100)	102.7	102.6	
固定资产投资额	亿元	Total Investment in Fixed Assets（100 million yuan）	6016.43	5430.77	
财政预算内收入	亿元	Budgetary Financial Revenue（100million yuan）		1771.85	
地方财政收入	亿元	Local Budgetary Financial Revenue（100 million yuan）	4585.55	903.49	
地方财政支出	亿元	Local Financial Expenditure（100 million yuan）	4923.44	921.20	
金融机构存款余额	亿元	Deposits in Financial Institutions（100 million yuan）	69549.14	20161.86	
其中:城乡居民	亿元	Savings Deposits of Urban and Rural Residents（100 million yuan）	21269.32	5055.77	
金融机构贷款余额	亿元	Loans in Financial Institutions（100 million yuan）	43227.33	15628.53	
邮电业务总量	亿元	Business Volume of Post and Telecommunications（100 million yuan）			
全年用电量	亿千瓦时	Total Electricity Consumption（100 million kwh）	1369.03	470.50	
其中:工业用电量	亿千瓦时	Industrial Electricity Consumption（100 million kwh）	785.63	289.02	
当年实际利用外资	亿美元	Amount of Foreign Capital Actually Used（USD 100）	181.66	32.91	
出口总值	亿美元	Total Exports（USD 100）	2102.77	326.28	
社会消费品零售额	亿元	Total Retail Sales of Consumer Goods（100 million yuan）	8718.65	4167.19	

Main Economic Indicators By Region in Shanghai and Eight Cities in Jiangsu (2014)

溧水县 lishui	高淳县 gaochun	**无锡市 wuxi**	市 区 district	江阴市 jiangyin	宜兴市 yixing	**常州市 changzhou**	市 区 district	溧阳市 liyang	金坛市 jintan
		477.14	245.74	123.21	108.19	368.64	233.92	79.39	55.34
		8205.31	4217.47	2753.95	1233.89	4901.87	3744.81	716.29	471.48
		138.13	42.06	46.14	49.93	138.46	64.10	43.92	30.43
		4095.89	1932.20	1520.54	643.15	2408.11	1872.89	375.11	243.03
		3747.59		1453.57	547.32	2170.19		329.63	202.60
		3971.29	2243.21	1187.27	540.81	2355.30	1807.82	297.26	198.02
		41731	40335	46880	39492	39483	34906	35531	36902
		27358	25524	24976	25035	23590	21796	18900	19781
		102.2	102.2			102.2	102.2		
		4610.77	2986.09	1045.97	602.15	3310.05	2603.06	438.01	268.99
						1335.45			
		768.01	472.90	200.66	94.45	433.88	353.14	50.62	30.12
		748.06	460.49	187.28	100.29	434.93	340.46	57.01	37.46
		11849.03	7328.89	2813.03	1707.10	6758.57	5365.33	848.45	544.80
		4341.45	2583.16	938.76	819.53	2934.19	2221.15	414.03	299.01
		8669.62	5145.48	2198.16	1325.98	4789.74	3766.69	604.06	418.98
		598.18	272.02	237.87	88.28	395.06	280.49	68.80	45.77
		477.47		212.09	69.51	316.09		58.61	38.56
		29.04	21.08	8.55	1.53	24.09	26.21	4.00	1.00
		442.31	275.32	130.23	36.76	213.64	194.32	7.32	12.20
		2607.90	1500.41	643.07	464.42	1805.40	1348.58	259.22	197.61

14－3 续表1

指　　标	单位	Item	南通市 nantong	市　区 district
年末总人口	万人	Total Population at year－end（10000persons）	767.63	212.83
年末单位从业人数	万人	Number of Employed Persons（10000persons）		
生产总值	亿元	Gross Domestic Product（100 million yuan）	5652.69	2093.78
第一产业	亿元	Primary Industry（100 million yuan）	339.57	56.54
第二产业	亿元	Secondary Industry（100 million yuan）	2812.34	1021.67
其中:工业	亿元	Industry（100 million yuan）	2307.64	
第三产业	亿元	Tertiary Industry（100 million yuan）	2500.78	1015.57
城市居民人均可支配收入	元	Per Capital Annual Disposable Income of Urban Residents（yuan）	33374	29960
城市居民人均消费性支出	元	Per Capita Living Expenditure of Urban Residents（yuan）	22035	18352
居民消费价格指数(上年为100)	%	Consumer Price Indices(Preceding year ＝100）	102.1	102.1
固定资产投资额	亿元	Total Investment in Fixed Assets（100 million yuan）	3896.39	1589.61
财政预算内收入	亿元	Budgetary Financial Revenue（100million yuan）	1403.93	
地方财政收入	亿元	Local Budgetary Financial Revenue（100 million yuan）	550.00	242.62
地方财政支出	亿元	Local Financial Expenditure（100 million yuan）	649.58	260.88
金融机构存款余额	亿元	Deposits in Financial Institutions（100 million yuan）	8339.54	3831.16
其中:城乡居民	亿元	Savings Deposits of Urban and Rural Residents（100 million yuan）	4602.87	1718.21
金融机构贷款余额	亿元	Loans in Financial Institutions（100 million yuan）	5130.38	2404.65
邮电业务总量	亿元	Business Volume of Post and Telecommunications（100 million yuan）		
全年用电量	亿千瓦时	Total Electricity Consumption（100 million kwh）	333.23	136.86
其中:工业用电量	亿千瓦时	Industrial Electricity Consumption（100 million kwh）	242.89	
当年实际利用外资	亿美元	Amount of Foreign Capital Actually Used（USD 100）	23.05	11.08
出口总值	亿美元	Total Exports（USD 100）	224.80	127.33
社会消费品零售额	亿元	Total Retail Sales of Consumer Goods（100 million yuan）	2166.10	856.60

Continued 1

海安县 haian	如东县 rudong	启东市 qidong	如皋市 rugao	通州市 tongzhou	海门市 haimen	**扬州市 yangzhou**	市区 district	宝应县 baoying
94.26	104.37	112.32	143.69		100.16	461.34	231.84	91.13
624.14	615.51	739.13	743.64		836.50	3697.91	2432.28	418.30
51.27	62.17	62.93	57.60		49.07	227.36	81.33	61.60
304.13	297.11	369.03	377.24		443.16	1885.75	1251.27	189.80
245.80	245.42	287.41	311.08		365.88	1634.48		154.29
268.74	256.23	307.17	308.80		344.27	1584.80	1099.68	166.90
31597	31557	31708	31026		34280	30322	28136	22739
20125	18819	26249	19116		22830	18417	19870	14026
						102.1	102.1	
448.95	427.93	483.41	445.08		501.40	2416.66	1224.50	237.39
						726.27		
54.10	50.01	67.25	67.45		68.57	295.19	203.94	27.28
70.58	79.20	74.01	91.29		73.62	367.73	233.33	46.25
975.91	723.57	944.22	849.56		1015.12	4269.75	3071.67	342.32
565.35	478.73	637.96	576.27		626.34	2117.09	1371.30	228.51
682.49	342.90	550.04	519.70		630.58	2732.42	2003.26	229.71
43.01	41.94	26.87	45.76		35.12	204.36	112.53	16.70
33.96	31.39	17.35	32.79		24.55	147.89		10.45
3.32	3.43	0.55	3.31		1.55	13.88	12.58	0.32
21.44	12.89	23.05	25.55		14.55	76.82	60.25	6.10
221.95	257.89	266.41	280.77		282.48	1128.10	774.56	122.94

14－3 续表2

指　　标	单位	Item	仪征市 yizheng	高邮市 gaoyou
年末总人口	万人	Total Population at year－end (10000persons)	56.56	81.81
年末单位从业人数	万人	Number of Employed Persons (10000persons)		
生产总值	亿元	Gross Domestic Product (100 million yuan)	465.06	445.20
第一产业	亿元	Primary Industry (100 million yuan)	21.13	62.72
第二产业	亿元	Secondary Industry (100 million yuan)	255.76	201.13
其中:工业	亿元	Industry (100 million yuan)	146.76	166.28
第三产业	亿元	Tertiary Industry (100 million yuan)	188.17	181.35
城市居民人均可支配收入	元	Per Capital Annual Disposable Income of Urban Residents (yuan)	31123	26632
城市居民人均消费性支出	元	Per Capita Living Expenditure of Urban Residents (yuan)	18123	18024
居民消费价格指数(上年为100)	%	Consumer Price Indices(Preceding year ＝100)		
固定资产投资额	亿元	Total Investment in Fixed Assets (100 million yuan)	314.14	280.20
财政预算内收入	亿元	Budgetary Financial Revenue (100million yuan)		
地方财政收入	亿元	Local Budgetary Financial Revenue (100 million yuan)	34.66	29.32
地方财政支出	亿元	Local Financial Expenditure (100 million yuan)	41.51	46.64
金融机构存款余额	亿元	Deposits in Financial Institutions (100 million yuan)	461.08	394.68
其中:城乡居民	亿元	Savings Deposits of Urban and Rural Residents (100 million yuan)	248.13	269.15
金融机构贷款余额	亿元	Loans in Financial Institutions (100 million yuan)	257.85	241.60
邮电业务总量	亿元	Business Volume of Post and Telecommunications (100 million yuan)		
全年用电量	亿千瓦时	Total Electricity Consumption (100 million kwh)	33.75	29.86
其中:工业用电量	亿千瓦时	Industrial Electricity Consumption (100 million kwh)	28.25	22.56
当年实际利用外资	亿美元	Amount of Foreign Capital Actually Used (USD 100)	3.16	0.29
出口总值	亿美元	Total Exports (USD 100)	6.60	3.86
社会消费品零售额	亿元	Total Retail Sales of Consumer Goods (100 million yuan)	91.95	138.65

Continued 2

江都市 jiangdu	**镇江市** **zhenjiang**	市　区 district	丹阳市 danyang	扬中市 yangzhong	句容市 jurong	**泰州市** **taizhou**	市　区 district	兴化市 xinghua
	272.07	103.41	81.35	28.26	59.05	508.51	163.82	158.00
	3252.44	1440.38	1008.96	445.35	440.96	3370.89	1408.22	624.83
	121.45	26.88	47.22	10.86	37.26	209.25	53.40	89.08
	1631.10	732.79	518.58	237.90	215.42	1697.45	772.53	264.28
	1498.41		497.75	228.89	195.43	1462.03		228.22
	1499.89	680.71	443.16	196.59	188.28	1464.19	582.29	271.47
	35752	35315	35691	39237	34678	31346	31819	28691
	21310	22569	19498	20972	19980	19517	19683	16571
	102.0	102.0				102.1	102.1	
	2142.34	1281.37	386.73	216.09	258.16	2197.34	1055.09	284.80
	656.10					805.94		
	277.76	146.97	64.16	30.72	35.91	277.95	141.88	36.95
	311.85	158.56	74.93	34.71	43.65	371.21	174.96	73.56
	3536.27	1803.04	872.00	441.25	419.98	3955.84	2010.46	514.93
	1569.40	640.11	453.55	238.25	237.50	1984.80	846.09	374.06
	2679.83	1240.10	791.74	332.59	315.41	2751.51	1461.56	352.54
	209.41	104.49	65.77	16.45	22.69	232.30	78.44	63.58
	162.44		53.19	12.06	15.36	180.73		52.93
	12.95	5.75	3.48	1.16	2.57	9.39	5.59	1.16
	66.02	34.62	22.41	4.48	4.52	61.78	30.60	5.25
	1003.80	517.79	255.71	114.22	116.07	903.60	448.03	139.97

14－3 续表3

指 标	单位	Item	靖江市 jingjiang	泰兴市 tanxing
年末总人口	万人	Total Population at year－end (10000persons)	66.81	119.88
年末单位从业人数	万人	Number of Employed Persons (10000persons)		
生产总值	亿元	Gross Domestic Product (100 million yuan)	666.19	675.84
第一产业	亿元	Primary Industry (100 million yuan)	19.84	46.93
第二产业	亿元	Secondary Industry (100 million yuan)	349.18	348.68
其中:工业	亿元	Industry (100 million yuan)	314.50	303.84
第三产业	亿元	Tertiary Industry (100 million yuan)	297.17	280.23
城市居民人均可支配收入	元	Per Capital Annual Disposable Income of Urban Residents (yuan)	33864	31038
城市居民人均消费性支出	元	Per Capita Living Expenditure of Urban Residents (yuan)	23069	19644
居民消费价格指数(上年为100)	%	Consumer Price Indices(Preceding year =100)		
固定资产投资额	亿元	Total Investment in Fixed Assets (100 million yuan)	405.76	454.53
财政预算内收入	亿元	Budgetary Financial Revenue (100million yuan)		
地方财政收入	亿元	Local Budgetary Financial Revenue (100 million yuan)	54.04	45.08
地方财政支出	亿元	Local Financial Expenditure (100 million yuan)	61.49	61.20
金融机构存款余额	亿元	Deposits in Financial Institutions (100 million yuan)	785.81	644.63
其中:城乡居民	亿元	Savings Deposits of Urban and Rural Residents (100 million yuan)	381.47	383.18
金融机构贷款余额	亿元	Loans in Financial Institutions (100 million yuan)	549.05	388.36
邮电业务总量	亿元	Business Volume of Post and Telecommunications (100 million yuan)		
全年用电量	亿千瓦时	Total Electricity Consumption (100 million kwh)	36.01	54.26
其中:工业用电量	亿千瓦时	Industrial Electricity Consumption (100 million kwh)	26.48	44.47
当年实际利用外资	亿美元	Amount of Foreign Capital Actually Used (USD 100)	0.26	2.38
出口总值	亿美元	Total Exports (USD 100)	12.71	13.25
社会消费品零售额	亿元	Total Retail Sales of Consumer Goods (100 million yuan)	144.85	170.75

Continued 3

姜堰市 jiangyan	**苏州市 suzhou**	市 区 district	常熟市 changshu	张家港市 zhangjiagang	昆山市 kunshan	吴江市 wujiang	太仓市 taicang
	661.08	337.50	106.88	91.98	76.97		47.74
	13760.89	7086.92	2009.36	2180.25	3001.02		1065.33
	203.98	74.55	38.40	28.64	27.46		35.24
	6892.98	3560.26	1061.55	1186.39	1687.10		556.65
	6360.14		1011.19	1131.02	1592.57		522.60
	6663.93	3452.11	909.41	965.22	1286.46		473.44
	46677	46643	46571	46852	46920		46377
	28973	29291	27412	27760	28332		29250
	102.1	102.1					
	6054.00	3307.02	631.82	763.62	838.18		513.36
	1443.82	763.62	147.40	162.66	263.66		106.47
	1304.83	693.37	138.02	152.78	222.98		97.68
	21428.20	12783.28	2265.93	2323.83	2882.89		1172.26
	6753.44	3432.87	1021.99	877.06	970.90		450.61
	17247.94	10532.51	1816.30	1787.62	2043.47		1068.03
	1268.12	545.46	155.20	283.05	194.35		90.05
	1044.14		130.63	262.80	155.99		77.08
	81.20	47.16	10.52	6.72	12.84		3.96
	1811.78	941.57	125.53	148.10	535.77		60.80
	4095.09	2133.71	618.67	458.32	650.09		239.04

中国统计出版社最新图书简目

（仅供参考，以实际出版为准）

统计资料

中国统计年鉴	中国统计摘要	中国发展报告
中国经济普查年鉴2013	国际统计年鉴	金砖国家联合统计手册
中国-东盟国家统计手册	中国区域经济统计年鉴	中国县域统计年鉴
中国城市统计年鉴	中国农村统计年鉴	中国地区经济监测报告
中国贸易外经统计年鉴	中国对外直接投资统计公报	中国商品交易市场统计年鉴
大中型批发零售和住宿餐饮企业统计年鉴	中国零售和餐饮连锁企业统计年鉴	中国住户调查年鉴
中国价格统计年鉴	中国农产品价格调查年鉴	全国农产品成本收益资料汇编
中国环境统计年鉴	中国能源统计年鉴	国外资源、能源和环境统计资料汇编
中国工业统计年鉴	中国建筑业统计年鉴	中国房地产统计年鉴
中国城市建设统计年鉴	中国城乡建设统计年鉴	中国第三产业统计年鉴
中国证券期货统计年鉴	中国科技统计年鉴	中国高技术产业统计年鉴
工业企业科技活动资料	中国劳动统计年鉴	中国人口和就业统计年鉴
中国人才资源统计报告	中国社会统计年鉴	中国文化及相关产业统计年鉴
文化及相关产业统计概览	中国教育经费统计年鉴	中国民政统计年鉴
中国民族统计年鉴	中国工会统计年鉴	中国残疾人事业统计年鉴
中国妇女儿童状况统计资料（英）	中国乡镇街道行政区域简册	

省级综合统计年鉴系列

北京 天津 河北 山西 内蒙古 辽宁 吉林 黑龙江 上海 江苏 浙江 安徽 福建 江西 山东 河南 湖北 湖南 广东 广西 海南 重庆 四川 贵州 云南 西藏 陕西 甘肃 青海 宁夏 新疆 新疆生产建设兵团

市(县)级综合统计年鉴系列

天津滨海新区 石家庄 唐山 邯郸 保定 沧州 邢台 廊坊 承德 衡水 秦皇岛 张家口 太原 大同 阳泉 长治 晋城 朔州 晋中 运城 忻州 临汾 呼和浩特 呼和浩特新城区 鄂尔多斯 包头 沈阳 大连 长春 四平 哈尔滨 齐齐哈尔 黑龙江垦区 上海浦东新区 南京 无锡 徐州 常州 苏州 南通 连云港 淮安 盐城 扬州 镇江 泰州 宿迁 江阴 丹阳 杭州 宁波 温州 嘉兴 绍兴 金华 衢州 舟山 台州 丽水 合肥 安庆 马鞍山 福州 厦门 宁德 南昌 九江 上饶 新余 抚州 济南 青岛 枣庄 滕州 郑州 洛阳 平顶山 三门峡 南阳 商丘 济源 武汉 十堰 荆州 宜昌 荆门 咸宁 长沙 广州 深圳 惠州 东莞 南宁 柳州 桂林 来宾 海口 三亚 成都 贵阳 昆明 西安 兰州 庆阳 银川 乌鲁木齐 兵团一师 兵团十师

调查年鉴系列

天津 山西 内蒙古 辽宁 吉林 上海 福建 河南 湖北 湖南 广西 重庆 四川 云南 甘肃 宁夏 新疆

“十二五”规划教材

统计学（经济管理类专业本科适用，单薇 等）
抽样调查理论与方法（冯士雍 等）
贝叶斯统计（茆诗松 等）
统计学（黄良文 等）
试验设计（茆诗松 等）
统计学：从数据到结论（吴喜之）
医学统计学（于浩）
统计学（经济、管理类专业基础教材，张小斐）
概率论与数理统计三十三讲（魏振军）
概率论与数理统计三十三：学习指导与习题解答（魏振军）
非参数统计（吴喜之 等）
统计学：经济与管理中的数据分析（李慧云 等）
卫生管理统计学（新编医学院校基础课教材，尚磊）
医院统计学（新编医学院校基础课教材，徐天和 等）
社会统计学（蒋萍 等）
现代金融投资统计分析（李腊生 等）
国民经济核算初级教程（经济类、统计类、管理类专业适用，蒋萍 等）

重点图书

图解中国经济2015
新编英汉汉英统计大词典
中华医学统计百科全书
挑大学选专业2016—考研择校指南
挑大学选专业2015—高考志愿填报指南

中国统计出版社发行部电话：（010）63376907 63376908 同楫行书店电话：68783171 68783172

地址：北京市丰台区西三环南路甲6号 邮政编码：100073 网址：http://www.zgtjcbs.com